EL ESTATUTO JURÍDICO-CONSTITUCIONAL DE LAS MISIONES MILITARES

EL ESTATUTO JURÍDICO-CONSTITUCIONAL DE LAS MISIONES MILITARES

Samuel López Cabrera
Doctor en Derecho

Prólogo a cargo de
Carlos Ruiz Miguel

COLEX 2023

Calle Costa Rica, número 5, 3.º B (local comercial)
A Coruña, C.P. 15004
info@colex.es
www.colex.es

I.S.B.N.: 978-84-1359-870-3
Depósito legal: C 517-2023

A Lucas y Andrea, a quienes debo mucho tiempo dedicado a este trabajo. Sin su comprensión no habría sido posible.

ABREVIATURAS

Aptdo.	apartado
Art.	artículo
CE 1812	Constitución Española de 1812
CE 1837	Constitución Española de 1837
CE 1845	Constitución Española de 1845
CE 1856	Constitución Española de 1856
CE 1869	Constitución Española de 1869
CE 1876	Constitución Española de 1876
CE 1931	Constitución Española de 1931
CE	Constitución Española de 1978
CIG	Conferencia Intergubernamental
CIJ	Corte Internacional de Justicia
CIMIN	Consejo Interministerial de Alto Nivel
CJM 1945	Ley de 17 de julio de 1945, del Código de Justicia Militar
COPS	Comité Político y de Seguridad
CP	Código Penal
CPI	Corte Penal Internacional
CPM	LO 14/2015, de 14 de octubre, del Código Penal Militar
DDN	1986: Directiva de Defensa Nacional de 1986
DDN	2004: Directiva de Defensa Nacional de 2004
DDN	2012: Directiva de Defensa Nacional de 2012
DDN	2020: Directiva de Defensa Nacional de 2020
DIDH	Derecho Internacional de los Derechos Humanos
DIH	Derecho Internacional Humanitario
DIHCR	Derecho Internacional Humanitario de la Cruz Roja
DPO-98	Documento Planeamiento Operacional de 1998

EAC 2006	LO 6/2006 de 19 de julio, del Estatuto de Autonomía de Cataluña
EAPV 1979	LO 3/1979, de 18 de diciembre, del Estatuto de Autonomía del País Vasco
ECPI	Estatuto en Roma, de 17 de julio de 1998
EDA	Agencia Europea de Defensa
EEUU	Estados Unidos
ESN 2011	Estrategia de Seguridad Nacional de 2011
ESN 2013	Estrategia de Seguridad Nacional de 2013
ESN 2017	Estrategia de Seguridad Nacional de 2017
ESN 2021	Estrategia de Seguridad Nacional de 2021
FGE	Fuerza de Gendarmería Europea
GEPC	Grupo de Estudios de Política Criminal
LACE 1889	Ley Adicional a la Constitutiva del Ejército de 1889
LCE 1878	Ley Constitutiva del Ejército, de 29 de noviembre de 1878
LG	Ley 50/1997, de 27 de noviembre, del Gobierno
LNA	Ley 48/1960, de 28 de julio, de Navegación Aérea
LO	Ley Orgánica
LOA 1821	Ley Orgánica de la Armada, de 27 de diciembre de 1821
LOAES	LO 4/1981, 1 julio, estados alarma excepción y sitio
LODDFAS	LO 9/2011, de 27 de julio, de Derechos y Deberes de las Fuerzas Armadas
LODN	LO 5/2005, de 17 de noviembre, de la Defensa Nacional
LOE 1821	Ley Orgánica Ejército de Tierra, de 9 de junio de 1821
LOE 1967	Ley Orgánica del Estado, de 10 de enero de 1967
LOFCS	LO 2/1986, de 13 de marzo, de Fuerzas y Cuerpos de Seguridad
LOP 1867	Ley de Orden Público de 1867
LOP 1870	Ley sobre Orden Público, de 23 de abril de 1870
LOP 1933	Ley de Orden Público, de 28 de julio de 1933
LOP 1959	Ley 45/1959, de 30 de julio, de Orden Público
LORDFAS	LO 8/2014, de 4 de diciembre, de Régimen Disciplinario de las Fuerzas Armadas
LRJSP	Ley 40/2015, de 1 de octubre, de Régimen Jurídico del Sector Público
LSN	Ley 36/2015, de 28 de septiembre, de Seguridad Nacional
LSNPC	Ley 17/2015, de 9 de julio, del Sistema Nacional de Protección Civil

LTM 2006	Ley 8/2006, de 4 de diciembre, de Tropa y Marinería
ONU	Organización de Naciones Unidas
OSCE	Organización para la Seguridad y Cooperación Europea
OTAN	Organización del Tratado del Atlántico Norte
PCSD	Política Común de Seguridad y Defensa
PESC	Política Exterior y de Seguridad Común de la Unión Europea
RCA	RD 57/2002, de 18 de enero, por el que se aprueba el Reglamento de Circulación Aérea
RCAO	RD 601/2016, de 2 de diciembre, del Reglamento de Circulación Aérea Operativa
RCD	Reglamento del Congreso de los Diputados, de 10 de febrero de 1982
RCla	Real Cédula
RD	Real Decreto
RDL	Real Decreto-Ley
RO	Real Orden
RROO	Reales Ordenanzas
SS	siguientes
STC	sentencia del Tribunal Constitucional
STS	sentencia del Tribunal Supremo
TC	Tribunal Constitucional
TUE	Tratado de Maastrich, de 7 de febrero de 1992
UEO	Unión Europea Occidental

SUMARIO

CAPÍTULO II

LAS MISIONES DE LAS FUERZAS ARMADAS EN LA CONSTITUCIÓN DE 1978

CAPÍTULO III

LAS MISIONES «PROPIAS» DE LAS FUERZAS ARMADAS

CAPITULO IV

LAS MISIONES «IMPROPIAS» DE LAS FUERZAS ARMADAS

CAPÍTULO V

LAS MISIONES «SECURITARIAS» DE LAS FUERZAS ARMADAS. MARCO TEÓRICO, ESTRATÉGICO Y PARTICIPATIVO

PRÓLOGO

La vida se adereza con satisfacciones y pesares. Una de las satisfacciones que me ha dado la vida ha sido la de poder dirigir la tesis de Samuel López Cabrera que hoy, felizmente, es publicada con las modificaciones pertinentes tras considerar las observaciones hechas por el tribunal que la juzgó y las circunstancias, gravísimas, que han sobrevenido a la misma. Por circunstancias felices, pero que no vienen al caso, he sido el director de la investigación de López Cabrera que ahora ve la luz como libro.

Las páginas de *El estatuto jurídico-constitucional de las misiones militares* son el fruto aquilatado del esfuerzo y constancia de su autor, Samuel López Cabrera, quien en septiembre de 2019 decidió emprender el camino del Doctorado en Derecho en la Universidad de Alicante, coronado en julio de 2022. No fue un camino fácil, pues a las exigencias inherentes del programa académico, se añadieron las familiares y profesionales que, de modo no planificado, ayudaron al éxito de la misión. Su pasión por el Derecho, hizo que lejos de ser un obstáculo fueran concausa del éxito final de la investigación.

A la condición de Guardia Civil y de Letrado habilitado de la Abogacía del Estado del autor, se añadía una inclinación natural hacia el Derecho Constitucional y su relación con el ámbito castrense que marcaría el camino hacia la presente obra. Esa inclinación por la teoría sumada a su vivencia del mundo militar, tanto en la vida de la propia institución como en el foro judicial, ha ofrecido al autor una visión extraordinariamente poliédrica que ha enriquecido su investigación.

Diversos fueron los estudios, en los albores de nuestra Constitución, que trataron las misiones atribuidas por el artículo 8 de la Carta Magna a las Fuerzas Armadas. Y diversos han sido los trabajos que durante los últimos años han esbozado la participación del instituto militar en misiones internacionales, pero tanto el público jurídico en general como los investigadores especializados han prestado muy poca atención, cuando no dejado de lado, otra serie de misiones que atesoran una sólida base legal, pero cuyo fundamento constitucional plantea problemas. Por este motivo, el autor consideró que realizar un estudio omnicomprensivo del marco jurídico de las misiones militares, su encaje constitucional y la adaptación legal a los distintos contextos de seguridad, presentaba un elevado interés científico digno de ser investigado. De tal modo, se conformó el plan de investigación de la tesis doctoral titulada: *Análisis jurídico de las misiones de las Fuerzas Armadas españolas: de la guerra a la seguridad*, dirigida por quien suscribe, y cuya defensa pública tuvo lugar el 1 de julio de 2022, obteniendo la calificación de sobresaliente *cum laude*.

Desde el primer momento, animé a Samuel a la publicación de lo que considero un estudio jurídico riguroso e innovador sobre el ámbito de la Defensa española. Pero este trabajo no es sólo eso. Los acontecimientos producidos en Ucrania después del 24 de febrero de 2022 han dado a esta investigación un interés suplementario a la vista de la, cada vez mayor, «implicación» de España en esa guerra, tanto en el marco OTAN, como en el de la UE, como en el puramente unilateral. Por eso, considero que esta publicación es especialmente necesaria ahora que España, la Unión Europea y la OTAN se han «implicado» en la guerra de Ucrania. Digamos que están «implicadas» para no utilizar los brutales términos con los que la ministra alemana de Asuntos Exteriores, Annalena Baerbock, calificó, ante la Asamblea Parlamentaria del Consejo de Europa el 24 de enero de 2023, la intervención de Alemania y otros países europeos en la guerra de Ucrania[1].

Cualquiera habría esperado que una obra como esta contara con el apoyo entusiasta del Ministerio de Defensa para su publicación. Lo normal es que toda obra sobre materia militar que ha sido valorada como meritoria en un tribunal doctoral cuente con el apoyo del Ministerio de Defensa para su publicación y difusión. A tal efecto, tras su adaptación a las normas de publicación de este Ministerio, la obra fue remitida en octubre de 2022 al Servicio de Publicaciones, que informó favorablemente su publicación, y donde no faltaron elogios académicos y técnicos a la misma.

Pero en enero de 2023, después, insisto, de haber sido informada favorablemente por el Servicio de publicaciones del Ministerio de Defensa llegó la «sorpresa», que creo que es de interés público y por lo que me siento en el deber de hacerla constar aquí. Es entonces, cuando por medio de una llamada telefónica, sin atreverse a hacerlo constar por escrito, se comunicó al autor que finalmente la obra no sería publicada por el Ministerio. ¿El motivo? Una supuesta cuestión política. El Secretario General Técnico del Ministerio de Defensa, a la sazón General Consejero Togado, rechazaba publicar la obra porque, entre otras argumentaciones y análisis contenidos en la investigación, el trabajo concluye la inconstitucionalidad de los estados de alarma declarados con ocasión del Covid-19. Inconstitucionalidad, recordemos, declarada previamente por el máximo intérprete constitucional en sus SSTC 148/2021 y 183/2021, pero que parece, el poder político prefiere ocultar o cuanto menos, no recordar al ciudadano o a sí mismo.

---

1 «We are fighting a war against Russia», sitio web: https://pace.coe.int/pdf/604611ebb9e99fe9cb985dee4527efe8ddaaaf3d3540c26245e22ec72aa7fc3d/verbatim.pdf, [consultado el 28/02/2023].

Como Catedrático de Derecho Constitucional de la Universidad de Santiago de Compostela que he dedicado mi vida profesional a la docencia y la investigación, me veo en la obligación de recordar públicamente que los objetivos primarios de la Academia son la búsqueda de la verdad, el análisis y la discusión científica, aspectos que no pueden ni deben supeditarse a intereses políticos o, peor aún, si cabe, personales. Se trata de un hecho que deseo, aunque con poca esperanza, no tenga que volver a lamentarse en perjuicio de nadie, porque dilapida los elementos más básicos de acceso al conocimiento en una sociedad democrática.

La torpe y sectaria decisión del Ministerio de Defensa no ha conseguido el objetivo deseado pues la investigación se ha publicado gracias a la editorial, veterana, pero renovada con fuerza, Colex, que ha demostrado así su compromiso con la investigación. El trabajo se corresponde sustancialmente con el contenido de la tesis doctoral, si bien, adaptada al formato monográfico e incorporando las debidas actualizaciones, así como algunos consejos del propio tribunal calificador. Y, por supuesto, sin eludir las ineludibles, y necesarias, referencias a la guerra de Ucrania y sus implicaciones jurídicas que el autor ha integrado, con acierto, en este libro.

El libro ofrece una panorámica jurídica global de las misiones de las Fuerzas Armadas de manera certera, pero también imprescindible para comprender de dónde viene y hacia dónde se dirige la participación del instituto militar ante las necesidades, acuciantes en términos de seguridad, de la sociedad actual. Es importante observar el papel que juega la Constitución Española como nexo transmisor entre las misiones clásicas de guerra y orden público atribuidas al Ejército preconstitucional, y su papel instrumental hacia un catálogo de misiones que excede el propio contenido constitucional, para adentrarse en el ámbito de la Seguridad Nacional. En definitiva, una obra que no dejará indiferente a nadie porque trata, sin ambages, aspectos jurídicos controvertidos como la participación de las Fuerzas Armadas en materia de seguridad ciudadana, su adaptación a los distintos contextos de normalidad y excepcionalidad democrática, o sus cometidos en el marco de la inteligencia artificial, automatización y robótica, entre otros aspectos.

No son pocas las obras sobre el estatuto jurídico de nuestras Fuerzas Armadas. Algunas excelentes y el autor las ha utilizado con provecho. Pero hay una serie de nuevas situaciones que no tuvieron tratamiento (o lo tuvieron insuficiente) en esas obras. Por eso me atrevo a afirmar que la obra de Samuel López Cabrera se convierte, desde ya, en un referente, inexcusable, en todo estudio jurídico-constitucional sobre nuestras Fuerzas Armadas

Carlos Ruiz Miguel
Catedrático de Derecho Constitucional
de la Universidad de Santiago de Compostela

ABSTRACT

El marco jurídico de intervención del instituto militar se ha sustentado tradicionalmente por dos misiones fundamentales; la guerra, y su participación en la conservación del orden público, complementando unas veces y sustituyendo otras, a sucesivos cuerpos policiales carentes de la especialización, organización e independencia necesarias.

La aprobación de la CE 1978 supone un cambio de paradigma, asignando a las Fuerzas Armadas unas misiones de naturaleza defensiva en su art. 8.1 que posibilitan su disgregación del ámbito de la seguridad pública, ahora bajo competencia exclusiva de las Fuerzas y Cuerpos de Seguridad (arts.104.1 y 149.1.29). No obstante, la desmilitarización de la seguridad pública resulta parcial, permaneciendo la Guardia Civil como cuerpo policial de naturaleza militar ajeno a la estructura de las Fuerzas Armadas, si bien conservando latentes ciertas misiones de naturaleza eminentemente militar para determinados supuestos legales.

El desarrollo legislativo post-constitucional encomienda a las Fuerzas Armadas una tipología de misiones que exceden las meramente defensivas y que hemos catalogado como «propias» e «impropias». Entenderemos por propias, aquellas típicamente derivadas de la aplicación de la LODN y las ejercidas con motivo de la vigencia del estado de sitio, mientras que serán impropias, las realizadas en colaboración con las FCS en el ámbito de la seguridad pública y con ocasión de los estados de alarma y excepción.

La evolución en la complejidad de los conflictos y el desarrollo del ordenamiento interno e internacional, propician el abandono del concepto jurídico «guerra», dejando paso al conflicto armado y a las situaciones de crisis. La participación de las Fuerzas Armadas en este medio se erige en instrumento estabilizador frente a las amenazas y desafíos derivados de un concepto amplio y multidisciplinar de la seguridad, la Seguridad Nacional.

INTRODUCCIÓN

1. Objeto de la investigación

Nuestras Fuerzas Armadas tienen como razón de ser cumplir la misión protectora de los mayores intereses públicos del Estado, bienes jurídicos que sustentan nuestra base constitucional y posibilitan una convivencia social pacífica. Para ello, participan en multitud de escenarios de manera cotidiana, tanto en el ámbito nacional como internacional, conscientes de que garantizar la seguridad de nuestra Nación se encuentra estrechamente vinculada no solo a tareas internas, sino a la contribución de una seguridad global en un entorno de amenazas y riesgos compartidos.

La presente investigación constituye un análisis del estatuto jurídico de la participación de nuestras Fuerzas Armadas en los diferentes contextos de seguridad, esto es, una exposición omnicomprensiva de lo que denominamos «misiones» del instituto militar. Estas misiones parten del texto constitucional, siendo objeto de desarrollo a través de diversos instrumentos legislativos en el marco del planeamiento militar de la Defensa Nacional española. El trabajo pretende ofrecer una panorámica evolutiva de las misiones militares que abarque desde la misión clásica por excelencia, «la guerra», y culmine con su contribución a una concepción amplia de la seguridad, «la Seguridad Nacional». Este camino permitirá desgranar la fundamentación jurídica de un catálogo de misiones militares que nos ayudará a comprender la relevancia de esta institución.

Comenzaremos nuestro estudio desde una perspectiva histórica, de manera que podamos abordar estas misiones durante el íter constitucional previo a la Constitución de 1978, permitiendo distinguir dos misiones fundamentales de nuestro Ejército, tal y como se conceptúa en los textos legales preconstitucionales. Por un lado, la **«guerra tradicional»**, compuesta por la vertiente internacional cuando se desarrolla entre dos o más Estados, o la que puede tener lugar en el ámbito interno con motivo de hechos insurreccionales y otros tipos de movimientos civiles o militares contra el poder establecido. Por otro lado, encontramos la asignación de misiones al instituto militar para la conservación y mantenimiento del **«orden público»**, en paralelo a las competencias atribuidas a cuerpos policiales específicamente concebidos para dicha finalidad.

La participación del instituto militar en el orden público trae causa en la escasa eficacia de las fuerzas policiales para controlar distintos fenómenos de orden público en un periodo extremadamente convulso, acentuada por la aplicación constante del derecho de excepción a través de distintos resortes jurídicos que convierten al Ejército en el verdadero protagonista del mantenimiento de la paz social durante este periodo. En consecuencia, trataremos la relación jurídica entre las acciones del Ejército y la limitación o suspensión de derechos introducida en los textos constitucionales y su legislación complementaria, cuyo origen reside en la voluntad política vigente. Especial importancia adquiere la militarización de la organización policial, que permite la creación del cuerpo de la Guardia Civil en 1844, instituyendo una fuerza militar integrada orgánicamente en el Ejército, pero destinada al mantenimiento del orden público con una eficacia contrastada. Este instituto presenta una dependencia orgánica dual, cubriendo las deficiencias de especialización y de personal existentes en materia policial.

El ordenamiento jurídico preconstitucional nos permitirá comprender con mayor profundidad la importancia de nuestra CE 1978, que implica un cambio de paradigma en la seguridad y en la concepción de las misiones de las ahora denominadas «Fuerzas Armadas». Analizaremos las misiones que podemos denominar como **«estrictamente constitucionales»** y que comprenden la noción genérica de Defensa Nacional, concretada en el contenido del art. 8.1 de la Constitución: garantizar la soberanía e independencia nacional, su defensa territorial y del ordenamiento constitucional.

Estudiaremos las funciones diferenciadas que nuestra Carta Magna asigna a las Fuerzas Armadas, y que deposita en tres órganos constitucionales:

a) el Gobierno, en su calidad directiva de la Administración militar y de la defensa del Estado con razón en el art. 97 CE;

b) las Cortes Generales, mediante el ejercicio de control al Ejecutivo, derivado de los arts. 66.2 y 108 CE principalmente. Esta función se concreta al prestar su autorización para una ulterior declaración de guerra o de paz, así como para permitir contraer obligaciones internacionales al Estado de tipo político o militar, según los arts. 63.3 y 94.1 a) y b) CE, respectivamente. La contracción de obligaciones internacionales por parte de España nos conducirá al tratamiento jurídico de los conflictos armados, mediante el análisis de los Convenios de Ginebra de 1949, sus protocolos y otros acuerdos vinculantes, que diseñan el marco jurídico de actuación de nuestras Fuerzas Armadas al respecto, vislumbrándose un abandono del concepto jurídico de guerra que continuará hasta nuestros días;

c) finalmente el Rey, que representa la cúspide integradora del sistema constitucional, asume el mando supremo de las Fuerzas Armadas en virtud del art. 62 h) CE y el perfeccionamiento de las declaraciones de guerra o paz autorizadas por las Cortes Generales según el art. 63.3 CE.

Comprobaremos que la norma suprema establece un cambio en el modelo policial que transiciona desde la noción de orden público a la de seguridad ciudadana, inserta en el art. 104.1, dentro del ámbito superior de la seguridad pública. Ello permite diferenciar, al menos *a priori,* las misiones atribuidas a las Fuerzas Armadas en el ámbito de la Defensa Nacional, mientras que las Fuerzas y Cuerpos de Seguridad ocuparán el espacio competencial otorgado por la seguridad pública proclamada en el art. 149.1.29 CE. A su vez, el sistema propicia una desmilitarización parcial de la seguridad pública, conservando a la Guardia Civil como instituto militar con funciones policiales, desagregado orgánicamente de las Fuerzas Armadas y con una dependencia híbrida de Interior y Defensa, que conserva latente su involucración en las misiones defensivas.

Al margen de las misiones de naturaleza bélico-defensiva de nuestras Fuerzas Armadas, el desarrollo legislativo y la asunción de compromisos en el seno de organizaciones internacionales, nos ha llevado a establecer un tipo de misiones que exceden el contenido del art. 8.1 CE y que designaremos como **«propias»**. La propiedad de las mismas reside, de un lado, en la aplicación de la LODN en cumplimiento del art. 8.2 CE, y de otro, en la aplicación de la LOAES en concordancia al art. 116.4 CE.

Las primeras, consisten en la participación de las Fuerzas Armadas en misiones internacionales en tiempo de paz. En este sentido, necesitaremos analizar la adecuación jurídica de estas misiones a nuestro texto constitucional, así como determinar la tipología de las mismas, desenvueltas en un entorno multidisciplinar de «gestión de crisis». Prestaremos especial atención a la intervención armada por razones de Humanidad, cuya juridicidad pondrá en tela de juicio la exceptuación de los principios de prohibición de uso de la fuerza y de intervención en asuntos de terceros Estados, en favor de la salvaguardia de bienes jurídicos superiores. Al respecto, las Reglas de Enfrentamiento (ROE) constituyen un parámetro esencial de legalidad en el empleo de la fuerza en el curso de cualquier intervención armada.

Por otro lado, las segundas, obedecen a la intervención de las Fuerzas Armadas durante la vigencia del estado de sitio como último mecanismo protector de la Constitución y de supervivencia del Estado, consagrado en el art. 116.4 CE y en la LOAES. La propiedad de esta misión se encuentra fundamentada en la preponderancia que adquiere el poder militar sobre el civil, basada en una atribución exorbitante de facultades al Gobierno que emplea a la institución militar como instrumento de *última ratio* de excepcionalidad. En este sentido, resulta obligado desgranar la naturaleza legislativa de los bandos militares, sus implicaciones y el impacto que se cierne sobre los derechos fundamentales consagrados en nuestro texto constitucional.

En otro orden, nuestro ordenamiento encabezado por la LODN, configura la posibilidad de participación de las Fuerzas Armadas en el ámbito de la seguridad pública mediante su empleo cooperativo o complementario a las Fuerzas y Cuerpos de Seguridad, en lo que denominaremos **«misiones**

impropias». Este tipo de misiones las vamos a diferenciar por medio de dos ámbitos concretos:

a) situaciones de normalidad democrática, representadas en la prestación de servicios en materia seguridad ciudadana, protección civil, terrorismo, represión del tráfico internacional de drogas e inmigración, entre otras;

b) situaciones de excepcionalidad democrática, articulando la colaboración militar prevista para crisis de seguridad o alteraciones graves de la normalidad durante la vigencia de los estados de excepción y alarma contenidos en los arts.116.3 y 2 CE, que determinará el estudio de los derechos fundamentales implicados y la juridicidad de su empleo.

Nuestro análisis culmina con una investigación doctrinal de las situaciones de crisis, así como de las amenazas y riesgos emergentes que tienen lugar en un entorno multidisciplinar y complejo que configura una nueva noción de seguridad denominada Seguridad Nacional, la cual merece un análisis de derecho comparado diferenciado en atención a la doctrina precursora estadounidense.

Examinaremos las implicaciones que en estas misiones «**securitarias**» de las Fuerzas Armadas tiene la aprobación de la LSN y los documentos de planeamiento de la defensa, incidiendo en los nuevos ámbitos de participación militar entre los que se encuentran la contrainteligencia, la protección de infraestructuras críticas, o la no proliferación de armas de destrucción masiva. Los avances científicos y tecnológicos nos acercarán a una tipología de misiones vanguardistas que nos permitirán esbozar otras relaciones jurídicas, residenciadas en las operaciones de ciberdefensa, inteligencia artificial y el aeroespacio.

2. Justificación

Las Fuerzas Armadas españolas son una institución todavía desconocida por gran parte de la sociedad contemporánea al texto constitucional. Esta circunstancia no obedece a una escasa relevancia en el seno de la Administración Pública o a la carente repercusión de sus misiones en los ciudadanos, se trata simplemente de que los ciudadanos no pueden valorar ni sentir identificación respecto a bienes públicos que se encuentran fuera de su medio de interacción.

La CE 1978 sucedió a un periodo autoritario en que la institución militar gozó de una fuerte presencia en el poder público, aspecto que, al margen de consideraciones políticas ajenas a esta investigación, enraizó el conocimiento militar en la ciudadanía. Sin embargo, desde la aprobación de nuestra Carta Magna, el poder político ha mitigado enormemente la presencia militar en el espacio público general, fomentando en nuestra opinión, una identificación implícita entre Fuerzas Armadas y regímenes políticos previos, directamente proporcional al distanciamiento que ha percibido nuestra sociedad. Es cierto, no obstante, que en los últimos años se viene realizando un esfuerzo institucional en la exteriorización de la imagen militar concebida como un elemento de relevante valor constitucional y, en consecuencia, democrático.

El desconocimiento social existente respecto al instituto militar, lógicamente ha repercutido en el ámbito jurídico, siendo el Derecho Militar una disciplina poco popular, pero no por ello de menor relevancia. Y aquí reside la motivación fundamental de este trabajo, en mi deseo personal de presentar a las **Fuerzas Armadas como un valor,** una institución de especial importancia para todos los ciudadanos, en tanto participa de manera directa en nuestra seguridad y en la protección de bienes dignos de ser protegidos constitucionalmente. Para llevar a cabo su tarea, el ordenamiento asigna a las Fuerzas Armadas una serie de misiones de interés, no solo desde la perspectiva del planeamiento, sino desde el plano jurídico, de manera que podamos proyectar la arquitectura legal en que se basan sus intervenciones, advertir sus carencias y posibilidades de mejora.

CAPÍTULO I

LAS MISIONES DEL EJÉRCITO PRECONSTITUCIONAL: GUERRA Y ORDEN PÚBLICO

Parte I. Siglo XIX

1. Introducción a las misiones de guerra y orden público

Comenzaremos realizando una aproximación a la configuración de dos conceptos que, si bien estuvieron en constante evolución según el momento histórico, político y social, determinaron el ámbito de la seguridad en el siglo XIX por constituir el objeto de las misiones principales del Ejército. Nos referimos a la guerra en sentido clásico, por un lado, y a la conservación del orden público, por otro. Es necesario advertir que este capítulo se centra en analizar el marco jurídico de las misiones asignadas a la institución militar en dicho periodo, por lo que haremos referencia a ciertas circunstancias históricas contemporáneas a la materia de estudio, desestimando un estudio meta jurídico pormenorizado por exceder el objeto de la investigación.

La Real Academia Española de la Lengua (RAE) define el concepto «guerra» como «lucha armada entre dos o más naciones o entre bandos de una misma nación»[1], constituyendo esta la misión tradicional del Ejército durante el siglo XIX, observándose sus acciones en dos vertientes diferenciadas:

A) Para la resolución de conflictos bélicos clásicos entre los distintos Estados en el plano internacional. Desde una perspectiva militar ofensiva, la intervención del Ejército español constituye un hecho frecuente a través de diferentes alianzas que dieron lugar a acciones contra Francia (1810), Portugal

1 Real Academia Española de la Lengua, Diccionario de la Lengua Española, 23.ª edición, sitio web: https://dle.rae.es, [consultado el 11/11/2019].

(1801 y 1807) y Marruecos (1859). Las mismas obedecen, principalmente, a la cercanía de sus fronteras y las consecuencias del eje napoleónico, sin olvidar sendas campañas contra el propio Napoleón. Sin embargo, no se agotan las guerras en el entorno geográficamente más cercano, también tiene lugar la incursión española en Etruria (1806), Dinamarca (1807 y 1848), o Cochinchina (1859), amén de diversos procesos de independencia como Santo Domingo (1863), Colombia (1811) y México (1829), entre otros[2]. El estatuto jurídico de la guerra en este periodo se encuentra determinado por los siguientes factores:

a.1) las diferentes alianzas político-militares entre Estados;

a.2) las declaraciones de guerra y paz;

a.3) los ordenamientos jurídicos internos, que comprenden la promulgación de Constituciones, disposiciones nacionales reguladoras del Ejército a nivel terrestre y de la Armada, y por el principio de libertad jurídica *ius ad bellum*[3] como manifestación de la soberanía estatal.

Dichas normas y acciones se sujetan únicamente a la «vigilancia» del Derecho Internacional a través de la Declaración de Derecho Marítimo de París (1856)[4], las Conferencias de Paz de la Haya (1899 y 1907) y la Declaración de Derecho Marítimo de Londres (1909)[5]. Este bloque normativo constituye el límite conductor de las acciones bélicas de carácter internacional y comienza a surtir efectos jurídicos para España a partir de su aceptación en 1898 con ocasión de la guerra de Cuba. Al respecto, cobra especial relevancia jurídica el Tratado de Armisticio y Regularización de la Guerra, suscrito entre Colombia y España en 1820, por el que se reconoce al Estado colombiano como tal y supone el germen del Derecho Internacional Humanitario (DIH).

2 Emilio DE DIEGO GARCÍA, «Intervenciones en el exterior» en *Historia Militar de España. Edad Contemporánea I. Siglo XIX* [Miguel ARTOLA, coord.], Ed. Ministerio de Defensa, Madrid, 2015, pp. 320-389.

3 La locución «ius ad bellum» se refiere a la posibilidad de un Estado para emplear el uso de la fuerza armada contra otro en el marco del Derecho Internacional. Por otro lado, el *«ius ad bello»* hace referencia al marco jurídico de las acciones militares concretas, es decir, en el teatro de operaciones. Álex PLANA PALUZIE, *«Diferencia entre el ius ad bellum y el ius in bello»*, 2018, sitio web: www.leyesyjurisprudencia.com, [consultado el 12/11/2019].

4 Los preceptos de la Declaración de Derecho Marítimo de París son los siguientes: «1. El corso está y queda abolido. 2. El pabellón neutral cubre la mercancía enemiga, a excepción del contrabando de guerra. 3. La mercancía neutral, a excepción del contrabando de guerra, no puede ser apresada bajo el pabellón enemigo. 4. Los bloqueos, para obligar, deben ser efectivos, es decir, mantenidos por una fuerza suficiente para impedir realmente el acceso al litoral enemigo».

5 La Declaración de Derecho Marítimo de Londres de 1909 regula el bloqueo comercial en puertos enemigos (arts.1 a 21), la consideración del comercio de armas como contrabando de guerra (arts.22 a 44), así como la posibilidad de ataque armado contra buques neutrales que transporten recursos personales del enemigo (arts.48 a 54).

Dicho acuerdo internacional introduce conceptos consolidados tales como la guerra a muerte[6], el respeto para los combatientes, o el establecimiento de unos procedimientos bélicos civilizados centrados en el cumplimiento de los objetivos meramente militares.

Por lo que se refiere al ámbito bélico defensivo, debemos mencionar el fenómeno de la guerra de guerrillas[7]. Surge a raíz de la invasión napoleónica de España (1808-1814) y consiste en una forma diferente de hacer la guerra, carente de batallas de gran consideración y cuyo objetivo se centra en debilitar al enemigo mediante el establecimiento de numerosos enfrentamientos dispersos por el territorio. Ello favorece el desgaste de tropas, en teoría superiores en recursos militares, método que aún hoy es empleado en ciertos conflictos armados e insurgentes[8].

B) En la esfera interna[9], se trata de aquellos hechos bélicos en los que, en principio, no intervienen otros Estados, y en los que adquiere un importante protagonismo el Ejército y las milicias nacionales[10]. Nos referimos a las insurrecciones acontecidas en la primera guerra carlista (1833-1840), segunda (1846-1849) y tercera (1872-1876), además de los Alzamientos carlistas (1855) y de San Carlos de la Rápita (1860).

Advertimos que el hecho insurreccional en España se debe, en parte, a la influencia francesa, que inicia en la conciencia social un concepto de violencia colectiva de carácter legítimo contra el poder establecido. Se aportan nociones como «contrarrevolución» y «guerra civil» en los panoramas nacionales del continente europeo[11], no solo durante el Antiguo Régimen,

---

6 Decreto de Simón Bolívar de 1813 en el que se dictamina dar muerte a los españoles y canarios que no participen de forma activa en la independencia de Venezuela.

7 La obra *Teoría del Partisano* describe el modo en que la guerrilla española se erigió punto de partida en la noción de guerra irregular frente a la invasión napoleónica, constituyendo un modelo de guerra altamente eficaz contra la noción de guerra y ejércitos regulares: «[...] el pueblo [...] chocó con un ejército regular moderno y bien organizado [...] se abrieron nuevos espacios de guerra, se desarrollaron nuevas nociones de beligerancia y surgió una nueva teoría de la guerra y la política.[...] El partisano español de la guerrilla española de 1808 fue el primero que se atrevió a luchar irregularmente contra los primeros ejércitos modernos e irregulares [...] la guerrilla española únicamente comenzó después de la derrota del ejército regular [español]». Carl SCHMITT, *Teoría del Partisano. Acotación al concepto de lo político*, Ed. Trotta, Madrid, 2013, pp. 23-29; en el mismo sentido, Luis VILLAMARTÍN PULIDO, «Guerra irregular y guerra de guerrillas», *Military Review. Revista profesional del Ejército de EEUU, Vol. LXIII, N.º 5*, 2003, pp. 75-82.

8 Esta estrategia de combate suele dar paso en su último estadio al estado de guerra convencional, y otras veces, puede tener lugar de manera simultánea. *Vid.* la invasión de Rusia en Ucrania el 24 de febrero de 2022.

9 Eduardo GONZÁLEZ CALLEJA y Jordi CANAL I MORELL, *Guerras Civiles. Una clave para entender la Europa de los siglos XIX y XX*, Ed. Casa de Velázquez, Madrid, 2012, pp. 7-24.

10 El Constitucionalismo del siglo XIX generalmente regula este tipo de adscripción miliciana a la institución militar de manera temporal como otro recurso de la defensa del Estado.

11 GONZÁLEZ CALLEJA Y CANAL I MORELL, *op. cit.*, pp. 39-58.

sino también en el periodo constitucional decimonónico. Asimismo, y en este orden competencial, el Ejército intervendrá con ocasión de las distintas declaraciones de estado de guerra o sitio que, a juicio del poder político o de la propia autoridad militar, resultaran pertinentes. El derecho excepcional del periodo será abordado de manera específica en epígrafes subsiguientes a fin de determinar el papel del instituto militar, los derechos afectados y sus conexiones.

En cuanto al orden público, podemos entenderlo como aquella situación de tranquilidad pública con ausencia de alteración de la normalidad, o como diría HAURIOU «el estado de hecho opuesto al estado de hecho que es el desorden. [...] una situación exterior de paz y tranquilidad públicas»[12]. Este concepto ha sido objeto de desarrollo y evolución en función de las necesidades que cada sociedad, en un ámbito temporal concreto, haya querido trasladar a través de su ordenamiento jurídico. De esta manera, los poderes públicos establecen los parámetros legales que les permiten implementar las normas de carácter imperativo. Es por ello que la noción de orden público resulta notoriamente distinta, si comparamos el marco del Antiguo Régimen, que posteriormente dio paso al liberalismo introducido en el íter constitucional español.

El concepto de orden público en el Antiguo Régimen presenta una finalidad preferente, consistente en la salvaguarda de los derechos y privilegios sociales del clero y la nobleza, en detrimento de una garantía de tranquilidad pública para los ciudadanos por parte del Estado[13]. La ausencia de división de poderes y la rigidez en el control de los aspectos más elementales del Estado, favorece que no exista participación del ciudadano en la actividad pública y que los derechos de libertad e igualdad no constituyan valores fundamentales dignos de protección.

En consecuencia, esos derechos pueden ponerse en tela de juicio en favor del Estado a través de penas y medidas coercitivas de naturaleza discrecional por parte de la autoridad competente[14]. Conforme nos acercamos al fin de esta etapa, advertimos una norma que supondrá un salto cualitativo en cuanto al ámbito del orden público se refiere, la Pragmática Sanción, de 17 de abril de 1774. Esta disposición introduce términos como «sosiego público» o «tranquilidad pública», siendo identificada posteriormente por FERRER DEL RÍO como la primera ley de orden público en atención a su contenido y finalidad[15].

---

12 Maurice HAURIOU, *Précis élémentaire de Droit administratif,* Ed. L. Larose et Forcel, París, 1983, pp.172-174.

13 Salvador IGLESIAS MACHADO, «La evolución del concepto de orden público a través de las Constituciones españolas hasta 1812», *Revista de Derecho de la UNED, N.º 7,* 2010, p. 380.

14 IGLESIAS MACHADO, *op. cit.*, p. 381.

15 Manuel BALLBÉ MALLOL, *Orden Público y militarismo en la España Constitucional (1812-1893),* Ed. Alianza, Madrid, 1983, p. 26.

En 1766 se promulga la Real Cédula Criminal en la Justicia Ordinaria para Restablecer el Orden Público[16], cuya inclusión del propio término «orden público» en su denominación ofrece una clara declaración de intenciones por parte del poder político. Aunque es cierto que todavía no se encuentran plenamente definidos su concepto, limitaciones o garantías. En general, se advierte poca difusión de la noción en el contexto sociopolítico, quedando en la práctica, la conservación del orden público al amparo de un ejercicio policial con excesiva concepción religiosa del bien estatal. El concepto comienza a utilizarse en contraposición al de «anarquía», concebido por la conciencia pública como la desestabilización de los cimientos estatales constituidos[17]. Las normas descritas encuentran su fundamento en los siguientes aspectos:

a) la influencia recibida por parte de la doctrina francesa de principios del siglo XVIII, sirviendo como muestra la obra de DE LA MARE: *Traité de Police*, que se refiere a este fenómeno en su capítulo VI, Título IV, Libro I: «Etablissement de nouveaux Officiers auprès des Magistrats des provinces. *Distribution de ces Officiers dans les quartiers des Villes, pour y maintenir l'ordre public*»[18];

b) la concepción liberal del orden público recogida en el art. 9 de la Declaración de Derechos del Hombre y del Ciudadano de 1789, que afirma: «Nadie puede ser inquietado por sus opiniones, incluso las religiosas, siempre y cuando su manifestación no altere el orden público establecido por la ley»[19]. El precepto debe entenderse en relación a lo estipulado en el art. 4[20] sobre la dimensión de la libertad individual, en tanto su ejercicio no puede suponer un perjuicio ajeno. Se erige el orden público como garantía, pero también como límite del ejercicio de los derechos.

Con carácter previo a la CE 1812, el Estatuto de Bayona de 1808 supone la primera norma de cierto carácter constitucional vigente en España. No puede considerarse como una Constitución en sentido técnico, en tanto se trata de

16 España, Biblioteca Regional de Madrid, Real Cédula Criminal en la Justicia Ordinaria para Restablecer el Orden Público, 1766, sitio web: www.bibliotecavirtualmadrid.org/, [consultado el 20/11/2019].

17 François GODICHEAU, «Orígenes del concepto de orden público en España: su nacimiento en un marco jurisdiccional», *Revista Ariadna Histórica, Lenguajes, Conceptos, Metáforas, N°2*, 2013, pp.107-130.

18 Nicolas DE LA MARE, *Traité de Police*, Ed. BNF Gallica, París, 1719, p. 36.

19 Francia, Conseil Constitutionnel, *Declaración de los Derechos del Hombre y del Ciudadano*, 1789, sitio web: https://www.conseil-constitutionnel.fr/es, [consultado el 12/11/2019].

20 Art.4 de la Declaración de Derechos del Hombre y del Ciudadano de 1789: «La libertad consiste en poder hacer todo lo que no perjudique a los demás. Por ello, el ejercicio de los derechos naturales de cada hombre tan sólo tiene como límites los que garantizan a los demás Miembros de la Sociedad el goce de estos mismos derechos. Tales límites tan sólo pueden ser determinados por la Ley».

una disposición impuesta por el Estado francés napoleónico que no adquirió vigencia en la totalidad del territorio nacional. La norma se encuentra impregnada de las ideas liberales de la Revolución Francesa, por lo que su concepción del orden público supone un cambio favorable que reconoce algunos derechos como la inviolabilidad del domicilio, la libertad personal o la prohibición de la tortura a los detenidos y presos[21]. No obstante, su aplicación heterogénea en el territorio nacional con ocasión de la Guerra de Independencia española (1808-1814), implica su convivencia simultánea con el orden público propio del Antiguo Régimen. La seguridad se encuentra garantizada por la autoridad del Rey, que tiene entre sus atribuciones la disposición del Ejército para cualquier circunstancia de orden público que considere[22].

A partir de la CE 1812 y los textos constitucionales siguientes, se añaden diversos derechos civiles y de propiedad, libertad de imprenta o de industria, y se suprimen los estamentos en favor del orden público liberal. El Rey se consolida como la primera autoridad con capacidad para conservar el orden público, la seguridad exterior y la ejecución de las leyes a través del Ejército como instrumento integrador de la seguridad en el Estado. El orden público, por tanto, se eleva a categoría jurídico constitucional a partir del citado texto mediante el art. 321 CE 1812[23]. En este sentido, la Instrucción expedida el 23 de junio de 1813 sobre los Jefes Políticos, igualmente atribuye entre sus misiones la conservación del orden público, empleando conceptos como «tranquilidad pública», «buen orden» o «seguridad de personas y bienes»[24].

Como observamos, durante este siglo, la noción de orden público en España se encuentra condicionada por dos regímenes para la protección del espacio público, el establecido por el Estado Absoluto y el del Estado Constitucional. Ambos, limitados no solo por las circunstancias políticas internas,

---

21 *Vid.* La pena de tormento pretende establecer «*ad eruendam veritatem*» un medio de prueba para conocer la verdad en el orden jurídico del Antiguo Régimen, permitiéndose la tortura de los inculpados con carácter previo a la acusación del Fiscal con dos fines principales: obtener la confesión y procurar el castigo de su autor. Dicha pena quedó derogada en España por virtud del 20.° Acuerdo de 12 de enero de 1810 suscrito por Lardizábal, José Pablo Valiente, Antonio Ranz de Romanillos, Alejandro Dolarea y Agustín Argüelles.

22 Esta circunstancia tendrá su reflejo en disposiciones posteriores como *La Exposición del Consejo de Ministros incluida en el Estatuto Real de 1834*, que alude directamente a la facultad exclusiva del Rey para disolver el estamento legislativo «como único medio de prevenir violentas crisis, no menos nocivas al buen orden que a la libertad pública».

23 Art. 321 CE 1812: «Estará a cargo de los Ayuntamientos: Primero. La policía de salubridad y comodidad. Segundo. Auxiliar al alcalde en todo lo que pertenezca a la seguridad de las personas y bienes de los vecinos, y a la conservación del orden público [...]». Constitución Política de la Monarquía Española, de 18 de marzo de 1812, sitio web: www.congreso.es, [consultado el 12/11/2019].

24 José SARRIÓN GUALDA, «La Instrucción de 23 de junio de 1813 para el Gobierno económico-político de las provincias y la "rebelión" de sus diputaciones», *Anuario de Historia del Derecho Español, N.° 67*, 1997, p. 1.195.

sino también y especialmente por las acaecidas en Francia, que propician la aparición del derecho de excepción en España[25].

2. El derecho de excepción en el derecho histórico español

Es evidente que los actuales preceptos del ordenamiento jurídico español en relación con el derecho de excepción y la posibilidad de suspensión de ciertos derechos fundamentales[26], no obedecen a su generación espontánea con el advenimiento del Estado Social y Democrático de Derecho en la CE 1978. Al contrario, esta parte del ordenamiento es consecuencia de la evolución social y política española, y aún antes, de la influencia del derecho comparado.

Aunque los orígenes primitivos de las instituciones de excepción se encuentran en la Antigüedad[27], las facultades de aplicación de este derecho comienzan en Gran Bretaña con el *Habeas Corpus Suspension Acts, o Suspension of Habeas Corpus Acts de 1689*[28]. Su aplicación suponía la suspensión de la libertad individual contemplada legalmente a partir de 1679. En el mismo sentido, resulta de interés la Ley Marcial inglesa[29] de 1714 o *Riot Act,* que permite la alteración del correcto funcionamiento de las instituciones del Estado, asumiendo los tribunales militares funciones de tipo ejecutivo, legislativo o judicial. La *Riot Act* establece la suspensión del derecho de *habeas corpus* y la irresponsabilidad de los funcionarios y del Estado por daños personales y materiales, incluido en el caso de muertes violentas. Esta norma tiene la finalidad de imponer la voluntad pública sobre la particular con ocasión de circunstancias graves[30] de orden público mediante el empleo del Ejército.

---

25 *Vid.* Constitución de 1793 o la propia Ley Marcial de 1789.

26 *Vid.* art.55 CE 1978: suspensión de derechos y libertades, 116CE: estados de alarma, excepción y sitio y su desarrollo legislativo en la Ley Orgánica 4/1981, 1 de julio, de los estados de alarma, excepción y sitio.

27 En el Derecho de Roma (500 a.C.) se podían otorgar facultades de excepción en situaciones de gravedad dictaminadas por el Senado y que asumía de manera concentrada el Dictador o por medio de los Cónsules para suspender la legalidad vigente y por un tiempo máximo de seis meses. Una figura similar tenía lugar en el Derecho de Grecia (490 a.C.) a traves de los Tiranos nombrados para resolver crisis graves de carácter público, si bien no se producía una suspensión de la legalidad.

28 Clarence Crawford, «The suspensión of the habeas corpus Act and the Revolution of 1689», *The English Historical Review, Oxford University Press, Vol.30, N.º 120*, 1915, pp. 613-630.

29 Esta Ley fue aprobada con motivo de los Motines de *Sacheverell* que tuvieron lugar de 1710 a 1715, ostentando como título original «*An act for preventing tumults and riotous assemblies, and for the more speedy and effectual punishing the rioters*».

30 La noción de gravedad era discrecional por parte del Estado, ya que la norma habilitaba a disolver reuniones de más de doce personas en la vía pública.

SCHMITT se ha referido al instituto jurídico del *martial law,* como una situación fuera de parámetros jurídicos en que el Gobierno emplea a la fuerza militar desprovista de limitaciones legales en función de las necesidades represivas, conformando un proceso sumarísimo en el que confluyen el juicio y la ejecución. Se trata, en palabras de este autor:

> «[...] de un espacio libre para la ejecución técnica de una operación militar» en el que «El esfuerzo por regular jurídicamente el despliegue de medios del poder militar contra ciudadanos del propio Estado puede llevar así a postergar más el empleo de tales medios; a establecer cada vez más garantías [...] pero una vez se llega al empleo de estos medios extremos, si se quiere realizar una acción eficaz, cesa la regulación jurídica del contenido de esta acción»[31].

La legislación francesa acoge los valores del *Riot Act* a través de la promulgación de su propia Ley Marcial el 21 de octubre de 1789 *Contre les Attroupements ou Loi Martiale*[32]. La puesta en práctica de la norma se lleva a cabo en París y zonas aledañas al objeto de reprimir crisis de orden público generadas por el desabastecimiento de los ciudadanos, utilizando la exhibición municipal de una bandera roja. La intervención en estas situaciones se realizaba mediante la policía, otorgando inmunidad a las autoridades responsables de la acción coercitiva. Se posibilita, no obstante, la participación del Ejército a solicitud de las autoridades civiles para restaurar la tranquilidad pública. En tal sentido se ha posicionado SCHMITT sobre la obligación de las autoridades francesas de efectuar una declaración *ad hoc* que posibilite el recurso a la fuerza militar para restablecer el orden público[33].

Las diferencias principales con respecto a la *Riot Act*, es que la norma francesa no suspende el derecho de petición y añade la posibilidad de la pena de muerte[34]. A mayor abundamiento, la aprobación posterior de las Leyes de 23 y 26 de febrero, la Ley de 2 y 3 de junio de 1790 y la Ley 26 de julio de 1791, persiguen la finalidad de acabar con los desórdenes del ámbito rural francés, que suponen derogar el derecho a la reunión pública empleando al Ejército como instrumento coercitivo del poder central. Finalmente, haremos referencia a la institución legislativa francesa *Patrie en danger* o patria en peligro de 1792, al objeto de establecer una defensa en

---

31 Carl SCHMITT, *La dictadura. Desde los comienzos del pensamiento moderno de la soberanía hasta la lucha de clases proletaria*, Ed. Alianza, Madrid, 2013, pp. 183-187.

32 Francia, *Décret du 21 octobre 1789 sur les attroupements [décrets, lois et arrêtés]*, Archives Parlementaires de la Révolution Française, París, 1877, pp. 475-476.

33 SCHMITT, *[La dictadura...], op. cit.*, p. 189.

34 Francisco FERNÁNDEZ SEGADO, «La Constitucionalización de la defensa extraordinaria del Estado. En torno a la obra de Pedro cruz Villalón» en [Pedro CRUZ VILLALÓN, *El estado de sitio y la Constitución*], *Revista Española de Derecho Constitucional, Año 2, N.° 4*, 1982, p. 237

caso de intervención militar extranjera, pero que también se aplica en crisis internas de seguridad[35].

Los institutos jurídicos de excepción experimentan mayor definición con la aparición del orden público constitucional. Francia, crea la figura del estado de sitio en virtud de la Ley de 1791, diferenciado del estado de guerra[36], posibilitando la suspensión de la legalidad vigente ante insurrecciones o desórdenes de carácter armado, al amparo del art. 92 de la Constitución de 1799. Por otro lado, la Constitución Federal de EEUU de 1787, recoge en su art. 1 la suspensión del derecho de *habeas corpus* ante una posible invasión extranjera o insurrección interna. Mientras, el art. 4 de este texto determina el principio de intervención del Estado ante emergencias o crisis internas, otorgando a su Presidente facultades exorbitantes en dichas materias, concretadas a través de las Leyes de 2 de marzo de 1792 y 28 de febrero de 1795[37].

Adentrándonos en el siglo XIX, con efecto continuador del anterior, podemos observar la regulación del derecho de excepción a través de la nueva regulación del estado de sitio francés por un Decreto de Napoleón de 1811. Posteriormente, esta circunstancia tiene su reflejo en la Constitución de 1848 y su legislación de desarrollo[38], repercutiendo en las guerras de independencia coloniales. Se atisba la herencia del estado de sitio francés y la concentración de facultades en los Presidentes de República para la resolución de los desórdenes públicos y sublevaciones internas, constituyendo ejemplo paradigmático el caso colombiano[39].

---

35 Florentín MELÉNDEZ, Tesis doctoral: *Los Derechos Fundamentales en los estados de excepción según el Derecho Internacional de los Derechos Humanos*, Universidad Complutense de Madrid, 1997, pp. 57-61.

36 El estado de sitio francés otorga un papel de mayor relevancia a la autoridad militar, no presenta alteración con respecto al funcionamiento de los poderes del Estado, pero sí con respecto a la autoridad civil.

37 La Cuarta Sección del art. 4 de la Constitución Federal de EEUU establece la protección del Estado frente a invasiones o posibles disturbios internos de los distintos estados federales, estableciendo la legislación de desarrollo la dirección principal de estas acciones en el Presidente de los EEUU: «*A well regulated Militia, being necessary to the security of a free State, the right of the people to keep and bear Arms, shall not be infringed*». James GARNER, *Revue du droit publique*, XXXV, citado en SCHMITT, *[La dictadura...], op. cit.*, p. 183.

38 Las Leyes de 1849 y 1878, dieron paso a una institución de excepción singular denominada «estado de sitio político o ficticio» que permitía la suspensión de Derechos Humanos, sustituyendo las autoridades militares a las civiles, incluido en los tribunales de excepción.

39 La Constitución Colombiana de 1886 regula el estado de sitio en su art. 121 del siguiente modo: «En los casos de guerra exterior, o de conmoción interior, podrá el Presidente, previa audiencia del Consejo de Estado y con la firma de todos los Ministros, declarar turbado el orden público y en estado de sitio toda la República o parte de ella. Mediante tal declaración quedará el Presidente investido de las facultades que le confieran las

2.1. Ejército y excepcionalidad en el constitucionalismo histórico

Las distintas regulaciones del derecho excepcional inglés, francés y estadounidense del siglo XVIII tuvieron una gran repercusión en el sistema normativo español. La primera norma que presenta cierta excepcionalidad en nuestro ordenamiento sería la Pragmática Sanción de 1774 que, si bien no está diseñada con las motivaciones aludidas en Francia o Gran Bretaña, en la práctica supone la limitación de derechos como el de reunión. Todo ello, sin tener que recurrir a la solicitud para emplear a la fuerza armada por parte de la autoridad civil:

> «Luego que advirtiese bullicio, o resistencia popular de muchos a los Magistrados para faltarles a la obediencia o impedir ejecución de órdenes, y providencias generales de que son legítimos, y necesarios ejecutores, el que presida la Jurisdicción Ordinaria, o el que haga sus veces, hará publicar Bando para que incontinenti se separen las gentes que hagan el bullicio, apercibiéndolas de que serán castigadas con las penas establecidas en las Leyes, las cuales se ejecutarán en sus personas y bienes irremisiblemente, en caso de no cumplir desde luego con lo que se les manda: declarando que serán tratados como reos y autores del bullicio todos los que se encuentren unidos en número de diez personas»[40].

El acogimiento del instituto de la excepcionalidad en el Derecho español establece las condiciones y requisitos en que pueden acontecer las denominadas «circunstancias excepcionales», que facultan la suspensión de garantías constitucionales en pro de conservar la seguridad del Estado. El empleo de la institución militar en estas u otras situaciones viene fundamentado por la concepción del modelo constitucional de Ejército y su conexión con los preceptos vigentes en su legislación de desarrollo. Es por ello que consideramos apropiado en términos expositivos realizar a continuación un análisis constitucional del modelo de Ejército. Nos adentraremos en el conocimiento de sus misiones y el tratamiento de la excepcionalidad en cada etapa, con la finalidad de obtener una visión omnicomprensiva de la cuestión y determinar el marco jurídico básico de actuación.

leyes, y, en su defecto, de las que le da el Derecho de gentes, para defender los derechos de la Nación o reprimir el alzamiento. Las medidas extraordinarias o decretos de carácter provisional legislativo que, dentro de dichos límites, dicte el Presidente, serán obligatorios siempre que lleven la firma de todos los Ministros. El Gobierno declarará restablecido el orden público luego que haya cesado la perturbación o el peligro exterior; y pasará al Congreso una exposición motivada de sus providencias. Serán responsables cualesquiera autoridades por los abusos que hubieren cometido en el ejercicio de facultades extraordinarias».

40 La Pragmática Sanción de 1774, punto 7, Biblioteca Virtual de Defensa, sitio web: http://bibliotecavirtualdefensa.es, [consultada el 13/11/2019].

2.1.1. El Ejército en la Constitución de 1812

El Ejército constituye la columna vertebral del Estado durante el siglo XVIII, más concretamente de la Monarquía[41]. Su regulación inmediata viene dada por las disposiciones reglamentarias de Felipe V en 1701 y 1729, Fernando VI en 1748 y las Ordenanzas de Carlos III de 1768, regulando ésta última de manera extensa la organización, valores y servicios de la institución castrense de manera formal hasta 1978[42]. No obstante, dichas Ordenanzas se encontrarán condicionadas y parcialmente derogadas por las sucesivas constituciones vigentes españolas. La organización básica del Ejército se compone de las armas de Infantería y Caballería, y los cuerpos de Artillería e Ingenieros.

La CE 1812 desarrolla la noción de defensa genérica del Estado mediante la obligación dispuesta en el art. 9, por la que los españoles participan en el aspecto defensivo nacional por medio de llamamiento legal. Esta prescripción se articula a través de la constitución de la Milicia Nacional[43], así como de la integración de los españoles en el Ejército y la Armada, conforme establece la disposición undécima del art. 131, que atribuye a las Cortes la regulación de los tres cuerpos. Asimismo, la disposición séptima de dicho artículo establece el aspecto exterior del Estado, articulando como facultad de las Cortes la aprobación de tratados de alianza ofensiva. Es decir, se trata de aquellos acuerdos internacionales por los que España se obliga a desplegar al Ejército español ante determinadas circunstancias en connivencia con terceras naciones.

El papel que el texto constitucional de 1812 atribuye al Rey en relación con el Ejército y la seguridad del Estado es trascendental. De hecho, este órgano es quien propone a las Cortes anualmente la aprobación de las plantillas de Tierra y Armada, tanto en tiempo de paz como de guerra, en virtud de la disposición décima del art. 131. A mayor abundamiento, el art. 170 establece que corresponde al Rey:

> «La potestad de hacer ejecutar las leyes [...], y su autoridad se extiende a todo cuanto conduce a la conservación del orden público en lo interior, y a la seguridad del Estado en lo exterior, conforme a la Constitución y a las leyes».

---

41 Antonio MOLINER PRADA, «Constitución militar y liberalismo en España (1808-1814)», *Revista Universitaria de Historia Militar, Vol 1, N.º 2*, 2012, p. 136.

42 Roberto Luis BLANCO VALDÉS y Jordi SOLÉ TURA, *Rey, Cortes y fuerza armada en los orígenes de la España liberal, 1808-1823*, Ed. Siglo XXI de España Editores, Madrid, 1988, p. 30.

43 El empleo de los ciudadanos para integrar milicias no constituye una novedad, sino un modo de militarizar a la población civil y de adecuar sus valores y comportamiento a los del Ejército. No en vano, se crearon las «milicias honradas» y la Reglamentación de las partidas y guerrillas en 1808, la autorización del corso terrestre en 1809, o la conversión de las milicias provinciales en tropa de línea en 1810.

Asimismo, el art. 171 en su disposición tercera, establece la facultad del Rey para declarar la guerra y ratificar la paz, informando después a las Cortes[44]. Por otro lado, el Título VIII bajo la denominación «de la fuerza militar y nacional», crea en su capítulo primero una fuerza militar nacional con carácter permanente compuesta por el Ejército de Tierra y la Armada. Las misiones fundamentales que se le asignan a la fuerza permanente son la defensa exterior y la conservación del orden público interno, conforme al art. 356, aseverando el art. 361 que todo español está obligado al cumplimiento del servicio militar[45]. A pesar de la vigencia de las Ordenanzas de Carlos III, las Cortes de Cádiz regularon en parte el estatuto jurídico del Ejército y sus misiones a través de dos Leyes Orgánicas:

A) Del Ejército de Tierra, de 9 de junio de 1821 (LOE 1821). Esta ley confirma el espíritu constitucional del art. 9 en su art. 1, estableciendo que la fuerza militar nacional se compone por todos los españoles en su misión de Defensa Nacional. Establece la obligatoriedad de su servicio desde los 18 a los 50 años en dos ejércitos: Tierra[46] y Armada. La misión principal del Ejército reside en su art. 6 del siguiente modo: «defender el Estado de los enemigos exteriores, y para asegurar la libertad política, el orden público y la ejecución de las leyes». Se constituye el fuero militar estrictamente para causas penales militares, dejando a la jurisdicción ordinaria el resto de infracciones no relacionadas con dicho ámbito y derogando la jurisdicción militar para causas civiles (art. 118).

El texto también expone la organización del Ejército, régimen de ascensos y haberes, aspectos que obviamos por exceder el campo de acción investigador. Observamos que el Ejército continúa siendo un pilar fundamental para conservar el poder político, no en vano, se le atribuyen las más altas misiones para garantizar la supervivencia de la Nación española y el mantenimiento del poder público;

B) De la Armada, de 27 de diciembre de 1821 (LOA 1821). Esta norma específica ciertos servicios de organización internos en la Armada y en el Almirantazgo, si bien el objeto fundamental de su misión se centra en la navegación nacional e internacional. En dicho ámbito es donde con motivo de guerra o protección interna deberá participar el instituto militar, por extensión de los preceptos constitucionales insertados en los arts. 9 y 356, concordantes con la LOE 1821.

---

44 La declaración de guerra o paz será objeto de dictamen del Consejo de Estado que deberá tener en cuenta el Rey, a tenor del art. 236.

45 Argüelles redactó el Discurso Preliminar de la Constitución de 1812 y se refiere al servicio militar obligatorio del siguiente modo: servicio del que «no puede dispensarse ningún español sin romper el vínculo que le une al Estado y por ello está obligado a defender la nación y su territorio».

46 El art. 4 LOE 1821 establece que la Fuerza terrestre se compone por las tropas de servicio contínuo del Ejército y las Milicias Nacionales de carácter temporal.

Por lo que respecta a la Milicia Nacional, el art. 362 regula su ámbito de actuación circunscrito a la provincia, dejando en manos del Rey, previa autorización de las Cortes, la posibilidad de intervención fuera del mismo, conforme al art. 365. El servicio de la Milicia Nacional es discontinuo, que según prescribe el art. 364, tiene lugar «cuando las circunstancias lo requieran»[47]. Se regula dicho instituto mediante Decreto LXXIII, de 15 de abril de 1814 del Reglamento para la Milicia Nacional, estableciéndose su acceso en forma de servicio obligatorio para los españoles de entre 30 y 50 años[48]durante un periodo de ocho años. Sus misiones se concentran en el mantenimiento del orden público, auxiliar a las unidades del Ejército a nivel provincial, realizando traslado de presos o tareas de apoyo en acuartelamientos.

Especial interés merece lo dispuesto en el art. 55 del Reglamento, sujetando a los milicianos al fuero castrense en los actos relacionados con el servicio, pero contemplando la justicia ordinaria para el resto de situaciones. Ello propicia la posibilidad de aplicarles ciertos preceptos del ordenamiento excepcional en cuanto a su régimen legal de intervención, régimen disciplinario y resto de legislación complementaria.

La convulsión política de la época tiene como consecuencia la suspensión de la CE 1812 y su legislación de desarrollo, incluido el Reglamento de la Milicia Nacional el 4 de mayo de 1814, por parte de Fernando VII. Este bloque jurídico vuelve a recobrar vigencia a partir del 7 de marzo de 1820, con la entrada del Trienio liberal y la restauración de la Cortes de Cádiz el 1 de enero de 1820 hasta 1823, año en que vuelve a derogarse[49], restableciéndose por última vez en 1836 hasta la promulgación de la Constitución de 1837[50].

2.1.2. La excepcionalidad en la Constitución de 1812

La CE 1812 dispone en su art. 308[51] la posibilidad de las Cortes de suspender de manera temporal ciertas garantías en el marco del capítulo III,

---

47 Antonio de Pablo Cantero, *La Milicia nacional. De las Cortes de Cádiz al trienio liberal*, Vol. 2, Ed. Las Deimos, Madrid, 2005, pp. 61-78.

48 Están exentos de alistarse en la Milicia Nacional local el personal eclesiástico conforme al Concilio de Trento, los diputados de las Cortes y de la provincia, Consejeros de Estado, Secretarios de Estado y del Despacho, Oficiales de Secretarías, magistrados, jueces, alcaldes, jefes políticos, jefes de las oficinas de Hacienda, médicos, maestros y catedráticos (art. 1 p.º. 2 del Reglamento para la Milicia Nacional de 1814).

49 El 7 de abril de 1823, las tropas francesas acuden en ayuda de Fernando VII con los «Cien mil hijos de San Luis» conquistando el territorio nacional español y restaurando el Absolutismo, dando paso al periodo conocido como «Década Ominosa».

50 Joaquín Varela Suanzes-Carpegna, «Las Cortes de Cádiz y la Constitución de 1812 (una visión de conjunto)», *Anuario de Derecho Parlamentario, N.º 26*, 2012, pp. 191-207.

51 Art. 308 CE 1812: «Si en circunstancias extraordinarias la seguridad del Estado exigiese, en toda la Monarquía o en parte de ella, la suspensión de algunas de las formalidades prescritas en este capítulo para el arresto de los delincuentes, podrán las Cortes decretarla por un tiempo determinado».

Título V, relacionadas con la detención de individuos en caso de que concurran circunstancias extraordinarias para la seguridad del Estado. En tal sentido, el precepto citado se refiere a la suspensión de las siguientes «formalidades» que, no siendo delimitadas explícitamente, deberemos entenderlas aplicadas a los derechos expuestos a continuación:

a) art. 287[52]: sobre la obligación de informar sobre los hechos que motivan la detención;

b) art. 290: preceptuando la presentación del arrestado ante el juez para su toma de declaración antes de ingresar en prisión, previo auto motivado, según establece el art. 293. Si bien, en caso de no poder llevarse a cabo en estos términos, la autoridad judicial tomaría declaración al procesado en la prisión en plazo de veinticuatro horas;

c) art. 302: sobre el derecho a un proceso público para el procesado, según lo dispuesto en las leyes;

d) art. 303: prohibiendo el empleo del tormento[53] y el apremio[54] a los procesados;

e) art. 306: determinando la inviolabilidad del domicilio, salvo en casos que se precise para conservar el orden y seguridad del Estado.

2.1.3. El Ejército en la Constitución de 1837

La CE 1837 mantiene el servicio militar general, en términos casi literales a los que establece la CE 1812 para los españoles en su art. 9, disponiendo en el art. 6 la participación de los españoles en la defensa del Estado cuando sean llamados mediante procedimiento reglado.

En cuanto a las facultades del Rey, el art. 45 establece la extensión de su autoridad al orden público interno y a la seguridad exterior del Estado, con idéntica redacción al art. 170 de la CE 1812. Consecuente a estas competencias, también le corresponde la declaración de la guerra y de la paz (art. 47.4), informando a las Cortes, y la disposición total de la fuerza armada (art. 47.5), mostrando de nuevo su mando directo y real sobre el Ejército para cualquiera de los bienes jurídicos protegidos en el art. 45. Necesita el Rey recurrir a Ley especial para obligar al Estado en tratados de ámbito ofensivo

---

52 Art. 287 CE 1812: «Ningún español podrá ser preso sin que preceda información sumaria del hecho por el que merezca, según la ley, ser castigado con pena corporal, y asimismo un mandamiento del juez por escrito, que se le notificará en el acto mismo de la prisión».

53 El tormento es un método de coerción procesal realizado sobre el imputado en la fase judicial sumaria, que tiene como finalidad lograr su confesión. Se trata de un medio de prueba legalmente empleado desde las Partidas de Alfonso X El Sabio (XIII), pero derogado con el vigor del Estatuto de Bayona de 1808.

54 El apremio del siglo XIX consistirá en la puesta a disposición del acreedor de los bienes gravados en pacto expreso, sin ser necesaria la venta de los mismos.

(art. 48.3), a diferencia de lo estipulado en la CE 1812 que alude al término «consentimiento». No obstante, dicho consentimiento se articula por medio de instrumento jurídico emanado de las Cortes con rango legal[55].

El Título XIII «de la fuerza militar nacional» dispone en el art. 76, con igual redacción al art. 131, disposición décima de la CE 1812, que el Rey propone a las Cortes las plantillas anuales de la fuerza terrestre y marítima. Asimismo, se conserva el instituto de la Milicia Nacional provincial, regulado mediante ley, dirigida en última instancia por el monarca en virtud de las misiones atribuidas por el art. 45, quien necesitará permiso de las Cortes para una intervención de éstas fuera de su ámbito territorial.

2.1.4. La excepcionalidad en la Constitución de 1837

Por lo que se refiere a la CE 1837, la excepcionalidad se regula en su art. 8, disponiendo que ante «circunstancias extraordinarias» en materia de seguridad, se establece la posibilidad suspender, mediante ley, el contenido esencial del art. 7. Este último precepto garantiza los procedimientos de detención e inviolabilidad conforme al procedimiento legalmente establecido[56]. Dicho de otro modo, una vez se confirme la amenaza para la seguridad del Estado, se podrán practicar detenciones no amparadas en la normativa vigente y conforme a un procedimiento ajeno a las mismas sin concretar, así como la inobservancia de los procedimientos legales establecidos para la entrada en domicilios particulares, mediante una ley dictada *ad hoc*.

2.1.5. El Ejército en la Constitución de 1845

Tras el nombramiento del Mariscal de Campo Ramón María Narváez como Presidente del Consejo de Ministros y Ministro de la Guerra por la Reina Isabel II el 3 de mayo de 1844, este lidera una convocatoria de elecciones a nuevas Cortes Generales. La finalidad consiste en reformar la CE 1837 e introducir las mejores legislativas oportunas de tendencia moderada que permitan una mejor protección del orden público. No obstante, entiende la doctrina que la CE 1837 gozaba de una buena técnica jurídica y además servía como acicate de las disputas políticas internas[57], a pesar de la tensión popular deri-

55 La Disposición séptima del art. 131 CE 1812 establece como facultad de las Cortes aprobar los tratados de alianza ofensiva.

56 Dicho precepto establece la posibilidad de suspensión de estas garantías cuando se aprecie grave perjuicio a la seguridad, afectando al contenido esencial del derecho a la libertad e inviolabilidad del domicilio: «No puede ser detenido, ni preso, ni separado de su domicilio ningún español, ni allanada su casa, sino en los casos y en la forma que las leyes prescriban».

57 María Anunciación Tomás Font De Mora, «La preparación de la Constitución de 1845», *Revista de Estudios Políticos (Nueva Época,) N.º 73*, 1991, pp. 229-541.

vada de las numerosas revueltas, insurrecciones o motines sucedidos[58]. En este sentido, resulta esclarecedor el Decreto de 4 de julio de 1844 por el que se disuelven las Cortes, cuyo contenido es el siguiente:

> «[...] El tiempo ha llegado ya [...] de dictar las leyes necesarias para afianzar de un modo solo y estable la tranquilidad y el orden público y de llevar la reforma y la mejora a la misma Constitución del Estado [...]»[59].

Advertimos que el texto constitucional es una continuación, sin modificaciones, respecto a las facultades regias sobre la fuerza armada, el orden público y la guerra exterior. Por tanto, en términos estrictamente jurídico-constitucionales no se desprende una acuciante necesidad de reforma del anterior texto[60]. Con idéntica ubicación y contenido, hallamos el deber de los españoles de contribuir a la defensa del Estado mediante las armas cuando sean llamados legalmente (art. 6). Se conserva la autoridad del Rey para ejecutar las leyes, conservar el orden público interno y la seguridad exterior (art. 43), declarar la guerra y hacer o ratificar la paz, dando seguidamente cuenta a las Cortes (45.4). Dispone el monarca, asimismo, y conforme a su criterio, de la fuerza armada (45.5), suscribe tratados internacionales de naturaleza bélica, mediante ley (art. 46. 3), y propone la plantilla militar permanente en los ejércitos a las Cortes (art. 79).

Debemos concluir, por tanto, que la reforma realizada en la CE 1837 con la promulgación de la CE 1845 no supone variación alguna en la conceptualización de la defensa del Estado y la conservación del orden público. La institución militar seguirá asumiendo sendos ámbitos por medio de su instrumentalización y a través de cuerpos policiales militarizados, como la Guardia Civil (1844), a la que nos referiremos posteriormente, tras eliminar a la Milicia Nacional del texto constitucional.

2.1.6. La excepcionalidad en la Constitución de 1845

La excepcionalidad no merece una especial atención en el presente texto constitucional. Conserva el mismo contenido y ubicación del precepto excepcional genérico que su antecesora, esta vez en el art. 8, posibilitando la detención o la entrada y registro domiciliario en forma distinta a la prevista en las leyes cuando circunstancias extraordinarias en la seguridad del Estado lo

58 *Vid.* En la CE 1845 no participarían los progresistas por dos motivos fundamentalmente: de un lado, su voluntad contraria a modificar la CE 1837, y de otro, que sus principales líderes estaban huidos o encarcelados como consecuencia de sendas revueltas en febrero y marzo de 1844.

59 Gaceta de Madrid, N.º 3587, de 10 de julio de 1844, p. 1.

60 La intención verdadera con la nueva Constitución es hegemonizar el poder político con los moderados. Interesante aportación realiza el diario *El Espectador* ante el proyecto de reforma de la CE 1837: «La Constitución de 1837 no ponía trabas al poder Ejecutivo, porque este, particularmente las situaciones que ha dominado el partido moderado, no se ha contenido en límites de ningún género».

aconsejen. Evidentemente, la naturaleza extraordinaria de estas situaciones no se define ni remite a un desarrollo legislativo ulterior, dejando un amplio espectro de inseguridad jurídica para su aplicación.

2.1.7. El Ejército en la Constitución «non nata» de 1856

El camino hacia este texto constitucional que nunca llegó a estar vigente, vino precedido por el pronunciamiento fallido del militar Leopoldo O'Donnell en 1854. El mismo ocasionó graves crisis de orden público en Madrid y Barcelona, que permitieron un nuevo gobierno del General Baldomero Espartero[61] en lo que se conoce como «Bienio progresista» hasta 1856. Espartero inició los trámites para convocar nuevas elecciones constituyentes, comenzando a debatirse el proyecto del texto el 8 de noviembre de 1854.

El contenido del proyecto constitucional no supone modificaciones en cuanto a las facultades del Rey sobre el Ejército o la conservación del orden y seguridad (art. 49), la declaración de la guerra o la paz (art. 52.3), la disposición de la fuerza (art. 52.4) y la ratificación de tratados ofensivos mediante ley especial (art. 53.3). Mantiene el principio de defensa consagrado en los anteriores textos, mediante la obligación de los españoles de contribuir a la misma con las armas si fueran llamados (art. 7), así como la fijación de la plantilla del Ejército por las Cortes, a propuesta regia (art. 84). La novedad respecto a la CE 1845 reside en la reinstauración de la Milicia Nacional, que sigue regulada de igual modo a los anteriores textos constitucionales (art. 85).

2.1.8. La excepcionalidad en la Constitución de 1856

El aparato excepcional en la CE 1856[62] mantuvo el contenido del art. 8 de la CE 1812, pero ubicando el precepto en el art. 9, sin otras innovaciones jurídicas dignas de ser reseñadas.

2.1.9. El Ejército en la Constitución de 1869

La CE 1869 entra en vigor el 1 de junio de 1869, tras la convocatoria de Cortes Constituyentes del 11 de febrero de 1869 y el triunfo de la revolución cívico-militar nacional conocida como «La Gloriosa» en septiembre de 1868, que derroca a la Reina Isabel II y provoca el advenimiento del periodo conocido como «Sexenio Democrático»[63].

---

61 José Ramón De Urquijo y Goitia, «Las contradicciones políticas del bienio progresista», *Revista española de Historia, Vol. 57, N.º 195*, 1997, pp. 267-302.

62 Constitución conocida como «non nata» al no llegar a ser promulgada con motivo del golpe de O'Donnell en julio de 1856 que decretó la clausura de las Cortes y el final de bienio progresista de Isabel II.

63 Joaquín Varela Suanzes-Carpegna, «La monarquía en las Cortes y en la Constitución de 1869», *Revista Electrónica de Historia Constitucional, N.º 7*, 2006, pp. 210-215.

Tampoco supone este texto constitucional grandes variaciones de interés con respecto a los anteriores, únicamente en cuanto a la estructuración y agrupación de los preceptos. En tal sentido, mantiene la obligación de los españoles de defensa de la Nación (art. 28) y la autoridad del Rey en lo concerniente al orden público y seguridad exterior (art. 69). La disposición de la fuerza armada y declaración de guerra o ratificación de la paz por parte del Rey queda regulada de modo idéntico, pero recogida en el mismo precepto del art. 70, mientras que la ratificación de tratados de naturaleza ofensiva se inserta en el art. 74.4. Se observa cierta novedad en cuanto a la facultad expresa del Rey de concesión de empleos civiles y militares (art. 73.2), o lo preceptuado en el art. 74.3 sobre la recepción de tropas extranjeras en España, requiriendo Ley especial a tal efecto.

Asimismo, el Título IX regula, a nuestro juicio con escasa técnica jurídica, dos ámbitos sin conexión material directa bajo la denominación «de las contribuciones y la fuerza pública». Estipula su art. 106 que las Cortes aprobarán la plantilla anual del Ejército a propuesta del Rey y establece la prohibición de crear cuerpos armados al margen de una disposición legal (art. 107)[64].

2.1.10. La excepcionalidad en la Constitución de 1869

La CE 1869 realiza un esfuerzo definidor de la institución excepcional y sus medidas, de tal modo que el art. 31 remite directamente a los preceptos que pueden ser suspendidos, mediante ley, en caso de constatarse una afectación grave de la seguridad del Estado que aconseje la adopción de medidas extraordinarias. Los derechos que pueden afectarse son los siguientes:

a) art. 2: sobre la prohibición de detención sin mediar causa por delito;

b) art. 5: relativo a la inviolabilidad del domicilio, requiriendo autorización judicial, estado de necesidad, o el seguimiento del delincuente *in fraganti*[65] que se refugie en casa ajena, siempre que no medie autori zación del morador;

64 España, Congreso de los Diputados, sitio web: www.congreso.es, [consultado el 19/11/2019].

65 El término es una metátesis cualitativa de la locución jurídica latina *in flagranti,* utilizada en el derecho romano para hacer referencia a un hecho delictivo que se está cometiendo en determinado momento por una persona. Se diferencia del concepto de «delito flagrante» o hecho delictivo en condiciones o autoría tan evidentes que no necesitan comprobaciones de carácter complementario o ulteriores. El art. 779 LECr vigente y no derogado hasta 1988 definía el delito flagrante como «el que se estuviere cometiendo o se acabara de cometer cuando el delincuente o delincuentes sean sorprendidos». Se añadía en el texto que «se entenderá sorprendido en el acto no sólo el delincuente que fuera cogido en el momento de estar cometiendo el delito, sino el detenido o perseguido inmediatamente después de cometerlo, si la persecución durare o no se suspendiere mientras el delincuente no se ponga fuera del inmediato alcance de los que le persiguen». Se indicaba, en fin, que «también se considerará delincuente in fraganti a aquel a quien se sorprendiere inmediatamente después de cometido el delito con efectos o instrumentos que infundan la sospecha vehemente de su participación en él».

c) art. 7: determinando la prohibición de obligar a un español a cambiar su domicilio, salvo mediante ejecutoria judicial;

d) art. 17, párrafos 1, 2, y 3: regulando el derecho a la libertad de expresión por cualquier medio, la reunión pacífica y el derecho de asociación.

2.1.11. El Ejército en la Constitución de 1876

Con el pronunciamiento militar del General Martínez Campos el 29 de diciembre de 1874 finaliza la Primera República española, dando paso a un periodo de cierta estabilidad denominado por los historiadores como «Restauración borbónica». Se consolida el modelo liberal y el turno pacífico en el poder entre el partido Conservador, dirigido por Cánovas del Castillo, y el Liberal, liderado por Mateo Sagasta. Tras la abdicación de la Reina Isabel II y, ante el consenso político[66] establecido, el 1 de diciembre de 1874, a través del Manifiesto de Sandhurst[67] [68] accedió al trono Alfonso XII para la dirección del proceso. Con este marco, y tras la celebración de Cortes Constituyentes, se promulga la CE 1876.

En líneas generales, el texto constitucional mantiene las referencias de sus antecesores en lo que al Ejército y seguridad estatal se trata, con alguna variación a la que aludiremos a continuación. El deber de los españoles de contribuir a la defensa del Estado mediante la acción armada se mantiene (art. 3), si bien advertimos que desde la CE 1837 hasta la CE 1876 el precepto incluye la obligada contribución de los españoles en proporción a sus rentas, para hacer frente a los gastos del Estado. Ello nos lleva a concluir que para los legisladores resulta de importancia jurídica equivalente tanto la obligada aportación a la defensa, como a la Hacienda Pública.

Por lo que se refiere a la autoridad del Rey, sigue extendiéndose a la conservación del orden público y de la seguridad externa (art. 50), aportando como novedad el mando supremo del Rey sobre la Armada y el Ejército de Tierra, así como la disposición de sus fuerzas (art. 52). Las anteriores constituciones conllevan la dirección del monarca sobre la fuerza armada *de facto*, si bien el presente texto da un paso más, haciendo referencia a su mando supremo, lo que supone la jefatura jerárquico-militar de la institución de manera constitucionalizada.

---

66 Remedios Sánchez Férriz, «Cánovas y la Constitución de 1876», *Revista de Estudios Políticos, N.º 101*, 1998, pp. 15-24.

67 César Layana Ilundáin, «El sistema político de la Restauración», sitio web: Proyecto Clío (rediris.es), [consultado el 16/10/2019].

68 Enrique Álvarez Conde, «Cuestiones previas» [La Constitución española de 30 de junio de 1876], *Revista de Estudios Políticos, N.º 3*, 1978, p. 86. Según este autor, tanto constitucionalistas como radicales impidieron en un primer momento la publicación del Manifiesto en diario oficial, accediendo finalmente como excusa ante los carlistas y para evitar nuevos pronunciamientos militares.

Asimismo, el art. 53 abunda en la facultad del Rey para conceder empleos y recompensas militares, derivada de su jefatura jerárquica, conservando la competencia para declarar la guerra o la paz en idénticos términos a sus predecesoras (art. 54.4). Se adiciona la dirección de las relaciones diplomáticas con el resto de Estados (art. 54.5), o la admisión de tropas extranjeras y ratificación de tratados de naturaleza ofensiva mediante ley especial (arts. 55.3 y 4). Para finalizar, se cierra dicho ámbito con un novedoso Título XII, no en cuanto contenido, pero sí en cuanto a denominación «de la fuerza militar», para abordar en su art. 88 la previsión de la fuerza militar por las Cortes, a propuesta del Rey.

Al amparo de lo dispuesto en la CE 1876, y con el objetivo de actualizar de manera más específica la institución militar, las fuerzas políticas consensuaron un nuevo estatuto jurídico del Ejército, aprobando la LCE 1878. Esta norma supone una evolución respecto a la LOE 1821, reflejo también de los cambios sociopolíticos ocurridos desde la promulgación de esta última, y que se antojan necesarios para consolidar un Ejército más profesionalizado[69]. Este hecho se observa ya en su art. 1, reconociendo la especialidad del instituto militar con respecto a otros en virtud de su naturaleza y objeto. Se determina la carrera militar como parte de la función pública, en contraposición a lo que la LOE 1821 predica, considerando a la fuerza militar integrada por todos los españoles varones del rango de edad entre los 18 y 50 años.

La norma reafirma la misión principal del Ejército, dirigida a mantener la independencia de la Nación y la defensa exterior e interior, en concordancia al art. 50 de la CE 1876, bajo el mando exclusivo del Rey, de conformidad con el art. 52 del mismo texto. El mando supremo del Rey sobre el Ejército debe entenderse como un mando operacional real, con capacidad de dirección estratégica carente de necesidad de refrendo por Ministro alguno. Queda a salvo la decisión del envío de tropa a una guerra, que sí debe refrendarse por el Ministro de la Guerra, dado el carácter político de la misma, en virtud del art. 5.

Serán los Capitanes Generales o Tenientes Generales quienes asuman el mando de las demarcaciones territoriales[70], seguidos en orden jerárquico por un Mariscal de Campo que ejerce como Gobernador de la capital y su provincia. El servicio en el Ejército se articula por medio de reemplazos establecidos legalmente[71], cuya duración es de ocho años, comprendiendo los

69 Ramón Gómez Martínez, Tesis doctoral: *El estatuto jurídico-constitucional del militar de carrera en España*, Universidad de Granada, 2008, p. 111.

70 El mando territorial se circunscribe a la península, Baleares y Canarias, distribuido en los 14 distritos militares siguientes: Castilla la Nueva, Cataluña, Andalucía, Valencia, Galicia, Aragón, Granada, Castilla la Vieja, Extremadura, Navarra, Vascongadas, Burgos, Baleares y Canarias, 49 provincias, las Comandancias Generales de Ceuta y Campo de Gibraltar y resto de localidades que el Gobierno establezca. Finalmente, Cuba, Puerto Rico y Filipinas conforman 3 distritos militares más.

71 Ley de Reclutamientos y Reemplazos del Ejército de agosto de 1878, articulando un tipo de servicio en el Ejército por mandato legal y otro de provisión voluntaria.

periodos de activo y reserva[72] a razón de cuatros años cada uno. Al respecto, será necesaria una disposición normativa de igual rango que determine el régimen de ascensos y recompensas.

De interés resulta lo dispuesto en el art. 28 de esta LCE 1878, antecedente del carácter neutral de los militares mediante la siguiente construcción: «queda prohibida a todo individuo del Ejército la asistencia a las reuniones políticas, incluidas electorales, salvo el derecho a emitir su voto». A mayor abundamiento, el hecho de no concretar la prohibición de asistencia con o sin uniforme y/o armas, nos lleva a la conclusión de que no pueden asistir a estos eventos en ninguno de los casos, aspecto que resulta contradictorio ante el exacerbado militarismo del siglo XIX en el orden político.

Tras la muerte de Alfonso XII, el 25 de noviembre de 1885, le sucede en el trono desde su nacimiento el Rey Alfonso XIII, ejerciendo la Regencia su madre María Cristina de Habsburgo-Lorena desde entonces. Con el acuerdo conocido como *Los Pactos de El Pardo* del 24 de noviembre de 1885, Cánovas del Castillo y Sagasta pactan la continuación de un Gobierno liberal por el último, implementando políticas liberales que posibilitan un periodo de cierta estabilidad[73]. Al amparo de esta situación se dicta una nueva norma reguladora del Ejército, la LACE 1889[74], aportando un novedoso concepto de misión para el Ejército constituido por el mantenimiento de la Constitución y resto del ordenamiento en su art. 1. Otorga al régimen constitucional vigente de 1876 la misma consideración que a la propia independencia y soberanía de la Nación, consecuencia de la consustancialidad del paradigma Estado-Nación-Constitución.

Además, se introduce una modificación en cuanto a la intervención del Rey en operaciones de campaña con respecto a la LCE 1878, asumiendo la responsabilidad de sus acciones el General en Jefe, que las ejercerá en calidad de Jefe de Estado Mayor General. El resto de facultades regias sobre la disposición militar y de seguridad, quedan refrendadas por el Ministro del ramo, a tenor de lo estipulado en el párrafo 4.º del art. 2. En consecuencia, el Rey adopta una posición jurídica sumamente relevante como mando supremo del Ejército y como garante constitucional de la seguridad y el orden público, concordante con el art. 50 CE 1876. Asimismo, todos los cuerpos que integran el Ejército, incluidos los dedicados al orden público como la Guardia Civil o el cuerpo de Carabineros, dependen del Ministro de la Guerra en cuanto a disciplina y organización, mientras que lo harán del Ministerio de Gobernación en relación a los servicios asignados. No obstante, ante una eventual guerra pasan a depender totalmente del Ministro de Guerra y sus servicios a prestarse en el seno del Ejército, conforme determina el art. 5.

72 La reserva es una situación de especial disponibilidad o expectativa de prestar servicio para el caso de ser llamado a la guerra.

73 En septiembre de 1886 tuvo lugar una sublevación republicana frustrada dirigida por Manuel Ruiz Zorrilla y ejecutada por parte del General Manuel Villacampa del Castillo.

74 Gaceta de Madrid, N.º 201, de 20 julio de 1889, p. 193

Pese a la inestabilidad política y los problemas de orden público, los distintos textos constitucionales decimonónicos mantienen una misma tónica general, en que el Rey se constituye en garante último de la conservación del medio público y la iniciativa bélica exterior mediante su disposición sobre la fuerza armada. Una fuerza armada que alcanza un elevado protagonismo en cuanto a su intervención para restaurar la seguridad, pero que también ostenta un importante papel como sujeto político a través de numerosos pronunciamientos. A este último aspecto nos referiremos posteriormente, al objeto de analizar la juridicidad de este tipo de acciones.

2.1.12. La excepcionalidad en la Constitución de 1876

Finalmente, la CE 1876 regula el instituto militar con mayor concreción, realizando una remisión a las garantías que podrían suspenderse de manera temporal por causa de la seguridad del Estado, mediante ley que exprese su alcance. Su contenido reitera la acepción «circunstancias extraordinarias» de los anteriores textos constitucionales, en su art. 17. Además, se añade la posibilidad de que las medidas excepcionales sean acordadas directamente por el Gobierno cuando las Cortes no se encuentren reunidas y se trate de una situación «grave y de notoria urgencia», informando a las Cortes a la mayor brevedad[75]. A tal fin, la suspensión alcanzaría a los siguientes derechos:

a) art. 4: sobre las garantías del detenido, consistentes en la imposibilidad de detención sin mediar causa legal por delito, su puesta en libertad o a disposición judicial en veinticuatro horas, así como su elevación a prisión y notificación en plazo de setenta y dos horas;

b) art. 5: relativo a los derechos procesales de quien ingresa en prisión, debiendo ratificarse la medida en setenta y dos horas o ser puesto en libertad;

c) art. 6: del derecho a la inviolabilidad del domicilio, regulado en similares términos a la CE 1869[76];

75 Art. 17 CE 1876: «Las garantías expresadas en los artículos 4.°., 5.°., 6.°., y 9.°., y párrafos primero, segundo y tercero del 13, no podrán suspenderse en toda la Monarquía, ni en parte de ella, sino temporalmente y por medio de una ley, cuando así lo exija la seguridad del Estado, en circunstancias extraordinarias. Sólo no estando reunidas las Cortes y siendo el caso grave y de notoria urgencia, podrá el Gobierno, bajo su responsabilidad, acordar la suspensión de garantías a que se refiere el párrafo anterior, sometiendo su acuerdo a la aprobación de aquellas lo más pronto posible. Pero en ningún caso se suspenderán más garantías que las expresadas en el primer párrafo de este artículo. Tampoco los jefes militares o civiles podrán establecer otra penalidad que la prescrita previamente por la ley».

76 La diferencia fundamental entre la inviolabilidad del domicilio en las CE 1869 y de 1876, radica en que en esta última no se contempla como posibilidad entrar en domicilio ajeno sin consentimiento, la circunstancia de estado de necesidad de inundación, incendio u otros de carácter análogo.

d) art. 9: sobre el derecho a establecer residencia, con la misma redacción que el art. 7 de la CE 1869 anteriormente descrito[77];

e) art. 13.1, 2 y 3: con la misma regulación que el art. 17 de la CE 1969[78].

2.2. Desarrollo legislativo de la excepcionalidad en el constitucionalismo

Realizada una aproximación al marco jurídico de las misiones del Ejército durante el constitucionalismo histórico del siglo XIX, es necesario analizar las distintas disposiciones normativas que posibilitan la intervención de la Administración castrense, así como el asentamiento de la excepcionalidad en nuestro ordenamiento:

A) RCla. de 3 de agosto de 1814, sobre Comisiones Militares para juzgar cuestiones de orden público relacionadas con determinados colectivos: se trata de órganos militares encargados del procesamiento de las personas que, de cualquier modo, atentaran de obra o palabra contra el régimen de Fernando VII. De esta manera, la función jurisdiccional militar se empleaba tanto para condenar acciones políticas contrarias al régimen establecido, como para ciertos delitos contra la propiedad y los perpetrados por bandidos o salteadores de caminos[79];

B) RO de 6 de septiembre de 1814, sobre Comisiones Militares: la constitución a nivel nacional de estas Comisiones se realiza por parte del Ministerio de la Guerra y bajo la dirección de los Capitanes Generales[80];

C) Ley de 17 de abril de 1821, sobre conspiración directa a mano armada contra la Constitución: esta norma atribuye la detención de los autores de estos hechos al Ejército permanente o Milicia Nacional, siendo juzgados en fuero castrense por medio de Consejo de Guerra ordinario[81];

D) CP de 9 de julio de 1822: a pesar de que no se trata de una ley marcial, acoge la excepcionalidad en cuanto dispone la irresponsabilidad por

---

77 Art. 9 CE 1869: «La Autoridad gubernativa que infrinja lo prescrito en los artículos 2.°., 3.°., 4.°. y 5.°., incurrirá según los casos, en delito de detención arbitraria o de allanamiento de morada, y quedará además sujeta a la indemnización prescrita en el párrafo segundo del artículo anterior».

78 Excepto que la CE 1876 hace referencia a la prohibición de la censura previa, que obviamente también podrá ser suspendida con las circunstancias expresadas en el art. 17.

79 Pedro Ortego Gil, «Las medidas legislativas tras la guerra» en *Delincuencia patrimonial y jurisdicción militar durante el Sexenio absolutista, Cuadernos de Historia del Derecho, N.° 20*, 2013, pp. 159-160.

80 Sin embargo, el RD de 26 de enero de 1816 derogó el conocimiento de las Comisiones militares para delitos relacionados con la acción política, de los que pasó a conocer la jurisdicción ordinaria.

81 Conforme a la Ley 8.ª, Título 17, Libro 12 de la Novísima Recopilación en los arts. 1 y 2.

el empleo de la fuerza armada ante actos de rebelión, sedición, motín, asonada o tumulto. A tal fin, el art. 295 afirma que, si habiendo sido requeridos los rebeldes o sediciosos para que cesen en sus acciones, no lo hicieran «podrán desde luego usar las armas y de todo el rigor militar y tratarlos como a enemigos públicos», por lo que podría asemejarse más al anglosajón *Riot Act* que a la *Loi Martiale* francesa[82]. Interesante como fórmula de modulación del ejercicio de la misión militar resulta el art. 498 de este Código, que castiga la obediencia debida de los militares y del resto de funcionarios públicos. De tal modo, cuando los mismos reciban órdenes inconstitucionales que no se ajusten a los procedimientos legales o se realicen en perjuicio de tercero, deben ponerlo en conocimiento del superior inmediato, con expresión de los motivos en caso de desobedecer la orden recibida;

E) Decreto sobre reuniones patrióticas de 27 de noviembre de 1822: esta norma permite la intervención del Ejército u otra fuerza armada militar en caso de reuniones sediciosas o violentas[83];

F) La RO de 9 de octubre de 1824, mediante la que se condena a masones, comuneros y otros sectarios como enemigos del sistema, que junto al RD de 4 de septiembre de 1825, sanciona la constitución de sociedades secretas como delito de lesa majestad. En este sentido, el Proyecto de Código Penal de 1830 establece rasgos de excepcionalidad en materia de sociedades ilícitas, estableciendo en su art. 104 la tipificación de la acción de asociarse como delito, cuyas penas oscilan entre la pena de muerte para autores o promotores, y el destierro por tiempo de cuatro años para los cómplices[84];

G) Decreto de 18 de julio de 1834: permite el empleo de la fuerza armada militar para disolver los disturbios públicos en Madrid, dictando medidas como el destierro para los autores de los hechos, asimilándose a la naturaleza de la *Loi Martiale* francesa;

H) RD de 16 de agosto de 1835: estableciendo en España el estado de sitio. Consideramos preciso acometer un análisis previo que tenga presente las condiciones jurídicas que han concluido con la regulación del estado de sitio en el ordenamiento español, realizando mención a algunas disposiciones que constituyen su génesis en España. El antecedente más remoto lo hallamos en la proclama del Gobernador y Capitán General Palafox en Zaragoza, de 27 de mayo de 1808. En la misma, se ordena a las compañías de

---

82 Meléndez, op.cit., p. 37.

83 Santiago Muñoz Machado, *La Represión Penal de Autoridades y Funcionarios por Violación de las Libertades*, Tratado de Derecho Administrativo y Derecho Público General [La Constitución como norma], Tomo V, 4.ª edición, Biblioteca Jurídica Digital del BOE, Madrid, 2015, p. 89.

84 María del Mar Rojas Buendía, «La libertad de conciencia y el derecho de asociación en la Constitución de 1812», *Revista de Historiografía, N.º 20*, 2014, pp. 41-57.

paisanos la conservación de la felicidad y el orden público[85], continuando en la misma línea al ordenar, el 14 de julio de 1808, juzgar militarmente las consecuencias traídas entre ciertas disputas de civiles y militares[86].

Sin embargo, los rasgos asimilados al estado de sitio francés los encontramos en el Decreto dictado por Napoleón, el 8 de febrero de 1810, por el que se segregan las provincias de Cataluña, Aragón, Navarra y Vizcaya, pasando a depender de Francia. En esta norma, se dispone que el Comandante en Jefe del Ejército de Cataluña servirá como Gobernador provincial de Cataluña (art. 3) y administrador de la policía, justicia y finanzas (art. 5) dictando los reglamentos que requiera a tal fin, declarando el estado de sitio en Cataluña (art. 4)[87]. Durante toda la Guerra de Independencia española (1808-1814), se plantearon los sitios de otras plazas como Cádiz, el 14 de octubre de 1811, estableciendo la pena de muerte a cualquiera que ingresara en la misma sin autorización. Presentaban un mismo elemento integrador dichos antecedentes, constituido por la preeminencia de la jurisdicción militar en la zona declarada sitiada[88], al albur jurídico común del art. 1, Título I, Tratado VII de la Ordenanza General Militar[89]. Empezamos aquí a vislumbrar el empleo del estado de sitio, y por tanto de la autoridad militar, como un verdadero instrumento para lograr fines políticos.

Durante el trienio liberal, la LOE 1821, acoge contextualmente el quehacer cotidiano de la autoridad militar respecto a la regulación de las plazas sitiadas en la Guerra de Independencia, disponiendo en el art. 139 que serán las Ordenanzas militares[90] las que determinen las competencias de los Gobernadores de Plaza y Generales en Jefe[91]. Asimismo, dicha norma establece la

---

85 Esta proclama es tratada por Agustín Alcaide de Ibieca, La Disposición 7.ª de la proclama se refiere del siguiente modo: «[...] prohibido cualquier acción o represión contrario a este, bajo el seguro concepto de que si hubiere alguna contravención, que estoy muy lejos de esperar, la castigaré militarmente». Continuando la Disposición 9.ª: «finalmente mando, que siguiendo los magistrados y oficiales públicos en ejercer sus judiciales y respectivas funciones; se considere el reino y por ahora en estado y bajo el gobierno puramente militar». Agustín ALCAIDE DE IBIECA, *Historia de los dos sitios que pusieron a Zaragoza en los años de 1808 y 1809 las tropas de Napoleón*, Tomo I, Ed. Imprenta D.M. de Burgos, Madrid, 1830, pp. 14-18.

86 ALCAIDE DE IBIECA, op.cit., pp. 14-44.

87 Jesús BURGUEÑO RIVERO, *Geografía política de la España constitucional. La división provincial*, Ed. Centro de Estudios Políticos y Constitucionales, Madrid, 1996, pp. 1-2.

88 Redactor General de Cádiz, Bando publicado el día 14 de octubre de 1811.

89 El precepto permite instaurar el estado de guerra a nivel provincial, dejando el estado de asamblea cuando dichas circunstancias se extiendan a todo el territorio nacional.

90 Gaceta de Madrid, N.º 40, de 9 de febrero de 1822, p. 232. El Decreto LX, de 27 de enero de 1822 estructura España en trece distritos militares al mando de un Comandante General respectivamente con las misiones establecidas en la Ordenanza General y la Ley Orgánica del Ejército de 1821.

91 Eric Eduardo PALMA GONZÁLEZ, «El estado de sitio en las Cortes de Cádiz y el trienio liberal», *Investigaciones históricas. Época moderna y contemporánea, N.º 21*, 2001, p. 198.

imposibilidad de dictarse pena contra un militar, en situación de paz o guerra, que no sea mediante sentencia judicial (art. 132)[92]. Se contempla posibilidad de exceptuar dicho extremo si los hechos se encuentran tipificados como sedición, consagrando la pena de muerte para el militar acusado de cobardía en tiempo de guerra (art. 134). Por otro lado, se establece un procedimiento judicial para los militares con garantías universales, en tiempo de paz (art. 135). Ante las distintas declaraciones de plaza sitiada y de plaza en estado de guerra que se suceden a lo largo del territorio español, las Cortes discuten sobre el significado jurídico de dichos conceptos a través de un proyecto de Ordenanzas militares, aprobado finalmente el 30 de noviembre de 1822, estableciendo que:

h.1) el estado de guerra[93] (art. 4) se constituye cuando se den las siguientes circunstancias:

  h.1.1) sea declarado por el Gobierno de la Nación;

  h.1.2) en tiempo de guerra la plaza esté situada en primera línea de la frontera o costa, o a distancia inferior a treinta leguas de las plazas, campos y posiciones del enemigo;

  h.1.3) en una extensión de veinte leguas se constituyan reuniones ilegales de personas armadas en número igual o superior al de la guarnición.

h.2) el estado de sitio[94], que se mantendrá mientras no se haya resuelto el ataque y preparado la defensa, se constituye cuando:

  h.2.1) por orden del Gobierno de la Nación en caso urgente;

  h.2.2) la plaza sea atacada de manera inminente;

  h.2.3) reuniones de personas armadas sin conocimiento de la autoridad en el radio de embestidura.

h.3) el estado de paz se constituye únicamente cuando no se declara el estado de guerra o de sitio. Con la entrada en el periodo conocido como «Década Ominosa» (1823-1833), se establecen las Comisiones Militares ejecutivas y permanentes en 1834, instaurándose el estado de sitio en Madrid en 1835, por medio del citado RD. Ello permite someter las autoridades civiles a las militares y suspender cualquier disposición que se oponga a lo dispuesto en el mismo, calificándose

---

92 Art. 132 LOE 1821: «Los militares gozarán de todos los derechos civiles, lo mismo que los demás ciudadanos, y las Ordenanzas fijarán la diferente forma en que han de usar de ellos en los casos que así lo exija la naturaleza de su profesión».

93 En estado de guerra la milicia local se subordina al Gobernador o Comandante Superior, quedando la competencia de dictar bandos entre las facultades de este, aunque sean emitidos por el poder civil.

94 Diario de las Actas y Discusiones de las Cortes Extraordinarias del año 1822, sesión del día 21 de noviembre, p. 71.

por la doctrina más autorizada como el primer estado de sitio político de España[95];

I) Decreto de junio de 1855, autorizando el destierro de españoles por motivos de orden público. Especifica el art. 1 que la medida del destierro se acordará de manera unánime en Consejo de Ministros, pudiendo destinarse a cualquier punto de la península a un español del que se pueda inferir que intenta perturbar el orden público o la seguridad del Estado. Por tanto, la pena es de carácter administrativo al decidirse por el propio Gobierno y basta con que el Ejecutivo, interpretando su información disponible, considere la simple tentativa de alteración de la paz pública para ejecutarse. Además, la norma permite mediante el mismo procedimiento, suspender la libertad de prensa cuando pueda alentar a la rebelión. Como aspecto limitador de esta facultad, simplemente deberá informarse a las Cortes cuando la misma se lleve a cabo a través de un expediente general con las medidas ejecutadas;

J) Ley de 8 de julio de 1866[96], por la que se declaran suspendidas ciertas garantías constitucionales. Una vez sean determinadas por las Cortes las precitadas «circunstancias extraordinarias para la seguridad del Estado» a que hace referencia el art. 8 de la CE 1845, se autoriza al Gobierno para suspender en todo o parte del territorio nacional los derechos garantizados en el art. 7 de dicho texto constitucional. En consonancia con la promulgación de esta norma, el 26 de julio de 1866, se dicta un RD para hacer uso efectivo de la autorización legal precedente, suspendiendo dichas garantías constitucionales en todo el territorio nacional e islas adyacentes[97].

2.3. Ley de Orden Público de 1867. Estados excepcionales y participación militar

La preocupación política por conservar un orden público frecuentemente perturbado por las guerras, motines o insurrecciones populares durante el siglo XIX, va en aumento dado que la inestabilidad política y social no permite establecer una regulación uniforme de este ámbito en todo el territorio nacional. Además, como hemos visto, las Constituciones promulgadas no aportan medidas ni misiones concretas a los diferentes cuerpos o al Ejército,

---

95 Pedro Cruz Villalón, *El estado de sitio y la Constitución. La constitucionalización de la protección extraordinaria del Estado (1789-1978)*, Ed. Centro de Estudios Políticos y Constitucionales, Madrid, 1980, p. 180-187.

96 Ley sancionada por la Reina Isabel II y refrendada por el Presidente del Consejo de Ministros Leopoldo O'Donnell.

97 Gaceta de Madrid, N.º 190, de 9 de julio de 1866, p. 1. Resulta esclarecedor el contenido de la Exposición de motivos del RD en el que se afirma: «teniendo en gobierno la firme resolución de destruir las combinaciones, de larga fecha preparadas, para asegurar el triunfo de una revolución», y continúa apreciando la ponderación de su utilización «es de todo punto preciso hacer uso saludable, aunque mesurado, de la autorización antes concedida».

fraguándose un orden público ciertamente militarizado, aunque no especializado. Las consecuencias de esta situación desembocarán en la Ley de Orden Público de 1867, que ofrece un hilo jurídico-conductor previo digno de reseñar.

Durante el transcurso de la Primera Guerra Carlista, en las legislaturas de 1838 y 1839, se presenta por parte de Facundo Infante Chávez, diputado y General del Ejército, un primer Proyecto de Ley sobre la declaración de las provincias en estado de guerra y las plazas en el estado de sitio. Si bien y como su contenido indica, no sería una norma cuyo objeto fuese el mantenimiento del orden público, sino una disposición propia del estado de guerra del periodo. Sería el Gobierno el que elaborase un «Proyecto de Ley Excepcional para el gobierno de un territorio o punto de la Monarquía en los diferentes casos en que las circunstancias de la guerra actual, obliguen a suspender el de su estado normal o de paz». Este Proyecto de Ley excederá el objeto único del estado de guerra en que se encuentra inmerso el país, contemplando la activación de la excepcionalidad por motivos de orden público. El Proyecto establece tres tipos de estado: el de prevención, el de guerra y el de sitio, cuya delimitación es bastante difusa, no en vano el art. 6 establece lo siguiente:

> «Los estados de guerra y de prevención serán también aplicables a un territorio o punto cuando el trastorno de orden público, en ellos, por efecto de una sublevación o sedición, los constituya en circunstancias semejantes a las señaladas en los artículos 3.º y 4.º».

En este sentido, los arts. 3 y 4 hacen referencia a la invasión de fuerzas externas que alteren la seguridad, o una conspiración grave, quedando evidenciada la abstracción y discrecionalidad en la apreciación de estas circunstancias. Respecto al estado de sitio, se concibe como recurso ante posibles sediciones internas que requieren la intervención de la fuerza militar, según el art. 7. Sin embargo, la mayor irregularidad en términos jurídicos del Proyecto la constituye la posible declaración de cualquiera de los tres estados por parte del Capitán General, asumiendo la autoridad e interviniendo la jurisdicción castrense en todos ellos.

Con el «gobierno largo» de Narváez (1847-1850), tiene lugar la discusión en las Cortes de un proyecto de Ley de Orden Público en 1847, que se ha obviado de manera general por los investigadores[98], si bien supone una tentativa de sistematizar las facultades administrativas y militares en el ámbito. Su exposición de motivos, realizada el 17 de noviembre por el Ministro de Gobernación Luis José Sartorius, refleja la voluntad de superar la inseguridad y discrecionalidad aportada con la Ley de 17 de abril de 1821, para

---

98 Ballbé Mallol, *op. cit.*, p. 159. El autor hace referencia a que juristas como Fernández Segado o Cruz Villalón estudian como primer proyecto de Ley de Orden Público el de Bravo Murillo en 1852, sin advertir el de 1847.

construir un sistema represor excepcional de mayor legitimación, indicando lo siguiente:

> «La Ley de 1821 y los bandos de las autoridades militares, no podían llenar este vacío, porque ni es la primera una Ley de Orden Público, ni dimanaban los segundos de una autorización legítima que los hiciese eficaces».

No obstante, este proyecto de Ley muestra la inevitable influencia de los moderados en su concepción del orden público. Dedica la primera parte a regular las reuniones, no como derecho con su correspondiente extensión y límites[99], sino más bien como objeto del control administrativo para prevenir delitos, y establece en la segunda, la regulación excepcional propiamente dicha. El art. 5 afirma que se declarará el estado de excepción allí donde peligre la conservación del orden público, sin concretar los criterios objetivos que desembocan en dicho peligro, por lo que se reitera el amplio margen de discrecionalidad en el acto administrativo.

Como contrapunto, el art. 6 prohíbe su declaración a la autoridad militar, correspondiendo solo al Jefe político la misma. No obstante, una vez declarado, es la autoridad militar quien asume la autoridad superior de todas las facultades gubernativas necesarias, comprendiendo también entre las mismas la sancionadora cautelar; entre ellas la detención y el destierro (art. 7). Asimismo, vigente el estado excepcional, la jurisdicción castrense resulta competente para enjuiciar los delitos políticos o contra el orden público, requiriendo la autorización del gobierno para ejecutar la pena capital, conforme al art. 9. CÁRDENAS[100] plantea la inconstitucionalidad de este proyecto de Ley, en tanto el art. 8 de la CE 1845 requería la aprobación de una Ley de las Cortes que permitiese suspender las garantías constitucionales y no una norma de vigencia continua que articulara la excepcionalidad de manera discrecional. Finalmente, la norma no llega a aprobarse, ya que Narváez prefiere dotar de mayor discrecionalidad el marco de intervención militar.

Siendo Presidente del Gobierno el anterior Ministro de Hacienda de Narváez, Bravo Murillo (1851-1852), las tendencias normativas se inclinan por apostar por el autoritarismo civil en lugar del militar, constituyendo una influencia directa de los modelos políticos implementados en Francia. Bravo Murillo formulará un Proyecto que introduce una reforma constitucional de la CE 1845, eliminando el art. 8 anteriormente precitado. Sin embargo, lo cierto es que sólo se aplicaría una vez durante 1848, obviándose dicha disposición en el resto de casos, o bien, aplicando la Ley de 1821 para suspender temporalmente las garantías constitucionales del art. 8.

99 Las reuniones requieren, a tenor del art. 2, autorización del Jefe político en la provincia o del alcalde en el municipio.

100 Francisco CÁRDENAS Y ESPEJO, *«Reformas que se preparan en la legislación. Proyecto de Ley de orden Público», Revista de Jurisprudencia y Administración, Tomo II*, 1847, p. 401.

En cuanto al contenido del Proyecto *non nato* de Ley de Orden Público de 1852, se establecen dos estados diferenciados. Por un lado, el preventivo, en que la autoridad civil asume mayores facultades en detrimento de las libertades ciudadanas al suspenderse la Ley de Seguridad de las personas. Y por otro, el excepcional, que igualmente será declarado por el Jefe político provincial y en el que se concentran las facultades en la autoridad militar competente, al estilo del Proyecto de 1847 precitado. Ejerciendo como Ministro de Gobernación González Bravo, se decide dar cierta homogeneidad y mayor autoritarismo a la cuestión del orden público[101], dictando a tal fin el RD de 20 de marzo de 1867, por el que se aprueba la LOP 1867. Se trata de la primera norma que regula en España este ámbito concreto, estableciendo tres tipos de estado: normalidad, alarma y guerra. Los efectos jurídicos de los mismos presentan una gradación progresiva de las misiones del Ejército y la consecuente restricción proporcional de derechos y libertades públicas.

La Exposición de motivos hace referencia a la necesidad de la norma, con ocasión de los frecuentes disturbios públicos, motines y revueltas, realizando hincapié en el empleo equilibrado de los dos aspectos que conforman la seguridad: el preventivo y el represivo. Se pretende con ello que «ni sacrifique arbitrariamente la libertad por conservar el orden, ni por sostener aquella entregue la sociedad a los azares de lo imprevisto y a los riesgos de la anarquía», definiendo como límite del orden público «todo cuanto altera la armonía del conjunto, moral o materialmente». En primer lugar, esta Ley señala como delito o falta contra el orden público cualquier acción dirigida contra la religión, la moral, la Monarquía, la Constitución, la dinastía del Reino, Congreso y Senado, o las leyes (art. 1). Además, añade una cláusula genérica de cierre que incluye el acaecimiento de escándalo, bullicio, agitación, tumulto, asonada, conato de motín, o cualquier otra acción que pueda atacar la disciplina del Ejército[102].

Como vemos, cualquier acción que la autoridad gubernativa pueda considerar ajustada a estos parámetros puede ser objeto de aplicación de la presente norma, considerándose en grado de tentativa cuando no se produzca de manera efectiva el resultado a pesar de su publicidad[103], lo que proporciona una idea del empleo político de la misma. Por el contrario, no procede la aplicación de esta norma ante la declaración formal de guerra civil o ante la declaración de guerra contra otro Estado, según establece la Disposición adicional segunda. Dicho aspecto manifiesta cierta desestructuración sistemática, al poderse haberse incluido en el alcance de la norma previsto en el art. 1.

101 Juan Francisco Fuentes Aragonés, *El fin del Antiguo Régimen (1808-1868). Política y Sociedad*, Ed. Síntesis, Madrid, 2007, pp. 227-243.

102 El art. 2 dispone que estas acciones serán juzgadas en los tribunales de justicia, ordinarios o militares dependiendo del estado declarado: normal, alarma y guerra.

103 Los casos de tentativa o frustración de la acción serán castigados administrativamente por la autoridad civil, también en virtud del art. 2.

El Título II se encuentra dedicado al estado de normalidad (arts. 4 al 28), determinando que será aquella situación de orden público ausente de alteraciones en la paz o tranquilidad pública. Su conservación se atribuye a los cuerpos policiales constituidos a tal efecto bajo el mandato de la autoridad civil correspondiente (Gobernadores en el ámbito provincial mediante una Sección de orden público y del Ministerio de Gobernación a nivel nacional). El estado de normalidad prevé la confección de registros administrativos (art. 11 y ss.) para controlar a las personas que trabajan sin residencia fija, entre las que se encuentran el servicio doméstico, mozos de café y fondas, cocheros o vendedores ambulantes. Asimismo, se establece la creación de padrones reservados, sujetos a vigilancia con licenciados de prisión, jugadores de azar, vagos[104] [105] y «otros con modo de vivir sospechoso».

En este caso, el Gobernador de la provincia debe prestar «vigilancia especialísima» sobre las personas descritas cuando puedan alterar el orden público, permitiendo su detención preventiva durante el plazo máximo de 1 mes, e incluso a la pena de destierro (a la que ya nos hemos referido con anterioridad). Asimismo, por medio de las cédulas de vecindad, se permite el control de los hospedajes y la constitución de contratos civiles o trabajadores extranjeros, constituyendo otro medio de vigilancia en aras a un mejor control del orden[106]. Se trata pues, de un estado de seguridad ordinario, si bien, sujeto a diversos controles restrictivos.

El capítulo I del Título III regula el estado de alarma, configurado como un estado intermedio entre los de normalidad y guerra. Puede declararse cuando la autoridad civil tenga «sospechas, noticias o datos» (art. 29) de que con los medios empleados en el estado de normalidad no es posible conservar debidamente el orden público. Esta circunstancia debe comunicarse desde el poder civil a la autoridad militar y judicial a fin de prevenir sus medios y fuerzas disponibles. Por tanto, observamos que todavía conserva el Gobernador provincial la disposición de la fuerza pública y los medios de acometer la cuestión de la seguridad. Sin embargo, es destacable que

104 El art. 259 del CP 1850 castiga al vago con la pena de arresto mayor a prisión correccional en su grado mínimo.

105 La definición legal de vago viene establecida en el art. 13 como aquella persona que: «1.º.- no tiene oficio o profesión, rentas, sueldo o medios lícitos con que vivir, 2.º.-teniendo oficio o industria, no trabaja habitualmente en ellos y no se le conozcan otros medios lícitos de subsistencia, 3.º.-el que con algún recurso, insuficiente para subsistir, no se dedique a ocupaciones lícitas y concurra ordinariamente a casas de juego, bebida, prostitución o parajes sospechosos, 4.º.-los que pudiendo, no se dediquen a ningún oficio ni industria, y se ocupen habitualmente en mendigar».

106 Esta regulación ha constituido el precedente al actual control de viajeros y hospedajes, regulado principalmente por el art. 25.1 de la LO 4/2015, sobre protección de la seguridad ciudadana, Decreto 1513/1959, de 18 de agosto, de documentos que deben llevar los establecimientos de hostelería referentes a la entrada de viajeros, y Decreto 393/1974, de 7 de febrero, sobre identificación y registro de usuarios en establecimientos turísticos, y de quienes alquilan vehiculos con o sin conductor.

el juicio sobre el estado de la misma se pueda deber a meras sospechas o datos sin concretar, lo que abunda de nuevo en una inseguridad jurídica manifiesta. Entre las medidas más reseñables a adoptar en esta situación se encuentran:

a) la prohibición de reuniones en los lugares que se consideren (art. 31);

b) la expulsión de las personas consideradas «peligrosas» al municipio que se les indique durante máximo 40 días (art. 32);

c) la suspensión de publicaciones, dando cuenta al Gobierno (art. 33);

d) el cierre de establecimiento públicos concurridos y la requisa de armas de las armerías (arts. 34 a 36).

El estado de alarma otorga preferencia a la tramitación de las causas relacionadas con el orden público y posibilita la asunción del resto de causas por el juez de paz, constituyéndose la Audiencia Provincial en sesión permanente si quedara afectada la localidad de su sede (arts. 40 a 43). Finalmente, cierra el Título III con el art. 44, estableciendo que cuando con las medidas citadas no sea posible conducir la situación, se declarará el estado de guerra, quedando el mando que ejercita la autoridad civil bajo la autoridad militar[107].

Al estado de guerra se le dedica un único capítulo dentro del Título IV. Esta norma determina la confluencia en la autoridad militar de los poderes civil, político, judicial y administrativo (art. 46), extendiéndose más allá de la pura gestión del conflicto. Se trata de una autoridad militar con plenos poderes que arbitra la situación a través del bando militar oportuno[108]. Otero Goyanes se ha referido a este instrumento jurídico como la norma que aparece en situación de peligro, siendo absolutamente necesaria la concentración de poderes en el mando militar que asume, siquiera temporalmente, todas las facultades, ostentando la completa jurisdicción[109]. La relevancia jurídica del bando resulta aún mayor si tenemos en cuenta que la publicación de los mismos se realiza por medio de la prensa local, incidiendo en un escaso alcance general.

Tras la publicación del bando y una vez transcurrido el plazo determinado en el mismo para que los ciudadanos regresen a sus domicilios, «adquirirá presunción de criminalidad la persona que esté en la vía pública contra dicho mandato, o bien aquella que se encuentre en su vivienda compartiendo espacio con los rebeldes, si no prueban plenamente su inocencia» sustanciándose la causa a través de Consejos de Guerra. Sucede aquí la inversión de la carga de la prueba clásica del derecho penal actual. Aunque es cierto que el derecho fundamental a la presunción de inocencia no aparece consagrado

107 Por autoridad militar debemos entender los Capitanes Generales que ostentan el mando militar provincial, en virtud del art. 54 de esta ley, salvo que los hechos se circunscriban a municipios ajenos a la capital de provincia, en cuyo caso serán los Jefes militares del lugar.

108 El art. 55 de la LOP 1867 establece que la declaración del estado de guerra en la capital del reino requiere autorización del Gobierno.

109 Joaquín Otero Goyanes, «Los bandos de guerra», *Revista de Derecho Militar, N.º 3*, 1957, p. 21

en la CE 1845, el art. 7 establece que la detención o prisión solo cabe conforme a lo establecido en las leyes.

El bando conmina a los autores rebeldes al cese de sus acciones en plazo máximo de 2 horas, siendo los mismos condenados a pena capital en caso contrario. La norma entiende que las acciones enmarcadas en el estado de guerra se corresponden principalmente con los delitos de sedición y rebelión, tipificados en los arts. 167 a 188 en el capítulo II del Título III del Libro I[110]. El resto de delitos ajenos a la sedición o rebelión se juzgan conforme a sus correspondientes tipos penales comunes, atribuyendo su autoría a los jefes principales de la rebelión o sedición cuando no se hallen los autores de aquellos, según el art. 49. Se trata de una nueva acusación penal sin carga de la prueba en la persona de los jefes rebeldes y que se produce como consecuencia del funcionamiento anormal de la propia justicia al no lograr atribuir dichos delitos comunes a sus verdaderos autores. A mayor abundamiento, las competencias de los Consejos de Guerra quedan ampliadas respecto a la sedición y rebelión, afectando también a los delitos de robo, incendio, hurto, contrabando, defraudación y falsificación contra el Estado, desobediencia y desacato a la autoridad, conforme al art. 53.

En cuanto al procedimiento de declaración del estado de guerra, no es necesario que previamente se haya declarado el de alarma, en función de las circunstancias y hechos ocurridos, las autoridades civiles, judiciales y militares podrán acordar el estado de guerra directamente en aras de una mayor efectividad en la contención de los hechos. El acuerdo de autoridades no será necesario en la práctica, estableciéndose un estado de guerra provisional por ministerio de la propia Ley e informando después al Gobierno (art. 54). Vuelve a quedar reflejado el peso que en este periodo tiene la Administración militar y que, en ocasiones, dará lugar a conflictos con la autoridad civil cuando ésta sea reticente a relegar su mando en el estamento militar. Finalmente, el cese del estado de guerra se lleva a término por acuerdo de las autoridades civiles, militares y judiciales, con autorización del Gobierno (art. 56).

El proceso judicial en los delitos contra el orden público viene regulado en el Título V con la denominación «de los procedimientos especiales y las penas a que da lugar la aplicación de la ley de orden público», estableciendo ciertas peculiaridades relacionadas con la autoridad militar y el estatuto jurídico de su personal. Queda excluida la aplicación a los militares del Código Penal ordinario y de la Ley de Orden Público, remitiendo a su legislación específica a tal efecto.

110 Art. 167: «son reos de rebelión los que se alzan públicamente y en abierta hostilidad contra el Gobierno para destronar al Rey, privarle de su libertad, impedir o ejercer las facultades regias, el orden de sucesión, sustraer a las tropas a la obediencia del Gobierno, usar o impedir a los Ministros sus legítimas funciones, impedir la celebración de elecciones y disolver las Cortes» y el art. 174 regula el delito de sedición «quienes se alzaren públicamente para impedir la ejecución de las leyes o la celebración de elecciones, impedir el ejercicio legítimo de las funciones a la autoridad, y ejercer el odio o venganza en la persona de una autoridad o sus agentes».

El capítulo II establece que los delitos de sedición y rebelión instruidos por la Justicia ordinaria pasen directamente a conocerse en los Consejos de Guerra al declararse el estado de guerra, siempre con anterioridad a la contestación de la acusación del fiscal, en cuyo caso continuaría el procedimiento en los tribunales ordinarios (art. 70). En el mismo sentido y una vez levantado el estado de guerra, las causas penales de orden público se seguirán por los tribunales ordinarios. Se encuentran exceptuadas aquellas que se dirijan contra personal militar y las que ya hubiera ejercido la defensa del acusado, que continuarán su causa en el Consejo de Guerra correspondiente (art. 71)[111].

El capítulo III del Título V determina que los Consejos de Guerra conocen de las causas contra el orden público expresadas[112] durante la vigencia del estado de guerra, bajo la autoridad del Capitán General del distrito que se trate. La conformación de los Consejos de Guerra se realizará por oficiales de las armas asistidos de un asesor letrado, aspecto que indica el escaso rigor técnico que este tipo de tribunal puede aplicar en sus sentencias. Las resoluciones judiciales de estos tribunales, por ende, constituyen la extensión del mando militar para reprimir las alteraciones del orden público.

Las facultades judiciales de los Capitanes Generales son muy amplias en su distrito, pudiendo delegarlas en los Jefes militares en causas ajenas a su sede de residencia. No obstante, se reservan la competencia de aprobar las sentencias dictadas, el sobreseimiento libre de acuerdo con el Auditor militar (oficial profesional del Derecho), o la remisión de una causa a la jurisdicción ordinaria por entender que es ajena al orden público. Se erigen los Capitanes Generales, por tanto, en el vértice del poder judicial del estado de guerra. En caso de desacuerdo entre el dictamen efectuado por el Auditor y el del Capitán General, la vicisitud será sustanciada en el Supremo Tribunal Militar de Guerra y Marina, que decidirá.

2.4. Ley de Orden Público de 1870. Estados excepcionales y participación militar

La Regencia del General Serrano, vigente desde el 18 de junio 1969 tras el triunfo de la Revolución de 1868, y el establecimiento del General Prim como Presidente del Gobierno provisional[113], tuvo como consecuencia la promulgación de la Constitución de 1969 y algunas reformas normativas. Entre las nove-

111 El art. 78 de la LOP 1867 establece que durante los estados de alarma y guerra la prisión sin fianza se configura como medida provisional obligatoria de los acusados por delitos contra el orden público mientras se sustancia el procedimiento, no procediendo su libertad hasta el levantamiento de dichos estados.

112 Delitos de sedición, rebelión, los expresados en el Título III del Libro II del Código Penal y la suspensión de publicaciones a que se refiere el art. 33 de la LOP 1867.

113 Carlos Forcadell Álvarez, «La época del Liberalismo», *Revista de Libros Una nueva Historia general para nuestro tiempo, N.° 148*, 2009, pp. 24-26.

dades legislativas más relevantes encontramos la del Código Penal de 16 de julio, o la Ley Orgánica del Poder Judicial de 15 septiembre de 1870. La normalidad política se encontraba amenazada por dos motivos principalmente, por un lado, la insurrección independentista de Cuba, y por otro, la insurrección interna por parte de los republicanos federales. Por estos motivos, se dicta el 23 de abril de 1870 la nueva LOP 1870, que actualiza la LOP 1867 y permite hacer frente de manera más eficaz a los enemigos del orden público.

Se trata de una Ley que, a diferencia de la LOP 1867 de vigencia continua, adquiere vigor solo cuando se dicte la ley de suspensión de garantías establecida en el art. 31 de la CE 1869 (art.1). Se reducen los estados excepcionales a dos, el estado de prevención y alarma, y el estado de guerra. Constituye el objeto de la misma el tratamiento de las medidas que pueden aplicar las autoridades civiles y militares para mantener el orden público y el régimen constitucional, así como articular la competencia judicial en estos casos (art. 2).

En este sentido, la aprobación de la Ley de suspensión dará por activado el estado de prevención, posibilitando que la autoridad civil tome las medidas de vigilancia que estime convenientes para preservar el orden público. Entre esas medidas se encuentran comunicar a la autoridad judicial los presuntos autores de estos delitos, disolver grupos que alteren la paz pública[114], y en caso de urgencia, suspender de publicaciones relacionadas con la rebelión, sedición o los delitos contra la forma de Gobierno, tal y como explica ANTÓN ONECA[115].

Durante el estado de prevención, la restricción de derechos es amplia, otorgando competencia a la autoridad civil para detener a quien considere oportuno para la conservación del orden público lesionado. También se prevé la ordenación del destierro a una distancia máxima de 250 kilómetros y el cambio de domicilio a 150 kilómetros para quienes se tenga «sospechas fundadas» que perturban el orden público o se disponen a ello. Las sanciones quedarán sin efecto, no obstante, cuando se acuerde el fin de la vigencia de la Ley de suspensión de garantías dictada. Asimismo, se establece la posibilidad de efectuar entradas y registros domiciliarios sin consentimiento del

114 El art. 5 de la LOP 1870 establece la disolución de los grupos alteradores se realiza mediante intimaciones al efecto, empleando la fuerza armada tras la tercera advertencia desobedecida.

115 José ANTÓN ONECA, «El Código Penal de 1870», *Anuario de Derecho Penal y Ciencias Penales, Tomo 23, N.° 1*, 1970, pp. 237-238. Se refiere a delitos relacionados con los expresados en el art. 2 LOP 1870 y a los tipificados en el Código Penal 1870 como delitos contra la forma de gobierno comprendiendo «a los que ejecutaren cualquiera clase de actos o hechos encaminados directamente a conseguir por la fuerza o fuera de las vías legales» en el art. 1 81. Es una figura de consumación anticipada que permite castigar actos lejanos a la ejecución con las penas del delito consumado. Ahora bien; detrás del título nuevo protector de la Constituci6n, se mantuvo el titulo segundo "Delitos contra el orden público", incluyendo la rebelión y la sedición. La diferencia radica en ser necesario para la rebelión y la sedición el «alzamiento público y en abierta hostilidad contra el Gobierno» y en los delitos contra la forma de Gobierno «el empleo de la fuerza y actuar fuera de las vías legales».

morador con orden escrita en su presencia o, en su defecto, en presencia de dos vecinos como testigos.

Si con las medidas citadas no se consigue restablecer el orden público perturbado, la autoridad civil lo comunicará mediante un bando[116] a la autoridad militar para que adopte las medidas que estime bajo la declaración del estado de guerra (art. 12). Si bien, igual que en la LOP 1867, se puede declarar el estado de guerra directamente cuando los elementos rebeldes o sediciosos se manifiesten desde el primer momento. Será necesario, a tal efecto, el acuerdo de la autoridad judicial y militar, y a falta de acuerdo entre ambas, se implantará por la militar dando cuenta al Gobierno. Se mantiene la imposibilidad de declaración del estado de guerra en la capital de España sin autorización del Gobierno, estado que se circunscribe territorialmente a la provincia en que hayan ocurrido los hechos violentos mediante la publicación de los bandos necesarios.

Se atisba cierta protección de la presunción de inocencia con respecto a la LOP 1867, en tanto las personas que estén en una vía pública afectada por el bando de guerra y las que moren en las viviendas en que se refugien los rebeldes y sediciosos, no serán presuntas culpables, debiendo probarse tal extremo. Se elimina, por tanto, la inversión de carga de la prueba descrita en la normativa anterior. Los presuntos responsables son procesados ante los preceptivos Consejos de Guerra ordinarios, tanto los autores civiles como los miembros del Ejército o la Milicia en activo. Por lo que respecta a la composición de los Consejos de Guerra, se produce una mayor tecnificación[117], al incluir también a miembros de la justicia ordinaria y el ejercicio de la defensa se excluye de los oficiales militares exclusivamente. La tramitación del proceso y su finalización sigue un proceso sin diferencias reseñables al marcado por la anterior regulación, si bien, no profundizaremos en el aspecto procesal por exceder el objeto del trabajo.

Por último, destacar que el levantamiento del estado de guerra se lleva a cabo por acuerdo de las autoridades civil, judicial y militar, ejecutando el acto el Gobierno si no hubiera acuerdo entre las mismas.

3. El pronunciamiento militar: mecanismo estabilizador

Consideramos necesario realizar un acercamiento al concepto de pronunciamiento militar, las causas que pueden originarlo, su efecto legitimador y el marco jurídico en que se desarrolla. Nos alejaremos, por tanto, de una síntesis

116 *Vid.* La capacidad de emitir bandos que incluyan prescripciones y penas, tanto de la autoridad civil como de la militar, a fin de mantener el orden público siempre que esté vigente la Ley de suspensión de garantías.

117 La composición de los Consejos de Guerra está determinada por el art. 29 de la LOP 1870: formados por cuatro capitanes nombrados por la autoridad militar, el Juez de primera Instancia, el juez de paz y el promotor fiscal más antiguo del partido judicial.

histórica sobre los pronunciamientos españoles decimonónicos por exceder el objeto del trabajo, aunque analizaremos la acción misma como fenómeno ajeno a la misión militar. El siglo XIX español es un periodo de graves convulsiones sociales, políticas y económicas, acompañadas de guerras civiles y exteriores. Estos aspectos, sin duda, señalan un Estado frágil y un sistema jurídico inestable al servicio del poder político, cuya finalidad no siempre será el interés general como esencia propia de una Administración democrática.

La pérdida del sustrato del Estado de Derecho y la insuficiencia de recursos para garantizarlo o reponerlo, sobre todo con motivo de las Guerras Carlistas y de la Independencia, dieron lugar a la instrumentalización del Ejército políticamente[118]. No en vano, autores como FERNÁNDEZ LÓPEZ[119] señalan que pudieron tener lugar en esta etapa más de 500 pronunciamiento militares de distinta naturaleza, consistentes desde una declaración política hasta un levantamiento armado contra el Gobierno o el Rey.

La definición de pronunciamiento, según la Real Academia Española de la Lengua es la siguiente «alzamiento militar contra el gobierno, promovido por un jefe del Ejército u otro caudillo»[120]. Se trata, pues, de una acción militar contra el Ejecutivo legalmente constituido, desarrollada normalmente en tres fases sucesivas. La primera, caracterizada por una mínima concertación cívico-militar que da lugar a la agitación social, seguida de otra en la que se pretende la adhesión de otros militares influyentes, finalizando con una declaración programática con motivaciones políticas. La culminación o afianzamiento suele estar seguida de cierta coerción para aprehender el poder.

Sin embargo, consideramos que no solo se trata de un levantamiento contra el orden jurídico establecido, sino que tiene lugar en virtud de ciertos factores. Entre las posibles causas del fenómeno hallamos aspectos y valores sustanciales al Ejército como la disciplina, el valor, el principio de jerarquía o el patriotismo. Los mismos pueden trasladar una imagen de institución intangible, capaz de garantizar los fundamentos últimos de la Nación. En ocasiones, incluso la Historiografía ha mostrado cierta «genialidad» en la intervención de militares como Espartero, Prim, O'Donnell o Narváez, olvidando que su protagonismo político no dependió de dichas personalidades exclusivamente, sino que encontraron en el contexto político y cultural el acomodo posibilitador.

La caracterización de los pronunciamientos lleva aparejada no solo la acción militar de deposición de un Gobierno carente de apoyo, sino que suele

---

118 Pedro MORA PIRIS, «Génesis de los primeros pronunciamientos militares en España (1814-1820)» en *Las Guerras en el primer tercio del siglo XIX en España y América.* [Paulino CASTAÑEDA DELGADO, coord.], Vol. 2, Ed. Deimos, Madrid, 2005, pp. 287-308.

119 Javier FERNÁNDEZ LÓPEZ, *Militares contra el Estado. España: Siglos XIX y XX*, Ed. Taurus, Barcelona, 2006, pp. 87-89.

120 Real Academia Española de la Lengua, Diccionario de la Lengua Española, 23.ª edición, sitio web: www.rae.es/pronunciamiento, [consultado el 26/11/2019].

recoger una voluntad ciudadana mayoritaria exenta de la «fuerza» necesaria para impulsar el cambio. En este sentido, una parte de la doctrina encabezada por VIGÓN se ha referido al pronunciamiento como aquel «mecanismo democrático de mayor estabilidad que podía ser puesto en acción»[121]. En el mismo sentido, BUSQUETS BRAGULATS establece varias causas del pronunciamiento militar, a saber:

a) las reminiscencias de la indisciplina y caudillaje de la Guerra de la Independencia;

b) el romanticismo intrínseco a cualquier proceso revolucionario;

c) el contacto con ejércitos extranjeros;

d) la fragilidad y corrupción del poder civil establecido en un momento en que el estamento aristocrático se encuentra decadente y la burguesía carece de la madurez suficiente para acceder al poder en un contexto de subdesarrollo, incultura y pobreza[122].

No obstante, y aunque nos posicionamos de acuerdo con los postulados de este autor, ello no significa que dichas circunstancias constituyeran por sí solas el origen de los numerosos pronunciamientos ocurridos, sobre todo, desde mitad de siglo. Debemos ser conscientes que estos contextos político-sociales son compartidos en el resto de Europa, pero no ocasionaron el mismo fenómeno de manera paralela. Seguramente, no encontraron el caldo de cultivo idóneo, tanto en el ámbito político, en ocasiones solicitantes del pronunciamiento militar, como de una sociedad legitimante.

Sin embargo, se produce la circunstancia de que ninguna disposición legal ampara el pronunciamiento militar como método de resolución de crisis políticas, ni tampoco la instrumentalización del Ejército para servir de transición entre Gobiernos. En nuestra opinión, se produce una dicotomía entre dos aspectos que fundamentan el espíritu esencial de la institución militar. De un lado, la misión castrense de conservación del orden público y de la legalidad constitucional, y de otro, la intervención militar *extra legem* como garante último de permanencia de la Nación misma. En el primer caso, hablamos de licitud en la actuación militar y en el segundo de legitimidad.

Mientras que la legalidad consiste en la adecuación de la conducta al ordenamiento jurídico, la legitimidad viene dada por la voluntad inscrita en las leyes elaboradas a través de procedimientos democráticos y por la concienciación subjetiva de las razones de su aplicación[123]. La aplicación de esta legitimidad en los Gobiernos del siglo XIX español, por tanto, debe traducirse

121 Jorge VIGÓN, «Teoría del Militarismo», *Biblioteca del Pensamiento Actual, N.° 31*, 1995, p. 195.

122 Julio BUSQUETS BRAGULATS, *El militar de carrera en España*, 2.ª edición, Ed. Ariel, Barcelona, 1971, pp. 46-47.

123 Álvaro D'ORS PÉREZ-PEIX, «Legitimidad», *Revista Chilena de derecho, Vol. 8, N.° 1-6,* 1981, pp. 41-56.

en su aceptación ciudadana y sociopolítica, además de la repercusión del binomio Ejército-Sociedad (recordemos que la sociedad se encontraba fuertemente militarizada a través del instituto de la Milicia Nacional y del servicio obligatorio en las filas del Ejército, por lo que se produce un efecto de identificación con el ámbito castrense).

Lo cierto es que el fenómeno del pronunciamiento tuvo lugar en contra de un poder político que, en unión al resto de circunstancias citadas y a juicio de un nutrido colectivo con mayor o menor influencia, se excede en sus facultades y prerrogativas vulnerando el espíritu constitucional o las leyes. Podemos advertir que los pronunciamientos que tienen lugar durante el reinado de Isabel II son de naturaleza defensiva, es decir, contrarrestan acciones presuntamente ilegales o ilegítimas del poder político. Queda a salvo, el pronunciamiento ejecutado por los Generales Serrano[124] y Prim, que pone fin al periodo isabelino en el marco de la Revolución de 1868 «La Gloriosa»[125].

El pronunciamiento militar constituye un mecanismo de participación de los militares en la vida política, habida cuenta de la militancia política activa de los mismos en este periodo. No obstante, desde el Sexenio Democrático (1868-1874), este fenómeno empieza a conformarse con mayor autonomía militar corporativa y no en el origen partidista. Ello se debe a la inestabilidad generada por la divergencia entre reinado de Amadeo I y la Primera República, las guerras de Cuba y la Tercera Guerra Carlista, y el incipiente movimiento cantonalista. En palabras de LACOMBA ABELLÁN, fue «uno de los motores de la República de 1873»[126], como movimiento insurreccional regionalista tendente al federalismo, que desembocaría con el sistema acogido en la Restauración a través del pronunciamiento de Martínez Campos (1874)[127].

4. La participación militar en el orden público

La seguridad en España se encuentra marcada por dos vertientes diferenciadas como hemos señalado, de un lado, las misiones bélicas internas o exteriores asignadas al Ejército de manera indiscutible, y de otro, el mantenimiento del orden público. Este último aspecto, el orden público, será el

124 El General Serrano se dirigirá a los ciudadanos el 28 de junio de 1843 con las siguientes palabras en relación a la finalidad de su pronunciamiento: «[...] no para destruir las instituciones existentes, ni el orden social establecido, sino para conservar ese orden [...]». Archivo Municipal de Málaga, *Varios*, pp. 434-436.

125 José CEPEDA GÓMEZ, Tesis Doctoral: *Teoría del Pronunciamiento: el intervencionismo militar en el reinado de Isabel II y el acceso de los Generales al poder político*, Universidad Complutense de Madrid, 1982, p. 264.

126 Juan Antonio LACOMBA ABELLÁN, «Reflexiones sobre el Sexenio Democrático: revolución, regionalismo y cantonalismo», *Anales de Historia Contemporánea, N.º 9*, 1993, p. 26.

127 Eduardo MONTAGUT CONTRERAS, «Los pronunciamientos en la España del XIX», *Revista Historia Militar de España,* 2015, sitio web: www.nuevatribuna.es, [consultado el 10/12/2019]

que genere mayor conflictividad en el sistema de organización policial de la Administración debido a la inconcreción legislativa, la pluralidad de cuerpos de seguridad, la ausencia del principio de coordinación y la falta de especialización en los mismos.

Recordemos que los textos constitucionales decimonónicos no asignan al Ejército misiones concretas (excepto la CE 1812 que en su art. 356 establece como tales la defensa exterior y el orden interior). Las mismas se deducen a partir de las facultades atribuidas al Rey para la conservación del orden público interno y la seguridad exterior, su mando operativo sobre el Ejército, la declaración de guerra y la ratificación de la paz, o la contracción de obligaciones internacionales mediante tratados de ámbito militar. A mayor abundamiento, el desarrollo legislativo de dichos preceptos se concreta, aunque también de manera abstracta, en las leyes reguladoras del Ejército. Así ocurre en el art. 6 de la LOE 1821, atribuyendo a la institución castrense la defensa exterior, la protección de la libertad política, del orden público y resto del ordenamiento. Circunstancia que también se proyecta en el art. 2 de la LCE 1878, en su referencia a la independencia de España, la defensa exterior y orden interior.

Pero, ¿cuál es la extensión del orden interior que compete a las misiones del Ejército? La respuesta a esta pregunta viene dada por la distribución y organización de los cuerpos policiales existentes de distinta naturaleza y el uso político que se hiciera de los mismos, abordados en siguientes epígrafes. Con tal objeto, hemos considerado adecuado analizar separadamente las dos vertientes de la Administración que se van a ocupar de la seguridad interior, la civil y la militar. Teniendo, en todo caso presente, que ambas evolucionarán en paralelo en función de las circunstancias político-sociales dadas.

4.1. Militarización del orden público. La Legión de Salvaguardias Nacionales

De manera simultánea a las reformas efectuadas en la Administración policial civil del Estado, fueron desarrollándose distintos modelos de prevención y lucha contra la delincuencia en el ámbito rural. Esta circunstancia se debe a una incapacidad sobrevenida para hacerles frente por parte de una multitud de fuerzas policiales distribuidas de forma heterogénea, sin especialización y carentes de presupuesto, recurriendo a cuerpos de naturaleza militar de ámbito estatal.

Uno de los intentos políticos más relevantes en lo que a conservación de la seguridad se refiere, está protagonizado por Pedro Agustín Girón (1778-1842)[128], Ministro de la Guerra en el seno del Gobierno de Pérez de Castro y

128 Pedro Agustín Girón (1778-1842), fue Ministro de la Guerra en 1820 con el Gobierno de Pérez de Castro y designado Capitán General de Granada en 1832, padre de quien posteriormente sería fundador de la Guardia Civil, Francisco Javier Girón y Ezpeleta.

que idea el proyecto de creación de un cuerpo que constituiría el precedente histórico inmediato de la Guardia Civil. Se trata de la Legión de Salvaguardias Nacionales, diseñada con el objeto de combatir la tremenda inseguridad pública en sustitución de las Milicias Nacionales, cuyas capacidades se habían mostrado insuficientes. Se trata de un cuerpo de ámbito nacional, dedicado al mantenimiento del orden público y de naturaleza militar, que hubiera permitido desahogar al Ejército en las misiones de orden público y otorgar cierta homogeneidad en la imagen de la seguridad. Además, presenta dependencia de la autoridad militar en cuanto a organización, inspección y reemplazo, pero de la civil respecto a sus funciones. Lo cierto es que, finalmente, este cuerpo no llegó a entrar en funcionamiento a pesar de su teórica idoneidad[129].

El proyecto prevé la incorporación a este instituto de 5230 individuos, organizados en 36 compañías de infantería, 16 de caballería, 12 comandancias y 4 subinspecciones, todas ellas bajo el mando de un Inspector General. El despliegue territorial de esta fuerza armada se realiza en tercios, dentro de los respectivos distritos militares de las Capitanías Generales. El presupuesto total de su creación ascendió a 19.291.955 reales de vellón, importe cuya diferencia presupuestaria en relación con los restantes cuerpos armados que pretendía sustituir se determinó como inviable, mediante su rechazo por las Cortes el 30 de julio de 1820. No obstante, el intento serviría para fundamentar posteriormente la creación del cuerpo de la Guardia Civil por parte del hijo de su precursor, Francisco Javier Girón y Ezpeleta, II Duque de Ahumada.

---

129 Felipe Jiménez De Sandoval, *Las Instituciones de Seguridad Pública en España y sus Dominios de Ultramar*, Ed. Imprenta y Estereotipia de M. Rivadeneyra, Madrid, 1858, p. 37. El preámbulo del proyecto fundamenta su creación del siguiente modo: «no será difícil comprender estas ventajas si se considera que la institución que se propone reemplazará a escuadras en una provincia, a compañías sueltas en otras, a tropas del ejército, escopeteros y partidas de paisanos en varios distritos, o lo que es lo mismo, a cuerpos incoherentes, algunos de ellos mal constituidos y todos sin recíproca relación, sin una dependencia misma. Única en la península, su sistema será general, uniforme su servicio, y en todas las provincias tendrá proporcionalmente la misma organización, la misma fuerza, dependencia y funciones, y sus jefes, oficialidad y en general todos sus individuos, se dedicarán al empeño de estas con el entusiasmo propio de militares escogidos y convenientemente organizados para este objeto, y el gobierno se aprovechará de su disposición y celo para que correspondan a su objeto...varias e indudables son las ventajas que han de resultar a la nación de la creación de un cuerpo particularmente encargado de la seguridad interior de la península: pero de ellas se indicarán únicamente las principales. En primer lugar se obtendrán eficazmente y desde luego el exterminio de los malhechores y la seguridad de los caminos, objeto principal de su instituto, cuyas circunstancias no se han podido obtener jamás a pesar de las medidas del gobierno y de los esfuerzos y sacrificios de los pueblos. La circulación interior, obstruida en el día hasta un grado difícil de concebir, quedará inmediatamente libre de los inconvenientes que en la actualidad la entorpecen, y de este modo el comercio y tráfico de nuestro país, que debe prosperar rápidamente por el nuevo orden de cosas, encontrarán en este cuerpo una protección bien necesaria para sus operaciones. Su existencia y la exactitud de su servicio harán muy pronto ilusorio el aliciente que pueda ofrecer a los malvados la profesión de salteadores»

4.1.1. El Cuerpo de Voluntarios Realistas

La voluntad del Rey es complementar las funciones realizadas en las ciudades por la Policía con la creación de un cuerpo policial de naturaleza militar. Hasta el momento, los Alguaciles y Dependientes se encuentran en tareas de auxilio armado de las misiones policiales «ínterin establezco un cuerpo militar especialmente encargado de la seguridad de los pueblos y de los caminos». Un antecedente a dicha voluntad pudo constituirlo el proyecto de cuerpo policial militar del año anterior al RD de la Policía del Reino de 1824, citado anteriormente. Se trataba del Cuerpo de Voluntarios Realistas, creados por RO del Ministerio de la Guerra, de 12 de junio, por el que se forma el Cuerpo de Voluntarios Realistas y que desarrolla el Reglamento interno de la Junta Provisional del Gobierno, de 14 de mayo del mismo año, para la constitución de los mismos[130].

Este instituto armado es consecuencia de la desconfianza del monarca hacia parte del Ejército, prestándose a la solicitud voluntaria entre ciudadanos de 20 a 50 años, entre aquellos que, a tenor de su art. 1 sean «de buena conducta, honradez reconocida, amor al Soberano y adhesión decidida a la causa de restablecerle en el trono y abolir por completo el sistema constitucional, que tantos males ha causado a toda la Nación y a sus individuos». En tal sentido, los Ayuntamientos se encuentran encargados de recibir y cursar las solicitudes de ingreso y formar los distintos cuerpos de Voluntarios Realistas, cuyos integrantes recibían una somera instrucción militar durante días festivos (art. 4) sobre las armas de Infantería, Caballería y Artillería, al mando de un Subinspector Provincial.

Sus efectivos no necesitaban portar uniforme, sino que como indica el art. 5, únicamente debían hacer uso de una escarapela militar a modo de distintivo de su destino. El ejercicio de sus funciones podía efectuarse con o sin armas, siendo objeto de las mismas el mantenimiento del orden y policía interior o ayudar en los «incendios, quimeras y otros acontecimientos de desorden popular» (art. 6). Cabe mencionar también el cierto desarrollo normativo de este cuerpo al amparo de la RO de 26 de febrero de 1824. Esta norma prevé que las aprehensiones efectuadas con motivo de contrabando puedan afectarse, a solicitud de sus miembros, para los fondos destinados a su armamento, incluida la cuarta parte correspondiente a la Real Hacienda[131]. Por otro lado, la RO de 6 de septiembre de 1824, publicada por el Secretario de Despacho de la Guerra, determina la competencia de los Capitanes Generales en cuanto a la organización, fomento y disciplina de los

130 Federico Suárez Verdeguer, «Los Cuerpos de Voluntarios Realistas», *Anuario de Historia de Derecho Español, N.° 26*, 1956, p. 47.

131 La RO de 22 de noviembre de 1824 establece que los géneros estancos no serán objeto de este tipo de afectaciones, con motivo de consulta realizada por el Comandante de los voluntarios Realistas de Porcuna.

Voluntarios Realistas. Sin embargo, parece que no tuvo una buena acogida entre los mismos dicho cometido[132].

Los medios asignados a este cuerpo se evidencian insuficientes, dado el desarrollo normativo que acontece desde su creación. Ejemplo de ello sería la RO de 12 mayo de 1825, que habilita a la Administración de Rentas a suministrar pólvora a los Voluntarios Realistas en caso de urgencia, aunque en régimen ordinario debía provenir de los Parques de Artillería. En el mismo sentido, la RO de 28 de agosto de 1826, establece la posibilidad de proporcionar recursos urgentes, sin gravamen, para la organización de estos cuerpos.

Sin embargo, resulta patente la ausencia de un mando único en los Voluntarios Realistas, creándose a tal efecto el cargo de Inspector General que asume, en parte, las misiones de los Capitanes Generales y el despacho directo con el Rey. Se trata de un puesto de máxima confianza, asumiendo su titularidad el General José María Carvajal y Urrutia, el 20 de mayo de 1826. Este hecho redunda en una asunción relevante del cuerpo en funciones de policía administrativa, política y de orden público, tanto en municipios como en vías interurbanas, si bien, la falta de especialización, presupuesto y neutralidad condujo a su desaparición con el fallecimiento del militar citado en 1832.

Paralelamente al desarrollo de este cuerpo, la Orden de 13 de enero de 1824 introduce la figura orgánica de las Comisiones Militares Provinciales, compuestas por un Brigadier que ejerce de Presidente, seis vocales con empleos de Sargento a Coronel, legos en Derecho, un asesor, cuatro fiscales y cuatro secretarios con sede en las capitales de provincia. Sus cometidos son enjuiciar y condenar ciertos delitos políticos (posteriores al 1 de octubre de 1823) y la represión judicial del bandolerismo. Significativo es el tenor del art. 2 de la Orden, determinando la competencia exclusiva de estos tribunales en cuanto a las personas declaradas enemigas del régimen por cualquier motivo[133]. En virtud de dicha disposición, serían considera-

132 El 21 de octubre de 1824 se publicaba RO con tenor reiterativo y urgente: «El Rey Nuestro Señor, que anhela ver los efectos de sus anheladas resoluciones, no ha podido dejar de extrañar que entre todos los Capitanes Generales, sólo el de Andalucía ha dado cuenta de las medidas adoptadas en Real Orden de 6 de septiembre».

133 «Quedan sujetos al juicio de estas comisiones militares ejecutivas y permanentes los que desde el día 1 de octubre del año próximo se hayan declarados, y los que en lo sucesivo se declaren con armas o con hechos de cualquier clase, enemigos de los legítimos derechos del trono, o partidarios de la Constitución publicada en Cádiz en el mes de marzo de 1812; los que desde la misma fecha hayan escrito o escriban papeles o pasquines dirigidos a aquellos fines; los que en parajes públicos hablen contra la soberanía de S.M. o en favor de la abolida Constitución; los que seduzcan o procuren seducir a otros con el objeto de formar alguna partida, y los que promuevan alborotos que alteren la tranquilidad pública, cualquiera que sea su naturaleza o el pretexto de que se valgan para ellos».

dos «sospechosos» las personas encontradas en parajes o caminos y que estén desprovistas de pasaporte y ataviados con ropa de características militares u otra ropa que no les corresponda en razón de su profesión y, por tanto, podrán ser detenidos de inmediato y entregados a estas Comisiones Militares (art. 4).

En cuanto al procedimiento judicial de estos tribunales castrenses, se suprimen las diligencias entendidas como superficiales, como el careo, si no se solicitaban por la defensa. Concluso el procedimiento, el asesor informa y/o corrige lo enjuiciado, pasándose seguidamente a la defensa y dictándose la sentencia, que era remitida al Capitán General para consultarla con el Auditor de Guerra (técnico del Derecho) que efectuaría su dictamen. Si el dictamen es favorable a la sentencia, la misma se convierte en directamente en ejecutiva, pero si no lo era, se requiere un dictamen de tres Ministros de la Audiencia Territorial en base al cual decida el Consejo Supremo de Guerra[134]. Las Comisiones Militares quedan derogadas finalmente por Decreto de 4 de agosto de 1825[135].

4.1.2. El Cuerpo de Carabineros

El Gobierno se encuentra convencido de que una de las principales causas de los problemas de la organización policial tiene su origen en la escasez de recursos. Dicha escasez radica en la dificultad para recaudar tributos a través de unos grupos armados denominados «Rondas» mediante un procedimiento coercitivo de subasta pública[136]. Por este motivo, se considera oportuno aumentar el bloque normativo del sector de la Hacienda, destacando el Reglamento de 11 de febrero de 1825[137], que destina parte de las tropas del Ejército a «perseguir, procesar y castigar» el contrabandismo, siguiéndose estas causas en el Supremo Consejo de Hacienda. Sin embargo, dichas misiones realizadas por el Ejército no tuvieron el éxito esperado, fundamentalmente por la ausencia de organización y especialidad de los militares en esta materia.

---

134 Mariano José Peset Reig, «Legislación contra liberales en los comienzos de la década Absolutista (1823-1825)», *Anuario de Historia del Derecho Español, N.º 37*, 1967, pp. 461-462.

135 La causa de la desaparición de las Comisiones Militares provinciales fue la puesta en conocimiento del Rey, por parte de Cea Bermúdez y el General Fernández de Córdoba, de que las condenas de este tribunal suponían graves venganzas contra los ciudadanos y afectaban a la imagen de la institución militar.

136 Los contrabandistas eran comerciantes que intentaban burlar el pago de impuestos.

137 Luis López Ballesteros, «Modelos para la formación de causas del Contrabando en conformidad del nuevo Reglamento de 11 de febrero de 1825 y de las aclaraciones posteriores» [copia digital, Valladolid, Junta de Castilla y León, Consejería de Cultura y Turismo, 2009-2010], sitio web: http://bibliotecadigital.jcyl.es/, [consultado el 20/12/2019].

En consecuencia, el 13 de mayo de 1827, se ordena mediante Decreto la creación de un cuerpo militar no integrado en el Ejército que realizara esas funciones y la vigilancia de caminos, instituyendo los Resguardos Civil de Interior y el Militar Exterior. Sendos cuerpos son sustituidos por el Real Cuerpo de Carabineros[138] de Costas y Fronteras por medio del Decreto de 9 de marzo de 1829[139]. El Cuerpo de Carabineros se dedica a «destruir el contrabando», organizando su estructura jerárquica con oficiales del Ejército y manteniendo su dependencia respecto a una Inspección General, que asume su dirección, distinta de la Inspección de Rentas (art. 1 sobre organización de los carabineros).

El excesivo carácter militar impreso a este cuerpo dio lugar a una confusión competencial frecuente, empleando a sus efectivos en misiones militares propias del Ejército, y a este como auxilio en la represión del contrabando, acuciando el problema específico del contrabando. En 1833 se unen los Resguardos Civil y Militar, conformando un único cuerpo de naturaleza civil en esta ocasión, con la denominación de Carabineros de la Real Hacienda. El estatus civil del cuerpo sería breve, volviendo a militarizarse al año siguiente en cuanto a organización y disciplina, aunque dependiendo del Ministerio de Hacienda como Carabineros de la Hacienda Pública. Ello no es óbice para que continúen las reformas de este instituto armado, ordenándose en 1842 y bajo el reinado de Isabel II, que el Mariscal de Campo Martín José de Iriarte[140] efectúe la reorganización militar del mismo, a semejanza de la creada en 1829, esta vez bajo la denominación de Carabineros del Reino, en virtud del Decreto de 6 de agosto de 1842[141].

Con esta nueva modificación regresa la figura del Inspector General, con rango de Director General, denominada de Resguardos, que pasa a depender del Ministerio de Hacienda en cuanto a servicios y haberes, y de Guerra en lo relativo a organización, régimen y disciplina. Finalmente, este cuerpo será integrado en el Ejército a través del Decreto de 15 de mayo de 1848.

---

138 *Vid.* durante el periodo de 1820-1823 se creó un Resguardo de Costas y Fronteras, también de naturaleza militar, durante el Trienio Liberal.

139 Gaceta de Madrid, N.° 39, de 31 de marzo de 1829, p. 153. Su preámbulo considera del siguiente modo al fenómeno del contrabando: «El contrabando por consiguiente, constituye un delito o un robo del Estado, además de que por la extención que ha logrado, y la combinación de los medios y formas que ha llegado a emplear, ha preparado resultados muy funestos, y degenerado en oprobio del honor y del amor a la Patria [...]».

140 Nombrado por Ramón María de Calatrava durante la Regencia por minoría de edad de Isabel II el 6 de agosto de 1842.

141 El Decreto se refiere así al cuerpo de Carabineros de la Real Hacienda: «El lastimoso estado que actualmente presenta el cuerpo de carabineros de Hacienda pública, ya se considere su anómala organización, ó ya los resultados poco ventajosos que en las más partes ofrece su servicio [...] recibirá una organización militar análoga a la que tuvo por Real Decreto de 9 de marzo de 1829».

4.1.3. Especial referencia a la Guardia Civil

España se encuentra en un grave estado de inseguridad, causado por una pluralidad de factores[142], entre los que encontramos:

a) una nefasta coyuntura económica;

b) inestabilidad política;

c) las consecuencias de la Guerra de la Independencia que pretendía expulsar a un Ejército extranjero de nuestro territorio (1808-1814);

d) la Primera Guerra Carlista (1833-1840) y la posterior intervención francesa en 1823 mediante los Cien Mil Hijos de San Luis para restaurar el Absolutismo.

Estas circunstancias, en unión a frecuentes revueltas civiles, pronunciamientos militares y una organización policial heterogénea y sin especialización, propiciaron el caldo de cultivo idóneo para otros problemas de orden público como el bandolerismo o el contrabando[143]. Resulta particularmente descriptiva la narración efectuada por SIDRO SURGA y DE QUEVEDO DONIS en su obra sobre la historia de la Guardia Civil:

> «[...] la nación quedó plagada de partidas de malhechores, compuestas por soldados desertores valientes o indisciplinados, que ya no querían volver a las tranquilas faenas de la paz; de guerrilleros astutos y llenos de denuedo, familiarizados con aquella vida azarosa y aventurera, sin la cual les era imposible vivir; y de criminales que habían sido puestos tumultuariamente en libertad cuando la patria se había visto en mayor peligro; criminales que durante la guerra pelearon con valor a favor de su patria, pero después de acabada no podían desechar sus antiguos y malos hábitos, ni acostumbrarse a vivir en la honrada estrechez del pacífico labriego»[144].

El bandolerismo constituye uno de los fenómenos perturbadores de la seguridad del periodo, fenómeno que consiste en la comisión de delitos contra el patrimonio en zonas despobladas o caminos por parte de individuos o partidas[145] que pretenden su lucro personal, incluso como medio de sub-

---

142 Manuel RAMÍREZ RODRÍGUEZ, «El estatuto jurídico de la Guardia Civil», *Discurso de ingreso en la Real Academia de Jurisprudencia y Legislación de Granada*, 2017, pp. 13-14.

143 Constancia BERNALDO DE QUIRÓS y Luis ARDILLA, *El bandelorismo andaluz*, Ed. Maxtor, Valladolid, 2005, pp.97-103.

144 José SIDRO Y SURGA y Antonio DE QUEVEDO DONIS, *La Guardia Civil. Historia de esta institución y de todas las que se han conocido en España con destino a la persecución de malhechores, desde los tiempos más remotos hasta nuestros días*, Ed. Nabu Press, Roubaix, 2018, p. 439.

145 Grupos de bandoleros cuyas acciones ilícitas también eran un modo de protesta contra el régimen establecido, que consideraban injusto, otorgándoles cierto carácter romántico a la causa.

sistencia[146]. La lucha contra este tipo de delincuencia se había realizado a través de una dualidad instrumental. Por un lado, la aplicación del derecho de excepción para delitos de bandolerismo, rebelión o sedición, y por otra, mediante la intervención de cuerpos de seguridad regionales[147] o locales de ámbito territorial limitado, milicias, el Ejército e incluso por grupos de vecinos armados. Todas ellas demostradas insuficientes tanto en competencia como en organización y presupuesto[148].

Con este marco, el Ministro de la Guerra, Ramón María Narváez, solicita del Ministro de Gobernación, José Justiniani Ramírez de Arellano, la creación de un cuerpo armado que se dedique a proporcionar seguridad en las zonas rurales y caminos, al objeto de excluir al Ejército de estas tareas[149]. A tal efecto, el 21 de enero de 1844 comienzan los trabajos al respecto por los Ministros

---

146 Lorenzo Manuel SILVA AMADOR, *Sereno en el peligro: la aventura histórica de la Guardia Civil*, Ed. Edaf, Madrid, 2018, pp. 127-140.

147 Los cuerpos de seguridad regionales previos a la Guardia Civil fueron los siguientes: 1. Aragón: La Compañía Suelta de Fusileros del Reino de Aragón, creada el 11 de septiembre de 1766. Se trata de una fuerza policial organizada militarmente cuyo Inspector General sería el Capitán General de Aragón, con misiones de orden público en dicha región. 2. Valencia: Cuerpo de Migueletes creada durante el siglo XVII por Felipe V, de organización militar y cuya misión sería perseguir malhechores perviviendo hasta el nacimiento de la Guardia Civil. 3. Cataluña: el Somatén cuyo origen data del XII y que perduró hasta el siglo XX, si bien con vigencia intermitente y misiones de conservación del orden público e intervención militar en la guerra. 3.1.: Migueletes y Mozos de Escuadra: En cuanto a los Migueletes, resultaron una extensión del cuerpo valenciano. En cuanto a los Mozos de Escuadra, la doctrina sitúa su creación en la conservación del reinado de Felipe V, si bien fue derogado en 1868 por el General Prim y sustituido por la Guardia Civil en dicho territorio. En 1898 se militariza el cuerpo, haciéndolo depender en cuanto a organización, disciplina y armamento del Ministerio de la Guerra y del Ministerio de Gobernación en cuanto a sus servicios. 4. Galicia: Los Caudillatos, creados por RO de 1705 para preservar la Corona, gozaban de naturaleza y fuero civil pero su servicio y organización se encontraba bajo el mando del Capitán General de Galicia, se disolvieron finalmente en 1841. 5. Vascongadas: Cuerpo de Miñones y Migueletes, los primeros creados en 1817 en Álava y en 1833 en Vizcaya, surgiendo en Guipúzcoa con la denominación de Migueletes en 1839.Fueron contemporáneos a la Guardia Civil y resultan el antecedente de la Policía autónoma vasca. 6. Andalucía: Milicias urbanas de Andalucía, sustituyeron a los Guardas de la Costa del Reino de Granada a mediados del siglo XVIII, con naturaleza y sujeta a fuera militar con funciones policiales y de orden público, desapareciendo finalmente en 1828. 6.1. Escopeteros de Getares, creada en Gibraltar como otra de las milicias andaluzas en 1705, con misiones de vigilancia frente a posibles nuevas invasiones y control del contrabando, desaparecerá en 1823. 6.2. Escopeteros Voluntarios de Andalucía, creado en 1776, se trata de un cuerpo de organización militar destinado a conservar el orden público, principalmente el bandolerismo y el auxilio de la Audiencia de Sevilla y la Chancillería de Granada por medio de dos Compañías, disolviéndose ambas en 1845 y 1823 respectivamente.

148 Eduardo MARTÍNEZ VIQUEIRA, Tesis Doctoral: *La definición de un modelo de liderazgo en la etapa fundacional de la Guardia Civil*, Universidad Complutense de Madrid, 2019, p. 74.

149 Marta LORENTE SARIÑENA y Fernando MARTÍNEZ PÉREZ, «Orden público y control del territorio en España (1822-1845): de la Superitendencia General de Policía a la Guardia Civil», *Revista Jurídica de la Universidad Autónoma de Madrid, N.° 19*, 2009, pp. 207-209.

de Guerra, Marina y Gobernación, planteando la creación de un cuerpo cuya denominación en estas discusiones iniciales fue la de «gendarmería».

Paralelamente, se dicta el RD de 26 de enero de 1844[150] por el que se crea el ramo de Protección y Seguridad Pública[151], que depende directamente del Ministerio de Gobernación, según su art. 1. Continúan como autoridades superiores en la provincia los Jefes políticos y se establecen en las capitales de provincia los Comisarios de distrito y Celadores de barrio (arts. 2 y 3). Los municipios quedan organizados como cabeza de partido judicial, o si su densidad de población lo aconseja, mediante Comisarios y Celadores. Cierra la disposición normativa un art. 10 que sirve de origen a la posterior creación de la Guardia Civil al establecer lo siguiente:

> «El Ministro de la Gobernación de la Península propondrá, con la urgencia que el servicio público reclama, la organización de una fuerza especial destinada á proteger eficazmente las personas y las propiedades, cuyo amparo es el principal objeto del ramo de protección y seguridad».

En sesión del Consejo de Ministros del 10 de marzo de 1844 se discute si el cuerpo de seguridad que se pretende crear para tal misión debe tener naturaleza militar y dependencia orgánica del Ejército, o instituirlo mediante un estatuto civil diferenciado. Las actas de dicha sesión reflejan que, a propuesta del Presidente González Bravo, el ahora «Cuerpo de Guardias Civiles» debe depender de la jurisdicción militar solo en lo concerniente a organización y disciplina[152]. De esta manera, el 28 de marzo de 1844 se dicta RD[153] por parte de González Bravo, en cuyo Preámbulo, se pone de manifiesto la imposibilidad del Ejército y la Milicia para hacer frente a los graves problemas de orden público, motivando la creación de una «fuerza civil» al efecto. Esta «fuerza civil» presenta como principal ventaja una distribución completa

---

150 Gaceta de Madrid, N.° 3422, de 27 de enero de 1844, p. 2.

151 El Preámbulo de González Bravo hace referencia a la situación de seguridad: «Por muy lamentables que sean algunos antecedentes que en España ofrece la organización dei ramo de seguridad, fuerza es reconocer que semejantes hechos aislados y accidentales no pueden afectar la esencia de una institución , sin la cual no cabe la protección de aquellos respetables intereses, cuya eficaz salvaguardia es el primer blanco de la sociedad civil.[...] la Policía[...] organizada bajo la influencia de las pasiones políticas más bien que sobre la base de intereses puramente sociales [...] es indispensable que el Gobierno de V. M. se halle en el caso de velar eficazmente por las personas y bienes de todos, ya en general , ya en particular; porque el ciudadano que acude con su fortuna al servicio del Estado, que contribuye con sus haberes á las cargas públicas, que baña con el sudor del rostro el sustento de su familia, necesita de aquella calma y seguridad que solo puede prometer la solidez y el vigor de un Gobierno[...]».

152 Gregorio Toledano Cardoso, Tesis Doctoral: *El carácter militar de las fuerzas policiales en Europa. Especial referencia a la Guardia Civil*, Universidad Complutense de Madrid, 2017, p. 128.

153 Gaceta de Madrid, N.° 3486, de 31 de marzo de 1844, pp. 1-2.

por todo el territorio nacional y colonias de Ultramar[154], evitando la frecuente intervención del Ejército en tareas de seguridad pública, aun advirtiendo la naturaleza militar del mismo.

La descripción del instituto, en su art. 1, se establece como una fuerza armada de infantería y caballería que depende en sus funciones del Ministerio de Gobernación, cuya misión consiste en garantizar el orden público y la protección de personas y bienes, tanto en las poblaciones, como en caminos y parajes rurales (art. 2). El art. 12 atribuye el conocimiento de las infracciones de sus miembros relativas a organización y disciplina a la jurisdicción militar, en concordancia a lo acordado en la sesión de 10 marzo anteriormente descrita. En cuanto a su régimen organizativo, se estructura en 14 tercios (uno para cada distrito militar), 20 escuadrones y 103 compañías[155], correspondiendo el mando de los tercios al empleo de Brigadier o Coronel del Ejército. Además, sus integrantes deben ser hombres que deseen acceder entre 25 y 45 años, licenciados del Ejército con buena nota, prefiriendo a Sargentos antes que Cabos, y a éstos preferentemente a soldados, según el art. 14.

Especialmente relevante resulta que, si bien los miembros de este cuerpo son provistos de uniformidad y armamento, se indica que el entrenamiento, es decir, el aspecto técnico, es una responsabilidad particular de cada componente (art. 11). Vuelve a evidenciarse, por tanto, un grave desacierto en cuanto a la especialización que hace pensar en la repetición de errores pasados atribuidos a cuerpos policiales previos, como la Legión de Salvaguardias Nacionales[156]. Profundizando en ello y con la intención de cubrir la vaga instrumentalización jurídica de este cuerpo en el art.12, se dicta una Circular con forma de RO de 12 de abril[157] estableciendo que la organización del cuerpo se llevará a cabo por el Ministro de la Guerra (art. 1) a través de Jefes militares entendidos en la materia «con la rapidez posible» (art. 2).

Como vemos, esta disposición realiza una puntualización respecto a la organización castrense del Cuerpo de Guardias Civiles aunque, sin embargo, nada se menciona ni en el RD de 28 de marzo ni en ésta última, sobre la naturaleza jurídica del instituto. Simplemente se hace referencia a que se trata

154 Rafael HERNÁNDEZ ALONSO, «La Guardia Civil en Puerto Rico: Creación y organización de la institución», *Cuadernos de la Guardia Civil, N.° 54*, 2017, pp. 37-40.

155 Primer tercio: 3 escuadrones y 10 compañías, segundo: 1 escuadrón y 6 compañías, tercero: 3 escuadrones y 8 compañías, cuarto: 3 escuadrones y 9 compañías, quinto, sexto y séptimo: 1 escuadrón y 6 compañías respectivamente, octavo: 2 escuadrones y 11 compañías, noveno y décimo: 1 escuadrón y 4 compañías respectivamente, undécimo: 2 escuadrones y 6 compañías, duocédimo: 1 escuadrón y 6 compañías, decimotercero: 3 compañías, decimocuarto: 4 compañías.

156 Crispín XIMÉNEZ DE SANDOVAL, *Las Instituciones de Seguridad Pública en España y sus Dominios de Ultramar*, Ed. Imprenta y Estereotipia de M. Rivadeneyra, 1858, Madrid, pp. 153-157.

157 Gaceta de Madrid, N.° 3506, de 20 de abril de 1844, p. 1.

de un «cuerpo especial» que depende en sus funciones de Gobernación y en cuanto a organización y disciplina de Guerra, pero ciertamente sin concretar la naturaleza civil o militar del mismo. Dicha naturaleza se puede deducir, en tanto sus jefes van a proceder del Ejército y la Circular tiene una voluntad de otorgar cierta seguridad jurídica[158], quedando un vacío respecto a los licenciados que se incorporen al cuerpo. Con esta situación, la Reina Isabel II designa al Mariscal de Campo Francisco Javier Girón y Ezpeleta, II duque de Ahumada y V marqués de las Amarillas, para que organice la Guardia Civil en calidad de director e implemente las medidas oportunas, mediante RO de 15 de abril de 1844, que establece[159]:

> «[...] V.E. queda facultado para proponer las medidas que conduzcan á la más útil organización de esta fuerza en vista de los elementos que para ella puedan emplearse, teniendo en consideración que del acierto de su primera planta depende su porvenir y el que produzca el feliz resultado á que se la destina. Muy recomendable é importante es la brevedad, pero más aún lo es la perfección».

Las facultades organizativas atribuidas al II Duque de Ahumada se corresponden con una organización propiamente militar, debiendo establecer la cantidad de efectivos y mandos, aunque repercutiendo todos los gastos derivados en el Ministerio de Gobernación para tal tarea. Se desprende, por tanto, una contradicción palmaria, dado que no parece lógico confundir partidas presupuestarias entre ministerios para organizar y estructurar militarmente una fuerza armada.

La idea de un cuerpo de estas características se encuentra impregnada por anteriores proyectos, especialmente la Legión de Salvaguardas Nacionales, y ciertamente influenciada por la Gendarmería francesa. Ello se deduce del manuscrito remitido por el Capitán Lacroix a Patricio de Escosura, a la postre autor del Decreto de 28 de marzo, pero cuyo contenido no aportó nada nuevo a la concepción de la Guardia Civil[160]. No en vano, no será el Decreto de 28 de marzo, sino el Decreto de 13 de mayo de 1844 el que configurará el cuerpo de la Guardia Civil concretamente, en virtud de lo establecido por el propio II Duque de Ahumada.

El Decreto de 13 de mayo[161] del Ministerio de la Guerra viene a suplir la falta de rigor técnico del anterior y su consecuente inseguridad jurídica, teniendo presente que el primero fue dictado al amparo del Gobierno de

158 Establece en su preámbulo o parte introductoria la voluntad de la norma: «[...] queriendo dar a los militares beneméritos que aspiren á ingresar en las filas de este cuerpo una fianza de la justicia y la preferencia con que serán atendidas sus instancias y respetados los títulos [...]».

159 Gaceta de Madrid, N.º 3506, de 20 de abril de 1844, p. 1.

160 Eduardo Martínez Viqueira, *Hombres de honor. El Duque de Ahumada y la fundación de la Guardia Civil*, Ed. La Esfera de los Libros, Madrid, 2019, p. 36.

161 Gaceta de Madrid, N.º 3540, de 14 de mayo de 1844, pp. 1-2.

González Bravo y este último, ya con Narváez en la Presidencia del Gobierno moderado. El Preámbulo esboza una serie de problemas no abordados por la anterior norma[162] y que la misma pretende solucionar, como ciertas mejoras retributivas que eviten la corrupción en sus miembros o un mejor material de trabajo. La Guardia Civil queda configurada, según el art. 1, con una doble dependencia del Ministerio de la Guerra en cuanto a organización, disciplina, material y haberes, y de Gobernación, en cuanto a sus servicios y relación con las autoridades civiles. Por tanto, es un cuerpo que nace con naturaleza militar y con vocación de servicio civil.

El art. 2 establece que la Inspección del instituto corresponde a un General, entendiéndose con los ramos de Guerra y Gobernación en función del ámbito competencial de interés, abundando en la dependencia de los Jefes políticos en el ámbito provincial. La organización operativa del personal queda regulada en art. 3, comprendiendo 14 tercios, 9 compañías de caballería y 34 de infantería, 14 Jefes, 232 oficiales y 5.769 miembros de tropa. Las compañías se componen de 4 secciones cada una al mando de un oficial y cada sección, a su vez, en 3 brigadas al mando de un cabo mayor, cabo 1.° y segundo, respectivamente, y 10 guardias civiles. A pesar de una mejor técnica organizativa en el despliegue del cuerpo, queda como responsabilidad particular de sus miembros el cuidado de los caballos[163], montura, vestuario y equipo, según el art.13, a modo de continuidad del art. 11 del Decreto de 28 de marzo, que atribuía el entrenamiento técnico como obligación de los propios guardias[164].

Por otro lado, los Ayuntamientos en los que hubiera Puesto de la Guardia Civil tienen la obligación de proveer a sus miembros de casas cuarteles en dichas unidades para vivir con sus familias (art. 19). Este hecho facilita una distribución territorial más extensa del cuerpo, si bien, habrá Ayuntamientos

162 Preámbulo del Decreto de 13 de mayo de 1844: «[...] se han tocado dificultades, sin cuya aclaración no es posible constituirla desde luego en una forma fija. Necesario es que este cuerpo, que ha de crearse con oficiales del ejército, dependa del ministerio de la Guerra en su organización, personal, disciplina y material y percibo de sus haberes [...] En su servicio peculiar debe entenderse con las autoridades civiles, y depender por lo tanto del ministerio de la Gobernación». También se prevé un aumento retributivo y de material para evitar corruptelas en sus miembros «Si aquella no es la indispensable para proporcionar una subsistencia cómoda v decente, no solicitarán tener entrada en la guardia civil aquellos hombres que por su disposición y honradez se necesita atraer».

163 A mayor abundamiento, el art. 16 del Decreto establece: «Seis meses después de pasada la primera organización de cada tercio, todo el que solicitase tener entrada en la guardia civil de caballería se deberá presentar con caballo que tenga las circunstancias que en el reglamento se marcarán, adelantándole de la caja del tercio un auxilio de primera entrada de 1298 y 400 á los de infantería, cuyo auxilio progresivamente se irá descontando». Por lo que entendemos que el primer periodo de organización hasta esta fecha se adelantarán los fondos necesarios por el Estado para material, equipo y vestuario para descontarlos posteriormente y que queden en propiedad de sus miembros, a tenor del art. 15.

164 Enrique Martínez Ruiz, «Utensilio y menaje en los inicios de la Guardia Civil», *Revista de Estudios Históricos de la Guardia Civil*, N.° 38, 1987, pp. 94-96.

que carezcan de recursos para construir estas viviendas y quedarán incluidos en la demarcación de otros que sí los tienen, en detrimento de cierta seguridad. Por último, las solicitudes de ingreso se realizarán por licenciados del Ejército, que supieran leer y escribir, dirigidas al Jefe político por conducto del Alcalde del municipio y párroco, con sendos informes preceptivos al Jefe político, quien lo elevará al Comandante General de la provincia y este al Jefe del tercio (art. 20).

Cabe reseñar que se deroga expresamente cualquier aspecto que contravenga lo estipulado en esta norma con anterioridad (art. 25). No podemos decir que este Decreto de 13 de mayo constituya una enmienda a la totalidad del dictado el 28 de marzo, pero sí se trata de una reforma de mayor calado jurídico y organizativo. Una vez otorgada la organización básica que permite el nacimiento del cuerpo de la Guardia Civil, se hace necesario positivizar sus misiones principales, extremo que se hará mediante las siguientes normas:

A) El Reglamento para el servicio de 9 de octubre de 1844[165]: mediante esta disposición, con forma de RD, se regula el marco de intervención de la Guardia Civil, haciendo notar su Preámbulo este aspecto con la siguiente finalidad:

> «[...] llenar cumplidamente desde los principios el importante objeto de su instituto, es indispensable trazar con exactitud los límites dentro de los cuales ha de obrar una fuerza, que á su carácter especial reúne tan vastas y complicadas relaciones con las diversas dependencias y ramos de la administración del Estado. [...] se ha procurado afianzar con saludables cortapisas el buen uso de la fuerza, dando á los vecinos honrados todas las necesarias garantías [...]».

Las misiones de la Guardia Civil se establecen en el primer capítulo, titulado «objeto de la institución», determinando el art. 1 que vienen constituidas, con carácter primario, por la conservación del orden público, la protección de personas y bienes, tanto dentro como fuera de las poblaciones, y el auxilio en la aplicación de las leyes que lo precisen[166]. Asimismo, el art. 2 establece una

---

165 Gaceta de Madrid, N.º 3679, de 10 de octubre de 1844, pp. 1-2.

166 La concreción de estas misiones viene establecida en el art. 32 del Reglamento del siguiente modo: «En los caminos, en los campos y despoblados, toda partida ó individuo de la Guardia civil cuidará de proteger á cualquier persona que se rea en algún peligro o desgracia, ya prestando el auxilio de la fuerza, ya facilitando el socorro que estuviere á su alcance. Por consiguiente procurará amparar á todo viajero que sea objeto de alguna violencia y auxiliar á los carruajes que hubiesen volcado ó experimentado cualquier contratiempo (fue los detenga en el camino; recoger los heridos ó enfermos que se hallen imposibilitados de continuar su marcha; contribuir á cortar los incendios en los campos ó en las casas aisladas, y prestar en suma, del mejor modo que le fuere posible, todo servicio que pueda conducir al objeto y realce de esta institución esencialmente benéfica y protectora». Continúa el art. 33: «[...] velar sobre la observancia de las leyes y disposiciones relativas: [...] A todo lo que constituye la policía rural [...] recoger vagabundos, fugados de cárceles [...] prófugos y desertores [...] delincuentes ó infractores [...]».

misión de tipo supletorio, consistente en el auxilio de cualquier otro servicio público que requiera la intervención de una fuerza armada, condicionada a que lo permita la consecución de las misiones primarias.

La dependencia del cuerpo, regulada en el capítulo II, viene a reiterar lo establecido en el Decreto de 13 de mayo en relación a los Ministerios de Guerra y Gobernación, añadiendo el acuartelamiento como competencia de este último. Por otra parte, el Ministerio de Gracia y Justicia puede instar la intervención de la Guardia Civil, por conducto de la autoridad civil, en circunstancias de normalidad, acudiendo directamente a sus Jefes en caso de urgencia. El Ministerio de Gobernación articula la centralización y distribución de los servicios, mediante un uso adecuado de la fuerza, ostentando la competencia para suspender en funciones a sus miembros, si bien, la separación del servicio compete al Ministro de Guerra, conforme al art. 10. Se mantiene la competencia provincial de los Jefes políticos, pudiendo suspender en su ámbito territorial, al miembro que determine, comunicándolo al Ministerio de Gobernación para el mantenimiento o levantamiento de tal medida. Se erige, pues, el Jefe político como autoridad disciplinaria, a tenor del art. 13, así como ante acciones de insubordinación hacia los Comisarios, como dispone el art. 18.

En los respectivos distritos, disponen de esta fuerza los Comisarios de Protección y Seguridad Pública, configurando el escalón inmediatamente inferior del Jefe político. Se permite el ejercicio de esta disposición en contra del criterio de dicha autoridad, bajo su responsabilidad en casos de urgencia, servicio extraordinario o imprevisto (art. 16). Asimismo, se prevé la solicitud de intervención de la Guardia Civil por parte de los Alcaldes, para el ejercicio de sus misiones principales, no pudiendo negarse al servicio en tal caso, estableciendo la posibilidad de queja por parte de la autoridad municipal al Jefe político respectivo (art. 19). En otro orden, la sección II del capítulo II regula la actuación del cuerpo ante solicitudes de la Administración de Justicia, que se llevan a cabo por medio de los fiscales a nivel provincial, o de jueces de primera instancia o promotores fiscales en los municipios, dirigiéndose las mismas a los Jefes políticos o Comisarios respectivamente. Sin embargo, se contempla que en caso de urgencia las autoridades judiciales dispongan la intervención armada, informando a la autoridad civil competente (arts. 20 a 23).

El capítulo III configura las «obligaciones y facultades de la Guardia Civil» estableciendo su art. 26 la dependencia en su actuación de las órdenes de la autoridad civil, si bien cuando tenga lugar una alteración del orden público y la autoridad civil esté ausente, intervendrán *motu proprio* para neutralizarla. La actuación obedece a una escala de gradación en función de la gravedad de la alteración y los medios empleados, sujeta a la interpretación del jefe de la fuerza. El régimen de acuartelamiento se regula en el capítulo IV del Reglamento, determinando la construcción de casas cuartel para unidades que superen los 50 efectivos, quedando los alojamientos de tropa del Ejército hasta tanto se provea de las casas cuartel. En definitiva, se institucionaliza una fuerte dependencia del cuerpo respecto a la autoridad civil, que tendrá cierto margen de actuación en casos de urgencia y cuando dicha autoridad no proporcione las órdenes oportunas.

Este Reglamento se modificó por medio de RD de 2 de agosto de 1852[167] del Ministro de Gobernación, y aunque no supuso un cambio en las misiones asignadas a la Guardia Civil, se produjo el cambio de la autoridad política provincial, sustituyendo los Gobernadores a los Jefes políticos. A mayor abundamiento, se amplía el objeto de las misiones del instituto a la guardería rural mediante una nueva modificación de 11 de agosto de 1876, con carácter excluyente, ya que determina la eliminación de los cuerpos estatales, regionales o municipales con este cometido. Esta modificación implica también profundizar en las misiones de policía judicial de la Guardia Civil, concretándose en la forma de instruir atestados y sumarios[168] y su comunicación inmediata a la autoridad local, según la infracción cometida. Asimismo, se contempla la adición al capítulo III de la Cartilla de una serie de prescripciones en su servicio de montes, aguas, vías férreas[169] y telégrafos en los que se debe incidir con mayor vigilancia.

B) El Reglamento militar, mediante RD de 15 de octubre de 1844. Esta disposición establece el régimen organizativo del cuerpo, al mando de un Inspector General, con empleo de Oficial General en calidad de director, que establece su dependencia del Ministerio de la Guerra en cuanto a organización, personal, disciplina, material y haberes, según el art. 1. La norma dota de un carácter esencialmente militar a la Guardia Civil, que además queda sujeta a las ordenanzas generales del Ejército y a su propia normativa (art. 3). La organización también se configura conforme al contenido del Decreto de 13 de mayo, por lo que no es necesaria su reiteración.

Sí abundaremos en el contenido de los capítulos V y VI, «sobre obligaciones generales militares» y «disciplina», respectivamente, ya que constituyen el fundamento del régimen disciplinario militar. Así, el art. 1 del capítulo V establece que el guardia civil queda sujeto a las RROO propias del soldado, determinando el art. 2 que «el guardia civil es como el soldado, un simple

167 Gaceta de Madrid, N.° 6636, de 23 de agosto de 1852 pp. 1-2.

168 El art. 78 del Reglamento determina el modo de instruir el sumario cuando los hechos afecten a la seguridad personal, a la propiedad o policía rural: «expresará con toda exactitud las circunstancias siguientes: 1. El día, hora, sitio y manera que; el hecho fué ejecutado. 2. El nombre, apellido y vecindad de los presuntos autores y sus cómplices, siempre que sean conocidos. 3 .El nombre, apellido y vecindad de los testigos presenciales, si los hubiere, y los de la persona contra cuya seguridad ó propiedad se hubiese atentado. 4. Los objetos aprehendidos al que cometió la falta ó delito. 5. Todos los indicios, vestiglos y circunstancias que puedan contribuir ó aclarar el hecho ó constituyan una prueba, del mismo».

169 Este servicio de vigilancia se ampliará por RO de 6 de mayo de 1886, estableciendo patrullas de tres y de dos guardias civiles en los trenes de viajeros de líneas generales y provinciales, a diferencia de lo preceptuado hasta el momento que consistía en la personación de una patrulla de dos guardias civiles en las estaciones de tren.

agente de ejecución, ajeno a toda responsabilidad cuando ha ejecutado bien y fielmente las órdenes de sus jefes». De este precepto se desprende un principio de obediencia legítima, es decir, la ausencia de juicio legal de los miembros de la Guardia Civil respecto a las órdenes recibidas, presumiendo las mismas legales por el mero hecho de dimanar de sus superiores.

Los Cabos, ostentan como misión principal comprobar la interiorización de las ordenanzas militares en los Guardias Civiles, así como el estado de policía, aseo personal y conducta de éstos, si bien el inmediato responsable de esos aspectos será el Sargento, que además dirige el servicio (art. 3 y 4, capítulo V). Se reserva a los oficiales las facultades de supervisión y vigilancia de los anteriores y su corrección, atribuyendo a los Primeros Capitanes la jefatura de las compañías (art. 11, capítulo V). El empleo de Coronel tiene atribuida la jefatura del tercio, la dirección del servicio, vigilancia de la instrucción, administración, disciplina y la función inspectora[170].

Por lo que respecta al capítulo VI, se incide en la enorme importancia del valor militar en la Guardia Civil, más si cabe que en otros institutos de naturaleza militar, constituido en una exigencia de su distribución territorial al objeto de una correcta cohesión interna. En tal sentido se refiere su art. 1:

> «Es el elemento más principal de todo cuerpo militar, lo es aún y de mayor importancia en la Guardia civil, puesto que la diseminación en que ordinariamente deben hallarse sus individuos hace más necesario en este cuerpo inculcar el más riguroso cumplimiento de sus deberes, constante emulación, ciega obediencia, amor al servicio, unidad de sentimientos y honor y buen nombre del cuerpo. Bajo estas consideraciones, ninguna falta es disimulable en los guardias civiles».

Contiene este capítulo un catálogo de infracciones disciplinarias de tipo «especial»[171] relacionadas con la adecuada prestación del servicio e imagen de la institución, estableciendo una serie de sanciones solo aplicables a la tropa, entre las que encontramos el arresto en cuartel o calabozo, el traslado de unidad, la suspensión de empleo o la expulsión del cuerpo. Todo ello, en función de la gravedad e interpretación de las infracciones por sus superiores, en tanto no se puede hablar de un procedimiento disciplinario con garantías jurídicas para el encartado.

---

170 Los Coroneles, a tenor del art. 20 del Reglamento militar, deben revisar dos veces al año cada puesto de la Guardia Civil de su tercio en las fechas de abril y octubre, aspecto que se sigue manteniendo en la actualidad entre las funciones del Teniente Coronel/Coronel Jefe de Comandancia.

171 «Primera. Toda contravención á las obligaciones marcadas en los artículos anteriores, y las que se les señalan en el reglamento de su servicio especial. Segunda. La inexactitud en el servicio, así de día como de noche. Tercera. Todo desarreglo de conducta. Cuarta. El vicio de juego. Quinta. La embriaguez. Sexta. El contraer deudas. Sétima. El entretener relaciones con personas sospechosas. Octava. La concurrencia á tabernas, garitos ó casas de mala nota y fama. Novena. La falta de secreto. Décima. El quebrantamiento de los castigos ó penas impuestas»

Finalmente, el capítulo VII titulado «disposiciones generales», realiza una distinción entre el servicio de guarnición propio del Ejército y el de la Guardia Civil, coincidiendo sus misiones en caso de estado de sitio. La finalidad es evitar el empleo del Ejército en labores de orden público, aspecto que resulta infructuoso en la práctica debido a la constante excepcionalidad del periodo decimonónico. Además, se establece una cláusula de protección en el servicio de este cuerpo por parte del art. 9, obligando a todo militar, independientemente del cuerpo o Ejército y de cualquier empleo, a obedecer las indicaciones de los agentes de la Guardia Civil en el cumplimiento de su misión de orden público.

Otro aspecto que resulta fundamental para el cumplimiento de las misiones asignadas a la Guardia Civil, será el marco deontológico imprimido por el II Duque de Ahumada. En primer lugar, la Circular de 16 de enero de 1845, prescribe el código ético a seguir por sus miembros y le asigna un lugar preeminente al valor de la equidad y al comportamiento ejemplar, tanto de servicio como fuera de él. Dicha equidad debe ser conseguida mediante el correcto contrapeso ejercido, de un lado, por la estricta observancia de la disciplina y el cumplimiento de las leyes, y de otro, por el concepto de «buena crianza» que servirá para atenuar el rigor funcional de sus misiones[172]. Ello sin perder de vista el hecho de que «el Guardia Civil no debe ser temible sino de los malhechores, ni ser temido sino de los enemigos del orden». Esta Circular servirá de base para la redacción de la norma deontológica por excelencia de la Guardia Civil, la Cartilla.

La Cartilla de la Guardia Civil se promulga mediante RO de 20 de diciembre de 1845 y se compone de 12 capítulos. Dedica el primero a un catálogo de normas deontológicas que desarrollan las impuestas en la Circular de 16 de enero[173], estableciendo el honor como el fundamento que debe regir el comportamiento de sus miembros estando de servicio o fuera de él[174]. El resto de capítulos desarrollan las misiones del servicio cotidiano del Guardia Civil, a las que nos referiremos de modo somero. Es destacable el capítulo II, dedicado al importante servicio en caminos[175], al que se refiere a nuestro juicio acertadamente Martínez Viqueira como uno de los servi-

172 Toledano Cardoso, *op. cit.*, p. 170.

173 Norma deontológica actualizada por RD 176/2022, de 4 de marzo, por el que se aprueba el Código de Conducta del personal de la Guardia Civil. Boletín Oficial del Estado, N.º 55, de 5 de marzo de 2022, pp. 26.352-26.367.

174 El art. 1 de la Cartilla se refiere al honor del siguiente modo: «el honor ha de ser la principal divisa del Guardia Civil, debe por consiguiente conservarse sin mancha. Una vez perdido, no se recobra jamás».

175 «los recorrerá frecuentemente [...] a una distancia entre los miembros de la pareja de entre 10 o 12 pasos para no ser sorprendidos, procurará informarse de los labradores, transeúntes y pastores» por si tuvieran noticia de personas sospechosas, extremar la vigilancia a partir de las 2 ó 3 de la mañana por ser la franja de mayor índice delictivo.

cios prioritarios del instituto debido a la alta inseguridad entre poblaciones para los carruajes y diligencias[176]. Por su parte, el capítulo III regula el uso de las armas[177], el IV los pasaportes y su solicitud a los viandantes[178], el V la caza[179], el VI relacionado con la pesca[180], el VII los montes[181], el VIII los desertores y prófugos[182], el IX los incendios[183], inundaciones y terremotos, el X y XI las infracciones del juego[184] y contrabando[185] y, finalmente, el XII la conducción de los presos[186].

Además de lo expuesto, la primera edición de la Cartilla de la Guardia Civil presenta una segunda parte compuesta por 32 artículos que regulan las

176 Eduardo Martínez Viqueira, «El servicio en la Guardia Civil de la época fundacional. Hacia una seguridad profesional», *Cuadernos de la Guardia Civil, N.º 51*, 2015, p. 140.

177 Este servicio consistía en evitar la tenencia o porte de armas de fuego sin licencia por particulares, excepción hecha de lo oficiales del Ejército y la Armada, matriculados y aforados de la Marina, conductores del erario público y los de la empresa de sal. Así mismo se establecen las pautas de empleo de dichas armas, prohibiendo su detonación dentro de las poblaciones, a «menos de 500 varas de la última vivienda», así como las armas cortas o de guerra con municiones superiores a la utilizada por escopetas de encaro de vara castellana y bala de tres cuartos de onza, las armas blancas en general.

178 En virtud del art. 36 del Reglamento de servicio y la RO de 21 de abril de 1845, que permiten la verificación de pasaportes en vías interurbanas y caminos, regulando también su obligatoriedad de porte para los extranjeros y viajeros. Esta misión no estuvo exenta de conflicto en la práctica entre los militares del Ejército que se sentían intimados por los miembros de la Guardia Civil por la solicitud de sus identificaciones, motivo por el cual se dictó la Circular n.º 37 de 15 de mayo de 1845 a fin de impartir instrucciones reiterando el deber de cumplimiento por parte de los militares del Ejército.

179 Establece la obligación de los Guardias Civiles de comprobar la licencia de armas y permiso de caza en todos los cazadores, determinando las fechas en que se abre la veda para determinadas especies y la prohibición del empleo de hurones, lazos, perchas, redes y reclamos machos para cazar (excepto si se trata de reclamo para codornices y aves de paso).

180 Igualmente se requiere licencia para pescar, salvo que se trate de aguas propias, prohibiendo también el uso de redes (de tamaño inferior de una pulgada) y venenos.

181 Los cometidos se centrarán en evitar cortes, descepes o mutilación de árboles sin autorización, así como la vigilancia de los que sean de titulares privados.

182 Equipara a los prófugos y desertores del Ejército a cualquier delincuente, y por ello, su obligación de perseguirlos y detenerlos para presentarlos ante la autoridad competente.

183 Con ocasión de incendios, inundaciones y terremotos, constituyendo servicios de auxilio público esenciales.

184 La vigilancia de lo que denomina «juegos prohibidos» entre los que se hallan: los análogos al trilerismo, azar y envite, vivis, golfo, monte, el parar o la ruleta.

185 Se le encomienda la persecución del contrabando como acción ilegal contra la Hacienda pública, pero sin embargo y de manera paradójica, se prohíbe el registro por parte de los Guardias Civiles de cargas, carros, caballerías o pasajeros para verificar dicho extremo.

186 Identifica la conducción de presos con dos ideas: de un lado, el cumplimiento de la ley, y de otro, los Derechos Humanos inalienables a éstos y cuyo deber es proteger y garantizar.

misiones del comandante de puesto. Mientras, la tercera, se encuentra dedicada a las «sumarias», que constituyen modelos de atestado policial y otros formularios para el servicio y, por último, una cuarta parte con los Reglamentos Militar y de Servicio. Por tanto, se trata de un compendio de normas deontológicas y reguladoras de la prestación de los diferentes servicios de la Guardia Civil totalmente vanguardista para la época, que permite la puesta en funcionamiento del cuerpo[187].

Las misiones asignadas a la Guardia Civil, como hemos advertido, gozan de continuidad y especialización hasta nuestros días, muestra del buen funcionamiento, prestigio social y contribución a la seguridad del cuerpo, a pesar de los cambios políticos. Su estructura orgánica en líneas generales también tuvo permanencia, a diferencia de lo ocurrido con la Policía[188].

4.1.4. Binomio «Guardia Civil y jurisdicción militar»

Por lo que respecta al estatuto jurídico de los miembros de la Guardia Civil, además de las disposiciones normativas estudiadas, encuentra acomodo en la naturaleza militar propia de los miembros del Ejército. En este sentido, surgen conflictos de competencia entre la jurisdicción ordinaria y la militar para conocer de las causas contra particulares que hubieran agraviado a guardias civiles en acto de servicio. Esta circunstancia es regulada por la RO de 7 de julio de 1848[189] del Ministerio de Gracia y Justicia, que dispone el aforamiento de las mismas en favor de la jurisdicción militar, en aplicación análoga al resto de militares, tal y como dispone el art. 4.°, Título 3.°, Tratado 8.° de las Ordenanzas Generales militares.

La situación se mantiene con el Decreto-Ley de 1 diciembre de 1868, que establece la aplicación de la jurisdicción ordinaria a los delitos comunes, derogando cualquier fuero privilegiado de naturaleza militar, si bien, man-

187 Martínez Viqueira, [«El servicio en la Guardia Civil...»], *op. cit.* p. 130.

188 No obstante, tuvo lugar alguna modificación superficial, como el cambio de denominación en la Inspección General del cuerpo que pasaría a ser «Dirección General del Cuerpo de la Guardia Civil y de la Guardia Civil Veterana», en virtud de la RO de 6 de abril de 1859. La Guardia Civil Veterana fue el nombre asignado a la Guardia Urbana de Madrid, instituto al que pasarían los Guardias Civiles más antiguos en virtud del servicio más relajado de ésta, por RO de 29 de diciembre de 1858. Su personal, organización, material y disciplina dependen del Ministerio de la Guerra, y sus servicios y régimen de acuartelamiento, de Gobernación. El estatuto jurídico de la Guardia Civil Veterana contemplaba que los actos cometidos contra sus miembros por particulares o civiles serían enjuiciados en la jurisdicción ordinaria con el Código Penal reformado el 30 de junio de 1850, a excepción de los delitos de los arts. 189, 192.3 y 204 (atentado contra la autoridad, desacato a la autoridad de un superior y la evasión de presos en cárceles respectivamente) que se seguirán en la jurisdicción militar, todo ello en virtud de RD de 9 de julio de 1862. Posteriormente se dicta nueva RO de 12 de octubre de 1864 que modifica este órgano y pasa a denominarse «Dirección General de la Guardia Civil».

189 Gaceta de Madrid, N.° 5049, de 10 de julio de 1848, p. 1.

tiene en su art. 4 igualmente el conocimiento de la jurisdicción militar de estos delitos cuando se dirigen contra militares[190]. Con el Decreto de unificación de fueros de 5 de diciembre de 1868, se pretende dotar de homogeneidad a la jurisdicción, descartando distinciones en razón de los sujetos pasivos, al hilo de las sugerencias constitucionales previas[191]. Esta norma determina que «los negocios comunes, civiles y criminales, atendida la legislación por que se rigen, habían de ser exclusivamente de la competencia de la jurisdicción ordinaria», extremo que en absoluto se logra, describiendo su Exposición de motivos lo siguiente:

> «[...] el ejemplo de las demás naciones y la experiencia que demuestra los inconvenientes que traería consigo tan inmoderada extensión cuando se trata de materia criminal, de delitos cometidos por aquellos que tienen las armas en la mano, y por cuya razón es menester, ó castigar más severamente ó con la mayor urgencia, para que venga la reparación justa que contenga á todos en el límite de sus deberes, hacen necesaria una excepción con respecto á los militares y marinos en activo servicio, no otorgada en favor suyo, sino de la sociedad [...]».

El art. 4 del Decreto hace referencia a la jurisdicción militar como única competente para conocer delitos derivados de las ordenanzas militares del Ejército y la Armada, deduciéndose la aplicación de esta jurisdicción a cualquier militar en activo, también los guardias civiles, incluso al cometer delitos comunes. Los particulares quedan sujetos a la jurisdicción castrense ante la comisión de ciertas infracciones penales residenciadas en los Consejos de Guerra, exceptuándose de la jurisdicción ordinaria los delitos de injurias, calumnias e insulto a centinela o tropa armada. Por lo tanto, considerando que la Guardia Civil tiene como una de sus misiones principales la conservación del orden público, es palmario que la comisión de la mayoría de tipos penales contra sus miembros daría lugar a causas judiciales castrenses, anu-

---

190 «La jurisdicción de Guerra y la de Marina serán las únicas competentes para conocer respectivamente, con arreglo á las Ordenanzas militares del Ejército y de la Armada [...] Cuarto. De los delitos de espionaje, insulto á centinelas, salvaguardias y tropa armada, atentado y desacato á la Autoridad militar».

191 La exposición de motivos dice en este sentido: «[...] «En los negocios comunes, civiles y criminales, no habrá más que un solo fuero para toda clase de personas,» dijeron las Cortes de 1812, y la justicia y conveniencia de esta prescripción han sido tan universalmente reconocidas, que las Constituciones de 1837 y 1855 se encargaron de repetir el mismo principio; y si no se consignó en la de 1845, no es porque el Gobierno y la Comisión que entendió en ella no abrigasen el mismo convencimiento, sino porque no consideraron la declaración propia de la ley constitutiva del Estado.[...] La diversidad de fueros embaraza la administración de justicia; hace imposible que el malhechor sienta cuanto antes el castigo que merece su delito; dá lugar á que el particular no vea reparado su derecho, violado por un tercero, con la prontitud que la justicia exije y la conveniencia reclama, puesto que, empeñados conflictos entre las diversas jurisdicciones, se difiere por mucho tiempo la represión que la ley demanda cuando sus prescripciones han sido holladas ó desconocidas por los que son súbditos».

lando la pretendida unidad jurisdiccional. Más bien al contrario, constituye una consolidación de la jurisdicción militar para causas derivadas del orden público[192] con origen a mediados del siglo XVIII[193].

En el mismo sentido, la Ley Provisional sobre Organización del Poder Judicial, de 15 de septiembre de 1870, establece en su art. 350.4 la competencia jurisdiccional. Determina que las jurisdicciones de Guerra o Marina son las únicas competentes para los delitos de espionaje, insulto a centinelas, a salvaguardias, y tropa armada de tierra o mar, así como el atentado o desacato a la autoridad militar, en igual sentido que lo dispuesto en el Decreto-Ley de 1868. La jurisdicción castrense queda extendida también a los delitos conexos, en virtud de lo dispuesto en la art. 330 de la Ley del Poder Judicial de 1870, y todo ello, aplicable a la Guardia Civil por virtud de la RO de 9 de octubre de 1878.

El cuerpo de la Guardia Civil, aunque instituto militarizado y acogido al privilegio del fuero castrense, no se encuentra hasta el momento integrado en la estructura del Ejército. Ese hecho tiene lugar con la promulgación el 29 de noviembre de la LCE 1878, en cuyo art. 22 se hace constar expresamente[194], modificando la estructura orgánica fundacional establecida en 1844. Junto a esta disposición, se dictan otras de rango normativo inferior apuntalando la situación, tales como la RO de 9 de octubre citada *ut supra* y la RO de 7 de octubre de 1878 del Ministerio de la Guerra, que recuerda la doctrina legal del mantenimiento de la jurisdicción militar en la Guardia Civil en su art. 2:

> «Fuerza armada de facción permanente [...] sea cualquiera la autoridad que en su caso reclame u ordene su concurso [...] toda persona que insulte, atropelle o haga resistencia a los individuos de la Guardia Civil, quedará sometida a la jurisdicción militar».

El contenido de estas normas encuentra escasa oposición política, destacando la realizada por Aureliano Linares Rivas durante su intervención en el Congreso de los Diputados el 30 de noviembre de 1878. En la misma, aboga por su ineficacia y por la vigencia de otras disposiciones para hacer frente a situaciones extraordinarias de orden público con el Código Penal

192 A pesar de que hubo contradicción judicial en la asunción de estas competencias, la jurisprudencia se inclinó en favor de la jurisdicción militar, nótese las sentencias del Tribunal Supremo de 7 de enero, 30 de septiembre de 1870, 17 de enero o 13 de abril de 1871.

193 Pedro Ortego Gil, «Delincuencia patrimonial y jurisdicción militar durante el Sexenio absolutista», *Cuadernos de Historia del Derecho, N.° 20*, 2013, pp. 156-159.

194 La LCE 1878 integra en el seno del Ejército los siguientes cuerpos, en virtud del art. 22: Guardia Civil, Cuerpo de Carabineros, Cuerpo de Inválidos y Cuerpos asimilados: Jurídico militar, Administración militar, Sanidad militar, Clero castrense, Veterinaria y Equitación.

ordinario[195]. La réplica a esta disertación la protagoniza el Ministro de Gracia y Justicia Fernando Calderón Collantes, argumentando que el fuero militar es el apropiado para enjuiciar esos tipos penales, por una eficacia y celeridad, de la que no goza la justicia ordinaria. Además, argumenta, permite la restauración inmediata del orden público en situaciones graves que lo perturben. La realidad que apunta sobre estas circunstancias es que la voluntad del poder político es mantener el poder militar en la seguridad y en la Administración policial, en detrimento de su organización civil en el Estado.

La nota discordante en cuanto al sometimiento del orden público al ámbito militar en la Guardia Civil, la puso la Circular de 7 de febrero de 1881[196], que reconoce el recurso frecuente de la Guardia Civil por las autoridades locales como método de endurecer la cuestión del orden público al gozar sus miembros del privilegio del fuero castrense. En la práctica, conlleva militarizar la seguridad a través de los delitos de resistencia a centinelas o insulto a tropa armada. Esta disposición se dirige a los Gobernadores a fin de instarles a que no se reclame el auxilio de la Guardia Civil para problemas de seguridad municipales «sino en los casos de reconocida necesidad», debiendo emplear para las tareas ordinarias de orden público al resto de agentes disponibles al efecto. El problema real, según Ballbé Mallol, lo constituye la voluntad política de obviar la necesidad de una Administración policial civil, siendo recurrente el empleo de la Guardia Civil para estos menesteres[197].

Este tipo de práctica legislativa no fue específica de un gobierno concreto, sino generalizada. Tal es el caso de la Ley de Enjuiciamiento Militar de 29 de septiembre de 1886, en el marco político del liberal-progresista Sagasta, que conserva el fuero de guerra para los autores de los delitos de insulto, desacato y atentado a la Guardia Civil, ampliando la cobertura jurídica a cualquier otro cuerpo de servicio análogo en su art.13[198]. Al respecto, abunda

---

195 «La Circular tenía por objeto, no sólo seguir la tradición de esa ley de 17 de abril de 1821, que no se podía cumplir desde el punto de vista técnico y político, sino que traía como consecuencia la necesidad de pisotear el Código Penal, que tiene más soluciones concretas definidas y a gusto de los más exigentes para todos los conflictos y alteraciones del orden público.[...] es el sistema (el del Gobierno) de las facultades discrecionales, el sistema de las facultades arbitrarias, el sistema de apelar a la fuerza bruta, en una palabra, el despojar a todos los ciudadanos de aquellos derechos y consideraciones que la Ley les otorga, y el someterlos siempre y constantemente a un régimen discrecional de la fuerza, como si estuviésemos en un eterno estado de sitio [...]». Diario de Sesiones del Congreso, de 30 de noviembre de 1878. Ballbé Mallol, op.cit., p. 235.

196 Gaceta de Madrid, N.° 39, de 8 de febrero de 1881, p. 366.

197 Ballbé Mallol, op.cit., p. 237.

198 «Es también de la exclusiva competencia de los Tribunales militares, cualquiera que sea la persona acusada, el conocimiento de las causas que se instruyan por los delitos siguientes: 1.° Los de traición que tengan por objeto la entrega de una plaza, puesto

también el Código de Justicia Militar de 30 de septiembre de 1890, aplicable directamente a la Guardia Civil como disposición penal, pero también a los civiles a través del delito de insulto a centinela, salvaguardias o fuerza armada del art. 253. Asimismo, contempla la pena de muerte si la acción se realiza en tiempo de guerra o campaña, o fuera de dicho tiempo, si la acción consiste en causar la muerte, imbecilidad, impotencia, ceguera u otra causa de inutilidad para el servicio del militar[199].

La militarización de la Administración policial también tiene su repercusión en los movimientos sociales reivindicativos de la época. La voluntad política represiva de conservadores y progresistas da lugar a frecuentes declaraciones del estado de guerra para hacer frente a las manifestaciones o huelgas, evidenciando una escasa profesionalización y especialización de una Policía civil inoperante para cumplir sus misiones bajo el paraguas de la normalidad constitucional. A tal efecto, se dicta la Circular de 10 de agosto de 1885 para indicar a los Gobernadores civiles la correcta interpretación de los arts. 12 y 13 de la LOP 1870. En este sentido, se encuentra justificado el recurso a la autoridad militar cuando la situación de orden público exceda las posibilidades ordinarias, contemplando la posibilidad de la declaración del estado de guerra por la autoridad militar de manera autónoma para reprimir la rebelión o sedición. Ello concuerda con el art. 21 de la Ley Provincial, que asigna a dichos Gobernadores la competencia de orden público en ese ámbito territorial.

El contenido de la Circular otorga el mando a la autoridad militar con ocasión de rebelión o sedición cuando se utilice hostilidad contra la fuerza armada, quedando declarado el estado de guerra si no lo estuviera ya anteriormente e intentando que sea el Gobernador Civil quien convoque dicha Junta de autoridades para su declaración. También puede hacerlo la autoridad militar *motu proprio* cuando no haya acuerdo con el Gobernador y la autoridad judicial, aunque la facultad de declarar el estado de guerra por parte del estamento militar facilitará su protagonismo en el ámbito político.

---

militar ó almacenes de efectos ó municiones de boca ó guerra. 2.° Los de seducción de tropas, bien sean españolas ó extranjeras, que se hallen al servicio de España, con el propósito de hacer que deserten de sus banderas ó se pasen al enemigo. 3.° Los de encubrimiento y auxilio á la deserción. 4.° Los de seducción y auxilio á la rebelión y sedición, cuando tengan éstas carácter militar. 5.° Los de espionaje, insulto á centinelas, salvaguardias y fuerza armada. Se considerará como fuerza armada que se halla de facción á todos los individuos del Ejército en actos del servicio de arm as, para los que hubieren sido nombrados con conocimiento de sus Jefes respectivos. En el mismo caso se reputará á los individuos de los Cuerpos de la Guardia civil y Carabineros, ó de cualquier otro instituto que preste servicio análogo, siempre que se encuentren en las condiciones señaladas en el párrafo anterior. 6.° Los de atentado y desacato á las Autoridades militares».

199 Alejandro Martínez Dhier, «La legislación antiterrorista en la Historia de nuestro Derecho. España y el fenómeno terrorista en los siglos XIX y XX», *Anales de Derecho, Universidad de Murcia, Vol. 34, N.° 2*, 2016, pp. 13-15.

4.2. Organización civil del orden público: La Policía

La CE 1812 establece las bases de la organización policial en cuanto constitucionaliza en siete el número de Secretarías de Despacho[200]. Durante la tramitación parlamentaria del texto, se dicta el Decreto de 16 de enero de 1811 sobre el Reglamento Provisional del Poder Ejecutivo[201], atribuyendo el gobierno interior al Consejo de Regencia a través de la competencia de policía interior del Estado (anteriormente atribuida a Gracia y Justicia). La competencia se concreta en la conservación de las comunicaciones postales por tierra o mar, nacionales e internacionales, ejercitando las medidas necesarias para mantener el orden y salud públicos con los medios ordinarios o extraordinarios autorizados legalmente.

El reparto constitucional de las Secretarías de Despacho no resulta pacífico en torno a la creación de un Ministerio Gobernación, se duda de su necesidad, al resultar sus competencias asignadas a otras Secretarías y suponer un consecuente aumento de gasto público. En tal sentido se manifiesta Francisco Xavier Borrull i Vilanova, mientras que otros como Evaristo Pérez de Castro y Colomera apuestan por su implantación como consecuencia de la división de poderes establecida, aprobándose finalmente el nuevo Reglamento de la Regencia del Reino por medio del Decreto de 26 de enero de 1812.

La norma atribuye a la Secretaría de Despacho de Gobernación las competencias en materia de policía municipal de todas las poblaciones, la educación pública (denominada instrucción pública), obras públicas, industria y agricultura, navegación y comercio interior, hospitales, prisiones, delimitación provincial y municipal. Como vemos, la competencia de orden público no se atribuye a Gobernación, en tanto su alta consideración hace que sea propia del Consejo de Regencia para garantizar las libertades, el orden público interior y la seguridad exterior. Finalmente, se otorga la competencia a dicho Ministerio, que la ejercita como una extensión de la facultad constitucional regia descrita anteriormente[202].

De manera coetánea, se crea la mencionada Milicia Nacional, en virtud del Decreto de 15 de abril de 1814, en concordancia con la disposición undé-

200 Art. 222 CE 1812: «Los Secretarios del Despacho serán siete, a saber: El Secretario del Despacho del Estado. El Secretario del Despacho de la Gobernación del Reino para la Península e islas adyacentes. El Secretario del Despacho de la Gobernación del Reino para Ultramar. El Secretario del Despacho de Gracia y Justicia. El Secretario del Despacho de Hacienda. El Secretario del Despacho de Guerra. El Secretario del Despacho de Marina. Las Cortes sucesivas harán en este sistema de Secretarías del Despacho la variación que la experiencia o las circunstancias exijan».

201 Decreto de 16 de enero de 1811 sobre el Reglamento Provisional del Poder Ejecutivo, Biblioteca virtual Miguel de Cervantes, sitio web: www.cervantesvirtual.com, [consultado el 29/11/2019].

202 Antonio Morales Villanueva, «Evolución de la Administración policial», *Revista de Administración electrónica, N.º 118*, 1989, p. 356.

cima del art. 131 y los arts. 362 y 365 de la CE 1812. En la línea, el capítulo I del Título VI del texto constitucional crea los Jefes políticos de ámbito provincial, desarrollados por Decreto de 23 de junio de 1813, cuya misión será la dirección del orden público en ese ámbito[203], describiéndose su misión en el art. 1 del capítulo III, del siguiente modo:

> «Estando el gobierno político de cada provincia, según el art. 324 de la Constitución, a cargo del Jefe superior político nombrado por el Rey en cada una de ellas, reside en él la superior autoridad dentro de la provincia para cuidar de la tranquilidad pública, del buen orden, de la seguridad de las personas y bienes de sus habitantes, de la ejecución de las leyes y órdenes del Gobierno, y en general de todo lo que pertenece al orden público y prosperidad de la provincia [...]»[204].

El Jefe político puede solicitar la intervención de la fuerza armada al Comandante militar al objeto de reponer el referido orden público, conforme al art. 27 del citado Decreto. No obstante, la figura de esta autoridad se sustituirá por la de un oficial militar con el cargo de Inspector de Seguridad Pública que preside el Tribunal de Seguridad Pública, junto a otros tres oficiales militares con empleo de Capitán o Comandante General en la provincia, a tenor del RD del 4 de mayo de 1814,

Con de la derogación de la CE 1812 y su normativa de desarrollo, el Decreto de 4 de mayo de 1814 sustituye al Ministerio de Gobernación por el Ministerio de Seguridad Pública por Decreto de 12 de marzo de 1815, nombrando Juez de Seguridad Pública al Mariscal de Campo Pedro Agustín de Echávarri. Esta magistratura asume todas las competencias e inhibición de los tribunales, dando lugar a la creación del Tribunal de Seguridad Pública[205], compuesto por su titular junto a otros dos togados y un secretario para asuntos policiales, dejando las causas penales a la Sala de Alcaldes de Casa y Corte[206]. Por

---

203 *Vid.* Además se le asignaban al Jefe político misiones de conservación de salud pública, tal y como se desprende del art. 1.3 del capítulo I del Decreto de 1813: «si se manifestase en el pueblo alguna enfermedad reinante o epidémica, dará el Ayuntamiento inmediatamente cuenta al Jefe político para que se tomen todas las correspondientes medidas, a fin de cortar los progresos del mal y auxiliar al pueblo con los medicamentos y demás socorros que pueda necesitar, avisándole en este último caso semanalmente, o con mayor frecuencia si el Jefe político lo requiriese, del estado de la salud pública y de la mortandad que se note».

204 Art. 1 del Decreto de 23 de junio de 1813, Biblioteca virtual Miguel de Cervantes, sitio web: www.cervantesvirtual.com, [consultado el 01/12/2019].

205 El Reglamento de 19 de abril de 1815 estableció las funciones de los Tribunales de Seguridad Pública: «1. traiciones al reino mediante alianzas con naciones enemigas, 2. hablar mal del rey o su familia, del Gobierno, o pertenecer a ligar armadas o tumultos, 3. divulgar ideologías anárquicas e infracciones sobre extranjería».

206 Por RO del Ministerio de Gracia y Justicia 15 de marzo de 1815, el Rey aprueba el Reglamento provisional de Seguridad Pública nombrando Ministros togados del tribunal a Martín de Gastañaga, Alcalde del crimen de la Real Audiencia de Valencia y Manuel Echavarría, Fiscal de Chancillería de Valladolid y secretario a Ramón Somalo y Saravia. Además,

otro lado, cobra vigencia el Tribunal de la Inquisición y las RClas. de 1783 y 1784 relativas al castigo de vagos y maleantes, así como la Instrucción de 22 de agosto de 1814 sobre el exterminio de ladrones y contrabandistas, justificando su implantación del siguiente modo:

> «La multitud de malhechores que perturban la quietud pública y la seguridad de los caminos, en grave perjuicio del comercio y de los que viajan, han excitado los clamores de los pueblos para que se ponga pronto remedio a este mal. [...] he resuelto, por ahora, y hasta no estén deshechas y disipadas las cuadrillas de ladrones que hoy infestan muchas de las provincias del reino, se guarde la siguiente Instrucción [...]»[207].

Posteriormente, la RO del Ministerio de Gracia y Justicia del 8 de octubre de 1815, suprime el Tribunal de Seguridad Pública, pasando todas sus causas y expedientes al Consejo de Castilla y atribuyendo la conservación de la seguridad pública y la policía a cargo de jueces, magistrados y tribunales ordinarios. No obstante, el fenómeno del bandolerismo experimenta un notorio aumento con motivo de la Guerra de Independencia, quedando sin efectividad las normas descritas hasta el momento para su represión (entre ellas, la Instrucción de agosto de 1814). A consecuencia de ello se dicta una nueva disposición al efecto, el 1 de julio de 1817, con forma de RCla.

Ésta última encomienda al Ejército la misión de erradicar el bandolerismo a través de la dirección de los referidos Capitanes y Comandantes Generales provinciales[208], siendo competente para el conocimiento de estas causas la justicia ordinaria en las «salas del crimen de las respectivas chancillerías y Audiencias del territorio». Esto es así, salvando si las acciones delictivas se llevan a cabo por militares o empleando armas, en cuyo caso pasan a cono-

---

esta norma lleva a cabo la organización policial de Madrid a través de doce cuarteles encabezados por un Prior, de quién dependerá los Alcaldes de barrio y celadores uniformados cuyas misiones se regulan en el art. 14 como responsables de quienes se alojen en sus distritos o cuarteles, debiéndose remitirles por los dueños y administradores de posada u otro alojamiento, las filiaciones de los mismos, dando fianza de los mismos en el plazo máximo de ocho días.

207 Colección de las Reales Resoluciones expedidos expedidas por los diversos Ministerios y Consejos, Decretos del Rey don Fernando VII, expedidos desde su restitución al trono español, hasta el restablecimiento de la Constitución de 1812, libro electrónico editado por Imprenta de Galván, publicado el 31 de diciembre de 1836 en México, sitio web: www.play.google.com/books/reader?id=fV10hxSPFmAC&hl=es&pg=GBS.PA8, [consultado el 01/12/2019].

208 El art. 1 de la RCla. dispone que «todos los capitanes o comandantes generales de las provincias, requiriendo cuantas noticias estimen [...] del estado de inseguridad en que se hallaren los pueblos y los caminos del distrito de su mando, pongan en movimiento continuo y ordenado todas las tropas disponibles que estuvieren a sus órdenes, a fin de hacer efectiva la aprehensión de los ladrones y malhechores públicos [...]», continua el art. 2: «estando destinada la fuerza armada militar no menos que a restablecer y conservar la tranquilidad pública del interior del estado que para defenderle de los ataques exteriores [...]».

cer de las mismas los juzgados o tribunales castrenses. La norma restablece los cuerpos de escuadras del valle del Valls y rondas volantes en Cataluña, la Compañía suelta en el Reino de Aragón y la de Escopeteros voluntarios en Andalucía y Valencia.

Será después del trienio liberal (1820-1823) cuando Fernando VII reinicie la vigencia de la CE 1812 y su legislación complementaria, derogando los tribunales de la Inquisición, la Sala de Alcaldes de Casa y Corte, y retome la figura de los Jefes políticos como responsables de la seguridad a nivel provincial. Así, por Decreto de 28 de mayo de 1823 se sustituye el Ministerio de Gobernación, repuesto de nuevo en 1820, por el Ministerio de Interior, aunque de nuevo suprimido por RD de 23 de octubre de 1823 por el que también cesan los Comisarios Regios, y los asuntos de Superintendencia General de la Policía pasan a depender del Ministerio de Gracia y Justicia[209].

Por lo que respecta a la Milicia Nacional, debemos incidir en la excesiva politización de este cuerpo paramilitar. Sus jefes son elegidos mediante votación por sus integrantes y dirigidos por los Alcaldes, abundando en su escasa o nula especialización profesional. Esta circunstancia, unida a la escasez de material, dependencia político-funcional y discontinuidad, desembocó en su desaparición final en 1875, con el Gobierno en ciernes de Cánovas del Castillo.

Ante la necesidad de implementar una reforma de la organización policial, se dicta el Reglamento Provisional de Policía de 6 de diciembre de 1822[210], según el cual la competencia en el ámbito de «la seguridad de las personas y la conservación del orden público» es ejercida por los Jefes políticos y alcaldes a través de la tropa permanente del Ejército y de la Milicia Nacional. En última instancia, dicha seguridad, puede residenciarse en los propios vecinos si fueran requeridos por estas autoridades a dicho efecto, según establece el capítulo I de esta norma. El capítulo V se dedica a «La seguridad de los caminos» cuya competencia se atribuye al Ejército permanente, conforme al art. 35, en su tarea de «persecución de malhechores». El auxilio en este cometido es realizado por la Milicia Nacional, estimando como último recurso la incorporación de vecinos en calidad de escopeteros a pie o a caballo, durante un periodo temporal determinado por los Jefes políticos, según el art. 37.

Esta situación no tardaría en modificarse, instituyendo el Decreto de 8 de junio de 1823 la Superintendencia General de Vigilancia Pública, que repone a los Corregidores, Alcaldes Mayores y los de Casa y Corte en sendas órdenes de abril y junio del mismo año. El Preámbulo del Decreto indica el preeminente carácter político de la Superintendencia General, al vincular su existencia a conductas contra la religión o el Rey, con el convencimiento de la Regencia de que «el heroico pueblo español desea ver establecidas reglas y hagan desaparecer el funesto espíritu de discordia».

---

209 Gaceta de Madrid, N.° 101, de 23 de octubre de 1823, p. 373.

210 Gaceta de Madrid, N.° 376, de 26 de diciembre de 1822, pp. 1.891-1.892.

La mencionada disposición se modifica por Decreto de 8 de enero de 1824[211], ampliada el 20 de febrero por un Reglamento que organiza la Superintendencia General de la Policía General del Reino. La titularidad del órgano recae en un magistrado, relacionándose en sus funciones con el Secretario de Estado y del Despacho Universal de Gracia y Justicia (arts. I y II respectivamente). La Policía ostenta una serie de competencias exclusivas, denominadas «privativas» de autoridad administrativa, como la formación de padrones de vecindad, pasaportes, licencias de establecimientos o porte de armas o registro de vehículos, y la coerción en reuniones públicas tumultuarias o de carácter sindicalista, entre otras.

El régimen de la libertad personal también queda afectado, estableciéndose el límite máximo de detención en ocho días, salvo que se trate de conspiración contra el régimen, extremo en que la policía podía extender el tiempo de detención cuanto considerara oportuno en orden a su esclarecimiento (art. 13)[212]. Por otro lado, la Policía asume una serie de competencias «acumulativas» a las anteriores (art. 14), sin perjuicio de la intervención de la jurisdicción ordinaria, jurisdicciones privativas, autoridades gubernativas o Ayuntamientos. La naturaleza de estas misiones consiste principalmente en cancelar las casas públicas o secretas de juego o baile, vigilar a mendigos, niños abandonados o perdidos, gitanos sin domicilio, censurar la libertad de prensa que pudiera afectar a la Corona o al Gobierno, o la persecución de ladrones, entre otras.

La organización policial en la ciudad de Madrid se encuentra bajo mando directo del Superintendente General, cuya dirección ejerce a través de Comisarios de Cuartel que ordenan los servicios de los Celadores de barrio. Las misiones de estos agentes vienen constituidas por la instrucción de diligencias, el control de pasaportes y cartas de seguridad, distribuyendo su despliegue en 10 cuarteles y 64 barrios. Asimismo, se establece un Intendente Subdelegado en cada provincia, en cuyas capitales mandará un Intendente de Policía asistido por un Secretario de Intendencia cuando proceda, así como una Subdelegación de Policía en cada partido judicial. En aquellos municipios que no constituyan capital de provincia, serán los Corregidores o Alcaldes mayores de las cabezas de partido quienes ejerzan como Subdelegados natos de Policía, estableciéndose un mecanismo similar al del conducto reglamentario militar en la transmisión de novedades con respecto a los Intendentes de Policía. Todo ello, sin perjuicio de la ocurrencia de una

211 El Preámbulo incide de esta manera en la necesidad de reorganizar la Administración policial del reino: «he considerado como una de las más importantes urgencias el arreglo de la Policía de mis Reinos, la cual debe hacerme conocer la opinión y necesidades de mis pueblos, e indicarme los medios de reprimir el espíritu de sedición, de extirpar los elementos de discordia, y de desobstruir todos los manantiales de prosperidad. Circunscrita un día a una órbita demasiado estrecha, se limitó [...] a preocupaciones hoy estériles e insuficientes y es preciso por lo tanto, darles unidad, extensión y la fuerza que reclaman las variaciones de los tiempos [...]».

212 Morales Villanueva, op.cit., p. 368.

insurrección civil o sublevación militar, cuyo conducto directo será el del Superintendente a fin de contenerse a la mayor brevedad (art. XI).

La sucesión de diversas alteraciones del orden público a lo largo del territorio nacional, motiva la convocatoria del monarca de una Junta en agosto de 1825, recabando informe sobre el origen de dichas alteraciones y la actuación llevada a cabo por la Policía, reformada en 1824. Los informes debían ser realizados por todos los Arzobispos, 16 Obispos, 5 Capitanes Generales y la Real Chancillería de Valladolid[213], remitiéndonos a la conclusión que sobre los mismos razona CAAMAÑO BOURNACELL[214]. Se definen sus actuaciones como negligentes e inapropiadas, arrojando como consecuencia política que la Superintendencia General de Policía pase al Ministerio de Gracia y Justicia mediante la aprobación del Decreto de 14 de agosto de 1827. La norma deroga la figura de los Intendentes y la sustituye por la de Subdelegados de Policía provinciales, centrando las competencias policiales en los delitos políticos.

En el seno del propio Estado surgen voces autorizadas, como la del Secretario de Despacho de Hacienda López Ballesteros en 1830[215], que informa al Rey sobre la idoneidad de crear un nuevo Ministerio de cuya autoridad dependiera la Administración civil y el Gobierno, con la denominación de Despacho del Gobierno Político. A pesar de ciertas posturas contrarias por parte de otros titulares de Hacienda (Larrumbide o Cafranga), el Rey crea el referido Ministerio por medio de Decreto de 5 de noviembre de 1830, solicitando previo informe al Consejo de Estado. El órgano consultivo dictamina la falta de idoneidad de suprimir la autoridad de los Capitanes Generales en las provincias y Cancillerías con la actual seguridad del Estado.

A mayor abundamiento, el 5 de noviembre de 1832, se dicta un RD por el que crea la Secretaría de Estado y del Despacho de Fomento General del Reino[216]. La disposición atribuye al nuevo Ministerio unas extensas competencias con carácter exclusivo, al modo de las que ostentaban Interior o

---

213 Federico SUÁREZ VERDEGUER, *Documentos del Reinado de Fernando VII. Informes sobre el Estatuto de España (1825),* Ed. Universidad de Navarra, Navarra, 1966, p. 332.

214 José CAAMAÑO BOURNACELL, *La Policía española a través del tiempo (1908-1958)*, Ministerio del Interior, Secretaría General Técnica, Madrid, 2000, p. 288: «con el conocimiento del resultado de aquella amplia información, podemos concluir diciendo que, en efecto, incumbía a la Policía una cierta responsabilidad, derivada, en términos generales, de su falta de criterio, ponderación y prudencia, tanto para la elección de sus colaboradores como en sus propios dictámenes, además de una, al parecer, demostrada negligencia, apatía y cúmulo de errores, cuando no arbitrariedades y desafección a la causa que decían defender; generando todo ello en el pueblo la consiguiente falta de confianza y, sobre todo, una situación de malestar, a veces de repulsa u odio, no tanto por el desarrollo del servicio en sí como por el interés y excesivo celo que demostraba en exigir la tenencia y posesión de la carta de seguridad, pasaportes, etc., que se hacían gravosas en un estado de penuria y economía demasiado debilitada por la carencia de numerario y exceso de tributos y contribuciones».

215 MORALES VILLANUEVA, op.cit. p. 376.

216 Gaceta de Madrid, N.° 137, de 10 de noviembre de 1832, p. 551.

Gobernación en virtud del RD de 9 de noviembre. Esas misiones abarcan la estadística del Estado, los lindes provinciales y de los pueblos, la construcción y conservación de canales, caminos y resto de obras públicas, puertos y la navegación interior, en otros. Concluye su texto con la disposición genérica siguiente: «[...] y por último, todas las demás corporaciones, establecimientos y cuerpos directivos de la misma o semejante naturaleza».

En el ámbito provincial, el RD sobre la división civil de territorio español, de 3 de diciembre de 1833, articula 50 provincias a cuya cabeza se encuentra un Subdelegado de Fomento, dependiente también del Superintendente General. Su competencia se hace extensiva a las expresadas anteriormente para la Secretaría de Estado y del Despacho de Fomento General, pero en la provincia. Se catalogan una serie de provincias de primera, segunda y otras de tercera clase según su carga administrativa[217], asignando a las capitales de provincia un Subdelegado Principal de Fomento (art. 2).

Lo cierto es que estas reformas de carácter administrativo-periférico introducidas por Javier de Burgos, Secretario de Estado de Fomento, encontraron en la práctica una fuerte oposición por parte del estamento castrense, dado que parecía perder ciertas facultades en favor del orden civil. Observamos que se sucede una reforma legal tras otra, sin comprobar la eficacia de cada norma con la práctica y sus correspondientes datos, consecuencia lógica de la inestabilidad política y de un orden público frecuentemente dominado por la excepcionalidad militar. Tras la muerte de Fernando VII el 29 de septiembre de 1833, se dicta RD de 4 de octubre de 1835 que suprime la Superintendencia General de Policía, esgrimiendo motivos económicos y funcionales[218]. En realidad, trae causa en las presiones militares por asumir competencias policiales. En palabras de TURRADO VIDAL:

> «La supresión fue fruto de las grandes concesiones que se hicieron a favor del Ejército debido al inicio de la primera Guerra Carlista, concesiones que reclamaba el Ejército a cambio de su respaldo militar y que se tradujeron en la cesión de todos los asuntos de policía bajo la competencia de los Gobernadores Militares de las plazas»[219].

Los Comisarios quedaban así en una cierta situación de interinidad funcional hasta que, fundado en similares motivos a los que llevaron a la eli-

217 Primera categoría: Barcelona, Madrid, Cádiz, Granada, Coruña, Sevilla, Málaga y Valencia. Segunda: Alicante, Córdoba, Murcia, Oviedo, Toledo, Valladolid y Zaragoza. El resto de provincias serían de tercera clase.

218 Preámbulo RD de 4 de octubre de 1835: «como quiera que la experiencia ha demostrado la inutilidad de la Superintendencia General de Policía [...] por otra parte, sus dependencias, más que costosas, aumentan más que conviene los gravámenes políticos [...]». Gaceta de Madrid, N.° 283, de 5 de octubre de 1835, pp. 1.121-1.122.

219 Martín TURRADO VIDAL, *Estudios sobre la historia de Policía I*, Ministerio del Interior, Secretaría General Técnica, Madrid, 1991, p .27.

minación de la Superintendencia General, se procede a la disolución de la fuerza armada de Policía secreta por RD de 2 de noviembre de 1840[220]. El art. 2 establece la organización urgente de la Policía de Protección y Seguridad, adquiriendo un mayor protagonismo la Milicia Nacional durante la Regencia de Espartero (1840-1843).

La Circular del Ministerio de Gobernación de 2 de febrero de 1844, pretende cumplimentar lo dispuesto en el RD de 26 de enero del mismo año, organizando el ramo de protección y seguridad pública. Residencia la competencia de inspección de la seguridad en el ámbito de sus distritos para los Comisarios (en la capital de provincia) bajo la autoridad del Jefe político respectivo (art. 1). Además, se les atribuye entre sus competencias principales el registro del Padrón de vecinos, el refrendo de pasaportes y facultades de policía judicial para detención y puesta a disposición judicial (art. 3), así como la protección de personas y bienes con carácter exclusivo (art. 10). Dichas misiones se ejercerán también a través de los Celadores en los barrios, todo ello, empleando agentes uniformados[221]. Sin embargo, los Comisarios carecerán de potestad administrativa sancionadora, conforme establece el art. 5 de esta disposición[222]. Según describe TURRADO VIDAL, la situación de la Policía en estos momentos no es muy alentadora:

> «[...] los miembros de la Policía diseminados por todas las ciudades del territorio dependían económicamente de los Ayuntamientos, y su naturaleza civil se configuraba en cada población de forma distinta, donde las policías funcionaban bien en algunos lugares y en otros no, no había uniformidad de criterio ni coordinación alguna, lo que derivaba en una continua traba a superar para configurarse como un verdadero cuerpo de carácter nacional»[223].

Las reformas de la organización policial no terminan aquí, con la vigencia de la CE 1845, se emprende una nueva modificación en el ámbito civil de la seguridad por medio del RD de 25 de febrero de 1852[224]. La disposición considera que el ramo de Protección y Seguridad Pública no se ajusta de manera adecuada al objeto de su misión y posee una estructura orgánica demasiado extensa de Comisarios[225]. Se cambia la denominación del Cuerpo de Protección

220 Gaceta de Madrid, N°. 2207, de 3 de noviembre de 1840, p. 2.

221 Arts. 27 y 28 del RD de 2 de febrero de 1844: en cada barrio habrá 5 agentes de protección y seguridad, bajo la autoridad inmediata del Celador, ostentando uno de ellos el empleo de Cabo.

222 Art. 12 del RD de 2 de febrero de 1844; además los Comisarios debían residir en territorio de su distrito e instalar en su domicilio un rótulo con la inscripción «Comisaría de protección y Seguridad», según

223 TURRADO VIDAL, op.cit., pp. 65-66.

224 Gaceta de Madrid, N.° 6468, de 8 de marzo de 1852, p. 1.

225 La RO de 9 de marzo de 1852 cambia su denominación por «Cuerpo de Vigilancia».

y Seguridad, pasando a ser el Cuerpo de Vigilancia[226] para los agentes de paisano en labores de información, mientras que los uniformados adquieren la de Cuerpo de Seguridad, ambos bajo la autoridad del Ministerio de Gobernación. La demarcación policial en Madrid abarca dos distritos, que a su vez se dividen en barrios (art. 1). La figura del Comisario se elimina en favor del Inspector de Vigilancia bajo autoridad del Gobernador provincial (art. 3), si bien se mantiene al Celador para los barrios, bajo dependencia de dichos Inspectores (art. 5).

La estructura orgánica policial se vería nuevamente reformada, imitando los proyectos europeos del momento, a través del RD de 24 de marzo de 1858[227], que crea la Dirección General de Seguridad y Orden Público en el seno del Ministerio de Gobernación. Ello permite centralizar la seguridad, cuestión suprimida posteriormente por otro RD de 14 de octubre de 1858[228] que unifica dichos servicios en la Dirección General de Gobierno del Ministerio de Gobernación. Con el Decreto de 20 de noviembre de 1867, se establece la supervisión provincial policial por Inspectores Generales de Vigilancia distribuidos en las provincias requeridas por el Ministerio de Gobernación (art. 2) y «bajo las órdenes» de los Gobernadores Civiles.

Abundando en el reformismo policial imperante y, en el marco de la nueva CE 1869, se vuelve a introducir otra norma, el Decreto de 2 de julio de 1870, por el que se reduce el número de responsables superiores y aumenta el de efectivos de carácter operativo para lograr una mejor distribución territorial de los mismos, elevando las exigencias culturales y de buena conducta para el acceso[229].

Con la Restauración borbónica y la CE 1876, continúan las reformas que el régimen político considera oportunas. Es el caso de la introducida por Decreto de 6 de noviembre de 1877, por la que se crea una Policía gubernativa y judicial en Madrid a través de dos servicios. Por un lado, el cuerpo de Vigilancia, de naturaleza y organización civil, formado por Inspectores y Subinspectores

---

226 Su regulación se completó con el Reglamento orgánico del Cuerpo de Vigilancia Pública de 21 de octubre de 1863, organizándose sus empleos del siguiente modo, en virtud del art. 1: 1. Inspectores de primera, segunda y tercera clase, 2. Secretarios de primera y segunda clase, 3. oficiales primeros y segundos, 4. jefes de vigilantes, 5. subinspectores de primera y segunda clase, 6. vigilantes primeros cabos, y 7. vigilantes segundos, terceros y cuartos.

227 Gaceta de Madrid, N.° 85, de 26 de marzo de 1858, p. 1.

228 Gaceta de Madrid, N.° 302, de 28 de octubre de 1858, p. 1.

229 El art. 2 del Decreto de 1870 dice: «No podrán ser nombrados agentes de orden público los que no sepan leer y escribir con regularidad, los menores de 25 años ni los mayores de 45 Será igualmente necesario para conceder el ingreso que acompañen los aspirantes las solicitudes con una certificación de buena conducta expedida por el Alcalde del distrito en que residan, previo informe del Alcalde del barrio y del Jefe del puesto de la Guardia civil, si el pueblo de la residencia no fuese capital de provincia. En el caso contrario, será el Jefe de orden público de esta el que informará, en unión del Alcalde de barrio. Los licenciados de la Guardia civil, de Carabineros y del ejército serán preferidos en igualdad de circunstancias para el ingreso en el cuerpo».

con misiones de policía judicial e información genéricas, y por otro, el Cuerpo de Seguridad, de naturaleza civil, pero organización y jerarquía castrenses. El Cuerpo de Seguridad adquiere las misiones clásicas de orden público, situado al mando de un Teniente Coronel, pretendiendo cierta emulación del modelo logrado en la Guardia Civil, pero con una militarización más contenida[230].

La idea del Gobierno será que este modelo pueda ampliarse al resto de territorio nacional, bajo el paraguas de una nueva Dirección General de Seguridad restablecida por Decreto de 26 de octubre de 1885, extremo que se produce de manera progresiva y estable durante la Restauración en las capitales de provincia hasta bien entrado el siglo XX. Sendos cuerpos constituirán, en opinión de Morales Villanueva el germen verdadero de la actual Policía Nacional[231].

Parte II. Siglo XX

1. Misiones del Ejército durante la Restauración

Durante esta etapa, el Ejército mantiene un papel fundamental en la estabilidad política española, tanto es así, que tras el asesinato de Antonio Cánovas del Castillo el 8 de agosto de 1897[232], fue sustituido en la Presidencia del Gobierno por el Teniente General Marcelo Azcárraga Palmero. Continúa la concepción canovista sobre el necesario protagonismo castrense en los ejecutivos que contiene sucesivos pronunciamientos militares. Obviamente, el instituto militar mantiene sus cometidos clásicos atribuidos en la tradición constitucionalista (CE 1876) de defensa exterior y seguridad interior.

El ámbito exterior de la defensa está protagonizado por la pérdida de la Guerra de Cuba, Puerto Rico, Filipinas, Islas Marianas y Carolinas (1898), y la reanudación del conflicto bélico en Marruecos a raíz de la Conferencia de Algeciras el 7 de abril de 1906. Ello supone la atribución del protectorado sur del país para los franceses y el del norte para los españoles, dando solución al problema franco-alemán inicial en la zona. Las intervenciones africanas del Ejército pusieron de nuevo en boga el concepto de batallón expedicionario, esta vez empleando el término «columna»[233].

---

230 No en vano, el art. 6 del Decreto de 1877 establece que el cuerpo de seguridad prestará servicios y organización «a imitación de los cuerpos militares» en el núcleo urbano de Madrid, quedando los extrarradios bajo competencia de la Guardia Civil.

231 Morales Villanueva, op.cit., p. 394.

232 Cánovas del Castillo fue asesinado a manos del anarquista italiano Michele Angiolillo en el Balneario de Santa Águeda, Mondragón.

233 Ordenanzas del Ejército para su Régimen, Disciplina, Subordinación y Servicio, de 22 de octubre de 1768, Título 17, Tratado 2.°, Reimpresión actualizada de 1841.

La columna consiste en conformar una agrupación de tropas, en número y calidad determinados por el Estado Mayor, para una operación concreta. Se encuentra al mando de un único jefe que dispone de un amplio margen de discrecionalidad táctica y operativa para ejecutar la misión y, una vez concluida, cada cuerpo participante regresa a su dependencia orgánica original. La composición básica de una columna, aunque variable, suele estar formada por dos o tres compañías de Regulares, tres o cuatro Peninsulares, uno o dos escuadrones de Caballería, una o dos Baterías, una de Ingenieros, miembros de Intendencia y de Sanidad. A nivel táctico, se concretan en acciones con arma de fuego por orden del oficial, culminadas con cargas de bayoneta tecnificadas, intentando realizar un mejor aprovechamiento del espacio y la ocultación para emprender el ataque[234].

Estos acontecimientos bélicos externos tuvieron sus consecuencias lógicas en el plano interno. La incipiente industria del ferrocarril, lleva a su instalación en suelo marroquí, siendo atacados un grupo de trabajadores españoles por cábilas[235] el 9 de julio de 1909. El resultado es de cuatro muertos, dando lugar a la Guerra de Melilla, que duraría hasta el mes de diciembre del mismo año. Con este motivo, el Presidente Maura decreta el 10 de julio el envío a la zona de las Brigadas Mixtas de Cataluña, Madrid y Campo de Gibraltar, junto a los cupos de reservistas del periodo de 1903 a 1907.

Las medidas descritas tienen un mal acogimiento en la sociedad obrera e industrializada de Barcelona, ciertamente desafecta a estas decisiones del Gobierno[236], sobre todo la concerniente al envío de reservistas. El descontento deriva a una serie de convocatorias de huelgas de trabajadores y culmina en los violentos hechos acaecidos entre los días 26 de julio y 2 de agosto de 1909, conocidos como la Semana Trágica. El balance supone la contabilización de 78 muertos (tres de ellos militares), 500 heridos y más de cien edificios incendiados, mayoritariamente religiosos. Consecuente a la gravedad de los hechos y a la manifiesta incapacidad policial para conservar el orden público, vuelve a recurrirse a la intervención del Ejército, esta vez en su vertiente interna de mantenimiento de la paz pública. A tal efecto, se decreta de nuevo la suspensión de las garantías constitucionales el 27 de julio en las provincias de Barcelona, Gerona y Tarragona, y al día siguiente en todo el territorio nacional[237], en concordancia con el art. 17 de la CE 1876.

---

234 Jesús Martínez de Merlo, «La organización el Ejército» en *Historia Militar de España Edad contemporánea II. De 1898 a 1975* [Gonzalo Anes y Álvarez de Castrillón, Hugo O'Donnell y Duque de Estrada, coord.], Ed. Ministerio de Defensa, Madrid, 2016 p. 85.

235 «Tribu de bereberes del norte de África», Real Academia Española de la Lengua, Diccionario de la Lengua Española, 23.ª edición, sitio web: www.rae.es/cabila, [consultado el 18/12/2019].

236 José Manuel Cuenca Toribio, «Política y Ejército en el siglo XX», en [*Historia Militar de España. Edad contemporánea II…], op. cit.*, pp. 31-33.

237 La exposición de motivos del RD se refiere a los hechos ocurridos del siguiente modo:

2. Misiones de la Guardia Civil durante la Restauración

Se produce una intensificación de la militarización del orden público, protagonizada por la Guardia Civil, tanto en el ámbito rural con carácter ordinario, como en los núcleos de población con motivo de la aplicación del derecho de excepción y la extensión del fuero militar a los civiles. Paralelamente, continúa la intervención del Ejército en cuestiones de seguridad interior para casos graves de orden público, de manera complementaria. La integración de la Guardia Civil en el seno del Ejército se produce con la LCE 1878, reafirmada en disposiciones posteriores como el RD de 17 de abril de 1901 del Ministro de la Guerra Valeriano Weiler, que suprime la Dirección General de la Guardia Civil en aras a simplificar la Administración militar, con el siguiente tenor:

> «Simplificar los distintos organismos que forman parte de la Administración Central del Ejército hasta conseguir que radiquen en este Ministerio cuantos asuntos orgánicos y administrativos tengan alguna relación con los Cuerpos armados, es reforma de tan capital interés para llegar á obtener el mayor perfeccionamiento en la organización del Ejército [...]»[238].

El cargo de Director General es ejercido a partir de este momento por un Inspector General con empleo de Teniente General, dependiente directamente del Ministro de la Guerra, sin perder de vista la dependencia del Ministerio de Gobernación en relación a sus servicios y régimen de acuartelamiento (art. 3). En el mismo sentido, las competencias de organización, personal, contabilidad, material, Colegios y Remonta, son ejercidas por una sección del Ministerio de la Guerra en sustitución de la extinta Dirección General del cuerpo (art. 7).

La naturaleza de las intervenciones de la Guardia Civil presenta una elevada incidencia en la lucha contra el terrorismo anarquista y la conservación del orden público[239]. También se emplea, por su carácter militar, durante la Tercera Guerra Carlista (1872-1876) en los frentes del Norte, Cataluña y Centro, fundamentalmente para la escolta de convoyes, guarnicionería y contención de las partidas carlistas. Además, con motivo del atentado de la procesión del Corpus el 7 de julio 1896 en Barcelona, se crea un cuerpo de Policía Judicial íntegramente militar, dedicado especialmente a investigar delitos en

---

«Tan excepcionales como odiosos y repulsivos son y serán siempre los actos sediciosos [...] El Gobierno, firmemente decidido á mantener los derechos y salvaguardar los primordiales intereses y el honor de la Nación, por los cuales heroicamente pugna en África nuestro Ejército [...] se han visto diseminadas por otras provincias manifestaciones análogas, y debiendo ser inmediata y vigorosa la represión, á fin de tenerla expedita [...]»

238 Exposición de motivos del RD de 17 de abril de 1901.

239 Enrique Martínez Ruiz, «La militarización del orden público. La Guardia Civil», en *[Historia Militar de España. Edad contemporánea I...], op. cit.*, p. 59. Reseña este autor el recurso a la Guardia Civil para perseguir los crímenes realizados por la sociedad secreta «La Mano Negra». A finales del siglo XIX habían realizado 3.000 detenciones en Jerez y 2.000 en Cádiz.

los que se emplearan explosivos o materias inflamables, elevándose a tal efecto el proyecto de Ley de 28 de agosto de 1896.

La organización de este servicio se articula en la RO de 19 de septiembre de 1896[240], circunscribiendo esta unidad a los municipios de Madrid y Barcelona, ubicaciones donde se había constatado el problema del terrorismo anarquista con uso de explosivos con mayor incidencia, especialmente en la segunda (art. 1). Abundando en una mayor eficacia en su funcionamiento, esta Policía Judicial se dirige por un oficial del Ejército y sus miembros son nombrados previo informe de la autoridad militar del distrito y de la civil provincial, en unión a una designación judicial de idoneidad. En la práctica supone un ejercicio de libre designación en atención a la confianza personal de los oficiales en cada uno de sus integrantes[241].

Continúa la Exposición de motivos de esta disposición determinando un régimen de misiones secundarias de esta Policía Judicial en caso de periodos de ausencia de delitos con explosivos o artefactos incendiarios. En dichas circunstancias sus efectivos pueden realizar otras funciones análogas a las «principales», consistentes en «auxiliar a los Tribunales y a las Autoridades respectivas en investigación y persecución de delitos comunes». Observamos aquí, pues, el germen de las actuales misiones de las unidades de Policía Judicial con esa dualidad funcional, si bien en régimen de cierta supletoriedad circunstancial. En cuanto al nombramiento de sus miembros, los Jefes lo serán por el Comandante en Jefe del Cuerpo del Ejército que corresponda y el resto de empleos por el Presidente de la Audiencia respectiva[242].

La lucha contra el bandolerismo continúa, si cabe con mayor incidencia, con motivo del recrudecimiento del fenómeno en Andalucía durante la última década del siglo XIX, lo que propicia un aumento del personal del cuerpo, alcanzando los 18.000 efectivos. Adentrados en los albores del siglo XX, el resto de perturbaciones del orden público vienen ocasionadas fundamental-

---

240 Previa concesión del crédito presupuestario necesario de 125.000 pesetas en virtud del RD de 27 de agosto de 1896.

241 *Vid.* Una práctica similar de «idoneidad» se ha mantenido hasta nuestros días respecto a dicho servicio, otorgándose las vacantes y destinos de la Policía Judicial de la Guardia Civil por procedimiento de libre designación en todos los empleos, en virtud al art. 9 de la Orden INT/359/2018 de 6 de abril por la que se establecen las normas específicas para la clasificación y provisión de destinos en la Guardia Civil, contraviniendo lo establecido para el resto de la función pública en el art. 80 del RDL 5/2015 y art. 51 del RD 364/1995, de 10 de marzo, que regula la provisión de puestos de trabajo por este sistema: «Sólo pueden cubrirse por este sistema los puestos de Subdirector general, Delegados y Directores territoriales, provinciales o Comisionados de los Departamentos ministeriales, de sus Organismos autónomos y de las Entidades Gestoras y Servicios Comunes de la Seguridad Social, Secretarías de Altos Cargos de la Administración y aquellos otros de carácter directivo o de especial responsabilidad para los que así se determine en las relaciones de puestos de trabajo».

242 *Vid.* la participación del poder judicial en el nombramiento de los integrantes de la Policía Judicial, extremo que depende en la actualidad exclusivamente del procedimiento de libre designación efectuada por los jefes orgánicos de la Jefatura de la Policía Judicial.

mente por manifestaciones obreras tornadas violentas. En términos generales resultan promovidas por sindicatos como la Unión General de Trabajadores (UGT) y la Confederación Nacional del Trabajo (CNT), pero combatidas enérgicamente por la Guardia Civil y el Ejército, si las capacidades de la primera se veían superadas.

Dichas situaciones, como hemos advertido, dan lugar a la suspensión generalizada de garantías constitucionales en aplicación del art. 17 de la CE 1876 y a la sujeción al fuero militar para determinados delitos y/o estados de excepción declarados por la LOP 1870[243]. El empleo reiterado de la Guardia Civil en los núcleos urbanos lleva al seno de la política el debate sobre si es necesario reformar la Administración policial con la finalidad de liberar a este cuerpo de carga de trabajo en materia de orden público. Finalmente, no se lleva a su consecución literal, pero provoca la creación del Tercio de Movilidad de Madrid, unidad de reserva de la Guardia Civil destinada a combatir los conflictos graves de seguridad. Sus efectivos se encuentran dotados de la pistola marca STAR modelo 1920, conforme regula la RO Circular de 18 de abril de 1921[244].

El protagonismo de la Guardia Civil en el ámbito de la seguridad se ve incrementado tras el pronunciamiento militar del General de Cataluña Miguel Primo de Rivera, el 13 de septiembre de 1923, la declaración del estado de guerra en todo el territorio y la instauración del Directorio Militar hasta 1925[245]. La militarización del orden público se acentúa con motivo del estado de guerra vigente durante más de dos años y la extensión de la jurisdicción militar a los delitos de tipo político[246]. Entre estos delitos se encuentran la utilización de banderas no nacionales o lenguas no castellanas en actos oficiales y otros comunes como el robo empleando armas, utilización de explosivos, el delito de traición o de lesa majestad[247].

El ámbito de la seguridad exterior también se nutre de la presencia de este cuerpo, dada su presencia en los territorios de soberanía española de

243 El General Ochando planteó en el Senado el 18 de noviembre de 1901 la improcedencia del empleo del fusil Mauser por parte de la Guardia Civil en dichas manifestaciones, replicando el Gobierno de Sagasta que ese era el armamento de dotación oficial y que no podían emplear otro, manteniéndose el mismo hasta 1965. MARTÍNEZ RUIZ, *op. cit*, p. 60.

244 Jesús NÚÑEZ CALVO, «*Formación*», *Revista profesional Guardia Civil, N.° 622*, 1996, pp. 60-63.

245 Distintos jefes del cuerpo del a Guardia Civil ocuparán responsabilidades en el Directorio, entre ellos el General Arlegui en la Dirección General de Seguridad, o el General Severiano Martínez Anido como Subsecretario del Ministerio de Gobernación, controlando la seguridad urbana de facto.

246 Santos JULIÁ DÍAZ, *Un Siglo de España. Política y Sociedad,* Ed. Marcial Pons, Madrid, 1999, p. 64.

247 Eduardo GONZÁLEZ CALLEJA, *La España de Primo de Rivera: La modernización autoritaria 1923-1930*, Ed. Alianza, Madrid, 2007, pp. 58-59.

Ultramar en funciones de policía militar. Alcanza protagonismo en la formación de cuerpos policiales de naturaleza militar con funciones similares a las ejercidas por la Guardia Civil en otros países latinoamericanos como Guatemala (1894), Perú (1921-1949), El Salvador (1912-1926), Venezuela (1939) y Colombia (1920-1926).

Para finalizar, hallamos otra perspectiva funcional de la Guardia Civil en sus reiterados servicios humanitarios. Los mismos obtienen su recompensa honorífica por medio de la RO de 4 de octubre de 1929, siéndole concedida al cuerpo la Gran Cruz de la Orden de la Beneficencia por sus «innumerables actos y servicios abnegados, humanitarios y heroicos realizados con motivo de incendios, inundaciones y salvamento de náufragos»[248]. Esta circunstancia propicia que el instituto armado sea conocido hasta nuestros días como «Benemérita».

3. Estatuto jurídico de la institución militar en la Constitución de 1931

El inicio de la Segunda República Española, el 14 de abril de 1931, tiene lugar tras la celebración de unas elecciones municipales el 12 de abril cuyos votos no se terminaron de escrutar y que, daban mayoría de votos al bloque monárquico en términos generales. Sin embargo, una virtual victoria del sector republicano en las capitales de provincia lleva a la proclamación de facto del nuevo régimen y la deposición del reinado de Alfonso XIII[249]. Seguidamente, se conforma un Gobierno Provisional con Niceto Alcalá-Zamora como Presidente provisional de la República y Manuel Azaña en la titularidad del Ministerio de la Guerra.

Las primeras medidas legales en el ámbito castrense fueron inmediatas, proponiendo el 25 de abril la reducción de los efectivos del Ejército, la simplificación de los cuadros de mando y la facilitación del retiro para dichos militares. En tal sentido, el 25 de mayo se dicta un Decreto del Ministro de la Guerra para reorganizar la institución militar, cuyo resultado fue la reducción de la plantilla del Ejército a la mitad de sus efectivos, quedando las 16 divisiones reducidas también en 8. La disposición goza de una extensa exposición de motivos que justifica la reforma[250] en dos premisas fundamentales:

---

248 Martínez Ruiz, *op. cit.*, pp. 62-63.

249 A falta de determinar 52.000 concejalías, los monárquicos habían obtenido 22.150 concejales, mientras que los republicanos tan solo 5.875, aunque la victoria de estos últimos en las principales capitales de provincia generó el caldo de cultivo propicio para la proclamación del nuevo régimen.

250 La Exposición de motivos del Decreto de 25 de mayo establece: «[...] Las unidades existentes son, por su número, excesivas; por su contenido, débiles; por su costo, si hubieran de mantenerse en un punto de regular eficacia, onerosísimas. Es inevitable deshacer

de un lado, un número exageradamente alto de personal del Ejército permanente para tiempo de paz, y de otro, el consecuente exceso presupuestario que acarrea.

En nuestra opinión, y sin dejar de compartir en su forma esta reorganización, creemos que subyace un fondo de especial desconfianza del Gobierno republicano hacia los cuadros de mando y tropa del Ejército, en tanto se habían mostrado fieles al régimen monárquico-conservador precedente. Asimismo, ese personal había participado de sus prebendas en la primera línea política y suponían un número elevado que podía complicar en exceso su contención en caso de pronunciamiento militar.

Con esta situación y tras la celebración de elecciones constituyentes el 28 de junio de 1931, el 9 de diciembre de 1931 se aprueba la CE 1931[251], compuesta de 125 artículos, Título Preliminar, 9 Títulos y 2 Disposiciones Transitorias. El texto constitucional omite cualquier referencia al Ejército, sus misiones, composición o la posible contribución de los españoles a la Defensa Nacional. Este aspecto confirma la voluntad republicana de sustraer a esta institución del organigrama básico constitucional.

En consonancia con ello y con la reorganización militar expuesta anteriormente, el art. 6 del Título Preliminar avanza que el Estado no considera apropiado, y por tanto «renuncia» a la guerra como instrumento político nacional. Este aspecto no deja de ser sorprendente, en tanto en cuanto, como veremos, la declaración de guerra será recurrente para sofocar alteraciones del orden público y extender el fuero militar a los civiles. Todo ello, a pesar de la derogación de la Ley de Jurisdicciones, de 23 de marzo de 1906[252] por medio

---

la organización actual y fundar sobre terreno más firme.[...] el Estado declara de esta manera cuál es el límite que las necesidades de la defensa nacional y los recursos del país ponen a los gastos del presupuesto de la guerra; y por otra, el personal militar a quien afecta la reforma, [...] El nuevo sistema compagina la mayor utilidad de la fuerza armada y la reducción del gasto [...] En nuestros días, los pueblos no admiten un ejército constituido sobre la base de un servicio en filas de larga duración y con grandes efectivos permanentes. A este sistema reemplaza el armamento general de la Nación, que, en caso de guerra, moviliza todas sus fuerzas, combatientes o no, y exige en tiempo de paz cargas menos pesadas, tanto en el orden económico como en el del sacrificio personal [...]».

251 El Anteproyecto fue obra de la Comisión Jurídica Asesora compuesta por 24 vocales, creada en el seno del Ministerio de Justicia por Decreto de 6 de mayo de 1931, y cuyo presidente sería Ángel Ossorio y Gallardo. El Proyecto del texto constitucional se encargaría a la Comisión de Constitución de las Cortes, compuesta por 21 miembros, cuyo presidente sería Luís Jiménez de Asúa.

252 Esta Ley establecía el fuero militar para ciertos delitos contra la Patria y el Ejército: «Art. 3 Los que de palabra ó por escrito, por medio de la imprenta, grabado ú otro medio mecánico de publicación, en estampas, alegorías, caricaturas, emblemas o alusiones, injurien ú ofendan clara ó encubiertamente al Ejército 6 á la Armada ó á instituciones, armas, clases 6 Cuerpos determinados del mismo, serán castigados con la pena de prisión [...] las causas á que se refiere el art. 3.° conocerán los Tribunales del fuero de Guerra y Marina».

del Decreto de 17 de abril de 1931[253] [254]. Al respecto, el art. 95 se refiere al fuero de justicia militar, indicando que:

> «La jurisdicción penal militar quedará limitada a los delitos militares, a los servicios de armas y a la disciplina de todos los institutos armados. No podrá establecerse fuero alguno por razón de las personas ni de los lugares. Se exceptúa el caso de guerra, con arreglo a la Ley de Orden Público».

Observamos que la aplicación del fuero castrense se mantiene a la Guardia Civil o a los Carabineros, por cuanto se hace referencia explícita a los «institutos armados», incluyendo a los civiles cuando en favor del orden público así lo considere la autoridad competente a través de la declaración de guerra. Por otro lado, el aptdo.3 del art. 14 reserva de manera exclusiva al Estado la declaración de la guerra y la paz, asumiendo en su aptdo. 5 las competencias sobre el Ejército, Marina de Guerra y cualquier otra materia relacionada con la Defensa Nacional. Finalmente, el art. 14.16 también declara la competencia exclusiva del Estado en el ámbito de la policía de fronteras, extranjería e inmigración.

Las competencias para declarar la guerra o firmar la paz, el establecimiento de «medidas urgentes» para garantizar la seguridad, o conferir empleos militares, que en los anteriores textos constitucionales venía atribuida al Rey, ahora se hace en el Presidente de la República, en virtud del art. 76 a), d) y b) respectivamente. No obstante, la declaración de guerra deberá acogerse a las condiciones del Pacto de la Sociedad de Naciones[255] y agotar previamente los recursos no bélicos y de arbitraje, sobre todo, si se trata de miembros de dicho organismo internacional[256].

---

253 Exposición de motivos del Decreto de 17 de abril: «[...] Tampoco la institución armada necesita de circunstancial- parapeto, en relación con la ciudadanía consciente y libre ya que, por fortuna, en la compenetración: de aquellas con el pueblo, este recuerda con gratitud y piedad la sangre vertida generosamente por los militares como ofrenda de su sensibilidad republicana, y a la vez, la fuerza pública celebra que, impuesto el régimen por la voluntad nacional que acata y comparte en admirable ejemplo de civismo, la haya liberado por esta definitiva vez, de irrumpir, desviándola de su genuino cometido, en el campo de las contiendas políticas [...]».

254 BALLBÉ MALLOL, *op. cit.*, pp. 347-348.

255 Vid. el especial papel que tuvo el jurista español Rafael Altamira y Crevea, miembro de la Corte Internacional de Justicia y partidario de un sistema de elección de jueces proporcionado a los grupos de naciones, basado en la calidad académica de los mismos.Philippe COUVREUR, «La contribución de España y los españoles al Derecho Internacional, en particular al arreglo pacífico de las controversias internacionales», *Anales de la Real Academia de Ciencias Morales y Políticas, Fascículo 1*, 2005, p. 556.

256 Arts. 12, 15 y 16 del Pacto de la Sociedad de Naciones o Tratado de Versalles, de 10 de enero de 1920.

3.1. Binomio «Ejército y excepcionalidad»

El desarrollo legislativo coetáneo y subsiguiente a la CE 1931 nos aproxima a la conclusión de que la autodenominada «República democrática» por la propia CE 1931 en su art. 1, supone la instauración de un autoritarismo democrático, si es que tal extremo es posible. Continúan empleando al Ejército para problemas de orden público[257] bajo el paraguas de las declaraciones de excepcionalidad[258]y la extensión del fuero militar para los civiles. Una nota importante de dicho autoritarismo se configura en el Decreto de 14 de abril de 1931[259] sobre el Estatuto jurídico del Gobierno provisional, que otorga al Ejecutivo «plenos poderes». La disposición, tras declarar en su art. 4 la libertad personal individual y una aspiración constitucional a ampliar el catálogo de derechos y garantías, continúa en el art. 6:

> «El Gobierno provisional a virtud de las razones que justifican la plenitud de su poder, incurriría en verdadero delito si abandonase la República naciente a quienes desde fuertes posiciones seculares y prevalidos de sus medios, pueden dificultar su consolidación. En consecuencia [...] podrá someter temporalmente los derechos del párrafo cuarto a un régimen de fiscalización gubernativa».

De tal modo, poco menos de un mes después de proclamar la República, el 12 de mayo de 1931, era declarado en Madrid el estado de guerra. La medida se hace extensiva el 14 de mayo a Alicante, Málaga, Sevilla, Cádiz, Murcia, Córdoba y Badajoz. Posteriormente, el 28 de junio, se declara el estado de guerra en Gerona con motivo de una huelga general[260], y en otras zonas del territorio nacional no se llega a declarar, aunque el Decreto de 14 de abril permite la utilización del Ejército para la represión pública, a petición de la autoridad militar competente[261]. La excepcionalidad se acentúa con la promulgación de la Ley de Defensa para la República de 21 de octubre de 1931, constituyendo marco jurídico de los derechos y libertades públicas, bajo la Presidencia de Manuel Azaña en el Gobierno provisional. Esta Ley se compone de 6 artículos, delimitando en su art. 1 los actos que se encuentran en el ámbito de la misma y que se consideran «agresión a la República»:

---

257 Constant se refiere a esta circunstancia durante el siglo XIX francés, en el que constitucionalmente se separan las misiones de orden público y militares, pero en la práctica se produce una confusión entre las mismas. Benjamin DE CONSTANT, *Refléxions sur les Constitutions, la distribution des pouvoirs, et les garanties dans una monarche constitutionnelle*, Ed. BNF Gallica, París, 1814, pp. 95-105.

258 No en vano, la Primera Guerra Mundial (1914-1918) dio paso a nuevas instituciones de derecho excepcional que tuvieron acogida en los distintos países de Europa, y también en España por medio del poder conferido al Presidente de la República en la CE 1931.

259 Gaceta de Madrid, N.° 105, de 15 de abril de 1931, pp. 193-194.

260 BALLBÉ MALLOL, *op. cit.*, p. 319.

261 El 20 de junio de 1931, con ocasión de un mitin de Melquiades Álvarez en la ciudad de Oviedo, intervinieron dos compañías de Infantería n.° 3.

a) incitar a resistir o desobedecer las normas;

b) incitar a la falta de disciplina en los cuerpos armados, o entre éstos y organismos civiles;

c) emitir noticias que incidan en el desprestigio de la República o sus instituciones, o que puedan alterar el orden público;

d) incitar o cometer actos violentos contra personas o bienes por motivos políticos, religiosos o sociales;

e) actos de apología a la monarquía;

f) la tenencia de armas de fuego o explosivos sin licencia;

g) decretar la suspensión o cese de industrias sin justificación suficiente;

h) las huelgas no anunciadas con 8 días de antelación, que no estén relacionadas con trabajo;

i) alterar injustificadamente el precio de los bienes de consumo;

j) la falta de celo o negligencia de los funcionarios en la prestación de sus servicios.

El art. 3 faculta al Ministro de Gobernación para suspender reuniones o manifestaciones públicas cuando de las mismas se presuma que puede alterarse el orden público, cerrar centros y asociaciones e intervenir su contabilidad, así como la aprehensión de las armas de fuego o explosivos, aunque se posean lícitamente. Las sanciones administrativas son el confinamiento[262] y la multa de 10.000 pesetas. Se trata de una Ley preventiva, siendo consciente el Gobierno provisional de que no dispone de instrumentos legales suficientes satisfactorios, habida cuenta de que supone la derogación de la LOP 1870.

La diferencia entre ambas normas es sustancial. No se abunda en la preponderancia del derecho militar, sino en la asunción de amplias facultades por parte las autoridades administrativas, no por ello carentes de autoritarismo y ciertamente influenciada por la Ley de Defensa de la Democracia de 1922 alemana. La tipología de infracciones que contempla la Ley en su art. 1 es abierta, dado que el Ministro de Gobernación es el encargado de aplicarla (art. 4), siendo su juicio el que determine discrecionalmente cuando se vulneran los parámetros normales de «orden público» y «paz social». Ello evidencia una clara inseguridad jurídica al tipificar administrativamente acciones violentas contra ciertas libertades políticas ya castigadas en el Código Penal[263].

262 Este procedimiento consiste en la residencia obligada en otro lugar del territorio nacional, impuesto por la autoridad sancionadora y bajo su vigilancia.

263 El art. 267 del Código Penal de 1932 castiga con la pena de arresto mayor en grado máximo a quienes alteren el orden público mediante injuria u otro mal a otro particular, con objeto de impedir el ejercicio de derechos políticos.

En cuanto a la opción de revisión sancionadora en vía administrativa, se contempla la posibilidad de recurso en las sanciones individuales ante el Ministro en plazo de 24 horas, y para el caso de sanciones colectivas en plazo de 5 días, ante el Consejo de Ministros. El proyecto de Ley no plantea posibilidad de recurso alguno, negando Azaña cualquier posibilidad en el orden judicial contencioso, alegando una posible pérdida de eficacia de la norma[264]. La Ley permanece vigente hasta la disolución de las Cortes Constituyentes, si las mismas no acuerdan antes su ratificación, extremo que no se produce. Tampoco es obstáculo para su vigencia en atención a la Disposición Transitoria Segunda[265], que atenta directamente contra la parte dogmática del texto constitucional «garantías individuales y políticas» del capítulo I del Título III[266].

El balance de aplicación de esta disposición normativa durante los dos años de su vigencia no parece que aporte los resultados esperados. Primeramente, porque las facultades de la autoridad civil se residencian únicamente en Gobernación y no conforman una Administración civil plenamente efectiva en todos los sentidos. Y, por otro lado, porque no se implementa la organización de una policía civil ejecutora de la misma, manteniendo militarizado el medio público.

3.2. La Ley de Orden Público de 1933

Esta norma viene a sustituir a la Ley para la Defensa de la República de 1931, si bien, su derogación tiene lugar mediante el art. único de la Ley de 26 de agosto de 1933[267]. En modo alguno la nueva norma se dicta por la voluntad del Gobierno de poner fin al régimen de excepcionalidad creado o la militarización de la seguridad. Resulta consecuencia de las exigencias de sus aliados socialistas por un lado[268], y federales por otro, para mantener el régimen político republicano[269]. Teniendo en cuenta que la LOP 1933 se dicta el 28 de julio y que la derogación de la Ley para la Defensa de la República

---

264 Diario de Sesiones del Congreso, de 20 de octubre de 1931, p. 1.845. [Ballbé Mallol, *op. cit.*, p. 328].

265 Disposición Transitoria Segunda: «[...] y la de 21 de octubre [Ley] conservará su vigencia asimismo constitucional mientras subsistan las actuales Cortes Constituyentes [...]»

266 Adolfo González-Posada y Biesca, «Algunas reflexiones sobre las nueva Constitución Española», *Revista de Derecho Público*, 1932, p. 134; en el mismo sentido, Nicolás Pérez Serrano, «La Constitución Española de 1931», *Revista de Derecho Privado, N.° 16,* 1932, p. 329.

267 Gaceta de Madrid, N.° 242, de 30 de agosto de 1931, pp. 1.506-1.507.

268 Gabriel Jackson, *La República Española y la Guerra Civil. 1931-1939* [The Spanish Republic and the Civil War, 1931-1939, 2.ª edición, Ed. Princeton, Princeton, 1976, p. 113.

269 Ballbé Mallol, *op. cit.*, p. 359.

es casi un mes posterior, llegamos a la conclusión *sui generis* de que ambas mantienen una vigencia simultánea de contenido jurídico inconciliable con la CE 1931. Este aspecto provoca una enorme e inevitable inseguridad jurídica, al establecerse dos normas de orden público diferentes e igualmente aplicables al ciudadano[270].

La LOP 1933 se estructura en tres Títulos, correspondiendo el primero al «orden público y sus órganos de conservación», el segundo dedicado a las «facultades gubernativas» y el tercero «Del procedimiento». El capítulo primero del Título Primero relativo al «orden público», es de interés, al señalar en su art. 1 el fundamento de esta noción: «el normal funcionamiento de las instituciones del Estado y el libre y pacífico ejercicio de los derechos individuales, políticos y sociales definidos en la Constitución». El art. 2 describe una serie de hechos que se encuentran, por sí mismos, en la órbita del orden público:

a) las acciones realizadas como consecuencia del ejercicio de ciertos derechos y libertades garantizados en la CE 1931: libertad ideológica y de culto (art. 27), libertad de circulación (art. 31), libre elección de profesión (art. 33), libertad de expresión (art. 34), derecho de petición (art. 35), derecho de reunión y manifestación (art. 38), derecho de asociación y sindicación (art. 39) y el estatuto jurídico básico del funcionario público (art. 41);

b) las acciones colectivas o individuales que repercutan en los ciudadanos en el espacio público.

Los arts. 3 a 5 señalan las conductas perturbadoras del mencionado orden público. Acciones que alteran el normal ejercicio de los derechos reseñados en el aptdo. a), el empleo de armas o explosivos, las coacciones, amenazas o fuerza, los que alteren el correcto funcionamiento de las instituciones o servicios públicos y la huelga. Misma naturaleza jurídica se predica para el empleo de la imprenta u otros medios de difusión a tal efecto, determinando el art. 3.7 un tipo penal en blanco que abarca cualquier otra conducta que pueda alterar la tranquilidad pública: «los que de cualquier otro modo no previsto en los párrafos anteriores, alteren materialmente la paz pública».

Por lo que respecta a las autoridades competentes en la materia, el art. 6 (capítulo II del Título Primero) establece una atribución genérica para todas las autoridades de la República. No obstante, se establece una competencia específica de ámbito central en el Ministro de Gobernación, los Gobernado-

270 En este sentido Gil Robles expone en la primera quincena de agosto de 1931: «Han seguido practicándose en ese tiempo detenciones al amparo de la ley de Defensa de la República, clausurándose Centros y coartándose manifestaciones indiscutibles de la libertad de los ciudadanos». José Miguel PAYÁ POVEDA, Tesis Doctoral: *La Ley de Orden Público y los Tribunales de Urgencia en la Segunda República*, Universidad Miguel Hernández de Elche, 2015, p.125.

res Civiles en el ámbito provincial y los Alcaldes en cada municipio, siguiendo un régimen de subordinación desde las últimas a la primera autoridad mencionada. La novedad técnica al respecto, según CRUZ VILLALÓN[271] y CARRO MARTÍNEZ[272], será que no se trata de una norma de derecho de excepción pura (cosa que sí ocurre con la LOP 1870), al regular también el estado de normalidad en el capítulo I del Título II sin una denominación concreta. Así pues, la situación ordinaria de orden público no necesita ser declarada expresamente, hallándose en la misma cuando ninguno de los tres estados excepcionales (prevención, alarma y guerra) se encuentren declarados. Disponen las autoridades y las fuerzas de seguridad de amplios recursos limitadores de las garantías constitucionales, tales como:

a) la disolución de manifestaciones sin autorizar (art. 11);

b) la entrada en domicilio particular con ocasión de atentado contra la fuerza, auxilios a particulares, o persecución del delincuente refugiado en la misma (art. 16);

c) el control y, en su caso, prohibición de reuniones privadas o públicas (art. 17).

El capítulo II del Título II se dedica a la regulación del estado de prevención cuando exista alteración del orden público y su gravedad no exija suspender garantías constitucionales. Este aspecto resulta altamente controvertido porque, si, como avanzamos, el estado de normalidad dispone un amplio de margen de intervención en el ejercicio de derechos fundamentales y no requiere declaración previa ni norma de suspensión de garantías, difícilmente puede sostenerse una situación de mayor gravedad que no necesite dicha suspensión formal y que permita acciones de limitación de mayor calado. Esta circunstancia da lugar a compatibilizar un estado excepcional y el de normalidad sin medida legislativa ulterior.

La declaración del estado de prevención se realiza por Decreto del Consejo de Ministros refrendado por el Presidente, por un plazo máximo de 2 meses, prorrogable, informando a las Cortes en plazo de 10 días tras su publicación. Entre las posibles medidas a adoptar destacan la detención y expulsión[273] de

---

271 Pedro CRUZ VILLALÓN, *Estados excepcionales y suspensión de garantías.,* Ed. Tecnos, Madrid, 1984, p. 42.

272 Antonio CARRO MARTÍNEZ, «Artículo 116 Situaciones de anormalidad constitucional» en *Comentarios a la Constitución Española de 1978,* Tomo IX, Artículos 113 a 127, Cortes Generales, Editoriales de Derecho Reunidas, Madrid, 1987, pp. 208-261.

273 En este sentido, el art. 25 de la Ley de 1931 establece: «Los extranjeros no establecidos [...]estarán obligados [...] a realizar las presentaciones y demás trámites que determine la autoridad, [...] A los que no se avinieren a ello o actuaren de modo perturbador de aquel, se les podrá impedir la permanencia en territorio español, previa declaración de indeseables. Esta declaración gubernativa llevará consigo la expulsión del territorio nacional, aun cuando se interponga contra dicho acuerdo, que, desde luego, será ejecutivo, el oportuno recurso de alzada [...]».

extranjeros cuya situación no esté completamente regularizada (art. 24), o en el caso de españoles (art. 28):

a) la obligación de notificar con antelación de 2 días cualquier cambio de domicilio;

b) decretar el cierre de industrias que promuevan la alteración del orden público;

c) el sellado de la publicación de cualquier impreso antes de su publicación, salvo libros políticos;

d) suspender o aplazar las reuniones en espacios públicos;

e) restringir la circulación y dictar normas sobre abastecimiento;

f) vigilar la actividad de asociaciones y sindicatos, así como la prohibición de huelgas.

Dichas medidas se adoptan a través de bandos cuya publicación informa del alcance territorial y extensión de las mismas (art. 29), así como por medio de notificación individual del expediente, en caso de actos singulares de la Administración (art. 30). El capítulo III del Título II regula el estado de alarma, estado que ya requiere una previa suspensión de garantías constitucionales mediante Decreto concordante al art. 42 de la CE 1931[274], cuando las medidas expuestas en los anteriores estados no fuesen suficientes para conservar o restablecer el orden público en caso de «notoria e inminente gravedad»[275]. La duración del estado de alarma viene recogida en el contenido del propio art. 42, estableciéndose en 30 días como máximo, prorrogables por acuerdo de las Cortes.

Lógicamente, el abanico de facultades resulta ampliado, pudiendo ejercitarse las medidas de los anteriores estados (art. 37), y otras como la prohibición de grupos en la vía pública (art. 38), la censura, o la suspensión e intervención de publicaciones (art. 39). Asimismo, se prevé la práctica de detenciones en circunstancias necesarias (art. 40),[276] el destierro a una distancia máxima de 150 kms (con un tipo agravado cuyo máximo serán 250 kms contenido en el art. 41)[277], y la entrada y registro de domicilios sin auto-

---

274 Pueden suspenderse los derechos establecidos en los arts. 29 (detenciones e ingreso en prisión), 31 (inviolabilidad del domicilio), 34 (libertad ideológica), 38 (derecho de reunión y manifestación) y 39 (libertad de asociación) de manera total o parcial, en todo el territorio nacional o en una parte del mismo, informando a las Cortes en tal sentido.

275 El 9 de diciembre de 1933 se declara por primera vez el estado de alarma. José Luis García Ruiz, «El recurso de amparo en el Derecho español», *Revista de Estudios Políticos, N.º 26*, 1982, p. 124.

276 Por tanto, las detenciones no se producen con motivo de comisión de un delito o incluso una infracción administrativa previa, sino que queda al arbitrio discrecional de la autoridad civil competente la limitación de la libertad deambulatoria.

277 *Vid.* El tipo de destierro atenuado se le denomina «cambio forzoso de domicilio», mientras que el tipo agravado emplea el término «destierro» directamente.

rización judicial con orden escrita (art. 43), siempre que no se den las circunstancias descritas anteriormente para el estado de normalidad[278].

Finalmente, el estado de guerra queda encuadrado en el capítulo IV del Título II, para aquellas situaciones de mayor gravedad en que las medidas expuestas en los anteriores no resulten suficientes, a pesar del auxilio de la autoridad judicial. En este caso, se declara también por parte del Gobierno (art. 50), si bien se contempla la declaración por la propia autoridad militar cuando «la rebelión o sedición se manifestase desde los primeros momentos» al igual que en las anteriores regulaciones, es decir, por razones de urgencia (art. 49)[279]. Las medidas que la autoridad militar ordene, son publicadas en oportuno bando militar y las acciones motivadoras de dicho estado pasan a la jurisdicción castrense conforme a lo establecido en el Código de Justicia Militar, una vez pasadas 24 horas desde su publicación (art. 61).

4. Conservación de una organización policial militarizada durante la República

Las técnicas e iniciativas empleadas por el Gobierno de la República resultaron contradictorias respecto a los postulados políticos previos a su llegada al Ejecutivo, más concretamente con el ideario de Azaña (primero Ministro de la Guerra y posteriormente Presidente hasta 1939). La voluntad del mismo es impedir el intervencionismo militar en la política con la aprobación de varias Órdenes y Decretos que reforman la institución militar[280] e impiden su participación en el seno de la política. Entre otras, se debe pasar a la situación de reserva para adquirir la condición de diputado, pero pueden recobrar la situación de activo para reincorporarse al Ejército. Por contra, la Administración policial fue objeto de escasa reformulación[281], conservando el modelo

278 «Artículo 44. No será necesaria la presencia de la Autoridad gubernativa ni la orden formal escrita a que se refiere el artículo anterior en los casos siguientes: 1° Cuando los Agentes de la. Autoridad o la fuerza pública fuesen agredidos o se atentara contra los mismos desde el domicilio en cuestión. 2.° Cuando persiguiendo, inmediatamente después de cometido el delito, si un delincuente sorprendido "in fraganti", se refugiase este en su propio domicilio o en el ajeno. 3.°Cuando fuese necesario prestar, auxilio a las personas o evitar daño inminente de las cosas».

279 Diario de Sesiones del Congreso, de 25 de julio de 1933, p. 14.397, «El discurso de Babontín advertía del riesgo de utilización de este artículo para justificar un golpe de Estado. Con arreglo al art. 50 de vuestro proyecto de ley, esa autoridad militar no solo tiene derecho, sino el deber legal de asaltar el Poder público cuando ella estime que el orden está gravemente perturbado y que no basta ya la autoridad civil para garantirlo».

280 *Vid.* El Decreto de 3 de julio de 1931, de reorganización del Ministerio de la Guerra y Decreto de 10 julio de 1931, de reorganización de la Marina militar, entre otros.

281 La Orden de 30 de abril de 1931, ordenando el cese en las plazas que desempeñaban en el Cuerpo de Vigilancia los sargentos y suboficiales. Su fundamento se encuentra en la Ley Orgánica de la Policía Gubernativa de 27 de febrero de 1908 que establece la oposición

militarizado vigente propio de la Restauración, dejando a salvo la derogación de las Capitanías Generales por Decreto de 16 de junio de 1931[282].

El empleo de la Guardia Civil para disolver manifestaciones continúa siendo una tónica habitual en las ciudades, aunque inapropiado debido a su arma de dotación oficial, el obsoleto fusil Mauser. La utilización de este arma en esas intervenciones ocasiona consecuencias excesivamente gravosas para los ciudadanos en atención a la desproporcionalidad de medios. Tal y como afirma Ballbé Mallol[283], Maura escribiría al respecto en calidad de Ministro de Gobernación:

> «Ni su armamento, el tradicional fusil Mauser, de largo alcance y manejo lento, ni el uniforme del Cuerpo, ni su rígida disciplina, podrían adaptarse a las luchas callejeras y a la labor preventiva en la ciudad. Cada vez que intervenían era inevitable que el número de bajas fuese elevado, dado su armamento y su obligado modo de proceder. Tras los tres toques de atención reglamentarios si eran agredidos, habían de disparar en legítima defensa y esos fusiles hacían inevitablemente una carnicería en las filas de los revoltosos [...]».

En este sentido, una de las reformas llevadas a cabo consistió en la creación, el 30 de enero de 1932, de un cuerpo con estructura y disciplina militar fiel a la República en el seno del Cuerpo de Seguridad, denominado Guardia de Asaltos. Este instituto se sitúa al mando de oficiales del Ejército de historial destacable[284] y cuya misión se dirige al mantenimiento del orden público en las poblaciones. Al citado cuerpo se le asigna como armas de dotación el revólver y una defensa rígida, relegando el empleo del fusil para dichas funciones[285]. Sin embargo, la actuación ordinaria de este cuerpo se encuen-

---

por turno libre al Cuerpo de Vigilancia. Sin embargo, el RD de 8 de mayo de 1926 dispone la provisión de vacantes de dicho cuerpo entre suboficiales del Ejército, entre otros. Ballbé Mallol, *op. cit.*, p. 336.

282 La Exposición de motivos atribuye el mando de la tropa a los Generales de División: «Suprimiéndose las Regiones y las Capitanías generales, el mando superior de tropas recae, localmente, en los Generales de las Divisiones, que no vienen a sustituir bajo otro nombre a la jerarquía extinguida. Las funciones del General de la División se delimitan estrictamente en este Decreto, no tienen base territorial y, como era deseable y es útil para el Ejército y para el resto de la Nación, se amoldan a la competencia exclusiva del militar. El buen funcionamiento y la congruencia de la organización divisionaria se aseguran mediante la creación de tres Inspecciones generales de. Ejército, correspondiendo a otros tantos grupos de Divisiones».

283 Ballbé Mallol, *op. cit.*, p. 337.

284 Al mando del Cuerpo de Guardias de Asalto estaría el Teniente Coronel del Ejército Agustín Muñoz Grandes.

285 Recordemos que la evolución orgánica policial obedece a los siguientes ítems: 1. En 1887: La policía está dividida en: Vigilancia y Seguridad. Para 1930: La policía consta de dos cuerpos: Cuerpo de Vigilancia y Cuerpo de Seguridad, y al año siguiente se reorganiza el Cuerpo de Seguridad y se le unen las Compañías de Vanguardia, llamadas Sección de Guardias de Asalto. Gobierno de España, Ministerio de Cultura, sitio web: www.pares.mcu.es/ParesBusquedas20/catalogo/autoridad/59576, [consultado el 07/01/2020].

tra íntimamente ligada a la de la Guardia Civil en la conservación del medio público, resultando una consecuente homogeneidad entre las intervenciones de sendos institutos. Todo ello, sin perder de vista la actuación del Ejército con motivo de la declaración de los múltiples estados de guerra amparados por la LOP 1933[286] o ante manifestaciones de tipo anarquista y/o sindicalista.

La confusión entre la naturaleza y misiones del Cuerpo de Asaltos y la Guardia Civil tuvo su consumación con el estallido de la Guerra Civil el 17 de julio de 1936[287]. Mediante Decreto de 30 de agosto de 1936, se ordena el cambio de denominación de la Guardia Civil por el de «Guardia Nacional Republicana», que incluye la depuración de los miembros no leales al régimen republicano[288]. Posteriormente, se produce la fusión de ambos cuerpos, de Asalto y Guardia Nacional Republicana, en el Cuerpo de Seguridad Interior, conforme al Decreto de 27 de diciembre de 1936, que nunca llegaría a entrar en funcionamiento[289].

5. Nuevas misiones militares durante el franquismo

La Guerra Civil dio lugar a la coexistencia simultánea de dos ejércitos. Por un lado, el Ejército Popular republicano, formado originalmente por milicias sindicales y políticas con una organización y estructura militarizada a semejanza del Ejército revolucionario de la Unión Soviética[290]. Y por otro, el Ejército de la Victoria, resultante de la reorganización efectuada por las reformas de 1931 anteriormente descritas, con mayor especialización, aunque no exento de milicias nacionales. Con la victoria del Ejército del bando nacional, la estructura de la institución militar se acentúa consecuentemente por virtud del Decreto de 25 de julio de 1939, realizándose esfuerzos políticos dirigidos al aumento de la presencia del Ejército en las instituciones del Estado.

286 Por ejemplo, la sublevación anarquista en el Alto de Llobregat (Barcelona) el 22 de enero de 1932, o los enfrentamientos con motivo de la aprobación de la Ley de Bases de la Reforma Agraria culminando con los sucesos de Casas Viejas entre el 10 y el 12 de enero de 1933, entre otras.

287 Con el inicio de la Guerra Civil, el 18 de julio de 1936 se emite la Declaratoria del estado de guerra por la que se establece la aplicación de la jurisdicción militar contra los civiles, así como el Bando de la Junta de la Defensa Nacional de 28 de julio del mismo año estableciendo los parámetros excepcionales del estado de guerra en todo el territorio nacional.

288 La Exposición de motivos del decreto dice: «Buen número de unidades y destacamentos de dicho Cuerpo, ha permanecido fiel a su deber, ofreciendo un magnífico ejemplo de lealtad, abnegación y heroísmo, pero otras fuerzas del mismo Instituto, por prestar servicio en las provincias sometidas á la sublevación militar o por haberla secundado, han quedado de hecho fuera de la disciplina del Cuerpo. Se impone en estas condiciones una reorganización completa del Instituto de la Guardia civil, que alcance no sólo a la debida depuración de los cuadros de mando y tropa, sino a la propia estructura del Cuerpo [...]».

289 Hugh Thomas, *Historia de la Guerra Civil Española*, Ed. Círculo de lectores, Barcelona, 1976, p. 597.

290 Martínez De Merlo, *op. cit.*, p. 381.

El Ejército se convierte en la columna vertebral del Estado, y como tal, se va incorporando en el seno de la institución militar la necesidad de establecer servicios de información que permitan el control e infiltración en las denominadas por BALLBÉ MALLOL «instancias subversivas»[291]. El objeto de las mismas se centra en las revueltas de las universidades y manifestaciones obreras, destacando el Servicio de Información del Ejército, «Segunda Bis» o «SIBE», y el Servicio Central de Documentación de Presidencia del Gobierno «SECED»[292]. Este último creado por Decreto 511/1972, de 3 de marzo que modifica el aptdo. 2 del art. 2 del Decreto 245/1968, de 15 de febrero[293], sobre la reorganización de la Presidencia del Gobierno. Las misiones fundamentales del Servicio de Información son el control de vestigios de ideología republicana en la Nación y en el interior del propio Ejército, mientras que el «SECED» se focaliza en las misiones de índole terrorista y carácter político[294].

5.1. Administración policial franquista. Especial referencia a la Guardia Civil

Como hemos venido señalando, el régimen de Franco sustenta la seguridad española en una Administración militarizada cuya cúpula se encuentra ocupada por la estructura de mando del Ejército. A la finalización de la Guerra Civil y, con motivo de haber permanecido parte de los mandos de la Guardia Civil fieles a la República, Franco se plantea la disolución del instituto armado, aunque finalmente decide su conservación por la eficacia en la protección del orden público que había demostrado en el ámbito rural[295]. De esta manera, se dicta la Ley de 15 de marzo de 1940, que reorganizaba el Cuerpo de la Guardia Civil y en cuya Exposición de motivos se señala el fundamento de la misma:

> «El benemérito Cuerpo de la Guardia Civil, creado por el Duque de Ahumada, y que constituyó la coronación de la obra iniciada por la Reina Católica con 1a organización de la Santa Hermandad, no se libró del influjo de aquellos hombres que; desde la oposición, habían intentado minar el espíritu benéfico del Instituto,

---

291 BALLBÉ MALLOL, *op. cit.* p. 447-449.

292 Servicio creado por Carrero Blanco en 1972 para sustituir y ampliar las funciones de la Organización Contrasubversiva Nacional «OCN» dedicada a la información de personas y movimientos contrarios al régimen en el ámbito universitario desde 1968, al mando del Coronel José Ignacio San Martín.

293 Boletín Oficial del Estado, N.º 60, de 10 de marzo de 1972, p. 4.213.

294 Las operaciones más relevantes llevadas a término fueron: «Operación Promesa» de contacto con ciertos grupos políticos que dieron lugar a la transición, o la «Operación Lucero» centrado en una satisfactoria sucesión tras la muerte de Franco y precipitando la jura de Juan Carlos I como Rey de España evitando posibles subversiones.

295 Fueron de esta opinión los Generales Dávila, Asensio, Varela y Muñoz Grandes. MARTÍNEZ RUIZ, *op. cit.*, p. 65.

para crearle en el país un ambiente de odiosidad, fomentando, por un lado, la lucha de clases y los movimientos revolucionarios y, por otro, lanzando desde el Poder a la represión a las fuerzas de Orden Público con órdenes de crueldad hasta entonces desconocidas. Al acometerse la reorganización de las fuerzas de Orden Público, hemos de salvar del naufragio de la revolución aquel espíritu y valores tradicionales que hicieron del Instituto de la Guardia Civil uno de los Cuerpos más prestigiosos en que se inspiró la organización de las fuerzas de Orden Público en distintos países»[296].

Con esta norma se integra al Cuerpo de Carabineros en la Guardia Civil, resultando disfuncional la separación de ambos institutos como consecuencia de la similitud (cuando no confusión) de sus misiones. Además, se realiza especial hincapié en la necesidad de una correcta comunicación y enlace entre las unidades del Ejército y la Guardia Civil para un mejor cumplimiento de la misión de vigilancia y protección de fronteras. Se crean unidades mixtas de ambos cuerpos, más importante si cabe, si tenemos en cuenta que el estado de guerra se mantiene vigente hasta 1948. El art. 1 de la norma establece la atribución de los servicios de policía y vigilancia a la Guardia Civil, centralizándose en este cuerpo cualquier otra misión análoga asignada a otra fuerza armada con anterioridad. Sus miembros quedan sujetos al mando, disciplina y fuero militar, con órganos superiores y directivos del Ejército[297].

El mando superior del cuerpo recae en un Oficial General del Ejército de Tierra con cargo de Director General (art. 2), que asume las competencias relativas a créditos, recursos, adquisiciones, inversiones, cuentas y las anteriormente asignadas al Inspector General de Carabineros. Las misiones específicas se concretan en el art. 5 en la vigilancia de pueblos, campos, aglomeraciones rurales, factorías, centros industriales, o costas y fronteras, entre otras. Por tanto, continúa el empleo de este cuerpo en misiones de seguridad del ámbito rural, aunque también como instrumento represor de manifestaciones y revueltas que la autoridad pudiera entender «subversivas».

En cuanto a su organización, la Guardia Civil se concibe como un cuerpo de combate y por tanto, ordenado bélicamente según el Ministerio del Ejército, instituyendo unidades superiores a los Tercios rurales, de veteranos, de costas y fronteras, o móviles (art. 6)[298]. A mayor abundamiento, el Reglamento

296 Boletín Oficial del Estado, N.º 77, de 7 de marzo de 1940, p. 1.862.

297 La jurisdicción militar competente para los miembros de la Guardia Civil la conforman los Generales Jefes de las Regiones Militares, Comandantes Generales de Baleares y Canarias y el Jefe Superior de las Fuerzas Militares de Marruecos, a tenor del art. 1.

298 Art. 7 de la Ley de 15 de marzo de 1940: «Los Tercios se dividirán en Tercios de Frontera, Tercios de Costas, Tercios Rurales, Tercios de Guardias Veteranos y Tercios Móviles. A los dos primeros se asigna la vigilancia de la zona de costas y fronteras, constituyendo con sus unidades y destacamentos, en unión de las unidades del actual Cuerpo de Carabineros, las sucesivas líneas de cobertura y vigilancia fiscal. A los Tercios rurales corresponde la vigilancia, seguridad y orden en los pueblos, campos, vías de comunicación, factorías,

Militar de 23 de julio de 1942 establece a la Guardia Civil como unidad integrada en el Ejército y la situación de servicio permanente de sus miembros.

A partir de este momento comienzan a desarrollarse distintos servicios que constituyen especialidades dentro del instituto armado, como la Escuela de Conductores en 1943, el servicio de Transmisiones, o la Revista técnica de la Guardia Civil en 1944, cuya finalidad sería impartir la doctrina interna entre sus efectivos[299]. Además, la creación del Plan de Estabilización de 1959, deriva en cierta mejoría para la economía española, repercutiendo en la implementación de la Agrupación de Tráfico por medio de la Ley de 30 de julio de 1959[300].

No obstante, la Guardia Civil comparte la misión de tráfico con la Policía Armada, cuerpo al que nos referiremos posteriormente, hasta que se dicta la Orden del Ministerio de Gobernación de 5 de octubre de 1959 que atribuye con carácter exclusivo esta competencia al primero[301]. Asimismo, tiene lugar la creación de las especialidades de Montaña con la unidad de Esquiadores-Escaladores (1967) y unidad de Helicópteros (1973). Sin embargo, los esfuerzos se centraron en luchar contra el maquis[302], que protagoniza diversos sabotajes, atentados y golpes de mano, ocultándose en parajes rurales y de acceso escarpado. Con dicha finalidad se incrementa la producción normativa de excepción como veremos en siguientes epígrafes.

La constitución de la banda terrorista ETA en 1959, determina en su V Asamblea (1966-1967) imponer sus postulados independentistas mediante

establecimientos, fábricas y explotaciones mineras alejadas o aisladas de las capitales o grandes aglomeraciones urbanas. Finalmente, a los Tercios de Guardias veteranos se les encomienda la custodia de cárceles, penales, campos de penados y otros organismos similares, constituyéndose con personal especializado las Compañías afectas a la represión del fraude y vigilancia del contrabando en las Aduanas y en el interior del país. Los Tercios rurales organizarán unaf Comandancia, al menos, por provincia. En Baleares habrá un Tercio mixto, y otro en Canarias».

299 Martínez Ruiz, *op. cit.*, p. 66.

300 Art. 3.1 de la Ley de 30 de julio de 1959: «El Ministro de la Gobernación ejercerá las facultades que se le atribuyen en la presente Ley, mediante los servicios y mandos de las Direcciones generales de Seguridad y Guardia Civil y de los Gobiernos Civiles, constituyéndose, como órgano de Dirección inmediata, ordenación y coordinación, la Jefatura Central de Tráfico». Continuando el aptdo. 2: «Las funciones de vigilancia se ejercerán por la Guardia Civil, según lo previsto en el artículo 6.º y por los agentes o Cuerpos Auxiliares de la Autoridad, conforme a lo que reglamentariamente se disponga, con arreglo a esta Ley, en orden a su agrupación o demarcación territorial de actuación. Son inherentes a tal misión el apoyo y colaboración a las Inspecciones de otros Departamentos o Servicios».

301 El art. 4 de la Orden atribuye la vigilancia del tráfico, circulación y transporte a la Guardia Civil.

302 Francisco Moreno Gómez, «Lagunas en la memoria y en la historia del maquis», *Revista de Historia Contemporánea Hispania Nova, N.º 6*, 2006, p. 8. Se trataba de un movimiento antifranquista (en términos generales de ideología comunista) organizado en forma de guerrilla distribuido por el territorio nacional.

la lucha armada a partir de 1968 con la denominación de ETA Político-Militar[303]. Ello incide en un empleo sustancial de recursos por parte de la Guardia Civil, que se traducen en la creación de nuevos servicios como el de Información o «SIGC», cuyo origen se encuentra en la Circular de 24 de febrero de 1941 en relación con la Orden Reservada de 1 de abril del mismo año. El desarrollo ante la amenaza terrorista de 1972 se produce con la creación del Grupo Operativo del Servicio Secreto de Información «GOSSI», integrado en 1979 en el Grupo Operativo del Servicio de Información «GOSI»[304]. Paralelamente, se activaron los recursos necesarios para crear especialistas en desactivación de explosivos por Orden General de 2 de marzo de 1973.

5.2. La Policía

Franco acomete la reforma de la Administración policial de manera independiente, de un lado y como hemos explicado, en la Guardia Civil, y por otro, en la Policía a través de las siguientes disposiciones:

a) ley de 23 de septiembre de 1939, por la que se crea la Dirección General de Seguridad;

b) decreto de 8 de septiembre de 1939, creando cuatro Comisarías Generales: Fronteras, Información, Orden Público e Identificación;

c) decreto de 7 de octubre del mismo año, para constituir las Jefaturas Superiores.

La profundidad de la reforma viene articulada en la Ley de 8 de marzo de 1941, por la que se reorganizan los servicios de Policía. Esta norma anticipa en su Exposición de motivos su fundamento en orden a dos premisas, evitar los errores cometidos durante la República y la escasa politización de los mismos, considerada por el Jefe del Estado con carácter pernicioso para su cometido[305]. En virtud a la Ley de 1941, la Policía, los extintos Cuerpos de

---

303 Rafael LEONISIO CALVO, «Izquierda Abertzale, de la heterogeneidad al monolitismo» en *III Congreso Internacional de Historia de Nuestro Tiempo*, Universidad de la Rioja, La Rioja, 2012, pp. 377-388.

304 Juan HERNÁNDEZ MOSQUERA, «El Servicio de Información de la Guardia Civil (SIGC), 75 años de historia», *Cuadernos de la Guardia Civil 75 aniversario del Servicio de Información*, 2016, pp. 14-18.

305 «La victoria de las armas españolas, al instaurar un régimen que quiere evitar errores y defectos de la vieja organización liberal y democrática, exige de los organismos encargados de la defensa del Estado una mayor eficacia y amplitud, así como aquellas modalidades que impone la necesidad de una vigilancia rigurosa y tensa de todos sus enemigos. Algunos de los medios que contribuían hasta el presente a la seguridad de la Nación en su lucha contra la delincuencia en general, y especialmente en el orden político, no responden debidamente a aquel propósito, ya que sus órganos de Policía, imbuidos de un apoliticismo propio de sistemas que presenciaban impasibles sus procesos de descomposición, no pueden hoy servir para su defensa, frente a los grandes peligros interiores y exteriores».

Investigación y Vigilancia, Seguridad y Asalto, y Vigilantes de Caminos se integran en los Cuerpos General de Policía y Policía Armada y de Tráfico (art. 1). Se reconoce el mantenimiento de la Guardia Civil como el otro cuerpo para la protección del orden y seguridad públicos (segundo aptdo.), sin olvidar a la milicia del partido (tercer aptdo.).

El resto de cuerpos de seguridad de ámbito municipal, nocturno, forestal o de vigilantes jurados, son considerados auxiliares de los anteriores en cometidos de seguridad genérica. Las misiones atribuidas al Cuerpo General de Policía son las de investigación, información y vigilancia, organizados en dos escalas, una Superior «de mando» y otra Subalterna o «de ejecución» (art. 2)[306]. Según se desprende del art. 6, sus miembros se sujetan a la naturaleza civil al no aludir directamente a la militar, aunque con un régimen peculiar en atención a su condición mediante una «ley especial» sin concretar. Posteriormente, a través de la LOE 1967, se determina el carácter militar de todas las fuerzas de orden público en su Título VI dedicado a las «Fuerzas Armadas»[307].

En cuanto a la Policía Armada y de Tráfico, asume las competencias de «vigilancia total y permanente» y «represión» según el art. 16, si bien, el art. 18 establece la naturaleza y organización militar de este cuerpo y su sujeción a la jurisdicción castrense. En el plano puramente administrativo, se conserva la organización decimonónica encabezada por el Ministerio de Gobernación con competencias a nivel nacional, dejando a los Gobernadores Civiles el ámbito provincial.

5.3. Mantenimiento del «estado de guerra» durante el franquismo

La finalización de la Guerra Civil, el 1 de abril de 1939, parece concretada en el último parte oficial de guerra del mismo día[308], sin embargo la realidad de los hechos sería muy diferente ya que el estado de guerra permanece vigente casi una década después. Las medidas excepcionales propias de la guerra se encuentran presididas por la Ley Marcial declarada en el Bando de 28 de julio de 1936[309], declaratorio del estado de guerra en todo el territorio

306 Se componen de los siguientes empleos: Comisarios Jefes y Comisarios de primera, segunda y tercera, en la escala Superior, y en la Subalterna: Inspectores de primera y segunda y Agentes de primera, segunda y tercera.

307 El art. 37 de la Ley Orgánica del Estado de 10 de enero de 1967: «Las Fuerzas Armadas de la Nación, constituidas por los Ejércitos de Tierra, Mar y Aire y las Fuerzas de Orden Público, garantizan la unidad e independencia de la Patria, la integridad de sus territorios, la seguridad nacional y la defensa del orden institucional».

308 Su contenido resulta ilustrativo: «En el día de hoy, cautivo y desarmado el Ejército rojo, han alcanzado las tropas nacionales sus últimos objetivos militares. La guerra ha terminado».

309 Boletín Oficial de la Junta de Defensa Nacional de España del Gobierno Civil de Burgos, de 30 de julio de 1936.

nacional en el Decreto n.º 3 de la Junta de Defensa Nacional. Ello provocó, en el año 1945, el colapso de la Administración penitenciaria con una cifra de 959.886 causas penales militares abiertas[310].

La aprobación del Decreto implicaba que el insulto o agresión a cualquier militar, funcionario o miliciano del bando nacional, estuvieran o no de servicio, constituyen delito de insulto a fuerza armada, debiendo instruirse en juicio sumarísimo por la jurisdicción castrense. Además, se establece la obligatoriedad por parte de funcionarios y administraciones públicas del cumplimiento del Bando y del auxilio debido a la causa. En caso contrario, la justicia militar conoce sobre estas acciones u omisiones (art. 3), siéndoles de aplicación el Código de Justicia Militar de 1890[311].

A mayor abundamiento, el art. 5 extiende el mismo procedimiento judicial para los atentados en vías o medios de comunicación, servicios, dependencias o edificios públicos, los que su fundamento sea de ideología política o social y los que se realicen a través de la imprenta u otro medio de difusión, así como a los rebeldes (art. 6)[312]. Se establece la censura previa de dos ejemplares de cualquier documento destinado a publicarse (art. 7), así como la intervención y puesta a disposición de la causa de todos los vehículos y medios de comunicación (arts. 8 y 9).

Se produce una instrumentalización del Bando de la Junta de Defensa Nacional, dado que esta técnica jurídica constituye el medio legal coercitivo

310 Eusebio GONZÁLEZ PADILLA, «La justicia militar en el primer franquismo» en *Jornadas UNED: Sociedad y política almeriense durante el régimen de Franco* [Manuel GURIÉRREZ NAVAS, José RIVERA MENÉNDEZ, coord.], UNED, Madrid, 2003, p. 159.

311 Resultan de aplicación directa para aplicación del juicio sumarísimo: Título V «delitos contra la seguridad de la Patria» que incluyen delitos de traición, espionaje, contra el derecho de gentes, devastación y saqueo , Título VI «delitos contra la seguridad del Estado y del Ejército» en los delitos de rebelión, sedición, insulto a centinela, salvaguardias o fuerza armada, y Título VII «delitos contra la disciplina militar» en los delitos de insubordinación, desobediencia y extralimitaciones en el ejercicio del mando, que incluye: el abuso de autoridad y la usurpación de funciones.

312 Se consideran rebeldes a efectos del Bando: «A) Los que propalen noticias falsas o tendenciosas con el fin de quebrantar el prestigio de las fuerzas militares y de los elementos que prestan servicios de cooperación al Ejército. B) Los poseedores de armas de fuego o sustancias inflamables o explosivas; entendiéndose caducadas todas las licencias de armas que no hubiesen sido otorgadas por esta Junta de Defensa Nacional o sus legítimos representantes. Los poseedores de armas, con o sin licencia, quedan obligados a entregarlas en el plazo máximo de doce horas, sin excusa alguna, en el puesto de la Guardia civil respectivo, donde, en cada caso, podrá convalidarse la autorización para su uso, a discreción del Comandante de aquel. C) Los que celebren cualquier reunión, conferencia o manifestación pública sin previo permiso de la Autoridad, solicitado en la forma reglamentaria, y los que asistan a ellas. D) Los que cometan delitos de los comprendidos en los apartados B), C) y D) del artículo anterior. E) Los que tiendan a impedir o dificultar el abastecimiento de artículos de primera necesidad, eleven injustificadamente los precios de los mismos, o de algún modo contribuyan a su encarecimiento. F) Los que coarten la libertad de contratación o de trabajo o abandonen este, ya se trate de empleados, patronos u obreros».

de conservación del nuevo régimen personalista. Consideramos, en unión a BALLBÉ MALLOL, que la vigencia del mismo resulta incuestionable al comprobarse multitud de resoluciones judiciales del Tribunal Supremo y del Consejo Supremo de Justicia Militar en este sentido tras la finalización de la Guerra[313]. Esta realidad confronta con la aprobación de una Ley posterior como el Fuero de los Españoles, de 17 de julio de 1945[314], que además es superior en rango en atención a su consideración como Ley fundamental, reguladora de derechos y deberes (art. único), extremo que aporta una idea del nivel de inseguridad jurídica. El Fuero se compone de dos Títulos, el primero reconoce un catálogo de derechos y deberes entre los que incluyen:

a) el principio de igualdad ante la ley (art. 3);

b) derecho al honor personal y familiar (art. 4);

c) derecho a la educación y su libre elección (art. 5);

d) el deber de contribución a las cargas públicas (art. 9);

e) una libertad de expresión limitada al respeto a «los principios fundamentales del Estado» (art. 12);

f) secreto de la correspondencia (art. 13);

g) libertad de residencia (art. 14);

h) inviolabilidad del domicilio (art. 15);

i) libertad de reunión (art. 16);

j) derechos del detenido (art. 18);

k) derecho de petición individual (art. 21) y

l) derecho a la propiedad privada (art. 30).

El Título II se dedica a las garantías de estos derechos, si bien, especificando que el ejercicio de los mismos no puede contravenir la unidad «espiritual, nacional o social» de España (art. 33) y dejando el procedimiento para su protección y garantía a lo establecido en futuras normas.

Atendiendo a RUBIO LLORENTE, no podemos hablar de derechos fundamentales de manera estricta, ya que no se garantiza una eficacia real y objetiva de los mismos frente al Estado[315]. Finalmente, el art. 35 prevé la posibilidad

313 BALLBÉ MALLOL, *op. cit.* p. 407. [Sentencias del Consejo Supremo Militar de 31 de octubre de 1941 y de 7 de agosto de 1942, sentencia del Tribunal Supremo de 24 de agosto de 1944, y autos de 4 de marzo de 1944, de 10 de febrero de 1945 y de 16 de marzo de 1946].

314 La Exposición de motivos del Fuero de los españoles de 1945 traslada la voluntad de reconocer un catálogo de derechos inherentes a la persona: «El Estado español proclama como principio rector de sus actos el respeto a la dignidad, la integridad y la libertad de la persona humana, reconociendo al hombre, en cuanto portador de valores eternos y miembro de una comunidad nacional titular de deberes y derechos cuyo ejercicio garantiza en orden al bien común».

315 Francisco RUBIO LLORENTE, «De los Derechos Humanos a los fundamentales. La constitu-

de suspensión de los derechos descritos en los arts. 12 a 16 y 18, por medio de Decreto-Ley dictado por el Gobierno expresando su alcance y temporalidad. Podemos observar, que la regulación de ciertos derechos no limitadores del poder público y carentes de un procedimiento que garantice su efectivo ejercicio, en la práctica supone la vigencia del Bando de 28 de julio de 1936 y consecuentemente, del estado de guerra. Esto sucedería hasta que se dictara, nueve años más tarde, el Decreto de 7 de abril de 1948 de la Presidencia del Gobierno, para su derogación, cuyo fundamento recae en establecer una justicia «más amplia» que la del Consejo de Guerra[316].

5.3.1. La Ley de Orden Público de 1959

A partir del primer lustro de la finalización de la Guerra Civil, advertimos que la tendencia del régimen es la de ir configurando, al menos en apariencia, un Estado de Derecho mediante la creación de un bloque legislativo de carácter ordinario[317], manteniendo por otro lado el recurso al derecho excepcional. Aquí encontramos la LOP 1959[318], cuya virtud descansa en una definición más técnica y amplia del «orden público» y que establece dos estados distintos a la normalidad para preservarla o recuperarla, el de excepción y el estado de guerra. El art. 1 del capítulo primero establece los parámetros que conforman el orden público ordinario, concretando el art. 2 las acciones contrarias al mismo:

> «El normal funcionamiento de las instituciones públicas y privadas, el mantenimiento de la paz interior y el libre y pacífico ejercicio de los derechos individuales, políticos y sociales»[319].

---

cionalización de los derechos» en *Derechos fundamentales, derechos humanos y estado de derecho, Fundamentos: Cuadernos monográficos de teoría del Estado, Derecho Público e Historia Constitucional, N.º 4*, 2006, pp. 209-216.

316 Ballbé Mallol, *op. cit.*, p. 408.

317 En este sentido, la Ley de 18 de marzo de 1944, de la Jurisdicción Contencioso-Administrativa (aunque se excluyen de esta posibilidad de recurso aquellas causas pertenecientes al orden político o de gobierno, prensa o abastecimientos).

318 Boletín Oficial del Estado, N.º 182, de 31 de julio de 1959, pp. 10.365-10.370.

319 Art. 2 de la Ley de Orden Público de 1959: «a) Los que perturben o intenten perturbar el ejercicio de los derechos reconocidos en el Fuero de los Españoles y 'demás Leyes fundamentales de la Nación, o que atenten a la unidad espiritual, nacional, política y social de España. b) Los que alteren o intenten alterar la seguridad pública el normal funcionamiento de los servicios públicos y 1a regulan dad de los abastecimientos o de los precios prevaliéndose abusivamente de las circunstancias. c) Los paros colectivos y los cierre o suspensiones ilegales de Empresas, así como provocar o dar ocasión a que se produzcan unos y otros. d) Los que originen tumultos en la vía pública y cualesquiera otros en que se emplee coacción, amenaza o tuerza u se cometan o intenten cometer con armas o explosivos e) Las manifestaciones y las reuniones públicas ilegales o que produzcan desórdenes o violencias, y la celebración de espectáculos públicos en iguales circunstancias.

Se establece que el Ministro de Gobernación es la autoridad competente para la conservación del orden público, ostentado al mando superior de todas las fuerzas de seguridad estatales (incluida la Guardia Civil, que recordemos sigue integrada en el Ejército). Dicha autoridad puede solicitar, si fuera necesario, el auxilio de otras unidades militares que siempre se encontrarán a disposición de sus mandos naturales (art. 4), correspondiendo a los Gobernadores civiles el mando a nivel provincial de estos cuerpos de seguridad y a los Alcaldes en su término municipal respectivo (arts. 6 y 7). El funcionamiento ordinario de la seguridad se encuentra condicionado por una serie de potestades de las fuerzas del orden y limitaciones de derechos que incluyen la posibilidad de ingresar en domicilios particulares cuando se produzcan alteraciones del orden (art. 10.3), la detención por cualquiera de los actos descritos en el art. 2, y la disolución de reuniones no autorizadas, ilegales o que excedan los límites de la autorización (art. 14).

El capítulo III regula el estado de excepción, que será declarado mediante Decreto-Ley por el Gobierno durante un periodo de tres meses, prorrogable, cuando las facultades de carácter ordinario no sean suficientes para conservar la seguridad. Dicho instrumento jurídico puede determinar la suspensión de todos o algunos de los derechos de los arts. 12 a 16 y 18 del Fuero de los Españoles (art. 35). Las facultades gubernativas se amplían, extendiéndose a las siguientes:

a) la limitación de la libertad ambulatoria;

b) la práctica de detenciones sin mediar causa por delito;

c) la notificación del cambio de domicilio con dos días de antelación;

d) la posibilidad del destierro temporal (art. 28);

e) la censura previa de cualquier documento o emisión (art. 29);

f) el registro domiciliario sin autorización judicial (art. 30);

g) el control y localización de los extranjeros (art. 31);

h) otras medidas de seguridad consideradas como «extraordinarias»[320].

f) Todos aquellos por los cuales se propague recomiende o provoque la subversión o se haga la apología de la violencia o de cualquier otro medio para llegar a ella. g) Los atentados contra la salubridad pública y la transgresión de las disposiciones sanitarias dictadas para evitar las epidemias y contagios colectivos. h) Excitar al incumplimiento de las normas relativas al orden público y la desobediencia a las decisiones que la Autoridad o sus Agentes tomaren para conservarlo o restablecerlo. i) Los que de cualquier otro modo no previsto en los párrafos anteriores faltaren a lo dispuesto en la presente Ley o alterasen la paz pública o la convivencia social».

320 Art. 32 de la Ley de Orden Público de 1959: «a) Revocar total o parcialmente los permisos de tenencia de armas. b) Evitar que, prevaliéndose del uso de los servicios públicos de transportes, comunicaciones o cualquiera otro, se coopere a provocar o mantener la alteración del orden. c) Vigilar y proteger los edificios, instalaciones, obras, servicios públicos e industriales, o explotaciones de cualquier género. d) Emplazar puestos armados en los

Finalmente, el estado de guerra se establece en el capítulo IV para dos supuestos tasados:

a) el primero, cuando la declaración del estado de excepción desborde las capacidades del poder civil;

b) el segundo, para los casos de insurrección contra la seguridad del Estado, sus instituciones políticas o sociales.

La declaración se efectuará igualmente por Decreto-Ley dictado por el Gobierno, por un periodo máximo de dos meses, pudiendo prorrogarse el tiempo necesario dando cuenta a las Cortes (art. 35 y siguientes). De igual modo que en las anteriores leyes de orden público, se declara el estado de guerra directamente si no puede establecerse comunicación con el Ejecutivo, y aún a falta de acuerdo entre las autoridades militar y judicial. La declaración incluye la autoridad militar que aúna todas las facultades y dicta el bando con las normas que rigen su extensión, recayendo en el militar con mando de mayor empleo de los ejércitos de Tierra, Armada o Aire, por este orden.

5.3.2. Extensión de la excepcionalidad al ámbito militar

La aplicación del derecho de excepción no se encuentra reducida a la aplicación de la LOP 1959, sino que en este periodo se conforma un bloque normativo específico destinado a aplicar la jurisdicción militar en causas penales ordinarias:

A) Ley de 2 de marzo de 1943[321], por la que se equiparan al delito de rebelión militar las transgresiones de orden público que tengan una manifiesta repercusión en la vida pública con las siguientes conductas relacionadas con el orden público:

a.1) la emisión de noticias «falsas o tendenciosas» que afecten a la tranquilidad pública nacional o internacional, la imagen del Estado, el Ejército y resto de autoridades;

---

lugares más apropiados para asegurar la vigilancia. Las medidas que se indican en los dos apartados anteriores llevarán consigo la obligación de los dueños, moradores o encargados, de consentir las limitaciones que exija la utilización de las fincas o instalaciones afectadas. e) Dictar las normas necesarias para asegurar el abastecimiento de los mercados, la libertad de comercio, el funcionamiento de los servicios públicos y de los centros de producción y trabajo, pudiendo exigir la prestación personal obligatoria de sus trabajadores y empleados y considerárseles, en cuanto duren las circunstancias, como funcionarios públicos al servicio del Estado y sometidos al Estatuto legal, jerárquico y disciplinario de éstos, bajo las órdenes directas de la Autoridad o sus Delegados. f) Movilizar los recursos del territorio o de las localidades en que se declare el estado de excepción, pudiendo llegar si fuera necesario para remediar la calamidad o dominar la- perturbación a disponer de las armas, municiones, vehículos, carburantes, víveres, animales o materiales de toda clase o a la intervención u ocupación de industrias, fábricas, talleres o explotaciones».

321 Boletín Oficial del Estado, N.º 75, de 16 de marzo de 1943, p. 2.384.

a.2) la participación en reuniones con los objetos anteriores;

a.3) la tenencia de armas de fuego o explosivas sin autorización;

a.4) la obstrucción de los servicios públicos, las acciones dañosas a personas o bienes con fines terroristas, sociales y políticos[322]. Todo ello en virtud del art. 1 de esta disposición, especificando la aplicación del procedimiento sumarísimo en Consejo de Guerra, regulado en Decreto de 6 de noviembre de 1942 (art. 2)[323].

Posteriormente, se dicta el Decreto de 21 de septiembre de 1960, sobre rebelión militar, bandidaje y terrorismo, que unifica la Ley de 2 de marzo de 1943 y el Decreto Ley de 18 de abril de 1947. Ello permite asimilar al delito de rebelión militar contenido en el art. 286.5 del CJM 1945, las conductas descritas en el art. 1 de la Ley de 1943, así como las acciones terroristas[324] y de bandidaje o «subversión social»[325]. Sin embargo, tres años más tarde, tiene lugar la aprobación de la Ley 154/1963[326], sobre la creación del Juzgado y Tribunales de Orden Público. Su función es asumir las causas que hasta la fecha viene conociendo la jurisdicción castrense en relación al orden público, la masonería y el comunismo[327], restringiendo el conocimiento de la justicia

---

322 Según art. 237 CJM 1890 vigente al dictarse la Ley de 2 marzo de 1943: «[...] los que se alcen en armas contra la constitución del Estado, contra el Rey, los Cuerpos Colegisladores ó el Gobierno legítimo, siempre que lo verifiquen concurriendo alguna de las circunstancias siguientes: 1.a Que estén mandados por militares, ó que el movimiento se inicie, sostenga ó auxilie por fuerzas del Ejército. 2.a Que formen partida militarmente organizada y compuesta de 10 ó más individuos. 3.a Que formen partida en menor número de 10, si en distinto territorio de la Nación existen otras partidas ó fuerzas que se proponen el mismo fin. 4.a Que hostilicen á las fuerzas del Ejército antes ó después de haberse declarado el estado de guerra».

323 La aplicación de este Decreto supone aplicar la celeridad procedimental atribuida al Alzamiento Nacional en 1936 a las acciones tipificadas en la Ley de 1943 para civiles, con el siguiente tenor: «En los asuntos derivados del Alzamiento Nacional que se siguen por las Jurisdicciones Militares, los Jueces Instructores elevarán directamente las actuaciones en consulta a la Auditoría de Guerra respectiva, prescindiendo de hacerlo, como actualmente, a la Autoridad Judicial, a fin de evitar el trámite dilatorio del pase de los asuntos por la Sección de Justicia».

324 Las acciones terroristas se determinan en los arts. 3 a 5 del Decreto de 1960, comprendiendo, los actos dirigidos a atemorizar a la población, atentar contra la seguridad pública, realización de venganzas con motivo social o político provocando explosiones, incendios, descarrilamientos, inundaciones o interrupción de servicios (art. 3), el empleo de armas de fuego en el curso de un robo (art. 4) y los secuestros (art. 5).

325 El bandidaje se define en el art. 6 del Decreto de 1960 como la práctica de aquellas personas que se apartan de la convivencia social o que formen partidas de manera subrepticia en los núcleos urbanos con la finalidad del «merodeo». En tal sentido, nos dirigimos a la definición que la Real Academia Española de la Lengua realiza sobre dicho término: «Vagar por las inmediaciones de algún lugar, en general con malos fines», sitio web: www.rae.es/merodear, [consultado el 14/01/2020].

326 Boletín Oficial de Estado, N.º 291, de 5 de diciembre de 1963, p. 16.985.

327 La exposición de motivos fundamenta la nueva norma en la normal evolución de las circunstancias de la realidad social: «La evolución de las circunstancias producidas desde

militar sobre causas de seguridad común. El objetivo, en realidad, viene constituido por la voluntad de proyectar la imagen del régimen hacia el exterior[328].

Finalmente, los Tribunales de Orden Público quedan derogados por el RDL 2/1977, de 4 de enero (art. 1), creándose la Audiencia Nacional en misma fecha por RDL 1/1977, que asume el conocimiento de los delitos relacionados con el terrorismo en los Juzgados Centrales de Instrucción y la Audiencia Nacional. Se exceptúa de su conocimiento a aquellos que se realicen por miembros de la institución militar, contra instalaciones militares, durante la vigencia del estado de guerra, o en zona de protectorado español, cuya jurisdicción sigue siendo la castrense (art. 9 y 13 CJM 1945);

B) Ley de 17 de julio de 1945, del CJM 1945[329], intenta unificar las diferentes leyes penales militares de cada Arma para establecer un marco jurídico homogéneo en los Ejércitos de Tierra, Armada y Aire. En tal sentido, establece su art. 6, la aplicación de la jurisdicción castrense a cualquier persona, militar o no, que perpetre diversos delitos comunes contra la Hacienda militar, así como el atentado, desacato, injuria o calumnia a los miembros del Ejército a través de cualquier medio «y aunque no se cometan ante la fuerza misma». Es decir, se produce una aplicabilidad extensiva a los civiles de las leyes penales militares, en momentos ajenos al estado de guerra, ya que durante el mismo, la jurisdicción militar se encuentra generalizada ante la comisión de cualquier acción que pueda suponer descrédito de la fuerza militar. Esta situación discrecional presenta como inconveniente que la interpretación de la norma es tan amplia que incide con carácter grave en la seguridad jurídica general.

C) Decreto Ley 10/1975, de 26 de agosto, sobre terrorismo, determina en su art. 11 b) que será competente la jurisdicción militar, mediante procedimiento sumarísimo, para el conocimiento de las acciones consistentes en:

- c.1) la construcción de habitáculos destinados al secuestro de personas (art. 6);
- c.2) las acciones de encubrimiento de los autores de delitos de terrorismo (art. 7);
- c.3) la conducta consistente en enaltecer o minimizar, públicamente, ideologías que instrumenten la violencia como medio de acción

---

entonces y la conveniencia de acomodar las disposiciones punitivas y jurisdiccionales a los dictados de la realidad social aconsejan ahora una revisión del expresado Decreto de 1960 [...].Y por supresión del Tribunal Especial de Masonería y Comunismo se atribuyen al conocimiento del Tribunal y Juzgado expresados [...] puesto que acusan los rasgos que acaban de enunciarse [...]».

328 Rebecca Sánchez Saavedra, Trabajo Fin de Grado: *Tribunal de Orden Público: 1963-1977. Mecanismo institucional de represión de derechos y libertades*, Universidad Autónoma de Barcelona, 2013, p. 27.

329 Boletín Oficial del Estado, N.° 201, de 20 de julio de 1945, p. 472.

política o social[330], siempre que vayan dirigidos a una posible rebelión o sedición militar, regulada en el art.294 del CJM 1945. También cuando se dé la circunstancia descrita en el art. 2 del presente Decreto, consistente en el secuestro con resultado de muerte o mutilación.

330 Estas ideologías serán las declaradas en el art. 4 del Decreto de 1975 como fuera de la Ley: «los grupos u organizaciones comunistas, anarquistas, separatistas y aquellos otros que preconicen o empleen la violencia como instrumento de acción política o social, los que organizaren o dirigieren estos grupos, los meros afiliados y los que, mediante sus aportaciones en dinero, medios materiales o de cualquier otra manera auxiliaren al grupo u organización [...]».

CAPÍTULO II

LAS MISIONES DE LAS FUERZAS ARMADAS EN LA CONSTITUCIÓN DE 1978

1. Constitucionalización de las Fuerzas Armadas

Tras la finalización de la Segunda Guerra Mundial en 1945, comienza a establecerse la necesidad de hablar de una defensa del Estado que va más allá de la específicamente centrada en repeler ataques extranjeros, protagonizarlos o resolver conflictos de orden público internos. Nos adentramos en un campo multidisciplinar que la doctrina denomina «Defensa Nacional», vertebrado a través de cuatro escenarios inseparables:

A) Misiones de la defensa militar en las que podemos incluir estrategias y operativas de contención, inversión económica en armamento, proliferación de armas de destrucción masiva y control de tensión en situaciones que no acaban de configurarse como conflictos armados. Este estadio desemboca en un entorno de guerra fría[331] entre naciones con intereses geoestratégicos opuestos;

B) Aspectos diplomáticos de la defensa, basados en las relaciones con terceros países, debiendo tener en cuenta la importancia del potencial militar y económico del Estado en cuestión. Estos extremos permiten establecerse en el medio estratégico-político y otorgan una posición más o menos dominante de partida y en el transcurso relacional;

C) Misiones de defensa económica, íntimamente relacionadas con los anteriormente descritos. El nivel económico del Estado resulta una señal indiciaria de su capacidad militar y de su posición en las negociaciones de tipo diplomático. Los objetivos políticos nacionales se plasman en la forma en que distribuyen los recursos económicos, ya sea a través de la autosuficiencia de materias

331 Ricardo Ribera Sala, «La guerra fría. Breves apuntes para un debate», *Realidad, N.° 110*, 2006, pp. 639-663. Se trata de la situación acaecida tras la finalización de la Segunda Guerra Mundial entre los bloques occidental (EEUU) y oriental (Rusia) que se caracterizó por un enfrentamiento no armado a través acciones políticas, la informativas, económicas y militares, coincidiendo su finalización con la disolución de la Unión Soviética el 26 de diciembre de 1991.

primas y estratégicas, la inversión en investigación y desarrollo o el fomento de industrias clave. Otro aspecto de interés incide en la creación de una sensación interna y externa que otorgue atisbo de supervivencia ante un eventual ataque militar, lo que obliga al Estado a realizar un estudio y esfuerzo comparativo respecto al resto de potencias estableciendo un nivel defensivo de partida;

D) Misiones de defensa civil, no concebidas únicamente como el empleo de la población civil en forma de movilización nacional para la defensa del Estado. Ese tipo de movilización la consideramos parcialmente superada con la profesionalización de los ejércitos y las situaciones administrativas de reserva, pero resulta de inevitable interés jurídico. Esta vertiente de la defensa cumple una función primordial, debido a la importancia del traslado *ad extra* de una población cohesionada y del empleo de medios de protección civil a su disposición[332].

Una aproximación al concepto jurídico de Defensa Nacional nos traslada a la disposición del conjunto coordinado de medios políticos, económicos, materiales, personales y psicológicos orientados a la defensa permanente de la Nación ante cualquier tipo de agresión o amenaza a la seguridad del Estado. Como vemos, nos hallamos ante una evolución doctrinal de la defensa, pero, ante todo, del concepto tradicional de guerra. La impregnación de la Defensa Nacional en la CE 1978 va a suponer un cambio de paradigma, no solo en cuanto a las misiones asignadas a las Fuerzas Armadas, sino en la esencia de su propia concepción y valores comunes que está llamada a preservar en un Estado democrático cuya voluntad es el mantenimiento de una coexistencia pacífica.

Observamos una evolución terminológica en cuanto se abandona el concepto genérico «Ejército» en nuestra Carta Magna para referirse a los tres institutos de Tierra, Aire y Armada, conservando dicho vocablo en los dos primeros de manera específica para dichas Armas[333].

La ubicación reservada a las Fuerzas Armadas en el texto constitucional no tuvo una aceptación pacífica por parte de sus ponentes. No en vano, las actas de 8 de noviembre de 1977 reflejan la idea inicial de establecer un título específico que incluyera a las Fuerzas Armadas en el art. 123, las Fuerzas de Seguridad en el art. 124 y la regulación de los estados excepcionales en el art. 125, denominado «Fuerzas Armadas, de Orden Público y estados de excepción». El Borrador del Proyecto de la Constitución situaría al actual art. 8 en un hipotético art. 10.1 dentro del Título Preliminar, que ejercería como verdadero Título I al ir seguido del Título II[334].

332 Pierre MAILLARD, «La Defensa Nacional en la actualidad», *CESEDEN, Departamento de Información, Boletín mensual, N.º 8 IV*, 1966, pp. 1-7.

333 Las consecuencias políticas, económicas y militares de las Guerras Mundiales 1914 y 1939 respectivamente, supusieron la toma de conciencia común de mantener un estado de paz perdurable en el mundo, pero sin olvidar las estrategias y alianzas necesarias que permitan crear un entorno de seguridad básico.

334 José Manuel VERA CAMPOS, «Sinopsis del art. 8 CE, Actas de la Ponencia Constitucional de 8 de noviembre de 1977», *Revista de las Cortes Generales, N.º 2*, 1984, p. 251.

El texto parece otorgar un lugar preeminente a la Defensa Nacional, al localizar a las Fuerzas Armadas en el art. 8, dentro del Título Preliminar. Se le concede una alta consideración institucional, en paralelo a los valores superiores del ordenamiento, la Monarquía parlamentaria o la unidad indisoluble de la Nación. Sin embargo, a nuestro juicio se trata de un error sistemático, ya que no parece razonable que una institución perteneciente a la Administración y que no constituye un poder autónomo en sí misma[335], pueda equipararse a los fundamentos y valores esenciales del Estado. Tampoco parece apropiado situar a las Fuerzas Armadas y las Fuerzas de Seguridad en títulos distintos (Preliminar y IV respectivamente), en tanto la regulación de las segundas en el art. 104.1 CE las configura como una parte de la Administración que debe incluir a las Fuerzas Armadas en el mismo Título IV por ser también parte de la Administración, en este caso, militar. En definitiva, unas y otras participan en la seguridad de manera distinta y se encuentran orientadas a la satisfacción del interés general, como establece el art. 103.1 CE[336].

Por otro lado, a pesar de la ubicación privilegiada de las Fuerzas Armadas *a priori*, no encontramos referencia directa al concepto de Defensa Nacional a lo largo de todo el texto. Únicamente se emplea el término «defensa» en el art. 97[337] como una de las funciones del Gobierno al referirse a «[...] la defensa del Estado» y en el art. 149.1.4 al señalar como competencia exclusiva del Estado la defensa y las Fuerzas Armadas[338]. Consideramos que el art. 8 CE es un precepto clave en la configuración de la Defensa Nacional, dado que además de disponer la configuración de las Fuerzas Armadas por el Ejército de Tierra, Aire y la Armada[339], establece sus misiones fundamentales:

> «Las Fuerzas Armadas, constituidas por el Ejército de Tierra, la Armada y el Ejército del Aire, tienen como misión garantizar la soberanía e independencia de España, defender su integridad territorial y el ordenamiento constitucional»[340].

---

335 Juan Manuel García Labajo, «Reflexiones en torno a las bases de la organización militar. La polémica doctrinal sobre la naturaleza jurídica de las Fuerzas Armadas» en *El marco jurídico de las misiones de las Fuerzas Armadas en tiempo de paz, Cuadernos de Estrategia, N.° 116,* 2002, p. 151.

336 Alfredo Gallego Anabitarte y Ángel Menéndez Rexach, *Comentarios a las Leyes Políticas*, Tomo VIII, Editoriales de Derecho Reunidas, Madrid, 1985, p. 55.

337 Art. 97 CE: «El Gobierno dirige la política interior y exterior, la Administración civil y militar y la defensa del Estado. Ejerce la función ejecutiva y la potestad reglamentaria de acuerdo con la Constitución y las leyes».

338 Manuel García Campos, «La Defensa Nacional en la Constitución Española de 1978», *CESEDEN, Departamento de Información, Boletín de información, N.° 183-VIII*, 1985, pp. 2-3.

339 *Vid.* En la composición de las Fuerzas Armadas no se menciona a la Guardia Civil, instituto que se va a regular constitucionalmente por medio del art. 104.1 como fuerza de seguridad, y cuyo desarrollo legislativo tendrá lugar por medio de la Ley Orgánica 2/1986, de 13 de marzo de Fuerzas y Cuerpos de Seguridad.

340 Constitución Española, Boletín Oficial del Estado, N.° 311, de 29 de diciembre de 1978, pp. 29.313 a 29.424.

Un análisis primario del precepto establece dos partes claramente diferenciadas, de un lado, la composición de las Fuerzas Armadas anteriormente explicada, y de otro, la descripción de las misiones que a las mismas competen. Todas ellas, en forma disgregada a las que pudieran corresponder a las Fuerzas de Seguridad y sin mencionar a estas últimas[341]. El aspecto externo de dichas misiones viene configurado por la soberanía e independencia de España, mientras que la defensa de la integridad territorial y el ordenamiento constitucional compondrían el ámbito interno. No obstante, es necesario señalar que la integridad territorial puede jugar en una doble vertiente, tanto la que emane de conflictos internos que pongan en peligro el bien jurídico colectivo, como la dimanante del ataque exterior a nuestro territorio.

Observemos que el término «garantía» de la soberanía e independencia de la Nación pretende ir más allá del simple significado defensivo, pues contiene un plus preventivo y disuasorio frente al resto de Estados [342]. La defensa, afirma García Campos[343], se configura como última opción para preservar los primeros, en consonancia con la prohibición al recurso de la fuerza consagrada en el art. 2.3 y 4 de la Carta de Naciones Unidas[344]. En cambio, sí se traslada la noción defensiva con motivo de la integridad territorial y el ordenamiento constitucional ante posibles subversiones internas y/o de carácter separatista. Se trata de un mecanismo reactivo del Estado para conservar los principios básicos constitucionales de unidad de la Nación, contenidos en el art. 2 CE. Además, la defensa del ordenamiento constitucional traslada la idea de subordinación del poder militar al civil, establecido de forma genérica en el art. 1.2 CE, y más concretamente en los arts. 97 y 116 CE.

A mayor abundamiento, es necesario establecer la conexión de los artículos descritos con la previsión del art. 155 CE para el caso de que alguna Comunidad Autónoma incumpliera las obligaciones constitucionales o las impuestas por el resto del ordenamiento, o atente de manera grave contra el interés general de España. Así ocurrió durante la perpetración del delito de sedición protagonizado por diversos miembros de la Generalidad de Cata-

---

341 *Vid.* La Ley Orgánica 1/1967, de 10 de enero, del Estado, establecía en su art. 37 que las Fuerzas de Orden Público formaban parte de «Las Fuerzas Armadas de la Nación» (ahora Fuerzas y Cuerpos de Seguridad en virtud del art. 104.1 CE).

342 La Directiva de Defensa Nacional de 2012 establece en su punto 4.2 que «la disuasión» comprende la disposición de ciertas capacidades y la posibilidad de emplearlas en términos de credibilidad exterior.

343 García, Campos, *op. cit.*, p. 4.

344 La Carta de Naciones Unidas establece en su art. 2.3 y 4 lo siguiente: «Los Miembros de la Organización arreglarán sus controversias internacionales por medios pacíficos de tal manera que no se pongan en peligro ni la paz y la seguridad internacionales ni la justicia. [...] Los Miembros de la Organización, en sus relaciones internacionales, se abstendrán de recurrir a la amenaza o al uso de la fuerza contra la integridad territorial o la independencia política de cualquier Estado, o en cualquier otra forma incompatible con los Propósitos de las Naciones Unidas».

luña[345], activando el contenido del precepto por medio del Senado, el 27 de octubre de 2017[346]. No obstante, las medidas implementadas a través del art. 155 CE no incluyeron la intervención de las Fuerzas Armadas en el territorio catalán, aspecto que, huelga decir, no hubiera sido necesario ordenarlo por esta vía. El contenido de los arts. 8 y 97 CE resultan directamente aplicables ante la puesta en peligro de la soberanía e independencia nacionales.

La regulación mediante ley orgánica de las bases de la organización militar establecida en el aptdo. 2 del art. 8 CE se confirma con la aprobación de la LODN[347]. Las implicaciones jurídicas en las misiones de las Fuerzas Armadas y la intervención de las mismas como último resorte defensivo del Estado a través del art. 116 LOAES[348], constituirán objeto de un estudio posterior en esta investigación. Ello no es óbice para señalar que consideramos errónea la redacción del apdto.2 del art. 8 CE, en tanto las leyes de bases no parecen compatibles con la naturaleza jurídica de las leyes orgánicas. Tal y como se desprende del art. 82.2 CE, se trata de un medio de delegación legislativa de las Cortes Generales en el Gobierno. Mientras, las leyes orgánicas, además de requerir para su aprobación la mayoría absoluta del Congreso en atención al principio de competencia[349], regulan materias como derechos fundamentales y libertades públicas, Estatutos de Autonomía o el régimen electoral general, conforme al art. 81.1 CE.

Este extremo conduce a ciertos recelos en relación a un posible déficit de seguridad jurídica (art. 9.3 CE) derivado de la primera ley orgánica que desa-

---

345 *Vid.* que el delito de sedición se encuentra actualmente derogado por el art.1.20 de la LO 14/2022, de 22 de diciembre, de transposición de directivas europeas y otras disposiciones para la adaptación de la legislación penal al ordenamiento de la Unión Europea, y reforma de los delitos contra la integridad moral, desórdenes públicos y contrabando de armas de doble uso. La supresión *sui generis* de este tipo delictivo obedece al catálogo de concesiones penales que el Gobierno otorga a los autores en el marco de la «Mesa de Diálogo» con el Gobierno de la Generalidad de Cataluña. Entre otras concesiones, nótense la reducción de la pena del delito de malversación agravada en el art.1.15 de la precitada LO 14/2022, o los indultos a los 9 condenados por los delitos de sedición y/o malversación del *Procés* el 23/06/2021.

346 *Vid.* Tal y como se prevé en el art. 155 CE, el Senado aprobó por mayoría absoluta las medidas coercitivas adoptadas por el Gobierno de la Nación —incluido el cese del Gobierno de la Generalidad en pleno— ante el reiterado incumplimiento por parte sus miembros e instituciones de las resoluciones judiciales y disposiciones legales, que culminaron con la declaración unilateral de independencia por parte del Parlamento catalán. Los hechos fueron juzgados por la Sala de lo Penal del Tribunal Supremo condenando a sus principales actores por delitos de sedición y malversación, principalmente. Tribunal Supremo, Sala de lo Penal, causa especial 20907/2017, sentencia núm. 459/2019, de 14 de octubre de 2019.

347 LO 5/2005, de 17 de noviembre, de la Defensa Nacional, Boletín Oficial del Estado, N.º 276, de 18 de noviembre de 2005, pp. 37.717-37.723.

348 LO 4/1981, de 1 de junio, de estados de alarma, excepción y sitio, Boletín Oficial del Estado, N.º 134, de 5 de junio de 1981, pp. 12.541-12.543.

349 Rafael Gómez Ferrer-Morant, «Relaciones entre leyes: competencia, jerarquía y función constitucional», *Revista de Administración Pública, N.º 113*, 1987, pp. 17-26.

rrolló este precepto, la LO 6/1980, de 1 de julio, que sí hacía referencia explícita al concepto de Defensa Nacional, en ausencia del precepto constitucional que desarrollaba en el art. 8[350]. Estos prejuicios fueron superados con el vigor de la norma, al no ocasionar conflicto interpretativo alguno y manteniéndose de hecho la denominación y sustancia en la LODN que le sucedió.

1.1. Defensa civil: Un derecho-deber

La Defensa Nacional también encuentra acomodo constitucional en el derecho-deber, contenido parcialmente en textos constitucionales previos, de defensa de todos los españoles[351] que se consagra en el art. 30.1 CE. El precepto queda configurado del siguiente modo: «Los españoles tienen el derecho y el deber de defender a España». Su contenido excluye, por tanto, a los ciudadanos extranjeros que residen en España, aunque sea legalmente. Conviene recordar al respecto, las palabras de dos de los tratadistas precursores de la Defensa Nacional en atención a su finalidad conceptual. De un lado, Díez Alegría expresaba: «La defensa de una nación no es un asunto exclusivo para militares. Es una labor conjunta de todos los elementos nacionales»[352], y por otro, González GarcíA entiende que la Defensa Nacional es una responsabilidad no solo de las Fuerzas Armadas, sino compartida por toda la ciudadanía española[353].

El deber de defensa se presenta limitado por el derecho a la objeción de conciencia que la ley 13/1991, de 20 de diciembre, establece para el servicio militar. La norma quedó suspendida por el RD 247/2001, de 9 de marzo, por el que se adelanta la suspensión de la prestación del servicio militar y confirmada posteriormente por la Disposición adicional decimotercera de la Ley 17/1999, de 18 de mayo, del Régimen de Personal de las Fuerzas Armadas. Es importante discernir entre el deber de defensa genérico y el servicio militar obligatorio, continuando como hemos dicho, el primero inalterable[354].

---

350 José Antonio Moliner González y María Angustias Caracuel Raya, «Apuntes para una conceptualización de Defensa Nacional y política de Defensa», *Análisis GESI, N.º 13*, 2018, sitio web: www.seguridadinternacional.es/?q=es/ content/apuntes-para-una-conceptualizaci%C3%B3n-de-defensa-nacional-y-pol%C3%ADtica-de-defensa, [consultado el 07/04/2020].

351 *Vid.* El art. 361 de la CE de 1812 establecía que «ningún español podrá excusarse del servicio militar cuando y en la forma que fuere llamado por la ley», haciendo lo propio la CE de 1837 en su art. 6, la CE de 1845 en su art. 6 también, la CE de 1856 en el art. 7, de 1869 en el art. 26, y la de 1876 en el art. 3, con mismo tenor que «todo español está obligado a defender la Patria con las armas, cuando sea llamado por la ley» Finalmente, la Constitución de 1931 establece la nota discordante al disponer en su art. 37 que «El Estado podrá exigir de todo ciudadano su prestación personal para servicios civiles o militares, con arreglo a las leyes».

352 Manuel Díez Alegría, *Ejército y Sociedad,* Ed. Alianza, Madrid, 1973, p. 80

353 Acto inaugural del IV Ciclo del Seminario Cívico-Militar de estudios sobre la Defensa Nacional, Sevilla, 26 de octubre de 1976.

354 Elviro Aranda Álvarez, «Sinopsis artículo 30», [actualizaciones por Sara Sieira (2011) y Alejandro Rastrollo (2016)], 2003, sitio web: www.congreso.es, [consultado el 08/04/2020].

El sentido de deber genérico de defensa se comprende en el establecimiento del servicio civil para fines de interés general del art. 30.3 CE, precepto que fue concebido por los redactores de la Carta Magna como una vertiente civil del servicio militar en favor de la Defensa Nacional. Sin embargo, su contenido no ha obtenido interés político suficiente y, por ende, tampoco su correspondiente desarrollo legislativo. Este servicio civil de imposición facultativa a tenor de la expresión «podrá establecerse [...]», parece encontrar relación analógica con lo dispuesto en el art. 31.3 CE en cuanto al establecimiento de prestaciones personales públicas por medio de ley.

Asimismo, los deberes incardinados en la protección civil como parte de la Defensa Nacional para los casos de catástrofe, grave riesgo o calamidad pública prescritos en el art. 30.4 CE y que se desarrollan en virtud de la LSNPC[355], obtienen sentido en conexión con el art. 7.1 de dicha Ley. El precepto determina el deber de colaboración personal y material de toda persona física o jurídica en el ámbito de la protección civil, a requerimiento de la autoridad competente, en concordancia con el art. 30.4 CE anteriormente expuesto. Dicho deber se establece sin obligación de contraprestación por parte de la Administración de indemnizar los perjuicios causados por acciones personales de cualquier mayor de edad, siempre que concurra la emergencia contenida en el art. 7.2[356].

Se establece la posibilidad de requisa temporal de cualesquiera bienes, así como su ocupación temporal, esta vez sí, con la pertinente indemnización ante un eventual daño sobre los mismos. La misma tiene lugar, si bien, no por la mera detentación o requisa del bien en cumplimiento de orden o instrucción de las autoridades y siempre que la gravedad de la emergencia lo requiera *ex* art. 7.3. Así pues, la naturaleza jurídica de la defensa civil se caracteriza por las siguientes notas:

a) se trata de una acción exclusivamente civil, es decir, realizada por ciudadanos a los que en condiciones ordinarias no les son jurídicamente exigible dichas prestaciones;

b) la protección civil es una parte de la defensa civil cuya finalidad es la protección de personas y bienes;

c) la finalidad consiste en movilizar todos los recursos personales y materiales disponibles en favor del interés general superior con motivo de una crisis,

355 Ley 17/2015, de 9 de julio, del Sistema Nacional de Protección Civil, Boletín Oficial del Estado, N.º 164, de 10 de julio de 2015, pp. 57.409-57.435.

356 La ausencia de indemnización al particular en estos casos vendría avalada por la prescripción constitucional del art. 106.2 CE que la excluye para los casos de fuerza mayor: «Los particulares, en los términos establecidos por la ley, tendrán derecho a ser indemnizados por toda lesión que sufran en cualquiera de sus bienes y derechos, salvo en los casos de fuerza mayor, siempre que la lesión sea consecuencia del funcionamiento de los servicios públicos».

d) se lleva a cabo en colaboración de las autoridades civiles y de las militares subordinadas a las primeras, incluso en el caso de decretar alguno de los estados excepcionales previstos en la LOAES.

e) la promoción del factor psicológico necesario en una sociedad caracterizada por valores de solidaridad y unidad, consagrados en el art. 2 CE[357].

En cuanto al derecho de defensa civil prescrito en el art. 30.1 CE, resulta un aspecto novedoso en el íter constitucional español. Parece serle de aplicación, a juicio de ARANDA ÁLVAREZ, un ejercicio extensivo de la aplicación del principio de igualdad en el ámbito militar cuya tarea de Defensa Nacional atribuida a las Fuerzas Armadas se traslada también a los ciudadanos ante cierto tipo de situaciones tasadas en el art. 30.3 y 4 CE[358]. Sin embargo, a nuestro juicio y siguiendo a SÁNCHEZ GONZÁLEZ, valoramos como desafortunada la redacción del derecho-deber insertado en el art. 30.1 CE ante la dificultad de articular el plano subjetivo del individuo sobre un ejercicio facultativo con deber correlacional, así lo expone dicho autor:

> «Aunque la categorización jurídica de las situaciones intermedias entre el derecho subjetivo y el deber ha recibido un fuerte impulso por obra de las contribuciones de Santi Romano, Mortati y de los administrativistas italianos, es difícil encajar la obligación individualizada de defender a la nación en el molde de esa construcción híbrida denominada «potestad funcional», entendida como figura dicotómica a caballo entre la situación de poder, implícita en el derecho subjetivo, y la prestación, que conlleva el deber jurídico»[359].

En definitiva, la defensa en relación al individuo solo puede configurarse como un deber, en tanto le es predicable desde cualidades exigibles en los principios de solidaridad y unidad necesaria de la Nación para el caso de catástrofe o calamidad pública, cuyo fundamento se encuentra en un bien jurídico superior, la seguridad abstracta del resto de conciudadanos.

1.2. La figura del reservista en las Fuerzas Armadas

Se trata de otra manifestación de la defensa civil, mediante la que ciudadanos no sujetos al estatuto militar establecen, bien una situación de expectativa ante un posible reingreso en las Fuerzas Armadas (especial disponibilidad y reserva obligatoria), o bien un compromiso de carácter temporal con las Fuerzas Armadas aportando sus conocimientos o experiencia profesional

---

357 Antonio MARTÍNEZ OVEJERO, «La Protección Civil en perspectiva», *CESEDEN, Boletín de Información, N.º 208-VIII*, 1988, pp. 15-19.

358 ARANDA ÁLVAREZ, *op. cit.*, p. 143.

359 Santiago SÁNCHEZ GONZÁLEZ, *Comentarios a la Constitución Española de 1978. Artículos 24 al 38 de la Constitución Española,* Tomo III, Ed. Edersa, Madrid, 2006, p. 385.

previa en la vida civil (reservista voluntario)[360]. Existen actualmente tres formas de acceder a la condición de reservista:

A) Reservistas de especial disponibilidad, regulados en la LTM[361]: a esta situación se incorporan los militares de dicha escala que hayan finalizado su compromiso de larga duración a los 45 años de edad y siempre que hayan cumplido un mínimo de 18 años de servicio, manteniéndose tal situación hasta la edad de 65 años, conforme a su art. 17[362]. La situación de especial disponibilidad no implica relación de servicios castrense, condición militar, ni la sujeción al régimen disciplinario militar, sino la posibilidad de ser incorporados a las Fuerzas Armadas en situaciones de crisis apreciadas por el Consejo de Ministros.

La activación de este personal es obligatoria, salvo que concurran causas de fuerza mayor, y supondrá la adquisición de la condición militar y la sujeción a las leyes militares. Mientras el personal se encuentre en la situación latente de especial disponibilidad se perciben unas retribuciones anuales de 7.200 euros, compatibles con cualquier otra retribución del sector privado. Asimismo, también es posible acceder a la reserva de especial disponibilidad desde la escala de oficiales, en virtud de lo dispuesto en la Ley 17/1999, de 18 de mayo, al finalizar sus respectivos compromisos de larga duración;

B) Reservistas voluntarios del RD 383/2011, de 18 de marzo, por el que se aprueba el reglamento de reservistas de las Fuerzas Armadas: a diferencia de la reserva de especial disponibilidad a la cual se accede de manera pasiva por el transcurso del tiempo estipulado, el reservista voluntario accede a esta condición mediante una acción positiva del ejercicio del derecho-deber a la defensa de España. A esta modalidad de reservismo se accede a través de procesos selectivos clasificados en función de la titulación exigida, permaneciendo con carácter disponible mientras se esté activado[363]. Las activaciones

---

360 *Vid.* Tras la supresión del servicio militar obligatorio en España el 31 de diciembre de 2001, los Ejércitos vieron reducidos ampliamente sus recursos personales de cualificación técnica y una creciente demanda funcional ante la evolución de las misiones de las Fuerzas Armadas, constituyendo la figura del reservista voluntario una oportunidad profesional y de participar en la defensa para unos, y la posibilidad de cubrir necesidades para los otros.

361 Ley 8/2006, de 24 de abril, de Tropa y Marinería, Boletín Oficial del Estado, N.° 98, de 25 de abril de 2006, pp. 15.752-15.758.

362 *Vid.* La excepción del art. 17.1 segundo párrafo, para aquellos que una vez cumplidos los 45 años, no hayan prestado los 18 años de servicios por haber ingresado en la escala de tropa a partir de los 27 años de edad, a los cuales se les permitirá prorrogar dos años su compromiso para alcanzar el tiempo de servicios exigido y acceder a la reserva de especial disponibilidad.

363 Art. 4 RD 383/2011: «Situación de disponibilidad de los reservistas. Los reservistas permanecerán en la situación de disponibilidad en tanto no se hallen incorporados a la correspondiente unidad, centro u organismo del Ministerio de Defensa, tanto en España como en el extranjero. En esta situación se encontrarán en disposición de incorporarse al destino o plaza asignada en los plazos que se determinan en este reglamento, que podrán disminuirse en caso de expresa aceptación de los interesados en el correspondiente documento oficial».

se producen mediante un plan diseñado por el Ministerio de Defensa distribuido en periodos de activación, que otorgan condición de militar al reservista, quedando sujeto al resto del ordenamiento militar[364];

C) Reservistas obligatorios: se trata de la situación jurídica en la que quedan los españoles comprendidos entre 19 y 25 años de edad, para el caso hipotético en que el Gobierno estime mermados los recursos personales de la Defensa Nacional. El procedimiento para llevarlo a cabo se realiza mediante solicitud del Consejo de Ministros al Congreso, para que realice una declaración general de reservistas obligatorios *ex* art. 50 de esta norma[365], adoptándose por medio de RD.

La declaración general supone el pase para dichos hombres y mujeres a una situación de disponibilidad latente, en la que podrán ser incorporados a las Fuerzas Armadas de manera forzosa, cumpliendo de nuevo con la prescripción constitucional del art. 30.2 CE. Por tanto, esta situación jurídica constituye una verdadera prestación del servicio militar obligatorio cuando se ordena la incorporación del personal, dejando a salvo la reactivación de su vigencia a pesar de su derogación en virtud del RD 247/2001.

1.3. El papel de las Cortes Generales en la Defensa Nacional

Hemos advertido anteriormente que las Fuerzas Armadas, como parte de la Administración militar y en atención al principio de subordinación del poder militar al civil contenido en el art. 97 CE, están dirigidas por el Gobierno de la Nación. No obstante, las Cortes Generales, como representantes del pueblo español, gozan entre otras, de la función de control al Gobierno y por tanto también del empleo que se realiza de la institución militar, tal y como establece el art. 66.2 CE[366]. Este aspecto se ve complementado por el mandato del art. 108 CE, que afirma la responsabilidad solidaria del Gobierno ante el Congreso con motivo del ejercicio de su acción política, y lógicamente también en el ámbito de la defensa. El ejercicio del control parlamentario al Gobierno se plantea desde diversos planos:

---

364 Art. 35 RD 383/2011: «Períodos de activación. Los reservistas voluntarios podrán permanecer, como máximo, en la situación de activado los períodos de tiempo que a continuación se expresan: a) Para participar en programas de formación continuada, treinta días al año. b) Para prestar servicio, el que a tal efecto se fije cuando sea aprobada la activación».

365 Art. 50 RD 383/2011: «Si no quedaran satisfechas las necesidades de la defensa nacional con la incorporación a las Fuerzas Armadas de reservistas voluntarios y de especial disponibilidad, el Consejo de Ministros solicitará del Congreso de los Diputados autorización para la declaración general de reservistas obligatorios».

366 Art. 66.2 CE: «Las Cortes Generales ejercen la potestad legislativa del Estado, aprueban sus Presupuestos, controlan la acción del Gobierno y tienen las demás competencias que les atribuya la Constitución».

a) nombramiento de comisiones de investigación (art. 76 CE);

b) solicitudes de información a los miembros del Gobierno (art. 109 CE);

c) formulación de interpelaciones, preguntas y mociones (art. 111 CE);

d) fijación de posición de la Cámara ante el planteamiento de la cuestión de confianza formulada por el Gobierno (art. 112 CE);

e) aprobación de una moción de censura (art. 113 CE).

Sin embargo, las Cortes Generales poseen dos funciones relevantes en el ámbito material de la Defensa Nacional, tales son autorizar la guerra y la paz, en virtud del art. 63.3 CE. Requieren para su perfeccionamiento, del complemento de su declaración por parte del Rey, aspecto formal en el que abundaremos a continuación en relación a los cometidos del Jefe del Estado sobre las Fuerzas Armadas. También será necesario hacer referencia al papel de las Cortes en las alianzas de tipo militar y en el desarrollo de la política de defensa.

1.3.1. La declaración de guerra

El acto de la declaración de guerra debemos enmarcarlo en el mandato legal que asumen las Cortes Generales de representar la soberanía nacional en el art. 1.1 CE, desde la constatación de la forma política del Estado en la Monarquía parlamentaria insertada en el art. 1.3, sin perder de vista el contenido del art. 56.1 CE[367]. La responsabilidad jurídica de los actos debidos del Rey[368], tal es el caso, queda trasladada a la persona que los refrenda, ya sea el Presidente del Gobierno o el Ministro de Defensa en el marco de sus materias propias, conforme establece el art. 64.1 CE[369].

Una vez contemplado el marco jurídico que delimita la actuación del Rey en este caso, debemos concretar en qué consiste la autorización de las Cor-

---

367 Art. 56.1 CE: «El Rey es el Jefe del Estado, símbolo de su unidad y permanencia, arbitra y modera el funcionamiento regular de las instituciones, asume la más alta representación del Estado español en las relaciones internacionales, especialmente con las naciones de su comunidad histórica, y ejerce las funciones que le atribuyen expresamente la Constitución y las leyes».

368 *Vid.* La CE establece dos competencias del Rey exentas de refrendo contenidas en el art 65: «1.El Rey recibe de los Presupuestos del Estado una cantidad global para el sostenimiento de su Familia y Casa, y distribuye libremente la misma.2.El Rey nombra y releva libremente a los miembros civiles y militares de su Casa» y que conectan con lo preceptuado en el art. 56.3 «Sus actos estarán siempre refrendados en la forma establecida en el artículo 64, careciendo de validez sin dicho refrendo, salvo lo dispuesto en el artículo 65.2». Como vemos, el art. 56.3 solo hace referencia a la exención del refrendo respecto al 65.2, si bien entendemos que del tenor del 65.1 no puede entenderse otra cosa que la distribución del presupuesto de su Casa sin acogerse a refrendo alguno al utilizar el término «libremente» tanto en ambos aptdos. del art. 65.

369 Art. 64.1 CE: «Los actos del Rey serán refrendados por el Presidente del Gobierno y, en su caso, por los Ministros competentes [...]».

tes Generales para declarar la guerra descrita en el art. 63.3 CE[370]. Se trata de un acto mediante el cual se concede permiso o facultad para tal declaración[371], cuya ejecución compete al Jefe del Estado y que carece de discrecionalidad alguna para confirmar o denegar la misma, en virtud del sometimiento de la institución monárquica a la soberanía nacional establecido en el art. 61.1 CE[372]. Entendemos con MELERO ALONSO[373], que aunque el art. 63.3 CE no establece a quién compete iniciar el trámite que conduzca a la aprobación y declaración de guerra, parece claro que corresponde al Presidente del Gobierno, dados los argumentos jurídicos que pasamos a exponer.

Por un lado, el art. 97 CE establece que corresponde a dicho órgano colegiado la dirección de «[...] la Defensa del Estado», mientras que el art. 98.2 CE dispone que la dirección del Gobierno corresponde a su Presidente. Por otro lado, la exposición de motivos de la Ley 50/1997, de 27 de noviembre, del Gobierno, establece el principio de dirección presidencial por medio del cual, el Presidente del Gobierno, ostenta «[...] la competencia para determinar las directrices políticas que deberá seguir el Gobierno y cada uno de los Departamentos [...]». A mayor abundamiento, el art. 2.2 f) determina que corresponde al Presidente del Gobierno «Dirigir la política de defensa y ejercer respecto de las Fuerzas Armadas las funciones previstas en la legislación reguladora de la Defensa Nacional y de la organización militar».

El principio de dirección presidencial se encuentra también recogido en la LODN, reiterando su art. 4.1 e) que corresponde a las Cortes Generales la autorización para declarar la guerra conforme al art. 63.3 CE. Mientras, el art. 6 LODN establece que corresponden al Presidente del Gobierno las siguientes funciones materiales de la defensa:

> «1. [...] la dirección de la política de defensa y la determinación de sus objetivos, la gestión de las situaciones de crisis que afecten a la defensa y la dirección estratégica de las operaciones militares en caso de uso de la fuerza [...] 2. [...] ordenar, coordinar y dirigir la actuación de las Fuerzas Armadas así como disponer su empleo. 3.[...] b) Definir y aprobar los grandes objetivos y planteamientos estratégi-

370 Art. 63.3 CE: «Al Rey corresponde, previa autorización de las Cortes Generales, declarar la guerra y hacer la paz».

371 La naturaleza de esta autorización resulta análoga a la establecida en la Constitución francesa en el art. 35 a través del término «autorizar», si bien, dista semánticamente y por tanto, también su naturaleza jurídica, si la comparamos con lo establecido en la Constitución italiana respecto a su art. 78 que emplea el término «decidirá», dando lugar en el primer caso a una facultad y en el segundo a un mandato.

372 Art. 61.1 CE: «El Rey, al ser proclamado ante las Cortes Generales, prestará juramento de desempeñar fielmente sus funciones, guardar y hacer guardar la Constitución y las leyes y respetar los derechos de los ciudadanos y de las Comunidades Autónomas».

373 Eduardo MELERO ALONSO, *La declaración de guerra en el ordenamiento jurídico español. Un mecanismo para el control jurídico de la participación del Estado español en conflicto armado*, Ed. Dykinson, Madrid, 2006, pp. 129-130.

cos [...] c) Determinar la aplicación de los objetivos y las líneas básicas de actuación de las Fuerzas Armadas [...] d) Ordenar las misiones de las Fuerzas Armadas [...]».

Las competencias del Ministro de Defensa se encuentran recogidas en el art. 7 LODN y constituyen el desarrollo y ejecución del planeamiento de la defensa (art. 7.1), asignándole funciones de asistencia al Presidente del Gobierno en la materia y de ejecución de la política militar (art. 7.2). Obviamente, se ubica en un escalón competencial subordinado al que corresponde a su Presidente, en tanto el art. 6 LODN establece la máxima responsabilidad y capacidad de dirección en este. Por todo ello, y en concordancia con el marco jurídico analizado, es el Presidente del Gobierno a quien corresponde iniciar el procedimiento de autorización de declaración de guerra en las Cortes Generales. Se trata de una de las materias de mayor relevancia para la defensa, sin perjuicio del asesoramiento del Ministro de Defensa o, en su caso, del Consejo de Ministros. La función asesora al Presidente del Gobierno podemos considerarla, junto a MURILLO DE LA CUEVA, como aquella que no puede ser juridificada, al no formalizarse jurídicamente ciertos «actos, declaraciones o compromisos» de la dirección política de la defensa[374].

Por lo que respecta a la naturaleza jurídica del acto de autorización de las Cortes Generales, una parte de la doctrina se posiciona a favor de su naturaleza legislativa como acto de exteriorización de la Cámara de carácter legal (FERRARI)[375]. Mientras que otra, afirma que este acto forma parte de un tipo de intervención parlamentaria no legislativa (LABRIOLA)[376]. Nosotros entendemos que se trata de un acto no legislativo, ya que su autorización no tiene como consecuencia la aprobación de norma jurídica alguna, sino lograr el apoyo parlamentario necesario ante un acto de elevado interés político-militar. Es más, la autorización de las Cortes se encuentra a medio camino en el proceso de declaración de la guerra, después de la iniciativa del procedimiento parlamentario y antes de su declaración por parte del Rey.

Según se desprende del art. 74.1 CE, la declaración de guerra es una de las competencias debidas del Rey de naturaleza no legislativa, atribuida expresamente a las Cortes Generales en virtud del art. 63.3 CE, por lo que corresponderá realizarse mediante sesión conjunta Congreso-Senado[377]. Se entiende

374 Juan Luis PÉREZ FRANCESCH, «Notas acerca del Gobierno como órgano de dirección política en la Constitución Española de 1978» [En especial su incidencia en el ejercicio de las potestades normativas], *Revista de Estudios Políticos, N.º 79*, 1993, p. 214.

375 Silvano LABRIOLA, «Difesa nazionale e sicurezza. Stato di guerra», *Rivista Trimetrale di Diritto Pubblico, N.º 4*,1983, p. 939.

376 LABRIOLA, op.cit., p. 938.

377 En este sentido, Menéndez Rexach entiende que la declaración no es un acto legislativo, sino mediante acuerdo de las Cortes Generales, «dada la excepcionalidad del supuesto que aconseja una decisión rápida al margen del procedimiento legislativo, esto es, una decisión adoptada por las Cámaras en sesión conjunta conforme a lo previsto en el art. 74.1 CE». Ángel MENÉNDEZ REXACH, Tesis doctoral: *La Jefatura del Estado en el Derecho Público Español*, Universidad Autónoma de Madrid, 1978, p. 428.

aprobada la autorización con el voto de la mayoría simple, al no determinarse ninguna otra mayoría cualificada para este trámite. La autorización parlamentaria irá seguida de la firma del Rey declarando la guerra formalmente, acompañada del refrendo, conforme al art. 64 CE, en este caso también del Presidente del Gobierno o Ministro de Defensa, si se delegara la responsabilidad en este. No obstante, parece más coherente con nuestra argumentación que refrende el acto aquel que tiene la capacidad para decidirlo, esto es, el Presidente del Gobierno.

Si como afirmamos, la firma del Rey es un acto debido y como tal, no puede negarse a cumplirlo, no parece ocurrir lo mismo con la iniciativa o cese del procedimiento por parte del Presidente del Gobierno. Si a este corresponde, como hemos advertido, la decisión de iniciar un conflicto armado, también le corresponderá la decisión de no iniciarlo, aun habiéndose obtenido la autorización de las Cortes e incluso suspenderlo una vez comenzado. Ello se desprende de su competencia directiva de la defensa y del empleo de la fuerza establecido en el art. 6 LODN.

En todo caso, la forma jurídica que debe adoptar la declaración de guerra será de RD, dado que su adopción compete al Presidente del Gobierno según el art. 24 b) LG[378]. Dicha declaración no parece entrar en el ámbito de aplicación de las publicaciones oficiales, al establecer el RD 181/2008, de 8 de febrero, de ordenación del diario oficial «Boletín Oficial del Estado» en su art.6.1 c) y d) la obligación de publicar los actos de órganos del Estado cuando lo establezca una norma de rango legal, así como las resoluciones de órganos constitucionales conforme a sus leyes orgánicas. No obstante, y en atención a la importancia para el interés general de una declaración de guerra, podría serle de aplicación la excepción del art. 6.2. de esta norma, acordándose su publicación por el Consejo de Ministros.

1.3.2. Crítica doctrinal a la juridicidad de la declaración de guerra

Una parte de la doctrina encabezada por FERNÁNDEZ-PALACIOS[379], aboga por la existencia de una contradicción entre la declaración de guerra contenida en el art. 63.3 CE[380] y la prohibición genérica de amenaza y uso de

378 Ley 50/1997, de 27 de noviembre, del Gobierno, Boletín Oficial del Estado, N.º 285, de 28 de noviembre de 1997, pp. 35.082-35.088.

379 Miguel FERNÁNDEZ-PALACIOS MARTÍNEZ, *Rey, Constitución y Política Exterior*, Ed. Marcial Pons, Madrid, 2010, pp. 321-322.

380 En este sentido, Fernández-Palacios propone una redacción alternativa a la del art. 63.3 CE, «al Rey corresponde, previa autorización de las Cortes Generales, acordar el uso de la fuerza armada de conformidad con la Carta de las Naciones Unidas». FERNÁNDEZ-PALACIOS MARTÍNEZ, *op. cit.*, p. 329.

la fuerza estipulado en el art. 2.4 de la Carta de Naciones de Unidas[381]. Sin embargo, esta prescripción se encuentra limitada de manera dual. En primer lugar, por las excepciones contempladas en el art. 42 de la Carta, ante la constatación por el Consejo de Seguridad de la inadecuación de las medidas adoptadas y la posibilidad del ejercicio de la fuerza para restablecer la seguridad internacional[382]. En segundo lugar, por el art. 51 de la Carta, que invoca el derecho a la legítima defensa de los Estados[383].

A nuestro juicio, el contenido de la Carta no impide en absoluto la juridicidad de la declaración de guerra del art. 63.3 CE, ya que la prohibición del uso de la fuerza es una prescripción genérica que marca la tendencia debida de los Estados en un marco de seguridad global pacífico. Sin embargo, este aspecto no obsta para que, ante unas circunstancias dadas, sea posible jurídicamente la acción bélica unilateral o conjunta, al amparo de los arts. 42 y 51 de la Carta de Naciones Unidas.

Lo cierto es que la declaración de guerra prevista en nuestro texto constitucional ha resultado obviada por parte del Gobierno de España en las ocasiones que ha determinado la participación de las Fuerzas Armadas en acciones exteriores de naturaleza bélica, sean conjuntas o de índole humanitaria. De hecho, durante la vigencia de la LO 6/1980, de 1 de julio, por la que se regulan los criterios básicos de la Defensa Nacional y la organización militar, el empleo de nuestras tropas en misiones exteriores venía aprobándose mediante acuerdo del Consejo de Ministros y posterior comunicación al Congreso[384].

Al respecto, Ruiz Miguel ha defendido que resulta necesaria dicha declaración de guerra si la operación mandatada por Naciones Unidas consiste

---

381 Art. 2.4 de la Carta de Naciones Unidas: «Los Miembros de la Organización, en sus relaciones internacionales, se abstendrán de recurrir a la amenaza o al uso de la fuerza contra la integridad territorial o la independencia política de cualquier Estado, o en cualquier otra forma incompatible con los Propósitos de las Naciones Unidas».

382 Art. 42 de la Carta de Naciones Unidas: «Si el Consejo de Seguridad estimare que las medidas de que trata el Artículo 41 pueden ser inadecuadas o han demostrado serlo, podrá ejercer, por medio de fuerzas aéreas, navales o terrestres, la acción que sea necesaria para mantener o restablecer la paz y la seguridad internacionales. Tal acción podrá comprender demostraciones, bloqueos y otras operaciones ejecutadas por fuerzas aéreas, navales o terrestres de Miembros de las Naciones Unidas».

383 Art. 51 de la Carta de Naciones Unidas: «Ninguna disposición de esta Carta menoscabará el derecho inmanente de legítima defensa, individual o colectiva, en caso de ataque armado contra un Miembro de las Naciones Unidas, hasta tanto que el Consejo de Seguridad haya tomado las medidas necesarias para mantener la paz y la seguridad internacionales. Las medidas tomadas por los Miembros en ejercicio del derecho de legítima defensa serán comunicadas inmediatamente al Consejo de Seguridad, y no afectarán en manera alguna la autoridad y responsabilidad del Consejo conforme a la presente Carta para ejercer en cualquier momento la acción que estime necesaria con el fin de mantener o restablecer la paz y la seguridad internacionales».

384 Es el caso de la participación de las Fuerzas Armadas en los conflictos de la Guerra del Golfo en el año 1991, Kosovo en el año 1999 e Irak en el año 2003.

materialmente en actos de guerra, si bien, no sería necesaria tal declaración en caso de apoyo político a esta decisión internacional sin emplear recursos militares al efecto. Por otro lado, afirma este autor, cabe contemplar la constitucionalidad de una posible declaración de guerra al margen de los postulados de la ONU, fundamentada en la disociación de los ordenamientos nacional e internacional[385].

Estamos de acuerdo con esta tesis, pero encontramos un problema práctico en el destierro que ha sufrido el concepto jurídico «guerra» en el Derecho Internacional, habiéndose reconducido al de «conflicto armado» y sujetándose al ámbito de aplicación del DIH *ex* art. 2 común de los Convenios de Ginebra. A otro lado, parece quedar la participación militar en la gestión de crisis de seguridad internacional, que igualmente puede requerir el empleo de la fuerza en las denominadas «operaciones de mantenimiento de la paz», cubiertas por los Tratados y la Costumbre Internacional, principalmente. En todo caso, respetando los principios y el espíritu del DIH cuando las operaciones tengan lugar entre Estados en situación de conflicto armado.

Junto a Ruiz Miguel, defendemos la constitucionalidad de la omisión de la declaración de guerra en el ámbito interno como mecanismo de reacción defensiva derivada de una agresión militar a España (legítima defensa amparada en el contenido del art. 8.1CE y art. 51 de la Carta), al carecer de coherencia establecer un debate parlamentario en esas circunstancias[386]. La aprobación de la LODN no ha implicado cambios al respecto, continuando con la abstención en el empleo de la fórmula constitucional del art. 63.3 CE y promoviendo la autorización del Congreso para enviar tropas al exterior conforme al art. 4.2 LODN[387], a propuesta del Gobierno (art. 5 LODN).

1.3.3. La declaración de paz

Nos encontramos ante la vertiente negativa y *sine equa non* de la declaración de guerra. La declaración formal de la paz solo cobra sentido tras una previa declaración de la primera, siéndole de aplicación los mismos requisitos respecto a la iniciativa, procedimiento y declaración referidos en el anterior subepígrafe. Por tanto, damos por reproducidos los argumentos jurídicos expuestos, correspondiendo al Presidente del Gobierno en virtud del art. 2.2 f) LG y del art. 6 LODN la dirección de la política de defensa y

385 Carlos Ruiz Miguel, «Análisis constitucional de la posición española en la II Guerra de Iraq», *Anuario Español de Derecho Internacional*, 2004, pp. 93-95.

386 Ruiz Miguel, *op. cit.*, p. 92.

387 Art. 4.2 LODN: «En particular, al Congreso de los Diputados le corresponde autorizar, con carácter previo, la participación de las Fuerzas Armadas en misiones fuera del territorio nacional, de acuerdo con lo establecido en esta Ley». Dicha autorización previa se entiende que será por mayoría simple, al no contemplarse otra cualificada en la norma o en la CE 1978.

estratégica, así como la ordenación de las misiones de las Fuerzas Armadas. Será al Presidente del Gobierno a quien corresponda, pues, la iniciativa para «hacer la paz»[388] determinada en el art. 63.3 CE, requiriendo la autorización parlamentaria mediante el voto por mayoría simple de la sesión conjunta Congreso-Senado (art. 74.1CE) y cuyo perfeccionamiento tendrá lugar con la declaración formal del Rey mediante firma refrendada por el Presidente del Gobierno (art. 64.1CE).

La paz, como acto jurídico no legislativo del Rey, se enmarca también en el mandato del art. 56.1 respecto a la asunción de «la más alta representación del Estado español en las relaciones internacionales» cuando se trate de conflictos con terceros Estados. También encuentra acomodo, desde luego, en su condición de mando supremo de las Fuerzas Armadas, aspectos que revisten el acto de la más alta dignidad institucional. Tampoco es descartable la declaración de paz ante un conflicto bélico interno, dado que la «paz» es un valor constitucionalmente exigible no solo en las relaciones internacionales, sino también en el ámbito doméstico. La CE se refiere explícitamente además a la paz como un valor, significándose en el Preámbulo como uno de los objetivos a alcanzar por la Nación[389] con vocación internacional[390], además de señalarse la dignidad de la persona y sus derechos inherentes como fundamento del orden político y la paz social en el art. 10.1 CE.

La referencia a la paz, por tanto, se debe a la conexión directa entre los valores internos de una sociedad democrática y su proyección internacional[391]. Los mismos se manifiestan en el art. 10.2 CE, cuando establece que la interpretación de los derechos fundamentales y libertades públicas se realizará conforme a la Declaración Universal de Derechos Humanos y tratados sobre estas materias ratificados por España. Por todo ello, el texto constitucional y el ordenamiento internacional atribuyen al valor de la paz la significación positiva a la que debe tender la acción del Estado, mientras que la guerra implica un plus no deseable que va más allá del límite de la defensa.

---

388 La redacción del Anteproyecto de la Constitución se refiere a este acto con la expresión «concluir la paz», sin embargo, finalmente quedó redactado con la fórmula recogida en el dictamen de la Comisión del Senado «hacer la paz». Boletín Oficial de las Cortes, N.º 44, de 5 de enero de 1978, p. 678.

389 Preámbulo: «[...] Colaborar en el fortalecimiento de unas relaciones pacíficas y de eficaz cooperación entre todos los pueblos de la Tierra».

390 La ley Fundamental de Bonn de 1949 en su Preámbulo se refiere al objetivo del pueblo alemán de «servir a la paz del mundo» y el art. 26 establece la inconstitucionalidad de los actos que puedan perturbar la paz. Similar contenido prescribe el art. 11 de la Constitución italiana al expresar que «Italia repudia la guerra como instrumento que ofende la libertad de los otros pueblos y como medio para resolver controversias internacionales; consiente, en condiciones de paridad con los demás Estados, las limitaciones de soberanía necesarias para un orden que asegure la paz y la justicia entre las naciones; promueve y favorece las organizaciones internacionales dirigidas a tal fin».

391 Antonio Enrique Pérez-Luño, *«La paz como valor constitucional»*, *Anuario de Filosofía del Derecho, N.º 2*, 1985, p. 126.

En cuanto a la naturaleza jurídica de la paz y los valores constitucionales, HERNÁNDEZ GIL aboga por negar la normatividad de los mismos y su aplicabilidad directa[392], mientras que BASILE admite el valor normativo de los mismos[393]. En la presente investigación entenderemos que los valores y principios tienen un valor normativo indirecto al informar el ordenamiento jurídico, no siendo exigibles de manera directa ante la justicia ordinaria, sino mediante la declaración de inconstitucionalidad de una norma que se aparta de la esencia de los mismos.

1.4. El Rey como «mando supremo» de las Fuerzas Armadas

La CE establece en su art. 62 h) que el Rey ostenta el mando supremo de las Fuerzas Armadas[394], una previsión que el legislador optó por mantener como consecuencia de dos circunstancias fundamentalmente. De un lado, el tradicionalismo histórico[395] asignado al titular de la Corona, entre cuyas competencias se encontraba el mando y dirección efectivos del Ejército, y de otro, la relevancia del papel asumido por el Rey durante la transición democrática[396]. Sin embargo, nuestro texto constitucional configura en su art. 1.3 CE la monarquía parlamentaria como forma política del Estado, subordinando la institución al ordenamiento en virtud del art. 61.1 CE. Asimismo, se atribuye al Rey la Jefatura del Estado en el art. 56.1 CE, pero una Jefatura al margen del poder ejecutivo, siendo este último el que ostenta verdaderamente la dirección de la Administración militar y la defensa del Estado, según el art. 97 CE. Precepto constitucional que ha sido desarrollado tanto por la LG como por la LODN[397], como se ha advertido con anterioridad.

---

392 Antonio HERNÁNDEZ GIL, *El cambio político español y la Constitución*, Ed. Planeta, Barcelona, 1982, p. 408.

393 Silvio BASILE, *Los 'valores superiores', los principios fundamentales y los derechos y libertades públicas*, [Alberto PREDIERI y Eduardo García de Enterría, *La Constitución española de 1978*], Ed. Civitas, Madrid, 1984, p. 262.

394 Precepto que se mantuvo con la misma redacción en el Anteproyecto del texto constitucional. Boletín Oficial de las Cortes, N.° 44, de 5 de enero de 1978, p. 678.

395 El constitucionalismo histórico así lo confirma: art. 171.8 de la Constitución de 1812, art. 47.5 de la de 1837, art. 45.5 de la de 1845, el art. 70 de la de 1869 y art. 52 de la de 1876.

396 Afirma Ignacio de Otto que «el propio origen del actual régimen democrático, porque todo el mundo sabe que el Rey no solamente fue «motor del cambio», como se dijo tan expresivamente, sino que fue, asimismo, su principal garantía, concretamente porque aseguró el respeto del Ejército al proceso democrático y al régimen resultante». Ignacio DE OTTO Y PARDO, «El mando supremo de las Fuerzas Armadas», *Revista Española de Derecho Constitucional, Año n.° 8, N.° 23*, 1988, p. 12.

397 *Vid.* El art. 8 de la LODN establece que el Consejo de Defensa Nacional como órgano consultivo, asesor, coordinador del Presidente del Gobierno en materia de Defensa informará al Rey, a petición del Presidente del Gobierno, presidiendo el primero dicho órgano cuando asista a las reuniones.

Por otro lado, la CE configura al Rey como «símbolo de su unidad y permanencia, arbitra y modera el funcionamiento regular de las instituciones» según el art. 56.1 CE, precepto en íntima conexión con la misión asignada a las Fuerzas Armadas en el art. 8 de defensa del orden constitucional. Esta circunstancia, en opinión de SÁNCHEZ AGESTA, permite situar al Rey en el mando supremo de la institución militar como símbolo de la unidad y permanencia del Estado[398]. No obstante, la doctrina no es pacífica en cuanto al ejercicio del mando del Rey sobre las Fuerzas Armadas, determinada por las siguientes posturas:

A) Un sector encabezado por DE OTTO Y PARDO afirma que el mando supremo del Rey constituye una función simbólica. Entiende que dichas funciones obedecen a un mando simbólico y honorífico, no pudiendo consistir en la ostentación de un poder militar regio heterogéneo. Se trata, en su opinión, de una competencia concreta requerida de refrendo en virtud del principio parlamentario. El autor también se ha referido a la misma como una «potestad sin competencia», exenta del requisito del refrendo que fundamentaría la intervención del Rey durante el 23 de febrero de 1981[399]. Por su parte, ARAGÓN REYES, entiende el mando supremo como la función simbólica más coherente con el texto constitucional, al haberse otorgado la dirección de la defensa y la Administración militar al Gobierno en el art. 97 CE[400]. En el mismo sentido simbólico se han referido los autores FREIXES SANJUÁN[401], ALONSO DE ANTONIO[402] o BLANCO VALDÉS[403];

B) Otro sector afirma que nos hallamos ante un ejercicio efectivo de mando en las Fuerzas Armadas. Aquí encontramos a HERRERO DE MIÑÓN[404], que argumenta la efectividad del mando supremo aunque el mismo se realice a través de la fórmula del refrendo en un Estado constitucional para cubrir la

398 Luis SÁNCHEZ AGESTA, *Sistema político de la Constitución Española de 1978*, Ed. Nacional, Madrid, 1980, p. 239.

399 DE OTTO Y PARDO, *op. cit.* p. 26.

400 Manuel ARAGÓN REYES, *Estudios de Derecho Constitucional*, Ed. Centro de Estudios Políticos y Constitucionales, Madrid, 2009, p. 454.

401 Teresa FREIXES SANJUÁN, «La Jefatura del Estado monárquica», *Revista de Estudios Políticos, N.º 73*, 1991, pp. 105-107.

402 Ángel Luis ALONSO DE ANTONIO, «El Rey y las Fuerzas Armadas en la Constitución de 1978» en *Jornadas de estudio sobre el Título Preliminar de la Constitución*, Vol. II, Dirección General del Servicio Jurídico del Estado, Madrid, 1988, p. 1534.

403 Roberto Luis BLANCO VALDÉS, *La ordenación constitucional de la defensa*, Ed. Tecnos, Madrid, 1988, p. 135.

404 «[...] el jefe del Estado puede ser jefe efectivo de las Fuerzas Armadas y ostentar de manera no nominal, sino real, el mando supremo de las mismas. [...] No es lo mismo mando supremo que mando absoluto. Si el supremo mando militar en un régimen de total hipertrofia del poder, como fue el del III Reich, suponía competencias absolutas, no ocurre lo mismo en un sistema constitucional». Miguel HERRERO DE MIÑÓN, «El Rey y las Fuerzas Armadas», *Revista de Derecho Político, N.º 7,* 1980, p. 41.

irresponsabilidad del Rey configurada en el art. 56.3 CE. Ello se debe a que el instituto del refrendo no implica el traspaso decisorio total del Rey a quien le refrenda, sino que es un «acto complejo» compuesto de ambas voluntades. Además realiza una crítica, a nuestro juicio razonable, en tanto que del texto constitucional parece derivarse un mando real de las Fuerzas Armadas en el art. 62 h) a través del refrendo y sin embargo, el desarrollo legal lo atribuye al Gobierno y a su Presidente[405].

Por otro lado, SÁNCHEZ AGESTA entiende que el art. 8 CE subordina las Fuerzas Armadas al ordenamiento jurídico y, en unión al art. 62 h) CE, desprenden un halo objetivo respecto a la participación de cierto poder real en el mando militar. Todo ello, a pesar de la necesidad del refrendo y de las atribuciones en política de defensa asignadas al Gobierno constitucionalmente[406]. En este sentido, FERNÁNDEZ SEGADO se ha referido sobre el autor anterior del siguiente modo:

> «En aquellos actos que son propios de la competencia del Gobierno, el Rey debe estar informado y puede animar o advertir. Por el contrario, en la competencia que se atribuye directamente al Rey, aunque no puede ejercerse sin refrendo, parece que puede corresponder al monarca una cierta iniciativa»[407].

C) Un último sector aboga por un mando efectivo de carácter residual, que activaría su ejercicio ante la imposibilidad de acción por los órganos competentes, esto es, el Gobierno y directamente su Presidente. Favorable a esta interpretación encontramos a GARCÍA DE ENTERRÍA, quien de esta manera afirma fundamentar jurídicamente la intervención del Rey durante el 23 de febrero de 1981, adquiriendo tal mando supremo para preservar la configuración básica del ordenamiento constitucional[408].

Nuestra investigación defiende una tesis en este sentido, dado que, a nuestro juicio, en situaciones de funcionamiento ordinario de las instituciones del Estado, las decisiones sobre la defensa y la dirección de las Fuerzas Armadas corresponden al Gobierno en virtud del art. 97 CE y principalmente al Presidente del Gobierno como consecuencia del art. 6 LODN. Por tanto, la participación del Rey como mando supremo de las Fuerzas Armadas queda limitada a los supuestos constitucionales derivados de un especial *auctoritas* incurso en la teoría de los actos debidos sujetos a refrendo (con la salvedad que expusimos con anterioridad respecto al art. 65.1 y 2 CE).

---

405 HERRERO DE MIÑÓN, op.cit., pp. 50-52.

406 SÁNCHEZ AGESTA, *op. cit.*, pp. 198-199.

407 Francisco FERNÁNDEZ SEGADO, «La posición constitucional de las Fuerzas Armadas. Reflexiones en torno al artículo 8 de la Constitución», *Revista Española de Derecho Militar, N.º 67*, 1996, p. 41.

408 Eduardo GARCÍA DE ENTERRÍA, «Prólogo» en *Caracterización jurídica de las Fuerzas Armadas*, Ed. Centro de Estudios Políticos y Constitucionales, Madrid, 1987, pp. 21-24.

No obstante, ante situaciones de anormalidad democrática y/o imposibilidad de los órganos constitucionales de ejercitar sus funciones ordinarias, entendemos que la figura del Rey cobra la *potestas* necesaria para conservar el ordenamiento constitucional y restaurarlo[409], incluido el mando supremo efectivo de las Fuerzas Armadas exento de refrendo. El fundamento jurídico deviene de su poder moderador de las instituciones y de la preservación de la unidad como Jefe del Estado consagrado en el art. 56.1 CE, en consonancia con las misiones atribuidas al instituto militar en el art. 8 CE. En tal sentido se ha manifestado COTINO HUESO, situando en parámetros de constitucionalidad el poder de reserva regio cuando obedece a un requisito dual, esto es, se adecúa al principio jurídico de necesidad, en tanto las medidas instauradas proceden del órgano adecuado y persiguen los fines constitucionalmente protegidos[410].

Pensemos en los hechos acaecidos el 23 de febrero de 1981, plenamente vigente nuestra CE, cuando fuerzas de la Guardia Civil accedieron al Congreso comandadas por el Teniente Coronel Antonio Tejero, reteniendo al Gobierno e impidiendo el ejercicio de sus competencias constitucionales[411]. Además, el Capitán General de Valencia, Jaime Milans del Bosch, declaró el estado de sitio en la región valenciana, fuera de los supuestos legalmente establecidos y decretó el toque de queda[412]. De tal modo, esperando que las restantes regiones militares le apoyaran y fuera investida una autoridad militar por determinar como Presidente del Gobierno transitorio, a quien sirvió como enlace el General de División Alfonso Armada (Segundo Jefe de Estado Mayor del Ejército)[413].

---

409 Jorge de Esteban se ha referido a esta circunstancia como un «poder de reserva» cuando la situación imposibilite el refrendo, así como las capacidades del Gobierno y se encuentre revestida de publicidad. Jorge DE ESTEBAN y Pedro González-Trevijano, *Curso de Derecho Constitucional Español III*, Ed. Servicio de publicaciones de la Universidad Complutense de Madrid, Madrid, 1994, p. 120.

410 Lorenzo COTINO HUESO, «La posición del Rey durante la situación vivida el pasado 21 de febrero de 1981» en *VII Jornadas de Derecho parlamentario: El Título II de la Constitución. La monarquía parlamentaria*, Congreso de los Diputados-Secretaría General, Madrid, 2002, p. 634.

411 Se encontraban en el Congreso el Presidente del Gobierno en funciones Adolfo Suárez y resto del Consejo de Ministros, el aspirante a ser investido en esa sesión Presidente del Gobierno Leopoldo Calvo-Sotelo, el vicepresidente del Gobierno Gutiérrez Mellado o el líder de la oposición Felipe González, entre otros.

412 Sabino FERNÁNDEZ CAMPO, *El Rey en el Golpe de Estado del 23 F*, Ed. Colex, Madrid, 2001, p. 590.

413 Operación *de Gaulle*, así fue denominada la planificación de estos hechos llevada a cabo por Alfonso Armada, quien parece ser pretendía ser nombrado Presidente de un Gobierno interino persuadiendo al Rey de que posteriormente sería él propuesto para un Gobierno estable. Enrique BELDA PÉREZ-PEDRERO, «23 de febrero de 1981. La reinterpretación jurídica de un proceso propio de periodos de transición», *Revista de Estudios Políticos, N.º 155*, 2012, p. 46.

Ante la imposibilidad de actuación por el Gobierno en funciones, el Rey asumió el mencionado poder residual coordinando los apoyos civiles y militares precisos, así como emitiendo una declaración televisiva con el uniforme de Capitán General de las Fuerzas Armadas en la que confirmó el mantenimiento del orden constitucional[414]. Del contenido del mensaje se desprende la impartición de órdenes directas por parte del Rey a la Administración civil y militar. Las instrucciones se dirigieron a los Capitanes Generales de las regiones militares, autoridades civiles y a la Junta de Jefes de Estado Mayor, evidenciando la dirección no solo de la defensa, sino de la seguridad del Estado, como eje vertebrador del orden constitucional lesionado. Al respecto, ha opinado COTINO HUESO:

> «En virtud de la naturaleza, circunstancias y urgencia de los acontecimientos, el Rey adquirió la obligación constitucional de actuar en defensa del sistema democrático y de hacerlo del modo más eficaz, más próximo y menos lesivo a los postulados constitucionales. [...] la actuación del Rey no fue facultativa, sino impuesta por la propia ley de leyes bajo la influencia jurídica del principio de necesidad. Y dada dicha obligatoriedad, resultaría paradójico que se les negara los medios necesarios para operar su finalidad [...]»[415].

Ante esta anormalidad en el funcionamiento de las instituciones, se establece una nueva regulación de los estados excepcionales que permite a las autoridades y órganos constitucionales una mayor concentración de facultades e incluso la suspensión de derechos fundamentales por medio de la LOAES, a la que nos referiremos con mayor profundidad posteriormente. Resulta contradictorio, no obstante, que esta norma de evidente cercanía temporal al suceso del 23 de febrero de 1981, no recoja el desarrollo de la facultad residual regia del mando de las Fuerzas Armadas.

A nuestro juicio, se trata de un aspecto que obedece más a una falta de consenso del legislador que a una voluntad contraria respecto a dicho extremo, dado que tampoco la regula negativamente y que la intervención

414 «Al dirigirme a todos los españoles con brevedad y concisión en las circunstancias extraordinarias que en estos momentos estamos viviendo, pido a todos la mayor serenidad y confianza y les hago saber que he cursado a los Capitanes Generales de las regiones militares, zonas marítimas y regiones aéreas la orden siguiente: Ante la situación creada por los sucesos desarrollados en el palacio del Congreso, y para evitar cualquier posible confusión, confirmo que he ordenado a las autoridades civiles y a la Junta de Jefes del Estado Mayor que tomen las medidas necesarias para mantener el orden constitucional dentro de la legalidad vigente. Cualquier medida de carácter militar que, en su caso, hubiera de tomarse deberá contar con la aprobación de la Junta de Jefes del Estado Mayor. La Corona, símbolo de la permanencia y unidad de la Patria, no puede tolerar en forma alguna acciones o actitudes de personas que pretendan interrumpir por la fuerza el proceso democrático que la Constitución votada por el pueblo español determinó en su día a través de referéndum».

415 COTINO HUESO, *op. cit.*, p. 634.

del Rey durante el 23 de febrero de 1981 se presume constitucional a todos los efectos[416]. Se podría argumentar en contra, que este «poder de reserva» podría haberse previsto en la CE, pero como bien afirma Villanueva Turnes, no es posible pretender que un texto legal, y aún menos constitucional, regule todas las situaciones extraordinarias posibles, ya que las mismas escapan a la conjetura del legislador[417].

Consideramos que la activación de la *potestas* residual regia no solo es predicable en caso de imposibilidad de actuación de los órganos constitucionales ordinarios, sino que la misma también tendría cabida ante la actuación de un Gobierno situado en permanente «vía de hecho». Esto es, actuando fuera de las vías y procedimientos legales a través de intentos ilegales de perpetuación en el poder, conculcación flagrante de derechos fundamentales u otras circunstancias de análoga significación que produjeran una situación de crisis *sui generis*. Sin embargo, es cierto que no podemos pensar en que la magistratura del Rey se convierta en juez y parte en una crisis de este tipo. Es decir, que se encargue de dilucidar comportamientos antijurídicos de los órganos constitucionales para suplirlos con su intervención, porque se quebraría el principio fundamental de la división de poderes al aglutinar funciones ejecutivas y judiciales desde un mismo plano.

En nuestra opinión, sería necesaria una previa respuesta judicial confirmatoria de tal circunstancia y que, en todo caso, no podría servir para otorgar plena discrecionalidad al Rey, sino para una mínima intervención de carácter interino consistente en disolver las Cortes y convocar elecciones, o en la asunción de las competencias necesarias de dirección de la defensa, todas ellas exentas de refrendo. La fundamentación del poder de reserva se sustenta constitucionalmente en los siguientes aspectos:

a) sus funciones arbitrales y de moderación de las instituciones (art. 56.1 CE);

b) la relación con las misiones constitucionales de las Fuerzas Armadas (art. 8 CE);

c) el principio de autoconservación de la esencia del propio Estado social y democrático de derecho, consagrado en el art. 1.1 CE, que en última instancia corresponde al Jefe de Estado en su calidad de máxima institución subordinada a la soberanía nacional representada en las Cortes (61.1 CE).

416 En este sentido, la STS 791/1983, de 22 de abril que enjuició los hechos del 23 de febrero de 1981 establece en el Considerando 13: «[...] Sin que le sirva de exculpación el pretendido "vacío de poder", cuyo vacío, por una parte, no llegó a producirse puesto que subsistían, íntegra la cúpula militar, el Senado, la Junta de Subsecretarios y el propio Rey [...]».

417 Alejandro Villanueva Turnes, Tesis doctoral: *El estatuto jurídico-constitucional del rey en el ordenamiento vigente*, Universidad de Santiago de Compostela, 2018, p. 217.

En conexión a lo explicado, recordemos la declaración efectuada por el Rey Felipe VI, el 3 de octubre de 2017 ante las reiteradas ilegalidades perpetradas por la Generalidad de Cataluña y que el Tribunal Supremo condenó como delitos de sedición y malversación, entre otros, para varios de sus miembros en la STS Causa especial 20907/2017. En dicho acto, el Rey ejercita su función moderadora de las instituciones, si bien no mediante *potestas* residual alguna, al encontrarse funcionando ordinariamente las instituciones, pero solicitando la intervención de los poderes del Estado, en este caso, inalterados[418].

2. Desmilitarización parcial de la seguridad pública: el caso de la Guardia Civil

A lo largo del primer capítulo de esta investigación hemos analizado la intervención del Ejército al amparo de los textos constitucionales previos y durante el periodo franquista, comprobando que el instituto militar era empleado en tres circunstancias principalmente:

a) la guerra exterior;

b) los conflictos bélicos internos y;

c) la conservación del orden público, de manera reiterada, sustituyendo[419] más que complementando la labor de unos cuerpos policiales poco especializados y marcados por el signo del poder político.

La configuración del Estado social y democrático de Derecho (art. 1.1 CE) vino precedida de un Estado autoritario que otorgaba a las Fuerzas Armadas la consideración de pilar fundamental. No en vano, Francisco Franco ostenta la Jefatura del Estado y el mando supremo de los ejércitos en calidad de

418 Mensaje del Rey del 3 de octubre de 2017: «[...] Desde hace ya tiempo, determinadas autoridades de Cataluña, de una manera reiterada, consciente y deliberada, han venido incumpliendo la Constitución y su Estatuto de Autonomía [...] Con sus decisiones han vulnerado de manera sistemática las normas aprobadas legal y legítimamente, demostrando una deslealtad inadmisible hacia los poderes del Estado. [...] todo ello ha supuesto la culminación de un inaceptable intento de apropiación de las instituciones históricas. Esas autoridades, de una manera clara y rotunda, se han situado totalmente al margen del derecho y de la democracia [...] es responsabilidad de los legítimos poderes del Estado asegurar el orden constitucional y el normal funcionamiento de las instituciones, la vigencia del Estado de Derecho y el autogobierno de Cataluña, basado en la Constitución y en su Estatuto de Autonomía». Raúl PIÑA, «El Rey emplaza a los poderes del Estado a acabar con la "deslealtad inadmisible" de la Generalitat», periódico El Mundo, 4 de octubre de 2017, sitio web: www.elmundo.es/espana/2017/10/03/59d3bb0e22601d92318b45a7.html, [consultado el 13/04/2020].

419 Rafael CRUZ MARTÍNEZ, «La Lógica de la Guerra, Ejército, Estado y Revolución en la España contemporánea», *Revista Studia Histórica-Historia Contemporánea, Vol. X-XI*, 1992-1993, pp. 209-217.

«Generalísimo» en virtud del art. 6 de la LOE 1967. La Administración policial que recibe nuestra Carta Magna viene configurada por la Ley 55/1978, de 4 de diciembre, de la Policía, que instituye como Cuerpos de Seguridad del Estado a los siguientes:

a) Cuerpo Superior de Policía y Cuerpo de Policía Nacional, «con estructura y organización militar no integrada en la Fuerzas Armadas», pero dependientes del Ministro de Interior, siéndoles de aplicación de manera supletoria las disposiciones militares del Ejército de Tierra[420];

b) Guardia Civil, concebida como parte del fuero militar e insertada en la estructura del Ejército de Tierra, pero con funciones policiales[421].

El principal logro de nuestro texto constitucional en este ámbito consiste en proporcionar un encaje y continuidad exitosa a la institución militar. Ello permite la consolidación democrática española[422], su integración en la Administración del Estado (art. 97CE), someterla al principio de legalidad (art. 9.1 CE) y ponerla al servicio del ciudadano (103.1 CE). Observamos pues, que el legislador opta por no incluir a cuerpo de seguridad alguno en el mencionado precepto y tampoco a lo largo del texto, confirmándose esta premisa con la aprobación de la LO 6/1980, de 1 de julio, concretamente en su art. 23[423] que reproduce el contenido del art. 8.1 CE (actualmente derogada por la LODN)[424]. Asimismo, la competencia de «Defensa y Fuerzas Armadas» es atribuida al Estado, perteneciéndole todas las facultades de disposición en este ámbito con carácter exclusivo por medio del art. 149.1.4 CE.

420 Ley 55/1978, de 4 de diciembre, de Policía, Boletín Oficial del Estado, N.° 293, de 8 de diciembre de 1978, pp. 27.782-27.785. Art. 12.2: «La Policía Nacional se regirá por lo dispuesto en la presente Ley y en los Reglamentos que la desarrollen y, como derecho supletorio a los efectos de su organización y estructura interna, por el ordenamiento militar aplicable al Ejército de Tierra, incluso en lo que se refiere al sometimiento de sus miembros salvo lo dispuesto en el artículo quinto de esta Ley, a lo establecido en el Código de Justicia Militar y a la protección que dicho Código señala para establecimientos y efectos militares [...]».

421 Su integración en las Fuerzas Armadas venía dada por la Ley de 15 de marzo de 1940 y el Reglamento Militar de 23 de julio de 1942, posteriormente confirmado en el Título VI de la LOE 1967.

422 Fernando Puell de la Villa y Roberto Muñoz Bolaños, *«La transformación del Ejército español (1975-1989)», La Albolafia. Revista de Humanidades y Cultura*, 2018, pp. 7-10.

423 LO 6/1980, de 1 de julio, Boletín Oficial del Estado, N.° 165, de 10 de julio de 1980, pp. 15.750-15.753. Art. 23: «Uno. Las Fuerzas Armadas tienen como misión garantizar la soberanía e independencia de España, defender su integridad territorial y el ordenamiento constitucional. Dos. Las Fuerzas Armadas están constituidas por el Ejército de Tierra, la Armada y el Ejército del Aire».

424 Félix Crespo Hellín, «El nuevo encuadre constitucional de las Fuerzas y Cuerpos de Seguridad» en *Diez años de régimen constitucional* [Enrique Álvarez Conde ed.], Ed. Tecnos, Madrid, 1989, p. 434.

En otro orden, el art. 104 CE se dedica a las Fuerzas y Cuerpos de Seguridad atribuyéndoles una doble misión, la protección del libre ejercicio de los derechos y libertades, y la seguridad ciudadana. El segundo aptdo. establece que el desarrollo legislativo de estos cuerpos y fuerzas se lleve a cabo mediante ley orgánica. En este caso, se hace mención expresa a la dependencia de los cuerpos de seguridad respecto del Gobierno, a diferencia de las Fuerzas Armadas, cuya dependencia del Gobierno se deduce en virtud del art. 97 CE. Profundizando en esta cuestión, el art. 149.1.29 CE determina la competencia exclusiva del Estado en el ámbito de la «seguridad pública», sin perjuicio de la posibilidad de crear cuerpos policiales en las Comunidades Autónomas sujetos a sus respectivos Estatutos de Autonomía y al desarrollo que establezca una ley orgánica, conforme al art. 148.1.22 CE[425].

A partir de la CE 1978, por tanto, se van a establecer dos competencias exclusivas para el Estado: la «defensa» (art. 149.1.4 CE) y la «seguridad pública» (149.1.29 CE), asignando distintos institutos de la Administración para un ejercicio netamente diferenciado[426]. Las Fuerzas Armadas asumen la competencia defensiva (art. 8 CE), mientras que las Fuerzas de Seguridad, la seguridad pública (art. 104.1 CE). Dicho extremo no impide la naturaleza militar de la Guardia Civil, ajeno a la composición constitucional de las Fuerzas Armadas, tal y como se desprende del *tertium genus* de los arts. 28.1. y 29.2 CE[427]. En cuanto al análisis relativo a la diferencia de localización entre Fuerzas Armadas y cuerpos de seguridad en el texto constitucional, nos remitimos a lo expuesto anteriormente, considerando más coherente la regulación de ambas instituciones en el Título IV «del Gobierno y la Administración» al objeto de asignarles una importancia equivalente en el seno de la Administración[428].

La configuración del art. 104 CE y su conexión con el art. 149.1.29 CE no completa el estatuto jurídico de los cuerpos de seguridad, aspecto que

---

425 El art. 148.1.22 CE establece entre las competencias que podrán asumir las Comunidades Autónomas: «[...] La vigilancia y protección de sus edificios e instalaciones. La coordinación y demás facultades en relación con las policías locales en los términos que establezca una ley orgánica».

426 Félix Crespo Hellín, «El artículo 104 de la Constitución y la nueva regulación de la institución policial: sus disfuncionalidades», *Revista de Derecho Político, N.º 37*, 1992, p. 113.

427 Javier Barcelona Llop, «Reflexiones constitucionales sobre el modelo policial español», *Revista Española de Derecho Constitucional, N.º 48*, 1996, p. 86. El contenido de estos artículos presume la posibilidad de establecer cuerpos de naturaleza militar no integrados en las Fuerzas Armadas al advertir su distinción: al regular el derecho de sindicación: art. 28.2 CE: «La ley podrá limitar o exceptuar el ejercicio de este derecho a las Fuerzas o Institutos armados o a los demás Cuerpos sometidos a disciplina militar [...]»; y al regular el derecho de petición en el art. 29.2 CE: «Los miembros de las Fuerzas o Institutos armados o de los Cuerpos sometidos a disciplina militar podrán ejercer este derecho sólo individualmente y con arreglo a lo dispuesto en su legislación específica».

428 Fernando López Ramón, *La caracterización jurídica de las Fuerzas Armadas*, Ed. Centro de Estudios Políticos y Constitucionales, Madrid, 1987, pp. 308-312.

ocurre posteriormente con la aprobación de la LOFCS[429]. La norma da cumplimiento a la previsión constitucional del art. 140.2 y que instituye como tales al Cuerpo Nacional de Policía (actualmente Policía Nacional)[430] y a la Guardia Civil, dependientes del Gobierno como Fuerzas de Seguridad del Estado. Finalmente, las policías autonómicas y locales quedarán al amparo de sus respectivas Administraciones, según el art. 2 LOFCS.

La LOFCS desmilitariza, aunque parcialmente como veremos, la seguridad pública. Atribuye la protección de la seguridad a estos cuerpos policiales, corroborando la competencia exclusiva del Estado a través de Policía Nacional y Guardia Civil, y establece la participación en la misma a través de las policías autonómicas y locales (art. 1). En este sentido, el art. 9 a) LOFCS establece la Policía Nacional como un instituto armado de naturaleza civil que depende del Ministro de Interior, mientras que el aptdo. b) define a la Guardia Civil como instituto armado de naturaleza «militar». Ésta última ostenta una doble dependencia, del Ministro de Interior respecto a sus funciones policiales, y del Ministro de Defensa respecto a sus misiones de carácter militar, si bien, la dependencia será única del Ministro de Defensa en tiempo de guerra o vigencia de estado de sitio.

La Guardia Civil queda configurada como un cuerpo híbrido con motivo de su naturaleza militar, las funciones ordinarias de policía civil y las misiones militares, con cuya ocasión tendrá consideración de «fuerza armada» (art. 7.3 LOFCS). El carácter militar del instituto le sujetará a un régimen disciplinario específico, rigiéndose por el de las Fuerzas Armadas cuando sus miembros queden integrados en unidades militares o se encuentren ejerciendo misiones de tipo militar, correspondiendo siempre la sanción de separación del servicio al Ministro de Defensa[431].

Por otro lado, los miembros de la Guardia Civil carecen de derecho a sindicación[432] y tienen limitado el derecho de petición, debiendo ejercitarse de manera individual con arreglo a su legislación específica, tal y como establece el art. 15 LOFCS en desarrollo de los arts. 28.1 y 29.2 CE. Sobre la existencia de un cuerpo policial militarizado ajeno a las Fuerzas Armadas

---

429 LO 2/1986, de 13 de marzo, de Fuerzas y Cuerpos de Seguridad, Boletín Oficial del Estado, N.º 63, de 14 de marzo de 1986, pp. 9.604-9.616.

430 LO 9/2015, de 28 de julio, de Régimen de Personal de la Policía Nacional, Boletín Oficial del Estado, de 29 de julio de 2015, N.º 180, pp. 64.427-64.470.

431 La separación del servicio constituye la sanción disciplinaria de mayor gravedad en el estatuto del funcionario público con motivo de falta muy grave, implicando la expulsión del cuerpo de origen, así como la imposibilidad de rehabilitar o ingresar en la función pública en cualquier Administración, a diferencia de la condena de inhabilitación que permite la rehabilitación, en su caso.

432 Ostentan derecho a la asociación para la defensa de sus intereses profesionales, económicos y sociales, en virtud del art. 9 de la LO 11/2007, de 22 de octubre, de derechos y deberes de los miembros de la Guardia Civil.

y su posible inconstitucionalidad, se destacan en favor de esta posibilidad las sentencias del TC 31/1985, de 5 de marzo[433] y 93/1986, de 7 de julio[434], consecuencia de sendos recursos de amparo interpuestos por miembros de la Policía Nacional con motivo de la aplicación a éstos del Código de Justicia Militar derivado del precitado art. 12 de la Ley 55/1978.

Las misiones policiales asignadas a la Guardia Civil comparten un núcleo básico de competencias con las asignadas a la Policía Nacional, señalando el art. 11 LOFCS una serie de misiones comunes a ambos cuerpos, que desempeñan respectivamente en sus demarcaciones policiales. Corresponde la actuación, a efectos de territorialidad, a la Policía Nacional en las capitales de provincia y municipios que el Gobierno determine, y a la Guardia Civil en el resto del territorio nacional y mar territorial:

> «a) Velar por el cumplimiento de las Leyes y disposiciones generales, ejecutando las órdenes que reciban de las Autoridades, [...]
>
> b) Auxiliar y proteger a las personas y asegurar la conservación y custodia de los bienes [...].

---

433 «[...] la Constitución contempla como ajustado a la misma el que la Ley pueda sujetar a la disciplina militar a los Institutos armados o a otros Cuerpos, por lo que no puede afirmarse que la aplicación del régimen disciplinario sancionador de carácter militar a los Cuerpos y Fuerzas de Seguridad del Estado sea contrario a la Constitución, aun cuando ello suponga excluirlos en este aspecto de la Administración Civil [...]». Tribunal Constitucional, sentencia núm. 31/1985, de 5 de marzo, Fundamento Jurídico 5 b), Boletín Oficial del Estado, N.° 74, de 27 de marzo de 1985, pp. 20-24.

434 «[...] si bien la Constitución distingue de las Fuerzas Armadas a los Cuerpos y Fuerzas de Seguridad, ello no impide que la misma Constitución contemple como ajustado a sus preceptos el que la Ley pueda sujetar a la disciplina militar a los Institutos armados o a otros Cuerpos, por lo que no puede afirmarse que la aplicación del régimen disciplinario sancionador de carácter militar a los Cuerpos y Fuerzas de Seguridad del Estado sea contrario a la Constitución, aun cuando ello suponga excluirlos, en este aspecto, de la Administración Civil. Tal era la situación que contemplaba la Ley 55/1978, que en su art. 12.2 disponía que «la Policía Nacional se regirá por lo dispuesto en la presente Ley y en los Reglamentos que la desarrollen, y, como derecho supletorio a los efectos de su organización y estructura interna, por el ordenamiento militar aplicable al Ejército de Tierra, incluso en lo que se refiere al sometimiento de sus miembros, salvo lo dispuesto en el art. 5 de esta Ley, a lo establecido en el Colegio de Justicia Militar», así como los arts. 512 y siguientes del Reglamento Orgánico de la Policía Gubernativa, aprobado por Decreto 2038/1975, de 17 de julio, arts. en que se regulaba el régimen disciplinario de la Policía, en lo referente a las faltas y sanciones. En consecuencia, y como ha señalado este Tribunal Constitucional, no resulta contrario a la Constitución que las Fuerzas de Seguridad, y específicamente las de Policía, no integradas en las Fuerzas Armadas, estén sometidas al régimen disciplinario de las mismas, en cuanto a la determinación de las faltas de disciplina, sus sanciones y el régimen de imposición de éstas; todo ello, sin perjuicio de la observancia de los preceptos constitucionales referentes a las garantías del procedimiento sancionador. Corresponde, pues, al legislador determinar la aplicación o no a las Fuerzas de Policía del régimen disciplinario de las Fuerzas Armadas, o bien otro régimen distinto [...]». Tribunal Constitucional, sentencia núm. 93/1986, de 7 de julio, Fundamento Jurídico 7, Boletín Oficial del Estado, N.° 174, de 22 de julio de 1986, pp. 30-33.

c) Vigilar y proteger los edificios e instalaciones públicos que lo requieran.
d) Velar por la protección y seguridad de altas personalidades;
e) Mantener y restablecer, en su caso, el orden y la seguridad ciudadana;
f) Prevenir la comisión de actos delictivos.
g) Investigar los delitos para descubrir y detener a los presuntos culpables, asegurar los instrumentos, efectos y pruebas del delito, poniéndolos a disposición del Juez o Tribunal competente y elaborar los informes técnicos y periciales procedentes.
h) Captar, recibir y analizar cuantos datos tengan interés para el orden y la seguridad pública, y estudiar, planificar y ejecutar los métodos y técnicas de prevención de la delincuencia.
i) Colaborar con los servicios de protección civil en los casos de grave riesgo, catástrofe, o calamidad pública [...]»[435].

La LOFCS establece una serie de misiones policiales específicas para cada cuerpo estatal, correspondiendo a la Guardia Civil, según el art. 12, aptdo. 1 B)[436] la vigilancia del tráfico y la conducción de presos y detenidos en el ámbito interurbano, la materia de armas y explosivos, el resguardo fiscal del Estado y contrabando, y la protección de la naturaleza, sin perjuicio de la obligada cooperación recíproca entre sendos cuerpos estatales.

En definitiva, el modelo policial constitucional del art. 104 CE queda compuesto por las Fuerzas de Seguridad del Estado, Policía Nacional y Guardia Civil, a quienes compete la seguridad pública de manera directa en aplicación del art. 149.1.29 CE y art. 1.1 LOFCS, competencia en la que participan también los cuerpos autonómicos de policía y las policías locales según el art. 1.2 y 3 LOFCS. Todos ellos, designados con el término genérico de «fuerzas y cuerpos de seguridad» según describe el art. 2 LOFCS y relacionados operativamente a través de los principios de colaboración recíproca y coordinación (art. 3 LOFCS). El aspecto teórico de estos preceptos ha resultado en la práctica problemático, dado que el ejercicio de la seguridad ciudadana por parte de cuatro clases de cuerpos pertenecientes a tres Administraciones distintas ha ofrecido un marco de conflictividad

435 Art. 11, aptdo. primero LOFCS.

436 Art. 12, aptdo. 1 A) LOFCS establece las misiones específicas de la Policía Nacional: «a) La expedición del documento nacional de identidad y de los pasaportes. b) El control de entrada y salida del territorio nacional de españoles y extranjeros. c) Las previstas en la legislación sobre extranjería, refugio y asilo, extradición, expulsión, emigración e inmigración. d) La vigilancia e inspección del cumplimiento de la normativa en materia de juego. e) La investigación y persecución de los delitos relacionados con la droga. f) Colaborar y prestar auxilio a las policías de otros países, conforme a lo establecido en los Tratados o Acuerdos Internacionales sobre las Leyes, bajo la superior dirección del Ministro del Interior. g) El control de las entidades y servicios privados de seguridad, vigilancia e investigación, de su personal, medios y actuaciones. h) Aquellas otras que le atribuya la legislación vigente».

competencial recíproco con límites poco nítidos, algo de lo que nos avisaba la propia LOFCS:

> «[...] La seguridad pública constituye una competencia difícil de parcelar, toda vez que no permite delimitaciones o definiciones, con el rigor y precisión admisibles en otras materias. Ello es así porque las normas ordenadoras de la seguridad pública no contemplan realidades físicas tangibles, sino eventos meramente previstos para el futuro, respecto a los cuales se ignora el momento, el lugar, la importancia y, en general, las circunstancias y condiciones de aparición. [...]»[437].

El art. 11.5 LOFCS dispone que en caso de conflicto positivo o negativo se hará cargo del servicio el cuerpo que haya iniciado las primeras actuaciones (algo no siempre fácil de definir) hasta que resuelva el Gobernador Civil (actual Subdelegado del Gobierno). Por otro lado el aptdo. 6 del mismo artículo establece la posibilidad de que el Ministro de Interior asigne competencias materiales o territoriales a cuerpo distinto del competente, llevando al terreno práctico multitud de competencias duplicadas en ambos cuerpos estatales[438]. Ello se une a la existencia de policías autonómicas[439], cuyas competencias «específicas» vienen establecidas junto a las ejercidas «en colaboración» con las fuerzas estatales y las desempeñadas de manera «simultánea e indiferenciada con los cuerpos estatales» en el art. 38 LOFCS[440]. Además,

437 Aspecto señalado en la exposición de motivos de la LOFCS.

438 Alberto Albacete Carreño, *«La distribución de la seguridad pública en España, Derecho y Cambio Social», Revista Año 9, N.º 30*, 2012, p. 6.

439 A través de Cuerpos de Policía propios de las Comunidades Autónomas, o mediante la adscripción de unidades de la Policía Nacional. En este sentido, la Policía de la Generalidad de Cataluña se creó en virtud de la Ley 19/1983, de 14 de julio, modificada posteriormente por la Ley 10/1994, de 11 de julio, de la Policía de la Generalidad-*Mossos d'Esquadra* que desarrollan la LO 4/1979, de 18 de diciembre, del Estatuto de Autonomía desarrollando el art. 13 de la LO 4/1979, de 18 de diciembre, de Estatuto de Autonomía de Cataluña de Cataluña. Por otro lado, la Policía del País Vasco se creó mediante Ley 4/1992, de 17 de julio, modificada por la Ley 15/2012, de 18 de junio y posteriormente por la Ley 7/2019, de 27 de junio en cumplimiento de lo dispuesto en su Estatuto por LO 3/1979, de 18 de diciembre.

440 Las competencias «específicas» de los cuerpos de policía autonómicos se regulan en el art. 38.1 LOFCS: «a) Velar por el cumplimiento de las disposiciones y órdenes singulares dictadas por los órganos de la Comunidad Autónoma. b) La vigilancia y protección de personas, órganos, edificios, establecimientos y dependencias de la Comunidad Autónoma y de sus entes instrumentales, garantizando el normal funcionamiento de las instalaciones y la seguridad de los usuarios de sus servicios. c) La inspección de las actividades sometidas a la ordenación o disciplina de la Comunidad Autónoma, denunciando toda actividad ilícita. d) El uso de la coacción en orden a la ejecución forzosa de los actos o disposiciones de la propia Comunidad Autónoma». Asimismo, las ejercidas «en colaboración» con los cuerpos estatales se encuentran en el aptdo. segundo del mismo artículo: «a) Velar por el cumplimiento de las Leyes y demás disposiciones del Estado y garantizar el funcionamiento de los servicios públicos esenciales. b) Participar en las funciones de Policía Judicial, en la forma establecida en el artículo 29.2 de esta Ley. c) Vigilar los espacios públicos, proteger las manifestaciones y mantener el orden en grandes concentraciones humanas».

el art. 29.1 LOFCS determina que las funciones de policía judicial señaladas en el art. 126 CE[441] serán ejercidas por las Fuerzas de Seguridad del Estado, correspondiendo a las policías autonómicas y locales la colaboración con las primeras en dicha función.

El matiz discordante, en nuestra opinión, se encuentra en la interpretación del concepto «colaboración», que en modo alguno puede entenderse como criterio de dependencia o subordinación en el transcurso de una intervención de cuerpos policiales autonómicos respecto a los estatales. Esto es así porque el contenido del art. 38.2 establece que las funciones colaborativas las ejercerá «prioritariamente» el cuerpo autonómico, salvo que las autoridades de la Comunidad Autónoma o del Estado requieran la intervención de las Fuerzas estatales. A mayor abundamiento, el término «colaborar» se define como: «Trabajar con otra u otras personas en la realización de una obra»[442], noción que no parece permitir supuestos de jerarquía implícita en actuaciones coincidentes entre cuerpos estatales y autonómicos. Todo ello, sin perjuicio claro está, de aquellos procedimientos dirigidos por la autoridad judicial o fiscal, en los que se deberá estar a lo que las mismas determinen.

Respecto a las policías de la Administración local tenemos una situación competencial similar mediante la atribución de competencias específicas de un lado[443], y la participación genérica en la seguridad pública del art. 1.3

Y finalmente el aptdo. tercero establece las competencias de «prestación simultánea e indiferenciada» con Policía Nacional y Guardia Civil: «a) La cooperación a la resolución amistosa de los conflictos privados cuando sean requeridos para ello. b) La prestación de auxilio en los casos de accidente, catástrofe o calamidad pública, participando en la forma prevista en las Leyes, en la ejecución de los planes de protección civil. c) Velar por el cumplimiento de las disposiciones que tiendan a la conservación de la naturaleza y medio ambiente, recursos hidráulicos, así como la riqueza cinegética, piscícola, forestal y de cualquier otra índole relacionada con la naturaleza».

441 Art. 126 CE: «La policía judicial depende de los Jueces, de los Tribunales y del Ministerio Fiscal en sus funciones de averiguación del delito y descubrimiento y aseguramiento del delincuente, en los términos que la ley establezca».

442 Definición de la palabra «colaborar» en la RAE, sitio web: www.rae.es/colaborar, [consultado el 25/04/2020].

443 Art. 53 LOFCS: «a) Proteger a las Autoridades de las Corporaciones Locales, y vigilancia o custodia de sus edificios e instalaciones. b) Ordenar, señalizar y dirigir el tráfico en el casco urbano, de acuerdo con lo establecido en las normas de circulación. c) Instruir atestados por accidentes de circulación dentro del casco urbano. d) Policía Administrativa, en lo relativo a las Ordenanzas, Bandos y demás disposiciones municipales dentro del ámbito de su competencia. e) Participar en las funciones de Policía Judicial, en la forma establecida en el artículo 29.2 de esta Ley. f) La prestación de auxilio, en los casos de accidente, catástrofe o calamidad pública, participando, en la forma prevista en las Leyes, en la ejecución de los planes de Protección Civil. g) Efectuar diligencias de prevención y cuantas actuaciones tiendan a evitar la comisión de actos delictivos en el marco de colaboración establecido en las Juntas de Seguridad. h) Vigilar los espacios públicos y colaborar con las Fuerzas y Cuerpos de Seguridad del Estado y con la Policía de las Comunidades Autónomas en la protección de las manifestaciones y el mantenimiento del orden en grandes

LOFCS de otro. Además, la evolución normativa ha dado lugar al «Convenio Marco de Colaboración y Coordinación entre el Ministerio del Interior y la Federación Española de Municipios y Provincias de 2006 en materia de seguridad ciudadana y seguridad vial», posibilitando la intervención de estos cuerpos locales en labores de Policía Judicial mediante instrucción de atestados e investigación de delitos leves y menos graves en su estipulación duodécima[444]. El fenómeno corona una multidisciplinariedad competencial coincidente entre los distintos cuerpos de seguridad y plantea problemas de aplicación práctica abundantes, requiriendo un nuevo planteamiento que prime la organización, la especialidad y no tanto la descentralización.

2.1. Del orden público a la seguridad pública

La locución «orden público» tradicionalmente se ha asociado a circunstancias como el mantenimiento de la paz y tranquilidad pública, o el funcionamiento normal de las instituciones del Estado, misión que por otra parte han ejercido históricamente tanto cuerpos policiales como unidades del Ejército. Con la entrada en vigor de nuestra Carta Magna, el orden público deja de emplearse técnicamente como aspiración teleológica de la seguridad del art. 104 CE[445], para referirse al conjunto de principios básicos de la organización estatal orientados a inspirar el ordenamiento jurídico[446]. Aparece como límite del derecho a la libertad ideológica, religiosa y de culto en el art. 16.1 CE, o del derecho de reunión y manifestación (art. 21.1 CE). Se erige, el orden público, en un parámetro de prohibición cuando surge frente a la amenaza de bienes jurídicos dignos de protección.

Según Carro Fernández-Valmayor, el orden público tiene como objeto constitucional la protección de los derechos fundamentales, mientras que la finalidad de la seguridad ciudadana estaría constituida por la protección de personas y bienes respecto a las acciones que puedan lesionar esos bienes jurídicos. La LOFCS, en consonancia con el texto constitucional, tampoco utiliza la noción de orden público en favor del concepto de seguridad pública

---

concentraciones humanas, cuando sean requeridos para ello. i) Cooperar en la resolución de los conflictos privados cuando sean requeridos para ello».

444 Albacete Carreño, *op. cit.*, p. 10.

445 El Anteproyecto constitucional hace referencia a «fuerzas de orden público» con la misión de defensa del ordenamiento constitucional, la protección de los derechos y libertades y garantizar la seguridad ciudadana. Boletín Oficial de las Cortes, N.° 44, de 5 de enero de 1978, pp. 669-724. Sin embargo, la Ponencia constitucional modificó esta denominación por «Fuerzas y Cuerpos de Seguridad» motivada por la voluntad de abandonar concepto de orden público en la referencia a dichos institutos armados. Boletín Oficial de las Cortes, N.° 82, de 17 de abril de 1978, pp. 1.519-1.646.

446 Gorgonio Martínez Atienza, «Seguridad pública, seguridad ciudadana y orden público», *Revista Seguridad pública y privada. Disposiciones normativas sistematizadas, Doctrina y Jurisprudencia*, 2016, p. 7.

contenido en el art. 141.1.29 CE. También utiliza la noción de seguridad ciudadana, establecida en el art. 104 CE, lo que permite deducir que la seguridad pública cubre tanto el objeto del orden público como el de la seguridad ciudadana, aportando un concepto jurídico amplio e integrador[447].

En mismo sentido, el EAC 2006[448] se refiere a la «seguridad pública» que corresponde a la Policía de la Generalidad con las misiones concretas de seguridad ciudadana y el orden público, estableciéndolos como parte del concepto más amplio de seguridad pública[449]. Por lo que se refiere al EAPV 1979[450], la reseña del orden público se efectúa junto a la protección de personas y bienes propia de la seguridad ciudadana[451].

El TC se ha manifestado en estos términos en la STC 104/1989 resolviendo un conflicto competencial planteado por el Gobierno del País Vasco:

> «Dicho concepto material, la seguridad pública, entendido como actividad dirigida a la protección de personas y bienes y al mantenimiento de la tranquilidad y el orden ciudadano, según pusimos de relieve en las SSTC 33/1982, 117/1984, 123/1984 y 59/1985, engloba, como se deduce de estos pronunciamientos, un conjunto plural y diversificado de actuaciones, distintas por su naturaleza y contenido, aunque orientadas a una misma finalidad tuitiva del bien jurídico así definido [...]»[452].

Sin embargo, este tribunal cambió radicalmente de postura mediante la STC 325/1994, en la que equipara los conceptos de seguridad ciudadana, seguridad pública y orden público del siguiente modo:

> «Esta (en referencia a la seguridad ciudadana) a su vez, aparece conectada a la tercera especie, la seguridad pública (art. 149.1.29 C.E.) también llamada ciuda-

---

447 José Luis Carro Fernández-Valmayor, «Sobre los conceptos de orden público, seguridad ciudadana y seguridad pública», *Revista Vasca de Administración Pública, N.º 27*, 1990, p. 22-23; Juan Bustos Ramírez, «Seguridad ciudadana y seguridad jurídica», *Nuevo Foro Penal, N.º 70*, 2006, pp. 159-160.

448 LO 6/2006, de 19 de julio, de reforma del Estatuto de Autonomía de Cataluña, Boletín Oficial del Estado, N.º 172, de 20 de julio de 2006, pp. 27.269-27.310.

449 Art. 164 de la LO 6/2006 EAC: «1. Corresponde a la Generalitat, en materia de seguridad pública, de acuerdo con lo dispuesto en la legislación estatal: [...] 5. La Policía de la Generalitat-Mossos d'Esquadra tiene como ámbito de actuación el conjunto del territorio de Cataluña y ejerce todas las funciones propias de un cuerpo de policía, en los siguientes ámbitos: a) La seguridad ciudadana y el orden público».

450 LO 3/1979, de 18 de diciembre, del Estatuto de Autonomía del País Vasco, Boletín Oficial del Estado, N.º 306, de 22 de diciembre de 1979, pp. 29.357-29.363.

451 Art. 17 de la LO 3/1979 EAPV: «se determina en este Estatuto, el régimen de la Policía Autónoma para la protección de las personas y bienes y el mantenimiento del orden público dentro del territorio autónomo [...]».

452 Tribunal Constitucional, sentencia núm. 104/1989, de 8 de junio, Fundamento Jurídico 3, Boletín Oficial del Estado, N.º 158, de 4 de julio de 1989, pp. 40-43.

dana, como equivalente a la tranquilidad en la calle. En definitiva, tal seguridad se bautizó ya en el pasado siglo con la rúbrica del «orden público», que era concebido como la situación de normalidad en que se mantiene y vive un Estado, cuando se desarrollan las diversas actividades colectivas sin que se produzcan perturbaciones o conflictos. En definitiva, el normal funcionamiento de las instituciones y el libre y pacífico ejercicio de los derechos individuales según lo definía la Ley homónima de 28 de julio de 1933, durante la Segunda República. Tal era el sustrato, también, de la que con la misma rúbrica y finalidades había promulgado el 23 de abril de 1870, bajo la Constitución de 1869 [...] actuaciones, distintas por su naturaleza y contenido, aunque orientadas a una misma finalidad tuitiva del bien jurídico así definido»[453].

En conclusión y uniéndonos al criterio de Ballbé Mallol, situamos la noción de seguridad pública en el más estricto cumplimiento del ordenamiento, cuyo reflejo en un Estado democrático tiene como consecuencia la protección de bienes jurídicos colectivos y la advertencia ante sus posibles amenazas en cualquier sector de la sociedad[454].

2.2. Las misiones «defensivas» de la Guardia Civil

Con carácter ordinario, las funciones policiales de la Guardia Civil contribuyen a la defensa militar en tanto la protección de los derechos, libertades y garantía de la seguridad ciudadana constituyen bienes jurídicos básicos del ordenamiento constitucional. Dichos bienes conectan, si bien de manera indirecta, con las misiones de las Fuerzas Armadas descritas en el art. 8.1 CE coadyuvando al sistema de defensa en tiempo de paz. Sin embargo, como decimos, esta contribución resulta mediata, dado que la contribución directa se encuentra establecida en los arts. 23 a 25 de la LODN[455] y art. 15 LOFCS. Estos preceptos advierten la posibilidad de ordenarse misiones militares a la Guardia Civil o que sus miembros se integren en unidades de las Fuerzas Armadas, todo ello al amparo del art. 149.1.4 CE.

El art. 23 LODN determina la dependencia del Ministro de Defensa en relación a las misiones de carácter militar, las cuales se regulan mediante norma con forma de RD (art. 24 LODN). Nos referimos aquí a misiones de naturaleza militar que la Guardia Civil puede asumir en tiempo de paz de forma directa,

453 Tribunal Constitucional, sentencia núm. 325/1994, de 12 de diciembre, Fundamento Jurídico 2, Boletín Oficial del Estado, N.º 15, de 18 de enero de 1995, pp. 3-7.

454 Manuel Ballbé Mallol, «Diez años de seguridad y política autonómicas», *Autonomies: Revista catalana de derecho público, N.º 12*, 1990, pp. 116-117.

455 Previamente, la regulación de las misiones militares de la Guardia Civil se determina en los arts. 38: «En tiempo de paz, el Cuerpo de la Guardia Civil dependerá del Ministerio de Defensa en el cumplimiento de las misiones de carácter militar que por su naturaleza se le encomienden [...]» y 39: «En tiempo de guerra y durante el estado de sitio, la Guardia Civil dependerá exclusivamente del Ministro de Defensa» de la derogada LO 6/1980, de 1 de julio.

mientras que en tiempo de guerra o estado de sitio se prevé su coordinación por el Consejo de Defensa Nacional como órgano dependiente del Ministro de Defensa, bajo las instrucciones del Presidente del Gobierno (art. 25 LODN). El desarrollo de las misiones militares tiene lugar por virtud del RD 1438/2010, de 5 de noviembre, sobre misiones de carácter militar que pueden encomendarse a la Guardia Civil[456] y constituyen «misiones en sentido estricto». Se distinguen de otras acciones de colaboración que este cuerpo pueda llevar a cabo con el Ministerio de Defensa enmarcadas en la LOFCS, según señala su propia exposición de motivos.

El art. 2 del RD 1438/2010 define este tipo de misiones como aquellas que se le pueden asignar con motivo de su naturaleza militar y formación policial mediante la integración de sus miembros en las Fuerzas Armadas, así como en las de una organización internacional. La norma muestra, pues, tres grandes grupos de misiones militares para la Guardia Civil en su art. 3:

A) El primero en relación al desarrollo operacional estratégico, táctico y operativo del despliegue de las Fuerzas Armadas o multinacionales en que se inserte y entre las que podemos incluir diversas acciones de policía militar, debido a su naturaleza militar y capacidad de despliegue territorial[457]:

- a.1) la vigilancia del tráfico y seguridad vial de los establecimientos militares y anexos;
- a.2) vigilancia de fronteras terrestres, marítimas o aéreas, así como su colaboración en la cobertura operativa de las terrestres;
- a.3) posibles evacuaciones de personal y material militar;
- a.4) prestar seguridad y apoyo en el transporte de vehículos militares y convoyes;
- a.5) protección y seguridad de centros e instalaciones militares, autoridades y mandos, puntos sensibles de interés militar como: oleoductos, comunicaciones de radio y televisión, refinerías, instalaciones eléctricas o nucleares;
- a.6) control de labores de espionaje;

B) El segundo grupo de misiones como consecuencia del encuadramiento de sus miembros en organismos militares del Ministerio de Defensa y que se presta a la heterogeneidad funcional en atención al organismo de adscripción:

- b.1) formación del personal militar en técnicas y aptitudes de operativa policial, así como la participación en ejercicios combinados en territorio nacional;

456 RD 1438/2010, de 5 noviembre, sobre misiones de carácter militar que pueden encomendarse a la Guardia Civil, Boletín Oficial del Estado, N.º 269, de 6 de noviembre de 2010, pp. 93.269-93.271.

457 El art. 123 del Reglamento Militar de la Guardia Civil, de 15 de octubre de 1844 establece la asignación de misiones de seguridad en los Cuarteles Generales y personal del General en Jefe.

b.2) captación y tratamiento de información militar para transformarla en inteligencia;

b.3) funciones de policía judicial bajo dependencia y auxilio de la autoridad judicial castrense que incluyen: la investigación de delitos y práctica de diligencias judiciales, búsqueda de personal prófugo y desertores y la instrucción de informes periciales precisos;

C) Finalmente, se deja abierta la posibilidad a la realización de otras misiones no especificadas, que se consideren necesarias en atención a la formación y operativa de la Guardia Civil, aprobadas por el Consejo de Ministros, a propuesta del titular de Defensa.

En el ámbito de la Defensa Nacional, podemos incluir como misión genérica de la Guardia Civil la defensa militar[458] en este tercer grupo, que puede consistir en la participación directa en operaciones terrestres de tipo operativo. No obstante, estas competencias se realizarán con un carácter limitado o complementario a las Fuerzas Armadas, en atención al menor número de recursos especializados con que cuenta este cuerpo y su preparación eminentemente policial. En tal sentido, reseñaba la Directiva de Defensa Nacional de 1996 la participación «convergente» entre las Fuerzas Armadas y la Guardia Civil. No obstante, la Guardia Civil cuenta con unidades de formación militar más concreta que pueden emplearse sobre el teatro de operaciones[459] interior (UEI, GAR o GRS principalmente), en el seno de los agrupamientos tácticos y conjuntos operativos siguientes[460]:

A) El procedimiento antisubversivo puede darse en situación de normalidad, crisis o guerra y se enmarca en modo diferente al conducido por una guerra «ordinaria». Se trata del empleo de acciones dirigidas a repeler o controlar movimientos internos que pretendan subvertir el sistema democrático

458 La Doctrina para el empleo de la fuerza terrestre (DO1-001) de 1996 define el concepto de defensa militar: «[...] la disposición permanente de todos los recursos militares de una nación, al servicio de la Defensa Nacional, comprende la organización, preparación y actualización de las Fuerzas Armadas»; constituye en tiempo de guerra la parte principal de la Defensa Nacional, pero no la única [...]».

459 UEI (Unidad Especial de Intervención): se trata de la unidad de operaciones especiales de la Guardia Civil dentro y fuera del territorio nacional. Creada por Orden General n.º 6 del 3 de febrero de 1982, modificada posteriormente por 1885/1996, de 2 de agosto desarrollada por Orden Ministerial de 6 de junio de 1997. Entre sus cometidos se encuentran: la intervención de situaciones de toma de rehenes y secuestros, detención de sujetos especialmente peligrosos, o la protección inmediata de altas autoridades; GAR (Grupo de Acción Rural): creada por Orden General 25/1998, de 25 de septiembre, es una unidad entrenada para misiones antiterroristas en el ámbito rural y de montaña; ARS (Agrupación de Reserva y Seguridad): creada por Orden General 10/2000, de 27 de abril. Su preparación está orientada a garantizar la seguridad en concentraciones de masas, y protección de personalidades.

460 Manuel Nieto Rodríguez, «Las misiones de la Guardia Civil en el nuevo concepto de la Defensa Nacional», *Boletín de Información, N.º 241*, 1995, p. 105.

y el orden constitucional[461]. La contribución de la Guardia Civil en este campo consiste fundamentalmente en el tratamiento de información para construir planes de inteligencia y contrainteligencia, acciones de refuerzo del control de personas y sus recursos, vías de comunicación, fronteras, ubicaciones de bandas armadas o guerrillas y lucha contra informaciones desestabilizadoras del sistema;

B) La lucha contraguerrilla, principalmente se dará en situaciones de crisis, guerra o estado de sitio, bien en el ámbito interno en procedimientos subversivos, o mediante conflicto armado exterior contra actores no estatales[462]. El empleo de la Guardia Civil en estos casos, en atención a su formación y capacidades, puede consistir en labores informativas, inhibición de actuaciones políticas de carácter clandestino, y la consecución de objetivos no asignados a las Fuerzas Armadas o en modo complementario a las mismas. Sin embargo, no es óbice para que puedan darse lucha de guerrillas en situaciones de normalidad democrática (aunque la posibilidad es notablemente inferior), en cuyo caso las acciones están constituidas por la protección de puntos estratégicos, vías de comunicación, escoltas tácticas y patrullaje, entre otras;

C) La «defensa integrada del territorio». Se trata de una doctrina militar francesa que consiste en lo que Nieto Rodríguez denomina:

> «Un sistema de seguridad integral que, formando parte de la defensa militar y participando de la Civil, y ante cualquier situación grave y especialmente en crisis o guerra, contribuye a mantener la libertad y continuidad de la acción del Gobierno y a proteger los órganos y recursos esenciales ante cualquier forma de agresión»[463].

Puede darse en cualquier estado de gravedad situacional y requiere un reforzamiento de la protección de centros y recursos de especial importancia tanto civiles como militares, la realización de intervenciones operativas contrainsurgentes[464] y el empleo de elementos de inteligencia y contrainteligencia. A tal efecto, este instituto resulta especialmente válido para la implantación rural, la formación personal de unidades y la protección de zonas de retaguardia para atenuar los efectos de las acciones del enemigo;

---

461 Alfredo Masón Galván, «Los franceses y la guerra antisubversiva en Argentina», *Historia actual online*, *N.º 44*, 2017, pp. 106-108.

462 Ministerio de Defensa, *Doctrina para el empleo de las Fuerzas Armadas PDC-01 (A)*, 2018, p. 87.

463 Nieto Rodríguez, *op. cit.*, p. 108.

464 Parte de la doctrina define la estrategia de la contrainsurgencia del siguiente enfocada al éxito total del siguiente modo: «[...] Las líneas de acción sobre las que se debe basar el planeamiento y ejecución contrainsurgente son: conformación sociopolítica, seguridad, gobernanza y desarrollo. Todas ellas se tienen que desarrollar de forma simultánea y bajo una misma dirección [...]». Jesús Alonso Blanco, «Contrainsurgencia. Vencer completamente», *Revista Ejército de Tierra español*, *N.º 832*, 2010, p. 38.

D) La totalidad de las previsiones de carácter técnico por parte de los servicios logísticos también resultan un recurso que la Guardia Civil puede adicionar a la defensa militar, incluyéndose el transporte de personas y materiales, tareas de abastecimiento o almacenaje. A tal efecto, el Ejército de Tierra nos aporta la siguiente definición comprensiva:

> «Rama del Arte Militar que planifica y ejecuta las actividades necesarias para constituir y sostener las fuerzas, en los lugares adecuados y en los momentos oportunos, en orden al cumplimiento de la misión»[465].

Esta función es susceptible de ser complementada mediante el establecimiento de una red de contactos con la población y autoridades civiles. De esta manera, se favorece la intervención y apoyo del operativo militar, impide el desabastecimiento de recursos básicos y permite una adecuada acción sanitaria. La vertiente exterior de la defensa militar alcanza a la Guardia Civil en torno a su participación en situaciones de crisis o escenarios de baja intensidad en que el Consejo de Ministros, a propuesta del Ministro de Defensa, estime oportuno (art. 25 LODN). Su acomodo jurídico se encuentra también en el primer grupo de misiones del RD 1438/2010. En este sentido, en virtud del art. 17 LODN, las misiones exteriores requieren la autorización y consulta del Congreso de los Diputados en concordancia con lo dispuesto en el art. 24 LODN[466].

Las misiones actuales en el exterior no suelen darse en términos jurídicos de guerra, sino que normalmente se trata de conflictos a medio camino con motivo de perjuicios humanitarios, estructuras políticas débiles, grupos terroristas dominantes u otros problemas de seguridad localizados. Estos sugieren la necesidad internacional de una intervención militar o cierta especialización policial[467], bajo aquiescencia y/u orden de organizaciones de Derecho Internacional, como ocurre en la integración de «Fuerzas de Mantenimiento de la Paz»[468]. No obstante, debemos incidir en que, incluso en el caso de realización de funciones de índole policial en el exterior, las mismas tienen consideración de militares y, por tanto, bajo la dependencia directa del Minis-

465 José Antonio Corbacho de Castro, «Una aproximación conceptual, normativa y doctrinal a la logística conjunta actual», *CESEDEN, Documentos de Seguridad y Defensa, N.º 50*, 2012, p. 14.

466 Art. 24 LODN: «El Gobierno, mediante Real Decreto, regulará las misiones de carácter militar a que se refiere el artículo anterior, aplicando las condiciones y el régimen de consulta previsto en esta Ley a las misiones que se realicen en el exterior».

467 Gregorio Pérez Turiel, «Misiones de la Guardia Civil en el nuevo concepto de Defensa Nacional», *Boletín de Información, N.º 266*, 2000, p. 108.

468 En este sentido, el Preámbulo de la Carta de Naciones Unidas establece entre sus finalidades: «practicar la tolerancia y a convivir en paz [...] unir nuestras fuerzas para el mantenimiento de la paz y la seguridad internacionales [...] no se usará; la fuerza armada sino en servicio del interés común [...]».

terio de Defensa y dentro del estatuto disciplinario de las Fuerzas Armadas[469]. Las funciones principales de la Guardia Civil en estas operaciones se encuentran constituidas por la observación de puntos estratégicos y sensibles, la interposición entre fuerzas enemigas, el apoyo a la transición operacional efectuada por las Fuerzas Armadas y las acciones de tipo humanitario[470].

2.3. La UE: Principio de cooperación en materia de seguridad y defensa

La cooperación europea en el ámbito de la seguridad tiene su origen en el TUE[471] [472] en cuyo Preámbulo se establecen las líneas básicas de la PESC, que constituye uno de los pilares básicos de la UE junto a la dimensión comunitaria, y la cooperación policial y judicial en materia penal. Se incide en la voluntad de implementar una política de defensa que permita reformar la identidad europea en aras de lograr «la paz, la seguridad y el progreso en Europa y en el mundo». En tal sentido, el art. J.4 TUE establece:

> «La política exterior y de seguridad común abarcará todas las cuestiones relativas a la seguridad de la Unión Europea, incluida la definición en el futuro de una política de defensa común que pudiera conducir en su momento a una defensa común».

La PESC se configura en el ámbito de la seguridad, quedando los recursos militares de la defensa en manos de la UEO[473] en forma exclusiva y por tanto, separados de la seguridad propiamente. Ello ha favorecido una política poco creíble hacia el exterior, confirmada con ocasión de la guerra de los Balcanes (1991-1996) en que intervinieron la UE, UEO y OTAN, y que tuvo que resolver finalmente EEUU. La toma de conciencia respecto a la escasa eficacia de la PESC, lleva a convocar una CIG en marzo de 1996 que permita reformar el proyecto de seguridad exterior de la UE. En ella se tratan tres puntos fundamentales, la creación de la figura representativa del míster PESC o

469 José Ignacio Laguna Aranda, «La participación de la Guardia Civil en la Defensa Nacional» *en La cooperación Fuerzas de Seguridad-Fuerzas Armadas frente a riesgos emergentes, CESEDEN, Monografía, N.° 45,* 2001, p. 77.

470 Nieto Rodríguez, *op. cit.*, p. 116-117.

471 España, Instrumento de Ratificación del Tratado de la Unión Europea, Maastrich, 7 de febrero de 1992, Boletín Oficial del Estado, N.° 11, de 13 de enero de 1994, pp. 852-926.

472 Los Estados miembros que suscriben inicialmente el TUE son los siguientes: Alemania, Bélgica, Dinamarca, España, Francia, Grecia, Irlanda, Italia, Luxemburgo, Países Bajos, Portugal y Reino Unido.

473 Creada en virtud del Tratado de Bruselas de 1948 y suscrita entre Francia, Bélgica, Reino Unido, Luxemburgo y Países Bajos con la voluntad de establecer un principio de defensa colectiva en caso de agresión de alguno de sus miembros.

Alto Representante, una unidad de análisis mediante recursos propios y el refuerzo de la política de defensa europea, cuyos objetos se verían reflejados en el Tratado de Ámsterdam el 2 de octubre de 1997[474 475].

Un paso fundamental en el programa de seguridad y defensa europeo tuvo lugar con las denominadas Misiones Petersberg[476], creadas en virtud del Consejo Atlántico de Berlín el 3 de junio de 1996. Ello permitió el reconocimiento de cierta autonomía defensiva, implicando que la UE se responsabilizara de la gestión de crisis de seguridad en terceros países, si bien, la reacción colectiva ante un ataque armado exterior seguirá correspondiendo a la OTAN en el marco del art. 5 de su Tratado[477].

El Tratado de Niza, de 26 de febrero de 2001, suprime las relaciones entre la UE y la UEO, dejándolas en un estado latente mediante la modificación de los arts. 17 y 25 TUE. El COPS ejerce la dirección estratégica de las operaciones de gestión de crisis, aunque deroga, deroga el art. 27B TUE sobre las cooperaciones reforzadas en materia de defensa. Asimismo, se establecen las disposiciones permanentes de consulta y participación de terceros países en las situaciones planteadas[478]. En este periodo tiene lugar un hito fundamental en la defensa europea con motivo de la celebración del Consejo Europeo de Copenhague, de 13 de diciembre de 2002[479]. Se permite el

---

474 Eugenio Bregolat Obiols, «El proceso político de la PESC» en *La Seguridad europea: Diálogos para el siglo XXI, Revista CIDOB d'Afers Internacionals, N.º 38-39*, 1997, pp. 96-97.

475 Los Estados firmantes del Tratado de Amsterdam fueron: Alemania, Austria, Bélgica, Dinamarca, España, Finlandia, Francia, Grecia, Irlanda, Italia, Luxemburgo, Países Bajos, Portugal, Reino Unido y Suecia.

476 Este tipo de misiones se conforma por misiones de tipo humanitario, de evacuación de nacionales, mantenimiento y restablecimiento de la paz y la gestión de crisis.

477 Art. 5 del Tratado OTAN: «Las Partes acuerdan que un ataque armado contra una o más de ellas, que tenga lugar en Europa o en América del Norte, será con-siderado (sic) como un ataque dirigido contra todas ellas, y en conse-cuencia (sic), acuerdan que si tal ataque se produce, cada una de ellas, en ejercicio del derecho de legítima defensa individual o colectiva reconocido por el artículo 51 de la Carta de las Naciones Unidas, ayudará a la Parte o Partes atacadas, adoptando seguidamente, de forma individual y de acuerdo con las otras Partes, las medidas que juzgue necesarias, incluso el empleo de la fuerza armada, para res-tablecer (sic) la seguridad en la zona del Atlántico Norte. Cualquier ataque armado de esta naturaleza y todas las medidas adoptadas en consecuencia serán inmediatamente puestas en conocimiento del Consejo de Seguridad. Estas medidas cesarán cuando el Consejo de Seguridad haya tomado las disposiciones necesarias para restablecer y mantener la paz y la seguridad internacionales».

478 José María Santé Rodríguez, «El desarrollo institucional de la política europea de Seguridad y Defensa» en *Futuro de la Política Europea de Seguridad y Defensa, CESEDEN, Monografía, N.º 85*, 2006, p. 47.

479 Las conclusiones 27 y 28 del Consejo Europeo de Copenhague del 12 y 13 de diciembre de 2002, establecen: «27. El Consejo Europeo ha felicitado a la Presidencia y al Secretario General/Alto Representante, D. Javier Solana, por sus esfuerzos, que han permitido llegar a un acuerdo global con la OTAN sobre todos los dispositivos permanentes pendientes entre

acceso de la UE a los medios militares de OTAN por parte de Estados que no son miembros de la UE, para emplearlos en operaciones de la misma.

Con el fin de implementar la cooperación defensiva de los miembros de la UE, en 2004 se pone en funcionamiento una institución de cooperación militar denominada EDA[480]. Entre sus finalidades se encuentra la verificación de requisitos que permiten alcanzar determinadas capacidades operativas militares, la promoción de la investigación e innovación tecnológica de la defensa, el favorecimiento de prácticas y ejercicios conjuntos de carácter operativo. La EDA establece tres ámbitos de capacidad básicos, *Knowledge, Engagemen y Manouvre,* cuyos objetos son el análisis de las aptitudes militares de sus miembros en las materias anteriormente descritas, mediante la creación de «grupos de proyecto» que permitan el estudio y subsanación de carencias. En palabras de González Navarro:

> «[...] la EDA no es ni una agencia de adquisición de armamentos ni una organización que, a modo de think tank, asesore al Consejo sobre asuntos relativos a la formulación de una política de seguridad de la Unión Europea [...] se trata de una organización que desarrolla su actividad en el ámbito del desarrollo de las capacidades de defensa, la investigación y la adquisición de armamento, y de cuya actuación pueden beneficiarse las FAS, la industria de defensa y, en definitiva, el ciudadano. [...]»[481].

Será el Tratado de Lisboa, el 13 de diciembre de 2007, el que configure el actual marco jurídico de defensa comunitaria a través del mecanismo de la «cooperación estructurada permanente» de los arts. 42.6 y 46 TUE[482]. El mismo permite a los Estados con mayor capacidad militar coordinar los recursos de la PCSD dentro del ámbito de la PESC. A mayor abundamiento,

---

la UE y la OTAN en plena consonancia con los principios acordados en reuniones anteriores del Consejo Europeo y con las decisiones tomadas en el Consejo Europeo de Niza. 28. El Consejo Europeo ha confirmado que la Unión está dispuesta a hacerse cargo de la operación militar en la ERYM lo antes posible, en consulta con la OTAN, y ha invitado a los órganos pertinentes de la UE a que ultimen los trabajos sobre el planteamiento general de la operación, incluida la elaboración de opciones militares y de los correspondientes planes».

480 La creación de la EDA fue suscrita por los 27 miembros de la UE, excepto Dinamarca.

481 Vicente Gonzalvo Navarro, *La Agencia Europea de Defensa*, Ministerio de Defensa, Colección Premios de Investigación, Madrid, 2012, p. 15.

482 El art. 42.6 TUE dispone: «Los Estados miembros que cumplan criterios más elevados de capacidades militares y que hayan suscrito compromisos más vinculantes en la materia para realizar las misiones más exigentes establecerán una cooperación estructurada permanente en el marco de la Unión. Esta cooperación se regirá por el artículo 46 y no afectará a lo dispuesto en el artículo 43». Mientras que el art. 46 TUE establece: «Los Estados miembros que deseen participar en la cooperación estructurada permanente mencionada en el apartado 6 del artículo 42 y que reúnan los criterios y asuman los compromisos en materia de capacidades militares que figuran en el Protocolo sobre la cooperación estructurada permanente [...]».

se aprueba, el 17 de diciembre de 2007, el Protocolo n.º10 sobre la cooperación estructurada permanente del art. 42 TUE que delimita los parámetros de la misma para aquellos miembros comprometidos a las acciones señaladas en su art. 1:

> «Acometer de forma más intensa el desarrollo de sus capacidades de defensa, mediante el desarrollo de sus contribuciones nacionales y la participación, en caso necesario, en fuerzas multinacionales, en los principales programas europeos de equipos de defensa y en la actividad de la Agencia en el ámbito del desarrollo de las capacidades de defensa, la investigación, la adquisición y el armamento (denominada en lo sucesivo «la Agencia Europea de Defensa»); y a estar, a más tardar en 2010, en condiciones de aportar, bien a título nacional, bien como componente de grupos multinacionales de fuerzas, unidades de combate específicas para las misiones previstas, configuradas tácticamente como una agrupación táctica, con elementos de apoyo, incluidos el transporte y la logística, capaces de emprender misiones definidas, tal como se contemplan en el art. 43 del Tratado de la Unión Europea, en un plazo de 5 a 30 días, en particular para atender a solicitudes de la Organización de las Naciones Unidas, y sostenibles durante un periodo inicial de 30 días prorrogable hasta al menos 120 días».

El Tratado de Lisboa establece mediante el art. 20.2 TUE la posibilidad de una «cooperación avanzada» para aquellos casos en que, al menos nueve Estados miembros, de manera voluntaria participen sus recursos defensivos para llevar a cabo una operación militar determinada. El principio de cooperación «sin reservas, lealtad y solidaridad mutua»[483] entre sus miembros en materia de seguridad, regulado en el art. 21.2 TUE, orienta las relaciones *ad extra* de la Unión a la consecución de los siguientes objetivos fundamentales:

a) mantenimiento de Estados democráticos y respeto a los derechos humanos;

b) mantener la paz y prevenir los conflictos conforme a los principios de la Carta de Naciones Unidas y resto del ordenamiento internacional;

c) apoyar las perspectivas económicas, sociales y ambientales de países en vías de desarrollo;

d) ayuda a otros Estados en caso de catástrofes naturales o humanas;

e) establecer acciones cooperativas reforzadas en el marco de gobernanza global.

La configuración de la seguridad cooperativa se lleva a cabo en el sentido del art. 42 TUE, mediante la entrega de capacidad operativa por parte de los Estados miembros a través de los medios civiles y militares que se requieran.

483 Art. 24.3 TUE: «Los Estados miembros apoyarán activamente y sin reservas la política exterior y de seguridad de la Unión, con espíritu de lealtad y solidaridad mutua y respetarán la acción de la Unión en este ámbito».

Establece la posibilidad de emplearlos en territorio nacional de terceros países en el marco de misiones de seguridad y defensa de la UE, respetando las disposiciones y acciones de organizaciones internacionales militares como la OTAN. Se configura un principio atenuado de colaboración para el caso de que uno de los Estados miembros sea atacado militarmente en su territorio, aunque no en el sentido consagrado en el art. 5 del Tratado OTAN, ya que el aptdo. 7 del art. 42 TUE no hace referencia al ejercicio de «legítima defensa colectiva». Se trata del empleo de la «ayuda y asistencia» necesarias por parte del resto de miembros[484].

Finalmente, las misiones civiles y militares de la UE quedan planteadas en acciones consistentes en políticas de desarme, misiones humanitarias, intervención operativa en caso de rescate, alto asesoramiento en materia de seguridad y defensa y estabilización de procesos de crisis que promuevan la paz internacional (art. 43.1 TUE).

2.4. La Guardia Civil en el marco de la seguridad europea: EUROGENDFOR

Tras la celebración de las reuniones del Consejo Europeo celebradas del 7 al 10 de diciembre del año 2000 en la ciudad de Niza, se llega a la decisión de poner en funcionamiento un área de seguridad y defensa protagonizada inicialmente por Francia, Italia, Países Bajos, Portugal y España, que culmina posteriormente en la creación de una FGE junto a otros países. Que fueran estos Estados los promotores del proyecto no constituye un fenómeno baladí, sino que encuentra sentido en que dichos miembros poseen cuerpos policiales de naturaleza militar en el seno de su organización policial propia[485]. La versatilidad cívico-militar de este tipo de fuerzas de seguridad resulta especialmente propicia para la resolución de situaciones de crisis como complemento a las fuerzas de seguridad constituidas. Se consideran apropiadas tanto a nivel interno como en operaciones externas, todo ello, en el marco de la política de seguridad y defensa de la UE.

La búsqueda de la paz y la seguridad internacionales resultan objetivos fundamentales del TUE. Tal y como establece su art. 3.1: «La Unión tiene como finalidad promover la paz, sus valores y el bienestar de sus pueblos», de manera que, contribuyendo a la estabilización de determinadas regiones, se aumenta también la seguridad de los ciudadanos de la UE. Al objeto de

484 Joel Díaz Rodríguez, «La Política Común de Seguridad y Defensa de la Unión Europea: una renovada estrategia para un nuevo escenario europeo y global», *Instituto Español de Estudios Estratégicos, N.º 10*, 2018, p. 6.

485 Estos países cuentan con los siguientes cuerpos policiales de naturaleza militar: Gendarmería Nacional Francesa, Real Marchaussée Holandesa, Arma de Caribinieri de Italia, Guardia Nacional Republicana de Portugal, la Jendarma de Rumanía y la Guardia Civil.

discernir la posibilidad de intervención de esta nueva Fuerza, resulta apropiado realizar una aproximación primaria a los conceptos de conflicto y de crisis. Por el primero, entendemos junto a Fisas Armengol, la posición en que se encuentran dos Estados o individuos que persiguen unos objetivos comunes, y que a su vez, originan una situación de incompatibilidad que les hace oponibles[486]. Mientras que por crisis entendemos la situación de tensión entre dos sujetos o Estados que provoca episodios de violencia esporádica progresiva que pueden concluir en una guerra[487]. Por tanto, el elemento diferenciador entre conflicto y crisis vendrá determinado por el empleo de una violencia prebélica, circunstancia que determinará la adecuación jurídica en la intervención de la UE.

El 17 de septiembre de 2004, el Ministro de Defensa de España, previa autorización del Consejo de Ministros, otorga el consentimiento del Gobierno en la firma de la Declaración de Intenciones para la creación de una FGE en la ciudad de Noordwijk. Finalmente, el 18 de octubre de 2007, previa autorización de las Cortes Generales prevista en el art. 94.1 CE[488], se aprueba el Tratado por el que se crea una Fuerza compuesta por los cuerpos de seguridad militares de sus miembros denominada EUROGENDFOR, suscribiéndose por los Estados promotores descritos anteriormente. El objeto del Tratado establece el «carácter operativo, preestructurado, robusto y con capacidad de reacción rápida» que se atribuye a dicha Fuerza, para ser empleada en la gestión de crisis a través de acciones policiales (art. 1). Por tanto, el primer matiz de este instrumento jurídico colectivo se refiere a las capacidades que estos cuerpos militares desarrollan en el ámbito de la seguridad y no las que puedan tener asignadas en sus ordenamientos internos en el ámbito militar derivadas de su naturaleza mixta.

Las misiones del FGE quedan orientadas a la sustitución o ejercicio de tareas complementarias respecto a las ejercidas por policías locales en una resolución de crisis, según determina el art. 4.1. Sin embargo, resulta dudoso en nuestra opinión el encaje policial de estas misiones, dado que sus funciones operativas pueden ser dirigidas tanto por autoridades civiles como militares (art. 4.2), siendo más correcto referirse a misiones de policía militar cuando las mismas sean dirigidas por militares. Ello nos llevaría a una verdadera misión militar y no de naturaleza policial, contradiciendo el objeto de

---

486 Vicenç Fisas Armengol, *Introducción al estudio de la paz y de los conflictos*, Ed. Lerna, Barcelona, 1987, p. 166.

487 Michael Brecher and Jonathan Wilklenfeld, «Crises in World Politics», *Universidad de Princeton, Vol. 34, N.º 3*, 1982, pp. 380-417; HIIK, Conflict Barometer, 4th Annual Conflict Analysis, 2005, sitio web: www.hiik.de/en/barometer2005/ConflictBarometer2005.pdf, [consultado el 28/04/2020].

488 Art. 94.1 CE: «La prestación del consentimiento del Estado para obligarse por medio de tratados o convenios requerirá la previa autorización de las Cortes Generales, en los siguientes casos: *a)* Tratados de carácter político. *b)* Tratados o convenios de carácter militar. [...]».

aplicación del Tratado. El contenido esencial de estas misiones se encuentra definido en el aptdo. 3 del mismo artículo, consistiendo en las siguientes:

«a. realizar misiones de seguridad y orden público;
b. controlar, asesorar, orientar y supervisar a la policía local en su trabajo cotidiano, incluidas las labores de investigación criminal;
c. llevar a cabo tareas de vigilancia en lugares públicos, regulación del tráfico, control de fronteras e inteligencia general;
d. realizar labores de investigación criminal, entre ellas la investigación de delitos, averiguación del paradero de delincuentes y su puesta a disposición de las autoridades judiciales competentes;
e. protección de personas y bienes y mantenimiento del orden público en caso de alteraciones del mismo;
f. formación de agentes de policía de acuerdo con los estándares internacionales;
g. formación de instructores, en particular a través de programas de cooperación».

Observamos que estas misiones son de naturaleza eminentemente policial, derivadas de la conservación de la seguridad pública, el apoyo a las policías locales, la investigación delictiva y su participación en los planes de formación de los mismos. Por lo que entenderemos que la referencia realizada al mando militar en la dirección de las misiones efectuada en el art. 4.2 se realiza en favor de aquel en cuya estructura se integre la Fuerza multinacional del EUROGENDFOR. En este caso, sí encuentra cabida el mando militar en atención a las misiones diferenciadas de las fuerzas militar y policial. La intervención en el teatro de operaciones de esta FGE comprende tres fases[489]:

a) fase inicial en la que actuará conjuntamente con las Fuerzas Armadas, pero llevando a cabo sus misiones policiales;
b) fase de transición de manera conjunta o no con las Fuerzas Armadas, pero coordinando su actuación con los cuerpos policiales del país de receptor;
c) fase de retirada una vez se ha estabilizado la zona conflictiva y pueden continuarla en solitario las policías locales de la región en conflicto.

No se trata de una Fuerza de exclusiva dependencia europea, a pesar de la dirección estratégica en cada operación correspondiente al CIMIN[490],

489 Enrique ESQUIVEL LALINDE, «La nueva Fuerza de Gendarmería Europea», *Real Instituto Elcano, ARI N.° 48*, 2005, sitio web: www.realinstitutoelcano.org, [consultado el 30/04/2020].

490 Art. 6 Tratado por el que se crea la Fuerza de Gendarmería Europea: «1. Las condiciones para la participación y el despliegue de EUROGENDFOR, por decisión que deberá adoptar el CIMIN en cada caso, deberán contemplarse en un mandato específico para cada operación y estarán sujetas a los preceptivos acuerdos entre las Partes y la organización que los solicite. 2. Las Partes podrán estacionar y desplegar sus propias fuerzas y personal en el territorio de las otras Partes, bajo la dirección del CIMIN, para la preparación de las misiones asignadas a EUROGENDFOR. 3. El estacionamiento y despliegue en el territorio

determinando el Tratado que podrá ponerse también a disposición de otras organizaciones internacionales entre cuyos objetos se hallen comprendidos misiones compatibles con las asignadas al mismo, tales como ONU, OSCE, OTAN u otras, e incluso a través de la formación de coaliciones para una operación concreta (art. 5). La FGE no se constituye con vocación operativa permanente[491], sino como un instituto de activación más rápida que las tradicionales Fuerzas Armadas. El despliegue se realiza en plazo máximo de 30 días, especializado en el ámbito policial del área en conflicto, siendo su naturaleza militar adecuada para resolver esta tipología de crisis[492].

Tampoco dispone la FGE de uniformidad común para sus integrantes, sino que emplearán en cada operación el propio de sus cuerpos de pertenencia (art. 16.1), quedando sujetos sus miembros a tres tipos de jurisdicción en el ejercicio de sus funciones:

---

de un tercer Estado deberá apoyarse en un acuerdo entre los Estados de origen y el tercer Estado en el que se especifiquen las condiciones de ese estacionamiento y despliegue, teniendo en cuenta los principios fundamentales del presente Tratado». Y continúa el art. 7: «[...] estará integrado por representantes de los ministerios competentes de cada una de las Partes. Cada país elegirá a sus propios representantes. Los detalles específicos relativos a la condición de miembro, estructura, organización y funcionamiento del CIMIN se establecerán en las reglas que adopte el CIMIN. 2. El CIMIN adoptará sus decisiones y directrices por unanimidad. 3. Las funciones generales del CIMIN incluirán las siguientes: a. ejercer el control político y la dirección estratégica de EUROGENDFOR, y garantizar la coordinación política y militar entre las Partes y, en caso necesario, con los Estados Colaboradores; b. nombrar al Comandante de la FGE y proporcionarle directrices; c. aprobar la función y la estructura del CG Permanente y los criterios de rotación de altos cargos en el seno del CG Permanente; g. adoptar las decisiones respecto de: i) la participación de EUROGENDFOR en misiones; ii) la participación de los Estados Colaboradores en las misiones de EUROGENDFOR; iii) las solicitudes de cooperación formuladas por terceros Estados, organizaciones internacionales u otros; h. elaborar el marco de las acciones dirigidas por EUROGENDFOR o a petición de la UE, la ONU, la OSCE, la OTAN, otras organizaciones internacionales o una coalición específica; i. definir el marco de cada una de las misiones, en caso necesario en coordinación con las organizaciones internacionales pertinentes, a saber: i) nombramiento del Comandante de la Fuerza FGE; ii) participación del CG Permanente en la cadena de mando; j. aprobar la estructura del CG de la Fuerza; k. dirigir y evaluar las actividades de EUROGENDFOR en caso de despliegue; l. decidir sobre la necesidad de concluir los acuerdos de seguridad a que se refiere el apartado 3 del artículo 12 [...]».

491 Excepción hecha de lo dispuesto en el art. 3 c) para los civiles y militares de los Estados parte que forman el personal permanente de la Fuerza, con funciones meramente consultivas, con Cuartel General en Vicenza, Italia.

492 En este sentido, la Intervención del Ministro de Asuntos Exteriores de España, Miguel Ángel Moratinos, en el debate temático del Consejo de seguridad sobre «los aspectos civiles de la gestión de crisis y la construcción de la paz», ONU, New York, 24/IX/0; y la Conferencia de Javier Solana en las Jornadas parlamentarias *La Constitución: La Seguridad y la Defensa Europeas*, organizadas por el Observatorio Europeo de Seguridad y Defensa, 14/II/05, concretamente en esta ocasión llevó a equipar al guardia civil como el «perfecto soldado». En igual sentido se expresó Javier Solana en el XVI Seminario de Seguridad y Defensa, celebrado en Toledo en junio de 2004.

a) jurisdicción penal y disciplinaria del Estado de origen de los militares y civiles por razón del despliegue realizado (art. 25.1);

b) jurisdicción penal del Estado anfitrión o receptor, considerándose anfitrión Italia en virtud del art. 3 c) k, mientras que receptor será el territorio del Estado en que se lleve a cabo la operación del FGE, ante infracciones cuyos sujetos activos sean militares, civiles y familiares de los mismos en dichos territorios (art. 25.2);

c) jurisdicción exclusiva del Estado de origen del personal sujeto a dicho estatuto jurídico derivadas de infracciones en general y también las relacionadas con la seguridad. Teniéndose por tales la traición, sabotaje y labores de espionaje, cuando no se encuentren tipificadas por el ordenamiento jurídico del Estado anfitrión y/o receptor (art. 25.3), correspondiendo la jurisdicción a estos últimos en caso de ausencia de tipificación en el Estado de origen, *mutatis mutandis* (art. 25. 4). Ante la posible concurrencia de jurisdicciones aplicables, se declara preferente la del Estado de origen en relación a las infracciones sobre bienes o seguridad de dicho territorio, correspondiendo la aplicación subsidiaria de la jurisdicción receptora en caso de no ser aplicada la preferente.

Consideramos que la falta de estabilidad en el núcleo operativo, la heterogeneidad en la composición de su estatuto jurídico personal y la escasez de preparación táctica en el marco de protocolos comunes de actuación para cada intervención, ha contribuido a cierta debilidad en la proyección institucional del EUROGENDFOR. Lógicamente, cada teatro de operaciones y cada situación de crisis puede alcanzar cuotas diferenciales elevadas y ello repercute en la actuación sobre el terreno. No obstante, la autoidentificación con el grupo policial y una formación profesional común contribuirían a una mejora notable en la prestación del servicio y su confianza.

3. Abandono del concepto jurídico «guerra». Tratamiento en el Derecho Internacional

Las misiones constitucionales de las Fuerzas Armadas encuentran, en atención al volumen de su participación, un elevado protagonismo en el ámbito internacional, como consecuencia de la ratificación por España de los distintos tratados y de su condición de miembro en diversas organizaciones supranacionales que perfilan el marco jurídico de la intervención militar exterior en cada caso. Un análisis de la evolución e incidencia normativa permitirá comprobar que tanto el Derecho nacional como internacional irá abandonando progresivamente el empleo del concepto «guerra» para emplear otros términos en consonancia con las aspiraciones pacíficas de carácter global tales como «defensa», «conflicto armado» e incluso «operaciones de paz», cuya tendencia comenzará a partir de la Segunda Guerra Mundial, con el nacimiento de la Organización de Naciones Unidas en 1945.

3.1. Justificación de la guerra

Desde el siglo XVI la Escuela Española de Derecho Natural propugna la «teoría de la guerra justa», derivada de la concepción de «guerra justa» desarrollada por Santo Tomás de Aquino[493] mediante el establecimiento de las siguientes condiciones de justicia:

a) justo título constituido por la declaración de guerra de la autoridad competente;

b) causa justa y proporcionada;

c) necesidad del medio empleado para producir el resultado;

d) el empleo de medios y procedimientos justos durante la guerra.

Sin embargo, esta teoría es superada al no contemplarse la voluntad de la Nación para declarar la guerra, la subjetividad del principio de la causa justa en los Estados e incluso la posibilidad de que la guerra fuese justa para ambas o más partes en conflicto, dando paso a las teorías de Hegel o Fitche que entienden la guerra como favorable si aporta interés al Estado. Una concepción posterior, en pleno siglo XIX, es acuñada por CLAUSEWITZ como «guerra real», concibiendo dicho fenómeno como la violencia entre Estados moderada por parámetros políticos, morales, o espacio-temporales y ausente de compromisos estatales. *Sensu contrario*, la «guerra absoluta» se concibe como una abstracción filosófica imposible de practicar en que la guerra queda ausente de los mencionados límites[494]. CLAUSEWITZ establece tres acciones recíprocas[495] entre Estados que dan lugar a la «guerra real»:

a) el uso extremo de la fuerza: la intensidad en el empleo de la fuerza determinará la superioridad o no de los contendientes;

b) el desarme del enemigo es la finalidad: entendiendo que la acción teleológica del Estado beligerante es subvertir la voluntad del enemigo para imponer la propia a través de una acción opresiva de carácter permanente que permita vencer la resistencia;

c) la aniquilación del enemigo mediante el empleo de poder extremo, compuesto de dos elementos: de un lado la fuerza disponible y, de otro, fuerza de la voluntad de las tropas.

---

493 La noción de guerra justa de Santo Tomás de Aquino se trata en la Cuestión 40, Sección Segunda, Segunda Parte de su obra *Summa Theologica* que tenía en cuenta, además, la voluntad del combatiente dirigida al establecimiento del bien y evitación del mal, aspecto que la Escuela de Derecho Natural obvia al considerarse la acción bélica un deber del militar impuesto por las leyes del Estado. Ángela María ARBELÁEZ HERRERA, «La noción de guerra justa. Algunos planteamientos actuales», *Analecta Política, Vol. 1, N.° 2*, 2012, pp. 273-276.

494 Cosme Oliveira MOURA JUNIOR, «A guerra como instrumento de política e a intenção hostil como risco à deterioração da política e emergência da guerra absoluta», *Relaciones Internacionales, Año 21, N.° 43*, 2012, pp. 139-154.

495 Carl VON CLAUSEWITZ, *De la guerra* [Abilio BARBERO y Juan SEGUÍ, trad.], Ed. Imprenta de la sección de Hidrografía, Madrid, 1908, pp. 27-28.

Tras la finalización de la Primera Guerra Mundial, en 1918, se produce un cambio en la voluntad de los Estados, pasando de la noción de que cualquier guerra puede considerarse justa si entendemos sus causas ajenas a la órbita del Derecho, mediante la abolición de la guerra como instrumento de política nacional consagrado en el Tratado de París de 27 de agosto de 1928. En el mismo sentido, desde 1945 con el vigor de la Carta de Naciones Unidas, se regula en el art. 2.3 y 4 la prohibición de la amenaza y del uso de la fuerza en el ejercicio de las relaciones internacionales, con las salvedades contenidas en los arts. 42 y 51, aportando una distinción de guerra justa o injusta[496].

3.2. De la guerra clásica a los conflictos

El fenómeno de la guerra ha sufrido una constante evolución desde el siglo XIX, en el que primaban los enfrentamientos terrestres y navales revolucionarios de Estados latinoamericanos, y especialmente durante el siglo XX, como consecuencia de los avances tecnológicos y los conflictos mundiales. De los choques frontales entre tropas bien diferenciadas, se pasó a la diversificación de las batallas y su territorialidad a través de la guerra de guerrillas, entrando en juego también los conflictos asimétricos de enemigo difuso y con recursos disímiles *inter partes*[497]. Tal y como hemos venido advirtiendo, la regulación de un derecho primario de la guerra dio lugar al conocido como DIH en que progresivamente se tiende a la protección jurídica individual o colectiva tanto de los no participantes en el conflicto como de los que intervienen en el mismo, de manera que se atenúan las consecuencias y se limitan los medios para hacer la guerra[498].

El ámbito del DIH es una parte del Derecho Internacional Público compuesta por dos elementos: la limitación de los métodos empleados en la guerra (Derecho de la Haya) y la protección de las víctimas consecuencia del conflicto armado ajenas al combate (Derecho de Ginebra), considerando que ambas vertientes tienen puntos en común y que no siempre los límites entre ambos aparecerán de manera nítida, si bien su conjunto sirve para delimitar el precitado *ius in bello*[499].

---

496 Guillermo GATT CORONA, *El derecho de guerra contemporáneo. Reflexiones desde el pensamiento de Francisco de Vitoria* [en relación a Oppenheim], Ed. Iteso, Guadalajara (Mexico), 2013, p. 19.

497 Robin GEISS, *«La estructura de los conflictos asimétricos», International review of the Red Cross, N.° 864*, 2006, pp. 1-4.

498 Hernando BARRETO ARDILA, *«Globalización del* DIH. Penalización de infracciones y violaciones graves al DIH en el derecho interno colombiano», *Derecho Penal y Criminología, Vol. 21, N.° 67*, 1999, p. 98.

499 Joana ABRISKETA URIARTE, *«Hitos del derecho de la guerra en el siglo XX: Se consolida y evoluciona»* en *Historia de los derechos. Siglo XX, Instituto de Derechos Humanos Pedro Arrupe*, Universidad de Deusto, 2011, p. 48.

3.3. El Convenio de Ginebra de 1864

Este Tratado multilateral normativo, aprobado el 22 de agosto de 1864, constituye el germen del Derecho Internacional relacionado con la guerra[500], cuyo objeto trataba de proteger a los heridos[501] en los conflictos armados. El Convenio establece que las infraestructuras sanitarias militares y su personal (debe ostentar emblema de la Cruz Roja en brazalete, según art.7), tiene la consideración de neutral y, por tanto, ha de ser protegido por las partes beligerantes en conflicto. Se establece la posibilidad, por parte de los Comandantes en Jefe, de entregar heridos enemigos al ejército contrario o su repatriación cuando exista acuerdo entre ambas partes (art.6).

No obstante, desaparece tal protección cuando los hospitales o ambulancias estuvieran defendidos por fuerzas militares, según el apdto. segundo del art. 1. Asimismo, se determina el carácter militar del material sanitario, debiendo quedar a disposición de las partes y nunca a título particular. Por lo que respecta a la población civil, se establece su protección cuando presten asistencia humanitaria a los heridos, o los acojan en sus domicilios, circunstancia esta última que les permitirá eximirse de la obligación de alojar tropas de manera forzosa o de parte de las contribuciones personales o pecuniarias que se determinen en virtud del conflicto (art. 5), si bien no gozarán de un estatuto jurídico propio[502]. Finalmente, el art. 8 del Convenio establece la ejecución de su contenido en función de las instrucciones de los Gobiernos beligerantes respectivos, extremo que muestra la enorme discrecionalidad en la aplicación del mismo por parte de los Comandantes en Jefe.

Como vemos, se trata de un Convenio muy breve (10 artículos), pero también poco preciso en términos jurídicos, dado que establece un amplio espectro de libertad a su interpretación por los Estados en conflicto y deja otras a expensas de los acuerdos que entre las mismas se puedan establecer,

---

500 Este Convenio se promovió a instancias del Consejo General Suizo, concretamente gracias a Henri Dunant, quien: «[...] habiendo sido testigo de los horrores de la batalla de Solferino escribió un libro relatando los mismos —*Un souvenir de Solferino*— con el que logró remover las conciencias y crear el 17 de febrero de 1863 el Comité Internacional de la Cruz Roja. El buen funcionamiento de este requería de una base jurídica acordada por los Estados y ese fue el objetivo que llevó, finalmente, a la celebración de la citada Conferencia». Alberto Herrero de la Fuente, «En el Sesquicentenario del Convenio de Ginebra de 1864», *Revista de Estudios Europeos, N.º 64*, 2014, p. 10.

501 *Vid.* Este Convenio fue denominado «Convenio de Ginebra para mejorar la suerte de los heridos de los ejércitos en campaña».

502 Art. 5 del Convenio de 1864: «Los habitantes del país que presten socorro a los heridos serán respetados y permanecerán libres. [...] Todo herido recogido y cuidado en una casa servirá de salvaguardia a la misma. El habitante que hubiere recogido heridos en su casa estará dispensado del alojamiento de tropas, así como una parte de las contribuciones de guerra que se impusieran».

si bien, con la pretensión última de «equilibrar las necesidades bélicas y las humanitarias», en palabras de RODRÍGUEZ-VILLASANTE[503].

3.4. La Conferencia de la Haya de 1899

La voluntad internacional estableció, concretamente en 26 países[504], la necesidad de regular aspectos más allá del tratamiento jurídico de los militares heridos en la guerra, celebrándose, del 15 de mayo al 29 de julio, una Conferencia convocada por Rusia[505] que amplía su objeto a los ámbitos del desarme y a las acciones bélicas en sí mismas. Ello probablemente obedece a la prohibición del empleo de ciertos proyectiles que tiene lugar en la Declaración de San Petersburgo[506] de 1868 y que otorga protección a los civiles y sus bienes particulares en los conflictos bélicos, así como a la prohibición de utilizar armas cuyas consecuencias se consideren superfluas. En definitiva, se trata de establecer como objetivo de la guerra el debilitamiento militar del Estado beligerante. No obstante, los efectos jurídicos de esta declaración resultaron escasos al limitar su obligatoriedad a los Estados participantes.

Es por ello que surge la necesidad internacional de aprobar un Convenio complementario al de 1864, aunque la disposición de algunos países al acudir como meros informadores (EEUU) resultaba indiciaria de que no se lograrían acuerdos relevantes. El acta final recoge tres declaraciones y tres convenciones relativas a la prohibición de ciertas armas de guerra, así como la constitución de una Corte de Arbitraje Permanente (CPA) para solventar conflictos jurídicos entre los Estados, antecesor del posterior Tribu-

503 ABRISKETA URIARTE, *op. cit.*, p. 50.

504 Los participantes fueron: Alemania, Austria-Hungría, Bélgica, Bulgaria, China, Dinamarca, España, Estados Unido, Francia, Grecia, Imperio Otomano, Italia, Japón, Luxemburgo, México, Montenegro, Países Bajos, Persia, Portugal, Reino Unido, Rumanía, Rusia, Serbia, Siam, Suecia, Noruega, Suiza y Ecuador. Las delegaciones de cada país estaban formadas por diplomáticos, juristas y militares en activo. María Victoria LÓPEZ CORDÓN, «España en las Conferencias de la Haya de 1899 y 1907», *Revista de Estudios Internacionales, N.º 3*, 1982, p. 712.

505 Jiménez Piernas explica que el motivo por el que el Zar Nicolás II de Rusia convoca esta Conferencia es su mermada capacidad Industrial y la escasez de material de guerra en su poder, aspecto que le lleva a entender como amenaza la situación más favorable que puedan tener otros Estados. Carlos JIMÉNEZ PIERNAS, «El papel de España en la Conferencia de Paz de La Haya de 1899», *Revista Española de Derecho Internacional, Vol. LI, N.º 2,* 1999, pp. 775-782.

506 El objeto de la declaración de San Petersburgo viene definido del siguiente modo: «Las Partes contratantes se comprometen a renunciar mutuamente, en caso de guerra entre ellas, al empleo por sus tropas de tierra o de mar de cualquier proyectil cuyo peso sea inferior a 400 gramos y que sea explosivo, o que esté cargado con materias explosivas o inflamables».

nal Internacional de Justicia[507]. En la práctica, esta Conferencia se dedicó a regular aspectos de la guerra que normalmente se dejaban a la costumbre, adquiriendo mayor relevancia entre los tratados, aprobando el Convenio II con denominación «Relativo a las leyes y usos de la guerra terrestre y Reglamento Anexo».

El mismo será de aplicación para el caso de guerra entre países parte de la Conferencia, dejando de ser aplicable si al conflicto se uniera otro Estado ajeno a dicho acuerdo (art. 2). En cuanto al objeto, se produce una extensión de las leyes de la guerra desde los ejércitos hasta las milicias y cuerpos de voluntarios, cuando éstos reúnan las características establecidas en el art. 1:

a) contar con un responsable de los subordinados;

b) ostentar un distintivo fijo perceptible a distancia y portar armas. Tiene consideración beligerante la parte de la población que se haga a las armas y respete las leyes y usos de la guerra (art.2).

Asimismo, se establece la obligación de tratar a los prisioneros de guerra bajo principios de humanidad, así como la dependencia de estos al Estado cuyo ejército los hubiera interceptado (no así de los militares que lo componen), respetando sus efectos particulares (art. 4)[508] y solo prescribiendo la posibilidad de su encierro por cuestiones de seguridad (art. 5)[509]. Observamos pues, la voluntad de extender la noción de beligerante a ciertos estratos de población civil participante en la guerra y la consagración de un derecho de gentes del momento, al prohibirse el ataque a poblaciones, núcleos o viviendas ausentes de protección, según el art. 25[510].

Por lo que respecta a los medios empleados en el conflicto, el art. 23[511] señala las prohibiciones a las que quedan sujetos, consistentes en limitar

---

507 López Cordón, *op. cit.*, p. 713.

508 Art. 4 del Convenio II Relativo a las leyes y usos de la guerra terrestre y Anexo: «Los prisioneros de guerra están en poder del Gobierno enemigo, pero no en el de los individuos o en el de los Cuerpos que los hayan capturado. Deben ser tratados con humanidad. Todo lo que les pertenezca personalmente, excepto las armas, los caballos y los papeles militares, queda de su propiedad».

509 Art. 5 del Convenio II Relativo a las leyes y usos de la guerra terrestre y Anexo: «Los prisioneros de guerra podrán ser sometidos a internamiento en una ciudad, fortaleza, campamento o localidad cualquiera, con obligación de no alejarse de ella más allá de ciertos límites determinados; pero no podrán ser encerrados sino como medida de seguridad indispensable».

510 Art. 25 del Convenio II Relativo a las leyes y usos de la guerra terrestre y Anexo: «Queda prohibido atacar o bombardear ciudades, pueblos, casas o edificios que no están defendidos».

511 Art. 23 del Convenio II Relativo a las leyes y usos de la guerra terrestre y Reglamento Anexo: «A. Emplear veneno o armas envenenadas. B. Matar o herir a traición individuos pertenecientes a la Nación o Ejército enemigo. C. Matar o herir a un enemigo que, habiendo depuesto las armas, o no teniendo ya medio de defenderse, se ha rendido a discreción. D. Declarar que no se dará cuartel. E. Emplear armas, proyectiles o materias destinadas a causar males superfluos. F. Usar indebidamente la bandera de parlamento, la

las consecuencias personales y humanitarias de la guerra, restringiendo el empleo de venenos, la muerte o lesiones a traición, o al que haya depuesto las armas, entre las más relevantes.

3.5. La Conferencia de la Haya de 1907

Tras advertirse que el Convenio de Ginebra de 1864 presenta ciertas deficiencias de protección jurídica, en 1906 se produce su modificación a través del Convenio para el «Mejoramiento de la Condición de Heridos, Enfermos y Náufragos de las Fuerzas Armadas en el Mar», que consiste en la extensión de dicha protección a los militares en acciones bélicas en el mar, sin realizar distinciones en atención a su nacionalidad. Fundamentalmente, este Convenio establece la obligación de los Estados parte de proteger y atender a los heridos, enfermos y náufragos en combate (arts. 12 y 18), la protección del personal médico y religioso a bordo de la nave (arts. 36 y 37) y la especial protección de los barcos hospitales militares, al no poder ser considerados objetivo bélico (art. 22).

A pesar de ello, los acontecimientos bélicos contemporáneos resultaron enormemente violentos[512]. Roosevelt, Presidente de EEUU, convoca la celebración de la Conferencia de la Haya de 1907 entre el 15 de junio y el 18 de octubre, fundamentada en los mismos objetivos que la Conferencia de 1899 convocada por Rusia (reducir el armamento, el gasto y las consecuencias personales en la guerra). La participación internacional en la misma fue de mayor calado[513], posibilitando la conclusión de trece convenios, adquiriendo una relevancia superior el Convenio IV sobre «las leyes y costumbres de la guerra terrestre y el Reglamento anejo», ya que estableció los principios generales del DIH. Igualmente, se determina el ámbito de aplicación del Convenio IV a los Estados firmantes (art. 2), estableciendo como nota de interés el deber de indemnización por parte del Estado cuando no respete las prescripciones establecidas en el mismo o cuyo incumplimiento se derive de las acciones perpetradas por sus militares (art. 3).

---

bandera nacional o las insignias militares y el uniforme del enemigo, así como los signos distintivos del Convenio de Ginebra. G. Destruir o apoderarse de las propiedades enemigas, excepto los casos en que estas destrucciones o apropiaciones sean imperiosamente reclamadas por las necesidades de la guerra».

512 *Vid.* La segunda guerra de los Bóers en Sudáfrica entre los años 1899-1902 y la guerra entre Rusia y Japón en 1904-1905. Abrisketa Uriarte, *op. cit.*, p. 54.

513 Participaron 44 países: Alemania, Argentina, Austria-Hungría, Bélgica, Bolivia, Brasil, Bulgaria, Chile, China, Colombia, Cuba, Dinamarca, Ecuador, El Salvador, EEUU, España,- Francia, Grecia, Guatemala, Haití, Irán, Italia, Japón, Luxemburgo, México, Montenegro, Noruega, Nicaragua, Panamá, Paraguay, Países Bajos, Perú, Portugal, Reino Unido, República Dominicana, Rumania, Rusia, Serbia, Siam, Suecia, Suiza, Turquía, Uruguay y Venezuela, en Acta Final de la Segunda Conferencia de Paz, La Haya, 18 de octubre de 1907.

No obstante, no se consolida la idea de una institución de arbitraje para resolver conflictos entre las partes, dada la ausencia de acuerdo entre las grandes y pequeñas potencias militares en cuanto a la elección de sus jueces[514]. Tal y como afirma LÓPEZ CORDÓN, podría valorarse esta Conferencia más como un compromiso de carácter político, que como una verdadera voluntad de limitar la guerra mediante el Derecho[515].

3.6. Los Convenios de Ginebra de 1949

La finalización de la Segunda Guerra Mundial en 1945 supone un punto de inflexión en la regulación de la guerra y del DIH, reuniéndose 63 Estados el 12 de agosto de 1949 en una nueva Conferencia diplomática, que permite aprobar cuatro Convenios para abordar de manera homogénea la protección de las víctimas de la guerra, siendo los siguientes:

A) Convenio I: para mejorar la suerte de los heridos y enfermos de las fuerzas armadas en campaña. Destacamos la extensión del ámbito de aplicación al tiempo de guerra declarada o cualquier conflicto armado entre dos o más Estados, aunque alguno de ellos no reconozca tal situación. Resultará de aplicación a cualquier parte no contratante en el caso de que decida hacer efectivas sus disposiciones, así como en caso de ocupación total o parcial de un territorio en virtud del art. 2 común[516]. También será aplicable a Estados neutrales con respecto a los heridos, enfermos, personal sanitario y religioso de las Fuerzas Armadas en conflicto (art. 4). Como novedad, se establece un sistema sancionador dentro del orden penal de cada Estado, para el caso de comisión de infracciones graves contra las personas y bienes protegidos en el Convenio[517], cuyo desarrollo legislativo será obligatorio para los Estados

514 Eduardo CEREZO MORENO, [sobre WALTERS, F. P., *Historia de la Sociedad de Naciones*, Ed. Taurus, Barcelona, 1971, p. 31], *Revista Española de La Opinión Pública, N.º 25*, 1971, pp. 569.

515 LÓPEZ CORDÓN, *op. cit.*, p. 727.

516 Art. 2 común a los Convenios de Ginebra de 1949: «Aparte de las disposiciones que deben entrar en vigor ya en tiempo de paz, el presente Convenio se aplicará en caso de guerra declarada o de cualquier otro conflicto armado que surja entre dos o varias de las Altas Partes Contratantes, aunque una de ellas no haya reconocido el estado de guerra. El Convenio se aplicará también en todos los casos de ocupación total o parcial del territorio de una Alta Parte Contratante, aunque tal ocupación no encuentre resistencia militar. Si una de las Potencias en conflicto no es parte en el presente Convenio, las Potencias que son Partes en el mismo estarán, sin embargo, obligadas por él en sus relaciones recíprocas. Estarán, además, obligadas por el Convenio con respecto a dicha Potencia, si ésta acepta y aplica sus disposiciones».

517 Art. 50 del Convenio I de Ginebra de 1949: «Las infracciones graves a las que se refiere el artículo anterior son las que implican uno cualquiera de los actos siguientes, si se cometen contra personas o bienes protegidos por el Convenio: el homicidio intencional, la tortura o los tratos inhumanos, incluidos los experimentos biológicos, el hecho de causar delibe-

parte. Es decir, el texto determina las acciones graves, pero deja el desarrollo de la postestad sancionadora al ordenamiento interno (art. 50);

B) Convenio II: para mejorar la suerte de los heridos, enfermos y náufragos de las fuerzas armadas en el mar;

C) Convenio III: relativo a los prisioneros de guerra. Se realiza una definición exhaustiva de la condición de prisionero de guerra[518], correspondiendo a los miembros de las Fuerzas Armadas, milicias o cuerpos voluntarios de un Estado parte, resistencias organizadas u otras que acompañan a las fuerzas militares, que caigan en poder de un Estado enemigo (art. 4). Además, se establece la consideración de infracción grave y la prohibición de proporcionar trato inhumano a los prisioneros de guerra, determinando como tal cualquier acción u omisión ilícita con resultado de muerte o peligro grave para su salud, proscribiendo la mutilación o experimento científico ajeno al tratamiento médico (art. 13)[519]. En este sentido, se afirma la obligación de

---

radamente grandes sufrimientos o de atentar gravemente contra la integridad física o la salud, la destrucción y la apropiación de bienes, no justificada por necesidades militares y efectuadas a gran escala, ilícita y arbitrariamente».

518 Art. 4 del Convenio III de Ginebra de 1949: «miembros de las fuerzas armadas de una Parte en conflicto, así como los miembros de las milicias y de los cuerpos de voluntarios que formen parte de estas fuerzas armadas [...] otras milicias y de los otros cuerpos de voluntarios, incluidos los de movimientos de resistencia organizados [...] reúnan las siguientes condiciones: a) estar mandados por una persona que responda de sus subordinados; b) tener un signo distintivo fijo reconocible a distancia; c) llevar las armas a la vista; d) dirigir sus operaciones de conformidad con las leyes y costumbres de la guerra; [...] fuerzas armadas regulares que sigan las instrucciones de un Gobierno o de una autoridad no reconocidos [...] personas que sigan a las fuerzas armadas sin formar realmente parte integrante de ellas, tales como los miembros civiles de tripulaciones de aviones militares, corresponsales de guerra, proveedores, miembros de unidades de trabajo o de servicios encargados del bienestar de los militares, a condición de que hayan recibido autorización [...] miembros de las tripulaciones, incluidos los patrones, los pilotos y los grumetes de la marina mercante, y las tripulaciones de la aviación civil de las Partes en conflicto que no se beneficien de un trato más favorable en virtud de otras disposiciones [...] la población de un territorio no ocupado que, al acercarse el enemigo, tome espontáneamente las armas para combatir [...] las personas que pertenezcan o hayan pertenecido a las fuerzas armadas del país ocupado, si, por razón de esta pertenencia, la Potencia ocupante, aunque inicialmente las haya liberado mientras proseguían las hostilidades fuera del territorio que ocupa, considera necesario internarlas, especialmente tras una tentativa fracasada de estas personas para incorporarse a las fuerzas armadas a las que pertenezcan y que estén combatiendo, o cuando hagan caso omiso de una intimidación que les haga por lo que atañe a su internamiento; las personas que pertenezcan a una de las categorías enumeradas en el presente artículo que hayan sido recibidas en su territorio por Potencias neutrales o no beligerantes, y a quienes éstas tengan la obligación de internar en virtud del derecho internacional [...]».

519 Art. 13 del Convenio III de Ginebra de 1949: «Los prisioneros de guerra deberán ser tratados humanamente en todas las circunstancias. Está prohibido y será considerado como infracción grave contra el presente Convenio, todo acto ilícito o toda omisión ilícita por parte de la Potencia detenedora, que comporte la muerte o ponga en grave peligro la salud de un prisionero de guerra en su poder. En particular, ningún prisio-

respetar la dignidad del prisionero (art. 16)[520], en consonancia con el art. 1 de la Carta de Naciones Unidas[521], aspecto que incluye la prohibición de la tortura o vejaciones de cualquier índole (art. 17)[522], debiendo proporcionarse manutención, asistencia médica e higiene necesarias.

Se establece la posibilidad de emplear a los prisioneros de guerra en trabajos físicos (excepto insalubres o peligrosos), si bien, mediante una gradación en relación a su empleo militar, correspondiendo a los suboficiales únicamente funciones de vigilancia, y sin ser obligatorio para los oficiales, pero debiendo asignárseles a estos últimos en caso de que lo solicitaran (art. 49). Los trabajos realizados comportan una remuneración pactada previamente al inicio de las acciones bélicas (art. 58), siendo posible la petición de anticipos (art. 60 y ss.) y estableciendo un procedimiento directo de queja ante las autoridades detentadoras (art. 78);

---

nero de guerra podrá ser sometido a mutilaciones físicas o a experimentos médicos o científicos sea cual fuere su índole, que no se justifiquen por el tratamiento médico del prisionero concernido, y que no sean por su bien. Asimismo, los prisioneros de guerra deberán ser protegidos en todo tiempo, especialmente contra todo acto de violencia o de intimidación, contra los insultos y la curiosidad pública. Están prohibidas las medidas de represalia contra ellos».

520 Art. 16 del Convenio III de Ginebra de 1949: «Habida cuenta de las disposiciones del presente Convenio relativas a la graduación así como al sexo, y sin perjuicio del trato privilegiado que puedan recibir los prisioneros de guerra a causa de su estado de salud, de su edad o de sus aptitudes profesionales, todos los prisioneros deberán ser tratados de la misma manera por la Potencia detenedora, sin distinción alguna de índole desfavorable de raza, de nacionalidad, de religión, de opiniones políticas u otras, fundadas en criterios análogos».

521 Art. 1 de la Carta de Naciones Unidas: «Todos los seres humanos nacen libres e iguales en dignidad y derechos y, dotados como están de razón y conciencia, deben comportarse fraternalmente los unos con los otros».

522 Art. 17 del Convenio III de Ginebra de 1949: «El prisionero de guerra no tendrá obligación de declarar, cuando se le interrogue a este respecto, más que sus nombres y apellidos su graduación, la fecha de su nacimiento y su número de matrícula o, a falta de este, una indicación equivalente. En el caso de que infrinja voluntariamente esta norma, correrá el peligro de exponerse a una restricción de las ventajas otorgadas a los prisioneros de su graduación o estatuto. Cada una de las Partes en conflicto estará obligada a proporcionar [...] una tarjeta de identidad en la que consten sus nombres, apellidos y graduación, el número de matrícula o indicación equivalente y la fecha de su nacimiento. Esta tarjeta de identidad podrá llevar, además de la firma o las huellas digitales, o las dos, cualquier otra indicación que las Partes en conflicto puedan desear añadir por lo que respecta a las personas pertenecientes a sus fuerzas armadas. [...] en ningún caso podrá privársele de ella. No se podrá infligir a los prisioneros de guerra tortura física o moral ni presión alguna para obtener datos de la índole que fueren. Los prisioneros que se nieguen a responder no podrán ser amenazados ni insultados ni expuestos a molestias o desventajas de ningún género. Los prisioneros de guerra que, por razón de su estado físico o mental, sean incapaces de dar su identidad, serán confiados al Servicio de Sanidad. Se determinará, por todos los medios posibles, la identidad de estos prisioneros, a reserva de las disposiciones del párrafo anterior. El interrogatorio de los prisioneros de guerra tendrá lugar en un idioma que comprendan».

D) Convenio IV: relativo a la protección debida a las personas civiles en tiempo de guerra. Se considera persona protegida por el ámbito de aplicación a aquella que en caso de conflicto armado esté en poder de un Estado parte del cual no es nacional, aunque, no tendrán dicha consideración los nacionales de un Estado que no sea parte, así como los de un Estado neutral en territorio beligerante (art. 4)[523]. Por otro lado, se incluye un tipo de protección genérica para el conjunto de la población en conflicto (art. 13).

La relevancia jurídica de estos Convenios en relación a los anteriores reside, fundamentalmente, en la desaparición de la cláusula «*si omnes*»[524] que establece en los anteriores la obligatoriedad de su cumplimiento únicamente para los Estados que los hubieran suscrito. Ello fue posible a causa de los Convenios de Ginebra de 1929, cuyo contenido establece la obligatoriedad para los beligerantes parte del Convenio en una guerra en la que participase un Estado no firmante, y que por tanto, hasta el momento quedaban fuera del ámbito de aplicación[525]. En este sentido, los Convenios de 1949 acentúan dicha obligación, al establecer en el art. 1 común el compromiso de respetar y hacer respetar el Convenio «en cualquier circunstancia», expresión que no aclara su fondo y límites, pero que codifica su obligado cumplimiento.

Por otro lado, la protección de la población civil surge como necesidad acuciante con la finalización de la Segunda Guerra Mundial, al tomar conciencia los Estados parte que este colectivo también podía ser víctima de la guerra. La regulación de este aspecto, como hemos visto anteriormente, se realiza en el Convenio IV, aunque de manera parcial, ya que deja al descubierto la protección a las personas que se encuentran en el territorio de su nacionalidad, sujetas a su respectivo Gobierno. Debemos tener en cuenta que la población civil es un elemento fundamental de los conflictos armados, dada su doble vertiente participativa tanto en el papel de víctima, como desde la posibilidad de perpetrar ataques a objetivos y fuerzas militares. Cambia, por tanto, en este último caso su estatus jurídico al considerarse otra fuerza u objetivo militar, conforme a los Protocolos Adicionales de 1977 que abordaremos posteriormente.

---

523 Art. 4 del Convenio IV de Ginebra de 1949: «El presente Convenio protege a las personas que, en cualquier momento y de la manera que sea, estén, en caso de conflicto o de ocupación, en poder de una Parte en conflicto o de una Potencia ocupante de la cual no sean súbditas. No protege el Convenio a los súbditos de un Estado que no sea parte en él. Los súbditos de un Estado neutral que estén en el territorio de un Estado beligerante y los súbditos de un Estado cobeligerante no serán considerados como personas protegidas, mientras que el Estado de que sean súbditos tenga representación diplomática normal ante el Estado en cuyo poder estén».

524 Martín Ortega Carcelén, *Prohibición de la fuerza armada y mantenimiento de la paz*, Ed. Introducción al Derecho Global, Madrid, 2011, p. 9.

525 *Vid.* Los tribunales de Nuremberg y Tokio aplicaron el Derecho derivado del Convenio de 1907 obviando la aplicación de la cláusula «si omnes». Consuelo Ramón Chornet et al., *Derechos y libertades ante las nuevas amenazas a la seguridad global*, Ed. Tirant lo Blanch, Valencia, 2005, p. 168.

Finalmente, observamos como elemento diferenciador la regulación de los conflictos militares a nivel interno a través del art. 3 común a los Convenios, contrastando con lo establecido en el resto de los Convenios y el art. 2 común, que se refiere a los conflictos armados de naturaleza internacional. De esta manera, las personas que carezcan de participación directa en las acciones bélicas internas son tratadas bajo los principios de humanidad e igualdad, quedando prohibido respecto a las mismas cualquier tipo de atentado, lesiones graves, tortura, toma de rehenes, o su procesamiento en juicios de carácter sumario, y carentes de garantías legales. El precepto resulta obligatorio para las partes en conflicto interno, pero es inevitable el traslado de cierta inseguridad jurídica respecto a su cumplimiento para el caso de facciones no gubernamentales que carecen de la formación necesaria en el ámbito del DIH[526].

La doctrina consolidada ha considerado necesario objetivar la situación de conflicto armado interno, que tiene lugar con ocasión de «hostilidades entre grupos armados con cierta organización», no pudiendo considerarse incluidos los disturbios o alteraciones esporádicas violentas[527].

3.6.1. La protección de víctimas de conflictos armados internacionales. Protocolo I, de 8 de junio de 1977, adicional a los Convenios de 1949

Los movimientos de liberación y resistencia coloniales supusieron una constante en la conflictividad armada desde el siglo XVIII, si bien, con el desarrollo del DIH y los conflictos armados de origen colonial suscitados entre diversas potencias, fue necesaria la actualización de los Convenios y la aprobación de los Protocolos adicionales en 1977. La conciencia de Nación, parte de colectividades sociales sometidas a la metrópoli, provoca la organización de grupos de carácter político que acaban ejecutando su programa de libre determinación, de manera pacífica o armada, para formar un Estado[528].

De este modo, la configuración del Protocolo adicional I, de 8 de junio de 1977, consistiría en complementar lo establecido en el art. 2 común, estableciendo otros tres tipos de conflictos armados de carácter internacional

---

526 Abrisketa Uriarte, *op. cit.*, pp. 63-64.

527 Crisólogo Bustos Valderrama, «Estudio del artículo tercero del Convenio de Ginebra de 1949, relativo a la protección de personas civiles en tiempo de guerra, y del Protocolo Adicional II de 1977», *Universidad Católica de Chile, Revista de Derecho, N.° 12*, 2004, pp. 1-2.

528 *Vid.* Los conflictos coloniales acaecidos durante el siglo XX: Indonesia y los Países Bajos (1946-1949), Indochina y Francia (1946-1954), Malasia y Gran Bretaña (1948-1957), Argelia y Francia (1954-1962) y Angola y Portugal (1961-1974), Por lo que respecta al continente africano, los procesos de descolonización se sucedieron en Reino Unido y Ghana (1965), Sahara español, Angola y Mozambique (1975), entre otros.

en su art. 1.4: la lucha contra la dominación colonial, contra la ocupación extranjera y contra los regímenes racistas[529]. La crítica a esta situación la situamos en que al emplear este Protocolo sobre las tres situaciones en las que sería legítimo el recurso a la fuerza armada, queda automáticamente sin el mencionado estatuto cualquier otra situación no contemplada en el precepto, como determinados movimientos de lucha armada frente a regímenes totalitarios y vulneradores de otros Derechos Humanos ajenos al factor racial. La crítica resulta extensible a su inevitable concordancia con el art. 3 común sobre los conflictos armados internos, que encontrará su desarrollo en el Protocolo II adicional. Las aportaciones más relevantes del Protocolo I en relación a lo estipulado en los cuatro Convenios son las siguientes[530]:

A) Arts. 15, 76, 77 y 79: estos preceptos protegen al personal civil, sanitario y religioso durante el conflicto armado para posibilitar el ejercicio de sus funciones (15), y la protección de la mujer frente a violaciones, prostitución forzada u otras manifestaciones de análoga significación. Especialmente se incide en la preferencia a las embarazadas y madres de menores de corta edad privadas de libertad con ocasión del conflicto, así como la evitación de la pena de muerte en este último colectivo (76), la protección de los niños (77) y finalmente las medidas de protección para periodistas en zonas de conflicto armado, que gozarán de la consideración de civiles en atención al art.50.1 (79)[531];

529 Art. 1.4 del Protocolo adicional I al Convenio de Ginebra de 1949: «conflictos armados en que los pueblos luchan contra la dominación colonial y la ocupación extranjera y contra los regímenes racistas, en el ejercicio del derecho de los pueblos a la libre determinación, consagrado en la Carta de las Naciones Unidas y en la Declaración sobre los principios de derecho internacional referentes a las relaciones de amistad y a la cooperación entre los Estados de conformidad con la Carta de las Naciones Unidas».

530 International Humanitarian Law, American Red Cross, «A Summary of the Geneva Conventions and Additional Protocols», 2011, sitio web: www.redcross.org/ content/ dam/ redcross/ atg/ PDF_s/ International_Services/International_Humanitarian_Law/IHL_SummaryGenevaConv.pdf, [consultado el 19/04/2020].

531 Art. 50.1 del Protocolo I adicional al Convenio de Ginebra de 1977 otorga la consideración civil de manera excluyente: «1. Es persona civil cualquiera que no pertenezca a una de las categorías de personas a que se refieren el artículo 4, A. 1), 2), 3), y 6), del III Convenio, y el artículo 43 del presente Protocolo. En caso de duda acerca de la condición de una persona, se la considerará como civil». Quedando ajenos al estatuto civil por tanto: «1) los miembros de las fuerzas armadas de una Parte en conflicto, así como los miembros de las milicias y de los cuerpos de voluntarios que formen parte de estas fuerzas armadas; [...] otras milicias y de los otros cuerpos de voluntarios, incluidos los de movimientos de resistencia organizados [...] reúnan las siguientes condiciones: a) estar mandados por una persona que responda de sus subordinados; b) tener un signo distintivo fijo reconocible a distancia; c) llevar las armas a la vista; d) dirigir sus operaciones de conformidad con las leyes y costumbres de la guerra; 3) los miembros de las fuerzas armadas regulares que sigan las instrucciones de un Gobierno o de una autoridad no reconocidos por la Potencia detenedora; 4) las personas que sigan a las fuerzas armadas sin formar realmente parte integrante de ellas, tales como los miembros civiles de tripulaciones de aviones militares, corresponsales de guerra, proveedores, miembros de unidades de

B) Arts. 17 y 81: por medio de los cuales se establece la obligación por parte de la población civil de respetar y no atacar a los heridos, enfermos y náufragos, autorizando a dichos civiles y a sociedades de socorro de tipo nacional como Cruz Roja a su cuidado y sanidad (17) y la facilitación de cualquier auxilio al Comité Internacional de la Cruz Roja (81);

C) Art. 35: establece la limitación de los medios que se pueden acordar para la conducción de la guerra, prohibiéndose el empleo de armas y proyectiles que causen daños superfluos o sufrimientos innecesarios, así como aquellos que ocasionen daños graves y duraderos al medio ambiente;

D) Arts. 43 y 44: determinan la consideración de las Fuerzas Armadas en un conflicto (43), estableciendo la condición de prisionero de guerra para el combatiente que se encuentre bajo custodia del enemigo siempre que porte sus armas visibles (44);

E) Arts. 51 y 54: la protección de la población civil con respecto a las acciones militares, salvo que participen en acciones armadas (51)[532], así como la protección de los medios de vida indispensables para los mismos (54);

F) Arts. 56 y 53: determinan la protección durante el conflicto armado de las obras e instalaciones que albergan fuerzas nucleares o eléctricas (56) y de bienes culturales y de culto (53);

G) Art. 85: establece la potestad sancionadora frente a infracciones graves del Protocolo, considerándose tales, y por tanto crímenes de guerra, los

trabajo [...] la población de un territorio no ocupado que, al acercarse el enemigo, tome espontáneamente las armas para combatir contra las tropas invasoras, sin haber tenido tiempo para constituirse en fuerzas armadas regulares, si lleva las armas a la vista y respeta las leyes y las costumbres de la guerra». Así como «Las fuerzas armadas de una Parte en conflicto se componen de todas las fuerzas, grupos y unidades armados y organizados, colocados bajo un mando responsable de la conducta de sus subordinados ante esa Parte, aun cuando ésta esté representada por un gobierno o por una autoridad no reconocidos por una Parte adversa».

532 Asimismo el art. 51 del Protocolo I adicional establece la prohibición de los ataques indiscriminados contra la población civil consideración de tales los siguientes: «[...] a) los que no están dirigidos contra un objetivo militar concreto; b) los que emplean métodos o medios de combate que no pueden dirigirse contra un objetivo militar concreto; o c) los que emplean métodos o medios de combate cuyos efectos no sea posible limitar conforme a lo exigido por el presente Protocolo; y que, en consecuencia, en cualquiera de tales casos, pueden alcanzar indistintamente a objetivos militares y a personas civiles o a bienes de carácter civil. 5. Se considerarán indiscriminados, entre otros, los siguientes tipos de ataque: a) los ataques por bombardeo, cualesquiera que sean los métodos o medios utilizados, que trate como objetivo militar único varios objetivos militares precisos y claramente separados situados en una ciudad, un pueblo, una aldea u otra zona en que haya concentración análoga de personas civiles o bienes de carácter civil; b) los ataques, cuando sea de prever que causarán incidentalmente muertos y heridos entre la población civil, o daños a bienes de carácter civil, o ambas cosas, que serían excesivos en relación con la ventaja militar concreta y directa prevista. 6. Se prohíben los ataques dirigidos como represalias contra la población civil o las personas civiles».

cometidos contra personas en poder del enemigo, o contra heridos, enfermos, náufragos, sanitarios y religiosos, así como los ataques a la población civil, indiscriminados o contra obras peligrosas, que supongan la muerte o afectación grave a la integridad. También serán infracciones graves la privación de juicios con garantías legales y el ataque a bienes culturales.

3.6.2. La protección de víctimas en conflictos armados no internacionales. Protocolo II, de 8 de junio de 1977, adicional a los Convenios de 1949

El objeto de este Protocolo es desarrollar y ampliar lo establecido en el art. 3 común de los Convenios de 1949 respecto a los conflictos armados de carácter interno. Debemos advertir que la mayor parte de conflictos armados son interiores actualmente, de hecho, durante la primera década del siglo XXI la conflictividad armada internacional sólo ha representado el 6,8 % del total en el mundo, correspondiendo el resto al ámbito doméstico[533]. Este Protocolo configura una noción de conflicto armado interno más específico, para cuya consideración como tal, debe darse un plus de intensidad, en unión a las siguientes condiciones establecidas en el art. 1.1:

a) el conflicto debe darse en territorio de un Estado parte;

b) la lucha armada tenga lugar entre las Fuerzas Armadas del Estado y/u otras del mismo o grupos armados organizados cuyo mando tenga control sobre parte del territorio;

c) el control territorial permita la aplicación de las disposiciones del Protocolo II;

d) las Fuerzas Armadas tengan la capacidad de llevar a cabo acciones militares con cierta vocación permanente[534].

No obstante, pese a completar el contenido genérico del art. 3 común, la delimitación del conflicto armado interior permanece difusa y resulta terreno abonado a la discrecionalidad, ya que no siempre será posible establecer con certeza el nivel de organización necesario para los grupos armados, su vocación de permanencia o el control ejercido sobre parte del territorio. Esta circunstancia tiene como consecuencia práctica la falta de apoyo al Protocolo II por parte de grandes potencias que sí apoyaron los Convenios de 1949 y el Protocolo I, como: EEUU, Corea o Turquía, entre otros. Las aportaciones

533 Themnér LOTTA and Peter WALLENSTEEN, «*Appendix 2A. Patterns of major armed conflicts, 2001-2010*», *SIPRI Yearbook, N.º 5*, 2011, pp .1-17.

534 Art. 1.2 del Protocolo II adicional de 1977 adicional a los Convenios de 1949: «no se aplicará a las situaciones de tensiones internas y de disturbios interiores, tales como los motines, los actos esporádicos y aislados de violencia y otros actos análogos, que no son conflictos armados».

de mayor interés en el Protocolo II las observamos en las siguientes disposiciones[535]:

a) art. 4: estableciendo una serie de garantías fundamentales para las personas que no participen directamente en hostilidades, consistentes en la prohibición de cualquier tipo de atentado hacia las mismas, castigos, tomas de rehenes, terrorismo, tortura o trato degradante, esclavitud, violación o prostitución forzada. Asimismo, continúa la protección a los niños mediante la educación y ayuda necesarias, además del mantenimiento de la prohibición de reclutador a los menores de 15 años;

b) art. 5: en referencia a las personas privadas de libertad con motivo del conflicto armado, teniendo derecho al acceso a alimentación, ayudas, condiciones favorables de higiene, sanidad y trato. Además se introduce la separación entre mujeres y hombres en los centros de reclusión, salvo que fueran de la misma familia;

c) arts. 7 y 9: confirmando la protección humanitaria de los heridos, enfermos y náufragos (7), así como sanitarios y religiosos (9);

d) arts. 10 y 11, 13, 14 y 16: la protección de la misión médica mediante la garantía de la integridad de su deontología profesional (10) y de unidades y medios de transporte sanitarios, excepto que realicen acciones militares hostiles. Se incide en la protección y seguridad de la población civil, salvo que participe en la guerra (13) los bienes de subsistencia (14), culturales y de culto (16).

3.6.3. El signo distintivo adicional. Protocolo III, de 8 de diciembre de 2005, adicional a los Convenios de 1949

Se trata de la aprobación del signo distintivo común a los Estados parte que debe exhibir el personal sanitario y religioso a fin de determinar con certeza su condición y estatuto jurídico durante el conflicto armado, de manera adicional a los símbolos de la Cruz Roja o Media Luna Roja. El art. 2 del Protocolo III establece su regulación, configurándose su imagen como un marco rojo cuadrado con fondo blanco y rombo rojo en su interior, con iguales efectos jurídicos que los determinados en los Convenios de Ginebra de 1949.

3.7. La responsabilidad penal en el DIH. La CPI de 1998

La protección del DIH ha visto su culminación en la exigencia de responsabilidad penal ante aquellas conductas que atentan de manera más grave contra las prescripciones de los Convenios de Ginebra de 1949 y sus Pro-

535 «A Summary of the Geneva Conventions and Additional Protocols», *op. cit.*, p. 7.

tocolos. En este sentido, ROBERGE[536] atisba sus antecedentes en los tribunales de Nuremberg y Tokio para juzgar los crímenes cometidos durante la Segunda Guerra Mundial, así como en el procesamiento de los crímenes de lesa humanidad y de genocidio en la *ex* Yugoslavia a través de la creación de los siguientes órganos judiciales por parte del Consejo de Seguridad de Naciones Unidas:

a) Tribunal Internacional de 1993 (TIY), para el enjuiciamiento de las violaciones de los Convenios de Ginebra de 1949 y usos de la guerra ocurridos en la antigua *ex* Yugoslavia;

b) Tribunal Penal Internacional de 1994 (TPIR), cuyo ámbito se enmarca en la exigencia de responsabilidad penal por genocidio, los crímenes de lesa humanidad y las violaciones del art. 3 común a los Convenios de Ginebra de 1949 y del Protocolo adicional II.

El desarrollo de la protección penal del DIH encuentra su corolario con la creación de la CPI. Se trata de un órgano con jurisdicción independiente y de carácter permanente, creado *ad hoc* por Naciones Unidas, mediante la aprobación del ECPI y que entra en vigor el 1 de julio de 2002[537]. Su objeto constituye la voluntad de esta organización internacional de desarrollar y garantizar el ordenamiento jurídico de la guerra formado por los cuatros convenios de Ginebra de 1949 y sus Protocolos adicionales de 1977, encargándose de enjuiciar penalmente a los autores de sus vulneraciones más graves mediante el enjuiciamiento de los siguientes crímenes:

A) Crímenes contra la humanidad: se encuentran reguladas en el art. 7 ECPI[538] con el epígrafe «crímenes de lesa humanidad» las acciones con-

---

536 Marie-Claude ROBERGE, «Jurisdicción de los Tribunales ad hoc para ex Yugoslavia y Ruanda por lo que respecta a los crímenes de lesa humanidad y de genocidio», *Revista Internacional de la Cruz Roja*, 1997, sitio web: www.icrc.org/es/doc/resources/documents/misc/5tdl7n.htm, [consultado el 19/04/2020].

537 En la actualidad se encuentra ratificado por 124 Estados Parte del Estatuto de Roma de la CPI, Coalition for the International Criminal Court, 2020, sitio web: www.iccnow.org/documents/CICCFS-RatificationsbyRegion_122_sp.pdf, [consultado el 19/04/2020].

538 Art. 7 del Estatuto de la Corte Penal Internacional de 1998: «1. A los efectos del presente Estatuto, se entenderá por "crimen de lesa humanidad" cualquiera de los actos siguientes cuando se cometa como parte de un ataque generalizado o sistemático contra una población civil y con conocimiento de dicho ataque: a) Asesinato; b) Exterminio; c) Esclavitud; d) Deportación o traslado forzoso de población; e) Encarcelación u otra privación grave de la libertad física en violación de normas fundamentales de derecho internacional; f) Tortura; g) Violación, esclavitud sexual, prostitución forzada, embarazo forzado, esterilización forzada o cualquier otra forma de violencia sexual de gravedad comparable; h) Persecución de un grupo o colectividad con identidad propia fundada en motivos políticos, raciales, nacionales, étnicos, culturales, religiosos, de género definido en el párrafo 3, u otros motivos universalmente reconocidos como inaceptables con arreglo al derecho internacional, en conexión con cualquier acto mencionado en el presente párrafo o con cualquier crimen de la competencia de la Corte; i) Desaparición forzada de personas; j) El crimen de apartheid; k) Otros actos inhumanos de carácter similar que causen intencionalmente grandes sufrimientos o atenten gravemente contra la integridad física o la salud mental o física [...]».

sistentes en el ataque generalizado o sistemático contra la población civil, cuyas conductas consistan en asesinato, exterminio, deportación, violación, encarcelación, violación, persecución por motivos ideológicos o religiosos, o cualquier acto inhumano que cause sufrimientos graves a las víctimas. Es importante delimitar que los crímenes de guerra necesariamente deben ocurrir en el ámbito de un conflicto armado internacional (ámbito del DIH), extremo que no ocurrirá en el caso de los crímenes contra la humanidad, en los que no es necesario que exista conflicto armado (ámbito del DIDH). Este tipo de delito, en palabras de PRADA SOLAESA:

> «[...] nacen y su desarrollo se produce directamente en el ámbito internacional, definiéndose en el ámbito del Derecho Internacional sus elementos y características esenciales. Todo ello los singulariza y les dota de determinadas características, como son su perseguibilidad universal [...]»[539];

B) Genocidio: establecido en el art. 6 ECPI[540], consiste en la destrucción total o parcial de un grupo nacional, étnico, racial o religioso mediante actos que causen la muerte o lesiones graves, exterminio o traslado de niños, entre otros. Este crimen fue positivizado originariamente en la Resolución 96-I, de 11 de diciembre de 1946 por la Asamblea General de Naciones Unidas, afirmando que trata materialmente la negación de grupos humanos completos:

> «Es una negación del derecho de existencia a grupos humanos enteros, de la misma manera que el homicidio es la negación a un individuo humano del derecho a vivir: tal negación del derecho a la existencia conmueve la conciencia humana, causa una gran pérdida a la humanidad en el aspecto cultural... Afirma que el genocidio es un crimen del Derecho Internacional que el mundo civilizado condena y por el cual los autores y los cómplices deberán ser castigados, ya sean estos individuos particulares, funcionarios públicos o estadistas y el crimen que hayan cometido sea por motivos religiosos, raciales o políticos, o de cualquier otra naturaleza»[541].

---

539 José Ricardo DE PRADA SOLAESA, «Crímenes de Derecho Internacional. Crímenes contra la Humanidad» en *Perspectiva Iberoamericana sobre la Justicia Penal Internacional* [Héctor OLÁSOLO ALONSO y Salvador CUENCA CURBELO, coord.], Vol. I, Ed. Tirant lo Blanch, Valencia, 2012, p. 89.

540 Art. 6 del Estatuto de la Corte Penal Internacional de 1998: «cualquiera de los actos mencionados a continuación, perpetrados con la intención de destruir total o parcialmente a un grupo nacional, étnico, racial o religioso como tal: a) Matanza de miembros del grupo; b) Lesión grave a la integridad física o mental de los miembros del grupo; c) Sometimiento intencional del grupo a condiciones de existencia que hayan de acarrear su destrucción física, total o parcial; d) Medidas destinadas a impedir nacimientos en el seno del grupo; e) Traslado por la fuerza de niños del grupo a otro grupo».

541 Ramón SÁNCHEZ REVERTE, *«Referencia al crimen de genocidio», Revista de Estudios Jurídicos, N.º 16*, 2016, p. 3.

En el ordenamiento jurídico español, el delito de genocidio se recoge en el art. 607 CP de un modo más concreto a quien con la finalidad descrita en el art. 6 ECPI, realice las siguientes acciones:

b.1) matar a alguno de los miembros del colectivo[542], consistiendo el tipo del genocidio en dirigir un ataque a un grupo determinado. Se aplicará el delito del art. 607 CP, y no el tipo básico del homicidio del art. 138 CP, cuando teleológicamente se pueda determinar la voluntad del sujeto activo en el sentido del primero. No obstante, somos conscientes de que la grave dificultad estribará en determinar el sentido de la voluntad autora de la acción en este caso;

b.2) agresión sexual o lesiones. Nuestro CP recoge en el tipo del genocidio la conducta de agresión sexual (no establecida en el ECPI), en virtud a la LO 5/2010, de 22 de junio, que modifica la LO 10/1995, de 23 de noviembre, con motivo de la protección especial de mujeres y niños en conflictos armados;

b.3) sometimiento a condiciones que pongan en peligro grave la vida o salud, o produzcan lesiones al colectivo o sus miembros;

b.4) desplazamiento forzoso del grupo o sus miembros e implantar medidas para impedir la reproducción, o trasladar por la fuerza a individuos de un grupo a otro. Mientras que el ECPI establece el tipo en el desplazamiento de niños, nuestro CP no lo limita en relación a la edad. Asimismo, se tipifica la apología del genocidio a quien difunda ideas o doctrinas que justifiquen delitos de genocidio o pretendan el establecimiento de regímenes que los amparen;

C) Crímenes de guerra: este tipo de acciones vienen recogidas en el art. 8 ECPI[543], entendiéndose como parte de un plan político que conlleva la viola-

542 En cuanto al concepto de «grupo», no resulta necesario que se trate de una colectividad en atención únicamente a su raza o discriminación, sino que puede tener origen en otras causas mientras su unidad venga dada en atención a sus vínculos. Bernardo José Feijoo Sánchez, «Los delitos de genocidio en el Derecho Penal español», *Revista de las Facultades de Derecho y Ciencias Económicas y Empresariales, N.º 42*, 1997, pp. 97-134.

543 Art. 8 del Estatuto de la Corte penal Internacional de 1998: «a) Infracciones graves de los Convenios de Ginebra de 12 de agosto de 1949 [...] i) El homicidio intencional; ii) La tortura o los tratos inhumanos, incluidos los experimentos biológicos; iii) El hecho de causar deliberadamente grandes sufrimientos o de atentar gravemente contra la integridad física o la salud, iv) La destrucción y la apropiación de bienes, no justificadas por necesidades militares, y efectuadas a gran escala, ilícita y arbitrariamente; v) El hecho de forzar a un prisionero de guerra o a otra persona protegida a servir en las fuerzas de una Potencia enemiga; vi) El hecho de privar deliberadamente a un prisionero de guerra o a otra persona protegida de su derecho a ser juzgado legítima e imparcialmente; vii) La deportación o el traslado ilegal o el confinamiento ilegal; viii) La toma de rehenes; b) Otras violaciones graves de las leyes y usos aplicables en los conflictos armados internacionales [...] c) En caso de conflicto armado que no sea de índole internacional, las violaciones graves del artículo 3 común a los cuatro Convenios de Ginebra de 12 de agosto de 1949, a saber, cualquiera de los siguientes actos cometidos contra personas que no participen directamente en

ción grave de los Convenios de Ginebra de 1949, el conjunto normativo de la guerra nacional e internacional y la costumbre aplicable a dicho ámbito;

D) Crimen de agresión: consecuencia de la Revisión efectuada en la Conferencia de Kampala de 2010 en el art. 8bis[544]. Esta acción, que puede ser cometida por quien dirige la acción política o militar de un Estado, consiste en la planificación o ejecución de un acto de agresión cuya gravedad constituya una violación manifiesta de la Carta de Naciones Unidas (art. 8.1 bis) y que requiere conciencia de ilegalidad por su autor, empleando la fuerza armada a tal efecto (art. 8.2 bis)[545], según afirma FERNÁNDEZ ARRIBAS[546]. El reconocimiento de los crímenes de la CPI constituye una toma de conciencia por parte de Naciones Unidas de que constituyen una grave amenaza para la paz y la seguridad globales.

La característica fundamental de estos delitos pertenecientes al derecho de guerra es su imprescriptibilidad (art. 29 ECPI), siendo perseguibles en todo momento con penas que oscilan desde la pena de multa o el decomiso de haberes y bienes, hasta los 30 años de prisión o incluso cadena perpetua en casos de extrema gravedad (art. 77 ECPI). La actuación de la CPI en relación a los Estados parte se basa en el principio de complementariedad en la jurisdicción, lo que implica que dicho órgano interviene en caso de que el Estado parte no ejerza su jurisdicción o no se encuentre en condiciones de hacerlo[547], correspondiendo la iniciativa al Fiscal de la Corte, el Consejo de Seguridad de Naciones Unidas o cualquiera de los Estados parte, según establece el art. 13 ECPI.

---

las hostilidades, incluidos los miembros de las fuerzas armadas que hayan depuesto las armas y las personas puestas fuera de combate por enfermedad, herida, detención o por cualquier otra causa: i) Los atentados contra la vida y la integridad corporal, especialmente el homicidio en todas sus formas, las mutilaciones, los tratos crueles y la tortura; ii) Los ultrajes contra la dignidad personal, especialmente los tratos humillantes y degradantes; iii) La toma de rehenes; iv) Las condenas dictadas y las ejecuciones sin previo juicio ante un tribunal regularmente constituido, con todas las garantías judiciales generalmente reconocidas como indispensables. d) El párrafo 2 c) del presente artículo se aplica a los conflictos armados que no son de índole internacional, y por consiguiente, no se aplica a las situaciones de tensiones internas y de disturbios interiores, tales como los motines, los actos esporádicos y aislados de violencia u otros actos análogos [...]».

544 España, Instrumento de ratificación del Estatuto de Roma de la Corte Penal Internacional, hecho en Roma el 17 de julio de 1998, Boletín Oficial del Estado, N.° 126, de 27 de mayo de 2002, pp. 18.824-18.860.

545 Art. 8.2bis de la Resolución de Kampala de 2010 establece que se entiende por «acto de agresión» el ataque por parte de una fuerza armada estatal contra la soberanía, independencia o integridad territorial de otro Estado, así como cualquier otra forma que vulnere el contenido de la Carta de Naciones Unidas, haya o no declaración de guerra, en virtud de la Resolución 3314 (XXIX) de la Asamblea general de Naciones Unidas, de 14 de diciembre de 1974.

546 Gloria FERNÁNDEZ ARRIBAS, *Crimen de Agresión,* Universidad Pablo de Olavide, Sevilla, 2017, pp. 284-285.

547 Jorge Fernando PERDOMO TORRES, «Corte Penal Internacional y Amnistía», *Derecho Penal y Criminología, Vol. 27, N.° 81*, 2006, p. 160.

Sin embargo, la jurisdicción universal de este tribunal sólo alcanza a los Estados parte en el ECPI, según se afirma en su art.12.1[548], aspecto que limita enormemente su eficacia práctica. Piénsese que, potencias militares como EEUU, Rusia, China, India, Pakistán, Turquía o Israel, no han firmado este Tratado, o han retirado su firma tras haberlo hecho[549]. Los motivos son evidentes, se trata de Estados especialmente activos en la escena militar internacional y rechazan cualquier injerencia externa contraria a sus expectativas políticas[550]. A mayor abundamiento, tres de las potencias militares autoexcluidas de la jurisdicción del ECPI son miembros con derecho a veto en el propio Consejo de Seguridad de Naciones Unidas: EEUU, Rusia y China, lo que evidencia su ausencia de compromiso para acabar definitivamente con estas conductas atentatorias contra los Derechos Humanos.

En el caso de España, dado el presunto funcionamiento ordinario de las instituciones democráticas, corresponde su enjuiciamiento a la jurisdicción nacional en primer lugar, consagrando el principio de intervención mínima del Derecho Penal Internacional. En nuestra opinión, la mejor protección de los derechos en la guerra debía haberse regulado de manera ajena a este principio supletorio, esto es, que fuera la CPI quien directamente conociera de los mismos. Todo ello, debido a que los delitos configurados en el ECPI suelen cometerse por las más altas estructuras de poder de los Estados, circunstancia que dificulta su procesamiento en la jurisdicción interna.

Resultan de aplicación aquí los principios *nullum crime sine legem* (art. 22 ER), en virtud del cual el crimen está definido al momento de su comisión, no pudiendo perseguirse hechos que, aunque revistan carácter competencial de la CPI, hayan tenido lugar con anterioridad a su entrada en vigor[551], y *nulla poena sine lege* (art. 23 ECPI), cuya esencia exige que la imposición de la pena se realice conforme a lo establecido en el ECPI.

548 Art.12.1 ECPI: «El Estado que pase a ser Parte en el presente Estatuto acepta por ello la competencia de la Corte respecto de los crímenes a que se refiere el artículo 5». *Sensu contrario*, no ser parte del Estatuto implica el rechazo de la jurisdicción del mismo para un Estado en cuestión.

549 *Vid.* EEUU firmó el Estatuto en el año 2000, sin embargo, retiró su firma el 6 de mayo de 2022. Por su parte, Rusia, firmó el instrumento en el año 2000, pero nunca ha llegado a ratificarlo.

550 *Vid.* Prueba de ello es la orden de arresto internacional emitida por la CPI contra el Presidente ruso, Vladimir Putin, y la Comisionada rusa para los Derechos del Niño, Maria Lvova-Belova, por la comisión de presuntos crímenes de guerra en Ucrania, el 17 de marzo de 2023. La orden de detención se dicta porque, aunque Ucrania tampoco es un Estado firmante del ECPI, sí ha reconocido su jurisdicción ante posibles crímenes de guerra ocurridos en su territorio, extendiendo su jurisdicción a las autoridades rusas, incluidas su Presidente. El acto es de enorme relevancia, pero de escasa eficacia jurídica práctica, en tanto la CPI no tiene jurisdicción en Rusia.

551 Jorge Isaac Torres Manrique, «Tribunal Penal Internacional o Corte Penal Internacional, *Derecho y Cambio Social», Año 4, N.º 11*, 2007, pp. 487-505.

3.7.1. Responsabilidad penal internacional del mando militar en España

La jurisdicción penal internacional establecida con motivo de la aprobación del ECPI, origina un obligado desarrollo legislativo interno que permita su aplicación. Como sabemos, en primer lugar, fue necesaria dictar la LO 6/2000, de 4 de octubre, por la que las Cortes Generales autorizan la ratificación del texto normativo internacional. Fueron necesarias, no obstante, tareas posteriores de adaptación al objeto de llevar a término el cumplimiento del principio de complementariedad del ECPI y que sea la jurisdicción nacional la encargada de proteger los Derechos Humanos en su territorio.

El art. 28 ECPI establece la responsabilidad penal internacional del mando militar por medio de dos vertientes. Por un lado, los crímenes de su competencia cometidos por fuerzas a su mando cuando no hubiera ejercido el control de las mismas con la debida diligencia[552], y por otro, en lo concerniente a la relación de superior y subordinado cuando no se hubiera llevado a cabo la debida supervisión sobre los mismos[553]. Pues bien, el Centro de Estudios de DIHCR realizó una propuesta de reforma del CP para acoger el precepto del art. 28 ECPI en 2001 y un año más tarde el GEPC advierte de la necesidad de establecer en el CP la responsabilidad de políticos o militares que no fuesen ejecutores directos de estos crímenes, pero que con su acción vaga, negligente u omisiva, permitiera exigírseles responsabilidad criminal. La reforma tuvo lugar a través del art. 615 bis del CP, introducido por LO 15/2003, de 25 de noviembre[554].

El precepto determina como sujeto activo a la autoridad o jefe militar que no adopta las medidas debidas para evitar la comisión de los crímenes establecidos al amparo del ECPI, castigándose con igual pena que los autores directos. Asimismo, se establece responsabilidad penal no solo del jefe militar, sino también de cualquier superior, cuando este no lleve a cabo

552 Art.28 a) ECPI: «i) Hubiere sabido o, en razón de las circunstancias del momento, hubiere debido saber que las fuerzas estaban cometiendo esos crímenes o se proponían cometerlos; y ii) No hubiere adoptado todas las medidas necesarias y razonables a su alcance para prevenir o reprimir su comisión o para poner el asunto en conocimiento de las autoridades competentes a los efectos de su investigación y enjuiciamiento».

553 Art. 28 b) ECPI: «i) Hubiere tenido conocimiento o deliberadamente hubiere hecho caso omiso de información que indicase claramente que los subordinados estaban cometiendo esos crímenes o se proponían cometerlos; ii) Los crímenes guardaren relación con actividades bajo su responsabilidad y control efectivo; y iii) No hubiere adoptado todas las medidas necesarias y razonables a su alcance para prevenir o reprimir su comisión o para poner el asunto en conocimiento de las autoridades competentes a los efectos de su investigación y enjuiciamiento».

554 Patricia Faraldo Cabana, «La responsabilidad por mando en el Código penal español» *en [Perspectiva Iberoamericana...], op. cit.*, p.172.

el control debido respecto a sus subordinados y ello produzca el objeto del injusto[555]. En cuanto a la condición de jefe, superior o subordinado militar, podrán serlo tanto efectivos de las Fuerzas Armadas como de la Guardia Civil, en caso de que miembros de este último se encuentren integrados en dichas unidades en misiones de carácter internacional (art. 15 LO 2/1986)[556] o durante la vigencia del estado de sitio (art. 25 de la LODN)[557].

3.7.2. La obediencia debida: Límite de la responsabilidad militar

El problema de la obediencia debida militar resulta de interés, no sólo a nivel internacional, sino también en el plano interno. Es por ello que consideramos oportuno dedicar este apartado a un fenómeno jurídico que no está exento de polémica doctrinal y que permite determinar la responsabilidad penal y/o administrativa tanto de los Jefes militares que actúan en cumplimiento de órdenes de la autoridad política, como de los mandos y subordinados que las reciben en el ámbito de sus competencias.

Para establecer correctamente el marco situacional debemos delimitar los conceptos básicos que permiten ofrecerlo, que vienen determinados por el concepto jurídico de «superior». Se entiende por «superior» al militar que respecto a otro ostenta empleo más elevado en la jerarquía, o ejerce autoridad, mando o jurisdicción, o cualquiera que fuera su empleo, al militar que custodie prisioneros de guerra, en virtud del art. 5 CPM[558]. Por otro lado,

---

555 Art. 615 bis CP: «1. La autoridad o jefe militar o quien actúe efectivamente como tal que no adoptara las medidas a su alcance para evitar la comisión, por las fuerzas sometidas a su mando o control efectivo, de alguno de los delitos comprendidos en los capítulos II, II bis y III de este título [...] 2.[...] se realizara por imprudencia grave [...]3.[...] no adoptara las medidas a su alcance para que sean perseguidos los delitos comprendidos en los capítulos II, II bis y III de este título cometidos por las personas sometidas a su mando o control efectivo [...] 4.El superior [...] que, en el ámbito de su competencia, no adoptara las medidas a su alcance para evitar la comisión por sus subordinados de alguno de los delitos [...] 5.El superior que no adoptara las medidas a su alcance para que sean perseguidos los delitos comprendidos en los capítulos II, II bis y III de este título cometidos por sus subordinados [...]».

556 Art. 15 LO 2/1986: «1. La Guardia Civil, por su condición de instituto armado de naturaleza militar, a efectos disciplinarios, se regirá por su normativa específica. Cuando la Guardia Civil actúe en el cumplimiento de misiones de carácter militar o cuando el personal de dicho Cuerpo se integre en unidades militares, resultará de aplicación el régimen disciplinario de las Fuerzas Armadas».

557 Art. 25 LODN: «En tiempo de conflicto bélico y durante la vigencia del estado de sitio, las actuaciones de la Guardia Civil serán coordinadas por el Consejo de Defensa Nacional, dependiendo en tales supuestos directamente del Ministro de Defensa, en los términos que determine el Presidente del Gobierno».

558 Art. 5 CPM: «1. [...] es superior el militar que, respecto de otro, ostente empleo jerárquicamente más elevado, o ejerza autoridad, mando o jurisdicción en virtud del cargo o función

la noción de «orden» se define en el art. 8 CPM[559] por cualquier mandato dirigido desde un superior a un subordinado, siempre que comprenda tres requisitos fundamentales:

a) relación con el servicio;

b) se encuentre en el marco competencial del ordenante;

c) conserve la forma jurídica prescrita por el ordenamiento.

El tema, *prima facie*, parece interpretable debido a la derogación en el CP vigente de la eximente de obediencia debida[560] establecida en el CP 1973, por medio de la cual, quedaba sin responsabilidad penal el subordinado que cumpliera órdenes contrarias al ordenamiento jurídico. Parte de la doctrina fundamenta el deber de obediencia, incluso la antijurídica, en la aplicación del art. 20.7 CP, que regula la causa de justificación de actuar en cumplimiento de un deber, oficio o cargo y que consideraría la acción de obedecer lícita[561].

A mayor abundamiento, el art. 410 CP establece el delito de desobediencia respecto a la autoridad o funcionario que se niegue a cumplir «órdenes de la autoridad superior dictadas dentro del ámbito de su respectiva competencia y revestidas de las formalidades legales», salvo que dicho mandato constituya una infracción «manifiesta, clara y terminante de la ley u otra disposición general» (410.2 CP). La conexión entre estos preceptos puede llevarnos a concluir que existe responsabilidad penal o administrativa en la negativa a

que desempeñe como titular o por sucesión reglamentaria. Se considerarán superiores, respecto de los prisioneros de guerra de los que España fuera potencia detenedora, los militares españoles, cualquiera que fuere su empleo, encargados de su vigilancia o custodia y en el ejercicio de tales cometidos».

559 Art. 8 CPM: «Es orden todo mandato relativo al servicio que un superior militar da a un subordinado, en forma adecuada y dentro de las atribuciones que le corresponden, para que lleve a cabo u omita una actuación concreta».

560 La eximente de obediencia debida se regulaba en el CP de 1973 en el art. 8.12: «8. Están exentos de responsabilidad criminal: [...] 12. El que obra en virtud de obediencia debida».

561 En este sentido, encontramos a Cerezo Mir y su teoría de nulidad del acto administrativo, que argumenta la cabida única del mandato antijurídico obligatorio de los actos administrativos del art. 62 de la derogada Ley 30/1992 al considerarse anulable por motivos de forma o competencia. José Cerezo Mir, *Curso de Derecho Penal Español, Parte General II, Teoría Jurídica del delito 2,* Tecnos, Madrid, 1990, p. 73; Rodríguez Devesa, mediante la teoría de la desobediencia punible justifica este tipo de mandatos cuando llevan aparejados una sanción pena consecuencia de su incumplimiento, al amparo del actual art. 410 CP. José María Rodríguez Devesa, «La obediencia debida en el derecho penal militar», *Ministerio de Defensa, Revista Española de Derecho Militar, N.º 3,* 1957, p. 34; Muñoz Conde a través de la teoría de la apariencia ha justificado estos mandatos en la presunción de legalidad de las órdenes superiores con la adecuada forma, competencia y que constituyan manifiesta ilegalidad. , Francisco Muñoz Conde y Mercedes García Arán, *Derecho penal, parte general, 7.ª edición*, Ed.Tirant Lo Blanch, Valencia, 2007, pp. 339 y 340.

cumplir el mandato presuntamente antijurídico de un superior, siempre que no lo sea de forma «manifiesta, clara y terminante»[562].

En nuestra opinión, no resulta compatible la emisión de una orden antijurídica amparada legalmente en la causa de justificación del art. 20.7 CP. Ello supone justificar la ejecución de un mandato ilegal en el marco del deber de actuación de un empleado público, determinando la adecuación al ordenamiento de actos ilícitos con base a la autoridad de origen, excluyendo su contenido y fundamento. Constituye, pues, la causa de justificación descrita una contravención del principio de unidad del ordenamiento jurídico, así como del núcleo esencial de los siguientes preceptos constitucionales:

a) art. 1.1 CE: que declara que España se constituye en un Estado social y democrático de Derecho;

b) art. 9.1 CE: mediante el sometimiento de los ciudadanos y poderes públicos a la CE y resto del ordenamiento, el militar debe obedecer no cualquier orden, sino aquella que en el ámbito de su competencia se sitúe en parámetros de constitucionalidad y legalidad. Del mismo modo, su superior o autoridad tiene el deber de abstenerse de emitir órdenes ilegales en virtud de la misma sumisión al ordenamiento;

c) art. 103.1 CE: subordina la actuación de la Administración a la ley y al Derecho, por lo que las autoridades, Jefes militares y mandos quedan sujetos al mandato como miembros de la misma y de su especial estatuto jurídico[563].

El hecho de advertir en la norma penal un deber de obediencia por parte del funcionario sólo excusable con motivo de una orden ilegal contemplada en forma «manifiesta y clara», conduce la propia actividad de la Administración hacia un terreno de inseguridad jurídica contrario al art.9.3 CE. No parece razonable exigir al empleado público la realización de un análisis de juridicidad definitorio que permita una delimitación nítida entre órdenes simplemente «ilegales» y aquellas «manifiestamente ilegales», extremo que en todo caso resulta competencia de la autoridad judicial. Por otro lado, el cum-

562 Francisco Javier HERNÁNDEZ SUÁREZ-LLANOS, «A vueltas con la obediencia debida. ¿mandatos jurídicos obligatorios?», *Revista Jurídica de la Universidad Autónoma de Madrid, N.º 22.II*, 2010, p. 146.

563 Sobre la legalidad de la desobediencia del mandato antijurídico han argumentado los siguientes autores: Cobo del Rosal y Vives Antón mantienen que siempre será mayor el mal creado al obedecer una orden ilegal que el creado al desobedecerla. Manuel COBO DEL ROSAL y Tomás Salvador Vives Antón, *Derecho Penal. Parte General*, 5.ª edic., Ed. Tirant lo Blanch, Valencia, 1999, p. 532; Antón Oneca afirma que el ordenamiento ha pretendido ampliar las facultades del subordinado para examinar la legalidad de la orden y negarse al cumplimiento de las ilegales. José ANTÓN ONECA, *Derecho penal*, Tomo I, Parte General, Ed. Reus, Madrid, 1949, p. 273; Luis JIMÉNEZ DE ASÚA, *La culpabilidad y su exclusión. Tratado de Derecho Penal*, Tomo VI, Ed. Losada S. A., Buenos Aires, 1962, p. 826; Luis RUEDA GARCÍA, «El concepto de ilicitud de la orden en las infracciones contra la disciplina militar», *Revista de Derecho penal, procesal y penitenciario, La Ley Penal, N.º 7*, 2004, p. 26.

plimiento de una orden antijurídica puede desviar al funcionario de la tipicidad contenida en el art. 410.1 CP, pero automáticamente le sitúa en el plano activo de otro tipo penal o administrativo, según el contenido de la orden y la conducta activa u omisiva del mismo.

En consecuencia, debemos esperar del funcionario un deber de obediencia jerárquica[564] distinto de la obediencia debida, siéndole únicamente exigible una representación mental primaria y abstracta sobre la juridicidad de la orden. No debe, por tanto, cumplimentar el mandato dimanante del superior cuando su forma o especialidad revistan caracteres de infracción al ordenamiento. A mayor abundamiento, y en unión a lo señalado anteriormente por Cobo del Rosal y Vives Antón, las consecuencias de obedecer una orden antijurídica siempre serán más gravosas para el interés general perseguido por la Administración (art. 103.1 CE) que las derivadas de no cumplirla[565].

Tampoco podemos situar en plano de igualdad jurídica el contenido de los arts. 20.7 y 410 CP con respecto a los arts. 1.1, 9.1 CE y 103.1 CE, en

---

564 El deber de obediencia jerárquica militar en las Fuerzas Armadas se encuentra regulado en diversos preceptos, tales la LO 9/2011, de 27 de julio de Derechos y deberes de los miembros de las Fuerzas Armadas, art. 6 séptima: «Adecuará su comportamiento profesional, en cumplimiento de sus obligaciones militares, a las características de las Fuerzas Armadas de disciplina, jerarquía y unidad, indispensables para conseguir la máxima eficacia en su acción», art. 6 octava: «La disciplina, factor de cohesión que obliga a mandar con responsabilidad y a obedecer lo mandado, será practicada y exigida en las Fuerzas Armadas como norma de actuación [...]», art. 6 novena: «Desempeñará sus cometidos con estricto respeto al orden jerárquico militar en la estructura orgánica y operativa [...]»; LO 8/2014, de 4 de diciembre de Régimen Disciplinario de las Fuerzas Armadas, art. 1: «el régimen disciplinario de las Fuerzas Armadas con la finalidad de garantizar la observancia de las reglas de comportamiento de los militares, en particular la disciplina, la jerarquía y la unidad, que, de acuerdo con la Constitución y el resto del ordenamiento jurídico, constituyen el código de conducta de los miembros de las Fuerzas Armadas»; RD 96/2009, de 6 de febrero, por el que se aprueban las RROO, arts. 55: «[...] Todo mando tiene el deber de exigir obediencia a sus subordinados y el derecho a que se respete su autoridad, pero no podrá ordenar actos contrarios a las leyes o que constituyan delito» y 78: «El militar [...], será el máximo [...] del exacto cumplimiento de las órdenes recibidas». Y por lo que respecta a la Guardia Civil en LO 11/2007, de 22 de octubre, reguladora de los derecho y deberes de los miembros de la Guardia Civil, art. 16: «[...] deberán adecuar su actuación profesional a los principios de jerarquía, disciplina y subordinación. En ningún caso la obediencia debida podrá amparar el cumplimiento de órdenes que entrañen la ejecución de actos que manifiestamente constituyan delito o sean contrarios a la Constitución o a las Leyes»; LO 12/2007, de 22 de octubre, del régimen disciplinario de la Guardia Civil, art. 7.15: «La desobediencia grave o la indisciplina frente a las órdenes o instrucciones de un superior, salvo que éstas constituyan infracción manifiesta del ordenamiento jurídico», art. 8.5: «La falta de subordinación» y art. 9.3:« El retraso, negligencia o inexactitud en el cumplimiento de los deberes u obligaciones, de las órdenes recibidas [...]»; Ley 29/2014, de 28 de noviembre, de Régimen de Personal de la Guardia Civil, art. 7.1.9.: «Obedecerá las órdenes, que son los mandatos relativos al servicio, que un guardia civil da a un subordinado, en forma adecuada y dentro de las atribuciones [...]», así como los referidos arts. 55 y 78 del RD 96/2009 de las RROO.

565 Cobo del Rosal y Vives Antón, *op. cit.*, p. 480.

tanto deben prevalecer los últimos frente a los primeros ante cualquier antinomia jurídica en virtud del principio de jerarquía normativa, consagrado en el art. 9.3 CE[566]. Para finalizar, apoyaremos nuestra pretensión en la consolidada jurisprudencia del Tribunal Supremo por medio de la STS 2344/2001, de 22 de marzo, cuyo Fundamento Jurídico 13 establece, en relación a la obediencia debida y su posible justificación en el art. 20.7 CP, lo siguiente:

> «No cabe la obediencia debida ante una orden manifiestamente contraria a la Constitución y no se ejercita un derecho o se cumple con un deber, en los casos en que la actuación que se trata de justificar, entra en colisión con bienes jurídicos ajenos de especial preponderancia, como el derecho fundamental al secreto de las comunicaciones»[567].

En el mismo sentido, se ha pronunciado la STS 1132/2018, de 22 de marzo, de la Sala de lo Militar, estableciendo en el Fundamento Jurídico 2 que la exigencia de la obediencia debida en el ámbito militar responde a los postulados del sistema autoritario, en que las órdenes se cumplen por virtud de quien las emite sin atender a su juridicidad. Una situación tal, describe, resulta impropia en nuestro sistema democrático:

> «[...] en un sistema democrático no cabe la exención por razón de la obediencia debida, pues tal forma de ver las cosas se basa en un sistema autoritario. El sistema autoritario defiende que quien manda, ordena una cosa que debe ser cumplida, aunque infrinja la ley y el que cumple no tiene responsabilidad por cumplirla. Lo que no ocurre en el sistema democrático constitucional en el que prima el cumplimiento de la ley, de la que proviene toda autoridad, y no es posible ocultarse detrás de una orden para incumplir una ley y no tener responsabilidad [...] En nuestro ordenamiento no existe un deber de obediencia debida»[568].

566 Joaquín Almoguera Carreres, *Lecciones de Teoría del Derecho*, 2.ª edic., Ed. Reus, Madrid, 1999, p. 326.

567 Tribunal Supremo, Sala II de lo Penal, sentencia núm. 2344/2001, de 22 de marzo, Fundamento Jurídico 13, recurso 3583/1999, núm. Resolución 367/2001.

568 Tribunal Supremo, Sala V de lo Militar, sentencia núm. 1132/2018, de 22 de marzo, Fundamento Jurídico 2, recurso 117/2017, núm. resolución 32/2018.

CAPÍTULO III

LAS MISIONES «PROPIAS» DE LAS FUERZAS ARMADAS

1. Las misiones «propias» de las Fuerzas Armadas

Analizadas las misiones de tipo bélico-defensivo de las Fuerzas Armadas contenidas en el art. 8.1 CE, se advierte que el aumento de las capacidades militares, su versatilidad ante los diferentes escenarios y la complejidad de los conflictos, han propiciado el desarrollo de otro tipo de misiones militares que hemos considerado denominar «propias». Estas misiones «propias» serán disgregadas en dos modalidades:

a) misiones internacionales derivadas de la aplicación del art. 8.2 CE[569], desarrollado por la LODN y los compromisos internacionales adquiridos por España;

b) misiones ejercidas como consecuencia de la vigencia del estado de sitio.

La propiedad de las primeras dimana del mandato constitucional anteriormente expuesto y excede el contenido básico del art. 8.1 CE, en cuanto a la concepción clásica defensiva de las Fuerzas Armadas. La gestación de esta tipología de misiones ha sido posible mediante la aprobación de la LODN y se traduce fundamentalmente en la participación del instituto militar en operaciones internacionales en tiempo de paz. La expresión «tiempo de paz» en modo alguno indica un periodo de ausencia de conflictividad en el plano internacional, más bien al contrario, expresa únicamente la ausencia de una guerra tradicional o conflicto armado declarado. Esta circunstancia da paso a situaciones que constituyen alteraciones en la seguridad internacional que denominaremos como «crisis» y que requieren un tratamiento jurídico diferenciado del DIH.

569 Art. 8.2 CE: «Una ley orgánica regulará las bases de la organización militar conforme a los principios de la presente Constitución».

En cuanto a la naturaleza propia del papel de las Fuerzas Armadas durante la vigencia del estado de sitio, se justifica en la preponderancia que durante esta situación adquiere la Administración militar respecto a la civil a través de la instrumentación de la defensa del sistema constitucional, dispuesta en los aptdos. 1 y 4 del art. 116 CE. Asimismo, el organigrama normativo se completa con la aprobación de la LOAES, que permite militarizar el estatuto jurídico civil al objeto de proteger los bienes jurídicos señalados en el art. 8.1 CE.

2. Las Fuerzas Armadas en operaciones internacionales de paz. Constitucionalidad y legalidad

La participación militar española en misiones internacionales de paz recibe su acomodo jurídico, en primer término, del principio de solidaridad consagrado en el Preámbulo de nuestra CE, que afirma la promoción de las relaciones pacíficas entre todas las naciones[570]. Desde una interpretación tradicional del concepto de defensa y por ende del art. 8.1 CE, el mantenimiento de nuestra soberanía e independencia, la defensa territorial y el propio orden constitucional, pueden lesionarse con motivo de agresiones o amenazas a la seguridad en escenarios internacionales. Es aquí donde se atribuye atribuye a la acción militar exterior un aspecto propio de la defensa.

Esta interpretación puede ser válida respecto al concepto «bélico-defensivo» de las Fuerzas Armadas derivado de las obligaciones asumidas con organizaciones internacionales o en el curso de un conflicto armado bilateral o multilateral con terceros Estados. Pero no comprende aquellas misiones internacionales «en tiempo de paz» que conforman la práctica totalidad de la intervención militar exterior[571].

Una parte de la doctrina, encabezada por Melero Alonso[572], entiende que las misiones de pacificación se encuentran amparadas jurídicamente por la declaración de guerra inserta en el art. 63.3 CE y su mecanismo parlamentario de autorización. Argumentan que cualquier acción armada internacional, aún bajo el mandato del Consejo de Seguridad, debe ser considerada como guerra, todo ello en ausencia de regulación legal específica. En nuestra

570 Preámbulo CE: «La Nación española, deseando establecer la justicia, la libertad y la seguridad y promover el bien de cuantos la integran, en uso de su soberanía, proclama su voluntad de: [...] Colaborar en el fortalecimiento de unas relaciones pacíficas y de eficaz cooperación entre todos los pueblos de la Tierra».

571 Ruth Abril Stoffels, «Marco jurídico internacional de la participación de las Fuerzas Armadas en operaciones de paz: el Derecho de la Guerra» *en III Jornadas sobre cultura de Defensa Nacional: La imagen de las Fuerzas Armadas*, Ed. Real Hermandad de Veteranos de las Fuerzas Armadas y de la Guardia Civil, Madrid, 2006, p. 45.

572 Melero Alonso, *op. cit.*, p. 97.

opinión, esta explicación no resulta apropiada, considerando que reduce la naturaleza de las acciones armadas a un único tipo de objeto, el belicoso, en el que no estarían incluidos los supuestos de ayuda humanitaria o estabilización, entre otros.

Mediante el procedimiento de declaración de guerra del art. 63.3 CE, por consiguiente, sólo quedarían cubiertas las acciones armadas fundamentadas en el principio de legítima defensa del art. 51 de la Carta como respuesta a una agresión y durante el tiempo que media hasta la decisión del Consejo de Seguridad al respecto. La base jurídica de las misiones en tiempo de paz tiene su origen en una interpretación tan extensiva como, a nuestro juicio, errónea de las misiones contenidas en el art. 8.1, que consiste en una defensa propia a través de garantizar la seguridad ajena en el ejercicio de la dirección militar del Gobierno. Con esta situación, el control de las Cortes Generales sobre la política exterior y de defensa queda relegada a un momento posterior, al albur del art. 66.2 CE, mediante el mecanismo de control genérico de la acción del Gobierno[573].

Dada la ausencia de previsión de estas misiones en la derogada LO 6/1980, de 1 de julio, las Cortes Generales aprobaron el 24 de octubre de 1995 una Resolución que establece las circunstancias en que las Fuerzas Armadas pueden participar en misiones de paz bajo el paraguas de la ONU[574]. Esto es, que dichas operaciones gozan de constitucionalidad cuando son aprobadas por el Consejo de Seguridad en el marco del capítulo VII de la Carta de Naciones Unidas[575]. En el mismo sentido, coincidiendo con la integración de España en la estructura militar de la OTAN, las Cortes Generales aprobaron otra Resolución el 14 de noviembre de 1996, aceptando la juridicidad de la participación de las Fuerzas Armadas en operaciones aprobadas por la Alianza Atlántica[576].

El dilema jurídico viene a resolverlo la LODN, en cuya Exposición de Motivos justifica la participación internacional de las Fuerzas Armadas en calidad de observadores, fuerzas de interposición, operaciones de mantenimiento de la paz o humanitarias, con motivo de una nueva concepción exterior del planeamiento nacional de la defensa en un marco de seguridad global com-

573 Art. 62.2 CE: «Las Cortes Generales ejercen la potestad legislativa del Estado, aprueban sus presupuestos, controlan la acción del Gobierno y tienen las demás competencias que les atribuya la Constitución».

574 Yolanda Gamarra Chopo, «Aspectos jurídicos de la participación de las fuerzas armadas españolas en misiones internacionales: la emergencia de una obra constitucional y legislativa», *Agenda Internacional, Vol. 13, N.º 24*, 2007, p. 352.

575 Congreso de los Diputados, *Los nuevos retos y la reforma institucional de las Naciones Unidas,* Cortes Generales, 24 de octubre de 1995.

576 Congreso de los Diputados, Resolución relativa a la comunicación del Gobierno sobre la participación de España en la Alianza Atlántica, Diario de Sesiones del Congreso, N.º 39, 14 de noviembre de 1996, pp. 1.706-1.715.

plejo[577]. Esta norma no sólo desarrolla las bases de la organización militar en cumplimiento del mandato del art. 8.2 CE, sino que aumenta el marco de misiones para las Fuerzas Armadas establecido en el apdto. 1 del art. 8. Consagra en su art. 2 que la política de defensa tiene por objeto, además de las tradicionales descritas *ut supra*, contribuir a la conservación de la paz y seguridad internacionales en atención a los compromisos adquiridos por España. Asimismo, los aptdos. 2,3 y 4 del art. 15 LODN, en la misma línea establecen:

> «2. Las Fuerzas Armadas contribuyen militarmente a la seguridad y defensa de España y de sus aliados, en el marco de las organizaciones internacionales de las que España forma parte, así como al mantenimiento de la paz, la estabilidad y la ayuda humanitaria. 3. [...] deben preservar la seguridad y bienestar de los ciudadanos en los supuestos de grave riesgo, catástrofe, calamidad u otras necesidades públicas [...] 4. Las Fuerzas Armadas pueden, asimismo, llevar a cabo misiones de evacuación de los residentes españoles en el extranjero, cuando circunstancias de inestabilidad en un país pongan en grave riesgo su vida o sus intereses»[578].

Por otro lado, el Presidente del Gobierno ejerce la dirección del planeamiento estratégico de la defensa, la gestión de las situaciones de crisis y el empleo de la fuerza en las operaciones militares conforme al art. 6 LODN. El aptdo. d) del precepto establece que esta autoridad ordena las misiones de las Fuerzas Armadas, debiendo ponerse en relación al mandato recogido en el art. 4.2 LODN, en virtud del cual la participación de las Fuerzas Armadas en misiones internacionales debe ser autorizada previamente por el Congreso de los Diputados.

Se prevén tres tipos de autorización parlamentaria en función de las circunstancias acaecidas. El primero, descrito en el art. 17.1 LODN, para las operaciones internacionales que no se encuentran relacionadas directa-

577 Preámbulo LODN: «El mundo vive hoy cambios profundos que tienen evidentes consecuencias en la estructura, organización y funciones de los Ejércitos. España debe acomodarse a esas transformaciones, para asegurar su propia seguridad y defensa y para contribuir a la paz y a mejorar el orden internacional. [...] El escenario estratégico ha visto desaparecer la política de bloques que protagonizó la guerra fría y emerger la globalización y un nuevo marco en las relaciones internacionales. [...] Disminuyen las guerras de tipo convencional, pero proliferan conflictos armados que, tanto por sus causas como por sus efectos, tienen implicaciones notables más allá del lugar en donde se producen.[...] La proyección internacional de España y de nuestra política de defensa en el conjunto de la acción exterior hace que, desde finales del siglo XX, nuestras Fuerzas Armadas vengan actuando fuera de nuestras fronteras como observadores, como fuerzas de interposición, de mantenimiento de la paz y de ayuda humanitaria. Esta circunstancia demanda incluir en la Ley misiones que no estaban recogidas expresamente en la anterior normativa, planteamientos rigurosos en cuanto al respeto a la legalidad internacional de dichas operaciones e incluso novedosos en cuanto a su control. [...]».

578 Art. 15.2 LODN.

mente con la defensa o respecto algún interés nacional[579]. Establece una doble solicitud, en cuyo caso el Gobierno debe presentar una consulta previa y solicitar autorización del Congreso de los Diputados. Respecto al segundo procedimiento de autorización, se trata de un método urgente, previo al envío de fuerzas militares al exterior. Y finalmente, el tercer tipo, en el marco de la excepcionalidad cuando concurran «razones de máxima urgencia» en atención a los compromisos internacionales adquiridos por España. En tal caso, el Gobierno someterá a la autorización del Congreso a la mayor brevedad para ratificar la decisión efectuada *ex* art. 17.3[580]. A partir de aquí, por parte de los Jefes de Estado Mayor, se trasladan las unidades necesarias al JEMAD, que se encarga de la organización del transporte a la zona y de su despliegue, realizando finalmente la transferencia de autoridad al mando multinacional, denominado TOA[581].

El mecanismo parlamentario autorizante tiene lugar por mayoría simple y supone un cambio drástico en cuanto a las relaciones entre las Cortes Generales, el Gobierno y los mecanismos de control genéricos que anteriormente aludimos. Se convierte en un acto jurídico complejo de competencia orgánica multivariada que comparten Gobierno y Congreso[582]. La competencia en la dirección militar asumida por el Gobierno se complementa con la autorización parlamentaria, que la perfecciona, habilitando con la misma el envío de tropas al exterior, si bien, no constituye una obligación y deja incólume la función directiva del Ejecutivo.

579 El Libro Blanco para la Defensa del 2000 establece la siguiente noción de interés nacional: «[...] valores y bienes inmateriales que constituyen sus aspiraciones básicas en el orden internacional y el fundamento del bienestar y la prosperidad de los españoles. Dentro de los intereses nacionales existen algunos de particular transcendencia, cuya salvaguarda merece, si llega el caso, un esfuerzo de defensa: los intereses nacionales de seguridad, que son los fines que debe alcanzar la política de defensa. Su definición es siempre muy amplia y genérica pues no es posible prever a priori todos los posibles escenarios que puedan presentarse». Ministerio de Defensa, *Libro Blanco de Defensa*, 2000, p. 57-58.

580 Art. 17 LODN: «1. Para ordenar operaciones en el exterior que no estén directamente relacionadas con la defensa de España o del interés nacional, el Gobierno realizará una consulta previa y recabará la autorización del Congreso de los Diputados. 2. En las misiones en el exterior que, de acuerdo con compromisos internacionales, requieran una respuesta rápida o inmediata a determinadas situaciones, los trámites de consulta previa y autorización se realizarán mediante procedimientos de urgencia que permitan cumplir con dichos compromisos. 3. En los supuestos previstos en el apartado anterior, cuando por razones de máxima urgencia no fuera posible realizar la consulta previa, el Gobierno someterá al Congreso de los Diputados lo antes posible la decisión que haya adoptado para la ratificación, en su caso».

581 Luís Feliu Ortega, «La participación de las Fuerzas Armadas Españolas en misiones en el exterior» en *Las misiones de las Fuerzas Armadas Españolas en el exterior, Documentos del Foro de la Sociedad Civil, N.º 3*, 2010, p. 30.

582 Vicente Moret Millas, *La autorización de las operaciones en el exterior de las Fuerzas Armadas: Una propuesta de regulación parlamentaria*, Ministerio de Defensa, Premios Defensa José Francisco de Querol y Lombardero, 2013, p. 17.

En la misma clase de autorizaciones debemos entender comprendidas las reguladas en el art. 94 CE, cuya especificidad con la materia de estudio se recoge en el aptdo. 1 b) al requerir de autorización de las Cortes Generales la prestación del consentimiento para obligarse mediante tratados de carácter militar[583], desprendiéndose del procedimiento una elevada consideración constitucional. La continuación del régimen de control parlamentario respecto a la operación militar internacional se realiza mediante su seguimiento parlamentario. Dicho seguimiento se encuentra regulado en el art. 18 LODN y consiste en la remisión de información sobre el estado de la misión, con periodicidad anual, por parte del Ejecutivo al Congreso.

El marco legal de las misiones internacionales de paz ajenas a la Defensa Nacional o al interés nacional, queda configurado mediante el cumplimiento exhaustivo de una serie de condiciones establecidas en el art. 19 LODN:

a) estas operaciones deben ser solicitadas por el Gobierno del Estado receptor, acordadas por el Consejo de Seguridad de Naciones Unidas, el Consejo Atlántico, o el Consejo Europeo, dependiendo de la organización internacional bajo cuyo amparo se realice el despliegue;

b) las operaciones deben tener por objeto fines defensivos, de conservación de la paz y seguridad internacional, humanitarios y de estabilización en situaciones de crisis;

c) deben realizarse al amparo de los principios de la Carta de Naciones Unidas y del resto del Derecho Internacional, según lo dispuesto en el art. 96.1 CE.

Sensu contrario, las misiones que se encuentren relacionadas con la defensa o interés nacional no pueden acogerse a dichos condicionamientos, quedando aquí comprendidas las situaciones de amenaza o agresión a la soberanía española o su orden constitucional, incluso las acciones militares de disuasión. Este aspecto no deja de sorprendernos, debido a que la respuesta ante amenaza o agresión se encuentra regulada en el principio de legítima defensa del art. 51 de la Carta de Naciones Unidas. Asimismo, las acciones preventivas pueden comprenderse en el ámbito de la gestión de crisis, quedando en todo caso al amparo de los preceptos de Naciones Unidas y del resto del Derecho Internacional, en evidente contradicción al apdto. c) del art. 19 LODN.

Siguiendo a Moret Villas, otra consecuencia relevante relacionada con el condicionamiento establecido en el art. 19 LODN, viene derivada de la aplicación del art. 2 a) de la Ley 29/1998, de 13 de julio, de la Jurisdicción

583 La misma categoría de autorización tiene la declaración de guerra y de hacer la paz prevista en el art. 63.3 CE, la autorización de prórroga del estado de alarma en el art. 116.2 CE, la autorización para la declaración del estado de excepción en el art. 116.3 CE, la declaración del estado de sitio en el art. 116.4 CE, la convocatoria de referéndum consultivo regulada en el art. 92 CE, así como la autorización del Senado para el cumplimiento forzoso de las obligaciones de una Comunidad Autónoma prevista en el art. 155 CE.

Contencioso-Administrativa[584]. Por medio de este precepto puede plantearse un recurso contencioso-administrativo contra la decisión del Gobierno de enviar tropas al exterior cuando no se cumpla el catálogo inicial de «elementos reglados» que establece la norma[585]. En relación a las indicaciones que la LODN realiza respecto al cumplimiento del Derecho Internacional, se ha omitido en su redacción la importancia de la Costumbre Internacional y de los Principios Generales del Derecho, de aplicación habitual en el DIH. No obstante, nuestra jurisprudencia constitucional sí ha constatado la relevancia de los mismos en diferentes ámbitos[586].

Por otro lado, la LODN establece en su art. 16 una serie de misiones que pueden desempeñar las Fuerzas Armadas con carácter «complementario o subsidiario de interés público», tanto en territorio nacional como en el exterior, compartiendo la finalidad de mantenimiento de la paz, estabilización de crisis y/o respuesta frente a una agresión. Sólo haremos referencia aquí a aquellas misiones que tengan lugar en el ámbito internacional, postergando por exceder del objeto actual de estudio el análisis de su participación en territorio nacional en supuestos de grave riesgo, catástrofe u otras necesidades públicas:

a) vigilancia y acción marítima, custodia y control del espacio aéreo de soberanía nacional y cualquier otra acción destinada a garantizar dicho interés y la protección de la vida de los ciudadanos;

b) operaciones de mantenimiento de la paz y estabilización de crisis internacionales, así como labores de reconstrucción de la zona afectada en cumplimiento de los compromisos internacionales adquiridos por España;

c) respuesta militar a ataques que se realicen mediante el empleo de aeronaves con fines terroristas[587] [588];

d) colaboración con otros organismos nacionales o extranjeros para mantener la seguridad de los españoles en territorio internacional.

584 Art. 2 a) de la Ley 29/1998, de 13 de julio, de la Jurisdicción Contencioso Administrativa establece: «El orden jurisdiccional contencioso-administrativo conocerá de las cuestiones que se susciten en relación con: a) La protección jurisdiccional de los derechos fundamentales, los elementos reglados y la determinación de las indemnizaciones que fueran procedentes, todo ello en relación con los actos del Gobierno o de los Consejos de Gobierno de las Comunidades Autónomas, cualquiera que fuese la naturaleza de dichos actos».

585 MORET VILLAS, *op. cit.*, p. 24.

586 Julio Diego GONZÁLEZ CAMPOS, «Algunas referencias a la costumbre y los Tratados internacionales en la jurisprudencia del Tribunal Constitucional» en *El Derecho Internacional: normas, hechos y valores*, Ed. Dykinson, Madrid, 2005, p. 507.

587 Se realiza una clara alusión a la posibilidad de recibir un ataque terrorista de circunstancias similares al 11 de septiembre de 2001 en EEUU.

588 Inmaculada MARRERO ROCHA, «El marco jurídico interno de la participación de las Fuerzas Armadas españolas en misiones internacionales» en *El estatuto jurídico de las Fuerzas Armadas españolas en el exterior*, Ed. Plaza y Valdés, Madrid, 2008, p. 345.

2.1. Misiones internacionales de las Fuerzas Armadas en tiempo de paz. Ámbito Naciones Unidas

El inicio de la presencia de nuestras Fuerzas Armadas en misiones internacionales para la resolución de crisis y controversias internas de terceros estados se remonta a 1965, cuando España se incorpora al Comité Especial de Operaciones de mantenimiento de la Paz de la ONU, aunque sólo de manera testimonial[589]. En 1989, como muestra de la voluntad política nacional de participar efectivamente en estas misiones, se envía al diplomático Máximo Cajal en misión especial a la ONU, mostrando una actitud titubeante respecto a la intervención militar en su primera misión al amparo legal de esta Organización[590], en el marco de las operaciones de Namibia[591] y Angola[592].

La Carta de Naciones Unidas, si bien es cierto que no menciona explícitamente las misiones de paz, describe entre sus objetivos del art. 1.1 el mantenimiento de la paz y seguridad internacional. Por cuanto las misiones de paz pueden encontrar aquí su cabida en una interpretación del precepto de manera implícita, funcionando como base de cobertura legal internacional para la participación de sus miembros en este tipo de misiones amparados en su declaración de legitimidad. En este sentido, la CIJ en 1962 en el asunto «Ciertos gastos de las Naciones Unidas, artículo 17.2 de la Carta» confirma la juridicidad de este tipo de misiones siempre que gocen de naturaleza pacífica y no coercitiva, salvo que hubiera autorización del Consejo de Seguridad[593] y aquiescencia del Estado receptor. La interpretación fue adquiriendo consistencia, en unión a ciertos principios comunes en la práctica de las decisiones de la ONU que se concretan en la imparcialidad, objetivos claros y mandatos precisos, mecanismos eficaces de mando y apoyo financiero/logístico suficiente[594].

La inconcreción literal de la Carta en cuanto a las misiones de paz no ha causado graves problemas en su aplicación, más bien al contrario, dado que su entendimiento implícito ha permitido establecer este tipo de operaciones en multitud de situaciones de naturaleza diversa, favoreciendo su adapta-

---

589 La primera operación de mantenimiento de la paz desplegada por la ONU tuvo lugar en 1956 para hacer frente a la crisis del Suez, encontrando su antecedente en la Resolución 377(V), *Unión Pro Paz*, de 2 de noviembre de 1950.

590 Hasta el momento, España también formaba parte de otras organizaciones internacionales como OTAN (1986), si bien estableció ciertas reservas al Tratado en el art. 1 del RD 214/1986, entre las que se encontraba no participar en la estructura militar de la OTAN.

591 Resolución del Consejo de Seguridad de Naciones Unidas, N.° 632, de 16 de febrero de 1989.

592 Resolución del Consejo de Seguridad de Naciones Unidas, N.° 626, de 20 de diciembre de 1988.

593 El acuerdo por el que el Consejo de Seguridad adopta la misión en concreto se denomina: Acuerdo sobre la situación de la Misión (SOMA).

594 GAMARRA CHOPO, *op. cit.*, p. 340.

ción. CARDONA LLORENS, ha definido las operaciones en tiempo de paz de la ONU del siguiente modo:

> «Una actividad operacional, no coercitiva, llevada a cabo por un órgano subsidiario del Consejo de Seguridad que tiene por función la prevención de conflictos, el restablecimiento de la paz, el mantenimiento de la paz y/o la consolidación de la paz»[595].

Este tipo de operaciones vienen apoyadas jurídicamente en el contenido del capítulo VI de la Carta «arreglo pacífico de controversias» cuando tengan finalidad preventiva o protectora. Se basan en fomentar métodos de resolución de conflictos de manera pacífica, erigiendo al Consejo de Seguridad como órgano de proposición de medidas en situaciones que puedan poner en peligro la seguridad internacional. Por otro lado, se sustentan en el capítulo VII la «acción en caso de amenazas a la paz, quebrantamientos de la paz o actos de agresión» cuando su objeto sea coercitivo, aunque la frontera entre ambas no siempre será lo nítida que deberia.

El art. 39 de la Carta[596] establece que el órgano competente para determinar la existencia de amenazas para la paz o seguridad internacionales es el Consejo de Naciones Unidas y, en tal caso, promoverá dos tipos de medidas. Aquellas que no impliquen uso de la fuerza, contenidas en el art.41[597], o las que impliquen intervención de la fuerza armada o coercitiva, en virtud del art. 42[598]. La coerción militar se prevé cuando las medidas anteriores no resulten eficaces o se entienda que no tienen entidad para serlo. Fuera del ámbito regulatorio de las misiones de paz amparadas por la ONU quedan, por su propio contenido esencial, aquellas llevadas a cabo como acción reactiva

595 Jorge CARDONA LLORENS, «Las operaciones de mantenimiento de la paz de las Naciones Unidas. ¿Hacia una revisión de sus principios fundamentales?» en *Cursos Euromediterráneos de Bancaja de Derecho Internacional, Vol. 1*, 2002, p. 7 72.

596 Art. 39 de la Carta Naciones Unidas: «El Consejo de Seguridad determinará la existencia de toda amenaza a la paz, quebrantamiento de la paz o acto de agresión y hará recomendaciones o decidirá qué medidas serán tomadas de conformidad con los Artículos 41 y 42 para mantener o restablecer 1a paz y seguridad internacionales».

597 Art. 41 de la Carta de Naciones Unidas: «El Consejo de Seguridad podrá decidir qué medidas que no impliquen el uso de la fuerza armada han de emplearse para hacer efectivas sus decisiones, y podrá instar a los Miembros de las Naciones Unidas a que apliquen dichas medidas, que podrán comprender la interrupción total o parcial de las relaciones económicas y de las comunicaciones ferroviarias, marítimas, aéreas, postales, telegráficas, radioeléctricas, y otros medios de comunicación, así como la ruptura de relaciones diplomáticas».

598 Art. 42 de la Carta de Naciones Unidas: «Si el Consejo de Seguridad estimare que las medidas de que trata el Artículo 41 pueden ser inadecuadas o han demostrado serlo, podrá ejercer, por medio de fuerzas aéreas, navales o terrestres, la acción que sea necesaria para mantener o restablecer la paz y la seguridad internacionales. Tal acción podrá comprender demostraciones, bloqueos y otras operaciones ejecutadas por fuerzas aéreas, navales o terrestres de Miembros de las Naciones Unidas».

frente a la agresión armada en el contexto del principio de legítima defensa del art. 51 de la Carta.

Dentro del marco de las operaciones de mantenimiento de la paz, han surgido las denominadas «acciones políticas» del Secretario General de la ONU, a las cuales se les ha otorgado el reconocimiento de misiones menores o de segunda categoría. El objeto de las mismas es la conclusión de tareas concretas de pacificación en los casos siguientes:

a) ausencia de acuerdo entre los miembros;

b) continuación de una operación en marcha;

c) presencia de las ONU en el teatro de operaciones con necesidades de coordinación en distintos ámbitos;

d) en caso de no resultar aconsejable una operación de paz ordinaria por problemas políticos, financieros o de otra índole. En la práctica funcionan como cualquier otra operación, con la salvedad de que es ordenada por el Secretario General en lugar de por el Consejo de Seguridad.

El ajuste legal de las acciones del Secretario General de la ONU se ha fundamentado en el contenido del art. 99 de la Carta, que le atribuye la competencia para informar al Consejo de Seguridad de cualquier asunto relacionado con la paz y la seguridad internacionales[599]. En nuestra opinión, la capacidad jurídica de informar al órgano competente para decidir las operaciones de paz sobre circunstancias relacionadas con la seguridad en modo alguno puede otorgar una asunción de competencias descritas en el art. 24[600] o las descritas en los capítulos VI y VII de la Carta para el Consejo de Seguridad. Más bien al contrario, las competencias en la Carta se encuentran tasadas para sendos órganos, por lo que una interpretación innovadora contraria a su contenido puede ocasionar un evidente fraude de ley al pretender esquivar el acuerdo necesario del órgano colegiado en favor del unipersonal.

El incremento del número de misiones de paz en la ONU desde su creación ha sido exponencial, sin embargo, estos últimos años se ha visto reducido su volumen hasta tasas iniciales en favor del empleo de otros medios de resolución de conflictos como la mediación internacional. Ello viene motivado, entre otras cosas, por la resistencia de los Estados miembros a la participación en misiones que puedan perjudicar su imagen internacional y la ausencia de adaptación de la ONU al empleo de la fuerza en supuestos complejos

599 Art. 99 de la Carta de Naciones Unidas: «El Secretario General podrá señalar a la atención del Consejo de Seguridad cualquier asunto que, en su opinión, pueda amenazar el mantenimiento de la paz y la seguridad internacionales».

600 Art. 24 de la Carta de Naciones Unidas: «[...] sus Miembros confieren al Consejo de Seguridad la responsabilidad primordial de mantener la paz y la seguridad internacionales, y reconocen que el Consejo de Seguridad actuá a nombre de ellos al desempeñar las funciones que le impone aquella responsabilidad».

contemporáneos[601]. Sin embargo, la participación de otras organizaciones internacionales como la UE u OTAN es creciente en situaciones de crisis internacionales y conflictos de tipo regional[602].

2.1.1. Marco jurídico internacional de las misiones de paz de Naciones Unidas

La base jurídica general en que se apoyan las operaciones de mantenimiento de la paz la encontramos en el propósito de mantenimiento de la seguridad y la paz internacional inserta en el art. 1.1 de la Carta de Naciones Unidas. Este aspecto también es considerado por parte de la doctrina encabezada por FERNÁNDEZ SÁNCHEZ[603], en contraposición a la tesis defendida por autores como IGLESIAS VELASCO[604], que consideran que la falta de referencias en la Carta a este tipo de misiones encuentra su fundamento en los arts. 10, 11 y 14 cuando se establecen por la Asamblea General y en el art. 40 al realizarse por el Consejo de Seguridad. En nuestra opinión, esta segunda postura no puede desprenderse del contenido de dichos preceptos, dado que el capítulo IV de la Carta no establece competencias directas de la Asamblea para aprobar misiones o liderarlas, sino una capacidad sugestiva y de recomendación en relación a la seguridad internacional. Corresponde, por tanto, la aprobación de la operación al Consejo de Seguridad, tal y como disponen el art. 40 y siguientes.

DAG HAMMARSKJÖLD, por su parte, confirma el fundamento genérico de estas misiones en lo que denomina «el capítulo VI y medio de la Carta», esto es, en un punto intermedio implícito entre el modo pacífico de arreglar las controversias del capítulo VI y el empleo de acciones militares coercitivas establecido en el capítulo VII. La explicación resulta coherente para un público poco especializado jurídicamente, ya que deducir medidas legislativas híbridas no explícitas de un texto normativo, no nos parece técnicamente adecuado[605].

---

601 El periodo que comprende desde 1948-1987 se activaron 13 misiones de paz, aumentando a 29 hasta 1996, descendiendo progresivamente desde esta fecha. Actualmente la ONU se encuentra presente en 13 misiones de paz. Organización de Naciones Unidas, sitio web: www.peacekeeping.un.org/es, [consultado el 22/09/2020].

602 Cooperación de la ONU con las organizaciones regionales y de estas entre sí. Resulta de interés el estudio de José Luís ANDRÉS MARTÍN, «La nueva asociación estratégica entre la OTAN y la VE», Documentos del Real Instituto Elcano de Estudios Internacionales y Estratégicos, 2003, sitio web: www.realinstitutoelcano.org, [consultado el 22/09/2020].

603 Pablo Antonio FERNÁNDEZ SÁNCHEZ, *Operaciones de las Naciones Unidas para el mantenimiento de la paz*, Vol. I, Universidad de Huelva, Huelva, 1998, p. 15.

604 Alfonso José IGLESIAS VELASCO, «El marco jurídico de las operaciones de mantenimiento de la paz de Naciones Unidas», *Foro Nueva época, N.º 1*, 2005, p. 135.

605 Romualdo BERMEJO GARCÍA y Eugenia López-Jacposte Díaz, «Fundamento jurídico de las operaciones de mantenimiento de la paz» en *III Congreso Internacional de Historia de la Defensa: España en las operaciones internacionales de pacificación*, Instituto Universitario Gutiérrez Mellado, Madrid, 2009, p. 37.

Sobre su fundamentación concreta, en primer lugar, encontramos el bloque normativo que limita la acción de la ONU, conformado por la aplicación de los «Convenios y Tratados Internacionales» que obligan a dicha organización y a los Estados receptores y participantes. Junto a ellos, encontramos la «Costumbre Internacional», considerando como tal la Declaración Universal de Derechos Humanos[606]. A continuación, tenemos el «Mandato», se trata del instrumento jurídico de aprobación de la misión por parte del Consejo de Seguridad y que incluye fundamentalmente su planeamiento, objetivos perseguidos y la duración estimada de la operación. Este instrumento detalla el papel operacional y funcional de la ONU, designa al Comandante de la misma y resto de altos mandos, al responsable de supervisión del apoyo financiero y logístico, y el estatus del personal durante su estancia en la zona de operaciones.

Se trata de un acto unilateral de Naciones Unidas, por lo que no necesita de la aprobación de ninguno de los Estados participantes en la operación, siendo susceptible de acomodación a las diferentes situaciones en que deba aprobarse en función de las circunstancias. La aprobación del Mandato se acoge a una serie de condicionamientos, a saber:

a) el despliegue se encuentra orientado a la prevención del conflicto o a evitar, si este ha surgido, su transmisión fronteriza;

b) constituye un elemento estabilizador y equilibrador del conflicto en pro de lograr un acuerdo duradero;

c) sirve como complemento a los acuerdos de paz entre las partes;

d) el logro de la paz establece la transmisión institucional suficiente para alcanzar estructuras de calidad de democrática y gobernanza global[607].

Las misiones de Naciones Unidas en el curso de su adaptabilidad a las particularidades del Estado receptor pueden consistir en competencias catalizadoras que resultan de especial interés en el mantenimiento de la paz. Entre las mismas, se encuentran las acciones de desarme y reintegración de excombatientes, la desactivación de campos de minas, la modificación de las estructuras de seguridad internas e instrucción a sus miembros, el auxilio en la celebración de elecciones y el desarrollo de las condiciones de vida locales.

En régimen coordinado al Mandato, encontramos un acto jurídico que sí exige reciprocidad entre la organización y los Estados participantes en la misión y autoriza el despliegue militar, se trata del «Acuerdo». Junto al mismo, pueden aprobarse unas medidas denominadas «términos de referencia» que especifican el contenido y funciones de los contingentes y los recursos finan-

606 Ruth Abril Stoffels, «Operaciones de paz: aproximación conceptual y marco jurídico» en *V Jornadas sobre Cultura de Defensa Nacional: La proyección internacional de las Fuerzas Armadas Españolas,* Ed. Real Hermandad de Veteranos de las Fuerzas Armadas y de la Guardia Civil, Madrid, 2008, p. 50.

607 Organización de Naciones Unidas, «*The evolving Role of United Nations*» en *United Nationes Department of Peacekeeping Operations, Principles and Guidelines*, 2008, pp. 25-28.

cieros descritos en el Mandato. Su adopción se realiza por el Secretario General de Naciones Unidas, en calidad de Comandante en Jefe de la operación.

Las relaciones jurídicas que se establecen entre la organización internacional, los Estados aportadores de recursos militares y el Estado receptor de la operación se regulan, de un lado y como sabemos, en la Carta de Naciones Unidas, y de otro en los «Acuerdos sobre el Estado de la Fuerza o Misión» *status of forces agreement,* denominados SOFA o SOMA. El contenido de los SOFA o SOMA determina las limitaciones de la intervención en términos de seguridad[608], el régimen de privilegios e inmunidades de los participantes[609] y el de los contingentes, así como la jurisdicción aplicable a sus integrantes[610]. Se trata de una tipología de acuerdo bilateral entre los Estados implicados cuyo tronco común se encuentra regido por el Mandato y que permite detallar aspectos muy concretos como el tipo de uniformidad empleada, armamento, régimen de uso de las banderas y colocación o el régimen de establecimiento de los bienes y servicios necesarios.

En un documento anexo a los descritos se establece el denominado «Memorando de Entendimiento» que normativiza la relación entre los bienes y contingentes aportados por los Estados y la propia ONU. En el Memorando pueden definirse medidas disciplinarias comunes a los militares participantes en régimen adicionado al de aplicación, en virtud de la LORDFAS[611]. Resulta decididamente importante que los documentos e instrumentos citados gocen de un carácter integrador entre sí, de manera que no se generen parcelas de inseguridad jurídica no deseadas durante la operación[612].

En cuanto a las Reglas de Enfrentamiento *«rules of environment»* o «ROE», se dictan por el Secretario Adjunto para las Operaciones de Paz y constituyen el marco adecuado de actuación de los participantes y de empleo de la fuerza específica. A su vez, se encuentran al amparo jurídico que establece el Mandato y el DIH. No en vano, sobre las ROE, dedicaremos un epígrafe concreto de este capítulo en atención a su relevancia jurídica y práctica en el transcurso de las operaciones militares. Finalmente, las cuestiones de

608 Asamblea General de Naciones Unidas, *Convención sobre la seguridad del personal de las Naciones Unidas y el personal asociado*, de 17 de febrero de 1995. Desarrollado por el *Protocolo Facultativo de la Convención sobre la seguridad del personal de las Naciones Unidas y el personal asociado*, de 8 de diciembre de 2005.

609 Asamblea General de Naciones Unidas, *Convención sobre privilegios e inmunidades de las Naciones Unidas*, de 13 de febrero de 1946

610 Pablo Martín Rodríguez, «El estatuto jurídico de las Fuerzas Armadas españolas en el extranjero: marco general de análisis» en *[El estatuto jurídico de las Fuerzas Armadas...], op. cit.*, p. 63.

611 LO 8/2014, de 4 de diciembre, de Régimen Disciplinario de las Fuerzas Armadas, Boletín Oficial del Estado, N.° 294, de 5 de diciembre de 2014, pp. 100.151-100.191.

612 Abril Stoffels, «Operaciones de paz: aproximación conceptual y marco jurídico» en *[V Jornadas sobre Cultura de Defensa Nacional...], op. cit.*, p. 52.

ámbito administrativo de la misión se formalizan jurídicamente en «Boletines del Secretario General de Naciones Unidas» que adquieren una consideración relevante entre los funcionarios y resto de personal sobre el terreno.

2.1.2. Tipología de las misiones de paz de Naciones Unidas

Podemos hablar de tres grupos de operaciones en tiempo de paz al amparo de la ONU y se encuentran clasificados del siguiente modo:

a) misiones de prevención y restablecimiento de la paz;

b) misiones cuyo objeto es la conservación o mantenimiento del estado pacífico;

c) misiones destinadas a la consolidación de la paz.

No obstante, lo cierto es que la complejidad de las situaciones no permitirá diferenciar con claridad cada tipología, compartiendo características comunes unas y otras situaciones[613] y la intervención en las mismas. En el documento aprobado por la Asamblea General del Naciones Unidas en 1992 denominado *Un Programa de Paz*[614], de Boutros Ghali, se establece la siguiente tipología:

A) Diplomacia preventiva: se trata del establecimiento de medidas orientadas a minimizar las tensiones y fomentar las buenas relaciones internacionales basadas en la confianza mutua y la buena fe. De esta manera, se evita alcanzar conflictos en un marco de confianza y alerta temprana, y que en caso de conflicto sea lo más reducido posible, incluyendo la posibilidad del despliegue preventivo posterior al intercambio de información. Este tipo de acciones suele llevarse a cabo por medio del Secretario General, funcionarios de alto nivel u organismos especializados. Este método fue refutado en 2015 a través del informe *Las Naciones Unidas y la prevención de conflictos: renovación del compromiso colectivo*[615];

B) Operaciones de establecimiento de la paz: comprenden aquellas actuaciones de mediación orientadas a alcanzar un acuerdo entre partes en una situación hostil, incluidas en el capítulo VI de la Carta, en cuanto al arreglo

---

613 Organización de Naciones Unidas, «*The evolving Role of United Nations*» *in United Nations Department of Peacekeeping Operations, Principles and Guidelines*, 2008, pp. 20-24.

614 Asamblea General de Naciones Unidas, Resolución A/47/277, *Un programa para la paz*, 17 de junio de 1992.

615 Consejo de Seguridad de Naciones Unidas, *Las Naciones Unidas y la prevención de conflictos: renovación del compromiso colectivo,* Informe 730/2015, de 25 de septiembre de 2015. La presencia de España en el Consejo de Seguridad durante 2015-16 ha supuesto un reforzamiento de la función preventiva del Consejo con la finalidad de optimizar la respuesta contra crisis emergentes y/o amenazas potenciales a la seguridad internacional. Ministerio de Exteriores, sitio web: www.exteriores.gob.es/ Portal/es/PoliticaExteriorCooperacion/NacionesUnidas/Paginas/SolucionPacificaDeControversias.aspx, [consultado el 27/09/2020].

pacífico de controversias. A su vez, se ha visto completada por otras declaraciones de Naciones Unidas como la *Declaración de Manila sobre el Arreglo Pacífico de Controversias Internacionales* de 1982[616], la *Declaración sobre la prevención y eliminación de controversias y de situaciones que pueden amenazar la paz y la seguridad* de 1988[617] y la *Resolución sobre el fortalecimiento de la paz internacional, la seguridad y la cooperación internacional en todos sus aspectos, de conformidad con la Carta de Naciones Unidas* de 1989[618];

C) Operaciones de mantenimiento de la paz: nos encontramos ante un concepto introducido *ad hoc* por Naciones Unidas, constituido por el despliegue sobre el teatro de operaciones de recursos militares y civiles de la ONU, mediante la conformidad de los Estados receptores, con la finalidad del sostenimiento del estado de paz y la prevención de posibles conflictos;

D) Operaciones de consolidación de la paz: se trata de medidas militares y civiles complejas en el marco operacional postconflicto al objeto de evitar una reanudación del mismo y obtener resiliencia de las experiencias anteriores. El éxito de las acciones ejecutadas eleva las probabilidades de preservación de la paz anteriormente lograda, impidiendo la generación de nueva violencia *inter partes*.

Se conforman por actividades individualizadas de intensidad, pudiendo abarcar parámetros del conflicto que van desde el desarme de las partes hasta la instrucción del personal de las fuerzas de seguridad, pasando por la repatriación de los refugiados, tareas de observación, protección de Derechos Humanos e incluso la modificación de las estructuras políticas convencionales para transitarlas a regímenes democráticos. Tras el conflicto armado, pueden establecerse acuerdos de cooperación mutua entre los países en liza y/o terceros Estados que permitan trabajar dinámicas constructivas de pacificación en la zona;

E) Operaciones de ayuda humanitaria: pueden trascender como operaciones independientes, aunque también configurarse de manera complementaria en el marco de ejecución de las operaciones anteriores. La finalidad consiste en el acceso de las víctimas a las condiciones socioeconómicas necesarias que permitan su supervivencia. Pueden presentarse en forma de ayuda directa en la zona de conflicto o mediante la protección del envío de la misma por otras organizaciones internacionales u organismos no gubernamentales.

---

616 Asamblea General de Naciones Unidas, *Declaración de Manila sobre el Arreglo Pacífico de Controversias Internacionales,* Resolución A/RES/37/10, de 15 de noviembre de 1982.

617 Asamblea General de Naciones Unidas, *Declaración sobre la prevención y eliminación de controversias y de situaciones que pueden amenazar la paz y la seguridad* de 1988, Resolución A/RES/43/51, de 5 de diciembre de 1988.

618 Asamblea General de Naciones Unidas, *Resolución sobre el fortalecimiento de la paz internacional, la seguridad y la cooperación internacional en todos sus aspectos, de conformidad con la Carta de Naciones Unidas,* Resolución A/RES/44/21, de 15 de noviembre de 1989.

2.2. Misiones internacionales de las Fuerzas Armadas en tiempo de paz. Ámbito Unión Europea

En cuanto a los compromisos adquiridos por España en su condición de miembro de la UE desde 1992, los mismos se encuentran orientados a la gestión de crisis internacionales. El desarrollo de la PESC en el TUE ha configurado el requerimiento estratégico del empleo de los recursos militares de sus miembros en estas operaciones, en relación a las cuales, constituyen un punto de inflexión los atentados del 11-S. Consecuente con estos hechos, resulta la publicación en 2003 del Alto Representante de la Estrategia Europea de Seguridad *«Una Europa segura en un mundo mejor»* en el que se aboga por unos objetivos estratégicos de defensa preventiva[619]. Ello nos sitúa cercanos al planeamiento norteamericano, aunque mediante el paraguas jurídico de la Carta de Naciones Unidas a través de las relaciones multilaterales.

Los objetivos de la política exterior de la UE son comunes a los que persigue la PESD[620], de conformidad con el art. 21.2 TUE, sobre los que ya incidimos anteriormente en relación al principio de cooperación en materia de seguridad y defensa en la UE. Damos por reproducida la importancia del art. 42 TUE que establece un horizonte de defensa común para sus miembros. Es necesario destacar que las organizaciones internacionales no sólo establecen sus objetivos de manera vertical respecto a sus miembros, sino que también pueden hacerlo horizontalmente a través de mecanismos de colaboración con otras organizaciones internacionales. Tal es el caso de la firma de la Declaración Conjunta sobre la cooperación entre la ONU y la UE en la Gestión de Crisis de 2003, fruto de la conclusión satisfactoria de la operación *Artemis* en el Congo[621]. Otros modos de relación entre ambas organizaciones se han establecido mediante las siguientes fórmulas:

---

619 Resulta enriquecedora en este sentido la afirmación que recoge la Estrategia de Seguridad 2003: «[...] Nuestro concepto tradicional de autodefensa (guerra fría) se basaba en la amenaza de una invasión; ante las nuevas amenazas, es en el extranjero donde se situará a menudo la primera línea defensiva, es decir, debemos estar dispuestos a actuar antes de que una crisis se produzca. A cada una de las nuevas amenazas es necesario oponer una combinación de medios de acción, y la Unión está particularmente bien equipada para responder a situaciones que presentan aspectos múltiples».

620 Será en el Consejo Europeo de Colonia en 1999, donde se establecerán las bases de la Política Europea de Seguridad y Defensa (PESD) dentro del marco de las Política Exterior y Seguridad Común (PESC) introduciéndola en el Título V del TUE, con el objetivo claro de implementar la gestión internacional de crisis y la prevención de conflictos armados.

621 Débora Miralles Solé, «La capacidad de la Unión Europea: análisis de las recientes misiones de gestión civil y militar de crisis en el marco de la PESC», *Revista General de Derecho Europeo, N.º 3*, 2004, sitio web: www.iustel.com/revistas/detalle_revista.asp?id_revistas=13&n um_revista=3, [consultado el 22/09/2020].

a) *bridging models:* en los que la participación militar de los miembros de la UE consiste en sostener la operación de puesta en marcha, bien para ser reorganizada o bien para emprender otra nueva misión;

b) *stand by model:* consistentes en emplear los recursos militares de la UE fuera de la zona de operaciones para prestar apoyo a otra organización internacional en el terreno;

c) la prestación de participación civil de la UE en operaciones de otra organización internacional, aportando por ejemplo efectivos policiales;

d) *battlegroups* o grupos de acción rápida: en los que la misión internacional está dirigida por la UE en coordinación con otra organización internacional[622]. Su empleo ha quedado dirigido a la resolución de crisis internacionales de planeamiento conjunto.

2.3. Intervención armada mediante grupos de acción rápida: *Battlegroups*

El fenómeno de acción rápida de las fuerzas militares en el marco de la PESD adquiere cada vez mayor relevancia, en tanto las crisis internacionales requieren de celeridad participativa para una mejor resolución. Tal y como avanzamos, el punto de partida de la participación en este tipo de operaciones fueron las *Misiones Petersberg* (1992), que suponen un cambio de paradigma estratégico en la UE y permiten la participación militar de tipo humanitaria, la gestión de crisis y los mecanismos de imposición de la paz[623]. Sin embargo, hallamos el antecedente más directo de estas operaciones en los Objetivos Globales de 2003, 2008 y 2010, en los que la UE se marcó una limitación temporal para alcanzar un nivel de capacidades adecuado y que creemos de interés analizar con la finalidad de obtener una idea integral:

A) Objetivo Global de 2003 (*Headline Goal 2003)*: adoptado en el marco del Consejo Europeo de Helsinki en 1999, fija como límite el año 2003 para que la UE adquiera una capacidad operativa de tal entidad, que le permitiera intervenir de manera autónoma en situaciones de crisis sin requerir colaboración de la OTAN. El objetivo en términos humanos marcaba la posibilidad de desplegar entre 50.000/60.000 efectivos militares en el plazo máximo de 60 días[624], atesorando la capacidad necesaria para el mantenimiento de la operación durante un año.

---

622 Gamarra Chopo, *op. cit.*, p. 347.

623 Miguel Ángel Acosta Sánchez, «La evolución de las operaciones Petersberg de la UE: La operación *Althea* en Bosnia Herzegovina», *Revista de Derecho Comunitario Europeo, Año n.º 10, N.º 23*, 2006, pp. 49-52.

624 José Enrique de Ayala Marín, «Las capacidades militares», *Cuadernos de Estrategia, N.º 145*, 2010, p. 140.

En el seno de la UE, durante 2001, conscientes de haber adquirido cierto nivel operativo, se realiza un planteamiento para testar sus capacidades militares. Por un lado, se traza la proyección de un despliegue de máximo esfuerzo con capacidad para conducir otro escenario al mismo tiempo consistente en evacuación de combatientes (NEO). Y por otro, una proyección militar de largo alcance y menor esfuerzo, simultánea a otra de curta duración y mayor exigencia militar. Finalmente, surgieron dudas internas sobre el planeamiento y las capacidades reales que paralizaron estas opciones[625];

B) Objetivo Global de 2008 (*Headline Goal 2008)*: aprobado en el Consejo Europeo de 2004, establece la participación civil de la UE en la gestión de crisis internacionales y su contribución a intervenciones *in situ* de desarme, desmovilización o reinserción. Los medios empleados por el personal civil vienen constituidos fundamentalmente por acciones de asesoramiento, formación, seguimiento y de sustitución[626];

C) Objetivo Global de 2010 *(Headline Goal 2010)*: el Consejo Europeo de 2004 comprende que los objetivos de 2003 no se habían logrado de manera satisfactoria. Este aspecto motiva a los Estados miembros de la UE a profundizar en un nuevo objetivo que cubra las necesidades de una verdadera acción rápida en la gestión de crisis, que incluya recursos vanguardistas en el campo de la tecnología militar[627]. La finalidad del nuevo objetivo europeo consiste en el despliegue de tropas de acción rápida al mismo tiempo que se emplean los medios civiles de gestión citados en el Objetivo de 2008, de manera coordinada e integrada[628]. Entre los desafíos más importantes del presente Objetivo encontramos la creación de una célula cívico-militar, constituir la ADE, profundizar en las estructuras de transporte aéreo-militar-estratégico, diseñar un sistema de evaluación de la Fuerza y desarrollar la noción de *Battlegroups*[629]. Todo ello, en paralelo al diseño y misiones de las Fuerzas de Respuesta de OTAN, para su empleo complementario.

Las capacidades militares necesarias para cumplimentar los objetivos marcados se describen en el *Requirements Catalogue 2005* y seguidamente

625 Prudencio Horche Moreno, «Concepto de respuesta rápida en la Unión Europea. Del Objetivo Global de Helsinki a los Battelgroups» en *Posibles escenarios de actuación de los Battlegroups de la Unión Europea, Documentos de Seguridad y Defensa, N.° 9*, 2007, p. 14.

626 Consejo Europeo de Bruselas, Objetivo Principal Civil de 2008, aprobado el 17 de diciembre de 2004, sitio web:www.eur-lex.europa.eu/legal-content/ES/TXT/HTML/?uri=LEGISSUM:l33239&from=EN, [consultado el 23/09/2020].

627 Joël Schuyer, «Civilian Headline Goal 2008: developing crisis managment capabilities for the UE» in *The European Union and crisis managment: policy and legal aspects*, Ed. TM.C. Asser Press, 2008, pp. 135-142.

628 Juan Carlos Martín Torrijos, «Capacidades militares de la Unión Europea», *Cuadernos de Estrategia, N.° 167*, 2014, p. 73.

629 Horche Moreno, *op. cit.*, pp. 16-17

en el *Force Catalogue 2006*[630]. Mediante un planteamiento sistemático, permite la interrelación entre los Estados miembros a fin de disponer de las capacidades militares necesarias, que en la práctica resultaría insuficiente[631]. En nuestra opinión, esta falta de autosuficiencia y conciencia autónoma de la UE para plantear proyectos militares de gran envergadura, será el principal origen de los desajustes y errores de planeamiento en el ámbito de la seguridad y defensa. La cadena de mando en una operación militar de la UE viene establecida por la siguiente división en niveles de los Cuarteles Generales:

A) Nivel estratégico: donde se encuentra el Cuartel General de Operación (OHQ *Operation Headquarters*). Si se trata de una operación con medios de OTAN, conforme a los Acuerdos de Berlín, será un nacional europeo el Comandante de la misión, pasando el Cuartel General a establecerse en dependencias de la OTAN, concretamente en el Cuartel General de OTAN en SHAPE-Mons (Bélgica). En caso de una operación autónoma de la UE, el Cuartel General se elige entre los cinco designados de los Estados miembros con naturaleza multinacional.

El ciclo de planeamiento de la UE se identifica con una estructura en cascada[632], elaborando sus organismos la documentación pertinente en función del nivel superior, requiriendo la aprobación del Consejo. A nivel castrense, se insertan en el citado planeamiento el Estado Mayor (EMUE), el Comité Militar (CMUE), el Comité Político y de Seguridad de la UE (COPS) y el Consejo. Asimismo, la relación de documentos que se aprueban en orden de prelación son el Concepto de Gestión de Crisis o *Crisis Management Concept* (CMP), Opciones Estratégicas Militares o *Military Strategic Options* (MSO) y la Directiva Militar Inicial o *Initial Military Directive* (IMD). Será el IMD el documento que estipule el Mando a nivel estratégico-militar y el emplazamiento de OHQ, cuya misión inmediata consistirá en la elaboración del Concepto de Operaciones (CONOPS) y del Plan de Operaciones (OPLAN)[633];

B) Nivel operacional: el Cuartel General de la Fuerza se establece de manera conjunta en el propio teatro de operaciones, con posibilidad de

630 Consejo de la Unión Europea, *Force Catalogue 2006*, de 13 de noviembre de 2006, redefiniendo los propósitos insertados en los *Requirements Catalogue 2005*.

631 Amador Enseñat y Berea, «El desarrollo de las capacidades militares y civiles de la Unión Europea» en *Seguridad y Defensa en Europa: Implicaciones estratégicas, Cuadernos de Estrategia, N.º 133*, 2006, p. 84.

632 Félix Arteaga Martín y Enrique Fojón Lagoa, «La secuencia del planeamiento: actos y actores» en *El Planeamiento de la Política de Defensa y Seguridad en España, Instituto Universitario Gutiérrez Mellado*, 2007, pp. 35-41.

633 Francisco José Ruiz González, «La necesidad de un Cuartel General Permanente para la UE», *Instituto Español de Estudios Estratégicos, Documento de Análisis, N.º 14*, 2010, p. 3.

constituirse *ad hoc*[634] o bien entre tres Cuarteles Generales[635] ofrecidos por los Estados miembros[636];

C) Nivel táctico: en el que se utilizarán Cuarteles Generales de mando terrestre, aéreo y naval desplegados en el teatro de operaciones. Los exponentes españoles en este nivel están constituidos por los Cuarteles Generales de Alta Disponibilidad de Bétera (terrestre) y de Rota (naval).

Desde marzo de 2004, se implementa formalmente en el ámbito de la PESD la conformación de grupos militares de respuesta rápida para la gestión de crisis *Battlegroups*, debiendo alcanzar su operatividad plena en 2007[637]. Se trata del mínimo conjunto de fuerzas de alta disponibilidad, tipo batallón, en condiciones de llevar a término operaciones de manera autónoma o, al menos, de realizar el despliegue inicial de operaciones mayores. En principio se compondrán por 1.500 efectivos, con posibilidad de aumentarse a 2.200 en caso de necesidad, pudiendo constituirse en unidades de un mismo Estado miembro o por la combinación de unidades de varios de ellos.

La zona de operaciones que recomienda la intervención de estos grupos no podrá exceder los 6.000 kilómetros de distancia desde Bruselas y su capacidad de activación operativa máxima es de quince días desde su aprobación por el Consejo de la UE. Se contempla un plazo máximo de misión de 30 días, pudiendo alcanzar los 120 en caso de necesitar relevo de dichos grupos o recursos. La idea es que la participación de los *Battlegroups* no exceda en ningún caso de los 4 meses en el teatro de operaciones, y de ser necesario, sea relevada por otro tipo de planeamiento militar más prolongado para no desvirtuar su esencia[638]. A mayor abundamiento, se desarrolla el concepto del «*Battlegroup package*», con el ánimo de completar las capacidades del mismo y facilitar un completo despliegue en caso necesario[639]. Su composición viene establecida, además de por el propio *Battlegroups,* por elementos marítimos, logísticos o aerotransportables que sirvan para proyectar eficazmente estas unidades en el teatro de operaciones, vinculándose a su OHQ correspondiente. Así las cosas, las misiones de partida de los *Battlegroups* presentan las siguientes probabilidades de empleo:

---

634 Reino Unido (Northwood), Francia (Mont Valérien), Alemania (Postdam), Grecia (Larissa) e Italia (Roma)

635 Alemania, Francia y Reino Unido.

636 Gabino Regalado de los Cobos, «El Centro de Operaciones de la Unión Europea. ¿Un brote verde de una futura defensa integrada de la UE?» en *El Proceso hacia unas Fuerzas Armadas europeas: Realizaciones y desafíos*, Escuela de Altos Estudios de la Defensa, 2013, pp. 39-43.

637 Consejo de la Unión Europea, comunicado de prensa, sesión N.° 2590, *Asuntos Generales y Relaciones Exteriores*, Luxemburgo, 14 de junio de 2004, p. 22.

638 Horche Moreno, *op. cit.*, p. 19.

639 Adolfo de la Macorra García, «OTAN-Unión Europea. ¿Qué relaciones existen realmente?. Análisis desde el enfoque de fuerzas de reacción rápida», *Boletín de Información, N.° 320*, 2011, pp. 39-45.

PROB	INTERPOSICION	ESTABILIZACION	PREVENCION CONFLICTOS	ASISTENCIA A NACIONALES	ASISTENCIA HUMANITARIA
ALTA		MANTENIMIENTO DE LA PAZ / ELECCIONES	ENFRENTAMIENTO INMEDIATO	EVACUACION DE NO COMBATIENTES	PREVENIR ATROCIDADES
MEDIA	PRESERVACION DE LA PAZ		DESARMADO Y DESMINADO		
BAJA	TAREAS DE COMBATE EN GESTION DE CRISIS	DESARROLLO INSTITUCIONAL /REFORMA DEL SECTOR DE LA SEGURIDAD	EMBARGO /CONTRA-PROLIFERACION		GESTION DE CONSECUENCIAS

Tabla. Probabilidades de empleo de los *Battlegroups* en misiones de partida.[640]

2.4. El principio de legítima defensa colectiva en el Tratado del Atlántico Norte

La alianza militar constituida en el Tratado de la OTAN, el 4 de abril de 1949, se fundamentaba jurídicamente en el contenido del art. 51 de la Carta de Naciones Unidas, el cual admite el derecho a la legítima defensa individual o colectiva de sus miembros frente a posibles ataques armados. Resulta obligada, no obstante, la comunicación de dicha acción defensiva al Consejo de Seguridad como órgano responsable ulterior de mantener la paz y seguridad internacionales[641]. El Tratado de la Alianza Atlántica establece en su art. 5 que cualquier ataque armado contra los Estados parte, se considera un ataque armado dirigido a todo el colectivo, facultando a sus miembros a ejercer las acciones militares que consideren hasta la adopción de las medidas

640 Amable Sarto Ferreruela, «Razones y modelos de contribución a la iniciativa Battlegroups, La aportación española» en *Posibles escenarios de los Battlegroups de la Unión Europea, Documentos de Seguridad y Defensa, Nº 9*, 2007, p. 46.

641 Art. 51 de la Carta de Naciones Unidas: «Ninguna disposición de esta Carta menoscabará el derecho inmanente de legítima defensa, individual o colectiva, en caso de ataque armado contra un Miembro de las Naciones Unidas, hasta tanto que el Consejo de Seguridad haya tomado las medidas necesarias para mantener la paz y la seguridad internacionales. Las medidas tomadas por los Miembros en ejercicio del derecho de legítima defensa serán comunicadas inmediatamente al Consejo de Seguridad, y no afectarán en manera alguna la autoridad y responsabilidad del Consejo conforme a la presente Carta para ejercer en cualquier momento la acción que estime necesaria con el fin de mantener o restablecer la paz y la seguridad internacionales».

necesarias por parte del Consejo de Seguridad[642]. Tal y como se establece en su art. 1, se renuncia al empleo de la fuerza militar o su amenaza de manera incompatible con los principios de la ONU. El precepto resulta concordante con la posibilidad de adoptar acuerdos ajenos relativos al mantenimiento de la paz y seguridad por algunos de sus miembros, según se determina en el art. 52.1 de la Carta de Naciones Unidas[643].

El problema jurídico que se plantea con el Tratado de la OTAN, radica en discernir cuándo existe un ataque armado contra algunos de los miembros de la Alianza. El contenido del art. 6 del Tratado no ayuda en la tarea, a pesar de constituir su propio objeto, definiendo el ataque armado del siguiente modo: «A efectos del artículo 5, se considera ataque armado contra una o varias de las Partes; un ataque armado contra [...]». Observamos que el precepto emplea la locución «ataque armado» para definir qué debe considerarse «ataque armado», por lo que nos encontramos ante un nivel de inseguridad jurídica del que sólo podrá derivarse discrecionalidad en su aplicación. Desde una interpretación tradicional del concepto de «ataque armado» el término «ataque» implica una acción activa violenta por parte de un tercer Estado al objeto de causar daños en la soberanía de algunos de los Estado parte, mientras que por «armado» entenderemos el empleo de recursos militares al efecto.

La concepción del significado de ataque armado permanecerá en la conciencia internacional durante años, sin embargo, los atentados del 11 de septiembre de 2001 en EEUU, suponen un hito al respecto y un cambio en la seguridad del mundo. El Consejo del Atlántico Norte considera que se trata de un ataque armado extranjero, quedando la acción descrita al amparo del art. 6 del Tratado, y por tanto, debiendo invocarse el principio de defensa colectiva contemplado en el art. 5[644]. Se lidera una fuerza multinacional por parte de EEUU, cuya actuación se encuentra avalada por la ONU a través de la Resolución 1373 de 2001[645] y ejecutada por la OTAN.

El Concepto Estratégico OTAN (2010) ha recogido la evolución del planeamiento militar de esta organización desde 1991, en que se elaboró la primera conceptualización estratégica de la Alianza, en coherencia con la defensa colectiva regulada en el art. 5 del Tratado. Es interpretado y readaptado a la

642 Art. 5 del Tratado OTAN, loc. cit., p. 178.

643 Art. 52.1 de la Carta de Naciones Unidas: «Ninguna disposición de esta Carta se opone a la existencia de acuerdos u organismos regionales cuyo fin sea entender en los asuntos relativos al mantenimiento de la paz y la seguridad internacionales y susceptibles de acción regional, siempre que dichos acuerdos u organismos, y sus actividades, sean compatibles con los Propósitos y Principios de las Naciones Unidas».

644 El 4 de octubre de 2001, tras interpretar los atentados terroristas del 11-S como un ataque armado del extranjero, la OTAN acuerda un conjunto de medidas dirigidas a la legítima defensa de EEUU en el marco de la operación *Eagle Assist*, que se inició en octubre de 2001 y concluyó en mayo del 2002.

645 Consejo de Seguridad de Naciones Unidas, Resolución N.° 1373, de 28 septiembre de 2001.

luz de los nuevos desafíos que se producen en la seguridad internacional, permitiendo a la OTAN su participación en misiones de seguridad relacionadas con Estados no aliados. De tal modo ocurre en Kosovo (1999) o con la conducción de la Fuerza Internacional de Asistencia a la Seguridad en Afganistán (ISAF, 2001), de manera preventiva ante la posible ocurrencia de amenazas amparadas en dicho art. 5.

Se observa que la tendencia de esta organización es la extensión de su participación internacional, adentrándose en problemas como la guerra cibernética, operaciones espaciales, terrorismo y los conflictos de Oriente Medio y Asia, redimensionándose su nomenclatura operacional como «misiones no art. 5»[646].

2.5. Participación de las Fuerzas Armadas en la OTAN. Gestión de crisis y Fuerza de Respuesta Rápida

Hasta la década de los 90', la estrategia operativa OTAN se dirige a una posible guerra de alta intensidad centroeuropea, si bien, a partir del año 1999 cambiará esta concepción estratégica abarcando la gestión de situaciones de crisis e intervenciones humanitarias[647] al objeto de prevenir conflictos armados. Este tipo de operaciones son denominadas por OTAN como misiones «no art. 5» o *«non article 5 crisis response operations»*, es decir, no contempladas en la noción de legítima defensa de la Alianza ante ataques armados.

Dentro de este marco operacional, se encuentra la contribución de sus miembros a la estructura militar de OTAN mediante la Fuerza de Respuesta Rápida, por sus siglas inglesas NFR. Constituida como unidad aliada con recursos terrestres, navales y aéreos, su misión es una rápida movilización operativa en cualquier lugar que ordene el Consejo Atlántico, organizando su despliegue en 5 días y con una capacidad de autosuficiencia en el teatro de operaciones de hasta 30 días. El mando de la Fuerza es desempeñado de manera rotativa por la Fuerza Conjunta en Holanda e Italia y sus intervenciones pueden establecerse en el marco de rescate de personas no combatientes, crisis humanitarias e incluso como fuerza de apertura en conflicto armado[648]. Las Fuerzas Armadas españolas realizaron su entrenamiento al

646 Juan David García Ramírez, «La transformación de la OTAN a través de los conceptos estratégicos y la ampliación», *Analecta Política, Vol. 4, N.° 6*, 2014, p. 90.

647 En este sentido, la *Southern Guard* de protección del tráfico marítimo en el Mediterráneo tras el intento de anexión de Kuwait por Irak, *Deny Flight* salvaguardando la zona de exclusión aérea decretada sobre la antigua Yugoslavia, o las operaciones terrestres SFOR (fuerza de estabilización) en Bosnia, AFOR en Albania, KFOR en Kosovo o ISAF, operación de la ONU liderada por la OTAN, en Afganistán. Gamarra Chopo, *op. cit.*, p. 14.

648 Tipo de operaciones a las que se refirió el Ministro de Defensa, José Bono, ante la Comisión de Defensa, de 15 de diciembre de 2004. *Diario de Sesiones del Congreso de los Diputados,* Cortes Generales, N.° 171, VIII Legislatura, sesión N.° 6, p. 5.

respecto y recibieron la oportuna certificación en 2005, llevando a cabo su primera participación de estas características en ayuda humanitaria tras el terremoto de Cachemira, previa solicitud del Gobierno de Pakistán.

Con motivo de la Cumbre de Gales de 2014, los miembros de la Alianza acordaron mejorar las capacidades operativas del NFR, de manera que se les permitiera hacer frente a los desafíos rusos, de Oriente Medio y norte de África, creando en su seno una Fuerza Conjunta de Muy Alta Disponibilidad (VJTF). Se trata de una Brigada multinacional, cuya composición es rotativa anualmente, formada por unos 5.000 efectivos y hasta cinco batallones, cuya capacidad de despliegue se encuentra entre los 2 y 7 días. Se encuentra apoyada por grupos de operaciones especiales en tierra, armada y aire para los casos en que se produzcan empeoramientos súbitos de situaciones de crisis internacionales y se establece su intervención preventiva cuando los indicadores de crisis permitan deducir una escalada de tensión internacional o interna[649].

La participación de los recursos militares de la OTAN en misiones internacionales de paz, concretamente en escenarios de crisis internacional, generalmente vendrá determinada de manera conjunta con otra organización internacional que aporte otro tipo de recursos no militares como la ONU, UE o la Unión Africana (UA), entre otras.

2.6. Participación de las Fuerzas Armadas en la Organización para la Seguridad y la Cooperación Europea. Una opción militarmente restringida

La Conferencia para la seguridad y cooperación en Europa tiene su origen fundacional en el proceso de Helsinki, el 1 de agosto de 1975, en el marco de la guerra fría. Con el objetivo de disminuir los niveles de tensión internos en Europa y lograr unos parámetros aceptables de seguridad, se cuenta con la presencia española desde su apertura el 3 de julio de 1973[650]. El funcionamiento de la OSCE, en un principio, consiste en realizar reuniones o conferencias periódicas que reafirmen los principios de su constitución y posibles reformas. Hasta que tiene lugar la Cumbre de París el 21 de noviembre de 1990, que supone una modificación en su proyecto a través de la denominada

---

649 Ministerio de Defensa, «Fuerza de Respuesta OTAN. España punta de lanza VJTF», sitio web: www.defensa.gob.es/brigada-vjtf/es/que-es-nrf.html, [consultado el 25/09/2020].

650 El Preámbulo de la Conferencia sobre la Seguridad y la Cooperación en Europa, Acta Final, en este sentido expone: «[...] Reconociendo el carácter indivisible de la seguridad en Europa, así como su interés común en el desarrollo de la cooperación en toda Europa y entre ellos mismos, y expresando su intención de proseguir los esfuerzos en este sentido; Reconociendo la estrecha relación que existe entre la paz y la seguridad en Europa y en todo el mundo, y conscientes de la necesidad de que cada uno de ellos contribuya al fortalecimiento de la paz y la seguridad mundiales, así como al fomento de los derechos fundamentales, del progreso económico y social y del bienestar de todos los pueblos».

Carta de París para una nueva Europa, institucionalizando a la organización y dotándola de recursos operativos[651]. La transformación en una organización internacional se fragua en la Cumbre de Budapest, el 6 de diciembre de 1994, en el documento *Hacia una nueva asociación en una nueva Era*[652].

Si interpretamos el estatus de esta organización conforme al contenido de la Carta de Naciones Unidas, se concentra en los «acuerdos regionales» a los que hacen referencia los arts. 52 y siguientes del capítulo VIII. Es decir, aquellos creados con la finalidad de mantener la paz y la seguridad internacionales al amparo de los principios y propósitos contenidos en la Carta. Su acomodación a los escenarios de seguridad graduales, se ha constituido en un instrumento relevante de alerta temprana, gestión de crisis internacional y rehabilitación postconflicto[653], sobre todo a partir del documento *Sobre la Dimensión Humana de Moscú* de 1991, que introduce mecanismos de diplomacia preventiva mediante la utilización de expertos[654].

651 Conferencia para la seguridad y cooperación en Europa, *Carta de París para una Nueva Europa, Documento suplementario para dar validez a algunas disposiciones*, 21 de noviembre de 1990. Se crean el Consejo, el Comité de altos funcionarios, la Secretaría de la CSCE, el Centro para la Prevención de Conflictos, la Oficina Pro-Elecciones Libres y se establecen recursos personales técnicos en materia de seguridad, así como los medios de financiación.

652 El Preámbulo de las Decisiones de Budapest afirma: «La nueva era de seguridad y cooperación en Europa ha producido un cambio fundamental en la CSCE y una ampliación espectacular de su función en la configuración de nuestra región común de seguridad. Para reflejar esto, en adelante la CSCE pasará a designarse como la Organización para la Seguridad y la Cooperación en Europa (OSCE). El cambio de nombre será efectivo a partir del 1 de enero de 1995. [...] El propósito es reforzar la contribución de la CSCE a la seguridad, la estabilidad y la cooperación en la región de la CSCE, de forma que desempeñe una función central en la promoción de un espacio de seguridad común basado en los principios del Acta Final de Helsinki».

653 Antonio Rafael Rubio Plo, «El enfoque integral de la seguridad en las misiones de la OSCE y de la Unión Europea» en *De las operaciones conjuntas a las operaciones integradas. El nuevo desafío para las Fuerzas Armadas, Documentos de Defensa y Seguridad, N.º 37*, 2010, p. 51.

654 Conferencia para la Seguridad y Cooperación en Europa, Documento sobre la dimensión humana de la CSCE, parte II, de 4 de octubre de 1991. Los Estados miembros se comprometen a los siguientes propósitos comunes: «condenan sin reserva a las fuerzas que tratan de tomar el poder de un gobierno representativo de un Estado participante contra la voluntad del pueblo expresada en elecciones libres y justas y contra el orden constitucional debidamente establecido; en caso de derrocamiento o de intento de derrocamiento por medios antidemocráticos de un gobierno legítimamente elegido de un Estado participante en la CSCE, apoyarán vigorosamente, de conformidad con la Carta de las Naciones Unidas, a los órganos legítimos de dicho Estado para el mantenimiento de los derechos humanos, la democracia y el estado de derecho, reconociendo su compromiso común para contrarrestar cualquier intento de derrocar esos valores básicos; reconocen la necesidad de proseguir sus esfuerzos pacíficos, en lo relativo a los derechos humanos, la democracia y el estado de derecho, en el contexto de la seguridad y la cooperación en Europa, individual y colectivamente, para hacer que los logros democráticos sean irreversibles y evitar retrocesos de las normas establecidas [...]».

El empleo de las Fuerzas Armadas de los miembros de la OSCE en operaciones de mantenimiento de la paz se autoriza mediante la aprobación de las *Decisiones de Helsinki* en 1992, sin descartar una participación conjunta en operaciones de otras organizaciones internacionales como OTAN, ONU o UE. Aunque esta última afirmación no pasó del nivel teórico por las reticencias presentadas por EEUU y otras potencias militares, al entender que se podía comprometer la esencia de la Alianza Atlántica. En nuestra opinión, sendas organizaciones difieren en esencia, si tomamos como referencia el párrafo 22 del capítulo III de las mencionadas *Decisiones*, afirmando que las operaciones de mantenimiento de la paz de esta organización no suponen medida coercitiva alguna, apostando más por la naturaleza diplomática de sus intervenciones y siempre mediando la aceptación del Estado anfitrión.

En tal sentido, se implementan en el seno de la OSCE los Equipos Periciales de Asistencia y Cooperación Rápida (REACT)[655], no comprendidos formalmente en el ámbito de las operaciones militares de mantenimiento de la paz, pero con el objetivo de proporcionar la debida asistencia técnica en la gestión de crisis e intervenciones postconflicto mediante recursos de naturaleza civil. Observamos que la idiosincrasia de OSCE limita en exceso la posibilidad de establecer operaciones militares de mantenimiento de la paz, sin encontrar un principio de equilibrio entre sus recursos civiles (siguen una estrategia de entrenamiento periódico) y una elevada preparación técnica militar del resto de organizaciones internacionales para hacer frente a situaciones de elevado riesgo[656].

2.7. Relevancia de los Convenios Bilaterales en la acción exterior de las Fuerzas Armadas

Los instrumentos convencionales bilaterales con sus socios geoestratégicos han constituido otro método de obligarse por parte de España a contribuir con sus recursos militares a operaciones y cooperaciones de diversa magnitud. Dependiendo del alcance del Tratado, se pueden haber incluido no sólo aspectos militares de colaboración, sino también políticos, económicos, sociales, o de investigación, entre otros.

Algunos de estos Tratados genéricos abordan diversas materias, bajo la nomenclatura de «cooperación, amistad o buena vecindad», incluida la cola-

655 Organización para la Seguridad y Cooperación Europea, Decisión sobre el fortalecimiento de las capacidades operativas de la OSCE, 29 de junio del 2000.

656 Thomas Neifing, «Training Civilian Experts for OSCE Peace Missiones-What Progress Five Years after Istambul?», 2004, sitio web: www.core-hamburg.de/documents/yearbook/english/04Neufing.pdf., [consultado el 30/09/2020].

boración de naturaleza política[657], pueden tener consecuencias jurídicas en el ámbito de la defensa e incluso regular ciertos aspectos de cooperación en materia de seguridad internacional. Específicamente, se regulan cláusulas de cooperación defensiva en los Tratados con Marruecos[658] y Túnez[659], que junto con aspectos genéricos de índole política establecen en sus arts. 5 respectivos diferentes medidas de cooperación.

Entre las mismas se encuentran el intercambio de militares y observadores, la realización de cursos de formación y la instrucción de las Fuerzas Armadas extranjeras, junto a la realización de ejercicios combinados. Asimismo, el Tratado con Túnez aborda la cooperación en operaciones de mantenimiento de la paz y de intervención humanitaria. En esta línea, el Tratado de Amistad y Cooperación entre España y Portugal, de 22 de noviembre de 1977[660], también establece la cláusula de cooperación militar en su art. 8.

Por lo que respecta a la bilateralidad con países del este de Europa, podemos reseñar los establecidos con Rusia en 1994 y Rumanía en 1992, que regulan de manera común el régimen de no proliferación de armas de destrucción masiva, garantías en el mantenimiento de la seguridad común y sus procedimientos. Por su parte, el art. 11[661] del primero y los arts. 4 y 5 del

657 En este sentido y a modo de ejemplo, se han convenido: Tratado General de Cooperación y Amistad entre el Reino de España y los Estados Unidos Mexicanos, de 11 de enero de 1990 (BOE de 16 de julio de 1991), que establece cooperación política en su art. 2, cuyo seno puede comprender aspectos de cooperación militar si así lo pactan las partes. El Tratado firmado entre España y Bolivia el 16 de marzo de 1998 (BOE de 6 de marzo de 1999), también establece una cláusula general de cooperación política en su art. 1, dejando la puerta abierta a cooperar en otras materias, entre las que se encuentra lógicamente incluida la militar.

658 Tratado de Amistad, Buena Vecindad y Cooperación entre el Reino de España y el Reino de Marruecos, firmado el 4 de julio de 1991, Boletín Oficial del Estado, N.° 49, de 26 de febrero de 1993, pp. 6.311-6.314.

659 Tratado de Amistad, Buena Vecindad y Cooperación entre el Reino de España y la República de Túnez, firmado el 26 de octubre de 1995, Boletín Oficial del Estado, N.° 8, de 9 de enero de 1977, pp. 636-639.

660 Tratado de Amistad y Cooperación entre España y Portugal firmado el 22 de noviembre de 1977, Boletín Oficial del Estado, N.° 128, de 30 de mayo de 1978, pp. 12.443-12.444. Art. 8: «Las Partes Contratantes promoverán la cooperación militar entre sus Fuerzas Armadas, prestando especial atención a los intercambios de personal, a la realización de cursos y a la comparación de experiencias sobre materias de instrucción, así como la realización de ejercicios combinados. 2. Con el fin de coordinar los trabajos necesarios para la puesta en práctica de la cooperación prevista en el párrafo anterior, se efectuarán reuniones periódicas de los Estados Mayores peninsulares».

661 Tratado de Amistad y Cooperación entre el Reino de España y la Federación de Rusia, firmado el 12 de abril de 1994, Boletín Oficial del Estado, N.° 247, de 16 de octubre de 1995, pp. 30.168-30.170. Art. 11: «Las Partes proseguirán la cooperación ya existente entre los respectivos Ministerios de Defensa, con objeto de permitir un mejor conocimiento de las Fuerzas Armadas de cada país y en interés de fortalecer la confianza mutua. Con este fin se acordarán programas bienales de contactos y cooperación en el terreno militar».

segundo[662], mencionan la cooperación entre los respectivos Ministerios de Defensa y sus Fuerzas Armadas.

En cuanto a los Tratados suscritos por España en materia defensiva *strictu sensu*, encontramos incidencia especial con países del entorno OTAN. En general, no se reafirma la relación que respecto a las distintas organizaciones internacionales les pueden unir, a excepción del Convenio con EEUU, aunque se realizan referencias genéricas a la participación de ambos Estados en «foros multilaterales o acuerdos internacionales».

Se trata, en nuestra opinión, de una manifestación de voluntad con motivo de la pertenencia al mismo entorno de seguridad y defensivo en la que caben los Tratados con que conforman el principio de seguridad colectiva. Los Tratados contemplan acuerdos de cooperación militar diferente, entre otros, con Holanda en 1985[663], establece una cooperación defensiva en materia de investigación, producción, desarrollo, investigación y mantenimiento (art. 1). Respecto a Francia, en 1983[664], se realiza un estudio común de tipo estratégico, táctico y logístico militar (art. 1), mientras que el Tratado con Noruega, en 1985[665], determina la cooperación en centros de investigación y armamento en los tres ejércitos, incluidos en materia de misiles y municiones (art. 2).

2.8. El Convenio de 1988 con Estados Unidos

El Convenio entre España y EEUU sobre Cooperación para la Defensa, de 1 de diciembre de 1988[666], presenta una particularidad destacable con res-

662 Tratado de Amistad y Cooperación entre el Reino de España y Rumanía, firmado el 4 de febrero de 1992, Boletín Oficial del Estado, N.° 163, de 9 de julio de 1993, pp. 20.773-20.775. Art. 4: «Las Partes desarrollarán y profundizarán sus relaciones en el campo de la defensa. Con este objetivo promoverán los contactos entre los Ministerios de Defensa y sus Fuerzas Armadas», y el art. 5: «En el caso de que se produzcan situaciones que, a juicio de una de las Partes, supongan una amenaza para la paz y la seguridad internacionales elevando así la tensión internacional, los Gobiernos de España y Rumania se pondrán urgentemente en contacto, por los canales que consideren adecuados, con miras a intercambiar sus puntos de vista acerca de las acciones que puedan emprenderse para aliviar la tensión y solucionar la situación. Si una de las partes considera que sus intereses de seguridad se ven afectados, podrá proponer a la otra Parte celebrar consultas bilaterales inmediatamente».

663 Canje de notas, constitutivo de acuerdo, entre el Reino de España y el Reino de los Países Bajos, sobre cooperación en materia de defensa, realizado el 18 de abril de 1985, Boletín Oficial del Estado, N.° 187, de 10 de julio de 1987, pp. 21.061-61.064.

664 Acuerdo entre el Reino de España y la República Francesa sobre cooperación en el ámbito de la defensa, firmado el 7 de octubre de 1983, Boletín Oficial del Estado, N.° 36, de 11 de febrero de 1985, pp. 3.404-3.406.

665 Canje de Notas hispano-noruego, constitutivo de acuerdo, en materia de defensa, realizado el 3 de mayo de 1985, Boletín Oficial del Estado, N.° 109, de 7 de mayo de 1986, pp. 16.140-16.142.

666 Convenio entre el Reino de España y los Estados Unidos de América sobre cooperación para la Defensa, anejos y canjes de notas anejos al mismo, realizado el 1 de diciembre de 1988, Boletín Oficial del Estado, N.° 108, de 6 de mayo de 1989, pp. 13.325-13.346.

pecto al resto de Tratados bilaterales. Tal es la utilización de bases militares en territorio extranjero en el marco de las finalidades de paz y seguridad globales que persigue la Alianza Atlántica, conforme se desprende de los siguientes preceptos:

a) art. 1.1: establece que las partes implementan la cooperación defensiva en el marco del Tratado OTAN para perseguir sus fines y propósitos de mantenimiento de la paz y seguridad en Occidente con respeto al principio de igualdad de soberanía;

b) art. 2.1: determina la integridad territorial como un bien jurídico necesario de protección defensiva común. Por otro lado, el art. 2.2 del Convenio, establece el uso de las instalaciones militares de apoyo a los EEUU en España, ya sea a nivel terrestre, aéreo o marítimo, para lograr los objetivos bilaterales o multilaterales del acuerdo. Estos objetivos no son concretados en el texto legal, lo que resulta un aspecto negativo destacable[667]. *Sensu contrario,* debemos entender que no se encontrarán sujetas a este uso las situaciones derivadas de objetivos individuales, bilaterales o multilaterales que excedan el contenido pactado, requiriendo la previa autorización española;

c) art. 12.2: ante una eventual amenaza a la seguridad de las partes o en caso de ataque armado en alguna de las mismas, convendrán consultas urgentes bilaterales a fin de diseñar el método de empleo de las instalaciones militares españolas. Sin perjuicio, todo ello, del derecho a la legítima defensa establecido en los arts. 51 y 5 de la Carta de Naciones Unidas y del Tratado OTAN, respectivamente.

Finalmente, el art. 39 del Convenio regula un aspecto de interés al determinar el acogimiento, *a priori*, de los militares americanos bajo la jurisdicción española cuando se encuentren en nuestras bases, pero estableciendo la disposición española inmediata de renunciar a su jurisdicción criminal cuando medie previa petición estadounidense. Este sistema, a nuestro juicio, resulta mejorable en tanto el estatuto jurídico del militar estadounidense en base española adquiere un rol híbrido que puede ocasionar cierta inseguridad, más aún cuando el art. 39.2.4 contempla la posibilidad de no renunciar a dicha jurisdicción.

2.9. La intervención armada por razones de Humanidad

Los principios fundamentales del Derecho Internacional señalan, de un lado, la prohibición del uso de la fuerza que obliga a los Estados a una

667 Manuel PÉREZ GONZÁLEZ, «Fundamentos jurídico-internacionales de las misiones de las Fuerzas Armadas en tiempo de paz» en *[El marco jurídico de las misiones de las Fuerzas...], op. cit.*, p. 56.

acción omisiva del recurso a la misma o su amenaza, consagrado en el art. 2.4 de la Carta de Naciones Unidas[668] y avalado por el Tribual Internacional de Justicia en 1949[669]. De otro lado, la prohibición de intervención en asuntos internos de terceros Estados[670], tiene su origen en el principio de igualdad soberana de los Estados declarado en el art. 2.1 de la Carta de San Francisco de 1945.

La fundamentación de las intervenciones armadas por motivos humanitarios supone que la aplicación de estos principios universalmente reconocidos, queden exceptuados al objeto de salvaguardar bienes jurídicos superiores[671] constituidos por la protección de los nacionales o la garantía de los Derechos Humanos. Ante tal situación, sabemos que no se van a dar, de antemano, los postulados de Derecho Internacional que permitan la intervención en un tercer Estado sin el permiso del mismo y con carácter previo al pronunciamiento del Consejo de Seguridad, desembocando en su ilegalidad absoluta. La práctica puso en evidencia la necesidad de plantear la juridicidad de estas misiones, a la luz de la Resolución n.º 688 de 1991 del Consejo de Seguridad[672], cuyo contenido aborda la naturaleza urgente de establecer un marco jurídico humanitario que ponga fin a las situaciones de violencia persistente, grave y sistemática de los Derecho Humanos.

---

668 Art. 2.4 de la Carta de Naciones Unidas: «Los Miembros de la Organización, en sus relaciones internacionales, se abstendrán de recurrir a la amenaza o al uso de la fuerza contra la integridad territorial o la independencia política de cualquier Estado, o en cualquier otra forma incompatible con los Propósitos de las Naciones Unidas».

669 Tribunal Internacional de Justicia, sentencia Asunto del Estrecho de Corfú: Reino Unido contra Albania, de 9 de abril de 1949. La resolución judicial afirma que el derecho de intervención en una manifestación de fuerza política de graves consecuencias y abusos, no logrando encontrar amparo en el art. 2.4 de la Carta de Naciones Unidas.

670 Este principio del Derecho Internacional deriva de diversas doctrinas, a saber: Doctrina «Calvo» cuyo objeto es propugnar que los residentes en un tercer Estado, deben resolver sus conflictos en la jurisdicción interna de dicho Estado, sin recurrir a la vía diplomática o invocar recursos militares del Estado de origen. Doctrina «Drago» presenta reminiscencias de la anterior, si bien enfocada a la prohibición del uso armado motivado por el incumplimiento de deuda pública de un Estado. Y Doctrina «Estrada» promulgada por el Secretario de Relaciones Exteriores de México, consistente en la abstención respecto a las acciones llevadas a término por terceros Estados con motivo de no vulnerar su soberanía.

671 Mario Bettati, «¿Injerencia, intervención o asistencia humanitaria?», *Tiempo de Paz, N.º 52-53*, 1999, p. 156.

672 Consejo de Seguridad de Naciones Unidas, Resolución n.º 688, de 5 de abril de 1991. «1. Condena los actos de represión perpetrados contra la población civil iraquí [...] cuyas consecuencias ponen en peligro la paz y la seguridad internacionales en la región [...] 3. Insiste en que el Iraq conceda a las organizaciones humanitarias internacionales acceso inmediato a todos los que necesiten asistencia en todo el territorio del Iraq, y que ponga a su disposición todos los medios necesarios a tal fin [...] 4. Pide al Secretario General que siga adelante con sus esfuerzos humanitarios [...] que utilice todos los recursos a su disposición».

La intervención armada, como afirma PIGNATELLI Y MECA, forma parte del contenido de prohibición de la intervención[673], conforma el núcleo fundamental del mandato de abstención respecto a terceros Estados. El art. 2.7 de la Carta desautoriza a la ONU para intervenir en asuntos ajenos que deban tratarse mediante su jurisdicción interna, pero esta falta de autorización interpretamos que es igualmente aplicable a cualquier otra organización internacional, en coherencia con las facultades atribuidas a la primera[674]. No obstante, la doctrina no es unívoca en lo que respecta al alcance y contenido del principio de no intervención. Una parte entiende que este principio es consecuencia del ejercicio de soberanía estatal, mientras que otra aboga por su deducción implícita en el art. 2.1 de la Carta de San Francisco que evita la coacción de otros Estados[675].

Se crea, por tanto, una situación compleja de equilibrar jurídicamente entre la actitud de tolerancia que debe adoptar un Estado en el cumplimiento del principio de no intervención, frente a la constatación de vulneraciones de los Derechos Humanos en un tercer Estado. La doctrina dominante se ha inclinado por entender que existe un verdadero derecho-deber internacional de injerencia humanitaria que no sólo autoriza, sino que obliga a realizar intervenciones de esta naturaleza ante la flagrancia de acciones contrarias al ámbito descrito. La justificación de esta postura reside en realizar un juicio de equivalencia entre la vulneración de derechos acaecida y su correspondiente amenaza a la paz internacional. Es decir, entendemos que si damos por ocurrida la primera, la segunda también se encuentra en el supuesto de hecho, por consiguiente[676].

El origen del derecho-deber de injerencia se encuentra en la celebración de la I Conferencia Internacional sobre Derecho y Moral Humanitaria en 1987, en la que se determina que el principio de no intervención no puede suponer un obstáculo y que debe encontrarse subordinado al derecho de asistencia humanitaria[677]. El objeto teleológico de esta idea es establecer un marco jurí-

---

673 Fernando PIGNATELLI Y MECA, «La intervención armada por razón de humanidad» en *[El marco jurídico de las misiones de las Fuerzas Armadas...]*, *op. cit.*, p. 96.

674 Eduardo JIMÉNEZ DE ARÉCHAGA, *El Derecho Internacional contemporáneo*, Ed. Tecnos, Madrid, 1980, pp. 136-137.

675 Romualdo BERMEJO GARCÍA, «El derecho-deber de injerencia humanitaria en el derecho internacional actual» en *III Jornadas de Derecho Internacional Humanitario: El derecho por razones humanitarias,* Universidad de Sevilla y Asociación para las Naciones Unidas en Sevilla, Sevilla, 1990, p. 52.

676 Fernando PIGNATELLI Y MECA, «La intervención e injerencia humanitaria. ¿un derecho, un deber, una excusa?» en *III Jornadas sobre asesoramiento jurídico en el ámbito de la Defensa*: *Normativa reguladora del militar profesional en el inicio del siglo XXI y otros estudios jurídicos militares*, Ministerio de Defensa, Madrid, 2001, p. 684.

677 Mario BETTATI, y Bernard Kouchner, *Le devoir d'ingérence. Peut-on les laisser morir?*, Ed. Denoël, París, 1987, p.24.

dico respecto a la acción transfronteriza. En consecuencia, podemos hablar de tres variedades en la ejecución de estas acciones:

a) una asistencia humanitaria que comprende la libertad de acceso a las víctimas ante catástrofes o situaciones urgentes que pongan en peligro la vida, no sólo por parte de organizaciones no gubernamentales, sino también por parte de terceros Estados. Por tanto, excede la noción recogida en los apdtos. 3 y 4 del art. 1 del Convenio de Ginebra[678];

b) el empleo de la fuerza militar consistente en prestar apoyo logístico a la ayuda humanitaria;

c) la intervención militar coercitiva por razones de Humanidad, permitiendo la imposición de la ayuda humanitaria en cuestión.

La intervención o injerencia internacional, según PIGNATELLI y MECA, puede tener lugar físicamente en el territorio de otro Estado, constituyendo una agresión ilegítima para este último. Pero también puede tratarse de una injerencia inmaterial cuando se trata de la intromisión en asuntos de soberanía ajena o a través de acciones de toma de posición política respecto al régimen tercero de cualquier índole[679]. En todo caso, el derecho-deber de injerencia es un concepto jurídico indeterminado sin regular específicamente en el ámbito internacional de manera universal. Este aspecto genera inseguridad jurídica tanto en su ejercicio activo como en el pasivo, al no poder establecer limitación entre su significado ético y su amparo jurídico. Sin embargo, resulta evidente que este tipo de intervenciones humanitarias son habituales, por lo que desde luego podremos incluirlas dentro de la Costumbre Internacional[680].

---

678 Art.1.3 y 1.4 del Protocolo I Adicional a los Convenios de Ginebra de 1949, relativo a la protección de las víctimas de los conflictos armados internacionales (1977): «3. El presente Protocolo, que completa los Convenios de Ginebra del 12 de agosto de 1949 para la protección de las víctimas de la guerra, se aplicará en las situaciones previstas en el artículo 2 común a dichos Convenios.4. Las situaciones a que se refiere el párrafo precedente comprenden los conflictos armados en que los pueblos luchan contra la dominación colonial y la ocupación extranjera y contra los regímenes racistas, en el ejercicio del derecho de los pueblos a la libre determinación, consagrado en la Carta de las Naciones Unidas y en la Declaración sobre los principios de derecho internacional referentes a las relaciones de amistad y a la cooperación entre los Estados de conformidad con la Carta de las Naciones Unidas».

679 PIGNATELLI Y MECA, [«La intervención armada...»], *op. cit.*, pp. 101-102.

680 Los instrumentos jurídicos que reconocen el derecho a la asistencia humanitaria son los siguientes: Resoluciones de la Asamblea General de las Naciones Unidas 43/131, de 8 de diciembre de 1988, propuesta por Francia, 45/100, de 14 de diciembre de 1990, ambas relativas a la asistencia humanitaria a las víctimas de catástrofes naturales y situaciones de emergencia similares, 45/101, de 14 de diciembre de 1990, relativa a un nuevo orden humanitario internacional, 45/102, de 14 de diciembre de 1990, sobre promoción de la cooperación internacional en la esfera humanitaria y 46/182, de 19 de diciembre de 1991, relativa al fortalecimiento de la coordinación de la asistencia humanitaria de emergencia del sistema de las Naciones Unidas.

La admisibilidad jurídica de la injerencia humanitaria de naturaleza armada se constata con la finalidad de proteger a las víctimas de una Nación tercera en favor de la garantía de intereses internacionales superiores a la soberanía lesionada[681]. Los hechos que se pretenden evitar y que fundamentan la intervención, están constituidos por la vulneración sistemática de Derechos Humanos fundamentales a la mayoría de la población por parte de sus propias autoridades y que la intervención militar tercera es la única y suficiente posibilidad de otorgarles una protección debida[682].

A mayor abundamiento, el art. 1 común de los Convenios de Ginebra afirma la obligación individual y colectiva de respetar el Derecho Humanitario y de infundir dicho respeto al resto de Naciones. Se plantea la obligación de una intervención colectiva o individual al amparo de la Carta de Naciones Unidas, en virtud del art. 89 del Protocolo I de los Convenios. No obstante, como hemos advertido, el art. 2 común acota los supuestos de aplicación a los supuestos de guerra o de ocupación de territorio de tercer Estado, quedando al respecto el horizonte normativo consuetudinario impuesto por el art. 28 de la Declaración Universal de Derechos del Hombre:

> «Toda persona tiene derecho a que se establezca un orden social e internacional en el que los derechos y libertades proclamadas en esta Declaración se hagan plenamente efectivos»[683].

Una interpretación racional a tenor de lo expuesto permite entender que el principio de no intervención regulado en el art. 2.7 y el principio de no recurrir al empleo de la amenaza o la fuerza inserto en el art. 2.4 de la Carta de Naciones Unidas, prohíben acciones de injerencia en asuntos internos del tercer Estado. Pero ello no es óbice para una intervención armada cuando se dan las graves violaciones humanas aludidas con anterioridad, amparadas en el principio de solidaridad internacional. Es por esto que podemos acudir a estas alturas a la existencia de una tipología de asuntos internos que exceden totalmente el control soberano de terceros, se trata de las graves violaciones humanitarias, que servirán de fundamento conforme a la última parte del art. 2.7 que establece «[...] este principio no se opone a la aplicación de las medidas coercitivas prescritas en el Capítulo VII»[684].

---

681 Jorge Hevia Sierra, «La Santa Sede y la injerencia humanitaria», *Política Exterior, N.º 50 X*, 1996, p. 149.

682 *Vid.* La Resolución del Instituto de Derecho Internacional de 1989 que afirma el deber de cualquier Estado de intervenir en un tercero que no respete los Derecho Humanos, incurriendo en responsabilidad la omisión de la acción teniendo conocimiento de los hechos. Al respecto debemos advertir que esta Resolución carece de naturaleza normativa y, por ende, vinculante.

683 José Alejandro Consigli, «La intervención humanitaria a la luz del Derecho Internacional actual», *Anuario Argentino de Derecho Internacional*, 2004, p. 161.

684 Jiménez de Aréchaga, *op. cit.*, pp. 138-139

Con todo, las interpretaciones favorables al derecho de intervención humanitaria no parecen quedar incluidas en la voluntad individual de un Estado de llevarla a cabo. Reciben cobertura sobre un sistema de seguridad internacional colectivo, instrumentalizado en la Carta de Naciones Unidas y que impone al Consejo de Seguridad como órgano competente para determinar si se dan las circunstancias humanitarias que precisen este tipo acción armada[685]. Pero esta afirmación previa, conlleva una disyuntiva consecuente cuando tiene lugar la inacción por parte del Consejo de Seguridad frente a lo que individualmente un Estado reconoce como graves violaciones humanitarias y cuya intervención podría colisionar con el aludido principio de no intervención de la Carta[686]. En nuestra opinión, la posibilidad de intervenir al margen del Consejo de Seguridad en cuestiones humanitarias no resulta ajustada a Derecho, por dos motivos fundamentalmente:

a) la legitimidad de la acción del Consejo de Seguridad en las acciones de imposición de la paz internacional se deriva de la cesión de una parcela de soberanía de sus miembros en aras a la integración de unos mismos parámetros de seguridad y necesidad de intervención, que carece de sentido jurídico quebrantar;

b) la capacidad de arrogarse de manera individual una intervención humanitaria basada en el estado de necesidad ajeno, supondría en la práctica un derecho implícito al alcance de aquellas potencias militares con recursos suficientes. Si bien, puede vaciar de contenido el principio de seguridad colectiva.

Ante la necesidad de una reforma de la Carta de Naciones Unidas que directamente regule las intervenciones de naturaleza armada o no, en el ámbito humanitario internacional, el Consejo de Seguridad ha realizado una interpretación inclusiva. La violación de Derechos Humanos fundamentales, deben tratarse jurídicamente dentro del capítulo VII como amenazas a la paz y seguridad internacionales desde el art. 39 de la Carta[687], mediando un espectro de discrecionalidad evidente al respecto. Esta interpretación se fundamenta en la creencia mayoritaria de sus miembros de que la paz no sólo está conformada por la ausencia de guerra, sino que se encuentra formada por otros elementos sociales, humanitarios o de calidad democrática[688].

---

685 HEVIA SIERRA, *op. cit.*, pp. 150-151.

686 PIGNATELLI Y MECA, [«La intervención armada...»], *op. cit.*, p. 112.

687 Es el caso de la interpretación realizada respecto a las misiones en Somalia, (ONUSOM II, 1993-95), Ruanda (UNAMIR, 1993-99), o Iraq (UNIKOM, 2000-03), en las que se decidieron medidas, incluido coercitivas, que proporcionaran seguridad a la asistencia humanitaria.

688 La Declaración del Consejo de Seguridad de 31 de enero de 1992 dice: «La ausencia de guerra y de conflictos militares entre Estados no asegura por sí misma la paz y la seguridad internacionales. Las causas no militares de inestabilidad en las esferas económico, social, humanitaria y ecológica, se han convertido en amenazas a la paz y la seguridad. Los miembros de las Naciones Unidas en su conjunto, actuando por conducto de los órganos correspondientes, deben dar máxima prioridad a la solución de esas cuestiones».

La concepción de estas vulneraciones humanitarias como una amenaza para la paz por parte del Consejo de Seguridad ha englobado multitud de situaciones y presenta una tendencia ascendente. Entre las mismas, se han incluido los conflictos armados internos[689], las violaciones masivas de Derechos Humanos y del Derecho Humanitario de los conflictos armados[690], la represión de parte de la población por parte de sus autoridades[691] e incluso las insurrecciones con objeto de subvertir el régimen político establecido[692].

Otro sector de la doctrina no compartida por la ONU, aboga por establecer la posibilidad de intervención humanitaria de manera individual por los Estados en ausencia de decisión del Consejo de Seguridad. El fundamento se encuentra en la situación «de extrema urgencia», siempre que se reúnan una serie de requisitos, a saber:

a) graves violaciones humanitarias que constituyan crímenes de lesa humanidad;

b) incapacidad por parte de las autoridades nacionales para cesar la situación y/o la obstaculización a la ONU u otras organizaciones internacionales;

c) incapacidad sobrevenida en el Consejo de Seguridad que le impida decidir al respecto y que se haya constatado la ineficacia de otras vías de mediación. Todo ello, en concurrencia a la voluntad de un grupo de Estados dispuestos a realizar la intervención armada humanitaria con una intensidad proporcionada a las circunstancias, consistente en la neutralización de los crímenes humanitarios y la reposición de una situación ordinaria de respeto a los Derechos Humanos[693].

Este tipo de operaciones «de extrema urgencia», aunque también las «regladas» por el Consejo de Seguridad, deben ajustarse a los parámetros morales que circundan el principio de no intervención y de solidaridad internacional. De lo contrario, podríamos encontrarnos con injerencias

---

689 Son los casos de la ex-Yugoslavia (Resolución 713, de 25 de septiembre de 1991), Somalia (Resolución 733, de 23 de enero de 1992), Ruanda (Resolución 929, de 22 de junio de 1994), Angola (Resolución 864, de 15 de septiembre de 1993).

690 Son los casos de Bosnia (Resolución 808, de 22 de febrero de 1993), Ruanda (Resoluciones 812, de 12 de marzo de 1993 y 929, de 22 de junio de 1994).

691 Son los casos de Irak (Resolución 688, de 5 de abril de 1991), Haití (Resolución 940, de 31 de julio de 1994).

692 Caso de Haití (Resolución 940, de 31 de julio de1994).

693 Antonio CASSESE, «Ex injuria ius oritur: Are we moving towards international legitimation of forcible humanitarian countermeasures in the world community?», *European Journal of International Law, Vol.10, N.º 1*, 1999, pp. 22-30. En el mismo sentido, Cesáreo GUTIÉRREZ ESPADA, *El estado de necesidad y el uso de la fuerza en el derecho internacional*, Ed. Tecnos, Madrid, 1987, p. 118.

cuyos fines se corresponden más con intereses estratégicos, políticos o económicos y, por tanto, la causa humanitaria ocupe únicamente el lugar del pretexto[694]. La desviación en el objeto resulta altamente peligrosa en esta cuestión, en primer lugar, porque difumina el núcleo esencial de los derechos humanos fundamentales, y en segundo lugar, porque se abre la posibilidad a la ejecución de acciones en unos Estados y en otros no, por motivos extraños al humanitario, debilitando en consecuencia su debida protección internacional.

2.10. El empleo de la fuerza en las operaciones militares internacionales. Las Reglas de Enfrentamiento (ROE)

Tanto en las misiones en tiempo de paz como en el curso de conflictos armados, existe una línea normalmente difusa que intenta delimitar el momento y condiciones que deben darse para el empleo de la fuerza armada, incluida la letal. Es común la divergencia de opiniones en el mundo jurídico respecto a la procedencia del uso operativo de la fuerza, también con motivo de la escasa popularidad de una materia como el Derecho Militar Operativo[695]. Lo cierto es que constituye un ejemplo más de subordinación del poder militar al poder civil, propia de nuestra etapa constitucional. Ello se deriva del contenido del art. 97 CE que declara la Administración militar como una de las parcelas dirigidas por el Gobierno, complementado por los arts.103.1 y 9.1 CE, que someten a la Administración a la ley y al Derecho en favor del interés general.

Las *Rules of Engagement* (ROE) son un instrumento reglado de especial importancia, empleado por los gestores políticos y dirigido a los mandos militares para que se disemine en el resto de escalones operativos, asimilable a las instrucciones o directivas. Su objeto consiste en precisar las circunstancias, procedimientos y condiciones en que se puede emplear la fuerza armada operacional y en tal caso, su intensidad, no debiendo entenderse la noción de «fuerza» como equivalente a «violencia», dado que esta última

694 *Vid.* Similar argumentario al respecto por parte de Michel Virally, advirtiendo que siendo la finalidad un aspecto poco relevante para la mayoría de actos jurídicos, ello no ocurre en la aprobación de intervenciones humanitarias, donde su finalidad es determinante. Michael VIRALLY, *Panorama du droit international contemporain. Cours general de droit international public*, Ed. Arcadia, Barcelona, 1983, p. 113.

695 Antonio Millán Garrido, «Derecho Militar Mexicano», *Revista Española de Derecho Militar, N.º 79*, 2002, p. 318; también José Luís Rodríguez-Villasante y Prieto, «Introducción al Derecho Penal Militar», *Revista Española de Derecho Militar, N.º 51*, 1988, p. 451; y José María Rodríguez Devesa, *Derecho Penal Español. Parte Especial*, Ed. Gráficas Adonais, Madrid, 1980, p. 1243. Estos autores coinciden en señalar el generalizado oscurantismo respecto a la materia jurídica militar.

tiene lugar sólo en el último estadio de la primera[696]. Alrededor del concepto, DREIST entiende que pueden existir unas ROE en el contexto operacional de una organización internacional, y también a nivel nacional, apostando por su compatibilidad[697]. En España, la Doctrina para el Empleo de la Fuerza Terrestre las define del siguiente modo:

> «Directivas emanadas por la Autoridad militar para especificar las circunstancias y limitaciones en las que las fuerzas iniciarán o continuarán un enfrentamiento con otras fuerzas. Definen las circunstancias, condiciones, grado y forma bajo las que se puede o no aplicar la fuerza. Están redactadas en forma de prohibiciones, limitaciones y autorizaciones que regulan la aplicación controlada de la fuerza»[698].

Por su parte, OTAN[699] y ONU[700] se refieren a las ROE en modo análogo al anteriormente expresado por nuestra doctrina militar, mientras que la UE las concibe en el marco del empleo de la fuerza ante posibles «provocaciones»[701]. Con otra elaboración explicativa se ha referido ALVA VILLAMÓN[702], utilizando el concepto de instrucciones del Gobierno que limitan el empleo de la fuerza en combate, sin embargo nos parece imprecisa, al dejar de contemplar supuestos ajenos a las operaciones esencialmente bélicas. La importancia de las

---

696 Rodrigo Lorenzo PONCE DE LEÓN, *Las Reglas de Enfrentamiento (ROE) como paradigma del Estado de Derecho en Operaciones Militares*, Ministerio de Defensa, Premios Defensa José Francisco de Querol y Lombardero, 2012, p. 12.

697 Peter DREIST, «Rules of Engagement in Multinationalen Operationen – ausgwhälte Grundsatzfragen», *NZWehrr, Vol.3*, 2007, p.106.

698 Ministerio de Defensa, *DO-1 001 Doctrina. Empleo de la Fuerza Terrestre*, 2003, p. 181.

699 North Atlantic Treaty Organization, *Glossary of Terms and Definitions* (English and French), Allied Administrative Publication 06, modified version 02, Mons (Belgium), 2000, p. 2 R-10: «directivas emitidas por la Autoridad militar competente en las que se especifican las circunstancias y limitaciones bajo las cuales las fuerzas iniciarán o continuarán un enfrentamiento con otras fuerzas».

700 UNITED NATIONS, *Guidelines for the Development of Rules of Engagement (ROE) for United Nations Peacekeeping Operations*, Department of Peacekeeping Operations, Military Division, 2002. Se trata de un documento reservado, si bien su preparación y redacción pueden seguirse en Trevor FINDLAY, *The Use of Force in UN Peace Operations*, Oxford University Press, Oxford, 2002, p. 369.

701 European Union Military Committee, *Use Of Force Concept for EU-led Military Crisis Management Operations – 1st Revision*, Part III: Use of Force/H/50, 2008, sitio web: www.bmlv.gv.at/truppendienst/ausgaben/artikel.php?id=775, [consultado el 02/10/2020].

702 Silvio ALVA VILLAMÓN, «El control político de un conflicto de baja intensidad a través de las reglas de enfrentamiento de la autoridad política legalmente constituida: caso de la frontera del Perú con Colombia», *Colegio Interamericano de Defensa*, 2005, pp. 39-40. A la definición señalada ut supra, añade: «Estas instrucciones pueden ser generales o permanentes o referirse a acciones específicas o a situaciones determinadas relacionadas con un comportamiento dado del adversario. Fundamentalmente se trata de reglas que restringen el empleo de la fuerza, en los límites autorizados por el derecho interno, así como por el derecho internacional de los conflictos armados. Factores estratégicos, políticos y diplomáticos pueden también influir en su formulación».

ROE, en nuestra opinión, no se encuentra tanto en las operaciones sucedidas en un conflicto armado, en las que el empleo de la fuerza se da por supuesto bajo la cobertura jurídica del DIH, que también, sino en aquellas operaciones de mantenimiento de la paz y/o situaciones de crisis, en las que se produce un riesgo más elevado para la población civil.

Las ROE se dictan por el poder político, en modo compatible a las instrucciones del alto mando militar y conforme a los principios básicos y éticos de la actuación militar, incluso individual, excediendo en ocasiones el ámbito puro del Derecho. En este sentido, SOLÍS[703] define su encaje como una «correa de transmisión» entre las autoridades políticas y los militares en el curso de una operación con el objeto de controlar el uso de la fuerza, al amparo de la política nacional, las circunstancias operacionales y el Derecho[704]. Dado que el ámbito de las ROE va más allá del puramente operativo, su autoría viene condicionada por la participación del asesor jurídico militar, el oficial de inteligencia, el oficial de planificación y el de logística. Reciben la denominación de «Reglas de Usos de la Fuerza» (RUF o ROF) en el ámbito estrictamente operativo, en cuyo caso pueden dictarse oralmente o mediante una tarjeta «*ROE card*»[705].

Estrechamente ligada al concepto jurídico de ROE se encuentra la fórmula inglesa «RAMP»[706], a modo de regla memorística del militar operacional para que, en caso de hostilidades, se actúe conforme a cuatro principios básicos:

a) *return fire with aimed fire o* Repele actos hostiles mediante la fuerza;

b) *anticipate attack* o anticiparse mediante el empleo de la fuerza cuando tengas indicios claros de poder ser atacado;

c) *measure the amount of force* o realiza un uso proporcionado de la fuerza;

d) *protect with deadly force only human life* o emplea la fuerza letal sólo para proteger vidas humanas.

También presentan una relación directa con las ROE las denominadas «transferencia de autoridad» o *transfer of autority* (TOA)[707], delimitadas por los límites tácticos y operacionales fijados para los mandos militares nacio-

703 Gary Dean Solís, *The Law of Armed Conflict: International Humanitarian Law in War*, Cambridge University Press, Cambridge, 2010, p. 495.

704 Richard Jack GRUNAWALT, «The JSC Standing Rules of Engagement: A Judge Advocate's Primer», *The Air Force Law Review, Vol. 42*, 1997, p. 246.

705 Alan Cole, Plillip Grew et al., *San Remo Handbook on Rules of Engagement, International Institute of Humanitarian Law,* ED. U.S. Naval War College, 2009, p. 71.

706 Global Security, *A Soldier's task: Use Force Appropiately*, Appendix B, sitio web: www.globalsecurity.org/military/library/report/call/call_96-6_roeappb1.htm, [consultado el 02/10/2020].

707 Ministerio de Defensa, *PDC-01 (A) Doctrina del empleo de las Fuerzas Armadas*, 2018, p. 165.

nales que se integran en unidades multinacionales o bajo el Mandato de una organización internacional. Estos documentos inevitablemente servirán como parámetro conductor en la redacción posterior de las ROE. En este sentido, encontramos las «escaladas de la fuerza» o *escalation of force* (EOF), que constituyen un instrumento de graduación de la intensidad y medios de la fuerza empleada frente a hostilidades. Su contenido puede contribuir a la reformulación de las ROE en caso de cambios en la modulación de la violencia empleada, dentro del marco impuesto por el Derecho[708].

2.10.1. Las ROE en el marco del Derecho Militar Operativo

Sabemos que el Derecho Militar Operativo es una disciplina que comprende las normas del DIH, nacional e incluso aquellas directrices políticas que se encargan de establecer el marco jurídico de las operaciones militares, y que en el curso de estas últimas puede requerirse el empleo de la fuerza. Con estas premisas, será en ese lugar donde jueguen las ROE un papel especialmente relevante, configurando una interrelación prácticamente indisociable entre el primero y las últimas. A este respecto, GRAHAM establece una aproximación al concepto de Derecho Militar Operativo bastante certera que recientemente ha recogido PONCE DE LEÓN:

> «Conjunto de normas, nacionales e internacionales, relacionadas con los aspectos jurídicos que lleva consigo el despliegue de tropas de los Estados Unidos en el exterior tanto en tiempos de paz como en tiempos de conflicto»[709].

Por consiguiente, debemos reconocer el sentido funcional de las ROE en cuanto su objeto se dirige concretamente a la práctica operacional. Cualquier operación militar resulta susceptible de disgregarse entre las de naturaleza bélica y las que no lo son, es por ello que las ROE se dictan de manera concreta para cada tipo de operación y en función de las exigencias operativas y jurídicas específicas de la misma. Las bélicas se ajustarán al Derecho de los conflictos armados y sus ROE gozarán de una mayor permisividad, mientras que en las situaciones de crisis deberá regularse un empleo de la fuerza más limitado. Aun así, deberá conjugarse con el ordenamiento internacional de aplicación, el nacional del Estado que interviene e incluso el del receptor, a través de unas ROE basadas fundamentalmente en el principio de legítima defensa[710].

---

708 *DO-1 001 Doctrina. Empleo de la Fuerza Terrestre, op. cit.*, p. 3.

709 PONCE DE LEÓN, *op. cit.*, p. 48, [en referencia a la obra de David E. GRAHAM], *«Operational Law – A Concept Comes of Age»*, *The Army Lawyer*, 1987, pp. 9-12.

710 La doctrina oficial de EEUU establece la existencia de dieciséis tipos de operaciones no bélicas que abarcan desde el control de armamentos hasta el apoyo a grupos insurgentes. Brian URQUHART, *A Life in Peace and War*, Ed. Harper and Row, United States, 1987, p. 178.

Los parámetros a los que deben ajustarse las ROE se encuentran establecidos en el Mandato de la organización internacional que ordena la operación, o bien, en el acuerdo por el que la misma se establece cuando se trate de operaciones ajenas a dichas organizaciones[711]. En tal sentido, las ROE pueden contener prohibiciones de emplear cierto tipo de material o armas, así como la graduación de la intensidad del empleo de la fuerza en diferentes circunstancias, pudiendo modularse sobre la marcha en función de las necesidades operacionales, políticas y jurídicas.

El carácter pragmático de las ROE se evidencia también en el concepto de Nación Líder o «*Lead Nation*», constituido por un Estado que asume la responsabilidad de planificar y ejecutar la operación multinacional[712]. Otras naciones pueden ejercer, a su vez, misiones concretas de planificación y/o desarrollo operativo, recibiendo la denominación de Agentes Líder o «*Lead Agents*»[713]. Durante esta situación de planeamiento estratégico operativo, cada Estado imprime unas directrices políticas en función de sus intereses y, por tanto, unas ROE diferentes a los demás, aunque cabe la posibilidad de establecer unas ROE de carácter común en connivencia a las del resto. No obstante, resulta aconsejable realizar un esfuerzo por mantener un criterio integrador en las mismas, al objeto de una correcta compatibilidad y una certera ejecución estratégica. Ello no obsta para que se establezcan ciertas reservas estratégicas u operacionales denominadas «*caveats*», al objeto de preservar determinados intereses políticos o jurídicos[714].

En el plano estrictamente operativo, será el Jefe militar de cada operación quien apruebe el Plan de Operaciones (OPLAN), Este documento contiene el desarrollo de todos los aspectos que deben regir la operación para lograr satisfactoriamente los objetivos establecidos previamente en el Mandato. De manera complementaria, el OPLAN podrá ir acompañado de unos Procedimientos Operativos Estandarizados o «SOP» dirigidos a ordenar los aspectos tácticos. Los «SOP» pueden incluir directrices relativas al empleo de la fuerza, figurando las ROE finalmente en documento anexo al precitado[715], redactados por el Estado Mayor con la asistencia técnico-jurídica del auditor militar[716].

---

711 Ben Klappe, *International Peace Operations, The Handbook of International Humanitarian Law*, Oxford University Press, Oxford, 2008, p. 649.

712 Eduardo José Márquez Reig, «La logística en operaciones multinacionales», *Boletín de Información, N.º 259*, 1999, p. 77.

713 United Nations Multinational Interoperability Council, *The Lead Nation Concept in Coalition Operations, United Nations Organization*, 2000, sitio web: www.aiai.ed.ac.uk/project/coax/demo/ 2002/mic/LeadNationConcept.pdf, [consultado el 03/10/2020].

714 Ponce de León, *op. cit.*, p. 58.

715 Cole and Grew et al., *op. cit.*, p. 64.

716 La figura del auditor militar se encuentra regulada en nuestro ordenamiento jurídico como miembro del Cuerpo Jurídico Militar de la Defensa en el art. 37 de la Ley 39/2007,

Finalmente es el plan táctico, precedido de los niveles estratégico y operacional, el que permite analizar las ROE en la propia participación sobre el teatro de operaciones, constituyendo la punta de lanza del proceso de una intervención armada. En términos tácticos, las ROE pueden quedar sintetizadas e insertadas en una tarjeta o «*ROE card*», permitiéndose también su transmisión a los efectivos incluso de manera verbal. Tengamos en cuenta que las ROE deben cumplir un objetivo eminentemente práctico, tal es regular el uso de la fuerza. A tal efecto, el militar que se despliega en una operación y se encuentra en la tesitura de emplear la fuerza frente a alguna hostilidad, no puede suspender su actividad para documentarse extensamente sobre el contenido de las ROE. Será válido, incluso, el aprendizaje memorístico de ciertos preceptos básicos que permitan hacer frente a la amenaza atendiendo a unos parámetros jurídicos mínimos[717].

Sin embargo, es cierto que, en el transcurso táctico operacional, los mandos intermedios pueden dictar órdenes a los subordinados encargados de emplear la fuerza armada a fin de adecuar la interpretación de las ROE sobre el terreno. Aunque partiendo del criterio mínimo de que estas modulaciones no pueden ser contradictorias a lo dispuesto en las mismas, para una eficaz coherencia jurídico-operativa. Además, el militar que ejecuta la acción puede recurrir a realizar una solicitud vertical en la jerarquía de mando a fin de modificar las ROE en lo que se denomina «*ROE request*». La consecuencia positiva o aprobatoria del «ROE request» adquiere forma de «*ROE authorization*», mientras que la denegatoria se denomina «*ROE deny*»[718].

---

de 19 de noviembre de la Carrera Militar, del siguiente modo: «1. Los miembros del Cuerpo Jurídico Militar, agrupados en una escala de oficiales, tienen como cometidos los de asesoramiento jurídico y los que conforme al ordenamiento jurídico les correspondan en la jurisdicción militar. 2. Los empleos del Cuerpo Jurídico Militar son los de teniente a coronel, con las denominaciones del empleo correspondiente seguidas del término «auditor», y los de general de brigada y general de división, con las denominaciones de general auditor y general consejero togado, respectivamente». Este precepto se encuentra desarrollado en la Instrucción 1/1999, de 12 de marzo, sobre organización del asesoramiento jurídico, cuyo apartado VII dispone su intervención en el planeamiento de operaciones militares a fin de acomodarlas al Derecho. Asimismo, la figura del Asesor Jurídico Internacional o abogado operacional, se regula en el art. 82 del Protocolo Adicional I de 1977, anejo a los Convenios de Ginebra de 1949: «Las Altas Partes contratantes en todo tiempo, y las Partes en conflicto en tiempo de conflicto armado, cuidarán de que, cuando proceda, se disponga de asesores jurídicos que asesoren a los comandantes militares, al nivel apropiado, acerca de la aplicación de los Convenios y del presente Protocolo y de la enseñanza que deba darse al respecto a las fuerzas armadas».

717 Temi ANDERSON and Bahm Eric et al., «Rules of Engagement» in *Operational Law Handbook*, International and Operational Law Department, U.S. Army, 2015, p. 64.

718 Documento desclasificado OTAN. *North Athlantic Treaty Organization, RFP-ACT-SACT-16-46 Description of Acquisition,* Headquarters, Supreme Allied Commander Trasnformation, 2016, p. 69-B.

2.10.2. Las ROE en relación al Derecho interno

Hemos aprendido que las ROE son directrices que emanan de la política para que se transmitan a través de la cadena de mando al objeto de graduar el empleo de la fuerza operativa en función de los intereses fijados y su adecuación al ordenamiento nacional e internacional. A primera vista, resulta palmaria la relación directa que se establece entre nuestro ordenamiento y las ROE. Si bien, es cierto que, al no existir una regulación internacional sobre las mismas, va a depender de cada Estado la naturaleza jurídica que se otorgue a las ROE. En este sentido, la OTAN ha confirmado tal circunstancia, evidenciando que algunos países no ofrecen a penas eficacia jurídica a estas disposiciones, mientras que otros le confían consideración normativa y atribuyen consecuencias efectivas ante su incumplimiento[719].

Desde el punto de vista del ordenamiento español, no podemos catalogar a las ROE como una norma jurídica autónoma, sino que se trata de instrucciones dictadas al amparo de normas legales que constituyen requisito indispensable para formalizar la operación. Por tanto, nos encontramos ante disposiciones de naturaleza complementaria y subordinada a la ley, que resultan de obligado cumplimiento en tanto su inobservancia, determina la posible aplicación de la LORDFAS o el CPM a los militares participantes. El hecho de que las ROE no estén reguladas en el plano nacional e internacional, a nuestro juicio constituye un desatino de grandes responsabilidades políticas y jurídicas, evidenciando una errática ausencia de voluntad al respecto.

Tenemos justificación jurídica suficiente en nuestro bloque normativo que sirve de base a la obligatoriedad de las ROE. En primer lugar, el hecho de las que las ROE deriven del poder político, nos dirige de nuevo al contenido del art. 97 CE, al establecer que el Gobierno dirige la política interior y exterior, la Administración militar y la defensa del Estado, todo ello en el marco de control de las Cortes Generales anteriormente descrito en los arts. 108 a 116 CE. Además, los arts. 5 y 6 de la LODN, establecen la competencia del Gobierno para ejercer la política de defensa, entre las que se incluye el envío de las Fuerzas Armadas al exterior, y la función directiva del Presidente del Gobierno en las operaciones militares que requieran el empleo de la fuerza, respectivamente. Cabe contemplar adicionalmente, como explica Ponce de León[720], la posibilidad establecida de delegar estas competencias en otros órganos de la misma Administración, aún sin dependencia jerárquica, en virtud del art. 9 de la Ley 40/2015, de 1 de octubre, del Régimen Jurídico del Sector Público.

---

719 *North Athlantic Treaty Organization, RFP-ACT-SACT-16-46 Description of Acquisition*, *op. cit.*, p. 257.

720 Ponce de León, *op. cit.*, p. 84. El autor realiza su argumentación en la delegación de competencias establecida en el art. 13 de la derogada Ley 30/1992, de 26 de noviembre, del Régimen Jurídico de Administraciones Públicas y Procedimiento Administrativo Común, de contenido literal al dispuesto en el art. 9 de la actual Ley 40/2015.

Junto a ALIANA PLANA[721], continuamos la fundamentación de las ROE en el art.6.1, regla sexta, de la LODDFAS[722] dedicado a las reglas del comportamiento militar que determina la obligación de realizar un uso de la fuerza gradual y proporcionado, ajustado a las ROE de cada operación[723]. Estas reglas de comportamiento son aludidas en el art. 5 precedente, determinando la sujeción del militar a las mismas en la participación de las misiones que lleva a cabo conforme a la CE y a la LODN[724], siendo también de obligado cumplimiento para los miembros de las Guardia Civil en virtud del art. 4.2 de la LCM[725].

El RD 96/2009, de 6 de febrero, por el que se aprueban las RROO para las Fuerzas Armadas[726], en su art. 42 establece que en el curso del manejo de las armas, el militar deberá ajustarse entre otras normas, a las ROE[727]. De igual manera, el art. 84 describe que el uso de la fuerza será gradual y proporcionado, conforme a las ROE, mientras que el art. 94 afirma que será el conocimiento y cumplimiento de estas ROE el aspecto que permita la adaptabilidad del militar frente a situaciones modificadas en aras de la protección de la población. A mayor abundamiento, en cuanto a su transmisión a través de la cadena de mando con naturaleza de mandato, las ROE encuentran su cabida en el art. 45, que establece la obligatoriedad del cumplimiento de órdenes relativas al servicio para realizar una conducta u omitirla[728].

---

721 José Miguel ALÍA PLANA, Tesis Doctoral: *Reglas de enfrentamiento y gobierno del Campo de Agramante*, Universidad Complutense de Madrid, 2017, p. 276. El autor fundamenta las ROE en el anterior art. 4.1, regla sexta de la Ley 39/2007, de la Carrera Militar, precepto modificado en virtud de la disposición final quinta de la LO 9/2011, de 27 de julio, pasando a regularse con el mismo tenor literal en el art.6.1, regla sexta de la LO 9/2011.

722 LO 9/2011, de 27 de julio, de Derechos y Deberes de las Fuerzas Armadas, Boletín Oficial del Estado, N.° 180, de 28 de julio de 2011, pp. 85.320-85.345.

723 Art. 6.1, regla sexta de la LO 9/2011: «En el empleo legítimo de la fuerza, hará un uso gradual y proporcionado de la misma, de acuerdo con las reglas de enfrentamiento establecidas para las operaciones en las que participe».

724 Art. 5 de la LO 9/2011: «El militar guardará y hará guardar la Constitución como norma fundamental del Estado y cumplirá las obligaciones militares derivadas de las misiones establecidas en la Constitución y en la Ley Orgánica 5/2005, de 17 de noviembre, de la Defensa Nacional, con sujeción a las reglas de comportamiento que se definen en esta ley».

725 Ley 39/2007, de 19 de noviembre, de la Carrera Militar, Boletín Oficial del Estado, N.° 278, de 20 de noviembre de 2007, pp. 4 7.336-47.377.

726 RD 96/2009, de 6 de febrero, por el que se aprueban las Reales Ordenanzas para las Fuerzas Armadas, Boletín Oficial del Estado, N.° 33, de 7 de febrero de 2009, pp. 13.008-13.028.

727 Art. 42 del RD 96/2009: «Pondrá máxima atención en todo lo concerniente al manejo de las armas, especialmente en la aplicación de las normas de seguridad, consciente de su gran importancia. Para hacer uso de ellas, se atendrá estrictamente a la normativa vigente, órdenes recibidas y reglas de enfrentamiento».

728 Art. 45 del RD 96/2009: «Obedecerá las órdenes, que son los mandatos relativos al servicio que un militar da a un subordinado, en forma adecuada y dentro de las atribuciones que le correspondan, para que lleve a cabo u omita una actuación concreta. También deberá atender los requerimientos que reciba de un militar de empleo superior referentes a las disposiciones y normas generales de orden y comportamiento».

Entendiendo las ROE dentro del concepto de orden militar, su posible incumplimiento puede derivar consecuencias jurídicas establecidas en el CPM[729]. El art. 8 CPM determina «orden» cualquier mandato del servicio, dirigido por parte de su superior a un subordinado en el ámbito de sus competencias y con la forma debida, para realizar una conducta u omitirla. Las consecuencias del incumplimiento de órdenes militares en el ámbito penal pueden ser múltiples dependiendo del bien jurídico protegido lesionado y del objeto del injusto. Pueden abarcar desde delitos contra la seguridad y defensa nacionales[730], contra la disciplina[731], contra los derechos y libertades

729 LO 14/2015, 14 de octubre, del Código Penal Militar, Boletín Oficial del Estado, N.° 247, de 15 de octubre de 2015, pp. 95.715-95.746.

730 En esta tipología delictiva encontramos: delito de traición militar; art. 24: «[...] el militar que, con el propósito de favorecer al enemigo: 1.° Ejerciere coacción sobre el que ostenta el mando de una fuerza, buque o aeronave, para capitular, rendirse, demorar el combate o iniciar la retirada. 2.° Se fugare de sus filas con el ánimo de incorporarse al enemigo. 3.° Propalare o difundiere noticias desmoralizadoras o realizare cualesquiera otros actos derrotistas. 4.° Ejecutare actos de sabotaje, dificultare las operaciones bélicas o de cualquier otro modo efectivo causare quebranto a los medios o recursos afectos a la defensa militar», delito de espionaje militar: «[...] El militar español que cometiere este delito será considerado autor de un delito de traición militar», delito contra los medios o recursos de la seguridad o la defensa nacionales; art. 28: «El militar que denunciare falsamente la existencia, en lugares afectos a las Fuerzas Armadas o a la Guardia Civil, de aparatos explosivos u otros similares o entorpeciere intencionadamente el transporte, aprovisionamiento, transmisiones o cualquier clase de misión militar [...]», art. 29: «El que penetrare o permaneciere en un centro, dependencia o establecimiento militar contra la voluntad expresa o tácita de su jefe, o vulnerare las medidas de seguridad establecidas para la protección [...]», delito de incumplimiento de bandos militares durante conflicto armado o estado de sitio; art. 30: «El que se negare a cumplir o no cumpliere las prescripciones contenidas en los Bandos que dicten las Autoridades Militares en situación de conflicto armado o estado de sitio [...]», art. 34; «el que desobedeciera o hiciere resistencia a las órdenes del centinela [...]» y art. 35: «[...]contra autoridad militar, fuerza armada o policía militar [...]».

731 En esta tipología delictiva encontramos los siguientes delitos: delito de sedición; art. 38: «Los militares que, mediante concierto expreso o tácito, en número de cuatro o más o que, sin llegar a este número, constituyan al menos la mitad de una fuerza, dotación o tripulación, se negaren a obedecer o no cumplieren las órdenes legítimas recibidas, incumplieren los demás deberes del servicio o amenazaren, ofendieren o ultrajaren a un superior [...]», art.39: «[...] hicieren reclamaciones o peticiones colectivas en tumulto o portando armas [...]», art. 41: «El militar que no adoptase las medidas necesarias o no empleare los medios racionales a su alcance para contener la sedición en las fuerzas a su mando [...]», delito de insulto a superior; art. 42: «El militar que maltratare de obra a un superior o atentare contra su libertad o indemnidad sexuales [...]» y art. 43: «sin incurrir en los delitos previstos [...] coaccionare, amenazare, calumniare o injuriare gravemente a un superior, en su presencia o ante una concurrencia de personas, por escrito o con publicidad [...]», delito de desobediencia; art.44: «El militar que se negare a obedecer o no cumpliere las órdenes legítimas de sus superiores relativas al servicio [...]», delito de abuso de autoridad; art. 45: «El superior que, abusando de sus facultades de mando o de su posición en el servicio, irrogare un perjuicio grave a un subordinado [...]», art. 46: «El superior que maltratare de obra a un subordinado [...]», art. 47: «El superior que tratare a un subordinado de manera degradante, inhumana o humillante, o realizare actos de

fundamentales militares[732], contra los deberes del servicio[733], o el patrimonio

---

agresión o abuso sexuales [...]» y art. 48: «El superior que, respecto de un subordinado, realizare actos de acoso tanto sexual y por razón de sexo como profesional».

732 En esta tipología delictiva encontramos los siguientes delitos: delito relativo al ejercicio de los derechos fundamentales y libertades públicas de los militares; art. 49; «El militar que, sin incurrir en los delitos de insulto a superior o abuso de autoridad, públicamente, en lugares afectos a las Fuerzas Armadas o a la Guardia Civil o en acto de servicio, maltratare de obra a otro militar, le tratare de manera degradante, inhumana o humillante, o realizare actos de agresión o de abuso sexuales [...]», art. 50: «El militar que, sin incurrir en los delitos de insulto a superior o abuso de autoridad, públicamente, en lugares afectos a las Fuerzas Armadas o a la Guardia Civil o en acto de servicio, impidiere o limitare arbitrariamente a otro militar el ejercicio de los derechos fundamentales o libertades públicas, realizare actos de acoso tanto sexual y por razón de sexo como profesional, le amenazare o coaccionare, le injuriare gravemente o le calumniare, atentare de modo grave contra su intimidad, dignidad personal o en el trabajo, realizara actos que supongan grave discriminación [...]».

733 En esta tipología delictiva encontramos los siguientes delitos: delito de cobardía; art. 51: «El militar que por temor a un riesgo personal rehusare permanecer o situarse en su puesto, lo abandonare, incumpliere la misión encomendada o realizare actos susceptibles de infundir pánico o producir grave desorden entre la propia fuerza [...]», art.52: «El militar que, en situación de conflicto armado, estado de sitio o circunstancias críticas y por temor a un riesgo personal, para excusarse de su puesto o misión, simulare enfermedad o lesión [...]», art. 53: «El militar que, por temor a un riesgo personal, entregare, rindiere o abandonare al enemigo, rebeldes o sediciosos, establecimiento o instalación militar, puesto, buque, aeronave, fuerza u otros recursos humanos o materiales que estuviesen bajo su mando, sin haber agotado todos los medios de defensa que exijan sus deberes y obligaciones militares o las órdenes recibidas [...], o que en la capitulación estableciere para sí condiciones más ventajosas [...]», art. 54: «Fuera de los casos anteriores, el militar que, por temor a un riesgo personal, violare un deber militar establecido en la Ley Orgánica 9/2011, de 27 de julio, o en la Ley Orgánica 11/2007, de 22 de octubre, cuya naturaleza exija afrontar el peligro y superar el miedo [...]», delito de deserción; art.57: «El militar que, con ánimo de sustraerse permanentemente al cumplimiento de sus obligaciones, se ausentare de su Unidad, destino o lugar de residencia, o no se presentare, pudiendo hacerlo, cuando tenga la obligación de efectuar su incorporación [...]», delitos contra los deberes de presencia: «El militar que se ausentare o no se presentare debiendo hacerlo, incumpliendo la normativa vigente, frente al enemigo, rebeldes o sediciosos, cualquiera que fuera la duración de la ausencia [...] El militar que se quedare en tierra, incumpliendo la normativa vigente, a la salida del buque o aeronave de cuya dotación o tripulación forme parte [...]», delitos contra los deberes del mando; art.61:« El militar con mando de fuerza o unidad, Comandante de buque de guerra o aeronave militar, que hiciere dejación del mando por abandono o entrega indebida [...]», art. 63: «El militar con mando de fuerza o unidad, Comandante de buque de guerra o aeronave militar que dejare de emprender la misión encomendada o no cumpliere sus deberes y obligaciones o las órdenes recibidas relativas a la misión [...]», art. 64:« El militar con mando de fuerza o unidad, Comandante de buque de guerra o aeronave militar que no mantuviere la debida disciplina en las fuerzas a su mando, tolerare a sus subordinados cualquier abuso de autoridad o extralimitaciones de sus facultades o no procediere con la diligencia necesaria para impedir un delito militar [...]», delito de extralimitaciones en el ejercicio del mando: «El militar que en el ejercicio del mando se excediere arbitrariamente de sus facultades o, prevaliéndose de su empleo, cargo o destino, cometiere cualquier otro abuso grave [...]», art. 66: «El militar que expusiere a la unidad, buque o aeronave a su

militar[734].

En el orden disciplinario, tengamos en cuenta que en el ámbito militar es posible la simultaneidad de las vías penal y disciplinaria ante un mismo hecho sin vulnerar el principio *non bis in ídem*. Tal compatibilidad sancionadora podrá darse siempre que no exista identidad de sujeto, hecho o fundamento, mientras que el incumplimiento de la orden militar relacionada con las ROE podrá fundamentarse disciplinariamente en los arts. 6.2 y 7.3 de la LORDFAS, en tanto acciones contrarias u omisivas de las órdenes recibidas en distintas situaciones[735]. Sin embargo, es cierto que no cualquier orden estará incursa en la transmisión de unas ROE para calibrar el empleo de la fuerza operacional, encontrándonos en tal caso ante lo que PONCE DE LEÓN entiende como instrucciones y órdenes de servicio en sentido amplio[736], establecidas en el art. 6 de la Ley 40/2015, de 1 de octubre:

---

mando a riesgos innecesarios para el cumplimiento de su misión [...]», delitos contra los deberes del centinela; art. 68: « El centinela que abandonare su puesto [...] El centinela que incumpliere sus obligaciones, ocasionando grave daño al servicio [...]», art. 69: «El militar que incumpliere sus cometidos como encargado de un servicio de vigilancia de los espacios aéreos, control de tránsito, conducción de aeronave o ayudas a la navegación marítima o aérea [...]», delitos contra la eficacia del servicio; art.73: «El militar que, en situación de conflicto armado o estado de sitio y por imprudencia grave, causare en bienes afectos a las Fuerzas Armadas o Guardia Civil los daños previstos en los artículos 264 a 266 del Código Penal, ocasionare que los medios o recursos de la Defensa o Seguridad nacionales caigan en poder del enemigo, o perjudicare gravemente una operación militar [...]», art. 74: «El militar que no cumpliere una consigna general o por imprudencia dejare de observar una orden recibida será castigado, en situación de conflicto armado o estado de sitio [...]», y delitos contra los deberes del servicio; art. 79: «El militar que usare pública e intencionadamente uniforme, divisas, distintivos o insignias militares, medallas o condecoraciones que no tenga derecho a usar [...] El militar que, obligado a ello, dejase de promover la persecución de delitos de la competencia de la Jurisdicción Militar o que teniendo conocimiento de su comisión no lo pusiere en inmediato conocimiento de sus superiores, o no lo denunciase a autoridad competente [...]».

734 En esta tipología delictiva encontramos los siguientes delitos: delitos contra el patrimonio en el ámbito militar; art. 82: «El militar que cometiere los delitos de hurto, robo, apropiación indebida o daños previstos en el Código Penal en relación con el equipo reglamentario, materiales o efectos que tenga bajo su custodia o responsabilidad por razón de su cargo o destino [...]», y art. 83: « El militar que, prevaliéndose de su condición, se procurase intereses en cualquier clase de contrato u operación que afecte a la Administración militar o cometiese el delito previsto en el artículo 441 del Código Penal [...]».

735 Art. 6.2 LO 8/2014: «La inexactitud en el cumplimiento de las órdenes o instrucciones de los superiores en la estructura orgánica u operativa, así como de los requerimientos que reciba de un militar de empleo superior referentes a las disposiciones y normas generales de orden y comportamiento». Mientras que el art. 7.3 establece: «El incumplimiento de las órdenes e instrucciones que reciba de las autoridades y mandos extranjeros de los que dependa, en las estructuras civiles o militares en las que esté integrado mientras preste sus servicios en organizaciones internacionales o durante su participación en operaciones militares».

736 PONCE DE LEÓN, *op. cit.*, p. 85. El autor hace referencia en esta obra al contenido del art.

> «1. Los órganos administrativos podrán dirigir las actividades de sus órganos jerárquicamente dependientes mediante instrucciones y órdenes de servicio [...] 2. El incumplimiento de las instrucciones u órdenes de servicio no afecta por sí solo a la validez de los actos dictados por los órganos administrativos, sin perjuicio de la responsabilidad disciplinaria en que se pueda incurrir».

Explica el mismo autor, que dichas órdenes pueden entenderse comprendidas en los requerimientos de órdenes generales y comportamiento del art. 45, e incluso en su deber de responsabilidad e iniciativa en el cumplimiento de las órdenes, reguladas en el art. 47 del RD 96/2009[737].

2.10.3. Las ROE en Estados Unidos

Se trata del país que nos ha aportado el concepto de ROE y la noción de disciplina del Derecho Militar Operativo, constituyendo el paradigma histórico de subordinación de la institución militar al poder político. La doctrina oficial americana entiende que las ROE son las normas emitidas por el Comandante a sus subordinados al objeto de aplicarlas en una misión concreta[738], determinando su incumplimiento, en términos generales, infracciones ajenas al ámbito penal establecido en el Código Uniforme de Justicia Militar.

De este modo, aunque el art. 92 del Código tipifica el incumplimiento de órdenes en general, no es menos cierto que su tipo objetivo se encuentra sujeto a que la orden incumplida reúna determinados requisitos que van más allá de unos mandatos de esta naturaleza. Serán los Comandantes quienes podrán dictar ROE particulares, y por tanto de obligado cumplimiento, cuya cobertura jurídica se instala en el ámbito penal militar en caso de omisión o vulneración[739].

En conclusión, la categoría jurídica que el país norteamericano atribuye a las ROE resulta similar a la que encontramos en España, adquiriendo fuerza normativa dependiendo del contexto operacional en el que se encuentren y de la lesión al bien jurídico protegido ante su posible infracción. Sirven, pues, como parámetro de legalidad en el uso de la fuerza armada siempre que se analicen en el marco de su contexto particular.

21.1 de la derogada Ley 30/1992, de 26 de noviembre, de contenido análogo al reseñado en el art. 6 de la Ley 40/2015, de 1 de octubre.

737 Ponce de León, *op. cit.*, p. 86.

738 Center of Law and Military Operations, *Operational Law Handbook 2010,* The Judge Advocate General's Legal Center and School, U.S. Army, 2010, p. 73. [También en *Operational Law Handbook 2017...*, pp. 77-106].

739 Mark Martins, «Rules fo Engagement for Land Force: A Matter of Training, not Lawyering», *Military Law Review, Vol. 143*, 1994, p. 22.

2.11. Uso de la fuerza en operaciones internacionales. Práctica de la detención

Las operaciones internacionales militares, como hemos analizado, pueden tener diversas motivaciones: humanitaria, estabilización postconflicto, gestión de situaciones de crisis, prevención de la seguridad, terrorismo... Normalmente se encuentran amparadas en los propósitos de una organización internacional al objeto de mantener la paz y seguridad internacionales, si bien, también podrán ser emprendidas por acuerdos externos entre Naciones. Por otro lado, estas operaciones también pueden tener ocasión en el curso de una guerra convencional, es decir, conflictos armados jurídicamente cubiertos por el DIH.

La realidad es que el conflicto armado tradicional ha dejado paso a una serie de situaciones de «crisis» que abarcan una amplia gama de amenazas a la seguridad, cuyo marco jurídico no siempre es nítido y en las que tienen un papel ciertamente relevante las ROE, al permitir adaptaciones del empleo de la fuerza a nivel operacional. En el transcurso de unos y otros, la coerción militar y el empleo de la fuerza es graduada en función de la capacidad de cumplimiento de los objetivos y del marco jurídico establecido, dando lugar en ocasiones al fenómeno de la detención, esto es, la privación o restricción de libertad ambulatoria[740]. Es por ello que consideramos de interés analizar esta medida cautelar que nos permite profundizar en la juridicidad de aspectos habituales en las misiones militares.

740 La detención en el ordenamiento jurídico español se encuentra regulada en el art. 489 y siguientes de la Ley de Enjuiciamiento Criminal. Art. 489: «Ningún español ni extranjero podrá ser detenido sino en los casos y en la forma que las leyes prescriban», art. 490: «Cualquier persona puede detener: 1.° Al que intentare cometer un delito, en el momento de ir a cometerlo. 2.° Al delincuente, «in fraganti». 3.° Al que se fugare del establecimiento penal en que se halle extinguiendo condena. 4.° Al que se fugare de la cárcel en que estuviere esperando su traslación al establecimiento penal o lugar en que deba cumplir la condena que se le hubiese impuesto por sentencia firme. 5.° Al que se fugare al ser conducido al establecimiento o lugar mencionado en el número anterior. 6.° Al que se fugare estando detenido o preso por causa pendiente. 7.° Al procesado o condenado que estuviere en rebeldía», art. 492: « La autoridad o agente de policía judicial tendrá obligación de detener:1.° A cualquiera que se halle en alguno de los casos del artículo 490.2.° Al que estuviere procesado por delito que tenga señalada en el Código pena superior a la de prisión correccional.3.° Al procesado por delito a que esté señalada pena inferior, si sus antecedentes o las circunstancias del hecho hicieren presumir que no comparecerá cuando fuere llamado por la Autoridad judicial. Se exceptúa de lo dispuesto en el párrafo anterior al procesado que preste en el acto fianza bastante, a juicio de la Autoridad o agente que intente detenerlo, para presumir racionalmente que comparecerá cuando le llame el Juez o Tribunal competente.4.° Al que estuviere en el caso del número anterior, aunque todavía no se hallase procesado, con tal que concurran las dos circunstancias siguientes:1.ª Que la Autoridad o agente tenga motivos racionalmente bastantes para creer en la existencia de un hecho que presente los caracteres de delito.2.ª Que los tenga también bastantes para creer que la persona a quien intente detener tuvo participación en él».

La detención ha sido un aspecto regulado tradicionalmente en los ordenamientos internos[741], pero las exigencias actuales claman seguridad jurídica en el ámbito internacional con ocasión del desarrollo de los Derechos Humanos, más si cabe en relación a la libertad[742].

El derecho a la libertad se encuentra regulado en diversos instrumentos internacionales. La Declaración Universal de los Derecho Humanos establece en su art. 3 el derecho a la seguridad y libertad de cualquier persona, afirmando en su art. 9 la imposibilidad de realizar detenciones arbitrarias[743]. En mismo sentido se refiere el art. 9 del Pacto Internacional de Derechos Civiles y Políticos[744], añadiendo la regulación de la detención mediante ley e incluyendo los derechos que asisten a cualquier persona detenida. En esta línea encontramos el art. 7 de la Convención Americana de Derechos

741 John H. JACKSON, «Sovereignty-Modern: A New Approach to an Outdated Concept», *American Journal of International Law, Vol. 97*, 2003, pp. 782-802.

742 Carlos CLIMENT DURÁN, *Detenciones ilegales policiales*, Ed. Tirant lo Blanch, Valencia, 1998, p. 21.

743 Asamblea General de Naciones Unidas, *Resolución 217.ª (III). Declaración Universal de Derechos Humanos*, 10 de diciembre de 1948. Art. 3: «Todo individuo tiene derecho a la vida, a la libertad y a la seguridad de su persona», art. 9: «Nadie podrá ser arbitrariamente detenido, preso ni desterrado».

744 Asamblea General de Naciones Unidas, *Resolución 2000A (XXI). Pacto Internacional de Derechos Civiles y Políticos*, 16 de diciembre de 1966. Art. 9: «1. Todo individuo tiene derecho a la libertad y a la seguridad personales. Nadie podrá ser sometido a detención o prisión arbitrarias. Nadie podrá ser privado de su libertad, salvo por las causas fijadas por ley y con arreglo al procedimiento establecido en ésta.2. Toda persona detenida será informada, en el momento de su detención, de las razones de la misma, y notificada, sin demora, de la acusación formulada contra ella.3. Toda persona detenida o presa a causa de una infracción penal será llevada sin demora ante un juez u otro funcionario autorizado por la ley para ejercer funciones judiciales, y tendrá derecho a ser juzgada dentro de un plazo razonable o a ser puesta en libertad. La prisión preventiva de las personas que hayan de ser juzgadas no debe ser la regla general, pero su libertad podrá estar subordinada a garantías que aseguren la comparecencia del acusado en el acto del juicio, o en cualquier momento de las diligencias procesales y, en su caso, para la ejecución del fallo.4. Toda persona que sea privada de libertad en virtud de detención o prisión tendrá derecho a recurrir ante un tribunal, a fin de que este decida a la brevedad posible sobre la legalidad de su prisión y ordene su libertad si la prisión fuera ilegal.5. Toda persona que haya sido ilegalmente detenida o presa, tendrá el derecho efectivo a obtener reparación». Por otro lado, el art. 4 exceptúa el derecho a la libertad en situaciones de peligro para la Nación declaradas de manera oficial: «[...] en la medida estrictamente limitada a las exigencias de la situación, suspendan las obligaciones contraídas en virtud de este Pacto, siempre que tales disposiciones no sean incompatibles con las demás obligaciones que les impone el derecho internacional y no entrañen discriminación alguna fundada únicamente en motivos de raza, color, sexo, idioma, religión u origen social. 2. La disposición precedente no autoriza suspensión alguna de los artículos 6, 7, 8 (párrafos 1 y 2), 11, 15, 16 y 18. 3. Todo Estado Parte en el presente Pacto que haga uso del derecho de suspensión deberá informar inmediatamente a los demás Estados Partes en el presente Pacto, por conducto del Secretario General de las Naciones Unidas, de las disposiciones cuya aplicación haya suspendido y de los motivos [...]».

Humanos[745], el art. 5 del Convenio Europeo de Derecho Humanos[746] y el art. 6 de la Carta Africana sobre los Derechos Humanos y de los Pueblos[747].

Por tanto, excepcionando las detenciones relacionadas con la extradición o entrega a tribunales internacionales por exceder el objeto de nuestro estudio, nos encontramos ante dos tipos de detenciones internacionales. Por un lado, las detenciones practicadas en el marco de un conflicto armado que

745 Organización de los Estados Americanos, *Convención Americana sobre Derechos Humanos suscrita en la Conferencia Especializada Interamericana sobre Derechos Humanos (B-32). Pacto de San José*, 22 de noviembre de 1969. Art. 7: «1. Toda persona tiene derecho a la libertad y a la seguridad personales. 2. Nadie puede ser privado de su libertad física, salvo por las causas y en las condiciones fijadas de antemano por las Constituciones Políticas de los Estados Partes o por las leyes dictadas conforme a ellas.3. Nadie puede ser sometido a detención o encarcelamiento arbitrarios.4. Toda persona detenida o retenida debe ser informada de las razones de su detención y notificada, sin demora, del cargo o cargos formulados contra ella.5. Toda persona detenida o retenida debe ser llevada, sin demora, ante un juez u otro funcionario autorizado por la ley para ejercer funciones judiciales y tendrá derecho a ser juzgada dentro de un plazo razonable o a ser puesta en libertad, sin perjuicio de que continúe el proceso. Su libertad podrá estar condicionada a garantías que aseguren su comparecencia en el juicio. 6. Toda persona privada de libertad tiene derecho a recurrir ante un juez o tribunal competente, a fin de que este decida, sin demora, sobre la legalidad de su arresto o detención y ordene su libertad si el arresto o la detención fueran ilegales. En los Estados Partes cuyas leyes prevén que toda persona que se viera amenazada de ser privada de su libertad tiene derecho a recurrir a un juez o tribunal competente a fin de que este decida sobre la legalidad de tal amenaza, dicho recurso no puede ser restringido ni abolido. Los recursos podrán interponerse por sí o por otra persona.7. Nadie será detenido por deudas. Este principio no limita los mandatos de autoridad judicial competente dictados por incumplimientos de deberes alimentarios».

746 Consejo de Europa, *Convenio Europeo de Derechos Humanos*, 4 de noviembre de 1950. Art. 5: «1. Toda persona tiene derecho a la libertad y a la seguridad. Nadie puede ser privado de su libertad, salvo en los casos siguientes y con arreglo al procedimiento establecido por la ley: a) Si ha sido privado de libertad legalmente en virtud de una sentencia dictada por un tribunal competente; b) Si ha sido detenido o privado de libertad, conforme a derecho, por desobediencia a una orden judicial o para asegurar el cumplimiento de una obligación establecida por la ley; c) Si ha sido detenido y privado de libertad, conforme a derecho, para hacerle comparecer ante la autoridad judicial competente, cuando existan indicios racionales de que ha cometido una infracción o cuando se estime necesario para impedirle que cometa una infracción o que huya después de haberla cometido ; d) Si se trata de la privación de libertad de un menor en virtud de una orden legalmente acordada con el fin de vigilar su educación o de su detención, conforme a derecho, con el fin de hacerle comparecer ante la autoridad competente ; e) Si se trata de la privación de libertad, conforme a derecho, de una persona susceptible de propagar una enfermedad contagiosa, de en enajenado, de un alcohólico, de un toxicómano o de un vagabundo; f) Si se trata de la detención o de la privación de libertad, conforme a derecho, de una persona para impedir su entrada ilegal en el territorio o contra la cual esté en curso un procedimiento de expulsión o extradición».

747 Organización de la Unidad Africana, Carta Africana sobre los Derechos Humanos y de los Pueblos, 27 de julio de 1981. Art. 6: «Todo individuo tendrá derecho a la libertad y a la seguridad de su persona. Nadie puede ser privado de su libertad más que por razones y condiciones previamente establecidas por la ley. En especial, nadie puede ser arrestado o detenido arbitrariamente».

comprenden a los prisioneros de guerra, internamientos civiles, detenciones por causas de seguridad y detenciones por la comisión de delitos durante el conflicto. Y por otro, las detenciones realizadas en operaciones internacionales que no constituyen conflicto armado y, por tanto, no incluidas en el DIH. Encajan aquí las detenciones motivadas en algún tipo de amenaza a la fuerza armada y las practicadas sobre autores de delitos internacionales.

2.11.1. La detención en situación de conflicto armado internacional

El art. 2 común de los Convenios de Ginebra establece el ámbito de aplicación de los mismos, determinando que se trata de la situación de guerra o cualquier conflicto armado entre dos o varias partes, aunque alguna de ellas no reconozca el estado bélico acaecido. Tal y como avanzamos anteriormente, se trata de un ámbito exclusivo de aplicación del Convenio, ya que la ausencia de declaración de guerra por alguna de las partes del conflicto armado, determina la inaplicación de este instrumento jurídico. Así las cosas, el mecanismo de privación cautelar de la libertad personal por antonomasia durante un conflicto armado es la institución del prisionero de guerra.

2.11.1.1. El prisionero de guerra

El instituto jurídico del prisionero de guerra viene regulado en el art. 4 del III Convenio, estableciendo que tendrán esta consideración los militares que caigan en poder del enemigo, sean profesionales, milicianos, voluntarios, o movimientos de resistencia internos o externos con organización militar y diferenciada, cuyos usos sean compatibles con las normas del DIH. Asimismo, también pueden acceder a tal consideración los civiles y/o profesionales que presten servicios a los ejércitos participantes e incluso aquellos civiles que al ser ocupados se enfrenten armados a las tropas ocupantes[748].

748 III Convenio de Ginebra de 1949, relativo al trato debido a los prisioneros de guerra. Art. 4: «A. Son prisioneros de guerra, en el sentido del presente Convenio, las personas que, perteneciendo a una de las siguientes categorías, caigan en poder del enemigo: 1) los miembros de las fuerzas armadas de una Parte en conflicto, así como los miembros de las milicias y de los cuerpos de voluntarios que formen parte de estas fuerzas armadas; 2) los miembros de las otras milicias y de los otros cuerpos de voluntarios, incluidos los de movimientos de resistencia organizados, pertenecientes a una de las Partes en conflicto y que actúen fuera o dentro del propio territorio, aunque este territorio esté ocupado, con tal de que estas milicias o estos cuerpos de voluntarios, incluidos estos movimientos de resistencia organizados, reúnan las siguientes condiciones: a) estar mandados por una persona que responda de sus subordinados; b) tener un signo distintivo fijo reconocible a distancia; c) llevar las armas a la vista; d) dirigir sus operaciones de conformidad con las leyes y costumbres de la guerra; 3) los miembros de las fuerzas armadas regulares que sigan las instrucciones de un Gobierno o de una autoridad no reconocidos por la Potencia detenedora; 4) las personas que sigan a las fuerzas armadas sin formar realmente parte

Resulta de aplicación en este sentido el art. 44 del Protocolo I, adicional a los Convenios de Ginebra[749], estableciendo que cualquier combatiente que caiga

integrante de ellas, tales como los miembros civiles de tripulaciones de aviones militares, corresponsales de guerra, proveedores, miembros de unidades de trabajo o de servicios encargados del bienestar de los militares, a condición de que hayan recibido autorización de las fuerzas armadas a las cuales acompañan, teniendo éstas la obligación de proporcionarles, con tal finalidad, una tarjeta de identidad similar al modelo adjunto; 5) los miembros de las tripulaciones, incluidos los patrones, los pilotos y los grumetes de la marina mercante, y las tripulaciones de la aviación civil de las Partes en conflicto que no se beneficien de un trato más favorable en virtud de otras disposiciones del derecho internacional; 6) la población de un territorio no ocupado que, al acercarse el enemigo, tome espontáneamente las armas para combatir contra las tropas invasoras, sin haber tenido tiempo para constituirse en fuerzas armadas regulares, si lleva las armas a la vista y respeta las leyes y las costumbres de la guerra. B. Se beneficiarán también del trato reservado en el presente Convenio a los prisioneros de guerra: 1) las personas que pertenezcan o hayan pertenecido a las fuerzas armadas del país ocupado, si, por razón de esta pertenencia, la Potencia ocupante, aunque inicialmente las haya liberado mientras proseguían las hostilidades fuera del territorio que ocupa, considera necesario internarlas, especialmente tras una tentativa fracasada de estas personas para incorporarse a las fuerzas armadas a las que pertenezcan y que estén combatiendo, o cuando hagan caso omiso de una intimidación que les haga por lo que atañe a su internamiento; 2) las personas que pertenezcan a una de las categorías enumeradas en el presente artículo que hayan sido recibidas en su territorio por Potencias neutrales o no beligerantes, y a quienes éstas tengan la obligación de internar en virtud del derecho internacional, sin perjuicio de un trato más favorable que dichas Potencias juzguen oportuno concederles, exceptuando las disposiciones de los artículos 8, 10, 15, 30, párrafo quinto, 58 a 67 incluidos, 92 y 126, así como las disposiciones relativas a la Potencia protectora, cuando entre las Partes en conflicto y la Potencia neutral o no beligerante interesada haya relaciones diplomáticas. Cuando haya tales relaciones, las Partes en conflicto de las que dependan esas personas estarán autorizadas a ejercer, con respecto a ellas, las funciones que en el presente Convenio se asignan a las Potencias protectoras, sin perjuicio de las que dichas Partes ejerzan normalmente de conformidad con los usos y los tratados diplomáticos y consulares. C. El presente artículo no afecta al estatuto del personal sanitario y religioso, como se estipula en el artículo 33 del presente Convenio».

749 Protocolo Adicional I a los Convenios de Ginebra de 1949. Art. 44: «1. Todo combatiente, tal como queda definido en el artículo 43, que caiga en poder de una Parte adversa será prisionero de guerra. 2. Aunque todos los combatientes están obligados a observar las normas de derecho internacional aplicables en los conflictos armados, la violación de tales normas no privará a un combatiente de su derecho a ser considerado como tal o, si cae en poder de una Parte adversa, de su derecho a ser considerado prisionero de guerra, salvo lo dispuesto en los párrafos 3 y 4. 3. Con objeto de promover la protección de la población civil contra los efectos de las hostilidades, los combatientes están obligados a distinguirse de la población civil en el curso de un ataque o de una operación militar preparatoria de un ataque. Sin embargo, dado que en los conflictos armados hay situaciones en las que, debido a la índole de las hostilidades, un combatiente armado no puede distinguirse de la población civil, dicho combatiente conservará su estatuto de tal siempre que, en esas circunstancias, lleve sus armas abiertamente: a) durante todo enfrentamiento militar; y b) durante el tiempo en que sea visible para el enemigo mientras está tomando parte en un despliegue militar previo al lanzamiento de un ataque en el que va a participar. No se considerarán como actos pérfidos, en el sentido del apartado c) del párrafo 1 del artículo 37, los actos en que concurran las condiciones enunciadas en el presente párrafo.

bajo custodia de una parte contraria será considerado prisionero de guerra. A dichos efectos, la consideración de combatiente se establece en el art. 43.2, instituyéndose como tal a los efectivos de las unidades militares participantes con derecho a intervenir en las hostilidades, a excepción del personal religioso y sanitario. A mayor abundamiento, el Protocolo I adicional, establece en el art. 67.2 que cuando el personal militar esté destinado a prestar servicios de protección civil y sea apresado por el enemigo, se le considera incluido en el estatuto del prisionero de guerra. El mismo puede seguir prestando tales servicios en el territorio ocupado, salvo que sean considerados peligrosos, circunstancia en la que requerirá su solicitud voluntaria[750].

La interpretación negativa de la condición del prisionero de guerra nos lleva a la conclusión de que aquella persona que no esté inserta en dichos condicionantes durante el conflicto armado, no podrá acogerse a su estatuto. En esta situación se encuentran los siguientes colectivos: francotiradores, combatientes ilegítimos, mercenarios, o espías, entre otros[751]. No obstante, deben ser considerados como prisioneros de guerra los detenidos que han participado en hostilidades, siempre que su condición dé lugar a dudas sobre su cobertura jurídica en tal sentido, tal y como describe el art. 5, hasta

4. El combatiente que caiga en poder de una Parte adversa y no reúna las condiciones enunciadas en la segunda frase del párrafo 3, perderá el derecho a ser considerado como prisionero de guerra, pero, no obstante, recibirá las protecciones equivalentes, en todos los sentidos, a las otorgadas a los prisioneros de guerra por el III Convenio y el presente Protocolo. Esta protección comprende las protecciones equivalentes a las otorgadas a los prisioneros de guerra por el III Convenio en el caso de que tal persona sea juzgada y sancionada por cualquier infracción que haya cometido. 5. El combatiente que caiga en poder de una Parte adversa mientras no participa en un ataque ni en una operación militar preparatoria de un ataque, no perderá, a consecuencia de sus actividades anteriores, el derecho a ser considerado como combatiente y prisionero de guerra. 6. El presente artículo no privará a una persona del derecho a ser considerada como prisionero de guerra conforme al artículo 4 del III Convenio. 7. El propósito del presente artículo no es modificar la práctica generalmente aceptada por los Estados en lo que respecta al uniforme que han de llevar los combatientes pertenecientes a las unidades armadas regulares y uniformadas de una Parte en conflicto. 8. Además de las categorías de personas mencionadas en el artículo 13 de los Convenios I y II, todos los miembros de las fuerzas armadas de una Parte en un conflicto, tal como se definen en el artículo 43 del presente Protocolo, tendrán derecho a la protección concedida en virtud de esos Convenios si están heridos o enfermos o, en el caso del II Convenio, si son náufragos en el mar o en otras aguas».

750 Protocolo Adicional I a los Convenios de Ginebra de 1949. Art. 67.2: «[...] Si el personal militar que preste servicio en organismos de protección civil cae en poder de una Parte adversa, será considerado prisionero de guerra. En territorio ocupado se le podrá emplear, siempre que sea exclusivamente en interés de la población civil de ese territorio, para tareas de protección civil en la medida en que sea necesario, a condición, no obstante, de que, si esas tareas son peligrosas, se ofrezca voluntario para ellas [...]».

751 Ramón Martínez Gullem, «El uso de la fuerza en las operaciones militares contemporáneas: Problemas planteados por la detención de personas» en *Estudios de Derecho Militar 2,* Real Academia de la Jurisprudencia y la Legislación, Ed. Ministerio de Defensa, Madrid, 2018, p. 214.

que sea determinado por un tribunal. La ventaja principal[752] del estatuto de prisionero de guerra radica en la posibilidad de realizar actos de guerra legítimos y encontrarse al amparo de determinadas garantías procesales, siendo tipificado como delito en caso contrario[753].

El art. 75 del Protocolo I nos aporta un régimen básico de garantías tanto para el prisionero de guerra como para el combatiente ilegítimo, al contener la expresión «las personas que estén en poder de una Parte en conflicto y que no disfruten de un trato más favorable en virtud de los Convenios o del presente Protocolo». Constituye, por tanto, un parámetro mínimo de derechos relacionados con la debida dignidad y humanidad en su trato, pero con la certeza de que esta de privación de libertad es indefinida con carácter general hasta la finalización del conflicto, garantizando:

a) la prohibición de cualquier práctica que atente contra su integridad física o psicológica;

b) información del motivo de la detención en un idioma que comprenda y a la mayor brevedad;

c) presunción de inocencia, sin obligación a declarar contra sí mismo ni confesar su culpabilidad;

d) encontrarse presente durante el proceso judicial.

---

752 III Convenio de Ginebra de 1949, relativo al trato debido a los prisioneros de guerra. El art. 83 establece la preferencia por el procedimiento disciplinario frente al penal: «Cuando se trate de determinar si una infracción cometida por un prisionero de guerra debe ser castigada disciplinaria o judicialmente la Potencia detenedora velará por que las autoridades competentes usen de la mayor indulgencia en la apreciación del asunto y recurran, siempre que sea posible, a medidas disciplinarias más bien que a diligencias judiciales». Asimismo, el art. 84 determina la jurisdicción militar como única competente para los prisioneros de guerra, salvo que el Estado detentador permita la jurisdicción civil en su ordenamiento, mediante el respeto de garantías procesales y medios de defensa: «Únicamente los tribunales militares podrán juzgar a un prisionero de guerra [...] En ningún caso se hará comparecer a un prisionero de guerra ante un tribunal, sea cual fuere, si no ofrece las garantías esenciales de independencia y de imparcialidad generalmente reconocidas y, en particular, si su procedimiento no garantiza al acusado los derechos y los medios de defensa previstos en el artículo 105». Por otro lado, el art. 86 establece la prohibición *non bis in idem* para estos prisioneros, mientras que el art. 102 afirma la validez de la sentencia cuando se dicte por tribunales que hubieran seguido el mismo procedimiento contra personal de la potencia detentadora. Finalmente, el art. 105 establece ciertas garantías procesales, como la asistencia letrada en el proceso penal: «El prisionero de guerra tendrá derecho a que lo asista uno de sus camaradas prisioneros, a que lo defienda un abogado calificado de su elección, a hacer comparecer testigos y a recurrir, si lo considera conveniente, a los oficios de un intérprete competente. La Potencia detenedora le pondrá oportunamente al corriente de estos derechos antes de la vista de la causa. Si el prisionero no ha elegido defensor, la Potencia protectora le procurará uno [...] En el caso de que ni el prisionero de guerra ni la Potencia protectora hayan elegido defensor, la Potencia detenedora nombrará de oficio a un abogado calificado [...]».

753 Romualdo Bermejo García, «El concepto de combatiente: de la Haya a Guantánamo (II)», *Grupo de Estudios Estratégicos, Análisis n..º 7584*, 2010, pp. 6-7.

2.11.1.2. El internamiento de civiles

Se regula en el art. 78 del IV Convenio de Ginebra, tratándose de la segunda tipología más habitual de privación de libertad durante el conflicto armado. Presenta naturaleza de detención administrativa y está ausente de regulación tanto en el Pacto Internacional de Derechos Civiles y Políticos, como en el Convenio Europeo de Derechos Humanos, a pesar de que el último determina los causas de la detención en su art. 5, anteriormente analizado[754].

El internamiento se fundamenta en motivos de seguridad «por razones imperiosas, tomar medidas de seguridad con respecto a las personas protegidas [...]», no siempre evidentes, pero igualmente con carácter temporal indefinido durante el conflicto armado. Deberá observarse su puesta en libertad lo antes posible ante la finalización de hostilidades, omitiéndose esta figura en tiempo de paz. El internamiento y la residencia forzosa son decisiones gubernativas aplicables contra extranjeros residentes en territorio detentador[755] y contra las personas protegidas en el territorio extranjero[756].

---

754 Martínez Gullem, *op. cit.*, p. 216.

755 IV Convenio de Ginebra, relativo a la protección debida de las personas civiles en tiempo de guerra, 12 de agosto de 1949. Art. 41: «Si la Potencia en cuyo poder estén las personas protegidas no considera suficientes las otras medidas de control mencionadas en el presente Convenio, las medidas más severas a las que podrá recurrir serán la residencia forzosa o el internamiento [...]», art. 42: «El internamiento o la residencia forzosa de las personas protegidas no podrá ordenarse más que si la seguridad de la Potencia en cuyo poder estén lo hace absolutamente necesario. Si una persona solicita, por mediación de los representantes de la Potencia protectora, su internamiento voluntario y si la propia situación lo requiere, será internada por la Potencia en cuyo poder esté» y art. 43: «Toda persona protegida que haya sido internada o puesta en residencia forzosa tendrá derecho a que un tribunal o un consejo administrativo competente, instituido con esta finalidad por la Potencia detenedora, considere de nuevo, en el más breve plazo, la decisión tomada a su respecto. Si se mantiene el internamiento o la residencia forzosa, el tribunal o el consejo administrativo examinará periódicamente, y por lo menos dos veces al año, el caso de dicha persona [...]».

756 En tal sentido se refiere el art. 68 del IV Convenio: «Cuando una persona protegida cometa una infracción únicamente para perjudicar a la Potencia ocupante, pero si tal infracción no implica atentado a la vida o a la integridad corporal de los medios de las fuerzas o de la administración de ocupación, si no origina un serio peligro colectivo y si no atenta gravemente contra los bienes de las fuerzas o de la administración de ocupación o contra las instalaciones por ellas utilizadas, esa persona es punible de internamiento o de simple encarcelamiento [...]» y art. 78: «Si la Potencia ocupante considera necesario, por razones imperiosas, tomar medidas de seguridad con respecto a las personas protegidas, podrá imponerles, como máximo, una residencia forzosa o internarlas. Las decisiones relativas a la residencia forzosa o al internamiento se tomarán según un procedimiento legítimo, que determinará la Potencia ocupante de conformidad con las disposiciones del presente Convenio. En tal procedimiento se debe prever el derecho de apelación de los interesados [...]».

2.11.1.3. La detención de combatientes «no privilegiados»

EL DIH define de manera detallada el estatuto jurídico de los prisioneros de guerra y los internados, pero no comprende a toda clase de combatientes. Existen personas que pueden ser privadas de libertad en el seno del conflicto armado ajenas a dichas situaciones y que la doctrina denomina «combatientes ilegítimos», aun participando de manera activa en las hostilidades[757]. Esta tipología de combatientes se acoge a un estatuto mínimo de garantías establecido en el art. 75 del Protocolo I adicional, como hemos descrito anteriormente.

La protección de sus derechos puede encontrarse en otros instrumentos internacionales, tales como el Pacto Internacional de Derechos Civiles y Políticos, o el Convenio Europeo de Derechos Humanos, en sus arts. 14 y 6 respectivamente. Del contenido de estos preceptos se atisba un principio de tutela judicial efectiva al proclamar la igualdad procesal de todas las personas ante los tribunales, que deben actuar en virtud de los criterios de competencia objetiva, imparcialidad e independencia, así como un catálogo de derechos fundamentales del detenido durante del proceso[758].

2.11.2. Inseguridad jurídica en la detención militar durante la gestión de crisis internacional

Resulta evidente que la situación de los combatientes, militares o no, se encuentra estrictamente reglada en el DIH cuando nos encontramos en una situación de conflicto armado. El problema jurídico viene en la indeterminación

757 John M. WILSON, «El Derecho Internacional Humanitario en el sistema interamericano» en *Curso Introductorio sobre Derecho Internacional Humanitario*, Organización de los Estados Americanos (OEA), Comisión de Asuntos Jurídicos y Políticos, 2007, p. 82; también María Pilar Pozo Serrano, «El estatuto jurídico de las personas detenidas durante el conflicto armado en Afganistán», *Anuario de Derecho Internacional XVIII*, 2002, p. 180; Mario Martínez-Cardós Bada, «El Derecho Internacional Humanitario y la protección en conflictos armados», 2014, sitio web: www.martinezcardos.es/ pdf/publicaciones/articulos/ 5.pdf, [consultado el 06/10/2020].

758 Asamblea General de Naciones Unidas, Resolución 2200A (XXI). Pacto Internacional de Derechos Civiles y Políticos, 16 de diciembre de 1966. Art. 14: «[...] Toda persona acusada de un delito tiene derecho a que se presuma su inocencia [...] a) A ser informada sin demora, en un idioma que comprenda y en forma detallada, de la naturaleza y causas de la acusación formulada contra ella [...] la preparación de su defensa y a comunicarse con un defensor de su elección; c) A ser juzgado sin dilaciones indebidas; d) A hallarse presente en el proceso y a defenderse personalmente o ser asistida por un defensor de su elección; a ser informada, si no tuviera defensor, del derecho que le asiste a tenerlo, y, siempre que el interés de la justicia lo exija, a que se le nombre defensor de oficio, gratuitamente, si careciere de medios suficientes para pagarlo; e) A interrogar o hacer interrogar a los testigos de cargo y a obtener la comparecencia de los testigos de descargo y que éstos sean interrogados en las mismas condiciones que los testigos de cargo; f) A ser asistida gratuitamente por un intérprete, si no comprende o no habla el idioma empleado en el tribunal; g) A no ser obligada a declarar contra sí misma ni a confesarse culpable. [...] 7. Nadie podrá ser juzgado ni sancionado por un delito por el cual haya sido ya condenado o absuelto por una sentencia firme de acuerdo con la ley y el procedimiento penal de cada país».

del estatus aplicable a aquellos militares privados de libertad que participan en misiones internacionales de mantenimiento de la paz y que se encuentran excluidos del ámbito de aplicación de los Convenios de Ginebra[759]. Nos referimos a este aspecto como problemático porque, como venimos avanzando, la declaración de conflictos armados en la actualidad ha ido desapareciendo en favor de multitud de situaciones que constituyen una amenaza para la seguridad y que en ningún caso se enmarcan en las nociones clásicas de la guerra, sino en las situaciones de crisis.

Lo cierto y realmente sorprendente es que los Estados parte de las organizaciones internacionales que promueven la participación militar en crisis internacionales no han tenido interés en regular una materia de la importancia que merece la privación de libertad, que constituye una práctica habitual en dichas operaciones cuando alguna persona, civil o militar, puede significar una amenaza para la seguridad de las mismas. La inseguridad jurídica ha alcanzado tal nivel, que la comunidad internacional se ha conformado con fundamentar estas acciones en el contenido del Mandato operacional mediante su referencia a «todas las medidas necesarias»[760] y en la graduación del empleo de la fuerza inserto en las ROE.

Recientemente ha habido un intento de codificar el fenómeno de las detenciones militares en tiempo de paz mediante un acuerdo común internacional impulsado por Dinamarca en lo que vino a denominarse «Proceso de Copenhague»[761]. El proceso obtuvo la participación de diversas potencias y organizaciones internacionales, entre las que no se encontraba España de manera directa[762]. El documento finalmente aprobado establece una serie de principios y directrices, que reconocen la privación de libertad en las operaciones militares internacionales como un instrumento necesario, legal y legítimo[763].

---

759 Por razones que exceden el objeto de estudio del epígrafe, no haremos referencia a las situaciones de conflicto armado internas, que encuentran amparo en el ordenamiento jurídico nacional, y en el art. 3 común de los Convenios de Ginebra, así como en el Protocolo II Adicional a los Convenios, relativo a la protección de víctima de conflictos armados sin carácter internacional de 1977.

760 Martínez Guillem, *op. cit.*, p. 219.

761 El proceso de Copenhague fue iniciado el 11 de octubre de 2007 y finalizado el 19 de octubre de 2012, sobre la base de tres conferencias en 2007, 2009 y 2012, así como una reunión de expertos que tuvo lugar en 2008.

762 Formaron parte del proceso: Argentina, Australia, Bélgica, Canadá, China, Dinamarca, Finlandia, Francia, Alemania, India, Malasia, Nueva Zelanda, Nigeria, Noruega, Pakistán, Rusia, Sudáfrica, Suecia, Tanzania, Países Bajos, Turquía, Uganda, Reino Unido y EEUU participaron de manera directa en las reuniones del *Proceso de Copenhague*. Mientras que también participaron la Unión Africana (UA), la Unión Europea (UE), la Organización del Tratado del Atlántico Norte (OTAN), las Naciones Unidas (ONU) y el Comité Internacional de la Cruz Roja (CICR) en calidad de observadores.

763 The Copenhaguen Process on the handling of detainees in international military operations, *Principles and Guidelines,* III. *Participants recognised that detention is a necessary, lawful and legitimate means of achieving the objectives of international military operations.*

Sin embargo, continúa sin dotarse de naturaleza normativa alguna y, por ende, de efectos jurídicos vinculantes.

A pesar de la ausencia de contenido legal, resulta reseñable la voluntad e implicación de las más relevantes organizaciones internacionales entre las que se encuentran la ONU y la OTAN, y una representación nacional diversa. No obstante, opinamos junto a MARTÍNEZ GUILLEM[764], que su abordamiento por parte de la ONU no puede consistir en la mera calidad de participante, sino que debe cumplir un verdadero papel auspiciador a través de la aprobación de una resolución al amparo de la Carta. La situación no es fácil de resolver, pero hemos de ser conscientes de la complejidad del marco global de seguridad y, en consecuencia, adaptar e innovar los instrumentos jurídicos necesarios para salvaguardarla.

3. La configuración constitucional del estado de sitio

El estado de sitio representa la última *ratio* de excepcionalidad a la que puede enfrentarse el Estado. Se trata, al tiempo, de un instrumento defensivo del ordenamiento y de una garantía de permanencia del mismo ante alteraciones extraordinarias de nuestra seguridad que amenazan la supervivencia soberana e independiente del propio Estado. CRUZ VILLALÓN ha definido este instrumento como una forma de «crisis de Estado» que refleja la gravedad de la emergencia[765], mientras que MOZO SEOANE lo contempla como un estado de necesidad de la comunidad política[766]. El elemento determinante de este estado excepcional se fundamenta jurídicamente en el principio de supremacía del poder civil sobre el militar durante su vigencia, derivado del contenido del art. 97 CE, que establece la dirección política y militar por parte del Gobierno[767].

No estamos, por tanto, ante una situación de debilitamiento del poder civil en favor del militar, sino de reforzamiento del primero a través del segundo. Al respecto se ha referido ÓNEGA LÓPEZ citando a GARCÍA PELAYO, quien ha definido el estado de sitio como un instituto jurídico que tiene por finalidad el restablecimiento de la paz pública y el imperio de la ley, caracterizado por el reforzamiento del poder ejecutivo a través de la atribución de competencias civiles a la autoridad militar, pudiendo suspender derechos fundamentales[768].

764 MARTÍNEZ GULLEM, *op. cit.*, p. 226.

765 Pedro CRUZ VILLALÓN, *La curiosidad del jurista persa, y otros estudios sobre la Constitución*, 2.ª edición, Ed. Centro de Estudios Políticos y Constitucionales, Madrid, 2007, pp. 346-349.

766 Antonio MOZO SEOANE, «Estados excepcionales y Fuerzas Armadas», *Boletín de Información, N.º 221*, 1991, p. 9.

767 CRUZ VILLALÓN, *[El estado de sitio...]*, *op. cit.*, p. 117

768 José Ramón ONEGA LÓPEZ, «Estados de alarma, excepción y sitio», *Boletín de Información, N.º 207,* 1988, p. 10.

El elemento clave y activador del mecanismo protector es la violencia contra alguno de los bienes protegidos por la norma, sin ser necesario que la misma llegue a producirse, en tanto abarca la propia amenaza de tal circunstancia. Este instituto, pues, constituye el único medio posible para alcanzar el objetivo de regreso a la normalidad democrática. Con la proclamación del estado de sitio regresan al primer plano las misiones constitucionales de las Fuerzas Armadas establecidas en su art. 8.1CE y que se analizaron con anterioridad, frente a agresiones emergentes de carácter violento cuyo origen resulte interno o exterior. En este sentido, se asimilan a la agresión las siguientes situaciones de crisis:

a) los atentados o amenazas al ordenamiento constitucional, traducidas en golpes de estado, insurrecciones, rebeliones y ataques terroristas cuya magnitud lo requiera;

b) en cuanto a la integridad territorial, su afectación puede ser dual, tanto motivada por intentos de secesión de una parte del territorio, como por ataques armados que provengan del exterior;

c) la perspectiva esencialmente externa vendría marcada por los ataques violentos a la soberanía e independencia de España, entre los que caben las agresiones armadas de origen desconocido, organizado y/o de terrorismo masivo.

De esta manera lo ha recogido la LOAES que ha venido a desarrollar al art. 116 CE, estableciendo en su art. 32[769] los bienes jurídicos cuya amenaza o lesión fundamentan la declaración del estado de sitio:

a) insurrección o acto de fuerza contra la soberanía o independencia de España;

b) insurrección o acto de fuerza contra la integridad territorial de España;

c) insurrección o acto de fuerza contra el orden constitucional.

El estado de sitio no persigue instaurar una situación de guerra o emplear el recurso a la guerra ante las circunstancias expresadas. Trata de emplear las facultades de la Defensa Nacional atribuidas a las Fuerzas Armadas para restaurar o salvaguardar al Estado de las situaciones de crisis más graves a las que puede hacer frente como tal, por el tiempo estrictamente necesario y como última garantía constitucional. Por tanto, aunque guarda elementos similares al estado de guerra tradicional, no es coincidente

---

769 *Vid.* La condición establecida en este precepto: «que no pueda resolverse por otros medios» de manera que, aun dándose la amenaza o peligro consumado en los bienes protegidos, quepa la posibilidad de no declararse el estado de sitio por haberse podido hacer frente con otros recursos. Para Cruz Villalón, tiene su fundamento en el potencial de las fuerzas de seguridad para resolver agresiones internas. Pedro Cruz Villalón, «El nuevo derecho de excepción», *Revista española de Derecho Constitucional, Año n.º 1, N.º 2*, 1981, p. 102.

con el mismo[770]. Tengamos en cuenta que la guerra se presenta como un enfrentamiento militar de dos o más entidades diferenciadas en atención a intereses contrapuestos, o en forma de reacciones defensivas ante agresiones ilegítimas de alguna entidad, situaciones que carecen del elemento teleológico de autoprotección constitucional del estado de sitio.

Parece derivarse de esta cuestión que la declaración del estado de sitio puede funcionar como un elemento complementario al transcurso de una situación de guerra, fuera de las consideraciones estrictamente de planeamiento militar, al corresponderse con un instrumento defensivo de nuestra Carta Magna, el de mayor trascendencia[771]. A mayor abundamiento, el art. 63.3 CE establece en cuanto a la declaración de guerra, el papel que corresponde al Rey previa autorización de las Cortes Generales. Sin embargo, ello no se encuentra relacionado con el art. 116 CE en cuanto a la proclamación del estado de sitio, ni con las misiones constitucionales de las Fuerzas Armadas, determinándose que la voluntad del constituyente fue establecer una clara diferenciación entre la situación de guerra y el estado de sitio.

En la misma línea, coincidimos con SERRANO ALBERCA en la interpretación que realiza respecto a la locución del art. 15 CE «tiempos de guerra»[772], en alusión al concepto clásico de guerra tradicional y que, como sabemos, se corresponde con los conflictos armados internacionales[773]. Locución también contenida en el art. 169 CE y que no hace, sino confirmar, el estatuto diferenciado con el estado de sitio al establecer que no podrá iniciarse una reforma de la CE «en tiempo de guerra o de vigencia de alguno de los estados previstos en el art. 116».

El texto constitucional se limita al aspecto meramente formal del estado de sitio por medio del art. 116.4, estableciendo que este instituto jurídico se declara mediante la aprobación por mayoría absoluta del Congreso de los

770 La tramitación constitucional barajó las nociones de «estado de guerra» y de «estado de sitio», figurando en el art. 94.4 del Anteproyecto la denominación de «estado de guerra», sin embargo, la Ponencia la sustituyó el 17 de abril de 1978 por la denominación de «estado de sitio», dado que el mismo hace referencia a una situación no limitada a la vertiente exterior de la amenaza o agresión, tal y como puede derivarse de la noción de «guerra». Boletín Oficial de las Cortes, N.° 44, de 5 de enero de 1978, pp. 684-685 y Boletín Oficial de las Cortes, N.° 82, de 17 de abril de 1978, p. 1.575.

771 Rafael MATEU-ROS CEREZO, «Estado de alarma, excepción y sitio» en *Gobierno y Administración en la Constitución, Instituto de Estudios Fiscales, Vol. 1*, Madrid, 1988, p. 184.

772 Nuestro ordenamiento jurídico contempla la locución «tiempos de guerra» en la regulación del procedimiento sumarísimo inserto en el art. 397 y siguientes de la LO 2/1989, de 13 de abril, Procesal Militar, en nuestra opinión en el mismo sentido que aducimos en el art. 15, al encontrar una norma anterior que diferencia entre tiempo de guerra y estado de sitio con claridad: la LO 2/1986, art. 9 b) en cuanto a la dependencia de la Guardia Civil en sendas situaciones «en tiempo de guerra y durante el estado de sitio [...]».

773 José Manuel SERRANO ALBERCA, *Comentarios a la Constitución*, Ed. Civitas, Madrid, 1985, p. 1.593.

Diputados, a solicitud exclusiva del Gobierno. La diferencia procedimental respecto a los estados de alarma y excepción, reside en que éstos se aprueban directamente por el Gobierno, atribuyendo diversa responsabilidad al Congreso. La aprobación del estado de sitio por el Congreso se justifica en la extrema gravedad de la situación, asumiendo esta cámara el acto mismo de la declaración por mayoría cualificada mediante un apoyo parlamentario proporcionado a la medida.

CANO PERUCHA[774] ha criticado que corresponda su aprobación al Congreso, en tanto el trámite parlamentario puede incluir debate sobre las medidas concretas dilatando la adopción del estado de sitio ante una situación que requiere un mecanismo rápido. Por otro lado, ante un eventual ataque al propio Congreso, la cámara se encontraría impedida para dicha aprobación como ya ocurrió el 23 de febrero de 1981. Por ello, este autor aboga por la declaración del estado de sitio por el Rey, en analogía a la competencia derivada del art. 63.3 respecto a la declaración de guerra[775].

En nuestra opinión, esta posibilidad no resulta acertada, primeramente, porque se traslada una función ejecutiva superior al Jefe del Estado, vaciando de contenido la base constitucional analizada que sitúa al Gobierno en la cúspide del estado de sitio. En segundo lugar, porque prescindir de la participación del Congreso si se encuentra en condiciones ordinarias de funcionamiento, desvirtúa la propia esencia del art. 116CE al establecer una graduación en la responsabilidad de esta cámara en función de la excepcionalidad. Finalmente, no puede establecerse una analogía procedimental entre el estado de sitio y la declaración de guerra del art. 63.3 CE, requiriendo autorización de las Cortes para declarar la guerra, autorización de la que se prescindiría en la declaración del estado de sitio. La intervención del

---

774 Este autor aboga por haber mantenido en el texto constitucional un precepto similar al establecido en el art. 10 d) de la LOE de 1967, y que se ha regulado también en el art. 16 de la Constitución francesa en favor de su Presidente: «El Jefe del Estado estará asistido por el Consejo del Reino para: Adoptar medidas excepcionales cuando la seguridad exterior, la independencia de la Naci6n, la integridad de su territorio o el sistema institucional del Reino están amenazados de modo grave e inmediato, dando cuenta documentada a]as Cortes». Juan Luís CANO PERUCHA, «Los bandos penales militares», *Anuario de Derecho Penal y Ciencias Penales, Tomo 36, N.º 2*, 1983, pp. 320-321.

775 El diputado López Rodó, de Alianza Popular, durante la discusión del precepto en las Cortes, se inclinó por atribuir la competencia de declaración del estado de sitio al Rey, fundamentándose en la extrema gravedad y premura que pudiera requerir la situación de necesidad del siguiente modo: «No hace falta que cite ejemplos de cuáles pueden ser estas circunstancias: una circunstancia podría ser un golpe de fuerza, podría ser un motín grave, que incluso ocupara la propia sede de esta Cámara». Esta argumentación fue rechazada, al respecto Peces Barba, diputado por el PSOE, dijo que «era una puerta abierta a la dictadura constitucional» y Solé Tura afirmó que «equivaldría a dejar en manos de una magistratura suprema unas facultades prácticamente de liquidación del juego normal de los poderes políticos». Laureano LÓPEZ RODÓ, «El Estado maltrecho», *Conferencia pronunciada en el Club Siglo XXI*, de 15 de marzo de 1982.

Rey en la declaración del estado de sitio, creemos que sólo puede encontrar encaje constitucional articulada desde su poder residual o de reserva ante una imposibilidad material de actuación de los órganos competentes.

En cuanto a la naturaleza de la declaración que debe adoptar la declaración del estado de sitio, se trata de una resolución parlamentaria efectuada por el Congreso, atribuyéndole la doctrina mayoritaria rango legal *ad hoc*. Es decir, se trata de una norma del Estado con fuerza de ley conforme al art. 27.2 b) de la LO 2/1979, de 3 octubre del Tribunal Constitucional:

> «Son susceptibles de declaración de inconstitucionalidad: [...] las demás leyes, disposiciones normativas y actos del Estado con fuerza de ley».

A mayor abundamiento, debemos destacar las resoluciones del Tribunal Constitucional ATC 7/2012 y la STC 83/2016, que determinan el carácter normativo de la declaración adoptada por el Congreso para el estado de sitio:

> «[...] la Constitución y el ordenamiento habilitan a determinados actos, decisiones o resoluciones parlamentarias para modificar de tal modo la aplicación de las leyes, no es de dudar que tales actos, decisiones o resoluciones ostenten ese genérico "rango" o "valor" de ley [...] el acto parlamentario de declaración del estado de sitio son, todos ellos, decisiones con rango o valor de ley, expresión del ejercicio de una competencia constitucionalmente confiada a la Cámara Baja *ex* art. 116 CE en aras de la protección, en los respectivos estados de emergencia, de los derechos y libertades de los ciudadanos[...]»[776].

La declaración del estado de sitio no debe impedir el correcto funcionamiento de las instituciones básicas del Estado, configurando el art. 116.5 CE junto al art. 1.4 LOAES este aspecto durante la vigencia de cualquiera de los estados excepcionales. Ello garantiza la continuidad de los poderes del Estado y la capacidad de recurrir las disposiciones o actos del Gobierno y la Administración, así como la exigencia de su correspondiente responsabilidad, conforme al art.116.6CE y art. 3 LOAES. De este modo, queda prohibida la disolución del Congreso de los Diputados durante la vigencia de cualquiera de los estados excepcionales, la reforma constitucional tanto ordinaria como agravada (art. 169 CE) y se mantienen vigentes otras garantías de tipo orgánico como el Defensor del Pueblo o sus homólogos autonómicos. Se trata de mecanismos de garantía democrática dirigidos a la evitación de reformas constitucionales de calado por medio de órganos cuyo poder se ha visto acumulado con motivo de la excepcionalidad, debiendo por tanto, esperar al regreso de la situación ordinaria para llevarlas a cabo.

El instituto del estado de sitio no supone un beneficio autoritario para la autoridad militar correspondiente, sino que en realidad es ejercido por las

776 Tribunal Constitucional, ATC 7/2012, de 13 de enero, Fundamento Jurídico 4, reproducido posteriormente en la STC 83/2016, de 31 de mayo.

autoridades civiles, tal y como describe el art. 33.1 de la LOAES[777]. Se trata del último recurso ante las circunstancias mencionadas, empleando la preponderancia del poder militar sobre el civil con una funcionalidad mediata o instrumental en favor de los límites conferidos[778]. A este respecto, el Gobierno designa a la autoridad militar encargada de dirigir el estado de sitio conforme a sus instrucciones, tal y como establece el art. 33.2 de la LOAES[779]. Esta autoridad militar puede dictar bandos con las instrucciones precisas de manera discrecional, que no arbitraria, ajustándose al ordenamiento establecido y al contenido de la declaración[780]. Se trata pues, en palabras de Garrido López, de sustituir a la autoridad civil por la militar para gestionar la emergencia[781].

Uno de los rasgos diferenciadores que comporta el estado de sitio es la posibilidad de aplicación de la jurisdicción militar a la población civil, si bien este extremo debe ser confirmado en la declaración efectuada por el Congreso[782], según dispone el art. 35 LOAES[783]. La propuesta parte del Gobierno, permitiendo incluso la concreción de las tipologías delictivas que pasan a enjuiciarse

---

777 El art. 33.1 de la LOAES confirma y desarrolla al art. 97 CE: «En virtud de la declaración del estado de sitio, el Gobierno, que dirige la política militar y de la defensa, de acuerdo con el artículo noventa y siete de la Constitución, asumirá todas las facultades extraordinarias previstas en la misma y en la presente ley».

778 El art. 36 de la LOAES establece que las autoridades civiles conservarán sus atribuciones, siempre que no sean asumidas por la autoridad militar: «Las Autoridades civiles continuarán en el ejercicio de las facultades que no hayan sido conferidas a la Autoridad militar de acuerdo con la presente Ley. Aquellas Autoridades darán a la militar las informaciones que ésta le solicite y cuantas noticias referentes al orden público lleguen a su conocimiento».

779 Art. 32.1 y 2 de la LOAES: «Uno. Cuando se produzca o amenace producirse una insurrección o acto de fuerza contra la soberanía o independencia de España, su integridad territorial o el ordenamiento constitucional, que no pueda resolverse por otros medios, el Gobierno, de conformidad con lo dispuesto en el apartado cuatro del artículo ciento dieciséis de la Constitución, podrá proponer al Congreso de los Diputados la declaración de estado de sitio. Dos. La correspondiente declaración determinará el ámbito territorial, duración y condiciones del estado de sitio [...]».

780 Ónega López, *op. cit.*, p. 11.

781 Carlos Garrido López, «Sobre el estado de sitio, su régimen jurídico y el control jurisdiccional de su declaración», *Revista de Derecho Político, N.º 68*, 2007, p. 108.

782 Reglamento del Congreso de los Diputados, Boletín Oficial del Estado, N.º 55, de 5 de marzo de 1982, pp. 5.765-5.779. Art. 164: «1. Cuando el Gobierno propusiera la declaración del estado de sitio, el debate en el Pleno del Congreso se ajustará a las normas establecidas en el artículo 162. 2. El estado de sitio quedará declarado dentro del ámbito territorial y con la duración y condiciones que prevea la propuesta que en el Pleno obtuviera la mayoría absoluta de los miembros del Congreso. 3. El Presidente del Congreso lo comunicará al del Gobierno y ordenará que se publique la resolución de la Cámara en el Boletín Oficial del Estado».

783 Art. 35 de la LOAES: «En la declaración del estado de sitio el Congreso de los Diputados podrá determinar los delitos que durante su vigencia quedan sometidos a la Jurisdicción Militar».

por la jurisdicción castrense y las que continúan en la jurisdicción ordinaria. Este precepto cumple el mandato descrito en el art. 117.5CE, que determina la regulación de la jurisdicción militar en el estado de sitio mediante ley, aspecto cuyo análisis *a priori* pudiera inducir a la vulneración del derecho fundamental al juez natural inserto en el art. 24.2CE, por lo que su aplicación debe ser restringida. En tal sentido se intuye de la redacción del art. 35 LOAES, al establecerse como posibilidad y no en términos de imposición legal dicha circunstancia: «podrá determinar los delitos que durante su vigencia [...]».

La afectación a los derechos fundamentales de los ciudadanos en el estado de sitio se encuentra tasada en el art. 32.3 LOAES, determinando en virtud del principio «de acumulación» que, además de los derechos que pueden ser objeto de limitación o suspensión en los estados de alarma o excepción[784], se podrá añadir la suspensión de las garantías jurídicas del detenido configuradas en el art. 17.3 CE[785], y que comprende:

a) información respecto a los derechos que le asisten durante la detención y los motivos que la fundamentan, de modo comprensible para el privado de libertad;

b) imposibilidad de obligar a declarar al detenido;

c) la asistencia de letrado en dependencias policiales o judiciales[786].

La especial participación de las Fuerzas Armadas en el estado de sitio resulta palmaria en tanto la dirección de la excepcionalidad es asumida por la autoridad militar designada por el Gobierno al efecto. Si bien, opinamos

---

784 Los derechos que pueden limitarse durante la vigencia del estado de alarma, se establecen en el art. 11 de la LOAES y son los siguientes: derecho a la libre circulación (art. 19CE), el derecho a la propiedad privada por lo que respecta a las requisas temporales e intervención de industrias (art. 33CE), la libertad de empresa, ante la posibilidad de limitar productos de primera necesidad e impartir órdenes de producción a los mercados (art. 38CE). El estado de excepción permite la suspensión de derechos fundamentales, tal y como establece el art. 55.1CE: derecho a la libertad y seguridad (art. 17.1, 2 y 4CE), derecho a la inviolabilidad del domicilio y secretos de las comunicaciones (art. 18.2 y 3CE), libre circulación y residencia (art. 19CE), libertad de expresión, derecho a comunicar información y secuestro de publicaciones (art. 20.1 a) y d) y 20.5CE), derecho de reunión y manifestación (art. 21CE), derecho de huelga (art. 28.2CE) y derecho a la negociación colectiva (art. 37.2CE).

785 La aprobación de la LO 13/2015, de 5 de octubre, de modificación de la Ley de Enjuiciamiento Criminal, con motivo de la transposición de la Directiva 2013/48/UE del Parlamento Europeo y el Consejo, ha ampliado el catálogo de derechos del detenido, en relación a la asistencia de letrado en procesos penales y en casos de orden de detención europea, así como el derecho a comunicarse con un tercero de su elección de manera directa y mantener comunicación con su embajada o consulado en caso de ser extranjero.

786 En este sentido, Requejo Rodríguez expresa no comprender de qué manera puede ayudar al restablecimiento de la normalidad institucional la suspensión de la asistencia letrada al detenido, la información de derechos e incluso que pueda ser obligado a declarar. Paloma Requejo Rodríguez, «¿Suspensión o supresión de los derechos fundamentales?», *Revista de Derecho Político*, *N.° 51*, 2001, pp. 120-121.

junto a FERNÁNDEZ SEGADO[787], que ello no determina la asunción del control completo de la seguridad pública por la institución militar, ni excluye la participación en las acciones pertinentes de otros cuerpos de seguridad del Estado de naturaleza policial o civil. De hecho, aunque la máxima autoridad pertenezca a la Administración militar, deberá ponderarse qué tipo de acciones deben realizarse con mayor eficacia por unos cuerpos u otros para alcanzar los objetivos pretendidos.

La Doctrina para el Empleo de las Fuerzas Armadas PDC-01 (A) de 2018 determina que el estado de sitio, junto a excepción y alarma, constituyen situaciones de interés para la Seguridad Nacional. La declaración del mencionado interés corresponde al Presidente del Gobierno a fin de activar la coordinación de todos los recursos disponibles, los elementos de protección civil y las actuaciones de la Guardia Civil por parte del Consejo de Defensa Nacional[788]. En este sentido, la funcionalidad de la Guardia Civil durante el estado de sitio o en caso de conflicto armado se regula en el art. 9 b) LOFCS que pasa a ser competencia exclusiva del Ministerio de Defensa[789]. Al respecto, el estatuto jurídico de sus miembros queda sujeto al régimen disciplinario y penal de las Fuerzas Armadas, conforme al art. 15.1[790] de la misma norma y al art. 1.4 CPM.

En cuanto al alcance temporal del estado de sitio, por su propia naturaleza no puede contemplarse un límite máximo de tiempo de vigencia, la cual debe indicarse por parte del Congreso al efectuar la declaración. El establecimiento de un periodo limitado en la declaración debe resultar suficiente y proporcionado para que el Estado recupere la normalidad institucional. En todo caso, parece razonable que, si las necesidades justifican exceder el alcance temporal fijado inicialmente, pueda ampliarse mediante otra declaración del Congreso con idénticas formalidades parlamentarias.

---

787 José Manuel SERRANO ALBERCA, «Comentario al artículo 116» [Fernando GARRIDO FALLA, *Comentarios a la Constitución*], Ed. Civitas, Madrid, 2001, pp. 1.803-1.804.

788 Aptdos. 072 y 078 de la *Doctrina para el empleo de las Fuerzas Armadas PDC-01 (A)* de 2018.

789 Art. 9 b) de la LO 2/1986: «[...] b) La Guardia Civil, que es un Instituto Armado de naturaleza militar, dependiente del Ministro del Interior, en el desempeño de las funciones que esta Ley le atribuye, y del Ministro de Defensa en el cumplimiento de las misiones de carácter militar que este o el Gobierno le encomienden. En tiempo de guerra y durante el estado de sitio, dependerá exclusivamente del Ministro de Defensa».

790 Art. 15.1 de la LO 2/1986: «La Guardia Civil, por su condición de instituto armado de naturaleza militar, a efectos disciplinarios, se regirá por su normativa específica. Cuando la Guardia Civil actúe en el cumplimiento de misiones de carácter militar o cuando el personal de dicho Cuerpo se integre en unidades militares, resultará de aplicación el régimen disciplinario de las Fuerzas Armadas». Siéndole de aplicación a la Guardia Civil, por tanto, la LO 8/2014, de 4 de diciembre, del régimen disciplinario de las Fuerzas Armadas y la LO 14/2015, de 14 de octubre, del Código Penal Militar en su totalidad, dado que en situación de normalidad democrática las normas penales militares se aplican a los miembros de las Guardia Civil parcialmente, en las disposiciones contenidas en el Título II del Libro II «delitos contra la disciplina», arts. 38 a 48.

3.1. El bando militar. La conducción del estado de sitio

La dirección del estado de sitio corresponde al Gobierno a través de la autoridad militar designada al efecto, tal y como establece el art. 33.2 LOAES, a quien se otorga competencias para aprobar y publicar bandos militares que permiten gestionar la situación de crisis, conforme al art. 34 LOAES. Ello ha permitido un cambio considerable con respecto a la autonomía militar desprendida de la declaración de los estados de guerra preconstitucionales que tratamos en el capítulo I de esta monografía, donde la declaración del estado de guerra se contenía en el propio bando militar, aspecto sobre el que CRUZ VILLALÓN ha calificado de «discontinuidad» en relación a su configuración actual[791].

El Gobierno es el verdadero detentador del poder extraordinario que permite conservar al propio Estado, pero su ejecución se realiza empleando a la autoridad militar de manera instrumental, en una manifestación de supremacía del poder civil frente al militar contrastada desde el art. 97CE, pasando por el art. 33.1 LOAES y los arts. 5 y 6 de la LODN.

3.2. Naturaleza jurídica del bando militar

Respecto a los bandos militares, la propia LOAES establece en el art. 34 las medidas y prevenciones necesarias ajustadas al texto constitucional y al contenido de la declaración del estado de sitio. La inconcreción del precepto es mediocremente salvada por su debida acomodación al contexto legal, como no podría ser de otro modo. En este sentido, GARRIDO LÓPEZ[792] entiende, en consecuencia, la naturaleza no legislativa de los bandos, y por tanto su incapacidad para innovar delitos o penas diferentes a las establecidas, correspondiendo al Gobierno la aprobación de normas temporales con fuerza de ley en virtud del art. 86.1CE.

En una posición contraria, encontramos a LANDÍN CARRASCO[793], afirmando que el bando es una especie de ley provisional fundamentada en la excep-

---

791 Este autor describe con el término «discontinuidad» el paso del original decimonónico estado de guerra en que el estado de las comunicaciones y la estructura del Estado hacían de la autoridad militar la única que pudiera asumir de manera eficaz la situación, respecto al actual estado de sitio configurado en la Constitución de 1978. CRUZ VILLALÓN, *[Estados excepcionales...]*, *op. cit.* pp. 128-129.

792 GARRIDO LÓPEZ, *op. cit.*, p. 117.

793 Landín Carrasco se refiere del siguiente modo respecto al bando militar: «ley provisional, justificada por circunstancias de excepcional gravedad, que puede definir nuevas actitudes delictivas, señalar las penas a ellas correspondiente y modificar transitoriamente la competencia de ciertas jurisdicciones para conocer de infracciones determinadas». Amancio LANDÍN CARRASCO, *Manual de Derecho Penal y Procedimientos Militares*, Ed. Ministerio de la Marina, Madrid, 1967, nota n.° 12 1.ª.

cionalidad que permite nuevos tipos delictivos, modificación de penas e incluso de las jurisdicciones. Así, RODRÍGUEZ DEVESA[794] aboga por la consideración del bando como una ordenanza de necesidad, mientras que PUIG PEÑA advierte una identificación material entre bando y norma penal, a través de una especial delegación legislativa que impide la vulneración del principio de legalidad[795].

La vulneración del bando militar constituye infracción penal tipificada en el art. 30 CPM durante la vigencia de conflicto armado o estado de sitio, siendo aplicable el tipo objetivo tanto a civiles como a militares, a tenor de su redacción «el que se negare a cumplir o no cumpliere las prescripciones contenidas en los bandos». A tal efecto, cabría pensar en los bandos como fuente de derecho penal común durante la vigencia del estado de sitio al ser aplicables *erga omnes*.

Sobre esta cuestión la doctrina no ha sido pacífica, mientras que una parte liderada por COBO DEL ROSAL Y VIVES ANTÓN[796] opinan que existe una reserva de ley penal, en virtud de la cual, el derecho penal debe regularse mediante ley orgánica conforme al art. 81CE, otros autores como CANO PERUCHA[797], apuestan por la posibilidad de establecer tipos penales mediante normas de carácter no orgánico. La justificación de este autor reside en que ya se han llevado a cabo modificaciones penales mediante ley ordinaria para derogar preceptos anteriores a la CE. A este respecto los precitados autores arguyen que el fundamento de la modificación de normas penales mediante ley ordinaria frente a normas preconstitucionales reside en que las referidas normas no poseen carácter orgánico[798], por lo que no necesitarían de dicha cobertura jurídica. El argumento nos resulta poco consistente, en atención al principio de competencia atribuible a la ley orgánica.

En una vía intermedia nos encontramos con CEREZO MIR[799], que contempla una reserva de ley orgánica en las normas penales sólo si el bien jurídico protegido o sus sanciones afectan directamente a los derechos fundamentales y libertades públicas.

---

794 José María RODRÍGUEZ DEVESA, «Bandos penales militares», *Revista Española de Derecho Militar, N.° 3*, 1957, p. 157; también RODRÍGUEZ DEVESA en [José ANTÓN ONECA y José Arturo Rodríguez Muñoz, *Derecho Penal,* Tomo II (parte especial)], Ed. Reus, Madrid, 1949, p. 516.

795 Federico PUIG PEÑA, *Derecho Penal. Parte General*, Tomo I, Ed. Revista de Derecho Privado, Madrid, 1909, p. 76.

796 Manuel COBO DEL ROSAL y Tomás Salvador Vives Antón, *Derecho Penal. Parte General*, Tomo I, Universidad de Valencia, 1980, p. 134-135.

797 CANO PERUCHA, *op. cit.*, p. 315.

798 COBO DEL ROSAL y Vives Antón, ibídem, p. 135.

799 José CEREZO MIR, *Curso de Derecho Penal Español. Parte General I*, Ed. Tecnos, Madrid, 1981, p. 181.

El art. 25.1 CE instaura el principio de legalidad penal en relación a los delitos a través de la «legislación vigente», lo que tampoco ayuda a una interpretación concreta al respecto. A mayor abundamiento, el TC en tres sentencias de 1981[800] confirma la prohibición de punibilidad de las normas de rango inferior a la ley, debido a la noción consustancial de los principios de legalidad y tipicidad, sin especificar si debe ser de naturaleza orgánica u ordinaria. No obstante, hemos de advertir que, al margen de la polémica doctrinal, la práctica legislativa que ha venido conformando el legislador en materia penal se ha realizado por medio de ley orgánica.

Realizando una interpretación sistemática de la LOAES y considerando el rango legal que el TC atribuye a la declaración del estado de sitio, no parece coherente afirmar una categoría normativa autónoma de los bandos militares con respecto a la propia declaración del Congreso, al tener que ajustarse los primeros a «las condiciones de la declaración» *ex* art. 34 LOAES. Pero, en consecuencia, sí podemos hablar de fuerza legal del bando como disposición complementaria a dicha declaración y dependiente de la misma, constituyendo una fuente de ley penal mediante un papel modulador específico en la conducción de la crisis.

Pensemos que carecería de sentido que, ante una eventual y acuciante necesidad regulatoria penal o administrativa de la cual dependiera la supervivencia del Estado, hubiera que recurrir al debate parlamentario cualificado para enmendar una declaración inicial. A mayor abundamiento, la reiterada naturaleza orgánica de la regulación penal en los últimos tiempos nos lleva a concluir que la declaración del estado de sitio también la tendrá siempre que modifique la jurisdicción de determinados delitos.

Ello no es óbice para que realicemos una crítica de lo que consideramos una errónea manera de legislar, advirtiendo que del contenido inserto en el

800 Tribunal Constitucional, sentencia núm. 2/1981, de 30 de enero de 1981, Boletín Oficial del Estado, N.° 47, de 24 de febrero de 1981: «los principios de legalidad y tipicidad de las infracciones recogidas, principalmente en el artículo 25 de la Constitución»; Tribunal Constitucional, sentencia núm. 8/1981, de 30 de marzo de 1981, Boletín Oficial del Estado, N.° 89, de 14 de abril de 1981, pp. 5-6: «por su parte el artículo 25.1 de la Constitución constitucionaliza el principio de legalidad penal de manera tal que prohíbe que la punibilidad de una acción u omisión esté basada en normas distintas o de rango inferior a las legislativas (título IV, capítulo segundo de la Constitución). Se infiere también de tal precepto que la acción u omisión han de estar tipificadas como delito o falta en la legislación penal (principio de tipicidad) y, asimismo, que la Ley penal que contenga la tipificación del delito o falta y su correspondiente pena ha de estar vigente en el momento de producirse la acción u omisión. En virtud de este artículo 25.1 y al margen de otras implicaciones que no sería pertinente analizar ahora, cualquier ciudadano tiene el derecho fundamental, susceptible de ser protegido por el recurso de amparo constitucional, a no ser condenado por una acción u omisión tipificada y penada por Ley (sic) que no esté vigente en el momento de producirse aquella (*nullum crimen, nulla poena sine praevia lege*)»; Tribunal Constitucional, sentencia núm. 15/1981, de 7 de mayo de 1981, Boletín Oficial del Estado, N.° 121, de 21 de mayo de 1981, pp. 6-8: «El principio de legalidad se traduce en la reserva absoluta de ley [...]».

art. 35 LOAES no puede desprenderse una inequívoca potestad exclusiva del Congreso en la inclusión de tipos penales en la jurisdicción castrense por medio de la declaración del estado de sitio. Ello es así en tanto se utiliza la expresión «podrá», aspecto que no parece excluir innovaciones penales posteriores a la declaración o por órgano distinto en función de las circunstancias. En nuestra opinión, se trata de una facultad previa que reside en el Congreso como órgano declarante de la situación, que se apoya en los bandos para permitir una correcta aplicación circunstancial. Por otro lado, la redacción sí parece excluir la modificación de penas o la construcción de nuevas tipologías delictivas de manera directa durante el estado de sitio, ya que sólo contempla la militarización de delitos comunes.

En cuanto a las limitaciones del bando militar, partiendo del núcleo básico de los derechos fundamentales contenidos en la sección 1.ª, capítulo 2.º, Título I de la CE, no es menos cierto que la declaración del estado de sitio permite suspender varios de los mismos[801]. Por lo que, si defendemos la naturaleza normativa del bando, parece evidente que esta disposición pueda acotar en cierta medida los derechos fundamentales afectados por la declaración del estado de sitio[802]. En contra de este criterio, CEREZO MIR[803] apuesta por un respeto escrupuloso de estos derechos, algo que puede no resultar posible en función de la previsión del art. 55.1CE.

Por lo que respecta a las tipologías delictivas, hemos comentado anteriormente que no se desprende esta motivación teleológica del art. 35 LOAES, por lo que cabrá la modificación de la jurisdicción de ciertos delitos comunes no tasados previamente en la declaración del estado sitio mediante un bando militar, si las necesidades lo justifican. Esta circunstancia no impide que puedan crearse nuevas tipologías delictivas o la modificación de sus penas de manera indirecta amparadas en el tipo penal en blanco del art. 30 CPM. Esto es, mediante la tipificación en el bando de conductas ajenas al ámbito penal ordinario cubiertas a su vez por dicho precepto[804] [805] y que devienen en la posibilidad del concurso ideal de penas, situando al margen el delito de rebelión militar únicamente para el caso de conflictos armados, a tenor del art. 9.2 b) CPM.

Sobre lo que existe consenso doctrinal es entorno a la imposibilidad de modificación de penas de los tipos penales y el requisito de publicación para

---

801 El art. 55.1 CE establece que durante la vigencia del estado de sitio podrán suspenderse los derechos siguientes: arts. 17, 18.2 y 3, 19, 20.1 a) y d) y 5, 21, 28.2 y 37.2 CE.

802 Luís JIMÉNEZ DE ASÚA, *Tratado de Derecho Penal*, Tomo II, Ed. Losada, Buenos Aires, 1964, p. 376; CANO PERUCHA, *op. cit.*, p. 316.

803 CEREZO MIR, *op. cit.*, p. 183.

804 OTERO GOYANES, *op. cit.*, p. 9; si bien dicho autor sostiene que los bandos solo pueden innovar nuevos tipos penales en campaña militar y no durante la vigencia del estado de sitio.

805 José Antonio SÁINZ CANTERO, *Lecciones de Derecho Penal. Parte General*, Tomo II, Ed. Bosch, Barcelona, 1982, p. 16; CANO PERUCHA, *op. cit.*, p. 318.

que desplieguen sus efectos, debiendo acogerse a las sanciones establecidas en la norma penal ordinaria. No obstante, la posibilidad de crear nuevas figuras penales de manera indirecta durante el estado de sitio, creemos que supera las aspiraciones de una modificación primaria *stricto sensu*.

CAPITULO IV

LAS MISIONES «IMPROPIAS» DE LAS FUERZAS ARMADAS

1. Las misiones «impropias» de las Fuerzas Armadas

Si el análisis de las misiones «propias» de las Fuerzas Armadas encuentra su fundamento en lo que consideramos un exceso del contenido del art. 8.1 CE, concretado en ciertas disposiciones de la LODN y el art. 116.4CE, en este apartado estudiaremos unas misiones que se encuentran conceptualmente fuera del alcance defensivo y por supuesto de cualquier naturaleza bélica, suponiendo la participación del instituto militar en diversas parcelas de la seguridad pública. A tal efecto, recordemos que la seguridad pública es una competencia exclusiva del Estado en virtud del art. 149.1.29 CE y que el art. 104.1CE encomienda de manera medial su conservación, mantenimiento y protección a las Fuerzas y Cuerpos de Seguridad, por lo que no se desprende de nuestro texto constitucional una eventual participación de las Fuerzas Armadas en este ámbito.

Sin embargo, la propia LODN y otras disposiciones normativas, van a permitir la posibilidad de establecer la participación de las Fuerzas Armadas en el espacio de la seguridad pública, en ocasiones con cierta autonomía, aunque fundamentalmente de manera complementaria o colaborativa respecto a las Fuerzas y Cuerpos de Seguridad. Estas misiones consisten en la cooperación en tareas de protección civil, enfrentamiento a crisis graves de seguridad e incluso ante la represión de ciertas conductas delictivas y/u otros fenómenos asociados, tanto en situaciones de normalidad como ante circunstancias excepcionales.

Parte de la doctrina se ha referido a estas misiones como «misiones no de defensa»[806], si bien nosotros las denominaremos «misiones impropias»,

---

806 José Manuel de Heras Durán, «Marco jurídico interno de las funciones, no de defensa, de las Fuerzas Armadas en tiempo de paz» en *[El marco jurídico de las misiones de las Fuerzas Armadas...], op. cit.*, p. 179.

en tanto no están previstas en nuestro texto constitucional. La naturaleza impropia de estas misiones se fundamenta en el desvío que se produce en el curso natural de las misiones de las Fuerzas Armadas en tiempo de paz y que, en todo caso, adquiere amparo legal suficiente y una sobrada justificación operativa. Esta circunstancia permite actuar militarmente cuando los medios civiles no son suficientes para alcanzar los objetivos en aras a salvaguardar bienes jurídicos de elevado valor de nuestra Carta Magna. El estudio nos permitirá comprobar la indeterminación jurídica que aportan ciertas disposiciones para instrumentalizar la intervención militar citada, incluso al margen de cobertura de rango legal concreta y que, en todo caso, demandan un cuerpo normativo actualizado a las necesidades de nuestra sociedad.

Iniciaremos nuestra exposición abordando la relación complementaria y/o subsidiaria de las Fuerzas Armadas respecto a las Fuerzas de Seguridad en diversos escenarios, planteando a continuación un marco de autosuficiencia del instituto militar en ciertos aspectos concernientes a la seguridad, que nos permita facilitar una integración lógica y sistemática. En uno y otro caso, será importante discernir aquellas situaciones de normalidad democrática de las ocurridas al amparo del derecho de excepción.

2. Misiones «impropias» en situación de normalidad democrática

El grueso de la participación de nuestras Fuerzas Armadas a nivel interno en situaciones de normalidad democrática se encuentra sustanciado en su empleo complementario al ejercicio ordinario de las competencias de las Fuerzas y Cuerpos de Seguridad. El fundamento se encuentra en la acción de «completar»[807] la acción policial, de manera que permita alcanzar las finalidades operativas propuestas e incluso mejorar los aspectos preventivos de ciertas amenazas. Hemos sostenido cometidos similares en el panorama internacional a través de las misiones de paz en el marco del Derecho Internacional descrito en el capítulo anterior. Si bien, las mismas son susceptibles de una perspectiva interna en el orden civil[808] de manera reseñable, y

807 La Real Academia Española de la Lengua define el término «completar» del siguiente modo: «añadir a una magnitud o cantidad las partes que le faltan». Este sentido es el que deseamos atribuir en este trabajo, la integración de nuestras Fuerzas Armadas como un recurso de la Administración compatible con nuestras Fuerzas de Seguridad para alcanzar estándares elevados de seguridad.

808 Alberto Pérez Moreno y Jorge Aspizua Turrión, «Nuevas Misiones de las Fuerzas Armadas Españolas. Imagen en los medios de comunicación y percepción en la sociedad» en *Fuerzas Armadas y Sociedad Civil: Conflicto de Valores, Cuadernos de Estrategia, N.° 89*, 1997, pp. 186-188.

requieren un marco jurídico adaptado a tal efecto, como sostiene CORRALES ELIZONDO[809]:

> «[...] cuestiones que en el ámbito internacional vienen a suponer una participación de las Fuerzas Armadas en algunos casos, como son las problemáticas de terrorismo, tráfico de drogas o inmigración ilegal, es preciso que sean contempladas con nitidez para que ostentemos instrumentos jurídicos suficientes. En esta dirección creemos que debe orientarse la solicitud de una previsión normativa específica que complete las directrices generales insuficientes en la actual legislación dispersa y fragmentaria, entendiendo que es indispensable, oportuna y necesaria, lo que puede comprobarse con el análisis del derecho comparado [...]».

Notoria resulta la ausencia de la denominada «complementariedad» en la Doctrina de Empleo de las Fuerzas Armadas en el plano interno, por lo que en ocasiones deberemos interpretar aspectos teleológicos de las normas y/o documentos estratégicos, en detrimento de su abstracción y falta de concreción interna[810]. En el aspecto estratégico, la DDN 2012 ya establecía la necesaria contribución de España a través de sus recursos defensivos para garantizar la seguridad de los españoles, así como prevenir, disuadir y responder a las amenazas de toda índole en aras de conservar «la paz social, la seguridad ciudadana, la estabilidad política y la prosperidad general»[811]. Mientras, la actual DDN 2020 conserva análoga esencia estratégica, disponiendo que las capacidades, especialización y disponibilidad de la defensa son un elemento único para ampliar las posibilidades de acción en diversos escenarios complejos, afirmando que «ya no existen problemas exclusivos de la defensa, pero la defensa forma parte de la solución a cualquier problema de seguridad»[812].

La función complementaria de las Fuerzas Armadas tiene su razón de ser en la debida colaboración del instituto militar con respecto a las autoridades civiles[813]. Esta obligación se desprende de manera genérica para las Administraciones, que deben servir a los intereses generales, conforme al art. 103.1CE, entendiendo subsumida en el precepto a la propia Administración militar que se encuentra subordinada al poder civil *ex* art. 97 CE. Asimismo, el art. 3.1 k) de la Ley 40/2015, de 1 de octubre, de Régimen Jurídico del

809 Agustín CORRALES ELIZONDO, «Introducción y presentación. El marco constitucional de las misiones de las Fuerzas Armadas» en *[El marco jurídico de las misiones de las Fuerzas Armadas...], op. cit.*, p. 17.

810 Honorio IGLESIAS LONGO, «La colaboración de las Fuerzas Armadas en la seguridad interior» en *La cooperación Fuerzas Armadas-Fuerzas de Seguridad frente a los riesgos emergentes, Cuadernos de Estrategia, N.° 45*, 2001, pp. 103-104.

811 Presidencia del Gobierno, Directiva de Defensa Nacional, *Por una Defensa necesaria, por una Defensa responsable,* 2012, pp. 2-3.

812 Presidencia del Gobierno, Directiva de Defensa Nacional, 2020, p. 3

813 DE HERAS DURÁN, *op. cit.*, p. 182.

Sector Público, establece el deber de colaboración, cooperación y coordinación entre las Administraciones, determinando su tercer aptdo. el régimen de actuación bajo la dirección del Gobierno a fin de alcanzar el interés general[814].

Recordemos que el art. 15.3 LODN establece la intervención de las Fuerzas Armadas «junto a las instituciones del Estado y las Administraciones Públicas» en aras de garantizar la seguridad de los ciudadanos en caso de «grave riesgo, catástrofe, calamidad u otras necesidades públicas, conforme a lo establecido en la legislación vigente». Más concretamente, si en el epígrafe anterior nos referíamos a unas misiones de seguridad subsidiarias en favor del interés general, el aptdo. c) del art. 16 LODN realiza referencia directa al concepto de «contribución complementaria» de las Fuerzas Armadas respecto a las Fuerzas de Seguridad en el ámbito del terrorismo y que después analizaremos. En tal sentido, su aptdo. e) se conduce en el marco de la colaboración entre Administraciones en los supuestos establecidos en el art. 15.3.

2.1. Seguridad ciudadana

La distribución competencial de funciones policiales derivada del art. 104.1 CE y desarrollada por la LOFCS, así como la atención de las misiones clásicas de las Fuerzas Armadas contenidas en el art .8.1 CE, muestran la voluntad del constituyente de fijar un cuerpo competencial diferenciado para las Fuerzas de Seguridad y el instituto militar. Esta circunstancia traslada la idea de que una participación castrense en la seguridad pública no debería entenderse de manera autónoma, sino siempre complementaria a la acción policial. Por lo que respecta al marco jurídico que permite esta participación, el mismo viene determinado por medio de disposiciones antiguas y poco actualizadas, aunque vigentes, y mediante la inclusión de preceptos genéricos en la normativa de seguridad ciudadana.

El primer instrumento jurídico de colaboración militar en este ámbito lo encontramos en el RD 1002/1961, de 22 de junio[815], una norma preconstitu-

814 Ley 40/2015, de 30 de octubre, del Régimen Jurídico del Sector Público, Boletín Oficial del Estado, N.° 236, de 2 de octubre de 2015, pp. 89.411-89.530. Art. 3.1: k): «Las Administraciones Públicas sirven con objetividad los intereses generales y actúan de acuerdo con los principios de eficacia, jerarquía, descentralización, desconcentración y coordinación, con sometimiento pleno a la Constitución, a la Ley y al Derecho. [...] Deberán respetar en su actuación y relaciones los siguientes principios: k) Cooperación, colaboración y coordinación entre las Administraciones Públicas» y continúa el art. 3.3: «Bajo la dirección del Gobierno de la Nación, de los órganos de gobierno de las Comunidades Autónomas y de los correspondientes de las Entidades Locales, la actuación de la Administración Pública respectiva se desarrolla para alcanzar los objetivos que establecen las leyes y el resto del ordenamiento jurídico».

815 RD 1002/1961, de 22 de junio, por el que se regula la vigilancia marítima del Servicio Especial de Vigilancia Fiscal para la represión del contrabando, Boletín Oficial del Estado, N.° 157, de 3 de julio de 1961, pp. 9.942-9.943.

cional aún vigente que regula la vigilancia fiscal marítima, atribuyendo a este servicio en su art. 1 un carácter auxiliar respecto a la Marina de Guerra (hoy Armada). La noción preconstitucional nos traslada a la participación directa y habitual del instituto militar en el orden público, aspecto que se confirma en el contenido del art. 4 estableciendo la coincidencia del servicio fiscal y de buques de guerra «en misión análoga». Queda residenciada la participación militar ordinaria en la vigilancia fiscal impartida por las órdenes del Comandante «más caracterizado», aludiendo esta locución castrense al del mayor empleo, y dentro del mismo, al de más antigüedad[816]. A mayor abundamiento, se prevé en su art. 7 la solicitud de colaboración del servicio fiscal a los buques de guerra, incluso cuando no se encuentren realizando esa misión concreta de vigilancia.

A pesar de ser una norma vigente, se encuentra ausente de aplicación en la actualidad, dada la distribución competencial efectuada por nuestro texto constitucional para las Fuerzas Armadas y el actual Servicio de Vigilancia Aduanera. Este aspecto no es óbice para apostar por establecer un marco jurídico colaborativo actualizado en el que la Armada pueda prestar apoyo a dicho servicio fiscal en tareas de contrabando. En la línea de preconstitucionalidad anterior, el RD 1125/1976, de 8 de abril, sobre colaboración de las autoridades militares con las gubernativas en situaciones ordinarias y excepcionales[817], establece en su preámbulo un deber de colaboración común que implica desde los ciudadanos hasta el poder público:

> «Por un principio de solidaridad nacional, todos los ciudadanos e instituciones del país vienen obligados a colaborar en el restablecimiento de la normalidad y el orden públicos, siempre que éstos se vean alterados y cualesquiera que sean las causas; deber que se acentúa al referirlo a Órganos y Servicios de la Administración del Estado [...]».

El texto normativo se compone de cinco artículos, estableciendo el primero la competencia del Ministerio del Interior para elaborar planes de emergencia que permitan contener las amenazas a la seguridad (denominado aquí como orden público al tratarse de un texto previo a la CE 1978). Se prevé la intervención militar sólo en casos de necesidad y bajo el mando de sus jefes naturales ante la ocurrencia de «graves perturbaciones del orden público producidas por catástrofes naturales o industriales o anormalidades en los servicios públicos, en estados de normalidad y excepción». El modo en que se articula dicha colaboración militar se determina en el art. 3, partiendo la

816 Art. 4 del RD 1002/1961: «Cuando los buques pertenecientes a este Servicio se encuentren en la mar a la vista de buques de guerra nacionales en misión análoga, enlazarán con éstos y operarán de acuerdo con las Instrucciones del más caracterizado de los Comandantes, conducentes a la mayor eficacia de vigilancia y represión del contrabando en los casos concretos de persecución y aprehensión de buques o embarcaciones sospechosas».

817 RD 1125/1976, de 8 de abril, sobre colaboración de las autoridades militares con las gubernativas en estados de normalidad y excepción, Boletín Oficial del Estado, N.° 122, de 21 de mayo de 1976, p. 1.

solicitud desde el actual Ministro de Interior o Delegado del Gobierno a las autoridades militares, posibilitando en situaciones extremas la comunicación directa desde la autoridad local correspondiente[818].

En cuanto a la responsabilidad en estas misiones colaborativas, corresponde a la autoridad militar que ordena su ejecución o recibe la solicitud de apoyo a la fuerza policial, en virtud del art. 4. A la vista del contenido de la norma, detectamos una articulación jurídica inadaptada a nuestras necesidades actuales, piénsese que ni siquiera se encuentra al amparo de nuestro marco constitucional. Ello conlleva que se siga empleando terminología arcaica como «orden público», concepto que como hemos analizado durante este trabajo, queda superado por el de seguridad ciudadana con la aprobación de nuestra Carta Magna, estableciéndose su desarrollo competencial en la LOFCS. Se trata, por tanto, de una norma plenamente vigente pero que ha dejado de resultar de aplicación real desde hace casi 40 años, lo que evidencia una necesidad imperiosa de aprobar una nueva normativa que establezca el empleo y combinación de recursos militares en nuestra seguridad interior[819].

El establecimiento de una colaboración en términos orgánico-administrativos se dispone en el RD 246/1991, de 22 de febrero, que regula la especialidad del servicio marítimo de la Guardia Civil[820]. Los Ministros de Interior y Defensa de manera conjunta, determinan su organización territorial, armamento empleado, tipo de embarcaciones, o la debida colaboración de la Armada en la formación de sus pilotos, conforme a la disposición final primera. Otra prueba de participación militar en este ámbito lo tenemos en el procedimiento sancionador de las infracciones administrativas relativas al contrabando regulado en el RD 1469/1998, de 24 de julio, que desarrolla parcialmente la LO 12/1995, de 12 de diciembre, de represión del contrabando[821]. El art. 20 de la norma alude a las autoridades militares en cuya actuación se inicie el procedimiento sancionador, remitiendo a lo preceptuado en el art. 22.2 en cuanto a la intervención militar previa al inicio del mismo en tres situaciones determinadas, cuando:

a) sean requeridos de manera urgente por otros cuerpos encargados de perseguir el contrabando;

b) descubran a los infractores de contrabando *in fraganti*;

c) realicen aprehensiones materiales de naturaleza preventiva, en ausencia de agentes aduaneros o de la Guardia Civil.

---

818 El texto normativo hace referencia a órganos como «Autoridad gubernativa» o «Ministro de Gobernación», alusiones que debemos entender realizadas al Ministro de Interior.

819 En el mismo sentido se ha referido DE HERAS DURÁN, *op. cit.*, p. 194.

820 RD 246/1991, de 22 de febrero, por el que se regula el Servicio Marítimo de la Guardia Civil, Boletín Oficial del Estado, N.º 52, de 1 marzo de 1991, p. 7.057.

821 RD 1649/1998, de 24 de julio, por el que se desarrolla el Título II de la LO 12/1995, de 12 de diciembre, de represión del contrabando, relativo a las infracciones administrativas de contrabando, Boletín Oficial del Estado, N.º 214, de 7 de septiembre de 1998, pp. 30, 350-30.361.

Nos encontramos ante una actuación militar de tipo complementario en el requerimiento por funcionarios distintos en caso de urgencia, un cierto revestimiento puntual de carácter de agente de la autoridad ante el descubrimiento de la infracción de contrabando al objeto de reprimirla. Se trata, por consiguiente, de una actividad subsidiaria motivada por la ausencia de los funcionarios encargados de dicha misión aprehensiva circunstancialmente, pero que permite desarrollar legalmente el procedimiento administrativo.

En relación a la lucha contra el tráfico de drogas en el ámbito nacional, nuestras Fuerzas Armadas prestaban colaboración a las Fuerzas y Cuerpos de Seguridad del Estado frente a los delitos de tráfico de drogas (sobre todo mediante la realización del transporte de efectivos policiales que debían intervenir en los buques que transportan las sustancias). Si bien, no será hasta la aprobación del RD 1911/1999, de 17 de diciembre, por el que se aprueba la Estrategia Nacional sobre Drogas para el período 2000-2008[822] cuando se prevé expresamente la aportación de la Defensa en la prevención y lucha contra el tráfico de drogas. Posteriormente, se advierte un cambio en la postura del Gobierno respecto a la posterior Estrategia Nacional sobre Drogas 2009-2016, al omitir referencia alguna a la participación y cooperación de las unidades militares en este ámbito. Únicamente se observarán referencias a la coordinación entre las Fuerzas y Cuerpos de Seguridad del Estado, policías autonómicas y SVA.

Finalmente, nos vamos a referir a la norma por excelencia reguladora de la seguridad interior, la LO 4/2015, de 30 de marzo, de protección de la seguridad ciudadana. Aunque no se establece una colaboración militar concreta, en nuestra opinión necesaria, sus disposiciones deben interpretarse en tal sentido atendiendo a una noción integradora de la seguridad. El art. 7.1 establece un deber genérico de colaboración en esta materia por parte de «todas las autoridades y funcionarios públicos» ante hechos que pongan en peligro el mantenimiento de la seguridad interior insertos en el art. 3 de esta norma, incluyendo lógicamente la colaboración de cuerpos de naturaleza militar al no preverse en modo alguno su exclusión[823]. Tal y como señala el precepto

822 RD 1911/1999, de 17 de diciembre, por el que se aprueba la Estrategia Nacional sobre Drogas para el período 2000-2008, Boletín Oficial del Estado, N.° 313, de 31 de diciembre de 1999, pp. 46.506-46.527. Entre los objetivos establecidos se advierten los siguientes: «Dada la complejidad del problema es imprescindible que aporten su esfuerzo a la resolución del mismo distintos Departamentos ministeriales que disponen de otros medios necesarios para conseguir dicho objetivo, entre ellos los Ministerios de Economía y Hacienda y de Defensa».

823 LO 4/2015, de 30 de marzo, de protección de la seguridad ciudadana, Boletín Oficial del Estado, N.° 77, de 31 de marzo de 2015, pp. 27.216-27.243. El deber de colaboración establecido en el art. 7.1 dice: «Todas las autoridades y funcionarios públicos, en el ámbito de sus respectivas competencias y de acuerdo con su normativa específica, deberán colaborar con las autoridades y órganos a que se refiere el artículo 5, y prestarles el auxilio que sea posible y adecuado para la consecución de los fines relacionados en el artículo 3 [...]». En tal sentido, los fines de la norma, a tenor del art. 3 son: «[...] a) La protección del libre

del art. 7.1, la colaboración se entenderá realizada frente a las autoridades competentes en materia de seguridad ciudadana, esto es, Ministro del Interior, Secretario de Estado de Seguridad, titulares de órganos directivos del Ministerio del Interior (Directores Generales de la Policía Nacional y la Guardia Civil respectivamente), Delegados y Subdelegados del Gobierno.

En conclusión, el espacio de seguridad ciudadana requiere de una profundización normativa que establezca, sin ambages, la colaboración militar en diferentes circunstancias, de manera que la misma no se haga depender de una posible declaración de estados excepcionales. No debemos considerar la participación militar en este ámbito una interferencia o confusión competencial frente a las Fuerzas de Seguridad, se trata de un complemento a la labor de éstos últimos que cumple con el espíritu integrador de la Administración tendente a la satisfacción del interés general consagrado en nuestro texto constitucional.

2.1.1. Terrorismo

Como consecuencia de los atentados del 11 de marzo de 2004, se elabora en España en forma inédita un Plan de Prevención y Protección Antiterrorista (PPPA) el 9 de marzo de 2005. El mismo permite la detección, seguimiento, análisis y evaluación de la amenaza de riesgo de atentado terrorista en España, así como la elección de los recursos y medios disponibles a tal efecto en virtud del establecimiento de tres niveles de alerta antiterrorista (NAA) ordenados de menor a mayor riesgo objetivo. Posteriormente, con el objetivo de definir las competencias y recursos en esta materia de una manera más eficaz, se procede a dictar por parte de la Secretaría de Estado de Seguridad la Instrucción 4/2009, modificando el PPPA anterior, pasando a estructurarse en cuatro los NAA, estableciendo además dos intensidades distintas (baja-alta) para cada uno de los niveles[824].

---

ejercicio de los derechos fundamentales y las libertades públicas y los demás derechos reconocidos y amparados por el ordenamiento jurídico. b) La garantía del normal funcionamiento de las instituciones. c) La preservación de la seguridad y la convivencia ciudadanas. d) El respeto a las Leyes, a la paz y a la seguridad ciudadana en el ejercicio de los derechos y libertades. e) La protección de las personas y bienes, con especial atención a los menores y a las personas con discapacidad necesitadas de especial protección. f) La pacífica utilización de vías y demás bienes demaniales y, en general, espacios destinados al uso y disfrute público. g) La garantía de las condiciones de normalidad en la prestación de los servicios básicos para la comunidad. h) La prevención de la comisión de delitos e infracciones administrativas directamente relacionadas con los fines indicados en los párrafos anteriores y la sanción de las de esta naturaleza tipificadas en esta Ley. i) La transparencia en la actuación de los poderes públicos en materia de seguridad ciudadana».

824 Gobierno de España, Ministerio del Interior, sitio web: www.interior.gob.es/prensa/nivel-alerta-antiterrorista, [consultado el 16/01/2021]. Es necesario advertir que el Plan de Prevención y Protección Antiterrorista es materia clasificada por la Secretaría de Estado de Seguridad, aspecto que imposibilita su consulta o acceso libre.

Actualmente, la determinación de los NNA se encuentra en la Instrucción 3/2015 de la Secretaría de Estado de Seguridad, cuyo objetivo ha sido aumentar la protección ante los propósitos y finalidades en los ataques terroristas, los métodos, formas de investigación y neutralización de dichas amenazas. La activación de los distintos NNA es competencia del Ministro del Interior a través del Secretario de Estado de Seguridad, a tenor de los informes realizados por el órgano de recepción, integración y análisis de información estratégica terrorista, denominado Centro de Inteligencia contra el Terrorismo y el Crimen Organizado (CITCO)[825] [826]. La Instrucción 3/2015 establece el nuevo PPPA con cinco niveles de alerta antiterrorista (bajo, moderado, medio, alto y muy alto), encontrándose vigente en España el nivel alto desde el 26 de junio de 2015 con motivo de la comisión de los atentados en Túnez, Francia, Kuwait y Somalia. A continuación, mostramos una descripción sumaria de dichos niveles de alerta y sus implicaciones[827]:

a) nivel 1. Amenaza factible: se debe extremar la vigilancia en tanto la amenaza terrorista es viable, implementando medidas a nivel local en función del riesgo real, aunque de manera abstracta;

b) nivel 2. Amenaza moderada: enmarcada en la prevención de la acción terrorista, ya que el ataque es posible, aunque poco probable;

c) nivel 3. Amenaza probable: se trata de la prevención de atentados graves, ante la constatación de un ataque terrorista probable y de entidad;

d) nivel 4. Amenaza severa: dentro de la prevención de atentados mayores, se concibe el ataque terrorista como altamente probable y se refuerzan los grandes núcleos de población, aumentando la intensidad de la vigilancia de infraestructuras críticas;

e) nivel 5. Amenaza crítica: derivada de un ataque terrorista con carácter inminente. Se activan las medidas más elevadas de protección y seguridad, que incluye la intervención de las Fuerzas Armadas.

---

825 Creado en virtud del RD 873/2014, de 10 de octubre, por el que se modifica el RD 400/2012, de 17 de febrero, por el que se desarrolla la estructura orgánica básica del Ministerio del Interior. Ha sido el resultado de la unión del Centro Nacional Antiterrorista (CNCA) y el Centro de Inteligencia Contra el Crimen Organizado (CICO), ambos dependientes de la Secretaría de Estado de Seguridad del ministerio mencionado para optimizar los esfuerzos y aprovechar los recursos económicos frente a las crecientes amenazasen esta materia.

826 El intercambio de información y coordinación entre las distintas fuerzas de seguridad para combatir el terrorismo se realiza en base al «Sistema de Coordinación de Investigaciones SCI-SICOA». Se trata de una base de datos, dependiente del CITCO donde las Fuerzas y Cuerpos de Seguridad del Estado introducen todas sus investigaciones antiterroristas y sus operaciones contra el crimen organizado, coordinando este Centro las investigaciones coincidentes. Secretaría de Estado de Relaciones con las Cortes, Senado, XII Legislatura, Respuesta del Gobierno a la pregunta escrita formulada por la senadora Elvira García Díaz (Grupo Mixto), N.° 684, 20 de noviembre de 2017.

827 Observatorio científico ESERP, Grupo de análisis y amenazas terroristas, sitio web: www.eserp.com/wp-content/uploads/2018/01/Presentaci%C3%B3n-Proyecto-Grupode%C3%A1lisis-de-Riesgos-y-Amenazas-Terrorista, [consultado el 14/01/2021].

Por el interés del objeto de nuestro trabajo, nos centraremos en el nivel 5 que prevé la intervención de nuestras Fuerzas Armadas en caso de ataque terrorista inminente. Dicha intervención militar resulta la diferencia sustancial con el resto de niveles, en los que las acciones son llevadas a cabo únicamente por los Cuerpos de Seguridad del Estado incrementando la presencia o vigilancia de los distintos intereses en función de la entidad de la amenaza. Cabe decir que los cinco niveles adecúan la intensidad de las acciones llevadas a cabo en relación con la entidad percibida y/o contrastada[828].

Se concibe que las acciones por parte de las Fuerzas Armadas con la vigencia del NNA 5 se dirijan a la protección intensificada de sus instalaciones, la vigilancia y prevención de infraestructuras consideradas críticas, como aeropuertos, puertos, estaciones de tren, metro subterráneo, protección de inmuebles de interés nacional, fronteras, tráfico aéreo u otras de interés análogo. También se puede plantear la colaboración militar en intervenciones operativas, a solicitud de las fuerzas policiales encargadas de dirigirlas y llevarlas a cabo[829].

En tal caso, la dotación material y de armamento de los Cuerpos de Seguridad del Estado aumentaría el potencial de respuesta y fuego mediante el empleo de armas largas automáticas o de guerra, o la utilización de vehículos blindados disponibles, entre otras[830]. En la actualidad, el nivel 4 de alerta antiterrorista se concibe en coherencia con los niveles aceptados por el resto de miembros que forman parte de la OTAN, aportando una situación objetiva de amenaza terrorista latente en los países occidentales.

Los efectos del terrorismo en el plano interno, más allá de si se encuentran derivados del terrorismo nacional o internacional, requieren un plus de esfuerzo y recursos por parte de la Administración, tanto en labores de detección y prevención, como en la posibilidad de respuesta ante determinadas acciones. Estas labores de prevención y reacción se encuentran asignadas, *prima facie*, a las Fuerzas de Seguridad del Estado en cumplimiento de su competencia constitucional contenida en el art. 104 y en el marco de la competencia exclusiva del Estado en el mantenimiento de la seguridad pública contenida en el art. 149.1.29 CE.

La actual situación securitaria es multidisciplinar y sus implicaciones intrincadas, el terrorismo ha evolucionado y desarrollado nuevos métodos

828 Ángel Sanz Coronado, «El papel de las Fuerzas Armadas en la lucha contra riesgos emergentes (Terrorismo internacional, crimen organizado e inmigración ilegal)», *Boletín de Información, N.º 305*, 2008, pp. 115-122.

829 Según establece el marco de actuación de los efectivos disponibles que prevé el Estado Mayor de la Defensa, el nivel 5 de alerta antiterrorista implicaría la posibilidad de recurrir a al menos 5.000 militares de reacción rápida pertenecientes al Núcleo de la Fuerza Conjunta de las Fuerzas Armadas.

830 Alberto de Blas Pombo, «Terrorismo y Fuerzas Armadas», *Boletín de Información, N.º 283*, 2004, pp. 7-9.

y estrategias que combinan elementos híbridos de ataque a las soberanías estatales, entre los que incluyen:

a) ataques informáticos;

b) utilización de explosivos;

c) empleo de armas de guerra;

d) uso de aeronaves;

e) secuestros;

f) incluso el recurso a elementos básicos gravemente lesivos contra la población civil y de fácil acceso para el terrorista, como el atropello masivo con medios de transporte terrestres o el acuchillamiento indiscriminado en las vías públicas.

Las acciones terroristas pueden tener lugar de manera individual mediante los denominados «lobos solitarios», así como por grupos organizados, entrenados y jerarquizados que disponen de un reparto de cometidos entre sus miembros. Si bien, incluso los primeros necesitan de cierta infraestructura y apoyo exterior para la comisión de estos hechos[831].

Es cierto que los Cuerpos de Seguridad estatales, conformados por Policía Nacional y Guardia Civil, han ido adaptándose a la complejidad del fenómeno terrorista instrumentalizando unidades especializadas tanto en la obtención de información[832] y su tratamiento para convertirla en inteligencia, como en la ejecución material de operaciones antiterroristas[833]. Sin embargo, consideramos que los recursos militares adquieren un valor determinante en el campo antiterrorista, siempre que se utilicen de manera subsidiaria o colaborativa a las empleadas policialmente, atendiendo a su especialización, cualidades técnicas y tácticas[834].

Un análisis jurídico exhaustivo nos obliga a considerar idóneo el empleo de las Fuerzas Armadas más allá del NNA 5 de la Instrucción 3/2015. Es decir, no sólo ante amenazas críticas e inminentes que requieran contingencias superiores a las policiales, sino en niveles previos de alerta, tal

831 Federico Aznar Fernández-Montesinos, «El terrorismo global y los lobos solitarios», *Instituto Español de Estudios Estratégicos, Documento de Análisis, N.º 44*, 2013, pp. 7-10.

832 En la Guardia Civil la obtención a nivel central de información antiterrorista es cometido de las Unidades Centrales: UCE-2 en lo que se refiere al terrorismo islámico, UCE-1 en lo referente a terrorismo de ETA, Área Técnica y Logística y GAO. Por lo que respecta la Policía Nacional, cuenta con la Unidad Central de Inteligencia (UCI), Unidad Central de Información Interior (UCII), Unidad Central de Información Exterior (UCIE) y Unidad Central Operativa Antiterrorista (UCOA).

833 En la Guardia Civil: la Unidad Especial de Intervención (UEI) y Grupo de Acción Rápida (GAR), así como unidades TEDAX-NRBQ y Unidades de Subsuelo. En la Policía Nacional: El Grupo Especial de Operaciones (GEO), Unidades TEDAX-NRBQ y de subsuelo.

834 Ministerio de Defensa, *Revisión Estratégica de la Defensa*, 2004, p. 143.

y como sucede en el supuesto de acciones que impliquen el empleo de aeronaves como medio de ataque y que se encuentran amparadas en el art. 16 d) LODN[835]. A mayor abundamiento, el parámetro contenido en el art. 15.3 LODN determina una participación conjunta entre las Administraciones y las Fuerzas Armadas relacionado en el art. 16. e) LODN[836], regulando el empleo de recursos militares para casos de terrorismo en el art. 16 c) LODN[837] mediante su configuración como «apoyo» a las Fuerzas de Seguridad.

El término «apoyo» debe comprender la colaboración en cualquier tipo de operación antiterrorista que requiera de las técnicas o logística militares. Por otro lado, la locución «otras necesidades públicas» empleada a lo largo del texto normativo abre la posibilidad de emplear a las Fuerzas Armadas ante cualquier eventualidad y circunstancia. Entre las mismas, podemos incluir acciones terroristas con armas de guerra automáticas, ataques químicos, nucleares o biológicos, maniobras de inteligencia[838], ataques informáticos, la protección de infraestructuras críticas, o la protección de la seguridad ciudadana en connivencia con los cuerpos policiales.

835 Art. 16 d) LODN: «d) La respuesta militar contra agresiones que se realicen utilizando aeronaves con fines terroristas que pongan en peligro la vida de la población y sus intereses. A estos efectos, el Gobierno designará la Autoridad nacional responsable y las Fuerzas Armadas establecerán los procedimientos operativos pertinentes».

836 El art. 15.3 LODN determina: «Las Fuerzas Armadas, junto con las Instituciones del Estado y las Administraciones públicas, deben preservar la seguridad y bienestar de los ciudadanos en los supuestos de grave riesgo, catástrofe, calamidad u otras necesidades públicas, conforme a lo establecido en la legislación vigente», mientras que el art. 16 e) LODN establece: «La colaboración con las diferentes Administraciones públicas en los supuestos de grave riesgo, catástrofe, calamidad u otras necesidades públicas, conforme a lo establecido en la legislación vigente».

837 Art. 16 c) LODN: «El apoyo a las Fuerzas y Cuerpos de Seguridad del Estado en la lucha contra el terrorismo y a las instituciones y organismos responsables de los servicios de rescate terrestre, marítimo y aéreo, en las tareas de búsqueda y salvamento».

838 La inteligencia militar ha centrado los últimos años sus esfuerzos en prevenir la amenaza terrorista interior, así como a nivel internacional en las diferentes misiones en que participan nuestras Fuerzas Armadas. Manteniendo a un lado el Centro Nacional de Inteligencia (CNI), perteneciendo orgánicamente al Ministerio de Defensa sin integrarse en las Fuerzas Armadas, debemos hacer mención al Centro de Inteligencia de las Fuerzas Armadas (CIFAS), único en materia de inteligencia militar en el nivel estratégico, cuyas misiones son: a) la explotación de los sistemas de inteligencia, vigilancia y reconocimiento; b) suministrar la información de inteligencia necesaria para las operaciones a los Jefes de Estado Mayor de los respectivos Ejércitos; c) planificación y ejecución de las actuaciones en el ámbito cartográfico. Por supuesto, la explotación de la inteligencia militar en el ámbito internacional contra el terrorismo resulta fundamental, al entender que las amenazas a la seguridad internacional los son también para España, y se materializa a través de tres acciones: a) actuaciones en relación a los jefes de la organización y a las personas controladas por éstos; b) las acciones de los grupos y sus redes de contacto que funcionan con autonomía; c) los grupos, células e individuos que actúan sin relación con los jefes descritos.

Hemos venido hilvanando durante este trabajo una reconceptualización de la Defensa Nacional en el marco de las misiones de las Fuerzas Armadas, discurriendo frente al terrorismo de un modo más integrador en pro de la seguridad[839]. Nuestra DDN 2012 reconocía la grave entidad de la amenaza terrorista en España, abogando por una acción integral única en la que las Fuerzas Armadas y los Cuerpos de Seguridad unan sus recursos en esta materia para lograr mayor eficacia, al igual que el Libro Blanco del 2000[840]. Merece la pena recordar este fragmento de la actual DDN 2020 coherente con lo antedicho:

> «[...] Bajo la dirección del Gobierno, apoyadas por los ciudadanos, y complementadas por otros instrumentos de seguridad del Estado, la Fuerzas Armadas deben [...] hacer frente a amenazas y desafíos múltiples y cambiantes. Los retos a la seguridad proceden ahora tanto de actores estatales [...] como no estatales (terrorismo y crimen organizado) [...] Ya no existen problemas exclusivos de la Defensa, pero la Defensa forma parte de la solución a cualquier problema de seguridad [...]»[841].

Por otro lado, el fundamentalismo provoca una afectación de entidad a los Estados en consideración a su capacidad de reclutamiento de terroristas en países no musulmanes que cuentan con un elevado porcentaje de población musulmana, resultando un factor potencialmente peligroso[842]. Las facciones del Estado Islámico se encuentran difuminadas en multitud de países en los que intentan instalar sus «califatos» y otras veces están ocultos entre la población civil de los Estados occidentales[843], protagonizando ataques difíciles de evitar en cualquier terreno. En consecuencia, el uso de las Fuerzas Armadas españolas contra el fenómeno terrorista no debe suponer un problema jurídico que implique falta de legitimidad, amparado en el control parlamentario y judicial de un Estado democrático y de Derecho[844].

---

839 Luis Cuesta Civís, «La lucha contra el terrorismo en el marco de la seguridad y defensa en España», *Real Instituto Elcano, Estudios Internacionales y Estratégicos, N.º 45,* 2009, p. 2.

840 Iglesias Longo, *op. cit.*, p. 113.

841 Directiva de Defensa Nacional, 2020, *op. cit.*, pp. 1-3.

842 Es el caso de Francia o Reino Unido, que cuentan con gran parte de la población musulmana. Según *Pew Research Center*, la población musulmana de dichos países será del 17,4 y 17,7 % hacia el año 2050, llegando a la cantidad de 75 millones de musulmanes en toda la UE.

843 Alfonso Merlos García, Tesis Doctoral: *La Transformación de Al Qaeda. El uso de la fuerza y la inteligencia contra el terrorismo yihadista*, Universidad Complutense de Madrid, 2005, pp. 21-34.

844 Joaquín Pellicer Balsalobre, «El empleo de las Fuerzas Armadas en la lucha contra el terrorismo», *Análisis GESI, N.º 19,* 2017, sitio web: www.seguridadinternacional.es/?q=es/print/ 1003, [consultado el 16/01/2021].

2.1.2. Inmigración. Factor de riesgo terrorista

No es posible obviar el fenómeno de la inmigración en España y su vinculación con la amenaza y riesgo terrorista, sin olvidar el fenómeno social que constituye y sus múltiples aristas ajenas a la seguridad pública. El mundo actual globalizado ha permitido un nivel de intercomunicación, libertad de circulación, residencia y convivencia simultánea de culturas muy diferentes que, en ocasiones, constituye el caldo de cultivo ideal para el paso desapercibido en las sociedades occidentales de grupos terroristas o individuos radicalizados en solitario. Ello supone una dificultad añadida para su detección por los servicios de información e inteligencia, dados los niveles de integración de los inmigrantes en nuestro país y sus aliados.

En el año 2003 se redacta el documento de Revisión Estratégica de la Defensa (RED) por parte de la Secretaría General de Política de Defensa, asumiendo estos extremos y la posibilidad de participación de las Fuerzas Armadas en este ámbito, junto a las Fuerzas y Cuerpos de Seguridad, tanto a través de la vigilancia fronteriza, como marítima[845]. Entendemos posibilitada dicha contribución con las Fuerzas y Cuerpos de Seguridad en concordancia al deber genérico de colaboración entre Administraciones inserto en el art. 103.1 CE.

A mayor abundamiento, podemos mencionar la Instrucción Permanente de Operaciones 13/2000, del AJEMA que desarrolla el precepto antes descrito, desde la cual, se dibuja la colaboración en materia migratoria con los cuerpos de seguridad estatales[846]. Las acciones se materializan en la realización de vigilancia de las aguas jurisdiccionales y seguimiento de embarcaciones que transporten ilegalmente inmigrantes, la comunicación de dichas circunstancias y el traslado de los barcos o naves a puerto.

En torno a la inmigración podemos referirnos a lo que la doctrina conoce como «factores de expulsión» y «factores de atracción»[847]. Los primeros permiten explicar las motivaciones que llevan a las personas que residen en otros países a emigrar, originando los movimientos migratorios. Los motivos suelen ser diversos, si bien, destacan los causados por guerras, catástrofes naturales, reagrupaciones familiares y otros, siendo la primera causa la escasez de recursos económicos. Los desequilibrios económicos a nivel mundial hacen que este tipo de fenómeno persista, vinculándose al factor expulsión por la ausencia de solicitud de mano de obra en origen.

845 Ministerio de Defensa, Secretaría General de Política de Defensa, *Revisión Estratégica de la Defensa*, 2003, p. 186.

846 HERAS DURÁN, *op. cit.*, p. 201.

847 Fernando NAVARRO CARDOSO, «Globalización, movimientos migratorios y política criminal» en *Fuerzas Armadas y Seguridad Pública: consideraciones en torno al terrorismo y la inmigración* [José Luis GONZÁLEZ CUSSAC (dir.) y Antonio FERNÁNDEZ HERNÁNDEZ (coord.)], *Col. lecció Estudis Jurídics, N.º 14*, 2007, p. 244.

Es cierto que no podemos establecer un paralelismo proporcional entre la población inmigrante legal o ilegal (ni tan siquiera de una misma zona geográfica) con el terrorismo nacional o comunitario, pero es objeto de este trabajo establecer las conexiones evidentes que de dicho fenómeno se desprenden y, en consecuencia, del papel que se puede derivar para nuestras Fuerzas Armadas. Como hemos venido observando, la misión de éstas debe traducirse en la intensificación de la vigilancia de espacios marítimos más allá de nuestro mar territorial, al corresponder al Servicio Marítimo de la Guardia Civil la vigilancia del mar territorial con carácter general[848]. Resulta relevante que los fenómenos migratorios tienen como causa los conflictos armados y/o el control de grupos terroristas en sus países de origen, por lo que la acción conjunta de los aliados europeos, OTAN y ONU es indispensable.

En cuanto a los factores de atracción, se trata de los motivos que explican que determinados países se conviertan en lugar de destino de los flujos migratorios. Esto obedece a la percepción errónea de una demanda de trabajo elástica en los países occidentales como consecuencia de las economías expansivas y de mercado[849], así como a determinados niveles de calidad de vida proporcionados por los Estados del bienestar. La justificación se complementa con las acciones perpetradas por la delincuencia organizada internacional de inmigración ilegal y trata de seres humanos.

Una de las fuentes primarias de inmigración ilegal en España es la originaria del Sahel Occidental. Según el Alto Comisionado de las Naciones Unidas para los Refugiados, los inmigrantes ilegales provienen en un 21,4 % de Marruecos, 20,9 % de Guinea Conakry y un 15,9 % de Mali. La creciente actividad terrorista de Al Qaeda y de Boko Haram[850] en Mali y Níger provoca un efecto expulsión[851] de sus habitantes, que se traduce en una buena parte del movimiento migratorio ilegal. Lo cierto es que la vulnerabilidad económica, institucional y social de África Occidental y Sahel Occidental estimula la actividad delictiva y terrorista en la zona a través de las luchas por alcanzar el poder fáctico sobre el terreno. Advertimos que desde el año 2018 se ha ido

848 RD 246/1991, 22 de febrero, por el que se regula el Servicio Marítimo de la Guardia Civil, art. 1: «Las funciones que la Ley Orgánica 2/1986, de 13 de marzo, de Fuerzas y Cuerpos de Seguridad, atribuye al Cuerpo de la Guardia Civil se ejercerán en las aguas marítimas españolas hasta el límite exterior del mar territorial determinado en la legislación vigente y excepcionalmente, fuera del mar territorial, de acuerdo con lo que se establece en los tratados internacionales vigentes».

849 Según el Instituto Nacional de Estadística (INE), la tasa de inmigrantes no europeos que se encuentran ocupados laboralmente en España de septiembre-diciembre de 2018 es del 23,53 %.

850 Denominación del EI en África Occidental, se encuentra activo en Nigeria, Camerún, Chad, Níger y Mali.

851 Félix Fernández Castaño y María Jesús Santiago Segura, «Niveles de desarrollo e inmigración: efecto expulsión, versus efecto llamada» en *Actas del I Congreso Internacional sobre Migraciones en Andalucía,* Universidad de Granada, Granada, 2011, pp. 1.933-1.941.

incrementando la llegada de inmigración irregular a través del Mediterráneo en un 161,7 %, incidiendo en las costas de Cádiz, Almería y Granada fundamentalmente[852].

Resulta notorio que las últimas operaciones policiales relacionadas con el yihadismo presentan una vinculación estrecha con el fenómeno de la inmigración en España[853]. Un elevado número de detenciones en este ámbito proviene de regularizaciones de inmigrantes que accedieron a España de manera ilegal, aunque también mediante el acceso regular. Las redes de inmigración ilegal han supuesto un medio vehicular en el que poder diversificar individuos relacionados previamente con la delincuencia común, aspecto este último que ha resultado vinculado directamente con posteriores terroristas fundamentalistas.

Debemos tener presente que la situación personal de estos individuos resulta fácilmente permeable ante interpretaciones radicales de transmisión del islam y frente a concepciones lesivas respecto de las acciones de los Estados de acogida hacia dichos inmigrantes. Apreciamos que las detenciones de terroristas islamistas en el ámbito europeo se realizan en un porcentaje mayoritario sobre inmigrantes ya legalizados en los Estados miembros y que disponen de un entorno asentado en los mismos, junto con individuos que se han radicalizado mientras cumplían condena en prisión por delitos comunes.

Respecto a la radicalización de dichos inmigrantes, un lugar importante de captación suelen ser los centros de culto en los que se realiza una profesión sesgada del contenido de las enseñanzas islámicas (mezquitas), procediendo al reclutamiento, adoctrinamiento y posterior entrenamiento en otros lugares diferentes a los que se imparte el culto religioso oficial. En el proceso de radicalización, es fundamental que se produzca la separación del entorno del individuo previamente, con la finalidad de establecer una identificación rígida entre los miembros de la organización y sus objetivos. Lo cierto, es que muchas veces la frontera entre el aislamiento de estos individuos y la «normal» asistencia de los mismos a la oración como expresión de su fe, no siempre es clara, aspecto que les permite pasar desapercibidos para las unidades antiterroristas.

La operatividad inicial de las células terroristas requiere de un espacio de tiempo prolongado, de manera que permita la cohesión e identificación de sus miembros, el establecimiento de ciertos recursos económicos mediante acciones delictivas comunes[854] y una planificación determinada sobre sus

852 Gabinete Presidencia del Gobierno, Consejo de Seguridad Nacional, *Informe Anual Seguridad Nacional*, 2018, p. 10.

853 Manuel Navarrete Paniagua, «Infiltración terrorista en las comunidades de inmigrantes», *Instituto de Investigación Universitario sobre Seguridad Interior, UNED*, 2005, p. 1.

854 Organización para la Cooperación y el Desarrollo Económico (OCDE), «Financiación del

posibles acciones. En esta fase emergente, los individuos tratan de hacerse con documentación o pasaportes falsos al objeto de dinamizar su operatividad oculta[855]. Además, procurarán realizar reuniones en ámbitos coincidentes con el resto de personas de su colectivo, adoptando un perfil bajo. En palabras de NAVARRETE PANIAGUA:

> «Queda de manifiesto que el terrorismo, de una manera directamente buscada o como objetivo de ocasión, aprovecha las situaciones creadas en el ámbito de la inmigración para obtener beneficios en aspectos esenciales para su supervivencia, a la vez que las mafias del tráfico de seres humanos pueden ver en los grupos terroristas unos clientes más que ayuden a aumentar sus beneficios»[856].

Al respecto, el Informe anual de Seguridad Nacional de 2018 elaborado por el Departamento de Seguridad Nacional, también se ha hecho eco de la incidencia y conexión de la inmigración irregular con el fenómeno terrorista en España. Lo considera uno de los principales retos a combatir, al constituir también un medio para la comisión de otros delitos conexos como el tráfico de drogas. Es interesante resaltar la opinión que ofrece AZNAR FERNÁNDEZ-MONTESINOS respecto a los beneficios del empleo de las Fuerzas Armadas contra el terrorismo, en contraposición a los riesgos políticos de su empleo:

> «El empleo de las Fuerzas Armadas en labores directas de lucha contra el terrorismo si por un lado puede suponer notables beneficios en los niveles de decisión, operacionales y tácticos, paradójicamente entraña notables riesgos en el plano de lo político»[857].

A mayor abundamiento, la apariencia simbólica de la fuerza militar puede llevar aparejada una auto legitimación del terrorismo con motivo de la utilización de un recurso considerado tradicionalmente como «de excepción del Estado» para combatir delitos comunes, suponiendo el reconocimiento de la gravedad de la amenaza. Con todo, opinamos que son mucho mayores los beneficios operacionales del recurso a las Fuerzas Armadas que los perjuicios que puedan ocasionar, que constituyen perspectivas poco edificantes del panorama global de seguridad.

---

terrorismo» en *Lavado de activos y financiación del terrorismo. Manual para inspectores y auditores fiscales*, 2019, pp. 21-26.

855 NAVARRETE PANIAGUA, *op. cit.*, p. 4.

856 NAVARRETE PANIAGUA, *op. cit.*, p. 6.

857 Federico AZNAR FERNÁNDEZ-MONTESINOS, «Reflexiones sobre el empleo de las Fuerzas Armadas en la lucha contra el terrorismo local», *Instituto Español de Estudios Estratégicos, Documento de Análisis 12/2014*, 2014, p. 6.

2.2. Protección civil. La Unidad Militar de Emergencias

La protección civil encuentra su fundamento constitucional en el deber de los poderes públicos de garantizar una serie de bienes jurídicos de especial relevancia, entre los que se encuentra la vida y la integridad física consagrados en el art. 15 CE. Los principios de unidad y solidaridad territorial insertos en el art. 2 CE, y las imposiciones de eficacia y coordinación administrativa derivadas del art. 103.1 CE, completan la involucración del ciudadano en el sistema a través del art. 30.4 CE[858]. Por tanto, supone una conjugación institucional, administrativa y personal que nos sirve de escudo y resorte ante cualquier situación asimilada a la catástrofe o calamidad pública.

El ámbito de la protección civil se contiene en el art. 1.1 de su norma de referencia, la LSNPC, como un instrumento de la política de seguridad pública cubierto por el art. 149.1.29 CE. El concepto se orienta a la protección de personas y bienes ante el surgimiento de cualquier emergencia o catástrofe, independientemente del origen al que obedezca. La protección civil se desarrolla en tres niveles coincidentes con la estructura administrativa española: estatal, autonómico y local. Será en el primero donde se determine la posibilidad de actuación de las Fuerzas Armadas de manera complementaria o subsidiaria a otros cuerpos, es decir, cuando los recursos ordinarios civiles no sean suficientes para evitar o contener la emergencia ocasionada, articulándose a través de la Dirección General de Protección Civil y Emergencias en el seno del Ministerio del Interior[859]. Además, se establece el principio de colaboración entre las Administraciones a través de procedimientos *ad hoc* de naturaleza voluntaria y alcance común.

El Ministerio de Defensa lleva a término acuerdos o convenios[860] en materia de protección civil con otros organismos de la Administración

858 Art. 30.4 CE: «Mediante ley podrán regularse los deberes de los ciudadanos en los casos de grave riesgo, catástrofe o calamidad pública».

859 María Gómez Escarda y Enrique Vega Fernández, «Protección Civil y Fuerzas Armadas: La Unidad Militar de Emergencias», *Observatorio de Política Exterior Española, Fundación Alternativa, Documento de Trabajo 33/2008*, 2008, pp. 34-36.

860 Así se establece en el art. 47 de la Ley 40/2015: «Son convenios los acuerdos con efectos jurídicos adoptados por las Administraciones Públicas, los organismos públicos y entidades de derecho público vinculados o dependientes o las Universidades públicas entre sí o con sujetos de derecho privado para un fin común [...] 2. Los convenios que suscriban las Administraciones Públicas, los organismos públicos y las entidades de derecho público vinculados o dependientes y las Universidades públicas, deberán corresponder a alguno de los siguientes tipos: a) Convenios interadministrativos firmados entre dos o más Administraciones Públicas, o bien entre dos o más organismos públicos o entidades de derecho público vinculados o dependientes de distintas Administraciones públicas, y que podrán incluir la utilización de medios, servicios y recursos de otra Administración Pública, organismo público o entidad de derecho público vinculado o dependiente, para el ejercicio de competencias propias o delegadas. b) Convenios intradministrativos firmados entre

General y con las Comunidades Autónomas, así como la ejecución de planes aprobados en la Comisión Nacional de Protección Civil[861]. El aspecto más importante de los citados convenios reside en la posibilidad de interconexión de redes y sistemas de alertas y emergencia existentes a través de la Red Nacional de Emergencias (RENEM), permitiendo coordinar la gestión de emergencias multinivel. Ello ha propiciado que se suscriban los acuerdos técnicos oportunos para adscribir los servicios del 112 al citado RENEM.

La relación del empleo militar en el ámbito de la protección civil con el nivel estratégico es indiscutible. La DDN 2020 abunda en este aspecto, situando la protección civil en la órbita de la Seguridad Nacional, reconociendo como objetivo la cooperación y apoyo de las Fuerzas Armadas con las autoridades civiles, que alcanza su máximo exponente en la gestión de crisis y emergencias[862]. Sin embargo, no se trata de algo novedoso, dado que la propia DDN 2012 incidía en este aspecto cooperador con las autoridades civiles, siendo más concreta la DDN 2004 al referirse a la protección civil como una de las líneas de actuación de la Defensa Nacional:

> «Colaborar en el sistema de protección civil y, junto con otras instituciones del Estado, particularmente las Fuerzas y Cuerpos de Seguridad, contribuir a preservar la seguridad y el bienestar de los ciudadanos»[863].

Ante una realidad de envergadura compleja y requeridora de mecanismos ágiles, las Fuerzas Armadas desempeñan una labor encomiable en la protección de personas y bienes en situaciones diversas como incendios, terremotos o inundaciones, entre otras. Este tipo de actuaciones han venido ejecutándose en etapas previas a través de unidades del Ejército de Tierra principalmente[864], si bien a partir del año 2005, se produce un salto cualitativo con la creación de la Unidad Militar de Emergencias (UME). Se trata de una unidad altamente especializada y de elevada disponibilidad, creada por

---

organismos públicos y entidades de derecho público vinculados o dependientes de una misma Administración Pública. c) Convenios firmados entre una Administración Pública u organismo o entidad de derecho público y un sujeto de Derecho privado. d) Convenios no constitutivos ni de Tratado internacional, ni de Acuerdo internacional administrativo, ni de Acuerdo internacional no normativo, firmados entre las Administraciones Públicas y los órganos, organismos públicos o entes de un sujeto de Derecho internacional, que estarán sometidos al ordenamiento jurídico interno que determinen las partes».

861 RD 967/2002, de 20 de septiembre, por el que se regula la composición y régimen de funcionamiento de la Comisión Nacional de Protección Civil, Boletín Oficial del Estado, N.° 236, de 2 de octubre de 2002, pp. 34.894-34.896.

862 Directiva de Defensa Nacional, 2020, *op. cit.*, pp. 5,8 y 9.

863 Presidencia del Gobierno, Directiva de Defensa Nacional, 2004, p. 9.

864 Debemos mencionar que el histórico Reglamento de Artillería Volante de 1797, contemplaba como misión militar «emplearse en socorro de la Humanidad, en qualesquiera [sic] aflicción pública, y especialmente en apagar incendios».

acuerdo del Consejo de Ministros de 7 de octubre de 2005[865] e integrada en las Fuerzas Armadas por virtud del RD 416/2006, de 11 de abril, por el que se establece la organización y el despliegue de la Fuerza del Ejército de Tierra, de la Armada y del Ejército del Aire, y de la UME[866].

Especial interés merece la regulación de las «emergencias de interés nacional» en el art. 28 LSNPC, que tendrán lugar ante la declaración de alguno de los estados excepcionales del art. 116 CE en caso de necesidad de coordinación entre Administraciones y cuando las dimensiones emergentes necesiten una dirección nacional. La declaración es competencia del Ministro del Interior, a iniciativa propia o a solicitud de las Comunidades Autónomas o del Delegado del Gobierno respectivo (art.29)[867], suponiendo en todo caso la dirección orgánica por parte del primero (art. 30).

La LSNPC acoge la participación militar, especialmente de la UME, aunque sin descartar otras unidades en su art. 37 conforme a lo dispuesto en la LODN, siendo solicitada por el Ministro del Interior y ordenada por el Ministro de Defensa. Esta unidad asume la dirección operativa en el caso de constituirse una emergencia de interés nacional, anteriormente definida. Los parámetros de intervención de la UME se dictan al amparo del RD 1097/2011, de 22 de julio[868], por el que se aprueba el Protocolo de Intervención de la UME y del que se desprenden las siguientes conclusiones principales:

a) intervención de la UME en emergencias de carácter grave, sean o no declaradas de interés nacional y excluidas las de naturaleza marí-

865 Acuerdo del Consejo de Ministros, de 7 de octubre de 2005: «El Consejo de Ministros ha aprobado un Acuerdo por el que se crea la Unidad Militar de Emergencias, cuyo objetivo es dar una respuesta rápida y eficaz a los ciudadanos ante situaciones de emergencia que pongan en peligro su seguridad y bienestar. Se trata de una iniciativa que pretende corregir la precariedad o la escasez de medios de la Administración para atender situaciones excepcionalmente adversas como grandes incendios, inundaciones, nevadas, terremotos y riesgos biológicos, químicos o radiológicos. Las Fuerzas Armadas tienen especial capacidad de reacción, concentración de medios, transporte masivo y permanencia sobre el terreno por tiempo indefinido, afrontando situaciones de riesgo. Asimismo, tienen el valor añadido de infundir confianza en la población civil [...]».

866 Art. 14 del RD 416/2006: «Características. 1. La estructura orgánica y el despliegue de la Unidad Militar de Emergencias deberá permitir su intervención rápida en todo el territorio nacional. 2. Todos los medios aéreos de que disponga dicha Unidad se concentrarán bajo un mando único. 3. La Unidad Militar de Emergencias deberá ser capaz de absorber y emplear los recursos humanos y materiales disponibles en las Fuerzas Armadas que en su caso se le asignen».

867 Las emergencias de interés nacional son exigencia de una previa regulación en el RD 407/1992, de 24 de abril, por el que se aprueba la Norma Básica de Protección Civil.

868 Deroga al anterior RD 399/2007, de 23 de marzo, por el que se aprueba el Protocolo de Intervención de la UME, tras anularse por sentencia del Tribunal Supremo de 4 de noviembre de 2008, por haberse omitido los informes de la Comisión Nacional de Protección Civil y del Consejo de Estado.

tima, salvo que pudiera acordarse su activación en dicho medio a propuesta del titular de Fomento:

> «a) Las que tengan su origen en riesgos naturales, entre ellas inundaciones, avenidas, terremotos, deslizamientos de terreno, grandes nevadas y otros fenómenos meteorológicos adversos de gran magnitud.
> b) Los incendios forestales.
> c) Las derivadas de riesgos tecnológicos, y entre ellos el riesgo químico, el nuclear, el radiológico y el biológico.
> d) Las que sean consecuencia de atentados terroristas o actos ilícitos y violentos, incluyendo aquellos contra infraestructuras críticas, instalaciones peligrosas o con agentes nucleares, biológicos, radiológicos o químicos.
> e) La contaminación del medio ambiente.
> f) Cualquier otra que decida el Presidente del Gobierno»[869].

En este tipo de emergencias graves, las autoridades autonómicas en materia de protección civil pueden solicitar del Ministro del Interior la intervención de la UME en su territorio, siendo autorizado por orden del Ministro de Defensa, que actúa por delegación del Presidente del Gobierno. Para que se dé la solicitud autonómica de medios de la UME, es necesario que se trate de una emergencia catalogada mínimo con el nivel 2[870] de los establecidos por el Protocolo de la Escuela Nacional de Protección Civil[871]. Las consecuencias de dicho nivel se traducen en el acaecimiento de daños que superen las capacidades y medios disponibles, previendo una agravación extensiva que propicia la activación del Plan Autonómico de Emergencia;

869 RD 1097/2011, de 22 de julio, punto tercero.

870 José Sierra Méndez, «Protección Civil y Fuerzas Armadas», *Cuadernos de Estrategia, N.º 165*, 2013, p. 75.

871 Se establecen cuatro fases de emergencia, abarcando desde la situación 0 a la 3: «Situación 0: Es una situación de transición, por lo general en emergencias que puedan ir escalando con el tiempo en su nivel de gravedad. En la misma se prevé la inminencia del suceso y se activa el plan de emergencia en su ámbito correspondiente, generalmente de índole municipal. Situación 1: El suceso ya ha ocurrido y sus efectos se pueden paliar mediante el empleo de los medios disponibles en el ámbito territorial afectado, o con apoyos puntuales de ámbito superior, como es el caso de los incendios forestales. Situación 2: La situación producida supera la capacidad inicial de respuesta de la Comunidad Autónoma afectada que dirige la emergencia, con los medios y recursos disponibles en su ámbito territorial y además se tiene previsión de un paulatino o fugaz empeoramiento de la misma. Precisa por tanto el apoyo estatal, con los medios y recursos de diferentes titularidades que sean necesarios en cada caso. Situación 3: En ella se considera que está en juego el interés nacional y es declarada por el ministro del Interior, bien por propia iniciativa o a instancias de las CC.AA. afectadas o de los delegados del Gobierno en las mismas. El director de la emergencia es el propio ministro del Interior y la UME asume la dirección operativa de la emergencia bajo su dirección». Dirección General de Protección Civil y Emergencias, Escuela Nacional de Protección Civil, *Guía de Organización Operativa Estatal para la Respuesta Inmediata ante Emergencias de Protección Civil*, 2019, p. 18.

b) en caso de emergencia de interés nacional, será el General Jefe de la UME (GEJUME) quien asume la titularidad en la dirección operativa del ámbito de protección civil, bajo dependencia del Ministro del Interior, adoptándose al efecto los planes de operaciones (OPLAN) o de contingencia (COPLAN)[872] al efecto;

c) existe posibilidad de empleo de recursos y medios de otras unidades militares por parte de la UME, en su apdto. segundo;

d) los medios aéreos de lucha contraincendios dirigidos por el 43.° Grupo de Fuerzas Aéreas se adscriben operativamente al GEJUME, aunque será el Ministro de Agricultura quien decida su utilización ordinaria;

e) el Ministro de Defensa podrá regular las condiciones de intervención de la UME en misiones internacionales.

El estatuto jurídico del personal de la UME fue establecido en la Disposición adicional primera del RD 194/2010, de 26 de febrero[873], siéndole de aplicación la condición de agente de la autoridad en el ejercicio de sus funciones. La condición se activa cuando intervienen encuadrados en esa unidad o bajo el mando operativo de esta[874] en supuestos de catástrofe, grave riesgo, calamidad pública u otras necesidades públicas, junto a los miembros de la policía militar. El campo de acción de esas «otras necesidades públicas» se encuentra en el apoyo que pueden prestar a las Fuerzas de Seguridad en tareas de vigilancia y protección, o como consecuencia de ataques terroristas u otra índole violenta o ilícita, siempre al amparo de las directrices del Gobierno. Todo ello, sin perjuicio de que la UME puede intervenir de manera autosuficiente o en modo colaborativo con cuerpos policiales o asistenciales. Asimismo, quedan determinados unos requisitos procedimentales que permiten atribuir el carácter de agente de la autoridad a sus efectivos, siendo los siguientes:

a) deben actuar con motivo de una orden dictada por la autoridad competente;

b) deben conocer sus derechos y obligaciones;

c) deben portar de manera visible en el uniforme un distintivo que acredite tal condición.

---

872 José Luis Guerrero Jiménez, «La Unidad Militar de Emergencias», *Cuadernos de Estrategia, N.° 165*, 2013, p. 160.

873 RD 194/2010, de 26 de febrero, por el que se aprueban las Normas de Seguridad de las Fuerzas Armadas, Boletín Oficial del Estado, N.° 64, de 15 de marzo de 2010, pp. 25.324-25.334.

874 También tendrán consideración de agente de la autoridad los efectivos de otras unidades militares cuando actúen en operaciones contenidas en el art. 16 e) de la LODN: «La colaboración con las diferentes Administraciones públicas en los supuestos de grave riesgo, catástrofe, calamidad u otras necesidades públicas, conforme a lo establecido en la legislación vigente».

2.3. El carácter autónomo de ciertas misiones de las Fuerzas Armadas

La intervención de naturaleza autónoma o autosuficiente por parte del instituto militar en el ámbito de la seguridad pública encuentra fundamentación jurídica en ciertas disposiciones normativas de contenido y alcance genérico, e incluso en ocasiones abstracto, pero no por ello menos relevantes. El art. 2 de la LODN realiza una designación teleológica de lo que la política de defensa pretende conseguir mediante el empleo de las Fuerzas Armadas, muy genérica, en tanto abarca desde la protección de los ciudadanos hasta los valores, principios e instituciones públicas constitucionales, comprendiendo los bienes jurídicos señalados en el art. 8.1CE, la seguridad o la paz internacionales[875].

El art. 15.3 del citado texto normativo establece para las Fuerzas Armadas la misión de «seguridad y bienestar de los ciudadanos» en el marco de circunstancias catastróficas o calamitosas, mientras que hace referencia a la locución «u otras necesidades públicas conforme a lo establecido en la legislación vigente»[876]. Será en el marco de esas «otras necesidades públicas» donde podamos fundamentar una serie de actuaciones de nuestras Fuerzas Armadas en el marco de la seguridad.

El art. 16 de la LODN desgrana las misiones del precepto anterior en un sentido operacional, estableciendo dos posibilidades participativas del instituto militar. De un lado, mediante funciones de carácter complementario, esto es, en coadyuvancia a otros cuerpos de la Administración. Y por otro, a través de intervenciones de tipo «subsidiario» también en el territorio nacional[877], en defecto de la intervención de otros cuerpos o porque simplemente goce de

875 Art. 2 de la LODN: «La política de defensa tiene por finalidad la protección del conjunto de la sociedad española, de su Constitución, de los valores superiores, principios e instituciones que en ésta se consagran, del Estado social y democrático de derecho, del pleno ejercicio de los derechos y libertades, y de la garantía, independencia e integridad territorial de España. Asimismo, tiene por objetivo contribuir a la preservación de la paz y seguridad internacionales, en el marco de los compromisos contraídos por el Reino de España».

876 Art. 15.3 de la LODN: «Las Fuerzas Armadas, junto con las Instituciones del Estado y las Administraciones públicas, deben preservar la seguridad y bienestar de los ciudadanos en los supuestos de grave riesgo, catástrofe, calamidad u otras necesidades públicas, conforme a lo establecido en la legislación vigente».

877 Art. 16 a) de la LODN: «El cumplimiento de las misiones de las Fuerzas Armadas y el desarrollo de su contribución complementaria o subsidiaria de interés público requieren realizar diferentes tipos de operaciones, tanto en territorio nacional como en el exterior, que pueden conducir a acciones de prevención de conflictos o disuasión, de mantenimiento de la paz, actuaciones en situaciones de crisis y, en su caso, de respuesta a la agresión. En particular, las operaciones pueden consistir en: a) La vigilancia de los espacios marítimos, como contribución a la acción del Estado en la mar, la vigilancia del espacio aéreo y el control del espacio aéreo de soberanía nacional y aquellas otras actividades destinadas a garantizar la soberanía e independencia de España, así como a proteger la vida de su población y sus intereses».

mayor idoneidad la actuación militar respecto a otros cuerpos para alcanzar los fines propuestos. En tal sentido, el aptdo. a) del precepto establece una misión de tipo autónomo a desarrollar por las Fuerzas Armadas consistente en la vigilancia de espacios aéreos y marítimos de soberanía nacional [878], determinando entre sus bienes jurídicos protegidos la vida de los ciudadanos y sus intereses.

El control del espacio aéreo español no es la primera vez que se asigna al Ejército del Aire en nuestra etapa constitucional, sino que mantiene una tradición reguladora originada en el derogado RD Ley 12/1978, de 27 de abril[879], cuyo art. 2 atribuía al Ministerio de Defensa la vigilancia y control del espacio aéreo de soberanía española. Dichos cometidos se ejercían por delegación del Ministerio de Transportes en tiempo de paz, salvo que por el Gobierno se determinara su ejercicio por el Ejército del Aire en situaciones de «emergencia o circunstancias especiales». Se establecía pues, una competencia titularidad del Ejército del Aire, que ejercitaba subsidiariamente un instituto civil mientras no fuera necesaria su avocación hacia el primero.

La norma sería desarrollada por el RD 2161/1993, de 10 de noviembre, al objeto de establecer las condiciones en que el control del espacio aéreo es controlado por el Ejército del Aire, cuando las eventuales necesidades lo justifiquen y así lo disponga el Gobierno. Empero, será el instituto militar el que determine los procedimientos a ejecutar y los recursos a emplear, sin importar su naturaleza civil o militar[880]. Posteriormente, con la aprobación de la Ley 21/2003, de 7 de julio, de seguridad aérea[881], se determina

878 La vigilancia del espacio marítimo como competencia autónoma de las Fuerzas Armadas resulta una novedad en la LODN, teniendo en cuenta que la derogada LO 6/1980, de 1 de julio, por la que se regulan los criterios básicos de la Defensa Nacional, solo contempla el control del espacio aéreo en su art. 31: «El Ejército del Aire, responsable principal de la defensa aérea del territorio y de ejercer el control del espacio aéreo de soberanía nacional [...]».

879 RDL 12/1978, de 27 de abril, sobre fijación y delimitación de facultades entre los Ministerios de Defensa y de Transportes y Comunicaciones en materia de aviación, Boletín Oficial del Estado, N.° 101, de 28 de abril de 1978, pp. 10.44-10.045.

880 RD 2161/1993, de 10 de noviembre, por el que se establecen las condiciones para la asunción por el Ejército del Aire del control de la circulación aérea general en situaciones de emergencia o crisis, Boletín Oficial del Estado, N.° 3, de 4 de enero de 1994, pp. 95-96. Art. 1: «En los supuestos [...] el Gobierno acuerde que el control de la circulación aérea general sea asumido por el Ejército del Aire, dicho control se llevará a efecto conforme a lo determinado en los sistemas de alerta y de conducción de situaciones de emergencia o crisis nacionales o internacionales y, en su caso, de acuerdo con las medidas concretas que para su aplicación determine el Gobierno. En tales supuestos, el Ejército del Aire podrá establecer los procedimientos de actuación que sean necesarios para asumir el citado control y determinar las prioridades de actuación que la situación requiera, a cuyo fin podrá disponer de los medios necesarios con que cuenta el sistema nacional de control de la circulación aérea, cualquiera que sea su naturaleza y adscripción».

881 Ley 21/2003, de 7 de julio, de seguridad aérea, Boletín Oficial del Estado, N.° 162, de 8 de julio de 2003, pp. 26.368-26.387.

la competencia compartida entre los ministerios de Defensa y Fomento en la estructuración y gestión de la circulación aérea, estableciendo conjuntamente su política y estrategia, conforme al art. 4.

Corresponde a las Fuerzas Armadas, *ex* aptdo. 3 la vigilancia, control y defensa del espacio aéreo soberano en situación de conflicto armado. En situaciones ajenas al mismo son competentes en la ordenación y control de la circulación aérea operativa, así como del control de la circulación aérea general en situaciones extraordinarias que determine el Presidente del Gobierno o el Ministro de Defensa. Asimismo, las bases aéreas y aeródromos militares que permitan tráfico aéreo civil, se encuentran sujetas a un estatuto híbrido según el art. 4 bis. Por un lado, dependen de la dirección de una Comandancia militar en las instalaciones para circunstancias relativas a la defensa y aviación militar, mientras que, por otro, una autoridad de naturaleza civil se responsabiliza exclusivamente del tráfico aéreo civil.

En este sentido, es preciso señalar que la presencia del Ejército del Aire es una realidad en funciones de asesoramiento y análisis en el seno de la Comisión de Estudios y Análisis de notificaciones de incidentes de tránsito aéreo (CEANITA). Entre sus componentes se encuentra un vocal designado por el Segundo Jefe del Estado Mayor del Ejército del Aire en calidad de vicepresidente y otro vocal elegido por el General Jefe del Mando Aéreo de Combate, a tenor del art. 6 de la Orden PRE/697/2012, de 2 de abril[882].

Asimismo, encontramos una misión militar especialmente autónoma en términos de seguridad, en tanto el aptdo. d) del art. 16 LODN otorga al Ejército del Aire la capacidad militar reactiva frente a ataques terroristas mediante el empleo de aeronaves que amenacen la vida de los ciudadanos y sus intereses, al mando de una autoridad designada por el Gobierno[883].

Se trata de un precepto claramente insertado en alusión a la posible repetición de unos ataques similares a los ocurridos el 11 de septiembre de 2001 en EEUU. Parece lógico que, ante una eventual acción terrorista de tal consideración, los únicos recursos de los que puede hacerse valer el Estado para evitar sus consecuencias consistan en una acción militar aérea, materializados a través de una coerción en la modificación del rumbo de las aeronaves terroristas, o en su opción más probable, determinando su abatimiento. Esto es así porque los recursos aéreos de nuestras Fuerzas de Seguridad carecen de los medios oportunos para neutralizar este tipo

882 Orden PRE/697/2012, de 2 de abril, por la que se establecen las normas de funcionamiento de la Comisión de Estudio y Análisis de Notificaciones de Incidentes de Tránsito Aéreo, Boletín Oficial del Estado, N.° 86, de 10 de abril de 2012, pp. 28.798-28.805.

883 Art. 16 d) de la LODN: «La respuesta militar contra agresiones que se realicen utilizando aeronaves con fines terroristas que pongan en peligro la vida de la población y sus intereses. A estos efectos, el Gobierno designará la Autoridad nacional responsable y las Fuerzas Armadas establecerán los procedimientos operativos pertinentes».

de amenazas, y en estas circunstancias resultan eminentemente idóneos aquellos de naturaleza militar.

En cambio, respecto a la vigilancia de los espacios marítimos por parte de nuestras Fuerzas Armadas a través de la Armada, al contrario que ocurre con la función aérea, se advierte una ausencia de regulación previa a la establecida en el art. 16 a) de la LODN. Se omite incluso en su predecesora LO 6/1980, en cuyo art. 30.1 se hace referencia a la misión de «alcanzar los objetivos marítimos de la defensa nacional» y una estrategia conjunta, en el marco conceptual de sus funciones estrictamente defensivas. En nuestra opinión, resulta contradictorio este posicionamiento del Gobierno como principal director de la política de militar, al atribuir misiones autónomas dispares en el Aire y la Armada, teniendo en cuenta que poseen los recursos materiales y personales adecuados para sus respectivos ámbitos. Es cierto que esta postura se rectifica en 2005 con la aprobación de la LODN, consiguiendo cierta evolución normativa mediante el actual RD 521/2020, de 19 de mayo, por el que se establece la organización básica de las Fuerzas Armadas. No obstante, no realiza referencia alguna a dichos cometidos en contraposición a sus disposiciones antecesoras[884], de manera desacertada.

En definitiva, contemplamos una regulación ciertamente genérica y abstracta sobre la posible autosuficiencia del instituto militar en el ámbito de la seguridad. Nuestra LODN asigna la vigilancia y control de los espacios aéreo y marítimo a las Fuerzas Armadas, pero la regulación no ha tenido el desarrollo esperado, sobre todo en el ámbito marítimo. Ello abunda de nuevo en cierta inseguridad jurídica sobre estas misiones, que quedan al arbitrio completo del Gobierno al amparo del art. 97CE. Nosotros abogamos por una postura desprovista de complejos políticos por parte del Ejecutivo que permita emplear los recursos más apropiados en las circunstancias precisas, sean de naturaleza militar, civil o mixta.

884 En este sentido, la LO 9/1970, de 4 de julio, de la Armada establecía en su art. 1 la competencia, tanto en tiempo de paz como en guerra, del ejercicio de la autoridad en el ámbito marítimo, la detección de amenazas a bienes de interés nacional, así como garantizar el cumplimiento del ordenamiento internacional e interno. No nos parece apropiado introducir conceptualmente misiones militares en una norma dedicada a la estructuración orgánica de las Fuerzas Armadas; los arts.45 a 47 del RD 1024/1984, de 23 de mayo, por el que se aprueban las RROO de la Armada, asigna a los Capitanes Generales y Comandantes Generales de las zonas marítimas en control y vigilancia del tráfico marítimo en aguas jurisdiccionales. Dichos preceptos fueron derogados con la entrada en vigor del RD 96/2009, de 6 de febrero, por el que se aprueban las RROO de las Fuerzas Armadas; el art. 10 aptdo. A opción a) de la Orden 22/1991, de 12 de marzo, por el que se desarrolla la estructura del Cuartel General de la Fuerza y el Apoyo a la Fuerza en el ámbito de la Armada, también atribuía a los Almirantes Jefes de zonas marítimas el control del tráfico marítimo, derogados por RD 910/2002, de 6 de septiembre, por el que se desarrolla la estructura básica de los Ejércitos; RD 872/2014, de 10 de octubre y finalmente con la vigencia del RD 521/2020, de 19 de mayo.

3. Misiones «impropias» en situación de excepcionalidad democrática

Abordamos en este epígrafe aquellas misiones militares que se llevan a cabo en el ámbito de la seguridad pública durante la vigencia de los estados de alarma y excepción, dejando al margen la participación de las Fuerzas Armadas durante el estado de sitio, tratada como una misión propia en el capítulo anterior. La excepcionalidad democrática se prevé constitucionalmente como un mecanismo de defensa del Estado ante situaciones en las que no son suficientes los medios o capacidades ordinarias disponibles, y en cuyo seno, las Fuerzas Armadas cobran una especial relevancia operativa.

Trataremos en primer lugar, el contenido, alcance y límites del instituto jurídico del estado de alarma, desgranando las posibilidades de acción militar durante su vigencia. Realizaremos un análisis de los estados de alarma declarados en España con ocasión de la pandemia originada por el Covid-19, sus implicaciones jurídicas restrictivas de derechos fundamentales, idoneidad y el empleo de recursos castrenses durante las operaciones «Balmis» y «Baluarte».

Finalmente, estudiaremos el instituto del estado de excepción, delimitándolo respecto del estado de alarma e incidiendo en la diferenciación entre «limitación» y «suspensión» de derechos fundamentales.

3.1. El estado de alarma

Se trata de un instituto jurídico excepcional, por medio del cual, el Estado en un intento por devolver a la normalidad los poderes ordinarios[885], posibilita establecer medidas de coordinación e incluso limitativas de ciertas garantías constitucionales. El objetivo es revertir las consecuencias derivadas de ciertas crisis naturales, sanitarias o sociales, advirtiendo Cruz Villalón que deben entenderse excluidas de sus presupuestos las situaciones de conflictividad social de naturaleza grave[886]. Junto a los estados de excepción y sitio, el estado de alarma configura el cuadro de excepcionali-

885 El art. 1 LOAES, establece entre las disposiciones comunes a los tres estados un acercamiento a su definición: «[...] cuando circunstancias extraordinarias hiciesen imposible el mantenimiento de la normalidad mediante los poderes ordinarios de las Autoridades competentes».

886 Al respecto, este autor considera que las crisis sociales graves constituyen presupuesto para la declaración del estado de excepción, siendo este el único que permite adoptar medidas verdaderamente excepcionales. Cruz Villalón, *[Estados excepcionales...]*, *op. cit.*, p. 71.

dad en nuestro ordenamiento desde su margen menos incisivo[887], encontrándose en el art. 4 LOAES[888] las causas que pueden dar origen al mismo:

a) el acaecimiento de catástrofes naturales;

b) crisis sanitarias[889];

c) la paralización de los servicios públicos[890], cuyos efectos en el normal funcionamiento democrático requieran la activación del resorte excepcional al objeto de su reconducción a la normalidad[891]. Tal y como hemos avanzado durante la presente investigación, el origen de la excepcionalidad tiene su base en la manifestación de la incapacidad de las instituciones jurídicas ordinarias del Estado para superar ciertas situaciones de emergencia[892]. FERNÁNDEZ SEGADO ha calificado la paralización de servicios públicos como una causa *sui generis,* ya que en su opinión requiere que se acompañe de las letras a), b) o d) para que se trate de una circunstancia legitimadora de la declaración del estado de alarma[893];

d) el desabastecimiento generalizado de los productos de primera necesidad;

El estado de alarma regulado en nuestra Constitución resulta una novedad con respecto a los anteriores textos constitucionales de 1812, 1837,

---

887 José María LAFUENTE BALLE, «Los Estados de Alarma, Excepción y sitio», *Revista de Derecho Político, N.º 31*, 1990, pp. 22-67.

888 Art. 4 LOAES: «El gobierno en uso de sus facultades que le otorga el artículo, ciento dieciséis, dos, de la Constitución, podrá declarar el estado de alarma, en todo o parte del territorio nacional, cuando se produzca alguna de las siguientes alteraciones graves de la normalidad a) Catástrofes, calamidades o desgracias públicas, tales como terremotos, inundaciones, incendios urbanos y forestales, o accidentes de gran magnitud. b) Crisis sanitarias, tales como epidemias y situaciones de contaminación graves. c) Paralización de servicios públicos esenciales para la comunidad, cuando no se garantice lo dispuesto en los artículos veintiocho, dos, y treinta y siete, dos, de la Constitución, concurra alguna de las demás circunstancia o situaciones contenidas en este artículo. d) Situaciones de desabastecimiento de productos de primera necesidad».

889 «Se refiere a situaciones fuera de lo habitual, que dan lugar a una emergencia de salud pública un hecho o la amenaza inminente de una enfermedad o condición de salud, causado por el terrorismo biológico, epidemia o pandemia, o un nuevo agente infeccioso de alta letalidad, o una toxina biológica, que supone un riesgo significativo para un número importante de seres humanos, incidentes o permanentes y/o que puedan crear incapacidad a largo plazo». Rafael Armando DIAZ SARMIENTO, Tesis Doctoral: *Crisis de Salud Pública y sus formas de presentación*, Universidad Complutense de Madrid, 2014, pp. 19- 27.

890 MELÉNDEZ, *op. cit.*, p. 46.

891 Se trata de aquellos servicios necesarios para el mantenimiento de las funciones sociales básicas, la salud, la seguridad, el bienestar social y económico de los ciudadanos, o el eficaz funcionamiento de las instituciones del Estado y las Administraciones Públicas.

892 Ibídem, p. 41.

893 Francisco FERNÁNDEZ SEGADO, «La Ley Orgánica de los estados de alarma, excepción y sitio», *Revista de Derecho Político, N.º 11*, 1981, p. 97.

1845, 1869 y 1931[894]. En los mismos se permitía la suspensión de garantías constitucionales en situaciones de crisis, si bien, su regulación atendía a un contenido general derivado de la dicotomía guerra-normalidad. Por ende, no existía una manera específica de denominar y regular este instituto jurídico en situaciones particulares y mediante un control democrático. En cuanto al desarrollo normativo del estado de alarma, la necesidad constitucional de regular los institutos excepcionales mediante ley orgánica se fundamenta en la incidencia limitativa o suspensiva del ejercicio efectivo de los derechos fundamentales consagrados en el texto constitucional.

En el curso del proyecto constituyente, fueron diversas las objeciones que se presentaron a la regulación del estado de alarma, encontrándose inicialmente ubicado en el art. 94 CE, en lugar del actual art. 116. Fueron varios los diputados que formularon enmiendas durante su tramitación legislativa, sustentadas en la supuesta inefectividad del sistema excepcional que se configuraba y solicitando su inclusión en un estado de excepción genérico. Las enmiendas emanaron en su mayoría del Grupo Parlamentario Comunista de la Comisión, si bien, no prosperaron y se promulgó el precepto vigente, previa aprobación por parte de la Comisión Constitucional en pleno[895]. La Comisión creada para llevar a cabo el desarrollo del texto constitucional, establece que el decreto del estado de alarma se dicta por el Gobierno por un plazo máximo de 15 días, dando cuenta inmediata al Congreso de Diputados, con el propósito de que dicho órgano avale su procedencia o continuidad[896]. Finalmente, el art.116.2 CE queda formulado del siguiente modo:

> «[...] El estado de alarma será declarado por el Gobierno mediante un decreto acordado por el Consejo de Ministros por un plazo máximo de quince días, dada cuenta al Congreso de los Diputados, reunido inmediatamente al efecto y sin cuya autorización no podrá ser prorrogado dicho plazo. El decreto determinará el ámbito territorial a que se extienden los efectos de la declaración [...]»[897].

---

894 Sara Siera Mucientes, «Los Estados Excepcionales», *Revista de las Cortes Generales, N.° 104,* 2018, p. 366.

895 La primera enmienda tuvo como autor a Miguel Riestra París, enfatizando en las carencias del estado de alarma en el anteproyecto, solicitando su eliminación en base a su inefectividad «contraproducente», dado que no permitía suspender derechos y libertades, e incidiría negativamente en el ámbito del orden público. En esta línea se manifestó Antonio Carro Martínez a través de su enmienda, proponiendo en unión a Simón Sánchez Moreno, la equiparación entre los estados de alarma y excepción, justificándose en la diversidad de poderes ordinarios para hacer frente a situaciones de anormalidad que no revistieran gravedad. Daniel González-Manso Rodríguez, Trabajo Fin de Grado: *Estado de Alarma en España: A propósito de la crisis de controladores aéreos 2010*, Universidad de Barcelona, 2019, p. 17

896 Ibídem, p. 17.

897 Art. 116.2 CE.

Parte de la doctrina encabezada por CRUZ VILLALÓN y SEVILLA MERINO se ha manifestado en torno a la ambigüedad y vaguedad con que se ha desarrollado la técnica jurídica empleada en la redacción del art. 116.2 CE[898]. Refiere CRUZ VILLALÓN que sus presupuestos y alcance no han quedado claramente definidos, pudiendo constituir el estado de alarma un «totum revolutum en que se confunden terremotos y huelgas»[899] [900]. De la redacción del precepto se deriva que la potestad para dictar el estado de alarma resulta exclusiva y excluyente del Gobierno, reunido en Consejo de Ministros[901]. Debe establecerse, además, un ámbito de actuación particular y determinado, es decir, aquellos parámetros extraordinarios que van a permitir el retorno a la situación de normalidad. Los criterios en que se basa el decreto deben atender a una situación comprobada y al periodo de tiempo necesario para revertirla, erigiéndose el Congreso en el órgano de control

---

898 Pedro CRUZ VILLALÓN, «La protección extraordinaria del Estado» en *La Constitución española de 1978. Estudio* sistemático, 2.ª edición, Ed. Civitas, Madrid, 1981, p. 690; Julia SEVILLA MERINO, «El estado de excepción» en *Estudios sobre la Constitución española de 1978*, Universidad de Valencia, Valencia, 1980, p. 348.

899 Ibídem, p. 694.

900 Resulta oportuno mencionar que en Francia el tercer estado de excepción es denominado estado de urgencia, el cual carece de regulación constitucional, siendo regulado por la Ley de 1955 en el marco de la guerra con Argelia. La norma fue actualizada en el año 2017, sin contemplar un tipo de situación concreta necesaria para ser decretado. Sin embargo, la Constitución de Francia, faculta al Presidente de la República para dictar estados excepcionales cuando exista una circunstancia grave que atente contra la integridad del territorio y ocasione el funcionamiento anormal de los poderes públicos. La declaración contendrá la extensión territorial del mismo, por un tiempo máximo de 12 días. Philémon GARABOIL-MACHEREY, *Estudio comparado de los Estados de Excepción Españoles y Franceses*, Universidad Autónoma de Barcelona, Barcelona, 2019, pp. 14-25.
En cuanto a Alemania se refiere, el art. 91 de la Ley Fundamental contempla la regulación del denominado estado de emergencia interior, cuando se determine la existencia de un peligro grave a través del que el régimen de libertades, pueda verse afectado. A tal objeto, las fuerzas policiales se situarán a disposición del Land en cuestión. Por otro lado, su art. 115 regula el estado de defensa, cuya dirección corresponde al Bundestag, previa aprobación del Bundesrat, requiriendo el voto favorable de dos tercios de los votos emitidos y como mínimo la mayoría de sus miembros. Existe la posibilidad de que sea declarado con anterioridad en el caso que el país sea víctima de una agresión armada. La declaración del estado de defensa supone la dirección de las Fuerzas Armadas por el Canciller Federal. Ricardo GARCÍA MACHO y Karl PETER, «Ley Fundamental de la República Federal de Alemania», *Sommermman, Deutscher Bundestag*, 2019, pp. 81-118.
Italia por su parte, carece de regulación específica en cuanto a estados de excepción se refiere, solamente señala la posibilidad que en casos de extrema urgencia y necesidad, se habilite al Gobierno a través de las cámaras a realizar las labores necesarias con el fin de hacer cesar las mismas. Valentina FAGGIANI, *Los estados de excepción. Perspectivas del Derecho Constitucional Europeo*, sitio web: www.ugr.es/~redce/REDCE17/articulos/05_FAGGIANI.htm, [consultado el 22/06/2021].

901 Gabriel LECUMBERRI BEASCOA, «El Derecho de Excepción, una perspectiva de derecho comparado. España, Estado de Alarma», *Servicios de Estudio del Parlamento Europeo*, 2020, p. 6.

parlamentario de la situación y por medio del cual se pueden prolongar o modificar sus efectos.

Aunque el decreto formal de estado de alarma solo puede ser emitido por el Gobierno, se permite la propuesta de declaración del estado de alarma por parte del Presidente de una Comunidad Autónoma inmersa en alguno de los supuestos procedentes para su declaración[902], tal como establece el art. 5 LOAES[903]. Se considera que con el estado de alarma, se retorna a la etapa original en la que, la distinción existente entre los diversos poderes que conforman el Estado no ha tenido lugar[904], por lo que, es la representación del poder ejecutivo estatal la que asume y coordina todas las competencias para regresar a la situación de normalidad. Lo anterior tiene su base en el hecho de que las competencias para la dirección de las actuaciones de los miembros del Gobierno se concentren en quien ostente la dirección del poder ejecutivo, sin importar si se trata del ámbito nacional o autonómico, destacando FERNÁNDEZ SEGADO citado por LAFUENTE BALLE lo siguiente:

> «Evidentemente, el principio de concentración de poder, que es el principio de concentración de decisión, de concentración en la respuesta y en la aplicación de las fórmulas ejecutivas, es inherente a toda situación anómala»[905].

En el mismo sentido, el contenido del art. 9 LOAES avala lo antes expuesto al determinar que todos los integrantes de la Administración Pública se encuentran obligados ante el mandato de la autoridad competente delegada, conforme al art. 7 LOAES. No obstante, las Fuerzas Armadas, en caso de ser requeridas para su participación permanecerán bajo el mandato de sus jefes naturales y orgánicos[906] aunque colaboren en la contención de los hechos a

---

902 LAFUENTE BALLE, [«Los Estados de Alarma...»], *op. cit.*, p. 32.

903 Art. 5 LOAES: «Cuando los supuestos a que se refiere el artículo anterior afecten exclusivamente a todo, o parte del ámbito territorial de una Comunidad Autónoma, el Presidente de la misma, podrá solicitar del Gobierno la declaración de estado de alarma. [...]»; Art. 7. «A los efectos del estado de alarma la Autoridad competente será el Gobierno o, por delegación de este, el Presidente de la Comunidad Autónoma cuando la declaración afecte exclusivamente a todo o parte del territorio de una Comunidad. [...]»; Art. 9: «Por la declaración del estado de alarma todas las Autoridades civiles de la Administración Pública del territorio afectado por la declaración, los integrantes de los Cuerpos de Policía de las Comunidades Autónomas y de las Corporaciones Locales, y los demás funcionarios y trabajadores al servicio de las mismas, quedarán bajo las órdenes directas de la Autoridad competente en cuanto sea necesaria para la protección de personas, bienes y lugares, pudiendo imponerles servicios extraordinarios por su duración o por su naturaleza. [...] Cuando la Autoridad competente sea el Presidente de una Comunidad Autónoma podrá requerir la colaboración de los Cuerpos y Fuerzas de Seguridad del Estado, que actuarán bajo la dirección de sus mandos naturales».

904 Giorgio AGAMBEN, *Estado de Excepción*, Ed. S.A. Argentina, Montenegro, 2003, p. 30.

905 LAFUENTE BALLE, [«Los Estados de Alarma...»], *op. cit.*, p. 34.

906 Ibídem, p. 35.

requerimiento del Presidente de la Comunidad Autónoma en cuestión. A partir de la publicación del decreto de alarma[907], las autoridades se encuentran a disposición del Gobierno. El Ejecutivo ostenta la potestad de exigir, incluso el cumplimiento extraordinario de servicios, so pena del deber de acatar las sanciones correspondientes si no se cumplen las órdenes recibidas, conforme describe la parte final del art. 9.1 LOAES:

> «Uno. Por la declaración del estado de alarma todas las Autoridades civiles de la Administración Pública del territorio afectado por la declaración, los integrantes de los Cuerpos de Policía de las Comunidades Autónomas y de las Corporaciones Locales, y los demás funcionarios y trabajadores al servicio de las mismas, quedarán bajo las órdenes directas de la Autoridad competente en cuanto sea necesaria para la protección de personas, bienes y lugares, pudiendo imponerles servicios extraordinarios por su duración o por su naturaleza».

Se establece igualmente la obligación de todas las autoridades civiles de acatar las órdenes dimanantes de la autoridad competente en el marco del decreto de alarma, al objeto de cumplir las directrices necesarias tendentes a la protección de los bienes, servicios y lugares, pudiendo sancionarse a todo aquel que haga caso omiso a la obligación señalada[908]. El procedimiento que debe seguir el trámite de declaración del estado de alarma se encuentra reglado por el RCD, y determina la obligatoriedad por parte del Gobierno de remitir el Decreto a la Comisión de Diputados competente, que podrá realizar las observaciones que considere al respecto[909]. En el supuesto de requerirse

907 De acuerdo con lo establecido en el art. 9.3 CE, se garantiza la publicidad de las normas, con el propósito de garantizar el principio de seguridad jurídica, por cuanto debe realizarse su sanción por parte del Rey en un plazo de quince días, procediendo seguidamente a su inmediata publicación. Así también, de acuerdo con lo contemplado en el art. 2.1 CC las leyes entraran en vigor a los 20 días luego de ocurrida su publicación en el Boletín Oficial del Estado, salvo que en el mismo texto se disponga otra cosa. Debe entenderse que, una vez que el Decreto de alarma es aprobado, se procederá a su publicación en el BOE, fecha a partir de la cual, gozará de plena validez jurídica y efectos, vinculando a todos los ciudadanos.

908 Art. 10.1 LOAES: «El incumplimiento o la resistencia a las órdenes de la Autoridad competente en el estado de alarma será sancionado con arreglo a lo dispuesto en las leyes. Dos. Si estos actos fuesen cometidos por funcionarios, las Autoridades podrán suspenderlos de inmediato en el ejercicio de sus cargos, pasando, en su caso, el tanto de culpa al juez, y se notificará al superior jerárquico, a los efectos del oportuno expediente disciplinario. Tres. Si fuesen cometidos por Autoridades, las facultades de éstas que fuesen necesarias para el cumplimiento de las medidas acordadas en ejecución de la declaración de estado de alarma podrán ser asumidas por la Autoridad competente durante su vigencia».

909 Art. 162.1 RC: «Cuando el Gobierno declarase el estado de alarma, remitirá inmediatamente al Presidente del Congreso una comunicación a la que acompañará el Decreto acordado en Consejo de Ministros. De la comunicación se dará traslado a la Comisión competente, que podrá recabar la información y documentación que estime procedente [...]».

la extensión del referido Decreto, ésta debe ser aprobada por el Congreso, si bien tal autorización debe ser presentada con anterioridad a que se produzca la expiración del decreto original[910].

Finalmente, la declaración del estado de alarma presenta otra vertiente de análisis que nos resulta de interés, tal es el denominado «derecho de resistencia»[911]. Se trata de una actitud ciudadana reactiva frente a una posible limitación de derechos individuales al amparo del art. 11 LOAES[912]. Entre otras, se prevé la posibilidad de restringir la libertad de circulación por todo o parte del territorio nacional, practicar requisas temporales de bienes o prestaciones, intervenir industrias, o racionar servicios y bienes de primera necesidad[913].

Los derechos señalados son considerados por naturaleza propios del ser humano[914], por cuanto le permiten desenvolverse plenamente dentro de la sociedad. Por consiguiente, su limitación produce de manera innata una sensación de animadversión o resentimiento contra aquel o aquellos que de alguna forma impiden su ejercicio, pudiendo ocasionar la referida «resistencia colectiva» a acatar al contenido del decreto. La consecuencia de la resistencia puede fundamentar el recurso al uso de la fuerza por parte de la Administración, a través de sus funcionarios encargados de hacer cumplir la ley.

Con todo, el primer estado de alarma en España tiene lugar en el año 2010 con ocasión de la crisis de los controladores aéreos. El origen de esta crisis dimana del RDL 1/2010, del 5 de febrero, por el que se regula la prestación

---

910 LECUMBERRI BEASCOA, [«El Derecho de Excepción...»], *op. cit*, p. 5.

911 AGAMBEN, *op. cit*. p. 38

912 Art. 11 LOAES: «El Estado de alarma, o los sucesivos que durante su vigencia se dicten, podrán acordar las medidas siguientes: a) Limitar la circulación o permanencia de personas o vehículos en horas y lugares determinados, o condicionarlas al cumplimiento de ciertos requisitos. b) Practicar requisas temporales de todo tipo de bienes e imponer prestaciones personales obligatorias. c) Intervenir y ocupar transitoriamente industrias, fábricas, talleres, explotaciones o locales de cualquier naturaleza, con excepción de domicilios privados, dando cuenta de ello a los Ministerios interesados. d) Limitar o racionar el uso de servicios o el consumo de artículos de primera necesidad. e) Impartir las órdenes necesarias para asegurar el abastecimiento de los mercados y el funcionamiento de los servicios de los centros de producción afectados por el apartado d) del artículo cuarto».

913 Francisco ÁLVAREZ GARCÍA, «Estado de Alarma o de Excepción», *Revista Estudios Penales y Criminológicos, Vol. XL*, 2020, p. 3.

914 De acuerdo con la doctrina del derecho natural expuesta por Finnis, existe un conjunto de principios básicos a partir de los cuales se identifican las formas básicas de la plenitud humana, vista como un bien que necesita ser obtenido, para lo cual se debe contar con una razonabilidad práctica, indicando el proceso que realiza la mente del ser humano, para realizar efectivamente los llamados imperativos morales. Joaquín RODRÍGUEZ-TOUBES, «El iusnaturalismo de John Finnis», *Anuario de Filosofía del Derecho X*, 1993, p. 376.

de servicios de tránsito aéreo[915]. La efectividad del mismo condujo a un abandono en masa de los puestos de trabajo desde el 3 de diciembre de 2010, cuando se esperaba la llegada del llamado puente de la Constitución[916]. El hecho propicia la promulgación del RD 1673/2010, de 4 de diciembre, por el que se declara el estado de alarma para la normalización del servicio público esencial de transporte aéreo[917], motivado en la necesidad de proteger a la sociedad[918] frente a la situación generada por la paralización de las actividades de los controladores aéreos civiles. El paro de los controladores supone una grave afectación al derecho a la libertad de circulación constitucional-

---

915 Se establecen las obligaciones de los proveedores civiles de dichos servicios y se fijan determinadas condiciones laborales para los controladores civiles de tránsito aéreo. Esta norma contempla, entre otros aspectos, la obligación por parte del prestador civil de servicios de tránsito aéreo, en este caso, de la empresa Aeropuertos Españoles y Navegación Aérea (AENA) de otorgar la garantía de la prestación de las actividades para las que se encontraba facultada, las cuales debía realizar de manera continuada, previendo la existencia de la adecuada coordinación técnica con otros proveedores, con el fin de lograr el referido objetivo. De igual manera contempla el RDL 1/2010 que la jornada de los controladores no podrá exceder de doce horas de servicio, ni las horas extraordinarias de ochenta al año, todo ello con el objetivo de lograr el efectivo descanso de los controladores para que, a su vez, éstos pudiesen presentar un servicio eficiente. Asimismo, se les debe otorgar una formación profesional constante. También se establece un número máximo de horas de vuelo (1670 horas) al año, elemento este que empezó a causar divergencias entre la Unión Sindical de Controladores Aéreos y AENA. Ello conllevó que, en el mes de noviembre de 2010, se produjera la amenaza de diversos controladores de dejar sus puestos de trabajo en Santiago de Compostela, por estar cercanos a consolidar el referido máximo de horas que podían trabajar, según la regulación vigente. Ante tal amenaza de detención masiva de las actividades aéreas, AENA como organismo rector de las referidas actividades, solicitó ante la Agencia Estatal de Seguridad Aérea que permitiera un incremento en las horas de vuelo de los controladores, pero, tal petición fue negada. De este modo, el Gobierno promulga el RDL 13/2010, de 3 de diciembre, de actuaciones en el ámbito fiscal, laboral y liberalizadoras para fomentar la inversión y la creación del empleo, excluyendo del cálculo máximo de horas de trabajo a ciertos trabajadores, pero no a los aeronáuticos, es decir, que el decreto se aplicaría a aquellas actividades que no guardaban relación con las realizadas de modo efectivo por los controladores aéreos. El RDL, en lugar de resolver la situación suscitada, la empeoró, ratificando que la jornada laboral de los controladores se desarrollase tal como estaba establecido. La consecuencia fue la paralización de las actividades de los controladores aéreos. En consecuencia, el Gobierno publica el 3 de diciembre, el RD 1611/2010 por el que se encomienda transitoriamente al Ministerio de Defensa las facultades de control de tránsito aéreo atribuidos a la entidad empresarial AENA, asumiendo el Jefe del Estado Mayor del Ejército del Aire las medidas oportunas al objeto de planificar y supervisar la circulación aérea general. Se militariza orgánicamente el servicio hasta el regreso a la situación ordinaria del control aéreo. RDL 1/2010, del 5 de febrero, por el que se regula la prestación de servicios de tránsito aéreo. Boletín Oficial del Estado, N.° 32, de 5 de febrero de 2010, pp. 10.962-10.973.

916 Siera Mucientes, *op. cit.* p. 369.

917 RD 1673/2010, de 4 de diciembre, por el que se declara el estado de alarma para la normalización del servicio público esencial de transporte aéreo, Boletín Oficial del Estado, N.° 295, de 4 de diciembre de 2010, pp. 101.222-101.224.

918 Fernández Segado, [«La Ley Orgánica de los Estados de Alarma...»], *op. cit.*, p. 95.

mente protegido en el art. 19 CE, que además constituye un servicio esencial para la población y puede originar graves problemas económicos.

El citado RD extiende su ámbito de aplicación a todo el territorio nacional (art. 2) por el plazo máximo establecido en el art. 116.2 CE, de quince días, presentando como medida sustancial la militarización del estatuto jurídico de los controladores aéreos. La medida implica que los citados controladores, durante la vigencia del estado de alarma, migran a la naturaleza militar y quedan sujetos a la cadena de mando subordinada al Jefe del Estado Mayor del Ejército del Aire. La militarización de su estatuto jurídico supone la sujeción de los mismos a las leyes penales y disciplinarias castrenses, persiguiendo con ello la finalización inmediata del paro laboral, toda vez que la LODDFAS prohíbe a los militares el derecho a la huelga[919]. Asimismo, se implementa un control riguroso de la prestación del servicio aéreo para la consiguiente reconducción del sector servicios a la situación de normalidad.

La persistencia en las circunstancias que dan lugar a la declaración del estado de alarma, motiva la necesidad de su prórroga para garantizar la prestación del servicio del transporte aéreo, solicitando el Gobierno la misma al Congreso de Diputados. A tal efecto, se dicta el RD 1717/2010, de 17 de diciembre[920], en los mismos términos que el precedente, aunque con la

919 Art. 7.2 LO 9/2011: «El militar no podrá ejercer el derecho de sindicalización y en consecuencia no podrá fundar ni afiliarse a sindicatos ni realizar actividades sindicales. Tampoco permitirá su ejercicio en el ámbito de las Fuerzas Armadas, salvo las que para el personal civil se contemplan en la Ley Orgánica 11/1985, de 2 de agosto, de Libertad Sindical y demás legislación aplicable. En todo caso mantendrá su neutralidad en relación con la actuación de los sindicatos. Los miembros de las Fuerzas Armadas no podrán recurrir a los medios propios de la acción sindical, entendida como negociación colectiva, adopción de medidas de conflicto colectivo y ejercicio del derecho de huelga. Tampoco podrán realizar acciones sustitutivas o similares a este derecho, ni aquellas otras concertadas con el fin de alterar el normal funcionamiento de las unidades de las Fuerzas Armadas». Ley Orgánica 9/2011 de 27 de julio de derechos y deberes de los miembros de las fuerzas armadas, Boletín Oficial del Estado, N.° 180, de 28 de julio de 2011, pp. 85.320-85.345.

920 RD 1717/2010, de 17 de diciembre por el que se prorroga el estado de alarma decretado por el RD 1673/2010, de 4 de diciembre, Boletín Oficial del Estado, N.° 307, de 18 de diciembre de 2010, pp. 101.222-101.223. En su exposición de motivos señala que «[...] Los hechos que han afectado al tráfico aéreo en España han sido de una enorme gravedad tanto por el número de ciudadanos afectados, como por los perjuicios económicos causados, como por el daño originado a la imagen internacional de España como, en fin, por la alarma social generada en el conjunto de la ciudadanía que, por un lado, ha rechazado la expresión de un conflicto con desprecio de todas las previsiones legales que ha afectado al conjunto de la sociedad hasta el punto de impedirle disfrutar en términos absolutos de un servicio esencial para la comunidad y que, por otro lado, aún hoy teme que hechos similares puedan reproducirse de inmediato. Sin embargo, aún hoy no se puede afirmar que el funcionamiento del sistema aeroportuario sea idéntico al de situaciones de normalidad anteriores. La complejidad de la organización del espacio aéreo, tanto en el ámbito nacional como en el europeo, ha sido tan radicalmente alterada por los hechos acaecidos la pasada semana, que está exigiendo, y exigirá todavía durante semanas, un esfuerzo considerable [...]».

peculiaridad de extender sus efectos por un plazo de 30 días. Cabe destacar que el art. 116.2 CE señala un plazo máximo de quince días para el estado de alarma, contemplando para la prórroga el mismo periodo: «por un plazo máximo de quince días [...] sin cuya autorización no podrá ser prorrogado dicho plazo», por lo que en nuestra opinión se produce una vulneración del tenor literal del precepto.

A mayor abundamiento, resulta jurídicamente inapropiado que la prórroga de plazo alguno pueda extenderse por tiempo superior al término del que inicialmente deriva, produciéndose una situación *sui géneris* contraria al espíritu de la LOAES, del texto constitucional y del principio de transitoriedad del instituto de la excepcionalidad. Parece notorio que el plazo de quince días establecido como máximo, pretende establecer una periodicidad permanente del control parlamentario sobre la situación excepcional y sobre una posible limitación de derechos[921]. El TC, sin llegar a entrar plenamente en el análisis constitucional de la temporalidad de la prórroga del estado de alarma, en la STC 83/2016, de 28 de abril, determina el valor o fuerza de Ley tanto del Decreto de declaración como de su prórroga, sin incidir en la constitucionalidad de la misma por tiempo superior al estipulado al no constituir la misma el objeto del recurso de amparo resuelto[922].

---

921 El Ex Vicepresidente del TC, Ramón Rodríguez Arribas se ha pronunciado al respecto, alegando entre otros aspectos, que se han sobrepasado los límites del Estado de Alarma, por cuanto para dicha situación se ha especificado tanto a nivel Constitucional como legal un plazo máximo de quince días, el cual solo permite su prórroga por un período de tiempo igual, no existiendo la posibilidad de aumentar el período de duración, pues para dicho caso se encuentra contemplado el estado de excepción. Carlos Berbell, «La prolongación de 20 días del estado de alarma no es constitucional», sitio web: www.confilegal.com/20200516-la-prolongacion-de-30-dias-del-estado-de-alarma-no-es-constitucional-ramon-rodriguez-arribas-exvicepresidente-del-tc/, [consultado el 05/07/2021].

922 Tribunal Constitucional, sentencia 83/2016, de 28 de abril, recurso N.º 4703-2012, Boletín Oficial del Estado, N.º 131, de 31 de mayo de 2016, pp. 35.848-35.871: «Es importante determinar que todos los estados que cabe denominar de emergencia *ex* art. 116 CE y también por tanto, el de menor intensidad de entre ellos, esto es, el de alarma, suponen, como es evidente y así resulta de su regulación en la Ley Orgánica 4/1981, de 4 de junio, de los estados de alarma, excepción y sitio, excepciones o modificaciones pro tempore en la aplicabilidad de determinadas normas del ordenamiento vigente, incluidas, en lo que ahora importa, determinadas disposiciones legales, que sin ser derogadas o modificadas sí pueden ver alterada su aplicabilidad ordinaria [...] por lo que se considera que el acto de autorización de la prórroga, no es un acto de carácter autorizatorio, ya que tienen un contenido normativo o regulador. Por lo cual las diversas expresiones de valor de la ley, rango de la ley o fuerza de la ley, no deben considerarse circunscritas a actos netamente de carácter parlamentario, siendo además que la posibilidad de declarar un estado de alarma por un plazo superior a 15 días es expresión de la competencia que tiene el Gobierno atribuida de acuerdo al contenido del artículo 116.2 Constitucional, no limitándose la declaración del estado de alarma a constatar el supuesto de hecho que habilita la declaración realizada por el Estado, sino que asume un carácter normativo por cuanto establece la forma bajo la que se organizara el Estado». En consecuencia, los reales decretos declaratorios de los estados de alarma y sus prórrogas no vulneraron el derecho a la tutela judicial efectiva.

Por lo que respecta a la participación de las Fuerzas Armadas durante la vigencia del estado de alarma, siguiendo a García Labajo, de acuerdo con una interpretación extensiva del principio de legalidad inserto en el art. 25.1 CE y de las garantías contenidas en el art. 9 LOAES, resulta asumible su participación en eventos distintos de aquellos que se relacionan con la intervención armada, advirtiéndose los siguientes:

> «a) La protección de las personas y bienes de carácter civil en caso de grave riesgo, catástrofe o calamidad pública;
> b) El abastecimiento de bienes y servicios indispensables para la población, como víveres, medicamentos y productos sanitarios, agua, luz, calefacción, transporte y combustible.
> c) La colaboración con las Fuerzas y Cuerpos de Seguridad para el restablecimiento de la paz y la tranquilidad pública en situaciones de graves tensiones internas y disturbios interiores, aun fuera de los supuestos extraordinarios de declaración del estado de sitio»[923].

En igual sentido, en virtud de las actividades tendentes a lograr la protección de los bienes y servicios que se permite realizar a los miembros de las Fuerzas Armadas, el contenido del art. 9 LOAES determina la procedencia de su participación en el estado de alarma cuando su presencia sea requerida para poder realizar de modo efectivo las referidas actividades.

3.1.1. La participación de las Fuerzas Armadas con ocasión de la pandemia Covid-19: Operaciones Balmis y Baluarte

- *Operación Balmis*

Debe su nombre al médico y militar Francisco Javier Balmis, quien dirigió la operación en el Nuevo Mundo y Filipinas adscrito al imperio español, liberando al referido pueblo de la viruela que lo azotaba[924]. La *operación Balmis* fue activada por el Ministerio de Defensa tras la publicación del RD 463/2020, de 14 de marzo, por el que se declara el estado de alarma en todo el territorio nacional[925], iniciándose un trabajo conjunto entre los departamentos de Defensa e Interior. Fue dirigida por el JEMAD Miguel Ángel Villarroya, realizando más de 20.000 intervenciones en 2.300 localidades con el fin de combatir la pandemia[926], todo ello en beneficio de la sociedad espa-

923 García Labajo, *op. cit.* 163-164.

924 Blanca Palacian de Inza, «La operación Balmis de las fuerzas armadas españolas», *Revista Red de Seguridad y Defensa en América Latina, N.° 2*, 2020, p. 20.

925 RD 463/2020, de 14 de marzo, por el que se declara el estado de alarma para la gestión de la situación de la crisis sanitaria ocasionada por el COVID-19, Boletín Oficial del Estado, N.° 67, de 14 de marzo de 2020, pp. 25.390-25.400.

926 Ministerio de Defensa, «Operación Balmis: Reconocimiento en Retamares», *Revista Española de Defensa, N.° 374*, julio-agosto 2020, p. 9.

ñola y en pro del control de la propagación del Covid-19. El objeto genérico de la misión viene constituido por la necesidad de ayudar a la población y colaborar con otras Administraciones en todos los aspectos necesarios para afrontar de manera eficaz la pandemia del Covid-19, desplegándose al efecto desde el mes de marzo de 2020[927] más de 4.000 efectivos militares al día, desarrollando labores diversas como:

a) reparto de alimentos;

b) desinfección de las áreas y de los hospitales de campaña;

c) participación en el mantenimiento de la seguridad ciudadana, en colaboración con las Fuerzas y Cuerpos de Seguridad. La misión concreta consiste en evitar el contagio y transmisión del virus entre los ciudadanos[928], desarrollándose su ejecución en cuatro áreas principales: la logística, aportando transporte aéreo y terrestre de los materiales y suministros necesarios, desinfección general y apoyo en las funciones policiales[929].

La UME, desde el 15 de marzo de 2020, también inicia labores de reconocimiento previo en aquellas ciudades donde podía producirse mayor riesgo de contagio[930], extendiéndose sus cometidos al resto de unidades, empleadas de manera gradual y en función de las necesidades. Queda patente, no obstante, que las misiones «impropias» ejercidas por las Fuerzas Armadas durante la vigencia del referido estado de alarma no supusieron la relajación o descuido de sus misiones «propias» de naturaleza defensiva, manteniéndose estas completamente activas. Sin embargo, resulta destacable el justificado retorno de tropas desplegadas en Malí, Irak y Afganistán, al objeto de garantizar un mejor despliegue operativo interior[931].

Con todo, esta operación militar supone una novedad en el empleo de los recursos militares por parte del Gobierno en la etapa democrática, asignando misiones militares de naturaleza multidisciplinar que han constituido, en palabras del Teniente General Fernández López: «el mayor despliegue militar realizado en tiempos de paz en España»[932].

---

927 Instituto Nacional de Seguridad Global, «¿Qué es la Operación Balmis? Crisis sanitaria del Covid-19», sitio web: www.iniseg.es/blog/seguridad/que-es-la-operacion-balmis-crisis-sanitaria-del-covid-19, [consultado el 23/06/2021].

928 Ministerio de Defensa, «Operación Balmis: Misión Salvar vidas», *Revista Española de Defensa, N.° 372,* mayo 2020, p. 6

929 Instituto Nacional de Seguridad Global, «¿Qué es la Operación Balmis? Crisis sanitaria del Covid-19», *op. cit.*

930 Ministerio de Defensa, «Operación Balmis, todos los días son lunes: Las fuerzas armadas apoyan a la población y a los servicios públicos en sus esfuerzos por contener la pandemia», *Revista Española de Defensa, N.° 371,* abril 2020, p. 11

931 Ministerio de Defensa, «Operación Balmis: Misión Salvar vidas», *op. cit.*, p. 11.

932 Ministerio de Defensa, «Operación Balmis: Reconocimiento en Retamares», *op. cit.*, p. 6.

- *Operación Baluarte*

Fue la segunda misión creada en España por el Ministerio de la Defensa con ocasión de la pandemia del Covid-19, cuyo objeto se centra en el ámbito sanitario, con la finalidad de rastrear a las personas que pudieran haber sido contagiadas y convertirse en potenciales vectores de transmisión de virus[933], razón por la que se conoce a sus integrantes como «rastreadores». Implementada a la finalización de la *operación Balmis*, la *Operación Baluarte* es considerada estratégicamente como la segunda línea de defensa contra el virus. Supone el despliegue de más de 900 efectivos de la UME[934], con la responsabilidad de iniciar las operaciones mientras se realiza la formación del resto de las unidades de nuestras Fuerzas Armadas[935], sumándose con posterioridad efectivos de los tres ejércitos, junto a la Guardia Real.

Una movilización militar de más de 5.000 efectivos, idealmente formados para un despliegue de estas características[936], enfocado en tres aspectos fundamentales: la prevención, el control y la contención de la infección. Todo ello, coordinadamente a las actividades de rastreo, apoyo y protección prestados en los diversos puntos de vacunación, o las labores de gestión necesarias en aquellos lugares considerados con mayor riesgo de propagación con motivo de presentar grandes concentraciones de personas. Con el fin de mantener actualizada la información respecto a los avances de la *operación Baluarte*, semanalmente se reporta información precisa sobre el desarrollo de la misma, tanto en las jornadas de desinfección[937] que se hayan puesto en práctica, como en el traslado de las vacunas necesarias[938].

Por tanto, mientras la *operación Balmis* se enfoca de manera principal en labores de prevención en el ámbito de la seguridad, la *operación Baluarte* consiste en una misión de tipo logístico-organizativa, identificando a los posi-

---

933 Ministerio de Defensa, «Misión Baluarte: Una defensa contra el COVID-19», *Revista Española de la Defensa, N.° 376*, octubre 2020. p. 7.

934 Fernando Cancio, «De "Balmis" a "Baluarte": así han luchado las Fuerzas Armadas contra el coronavirus», sitio web: www.larazon.es/espana/20210314/ppj2flcs4jaj5ed4sdei7og2ve.html, [consultado el 23/06/2021].

935 Ministerio de Defensa, «Misión Baluarte: Una defensa contra el COVID-19», *op. cit.*, p. 9.

936 Juan José Carrillo Córdoba, «Más de un millón de rastreos y 1.000 desinfecciones: La Misión Baluarte le planta cara a la Covid-19», sitio web: www.consalud.es/pacientes/especial-coronavirus/millon-rastreos-1000-desinfecciones-mision-baluarte-planta-cara-covid-19_91866_102.html, [consultado el 23/06/2021].

937 María Traspaderne, «Una hora en la sala que coordina la misión Baluarte contra la Covid», sitio web: www.eldiario.es/politica/hora-sala-coordina-mision-baluarte-covid_1_7840992.html, [consultado el 23/06/2021].

938 España, Ministerio de la Defensa, «Las titulares de Defensa y Sanidad agradecen a las Fuerzas Armadas su participación en el transporte de vacunas y en tareas de rastreo», sitio web: www.defensa.gob.es/gabinete/notasPrensa/2021/04/DGC-20210408-visita-base-Getafe.html, [consultado el 23/06/2021].

bles contagiados para contener la expansión del virus. De ello se ha desprendido una valoración altamente positiva por parte de la sociedad española, sin realizar una especial resistencia las medidas, dada la eficacia y versatilidad mostrada por el instituto militar[939]. Este aspecto ha contrastado con la sensación de desapego generalizado por parte de la ciudadanía frente a las instituciones del poder político[940].

3.1.2. Crítica constitucional del RD 463/2020, de 14 de marzo

Como se ha adelantado, el RD 463/2020, de 14 de marzo, se decreta para afrontar las consecuencias sobre la sociedad española de la pandemia global[941], considerándose por el Gobierno el instrumento jurídico idóneo para impedir la transmisión del virus a través de la limitación de ciertos derechos fundamentales constitucionalmente protegidos. Se trata, indudablemente, de una situación que amenaza gravemente el orden interior del Estado[942] y que requiere la protección de un conjunto de derechos imprescindibles en cualquier sistema democrático[943]. La citada norma extiende su ámbito de aplicación a todo el territorio nacional, dada la conceptualización incontrolada del virus, designando las autoridades y órganos directores competentes en la gestión de esta crisis sanitaria, y, articulando[944] su apoyo en un

939 Mar HIDALGO GARCIA, «El papel de las Fuerzas Armadas en la gestión de la Covid-19 como generador de confianza», *Instituto Español de Estudios Estratégicos, Documento de Análisis 11/2021*, 2021, pp. 3-13.

940 Salvador SÁNCHEZ TAPIA, «Pandemia y Fuerzas Armadas en España», *Universidad de Navarra*, sitio web: www.unav.edu/web/global-affairs/detalle//blogs/pandemiayfuerzas-armadas-en-espana, [consultado el 26/06/2021].

941 La Organización Mundial de la Salud elevó la emergencia de salud pública originada con el Covid-19, a pandemia internacional el 11 de marzo de 2020. Tedros ADHANOM GHEBREYESUS, Director General de la OMS.

942 Benito ALÁEZ CORRAL, «El concepto de suspensión general de derechos fundamentales» en *La defensa del Estado* [Luis LÓPEZ GUERRA y Eduardo Espín Templado, coord.]», Ed. Tirant Lo Blanch, Valencia, 2003, p. 233.

943 Juan José SOLOZÁBAL ECHAVARRIA, «Los Derechos Fundamentales en la Constitución Española», *Revista de Estudios Políticos Nueva Época, N.° 105*, 1999, p. 11.

944 RD 463/2020 del 14 de marzo, por el que se declara el estado de alarma para la gestión de la situación de la crisis sanitaria ocasionada por el COVID-19 «Artículo 4. Autoridad competente. 1. A los efectos del estado de alarma, la autoridad competente será el Gobierno. 2. Para el ejercicio de las funciones a que se hace referencia en este RD, bajo la superior dirección del Presidente del Gobierno, serán autoridades competentes delegadas, en sus respectivas áreas de responsabilidad: a) La Ministra de Defensa. b) El Ministro del Interior. c) El Ministro de Transportes, Movilidad y Agenda Urbana. d) El Ministro de Sanidad. Asimismo, en las áreas de responsabilidad que no recaigan en la competencia de alguno de los Ministros indicados en los párrafos a), b) o c), será autoridad competente delegada el Ministro de Sanidad». Boletín Oficial del Estado, N.° 67, de 14 de marzo de 2020, pp. 25.390-25.400.

Comité de Situación para complementar la acción ejecutiva del Presidente del Gobierno[945].

El contenido de esta herramienta legal supone una afectación múltiple a diversos derechos fundamentales consagrados en nuestra Carta Magna, respecto a la que consideramos necesario su análisis concreto. Por lo que respecta al derecho a la libertad de circulación y libre elección de residencia contenidos en el art. 19 CE, el art. 11 a) LOAES determina la posibilidad de limitar la libertad de circulación mediante el estado de alarma durante horas y/o lugares concretos, así como condicionar su ejercicio a ciertos requisitos.

Sin embargo, el art. 7 del RD 463/2020 rebasa el contenido material delimitante previsto en la LOAES para el estado de alarma, estableciendo bajo el epígrafe «*limitación de la libertad de circulación de las personas*» una suspensión del derecho *de facto*. El precepto prohíbe circular por las vías públicas con carácter general, estableciendo una serie de excepciones justificantes «*numerus clausus*» que permiten el ejercicio del derecho fundados en causas de necesidad básica, tales como adquirir alimentos, medicamentos, visitar al médico u otra situación de fuerza mayor a interpretar por la autoridad competente o sus agentes[946].

El citado menoscabo del derecho a la circulación, trae su consecuente lógica en la libre elección de residencia, así como en el derecho de reunión y manifestación (art. 21CE) de los ciudadanos[947]. Nos encontramos ante una

945 A tenor de lo establecido en la Disposición adicional primera: «Los instrumentos de gestión de crisis y de la contribución de recursos del Sistema de Seguridad Nacional servirán de apoyo en los estados de alarma y de excepción de conformidad con su propia regulación específica, a decisión del Gobierno, y sin perjuicio de lo dispuesto en la legislación de Defensa nacional». Ley 36/2015, de 28 de septiembre, de Seguridad Nacional, Boletín Oficial del Estado, N.° 233, de 29 de septiembre de 2015, pp. 87.106-87.117.

946 Art. 7 del RD 463/2020: «1. Durante la vigencia del estado de alarma, las personas únicamente podrán circular por las vías o espacios de uso público para la realización de las siguientes actividades, que deberán realizarse individualmente, salvo que se acompañe a personas con discapacidad, menores, mayores, o por otra causa justificada: a) Adquisición de alimentos, productos farmacéuticos y de primera necesidad, así como adquisición de otros productos y prestación de servicios de acuerdo con lo establecido en el artículo 10.b) Asistencia a centros, servicios y establecimientos sanitarios. c) Desplazamiento al lugar de trabajo para efectuar su prestación laboral, profesional o empresarial. d) Retorno al lugar de residencia habitual. e) Asistencia y cuidado a mayores, menores, dependientes, personas con discapacidad o personas especialmente vulnerables. f) Desplazamiento a entidades financieras y de seguros. g) Por causa de fuerza mayor o situación de necesidad. h) Cualquier otra actividad de análoga naturaleza».

947 El art. 20 LOAES, mediante el instituto jurídico del estado de excepción, posibilita la suspensión del art. 19 CE, permitiendo al Gobierno «[...] prohibir la circulación de personas y vehículos en las horas y lugares que se determine, y exigir a quienes se desplacen de un lugar a otro que acrediten su identidad, señalándoles el itinerario a seguir [...] delimitar zonas de protección o seguridad y dictar las condiciones de permanencia en las mismas y prohibir en lugares determinados la presencia de personas». Nos encontramos pues, en nuestra opinión, ante una instrumentalización del estado de alarma para lograr efectos propios de un estado de excepción.

suspensión de los citados derechos fundamentales contraria al art. 55.1 CE, al contenido del art. 116.2 CE y a su desarrollo en la LOAES. Afirma nuestro TC que se ha producido un aislamiento general de la población en todo el territorio por medio del art. 7.1 del Decreto, contraviniendo lo dispuesto en el art. 55 CE y en el art. 11.1 LOAES, que no permiten la suspensión completa o una restricción de tipo invalidante de los derechos fundamentales citados, sino su mera limitación[948].

La severa afectación de las libertades de circulación, residencia, reunión y manifestación, excede las medidas que pueden decretarse mediante el instituto del estado de alarma. En tal sentido se ha pronunciado el máximo intérprete constitucional en la reciente STC 148/2021, de 14 de julio de 2021, que resuelve el recurso n.º2054/2020, en la que se determina la distinción que existe entre los estados de excepción y alarma, expresando su FJ 3:

> «[...] nuestra Constitución establece una distinción entre estados (alarma, excepción y sitio) desconocida en otros sistemas; y que, pudiendo fundamentarse en los supuestos habilitantes para declararlos, se basó sin embargo en otros criterios: por un lado, en sus mecanismos de adopción y control; por otro, en sus efectos. En la distinción que aquí ahora más interesa, entre el estado de alarma y el de excepción, la primera de esas perspectivas permite apreciar que ambos estados son declarados por el Gobierno, si bien "dando cuenta al Congreso" (en la alarma) o "previa autorización del Congreso" (en el estado de excepción: art. 116.2 y 3 CE). La segunda, que en la alarma solo cabe limitar derechos; en excepción (y sitio), cabe suspenderlos».

Cabe también referirnos a la naturaleza suspensiva del derecho a la libertad de empresa contenida en el art. 38 CE, en virtud del art. 10 del RD 463/2020, prohibiendo la apertura al público del comercio minorista, exceptionando aquellos establecimientos dedicados a la venta de productos de primera necesidad. Asimismo, queda abierta la posibilidad de suspender cualquier otra actividad comercial que las autoridades sanitarias determi-

948 «una primera aproximación general permite apreciar que el concepto de "limitación" (o "restricción") es más amplio que el de "suspensión", como género y especie: toda suspensión es una limitación, pero no toda limitación implica una suspensión. La suspensión es, pues, una limitación (o restricción) especialmente cualificada, según resulta tanto del lenguaje habitual como del jurídico. [...] la suspensión —que es, sin duda, una limitación— parece configurarse como una cesación, aunque temporal, del ejercicio del derecho y de las garantías que protegen los derechos (constitucional o convencionalmente) reconocidos; y que solo en ciertos casos, y respecto de ciertos derechos, puede venir amparada por el artículo 55.1 CE. Por el contrario, la limitación admite muchas más formas, al margen de la suspensión. [...] Recapitulando lo expuesto, cabe pues diferenciar entre la suspensión de derechos fundamentales (imposible en principio para el estado de **alarma**, pero no para los de excepción y de sitio), y su eventual limitación extraordinaria en el de **alarma**». Tribunal Constitucional, sentencia núm. 148/2021, de 31 de julio de 2021, Boletín Oficial del Estado, N.º 182, de 31 de julio de 2021, pp. 93.561-93.655.

nen. Como vemos, se trata de una maniobra legislativa análoga a la precitada en el art. 7, estableciendo la prohibición generalizada de la actividad excepcionada por razón de la materia comercial y/o la interpretación que la autoridad sanitaria pueda realizar sobre otras actividades comerciales y su incidencia en la agravación de la transmisión del virus.

No es legalmente posible suspender derechos fundamentales a través de un estado de alarma, por cuanto la referida facultad solo se encuentra circunscrita a los estados de excepción y sitio. Ello pese a la permisividad otorgada para ejercer ciertas limitaciones a los referidos derechos durante la vigencia del primer estado excepcional descrito, salvando las distancias conceptuales entre limitación y suspensión[949]. Al respecto se ha pronunciado acertadamente Ruiz Miguel del siguiente modo:

> «Cuando se "limita" un derecho se parte de que la regla general es la libertad, imitación es la excepción. Por eso son los supuestos en los que el ejercicio de derecho es ilícito los que deben ser enumerados ("enumeratio, ergo limitatio"). Aquí ocurre al revés, solo se enumeran los casos en los que se puede circular o ejercer actividades empresariales lícitamente porque la regla general es la prohibición. Por eso mismo no estamos ante una «limitación», sino ante una verdadera (e inconstitucional) suspensión de la libertad de circulación [...]»[950].

La limitación es una noción jurídica que no se encuentra regulada por nuestra Constitución ni por la propia LOAES, si bien, es coherente pensar que no existen derechos ilimitados, debiendo articularse con el resto de derechos y personas en disposición de ejercitarlos. Este aspecto denota la existencia de una considerable incorrección técnica en la redacción de la LOAES que no ha sido objeto de voluntad política subsanar en modo alguno

949 «A diferencia de los estados de excepción y de sitio, la declaración del estado de alarma no permite la suspensión de ningún derecho fundamental (art. 55.1 CE *contrario sensu*), aunque sí la adopción de medidas que pueden suponer limitaciones o restricciones a su ejercicio. En este sentido, se prevé, entre otras, como medidas que pueden ser adoptadas, la limitación de la circulación o permanencia de personas o vehículos en lugares determinados o condicionarlas al cumplimiento de ciertos requisitos; la práctica de requisas temporales de todo tipo de bienes y la imposición de prestaciones personales obligatorias; la intervención y la ocupación transitoria de industrias, fábricas, talleres, explotaciones o locales de cualquier clase, con excepción de domicilios privados; la limitación o el racionamiento del uso de servicios o del consumo de artículos de primera necesidad; la adopción de las órdenes necesarias para asegurar el abastecimiento de los mercados y el funcionamiento de los servicios de los centros de producción afectados por una paralización de los servicios esenciales para la comunidad cuando no se garanticen los servicios mínimos; y, en fin, la intervención de empresas o servicios, así como la movilización de su personal, con el fin de asegurar su funcionamiento, siéndole aplicable al personal movilizado la normativa vigente sobre movilización. Previsiones, todas ellas, cuya entidad adquiere particular relevancia para el enjuiciamiento que ahora abordamos». Tribunal Constitucional, sentencia núm. 83/2016, de 31 de mayo de 2016, *op. cit.*

950 Carlos Ruiz Miguel, «Crisis del Coronavirus y crisis del Estado constitucional español», *Diario La Ley, N.º 9656*, 2020, p. 7.

desde su entrada en vigor[951]. La acomodación jurídica de los decretos de alarma al texto constitucional se debe a la preeminencia jerárquica de la última que crea al referido instituto[952], así como a su especialidad material[953]. Es la propia CE la que establece la forma bajo la que se puede practicar una limitación de los citados derechos fundamentales por vía legislativa (art. 53.1 CE) a través de la LOAES, mediante el debido respeto al contenido de ésta[954].

A mayor abundamiento, es necesario realizar un juicio ponderado del criterio de proporcionalidad aplicable a la limitación de derechos fundamentales basado en parámetros de idoneidad y necesariedad, conforme al art. 1.2 de la LOAES. Por cuanto las medidas del estado de alarma deben tomarse en «forma proporcionada a las circunstancias», aspecto confirmado por nuestro TC en la STC 66/1995, de 8 de mayo. Sin embargo, en esta ocasión, los ciudadanos hemos desconocido por completo la fundamentación científica de estas medidas que afectaban a nuestro núcleo básico de derechos fundamentales, no hemos dispuesto de dicha información, si es que la misma ha existido en algún momento. Parece lógico que unas medidas limitativas de derechos y más aún, suspensivas, para combatir una pandemia se encuentren apoyadas en el más estricto rigor científico de conveniencia y temporalidad, y que el mismo se exponga a quienes deberán asumirlo, sus ciudadanos y poderes públicos, sujetándose al art. 9.1 CE *in fine*[955].

---

951 Luis Aguiar de Luque, «Los límites de los derechos fundamentales», *Revista del Centro de Estudios Constitucionales, N.° 14*, 1993, pp. 15-16.

952 Carlos Ruiz Miguel et al., «Queja al Defensor del Pueblo», abril de 2020.

953 «Aunque el citado RD y todo el desarrollo normativo acaecido durante el estado de alarma pudiese tener un amparo normativo en leyes y normas previas como la Ley General de la Sanidad o en la Ley de Medidas Especiales en Materia de Salud Pública, se impone el deber de análisis conforme a los arts. 55.1 y 53.1 de nuestra Constitución». Ibídem.

954 Art. 53.1 CE.

955 «Tradicionalmente, los estados excepcionales desencadenan diversas restricciones en los derechos fundamentales, tanto en las libertades públicas como en los demás derechos fundamentales. Esos sacrificios o restricciones están normalmente relacionados con el orden público, pues es normalmente el orden público la razón justificante del estado excepcional (...) Varios son los autores que sostienen que una buena parte de las medidas restrictivas de derechos fundamentales, y en especial el confinamiento severo en la primera etapa del estado de alarma, son contrarias al orden constitucional. No tanto porque la Constitución impida esas limitaciones, sino por su grado de severidad es tal que habría que calificarlas como una suspensión de derechos fundamentales, y lo cierto es que el art. 55.1 CE solo prevé la suspensión de —algunos— derechos fundamentales en los estados de excepción y sitio, pero no para el estado de alarma, tal como lo reseñó Manuel Aragón Reyes, en su obra *COVID-19: Aproximación Constitucional a una crisis*: «La conexión constitucional inmanente entre orden público, estado de excepción o sitio y suspensión de derechos fundamentales se mantiene en el desarrollo legislativo de los arts. 55.1 y 116.3 y 4 CE, por medio de la Ley Orgánica 4/1981, de 1 junio de los estados de alarma, excepción y sitio (LOAES) [...] durante la vigencia de éstos estados excepcionales se pueden suspender derechos directamente vinculados con el orden público-político, como el dere-

La STC 148/2021 parte del marco establecido por las «facultades y restricciones correspondientes» en el art. 116.1 CE, que en cada caso deben cumplir con las situaciones de crisis especificadas, debiendo la alarma cumplir los siguientes límites, según describe su FJ 3[956]:

> «Primero, general: las condiciones y requisitos para el ejercicio del derecho no implican una "suspensión" del derecho fundamental incompatible con el estado de alarma (i); y otras, en particular, derivadas de la observancia obligatoria de los principios de legalidad (ii) y (iii) proporcionalidad. En un estado de alarma, a pesar de una posible limitación extrema, los derechos fundamentales mantienen por tanto esta condición, en nuestra opinión infranqueable, todo ello, a pesar de los escasos pronunciamientos del TC en esta materia, por otro lado, aspecto lógico en un estado con cierta estabilidad democrática».

Sobre la idoneidad de los institutos jurídicos excepcionales aplicables a esta crisis, Ruiz Miguel ha planteado una vía inexplorada y que sustentamos en este trabajo, consistente en la posibilidad de una declaración simultánea y compatible de los estados de alarma y excepción. Ello viene justificado en la necesidad del doble tratamiento legal de los ámbitos sanitario y administrativo, considerando que la naturaleza de ambos instrumentos no obedece a un principio de gradación de la gravedad situacional, sino de supuestos de hecho claramente diferenciados[957].

cho a no ser detenido sin garantías (art. 17.1 CE), el derecho a la privacidad del domicilio (art. 18.2 CE), o el derecho a la libertad de circulación (art. 19 CE). La vinculación entre la suspensión de derechos constitucionales y los riesgos de quiebra del orden público-político explica por qué el art. 55.1 CE no prevé la suspensión de derechos fundamentales durante el estado de alarma. Porque el estado de alarma no responde a situaciones de orden público-político. Y por eso para tal situación de alarma, no se ha previsto constitucionalmente la suspensión de derechos fundamentales. Porque la suspensión de derechos es la respuesta arquetípica e histórica frente a las quiebras de orden público-político (hoy diríamos orden constitucional) y no es eso lo propio del estado de alarma». Francisco Velasco Caballero, «Libertades públicas durante el estado de alarma por la COVID-19» en *COVID-19 y Derecho Público* [David Blanquer, coord.], Ed. Tirant lo Blanch, Valencia, 2020, pp. 79-86.

956 Las dos lógicas del estado de alarma, «Comentario a la STC 148/2021, de 14 de julio», sitio web: www.almacendederecho.org/las-dos-logicas-del-estado-de-alarma-comentario-a-la-stc-148-2021-de-14-de-julio, [consultado 30/08/2021].

957 «A mi entender nada impedía que, ante esta situación se hubieran podido declarar el estado de alarma y el estado de excepción con efecto simultáneo. La declaración del estado de alarma es un acto unilateral del Gobierno que no requiere autorización del Congreso, pero la declaración del estado de excepción es un acto del Gobierno que requiere previa autorización del Congreso que, previamente, fija los límites que debe tener ese estado de excepción. Es un error considerar, en nuestro sistema, el estado de excepción como una respuesta a una agravación de la situación afrontada por el estado de alarma. Y es un error porque los supuestos de hecho para declarar ambos estados son diferentes. Precisamente porque son supuestos de hecho diferentes, cuando se dan simultáneamente esos supuestos de hecho diferentes lo procedente sería intentar declarar

3.1.3. Crítica constitucional del RD 926/2020, de 25 de octubre

Superado el cese de los efectos del mencionado estado de alarma y sus sucesivas prórrogas el 21 de junio de 2020, el Gobierno recurre de nuevo al mismo instituto jurídico por medio del RD 926/2020, de 25 de octubre, determinando su art. 5.1 un nuevo constreñimiento de los derechos a la libertad de circulación, reunión y manifestación. En esta ocasión determinados a una franja horaria general entre las 23:00 y las 06:00 horas, modificable por la autoridad delegada autonómica en las franjas de 22:00 a 00:00 y de 05:00 a 07:00 horas, a tenor del segundo apartado del mismo artículo[958]. Todo ello sujeto a su exceptuación por medio de un *numerus clausus* análogo al citado precepto del Decreto precedente.

Es decir, se produce una emulación del «toque de queda» declarado en varios países europeos[959], con la peculiaridad de que dicho resorte jurídico no existe en nuestro ordenamiento, hallándose su fundamento en la conducción de crisis de naturaleza bélica a través del empleo de bandos militares. Mientras tanto, en esta ocasión, el Gobierno ha apelado a la suavización conceptual del instrumento mediante su denominación como «restricción de movilidad nocturna»[960]. Sobre esta situación se ha pronunciado la STC 183/2021,

---

simultáneamente ambos estados o, al menos, intentar que ambos puedan tener vigencia simultánea. De haberse seguido esta vía que, a mi juicio, era la correcta, no se hubiese planteado el problema de una declaración del estado de alarma incluyendo contenidos (suspensión de determinados derechos) propios del estado de excepción». Ruiz Miguel, [«Crisis del Coronavirus...»], *op. cit.*, p. 17.

958 Medida mantenida en el posterior RD 956/2020, de 3 de noviembre, por el que se prorroga el RD 926/2020.

959 El primer país europeo en decretar toque de queda fue Francia, cuyas autoridades anunciaron, el día 14 de octubre, que empezaría a regir desde el sábado a las 21:00 horas hasta las 6:00 horas. Irene Casado Sánchez, «Francia declara el toque de queda en Paris y otras zonas metropolitanas», sitio web: www.elperiodico.com/es/internacional/20201014/francia-coronavirus-alarma-maxima-toque-queda-medidas-8156285, [consultado el 16/07/2021]. Sin embargo, esta figura carece de regulación constitucional en Francia. Por su parte, Italia declaró el toque de queda en tres de sus regiones: Lombardía, Campania y Lacio, desde el fin de semana del 22 de octubre, tal como lo reseña el sitio web: www.eleconomista.com.ar/2020-10-toque-de-queda-italia/ [consultado el 16/07/2021], si bien se trata de una situación no abordada en su Constitución. La medida se desprende del contenido del art.13, posibilitando a la autoridad de orden público dictar medidas provisionales con el fin de asegurar dicho medio. Sin embargo, el art. 120 prohíbe a las regiones dictar medidas que obstaculicen la libre circulación de las personas.

960 El único toque de queda acaecido en nuestra etapa democrática fue dictado mediante bando militar por Milans del Bosch la noche del 23 de febrero de 1981 en la III Región Militar de Valencia, medida completamente inconstitucional, ya que debe tener lugar durante la vigencia de un estado de sitio que nunca fue declarado por el Congreso, conforme prescribe el art. 116.4 CE.

de 27 de octubre, afirmando la constitucionalidad del mencionado precepto restrictivo del siguiente modo en el FJ 5.º:

> «In abstracto, los arts. 11 a) y 12.1 LOAES ofrecen cobertura del bloque de constitucionalidad a la medida de limitación o restricción de la libertad de circulación o de permanencia de las personas "en horas y lugares determinados", máxime cuando se ha de abordar una situación de grave alteración de la normalidad producida por una pandemia generada por un virus de la intensidad del que aquejaba a todo el territorio nacional en las fechas previstas para la vigencia del estado de alarma [...]».

En nuestra opinión, la referida movilidad nocturna no resulta una causa objetiva de transmisión del virus *per se*, dado que ningún argumento científico justifica una mayor expansión del mismo entre las franjas horarias afectadas, habiendo bastado a nuestro juicio una regulación concreta de ámbito nacional para los establecimientos de ocio nocturnos, si fuese dicho extremo el pretendido. Por lo que, aunque compartimos la posibilidad de limitación material del derecho a la libertad de circulación, no parece proporcionada la medida concreta, al apreciarse medidas alternativas de menor entidad restrictiva y mayor eficacia sanitaria.

Continúa la afectación a los referidos derechos fundamentales mediante lo dispuesto en el art. 6, que regula la prohibición de entrada y salida de las Comunidades Autónomas[961], dejando a salvo las excepciones justificantes descritas, y limitando las reuniones en espacios públicos o privados a un máximo de 6 personas, siempre que no sean convivientes (art. 7)[962]. No obstante, se faculta a la autoridad autonómica delegada para extender, modular o inaplicar estas medidas[963] *ex* art. 8, haciendo depender la eficacia prác-

961 STC 183/2021, FJ 5.º: «Las limitaciones de desplazamientos de entrada y salida de los ámbitos territoriales especificados en el art. 6, apartados 1 y 2 del RD 926/2020 contaron con la misma cobertura del bloque de la constitucionalidad que hemos reconocido al art. 5.1 de la misma norma. En efecto, el art. 11 a) LOAES prevé la posible adopción, en la declaración de un estado de alarma o durante su vigencia, de la medida consistente en "limitar la circulación o permanencia de personas o vehículos en [...] lugares determinados, o condicionarlas al cumplimiento de ciertos requisitos"».

962 STC 183/2021, FJ 6.º: «La limitación a seis personas salvo "convivientes", que estableció el apartado impugnado como cifra máxima para la formación de grupos o para encuentros en toda clase de espacios tenía como objetivo, según el preámbulo del Real Decreto 926/2020, reducir "la movilidad social de manera significativa y, por tanto, [pretendía] detener la expansión de la epidemia" (en el mismo sentido, el preámbulo del Real Decreto 956/2020). Se trató, por tanto, de incorporar una medida más a las ya recogidas en preceptos anteriores, que tenían como objetivo evitar la expansión de la epidemia y, al mismo tiempo, tratar de revertir la evolución negativa de los niveles de atención sanitaria primaria y ocupación hospitalaria observada en fechas inmediatamente anteriores al inicio del estado de alarma. La medida, por tanto, debemos reputarla como adecuada y necesaria, acogiendo aquí los mismos argumentos que hemos destacado anteriormente para justificar la constitucionalidad de otras limitaciones».

963 Al respecto, podemos citar la STS 792/2021, de 03 de junio de 2021, en la que se sometió a consideración la ratificación de la orden de 19 de mayo de 2021, por la que se confinaba al

tica de las mismas al arbitrio del Presidente de cada Comunidad Autónoma respectiva. Se configura, por tanto, un panorama normativo heterogéneo, totalmente contrario al principio de seguridad jurídica contenido en el art. 9.3 CE[964] y, en todo caso, al tratamiento de una pandemia cuyos efectos resul-

Municipio de Montefrío por razones de salud pública orientadas en lograr la contención del Covid-19. La sentencia detalla que el tribunal a quo denegó la ratificación de la orden por considerarla desproporcionada, sometiendo a más de 5000 personas a un confinamiento por la mera existencia de 35 casos de Covid-19. Destaca la sentencia que la Junta de Andalucía no puede realizar los cierres perimetrales permitidos con ocasión al RD 956/2020, en tanto suponen una restricción del derecho fundamental de las personas a la libre circulación por el mero hecho de estar residenciado en un espacio geográfico determinado. El recurso de casación es desestimado por la Sala, por cuanto se considera que la resolución administrativa vulnera derechos constitucionalmente protegidos. De igual modo se pronunció el TS, ante la solicitud planteada por el Gobierno de Canarias, en el recurso que solicitaba la ratificación de las medidas 1, 2 y 4.2 aprobadas por el Gobierno de Canarias en el Boletín Oficial de Canarias, N.º 93, de 7 de mayo de 2021, pp. 21.206-21.221. En este caso, el recurso se sustentaba en la presunta extralimitación en sus funciones del juzgador superior. Sin embargo y pese a los alegatos expuestos por los recurrentes, el TS resalta el hecho que se está a la espera del debido pronunciamiento por parte del TC para aclarar las posibilidades relacionadas con la limitación de los derechos fundamentales no dirigidos a una persona en concreta, sino a un conglomerado de éstas, no identificable a priori. Se inclina por el criterio de negar el recurso casacional interpuesto, confirmando en consecuencia la sentencia dictada por la Sección Segunda de la Sala de lo Contencioso Administrativo del Tribunal Superior de Justicia de Canarias en el procedimiento por ratificación de medidas N.º 138/2021. Por el contrario, la resolución N.º 54/2021 de 10 de mayo de 2021 dictada por el TS, considera proporcionadas las medidas de restricción de movilidad acordadas en la resolución de 7 de mayo de 2021 del Consejo de Gobierno de la Junta de Extremadura. Concretamente, las medidas establecían la restricción de la entrada y salida de los municipios Ahigal, Piornal y Jaraíz de la Vera. En el mismo sentido, la STS N.º 67/2021 del 11 de mayo de 2021, en cuyo caso ratificó las medidas de cierre perimetral establecidas por la Comunidad de Navarra a través de la Orden Foral 14/2021 del 09 de mayo. No obstante, aclara el texto de la sentencia, que la ratificación de las medidas debe pasar por un proceso de análisis pormenorizado en el que se constate la idoneidad de éstas, y entre otros elementos, que el órgano que emite las medidas se encuentre de manera efectiva facultado para realizar tal acción. Destaca la sentencia, respecto a la libertad de circulación que, si bien es un derecho fundamental contemplado en la CE, los mismos no pueden considerarse de carácter infinito, por cuanto serán limitados en atención a un interés legítimo que se deba proteger, tal como ocurre con la presencia del Covid-19.

964 «Artículo 2. Autoridad competente. 1. A los efectos del estado de alarma, la autoridad competente será el Gobierno de la Nación. 2. En cada comunidad autónoma y ciudad con Estatuto de autonomía, la autoridad competente delegada será quien ostente la presidencia de la comunidad autónoma o ciudad con Estatuto de autonomía, en los términos establecidos en este real decreto. 3. Las autoridades competentes delegadas quedan habilitadas para dictar, por delegación del Gobierno de la Nación, las órdenes, resoluciones y disposiciones para la aplicación de lo previsto en los artículos 5 a 11. Para ello, no será precisa la tramitación de procedimiento administrativo alguno ni será de aplicación lo previsto en el segundo párrafo del artículo 8.6 y en el artículo 10.8 de la Ley 29/1998, de 13 de julio, reguladora de la Jurisdicción Contencioso-administrativa». RD 926/2020, de 25 de octubre, por el que se declara el estado de alarma para contener la propagación de infecciones causadas por el SARS-CoV-2. Boletín Oficial del Estado, N.º 282, de 25 de octubre de 2020, pp. 91.912-91.919.

tan comunes para todos los ciudadanos independientemente de su lugar de residencia. Un análisis teleológico integrador de los arts. 11 LOAES, 7 RD del 463/2020, y 5.1 y 6 del RD 926/2020, nos conduce a una contradicción entre los mismos, en tanto la LOAES permite la afectación de un derecho totalmente ejercitable, mientras que el decreto de alarma supone la suspensión del derecho fundamental *a quo*, excepcionando su ejercicio a casos tasados. En tal sentido, el art. 55.1 CE establece que sólo podrán suspenderse los derechos insertos en los arts. 17, 18.2 y 3, 19, 20.1 a) y d) y 5, 21, 28.2 y 37.2 a través de los estados de excepción y sitio.

El RD 926/2020 designa al Gobierno como autoridad competente a los efectos derivados del estado de alarma, sin embargo, hace descansar la eficacia jurídica de las medidas adoptadas en las autoridades autonómicas, desprendiéndose que la gestión de la crisis se efectúa por estas últimas. Se trata, en la práctica, de una interpretación extensiva del art. 7 LOAES para los casos en que las circunstancias afecten a todo o parte del territorio de una Comunidad Autónoma[965]. La misma, excede en mucho, el espíritu de la norma y su tenor, debido a que la pandemia no afecta a una Comunidad Autónoma concreta, sino a todo el territorio nacional. Al respecto se ha pronunciado la STC 183/2021 en su FJ 4 afirmando que se ha producido una delegación competencial inconstitucional, carente de control y supervisión alguna por parte del Gobierno:

> «El Gobierno de la Nación realiza una delegación sin reserva de control o supervisión alguna de su ejercicio, o sin contemplar una eventual avocación de las funciones delegadas, en favor de las autoridades competentes delegadas: esto es, quien ostente la presidencia de la comunidad autónoma o ciudad con Estatuto de autonomía (art. 2.2 y 3 Real Decreto 926/2020). Y además se transfieren las funciones propias del Ejecutivo a un órgano ajeno al mismo: el Consejo Interterritorial del Sistema Nacional de Salud (art. 13 Real Decreto 926/2020). Por todo ello, esta delegación es inconciliable con la posición constitucional que ha de corresponder al Gobierno central en el estado de alarma y su gestión».

Es oportuno reseñar que durante el transcurso de la denominada «quinta ola» pandémica, desde junio de 2021, se autorizaron judicialmente las denominadas «restricciones de movilidad nocturna» a solicitud de la Comunidad Autónoma respectiva, concretándose en 32 localidades de la Comunidad Valenciana, 161 de Cataluña y 53 de Cantabria, en su mayoría entre las 01:00 y las 06:00 horas[966].

965 Art. 7 LOAES: «A los efectos del estado de alarma la Autoridad competente será el Gobierno o, por delegación de este, el Presidente de la Comunidad Autónoma cuando la declaración afecte exclusivamente a todo o parte del territorio de una Comunidad».

966 Corporación de Radio y Televisión Española «Las comunidades recurren de nuevo al toque de queda para frenar la quinta ola», sitio web: www.rtve.es/noticias/20210722/municipios-toque-queda/2048920.shtml, [consultado el 21/07/2021].

La circunstancia resulta discordante con la sucesión de los estados de alarma declarados, dado que, si el fundamento de la declaración del estado de alarma declarado por RD 926/2020 residía en obtener el marco jurídico adecuado para limitar la circulación de los ciudadanos en las franjas horarias y lugares precisados, ahora observamos que dichos efectos jurídicos pueden obtenerse mediante autorización judicial del TSJ correspondiente. Lo que nos permite concluir que el estado de alarma era una herramienta legal totalmente prescindible, instrumentalizada políticamente para superponer la voluntad del poder ejecutivo sobre el judicial.

Pero, adentrándonos en la cuestión, ¿cuál es el fundamento jurídico que permite a un TSJ limitar el derecho a la circulación de los ciudadanos en su ámbito territorial?, ¿qué sentido tiene decretar el estado de alarma si las consecuencias jurídicas derivadas del mismo pueden llevarse a cabo con garantías judiciales *ab initio*?. Con este planteamiento, la única utilidad jurídica del estado de alarma vendría dada por la capacidad de instaurar medidas limitativas instantáneas justificadas por necesidades apremiantes, extremo que no podría predicarse de una resolución judicial. Por tanto, partiendo de esta base, hubiera sido más apropiado instrumentalizar la excepcionalidad del estado de alarma por el tiempo que media entre la solicitud autonómica y la autorización del TSJ[967] correspondiente.

Lo cierto es que este tipo de autorizaciones judiciales no constituyen una función jurisdiccional del TSJ, sino ratificatoria de los actos de la Administración autonómica derivados de las competencias que la LO 3/1986, de 14 de abril, de Medidas Especiales en Materia de Salud Pública atribuye a las autoridades sanitarias. Todo ello, realizando una interpretación especialmente amplia de su art. 3 en cuanto a la competencia de las autoridades sanitarias para adoptar «las medidas que resulten necesarias»[968].

Dicha interpretación, desbordante a nuestro juicio, ha permitido reconocer competencias exorbitantes en la limitación de derechos fundamentales a las autoridades autonómicas y a los TSJ, sólo atribuibles al Gobierno por medio del art. 116 CE mediante la declaración de los estados excepcionales. Aquellas medidas necesarias a adoptar por las autoridades sanitarias no pueden entenderse de entidad ilimitada o con una entidad tal, que invadan las competencias materiales de otras leyes orgánicas, por lo que no parece apropiado atribuir al precepto los mismos efectos que la LOAES prevé para los estados excepcionales bajo un control parlamentario.

---

967 Tribunal Superior de Justicia de Madrid, Sala de lo Contencioso-Administrativo, Autorizaciones o ratificaciones de medidas sanitarias núm. 977/2021 (Procedimiento Ordinario).

968 Ley Orgánica 3/1986, de 14 de abril, de Medidas Especiales en Materia de Salud Pública: art. 3: «Con el fin de controlar las enfermedades transmisibles, la autoridad sanitaria, además de realizar las acciones preventivas generales, podrá adoptar las medidas oportunas para el control de los enfermos, de las personas que estén o hayan estado en contacto con los mismos y del medio ambiente inmediato, así como las que se consideren necesarias en caso de riesgo de carácter transmisible».

3.1.4. Crítica constitucional del RD 956/2020, de 3 de noviembre

La prórroga del estado de alarma resulta un aspecto procedimental y sustancial de elevado interés jurídico, en tanto supone dilatar los efectos limitativos de los derechos afectados por la declaración inicial de alarma. La prórroga del RD 463/2020 tuvo lugar a través de diversos RD's por un periodo igual al contemplado en su antecedente, de quince días[969], hasta el cese de su vigencia parcial el 21 de junio de 2020. Las citadas prórrogas conservaron los mismos parámetros jurídicos analizados, es decir, las analizadas suspensiones de los derechos fundamentales antedichos, posteriormente resueltas en SSTC 148/2021 y 183/2021. En cuando al plazo establecido en las mismas, debemos reiterar la imposibilidad de prorrogar el estado de alarma por un periodo superior a quince días, en tanto contradice el tenor literal y el espíritu normativo contenidos en el art. 116.2 CE, cuya interpretación debe ir en consonancia al art. 3 CC:

> «Las normas se interpretarán según el sentido propio de sus palabras, en relación con el contexto, los antecedentes históricos y legislativos, y la realidad social del tiempo en que han de ser aplicadas, atendiendo fundamentalmente al espíritu y finalidad de aquellas».

Sin embargo, la aprobación del RD 956/2020, de 3 de noviembre, prorroga por un periodo de 6 meses el estado de alarma declarado en el RD 926/2020 (art. 2), estableciendo un control parlamentario bimensual consistente en suministrar información sobre el curso de la pandemia por parte del Presidente del Gobierno (art. 14). Esta, esta circunstancia supone un hito sin parangón jurídico previo en atención a los razonamientos que vamos a esbozar[970]. Recordemos que el art. 116.2 CE resulta meridianamente claro, de un lado requiere una acción material, el Decreto del Consejo de Ministros para su declaración inicial, y por otro, un marco temporal determinado «por un plazo máximo de quince días», otorgando al Congreso la potestad autorizante de prorrogar «dicho plazo». Sobre esta cuestión se ha manifestado la

969 RD 476/2020, de 27 de marzo, RD 487/2020, de 10 de abril, 492/2020, de 24 de abril, RD514/2020, de 8 de mayo, RD 537/2020, de 22 de mayo, RD 555/2020, de 5 de junio.

970 Art. 2: «La prorroga establecida en este real decreto se extenderá desde las 00:00 horas del día 9 de noviembre de 2020 hasta las 00:00 horas del día 9 de mayo de 2021, y se someterá a las condiciones establecidas en el Real Decreto 926/2020, de 25 de octubre, por el que se declara el estado de alarma para contener la propagación de infecciones causadas por el SARS-CoV-2, y en los decretos que, en su caso, se adopten en uso de la habilitación conferida por la disposición final primera del citado Real Decreto 926/2020, de 25 de octubre, sin perjuicio de lo que se establece en las disposiciones siguientes». RD 956/2020, de 3 de noviembre, por el que se prorroga el estado de alarma declarado por el RD 926/2020, de 25 de octubre, por el que se declara el estado de alarma para contener la propagación de infecciones causadas por el SARS-CoV-2, Boletín Oficial del Estado, N.° 291, de 4 de noviembre de 2020, pp. 95.841-95.845.

STC 183/2021 afirmando la inconstitucionalidad de dicha prórroga, motivada no tanto en su extensión temporal, sino en una vaga fundamentación de esta necesidad y su correlativa autorización parlamentaria.

Resulta sorprendente la calificada indefinición constitucional sobre la prórroga del estado de alarma en esta sentencia, algo que no puede, sino devenir de una interpretación del texto constitucional poco incisiva. Posiblemente persiga esquivar el debate de fondo sobre la prórroga de un mes que tuvo lugar con motivo de la crisis de los controladores aéreos por RD 1717/2010, de 4 de diciembre[971]. La declaración del estado de alarma no puede exceder los quince días, pero la autorización de dicha prórroga tampoco, en tanto el texto constitucional se refiere literalmente a prorrogar «dicho plazo», en atención al término inicial descrito anteriormente.

A mayor abundamiento, el art. 6.2 LOAES reitera el espíritu constitucional de este instituto jurídico mediante el precitado plazo máximo de quince días de duración del estado de alarma inicialmente declarado, correspondiendo al Congreso determinar su «alcance y condiciones durante la prórroga», esto es, la posibilidad de disponer nuevas medidas o graduar las existentes, pero sin subvertir el espacio temporal determinado por el art. 116.2 CE.

En otro orden, el Gobierno ostenta la obligación constitucional de rendir cuentas de su gestión política al Congreso, conforme al art. 108 CE, acción que puede llevarse a cabo mediante las respectivas interpelaciones, preguntas y, en su caso, mociones *ex* art. 111 CE en situaciones de normalidad democrática. Por ello, nuestra Constitución establece que, ante la declaración de estados excepcionales, el control parlamentario adquiera una relevancia especial, dada la perturbación de la normalidad democrática y la posibilidad de afectación de derechos fundamentales. La excepcionalidad permite afrontar situaciones de anormalidad en periodos breves de tiempo, tal y como determina el art. 116.5 CE, vulnerando también dicho precepto constitucional al dejar de funcionar el Congreso de manera ordinaria durante periodos bimensuales. Se trata de en una situación que requiere un control parlamentario más acentuado que en circunstancias ordinarias, que conculca el derecho a la partici-

971 STC 183/2021, FJ 8.º: «No puede calificarse de razonable o fundada la fijación de la duración de una prórroga por tiempo de seis meses que el Congreso estableció sin certeza alguna acerca de qué medidas iban a ser aplicadas, cuándo iban a ser aplicadas y por cuánto tiempo serían efectivas en unas partes u otras de todo el territorio nacional al que el estado de alarma se extendió (art. 3 del Real Decreto 926/2020). En el caso de autos resulta imposible discernir el porqué de la imposición de un cierto plazo, el acordado o cualquier otro hipotético. [...] La determinación temporal de aquella prórroga de seis meses se realizó de un modo por entero inconsistente con el sentido constitucional que es propio al acto de autorización y sin coherencia alguna, incluso, con aquellas mismas razones que se hicieron valer por el Gobierno para instar, por ese concreto plazo, la prórroga finalmente concedida. Como hemos anticipado, no es su duración, por sí sola y sin más, lo que merece censura constitucional, sino el carácter no razonable o infundado, visto el acuerdo parlamentario en su conjunto, de la decisión por la que se fijó tal plazo».

pación política de los diputados. Este extremo ha obtenido pronunciamiento de inconstitucionalidad en el FJ 10 de la STC 183/2021:

> «Quedó así cancelado el régimen de control que, en garantía de los derechos de todos, corresponde al Congreso de los Diputados bajo el estado de alarma. Control parlamentario que está al servicio, también, de la formación de una opinión pública activa y vigilante y que no puede en modo alguno soslayarse durante un estado constitucional de crisis».

La configuración constitucional del estado de alarma exige un control parlamentario autorizante quincenal, autorización que también prevé la propia declaración del estado de excepción en el art. 116.3 CE durante 30 días, prorrogable por otro plazo igual, cuyo estudio formal comparado no puede llevarnos a advertir la posibilidad de un estado de alarma indefinido. Profundizando en ello, si damos por constitucional una prórroga de 6 meses del estado de alarma, ¿qué impediría establecerla por 12 meses, 3 años, 20 años o incluso de manera indefinida? La indeterminación se encuentra contrapuesta a los institutos excepcionales, dado que son un mecanismo de protección reactiva y no de inseguridad jurídica o vía de hecho de la Administración. La verdadera esencia de la excepcionalidad se constituye por el regreso cuanto antes al funcionamiento ordinario de las instituciones con el menor perjuicio a los mayores bienes jurídicos: los derechos fundamentales y libertades públicas[972].

Las sucesivas vulneraciones flagrantes de la Constitución por parte del Ejecutivo durante la crisis del coronavirus, no hacen otra cosa, sino constatar un nuevo precedente de disonancia entre el poder político y el propio texto constitucional. El precedente constitucional que supone situar a la voluntad política sobre el texto constitucional sin consecuencia sancionadora para el obrante ni reparación alguna de los bienes jurídicos lesionados. La situación resulta un acicate para futuras acciones contrarias a la Carta Magna, extremo que debe llevarnos a una profunda reflexión sobre a dónde nos dirigimos como Estado democrático. LASALLE identifica esta circunstancia con una previsible desaparición de nuestra Constitución del siguiente modo:

> «[...] en la Constitución *escrita* hay algo que contradice la Constitución *real*, las relaciones fácticas de poder. Y donde se da esa contradicción, la Constitución escrita está siempre -sin que ningún Dios ni ningún grito la puedan ayudar- ¡Perdida sin remisión! [...]. Las cuestiones constitucionales no son originariamente cuestiones jurídicas, sino cuestiones de poder; la *auténtica* Constitución de un país existe solo en las relaciones fácticas, reales, de poder que existen en

972 Carlos GARRIDO LÓPEZ, «El Problema de la justiciabilidad de los decretos de declaración y prórroga del Estado de Alarma» en *Excepcionalidad y Derecho: El estado de alarma en España*, [Carlos GARRIDO LÓPEZ, coord.], Colección Obras Colectivas, Fundación Manuel Giménez Abad, Zaragoza, 2021, pp 1-36.

un país; las Constituciones *escritas* solo tienen valor y duración cuando son la expresión exacta de las relaciones de poder verdaderamente existentes en una sociedad»[973].

3.2. El estado de excepción

Según LAFUENTE BALLE, el derecho de excepción[974] se configura como «una garantía frente a las situaciones de crisis constitucional imprevistas, por la que se suspende la vigencia del orden constitucional de ciertos derechos y libertades»[975]. El legislador español prevé su aplicación «cuando circunstancias extraordinarias hiciesen imposible el mantenimiento de la normalidad mediante los poderes ordinarios de la Autoridades competentes» (art. 1 LOAES). Dichas circunstancias dan lugar a lo que CARRO MARTÍNEZ denomina «situaciones de anormalidad constitucional», reguladas en los arts. 13 a 31 LOAES, al amparo del art. 116.3 CE[976] [977]. La justificación del estado de excepción resulta un requisito previo *sine equa non* para su declaración, por lo que su naturaleza se fundamenta en la necesidad de recurrir a este instituto jurídico cuando se produzca una grave crisis de orden público en palabras de CRUZ VILLALÓN[978], una perturbación de las siguientes situaciones que impida su retorno a la normalidad mediante las potestades ordinarias del Estado (art. 13.1 LOAES):

a) libre ejercicio de los derechos u libertades;

b) funcionamiento ordinario de las instituciones democráticas;

c) servicios públicos esenciales o cualquier trastorno grave del orden público.

---

973 Ferdinand LASALLE, *Sobre la esencia de la Constitución* [Estudio preliminar, traducción fiel al original y notas de Carlos RUIZ MIGUEL], Ed. Olejnik, Santiago de Chile, 2019, p. 64.

974 También suele denominarse «Derecho de necesidad», «de emergencia» o «de crisis», *Vid.* Vicente ÁLVAREZ GARCÍA, «El Coronavirus (COVID-19): respuestas jurídicas frente a una situación de emergencia sanitaria», *El Cronista del Estado Social y Democrático de Derecho, N.º 86-87*, 2020, p. 8. En general sobre el concepto de Derecho de excepción; Pablo FERNÁNDEZ DE CASADEVANTE MAYORDOMO, «El Derecho de emergencia constitucional en España: hacia una nueva taxonomía», *Revista de Derecho Político, N.º 107*, 2020, pp. 111-145.

975 LAFUENTE BALLE, *op. cit.*, pp. 23-54 (p. 25). Teniendo en cuenta la definición de este autor y la doctrina analizada, no se incluyen como objeto de este estudio los mecanismos excepcionales de control del Gobierno de España frente a las Comunidades Autónomas. Así, las medidas que pueden ser adoptadas en aplicación del art. 155 de la Constitución Española afectan a las relaciones entre el Estado y las Comunidades Autónomas.

976 España, Ministerio de Defensa, «Estado de alarma, excepción y sitio», sitio web: www.defensa.gob.es/defensa/cadenamando/situaciones/, [consultado 31/08/2021].

977 CARRO MARTÍNEZ, *op. cit.*, pp. 208-261. Según este autor, «Lo típico de estas situaciones de anormalidad constitucional es que se hallan presididas por las ideas de urgencia, la legítima defensa y la necesidad» (p. 213) y apunta que «las situaciones de anormalidad o de excepción hay que combatirlas con poderes que también son excepcionales» (p. 216), pero teniendo en cuenta que «la limitación del poder excepcional en el tiempo es verdaderamente clave» (p. 218).

978 CRUZ VILLALÓN, [«El nuevo derecho...»] *op. cit.*, p. 99.

El procedimiento para su declaración consiste en la remisión por parte del Gobierno al Congreso de una solicitud de autorización, determinando los efectos, extensión y límites de la misma, así como los derechos que quedan suspendidos al amparo del art. 55.1 CE. Corresponde a dicha cámara su ratificación o la introducción de las enmiendas que considere, dando lugar a su posterior declaración mediante Decreto del Consejo de Ministros. La vigencia del estado de excepción tiene un máximo de 30 días, prorrogable por otro plazo igual con las mismas condiciones procedimentales, impidiendo la introducción de medidas no incluidas en el Decreto declaratorio, para lo cual, el Gobierno deberá solicitar al Congreso la autorización preceptiva, en tal caso (art. 15 LOAES).

La característica de esta situación excepcional, radica como hemos venido advirtiendo, en la posibilidad de suspender determinados derechos fundamentales[979]. Entre las posibles medidas, se incluye la detención por un plazo de 10 días fundada en meras sospechas por parte de la autoridad competente sobre la posible implicación presente o próxima en alteraciones del orden público (art. 16.1 LOAES). También se prevé el establecimiento de la prisión provisional decretada judicialmente durante el tiempo que se considere, en el marco de la vigencia de dicho estado (art. 30.1 LOAES). Al respecto, podrán suspenderse:

a) el derecho a la inviolabilidad del domicilio[980] (art. 18.2 CE);

b) el secreto de las comunicaciones[981] (art. 18.3 CE);

c) la libertad de circulación (art. 19 CE), entre cuyas medidas se incluye la prohibición de circulación de personas en horas y lugares concretos *ex* art. 20.1 LOAES. Esos extremos han tenido lugar mediante el estado de alarma declarado por RD 926/2020 y sus prórrogas, así como sin la vigencia del mismo, a través de autorizaciones judiciales de los respectivos TSJ, produciéndose un completo desbordamiento de los preceptos legales analizados hasta el momento;

d) publicaciones, emisiones de los medios de comunicación y el secuestro de las mismas (art. 20.1 a) y d), y 5 CE), exento de cualquier tipo de censura previa;

979 Art. 55.1 CE: «Los derechos reconocidos en los artículos 17, 18, apartados 2 y 3, artículos 19, 20, apartados 1, a) y d), y 5, artículos 21, 28, apartado 2, y artículo 37, apartado 2, podrán ser suspendidos cuando se acuerde la declaración del estado de excepción o de sitio en los términos previstos en la Constitución. Se exceptúa de lo establecido anteriormente el apartado 3 del artículo 17 para el supuesto de declaración de estado de excepción».

980 Art. 17.1 LOAES: «Cuando la autorización del Congreso comprenda la suspensión del art. 18.2 de la Constitución, la Autoridad gubernativa podrá disponer inspecciones y registros domiciliarios si lo considera necesario para el esclarecimiento de los hechos presuntamente delictivos o para el mantenimiento del orden público».

981 Art. 18.1 LOAES: «[...] la Autoridad gubernativa podrá intervenir toda clase de comunicaciones, incluidas las postales, telegráficas y telefónicas. Dicha intervención sólo podrá ser realizada si ello resulta necesario para el esclarecimiento de los hechos presuntamente delictivos o el mantenimiento del orden público».

e) derecho de reunión y manifestación (art. 21 CE), pudiendo prohibirse o someterse a ciertos criterios de aprobación previa por parte de la Autoridad, a excepción de aquellas que tengan lugar con motivo del ejercicio de derechos sindicales, asociativos y/o políticos;

f) finalmente, la suspensión podrá alcanzar al derecho de huelga (art. 28.2 CE), así como a las medidas de conflicto colectivo (art. 37.2 CE).

La diferenciación entre los estados de alarma y excepción resulta clara y esa fue la voluntad del legislador al aprobar esta norma, prueba de ello resulta el art. 28 LOAES[982], que permite combinar las medidas de sendos estados excepcionales cuando se den las situaciones previstas en el art. 4 LOAES, es decir, las causas que motivan la declaración del estado de alarma.

3.3. La participación de las Fuerzas Armadas durante el estado de excepción

Las misiones que pueden desempeñar las Fuerzas Armadas durante la vigencia del estado de excepción se encuentran en el marco de lo que hemos denominado «misiones impropias», las cuales complementan funcionalmente la labor de las Fuerzas y Cuerpos de Seguridad en el mantenimiento y conservación de la seguridad pública. Se trata de acciones concretas dirigidas al control de una posible suspensión real de derechos fundamentales, basadas en las siguientes acciones:

a) vigilancia y control de accesos a las vías públicas;

b) control del horario al que se encuentra sujeta la libertad de circulación o reunión;

c) auxilio a las Fuerzas de Seguridad en el mantenimiento de la seguridad ciudadana mediante la realización de controles, cacheos, detenciones, o identificaciones, entre otras;

d) vigilancia de infraestructuras críticas y lugares de gran afluencia de personas.

Todo ello, siempre junto a cuerpos policiales de naturaleza estatal, de manera que sean estos últimos quienes asuman las funciones de policía judicial genéricas, llegado el caso[983]. La LOAES no se refiere directamente a la

982 Art. 28 LOAES: «Cuando la alteración del orden público haya dado lugar a alguna de las circunstancias especificadas en el artículo 4.° o coincida con ellas, el Gobierno podrá adoptar además de las medidas propias del estado de excepción, las previstas para el estado de alarma en la presente ley».

983 La Instrucción 1/2008, de 7 de marzo, sobre la dirección por el Ministerio Fiscal de las actuaciones de la Policía Judicial. Doctrina de la Fiscalía General del Estado, dice sobre la policía judicial de tipo genérico: «Esta concepción genérica de la Policía Judicial afecta a todos aquellos agentes administrativos con funciones policiales constituidos en cola-

posible implicación de las Fuerzas Armadas en el marco de los estados de alarma y excepción, aunque ya hemos analizado en este capítulo y en el anterior esta posibilidad al amparo de los arts.15.3 y 16 a), c), d) y e) LODN y resto de normativa aplicable. Ello es posible desde una perspectiva colaborativa con las fuerzas policiales en aquellas circunstancias que requieran un plus añadido con el objeto de lograr el fin pretendido o de estabilización en una situación de crisis.

boradores sin facultades investigadoras de las Unidades Orgánicas de Policía Judicial, en virtud de lo dispuesto en los arts. 29.2, 38.2.b, 46 y 53.1.e) LOCFS. Su actuación está limitada a la realización de las diligencias indispensables o urgentes —comprobación de la comisión del hecho, constatación de las circunstancias inmediatas e identificación de los presuntos responsables, intervención de efectos o instrumentos, salvo que para ello se requiera la aplicación de técnicas o conocimientos científicos, en cuyo caso su actuación deberá reducirse a la protección del lugar—, de forma similar a la que se especifica en los arts. 770 y 771 LECRIM, debiendo remitir sus actuaciones inmediatamente a la Unidad de Policía Judicial Especifica que territorialmente corresponda. No obstante, hay que resaltar el régimen especial que como Policía Judicial Genérica tiene en la actualidad la Dirección Adjunta de Vigilancia Aduanera, toda vez que la citada ut supra Disposición adicional primera de la LO 12/1995, de 12 de diciembre, sobre Represión del Contrabando, le otorga facultades de investigación, persecución y represión en todo el territorio nacional, aguas jurisdiccionales y espacio aéreo español de los actos e infracciones de contrabando, en coordinación con las Fuerzas y Cuerpos de Seguridad del Estado, teniendo a todos los efectos legales, carácter de colaborador de los mismos».

CAPÍTULO V

LAS MISIONES «SECURITARIAS» DE LAS FUERZAS ARMADAS. MARCO TEÓRICO, ESTRATÉGICO Y PARTICIPATIVO

1. Nuevas nociones de conflictividad. Las «nuevas guerras»

Con la finalización de la Guerra Fría, devienen nuevas situaciones que superan en complejidad a la guerra clásica de Clausewitz. Dan lugar a nuevas concepciones en las que pierde relevancia el Estado como participante individual y la adquiere en el marco global, sin perder su naturaleza política, denominadas por KALDOR como «nuevas guerras»[984]. Una de las primeras causas de aparición de la nueva concepción, tiene origen en el fenómeno globalista, dada la gran cantidad de redes de comunicación e influencias que presenta la conflictividad entre los Estados, contando con una importante labor los medios de comunicación y las redes de información[985].

KALDOR se refirió con el concepto de «nuevas guerras» a un tipo de guerra local y civil que arrastra múltiples implicaciones internacionales, constituyendo su caso paradigmático el conflicto de Bosnia y Nagorno-Karabaj. En el seno de dicho conflicto no desaparece el fundamento político, pero surgen

---

984 Mary KALDOR, *New and Old Wars: Organized Violence in a Global Era*, Ed. Stanford University, Stanford, 2001, p. 15. Previamente, también en Mary KALDOR and Basker VASHEE, «The contemporary mode of warfare?. Theory of new wars», *New Wars*, London, 1997; Mary KALDOR, Ulrich ALBRECHT and Geneviève SCHMÉDER, *The End of Military Fordism*, Ed. Continuum International Publishing Group, London, 1998; además habría que mencionar aportaciones a esta temática como las realizadas por David HELD, Anthony MCGREW, David GOLDBLATT and Jonathan PERRATON, *Global Transformations. Politics, Economics and Culture*, Stanford University Press, Stanford, 1999; y Samuel P. HUNTINGTON, *El choque de civilizaciones y la reconfiguración del nuevo orden mundial*, Ed. Paidós Ibérica, Barcelona, 1997, entre otras.

985 María Luz HERNÁNDEZ-PALOMO PEÑA, «Mary Kaldor. Las nuevas guerras. Violencia organizada en la era global», *Anduli: Revista Andaluza de Ciencias Sociales, N.° 1*, 2002, pp. 140-142.

otras motivaciones de tipo ideológico, religioso o social que difuminan sus límites, dando paso a una conflictividad heterogénea y multidimensional[986].

No obstante, las motivaciones ideológicas quedan contrapuestas a las encontradas en las guerras tradicionales o «viejas guerras» y se establece una desviación frente el concepto de identidad de grupo que podrá coincidir con el ámbito nacional, el grupo religioso e incluso lingüístico[987]. Ello también produce la deslegitimación del monopolio del uso de la violencia por parte de los Estados-Nación en pro de otros agentes y factores externos, que impiden garantizar la seguridad de sus ciudadanos. La consecuencia de estas circunstancias se refleja en la emergencia de los denominados «estados fallidos», con estructuras de poder debilitadas y tendentes al colapso[988].

Otra parte de los analistas del medio, aseguran excesivo e incluso erróneo, afirmar la existencia de nuevos conceptos de guerra o conflictividad. Aquí encontramos a NEWMAN, que enfoca el análisis de la situación en términos cuantitativos y no cualitativos. Defiende que los factores atribuidos para las «nuevas guerras» en realidad ya tienen lugar en los conflictos clásicos aunque con diferente intensidad, otorgando un papel clave a los medios de comunicación[989]. En el mismo sentido, KALYVAS propone analizar el problema yendo desde lo particular a lo general, utilizando un método inductivo a través de datos concretos, identificando la autoconciencia colectiva o grupal entre los viejos y los nuevos conflictos[990]. Por otro lado, LACINA[991] y WALLENSTEEN[992] focalizan su análisis en el número de fallecidos, argumentando que no existe un cambio de paradigma significativo entre anteriores y actuales conflictos.

Nos encontramos ante un verdadero cambio de paradigma en el ámbito del conflicto, confluyendo un escenario multidisciplinar que rebasa la noción tradicional de la guerra, en tanto los intereses políticos han dejado de ser individualistas y expansivos en términos territoriales, pretendiendo ahora una política de bloque y la desestabilización como arma más efectiva. Además, los sujetos participantes son un colectivo heterogéneo en el que participan entes

---

986 KALDOR, *op. cit.*, pp. 15-16.

987 Víctor Mario BADOS NIETO y Marien Durán Cenit, «Las nuevas guerras. Una propuesta metodológica para su análisis», *Revist UNISCI, N.º 38*, 2015, pp. 10-12.

988 Mary KALDOR, «A decade of Humanitarian Intervention: the role of Global Civil Society», *Global Civil Society, Oxford University Press*, 2002, pp. 109-148.

989 Edward NEWMAN, «The New wars debate: A historical perspective is needed», *Security Dialogue, Vol. 35*, 2004, pp. 137-189.

990 Stathis KALYVAS, «New and Old Civil Wars. A valid distinction?», *World Politics, Vol. 54*, 2001, pp. 99-118.

991 Bethany LACINA, «Explaining the severity of civil wars», *Journal of Conflict Resolution, Vol. 50, N.º 2,* 2006, pp. 276-289.

992 Mary KALDOR, «In Defence of New Wars», *Stability, Vol. 2, N.º 1,* 2013, p. 2.

públicos y privados, sujetos estatales y no estatales, advirtiéndose una participación cada vez menor de fuerzas regulares que favorece la intervención de grupos paramilitares y empresas privadas[993]. Se ha producido una variación táctico-estratégica de la guerra, que conduce a una mayor violencia sobre la población civil (en atención a los medios empleados), heterogeneidad en los fines perseguidos y una palpable asimetría entre sujetos participantes[994], entre los que se encuentra incluido el fenómeno terrorista.

Otro aspecto relevante de las «nuevas guerras» se constituye por el ámbito financiero de las mismas. Mientras que las «viejas guerras» derivan principalmente de la financiación estatal y del expolio que pudiera producirse sobre el terreno, las «nuevas guerras» se sitúan en una economía globalizada, albergando en su seno el colapso impositivo y estructural que produce la contracción de los mercados internacionales. De este modo, la base financiera viene establecida por las transferencias de recursos y la ayuda exterior, derivado del colapso interno[995]. Cabe la posibilidad de establecer impuestos de guerra, una contraprestación económica a cambio de seguridad personal e incluso el bloqueo de la logística contraria mediante la utilización de *check points*, entre otros mecanismos. No obstante, el mayor caudal financiero se atribuirá en forma de ayuda externa mediante diversidad de recursos como el tráfico de armas, mercancías, empresas privadas de seguridad y las propias fuerzas armadas regulares. En palabras de García, sobre la obra de Kaldor, las «nuevas guerras»:

> «[...] responden más a intereses económicos (*mutual enterprise*) que a un choque de voluntades políticas. Las partes están interesadas en el negocio de la guerra más que en ganar o perder. La exaltación de la identidad política no es sino una vía para alcanzar, a través de la prolongación del conflicto armado, beneficios económicos. Se hace cada vez más borrosa la distinción entre guerra (violencia política) y crimen (violencia por intereses privados)»[996].

1.1. De la «primera a la tercera generación» de guerras

Con la consecución de la Paz de Westfalia en 1648 por medio de los Tratados de Osnabrück y Münster, surge un nuevo orden internacional protagoni-

993 Bados Nieto y Durán Cenit, *op. cit.*, p. 17.

994 Frank Hoffman, *Conflict in the 21st Century: The Rise of the Hybrid Wars*, Ed. Potomac Institute for Policy Studies, Arlington, 2007, pp. 17-34.

995 Mark Duffield, «The Political Economy of Internal War: Asset Transfer and the Internationalisation of Public Welfare in the Horn of Africa» in Joanna MACRAE, Anthony Zwi et al., *War and Hunger: Rethinking International Responses to Complex Emergencies*, Ed. Zed Books, London, 1994, pp. 50–69.

996 Caterina García, «Las nuevas guerras del siglo XXI. Tendencias de la conflictividad armada contemporánea», *Institut de Ciències Polítiques i Socials (ICPS), Working papers, N.º 323*, 2013, p. 20.

zado por los Estados-Nación[997], cuyos ejércitos van a ostentar el monopolio del uso de la violencia contra terceros Estados en lo que ha venido a denominarse como «guerras de primera generación»[998]. El concepto de primera generación se extiende hasta la finalización de la Guerra de Secesión de los EEUU en 1865, aportando la decadencia de la utilización de filas, columnas y el orden cerrado en favor de la utilización de las armas tipo ametralladora o el empleo de trincheras.

Es por ello que el recurso a la artillería como medio defensivo de respuesta frente a los ataques indiscriminados dará paso a lo que la doctrina denomina «guerras de segunda generación»[999]. Esta modalidad, persigue imponerse al enemigo mediante lances exitosos de arremetidas verticales, tecnológicas y contundentes, sin embargo, la Primera Guerra Mundial (1914-1918) constituirá la prueba de que esta filosofía bélica no resulta efectiva, pudiendo prolongarse el conflicto de manera no deseada e imprevista. El comienzo de la Segunda Guerra Mundial en 1939 marca el germen de un cambio de tendencia en el modo de concebir el conflicto, cuyo paradigma de intervención viene constituido por el *Blitzkrieg o* «guerra relámpago»[1000]. Se trata de emplear una alta movilidad de las tropas mediante acometidas intensas y de corta duración que revierten en el desgaste de las tropas enemigas, plasmado en el tándem atacar-penetrar-envolver[1001]. Este concepto bélico será denominado por la doctrina como «guerras de tercera generación»[1002]. De tal modo, surgen intereses contrapuestos no vitales que permiten centrar la estrategia operativa en zonas o aspectos concretos y limitados. El propio HART define la situación a la conclusión de esta contienda bélica del siguiente modo: «la guerra total, tal como la hemos conocido en los últimos 40 años, pertenece al pasado»[1003].

---

997 Alejandro GALÁN MARTÍN, Trabajo Fin Grado*: La paz de Westfalia (1648) y el nuevo orden internacional*, Universidad de Extremadura, 2015, p. 26.

998 Su relevancia recae en el uso de uniformes muy vistosos, un protocolo rígido y el comienzo del uso de las armas de fuego portátiles accionadas mediante pólvora. La táctica empleada se basaba en el entrenamiento repetitivo y la ofensiva compacta de las tropas. Jorge POZZO, «Guerras de 4ta generación. Tecnología versus combatientes», *Cuadernos de Marte, Año 5, N.° 7*, 2014, p. 195.

999 Manfred GRAUTOFF, «De Clausewitz a la guerra asimétrica. Una aproximación empírica», *Revista de Relaciones Internacionales, Estrategia y Seguridad, Vol. 2, N.° 1*, 2007, p. 135.

1000 Gustavo URUEÑA ARELLANO, «Blietzkrieg vs batalla profunda», *The Corner of History German Army Publishers*, 2017, p. 5.

1001 Ibídem, pp. 28-32.

1002 Lind WILLIAM et al., «The Changing Face of War: Into the Fourth Generation», *Marine Corps Gazette*, 1989, pp. 22-26.

1003 Óscar JAIME JIMÉNEZ, «Riesgos y respuestas desde la seguridad de un mundo globalizado» en *La seguridad desde las dos orillas* [Rafael DOMINGO MARTÍNEZ y Joseph Tulchin, 2007], Ed. Biblioteca Nueva, Madrid, 2004, p. 147.

El cambio en los procesos productivos y el surgimiento paulatino de una economía que deja atrás su base en las materias primas y en la mentalidad del esfuerzo físico, propicia un cambio en el desarrollo del conocimiento como base sustancial de las sociedades. Ello imprime su consecuencia lógica en los métodos y formas de llevar a cabo la guerra, cuyo protagonista fundamental pasa a ser la tecnología empleada mediante tropas especializadas, situando la eficiencia en el objeto principal de la contienda[1004]. A partir de este momento, las acciones de los mandos intermedios dejan de resultar determinantes en la conducción de la guerra como lo venían siendo hasta el momento, pasando a ocupar un lugar preeminente los Cuarteles Generales que disponen de una visión panorámica, especializada y técnica[1005]. La tecnología, advertíamos, se erige en la punta de lanza operativa y permite identificar con mayor concreción los objetivos, disminuir los riesgos y neutralizar las amenazas de manera precisa.

En consecuencia, el teatro de operaciones se expande y propicia la difuminación de sus fronteras, aspecto que implica dificultades añadidas y una asunción de riesgo abstracto elevada para los participantes en el conflicto que inevitablemente impregnan de prudencia las decisiones ofensivas, lo que nos permite hablar de «guerras limitadas»[1006]. Se pierde, por tanto, la implicación de las sociedades como colectivos autónomos y se da paso a ciertos conflictos de intereses *inter partes*. Por otro lado, LIND y VAN CREVELD[1007] consideran que las guerras actuales pertenecen a la noción de «cuarta generación» que se caracteriza por la relevancia del elemento político en el conflicto.

1.2. Las guerras de «cuarta generación» y los «conflictos asimétricos»

Se trata de un tipo de conflicto que supera el desarrollado por las tres generaciones anteriormente expuestas y que, desde luego, escapa a la relación simétrica inicial desde la que partían los ejércitos de los Estados en cualquier contienda bélica y que permitía observar de manera nítida bloques armados contrapuestos. De hecho, una parte de los analistas del hecho bélico descarta el empleo de esta terminología, en tanto supone la introducción de

1004 Federico AZNAR FERNÁNDEZ-MONTESINOS y Andrés GONZÁLEZ MARTÍN, «Las Generaciones de las guerras. De segunda y tercera generación (II)», *Instituto Español de Estudios Estratégicos, Documento de Análisis 59/2015*, 2015, p. 16.

1005 Ibídem, p. 19.

1006 David GARCÍA CANTALAPIEDRA, «La doctrina Obama, la teoría de la guerra limitada y la nueva política exterior de EEUU: ¿Hacia una política Neo-Nixioniana?», *UNISCI, Discussion papers, N.º 28*, 2012, pp. 149-150.

1007 AZNAR FERNÁNDEZ-MONTESINOS y González Martín, op, cit., p. 22.

variables y actores novedosos, difusos y no siempre mensurables[1008]. Nos encontramos ante conflictos sin un teatro de operaciones concreto, donde el uso de armas tradicionales y tácticas meramente militares no se disputan el papel principal, adquiriendo gran importancia el factor tecnológico o los mecanismos políticos de desgaste y desestabilización[1009].

La «guerra de cuarta generación» resulta de la aplicación de la inteligencia proporcionada por la informática y las redes de información seguras, empleando la utilización de aeronaves no tripuladas y otros elementos tecnológicos que permiten al Estado participar de manera eficiente en conflictos cuyas premisas no se encuentran visiblemente tasadas. Tal es el caso del conflicto asimétrico, cuyo enemigo viene representado a través del fenómeno terrorista, insurgente o del crimen organizado, entre otros[1010].

Autores como AHARONIAN y VERZI[1011] apuestan por la emergencia de una «quinta generación» de la guerra fundamentada en las acciones de EEUU y la OTAN para derrotar fuerzas intelectuales enemigas internacionales y desestabilizar diversas zonas geoestratégicas de interés. No compartimos esta postura, porque consideramos que se trata de una variable más del fenómeno asimétrico.

La noción asimétrica viene planteada de manera dinámica desde una perspectiva histórica, basada en una serie de medios y procedimientos empleados por el Estado que distan del enfrentamiento tradicional y cuya efectividad ejecutiva no siempre es la esperada políticamente. La complejidad[1012] y diferencia de entidad entre las partes, junto a la disparidad de las fuerzas de los actores en conflicto, conforman un conjunto heterogéneo que merece un análisis singularizado. En el conflicto asimétrico, la parte débil recurre a medios y métodos ilegales o irregulares que permiten la erosión del contrario[1013], que normalmente se encuentra en la posición del Estado como fuerza

---

1008 Olmedo Aisar VÁSQUEZ TOLEDO, Tesis doctoral: *Las guerras de cuarta generación y sus efectos en la seguridad estratégica de Guatemala*, Universidad de San Carlos de Guatemala, 2016, p. 41.

1009 Ibídem, p. 42.

1010 Patricio HARO AYERVE, «La guerra de cuarta generación y las amenazas asimétricas», *Academia Nacional de Estudio Políticos y Estratégicos de Chile*, *Revista Política y Estrategia, N.º 134*, 2019, p. 105.

1011 Aram AHARONIAN, «¿Enfrentar la guerra de quinta generación con arcos y flechas?», sitio web: www.rebelion.org/noticia.php?id=245686, [consultado 16/09/2021]; también en Álvaro VERZI, «Venezuela: una guerra de quinta generación ¿en vías del fracaso? América Latina en Movimiento», sitio web: www.alainet.org/es/articulo/198252, [consultado el 16/09/2021].

1012 Clinton ANCKER y Burke MICHAEL, «La doctrina para la guerra asimétrica», *Military Review, enero-febrero,* 2004, p. 35.

1013 Horacio LARRAÍN LANDAETA, «Las amenazas asimétricas como una modalidad de resolución de conflictos», *Academia Nacional de Estudios Políticos y Estratégicos, Revista Política y Estratégica, N.º 99*, p. 105.

regular[1014]. Un ejemplo concreto de conflicto asimétrico lo encontramos en el fenómeno terrorista, a nadie se le escapa que el Estado posee una capacidad armamentística y de especialización muy superior a la de un grupo terrorista, sin embargo, cualquier ataque terrorista supone una agresión al más alto nivel en la base de nuestros cimientos democráticos y los desestabiliza.

El hecho de que el «enemigo» no se encuentre localizado en una ubicación concreta como, en ocasiones, ocurre con el terrorismo fundamentalista islámico, ni sea posible la identificación singularizada de sus miembros y colaboradores, supone una dificultad para la fuerza regular a la hora de enfrentarse al fenómeno. Sobre este particular se ha referido RAMONET en la obra de CABRERIZO CALATRAVA, del siguiente modo:

> «La primera guerra del siglo XXI es un conflicto asimétrico [...] la mayor parte de las fuerzas armadas están entrenadas para combatir a otros Estados pero no para enfrentarse a un enemigo invisible»[1015].

Es de interés para lograr una mejor comprensión sobre el conflicto asimétrico, realizar un análisis sobre los elementos que van a permitir delimitar esta circunstancia. En primer lugar, debemos referirnos a la zona de operaciones, donde el enemigo asimétrico evita una confrontación directa, consciente de sus limitaciones militares y operativas. De tal modo, el objetivo del enemigo asimétrico es establecer la contienda en espacios de difícil acceso y localidades urbanizadas que faciliten la ocultación entre la población civil[1016]. Por lo que respecta a los procedimientos, los recursos económicos de ciertas organizaciones no permiten a las mismas hacerse con sistemas de armas avanzados, de manera que enfrentarse a los ejércitos o cuerpos policiales modernos supone un enorme desequilibrio en su contra[1017]. Ello obliga a modificar su postura de método conductual conflictivo por medio de diferentes acciones:

a) guerra de guerrillas: operaciones militares o paramilitares en terreno del enemigo de apoyo a la intervención armada[1018];

b) subversión: acciones encaminadas a mermar las estructuras políticas, militares o económicas[1019];

1014 Steven METZ, «Asimetría estratégica», *Military Review, mayo-junio,* 2002, p. 64.

1015 Antonio CABRERIZO CALATRAVA, «El conflicto asimétrico», Conferencia en *Congreso Nacional de Estudios de Seguridad*, Universidad de Granada, Granada, octubre 2002.

1016 Stephen GRAHAM, «Introduction: Cities, Warfare, and States of Emergency» in *Cities War and Terrorism: Towars and Urban Geopolitics*, Ed. John Wiley & Sons, London, 2004, pp. 1-25.

1017 Agustín ALCÁZAR SEGURA, «Carácter asimétrico del conflicto actual», sitio web: www.militaresescritores.es/wp-content/uploads/2016/caracterasimetrico, [consultado el 20/09/2021].

1018 Joseph ROUCEK, «La guerra de guerrillas: Aspectos marginales de la guerra moderna», *Revista Internacional de Sociología, Tomo 33, N.° 15*, 1975, p. 137.

1019 CABRERIZO CALATRAVA, *op. cit.*, p. 7.

c) terrorismo[1020]: conjunto de acciones violentas contra el Estado, sus instituciones o población con la finalidad de infundir temor en la población, o lograr propósitos de cualquier otra índole en contra de los pilares constitucionales;

d) chantaje: mediante el empleo de armas químicas o de destrucción masiva para incidir en las decisiones políticas del Estado;

e) manipulación de la información: de manera que les permita fundamentar una causa justa de justificación de sus acciones; un *casus belli*[1021].

En cuanto a las limitaciones a las que se enfrentan los Estados democráticos para hacer frente al fenómeno terrorista encontramos:

a) normativas[1022]: en el caso de España, contamos con ciertos resortes legales que permiten el empleo de las Fuerzas Armadas en circunstancias ordinarias y excepcionales, a los que ya nos hemos referido durante la presente investigación. A pesar de ello, lo cierto es que el empleo de nuestras Fuerzas Armadas ha tenido lugar en raras ocasiones a nivel interno en colaboración con las Fuerzas y Cuerpos de seguridad, a diferencia de otros países de nuestro entorno;

b) geográficas: los límites geográficos se vulneran por parte del enemigo asimétrico implicando la vulneración de cualquier normativa de Derecho Internacional, cosa que no puede hacer el Estado, que debe ajustar sus procedimientos al ordenamiento jurídico interno y externo;

c) temporales: este factor suele jugar en contra de los Estados democráticos frente a los enemigos asimétricos, ya que son múltiples las presiones a las que se debe enfrentar para contener la agresión violenta a su seguridad en aras de alcanzar metas a corto plazo: de tipo social, políticas nacionales e internacionales. Conlleva un proceso de toma de decisiones inmaduro que a su vez redunda en la prolongación del conflicto;

d) empleo de medios: a pesar de que el Estado cuenta con diversidad de medios potencialmente destructivos, existen otros factores que desaconsejan su empleo, entre los que encontramos la opinión pública, los conflictos éticos e incluso el Derecho. De esta manera, se restringe el empleo de los mismos en ciertas situaciones de conflicto, a diferencia de la perspectiva del enemigo asimétrico, que carece de límites y presiones externos;

1020 Alexander SCHMID and Albert J. Jongman, *International Terrorism: A new guide to Actors, Authors, Concepts, Data Bases, Theories and Literature*, Ed. Transaction Publishers, New Jersey, 1988, p. 76.

1021 Ricardo BEBCZUK, *Información asimétrica en mercados financieros,* Ed. Cambridge University Press, Cambridge, 2000, pp. 15-29.

1022 Aniceto MASFERRER DOMINGO, «Estado de Derecho y Derechos Fundamentales en la Lucha contra el Terrorismo», *Universidad de Valencia*, 2011, p. 192.

e) actores enfrentados: no son pocas las ocasiones en que las acciones de ciertos Estados se contemplan como erróneas en el conflicto a pesar de su enorme potencial militar, policial y de inteligencia.

Esta circunstancia se debe a que existen otros factores como la emergencia de organizaciones armadas no pertenecientes al Estado que emplean estrategias diversas de lucha y con las que no siempre es efectiva la dotación militar o policial[1023 1024]. El conflicto asimétrico es un hecho que debe servir a los Estados occidentales para llevar a cabo una contienda efectiva contra el terrorismo a través de una valoración correcta de la amenaza. Por ello, cobra una especial relevancia la «inteligencia» de los Estados[1025], la transformación de la información contrastada a través de los diferentes medios proporciona un estatus de discernimiento del enemigo asimétrico, su *modus operandi* y la manera de combinar los recursos disponibles para lograr el objetivo.

Debemos ser conscientes que en un conflicto asimétrico cobran gran importancia factores como las circunstancias sociales y políticas, el aspecto teleológico de sus acciones y la costumbre del considerado como «enemigo». El estado de nuestras Fuerzas Armadas y su evolución, pasa sin duda por reforzar sus competencias convencionales[1026] de defensa tanto *ad extra* como *ad intra*. Esto es, la necesidad de que la institución castrense y el Estado asuman con normalidad que el surgimiento de nuevos actores, escenarios, métodos y estrategias de combate del terrorismo nos llevan a una especialización multidisciplinar necesaria.

En cuanto a los principios que rigen las operaciones asimétricas, la mayor parte de analistas internacionales apuestan por los siguientes[1027]:

a) establecimiento de un mando único: la coordinación de los distintos ámbitos políticos, militares, sociales, culturales y económicos en una misma unidad, redundan en una mayor eficacia de los cometidos y objetivos planteados;

b) dominio de la información: el manejo de la información disponible y de los medios en los que se transmite es un elemento fundamental para influir en las decisiones del «enemigo» y limitar su capacidad de acción, aspecto que obviamente determina una mayor seguridad propia;

1023 Lázaro MINUÉ, *Vietnam, la guerra que nunca acabó*, Historia del Siglo de la Violencia. Campañas, Ed. San Martín, Madrid, 1985, pp. 101-115.

1024 *Vid.* Las organizaciones subversivas, grupos con armas de destrucción masiva o terrorismo internacional.

1025 José Luis OLIVERA SERRANO, Director del CITCO, entrevista Revista Electrónica MUFACE, 2015, sitio web: www.muface.es/revista/i231/en_portada_entrevista_jose_luis_olivera_serrano_231.html, [consultado 15/09/2021].

1026 Luis DELGADO MORENO, «Capacidades Futuras de las Fuerzas Armadas», *Ministerio de Defensa, Monografía, N.º 140*, 2014, p. 152.

1027 Ramón GUSTAVO BRAVO, «Los Principios de la Guerra en los Conflictos Asimétricos», *Estrategia Visión Conjunta, N.º 13*, 2015, pp. 23-24.

c) definición de los objetivos: el discernimiento del objetivo a lograr en un conflicto asimétrico adquiere relevancia en aras del logro del mismo, de manera que es imposible acercarnos a lo que pretendemos si no determinamos una finalidad a partir de la que concentrar los esfuerzos;

d) moderación en las acciones: se trata de la obligación de los Estados democráticos de emplear sus recursos militares de manera ponderada a las amenazas o acciones terroristas concretas;

e) apoyo y organización de la población civil[1028]: se reputa como indispensable el apoyo de la ciudadanía para lograr objetivos de seguridad, sin olvidar que las Administraciones civil y militar sirven a los intereses generales, de conformidad al art. 103.1 CE;

f) adecuación de la estructura jerárquica: el establecimiento de unos principios de jerarquía aceptados por todos los entes participantes en la lucha asimétrica contra el terrorismo. La correcta definición de los cometidos entre los distintos cuerpos de seguridad y las Fuerzas Armadas, propician una mayor consecución de los objetivos fijados[1029];

g) marco jurídico: las actuaciones llevadas a cabo por el Estado a través de sus organismos e instituciones en el marco antiterrorista deben estar legitimadas mediante el ordenamiento jurídico, expresión democrática de la voluntad popular representada en el legislador. El Estado no puede apartarse del marco legal nacional e internacional y su aplicación debe ser suficiente fundamento para cualquier intervención;

h) acción global: tanto a nivel nacional entre los diversos cuerpos de seguridad e inteligencia, como internacional entre los distintos Estados con una finalidad común de seguridad internacional[1030].

1.3. Las «guerras de baja intensidad»

El concepto es acuñado por la cúpula militar de EEUU para referirse a conflictos post Vietnam (1981)[1031] en que la participación militar se centra en neutralizar movimientos de liberación o revoluciones localizadas. Concretamente, hablamos de mitigar las consecuencias negativas de este tipo de organizaciones mediante acciones de contrainsurgencia, reversión de situaciones y

1028 Michael Artelli and Deckro Richard, «Fourth Generation Operations: principles for the Long War», sitio web: www.tandfonline.com/doi/pdf/10.1080/09592310802061372, [consultado el 18/09/21].

1029 Argentina, Ministerio de Defensa, Estado Mayor Conjunto de las Fuerzas Armadas, *Manual de Estrategia y Planeamiento para la Acción Militar Conjunta, Nivel Operacional. La Campaña*, MC 20-01, 2013, p. 47.

1030 Cabrerizo Calatrava, *op. cit.*, p. 22.

1031 El Alto mando del Ejército estadounidense comienza a tomar conciencia de la amenaza a la seguridad que suponen los países del Tercer Mundo.

prevención de las mismas[1032]. El objeto del conflicto de baja intensidad va más allá del propiamente militar, pretende el agotamiento político y moral del movimiento revolucionario en cuestión mediante su prolongación. La idea es emplear una escasa cantidad de recursos militares directos e indirectos[1033], pero suficientes para el mantenimiento de la situación neutralizante.

La zona de operaciones se ubica generalmente en Estados de estructuras frágiles y democracias débiles sin consolidar. La fuerza operativa empleada es muy variada en función de las necesidades, desde la intervención rápida en el entorno subversivo hasta la guerra irregular e incluso las operaciones encubiertas de intensidad media. El empleo de recursos de alta intensidad determina la finalización de esta tipología de conflictos[1034]. La modalidad de empleo de las tropas comprende fundamentalmente tres variedades, constituidas por las fuerzas de operaciones especiales, asuntos civiles y operaciones psicológicas, pudiendo combinarse estas dos últimas para abarcar mayor capacidad de despliegue a través de las denominadas «unidades flexibles»[1035]. Asimismo, la estrategia contrainsurgente se compone de una fase de estabilización político-militar inicial, seguida del sostenimiento gradual en el tiempo de la intensidad de fuerza necesaria y finaliza con una fase psicológica-militar que concluye las negociaciones[1036]. La doctrina contrarrevolucionaria americana determina un objetivo limitado, esto es, acotar la duración de la intervención lo máximo posible y establecer intereses generales. Operativamente, el principio de ofensividad resulta el más adecuado en estos casos, dado que se busca imposibilitar la reacción insurgente inutilizando sus bases logísticas y neutralizando su capacidad de respuesta[1037].

En el marco de la baja intensidad, también encontramos intervenciones militares de tipo antiterrorista e incluso de prevención de estas acciones, así como contraterroristas o de acciones ofensivas a dicho fenómeno[1038]. En este caso, la estructura operacional se reproduce de igual modo a la anteriormente expuesta, implementando los medios militares adecuados a la gravedad e intensidad de la amenaza.

1032 Francisco CASTREJÓN-PINEDA, «La guerra de baja intensidad», *Universidad Nacional de México, Revista Chiapas, N.º 2*, 1996, p. 1.

1033 Department of the Army, Headquarters, *Operations in a low-intensity conflict*, Field Manual 7-98, 1992, pp. 1-1-1-2.

1034 Es el caso de la intervención militar de EEUU en Irak, evolucionando desde la operación *Escudo del Desierto* hasta la operación *Tormenta del Desierto* (1991).

1035 Robert ADOLPH, «Empleo estratégico de las Fuerzas de Operaciones Especiales», *Military Review, noviembre-diciembre*, 1992, p. 21.

1036 Steven METZ, «Victoria y compromiso en la contrainsurrección», *Military Review, noviembre-diciembre*, 1992, p. 37.

1037 Leonardo ARCADIO ZARZA, «Conducción militar por funciones de combate», *Doctrina Visión Conjunta, N.º 13*, 2015, p. 36.

1038 *Operations in a low-intensity conflict, op. cit.*, pp. 3-5 a 3-10.

1.4. Las «guerras híbridas»

Con esta denominación se ha calificado por parte de los analistas de la guerra, mayormente militares norteamericanos[1039], a las amenazas multidisciplinares compuestas por elementos regulares e irregulares, difusos o no, que transmiten sensación general de inseguridad en el interior de los Estados. CASEY nos aporta la siguiente definición al respecto:

> «Las amenazas híbridas —combinaciones diversas y dinámicas de capacidades convencionales, irregulares, terroristas y criminales— harán difícil la utilización de enfoques singulares, siendo necesario soluciones híbridas e innovadoras que impliquen nuevas combinaciones de todos los elementos del poder nacional»[1040].

El término «híbrido» se ha utilizado de manera recurrente por las autoridades estadounidenses[1041], si bien, el mismo se ha referenciado poco en las principales disposiciones de la defensa americana, aspecto que no deja de ser llamativo. Así ocurre en el *National Defense Strategy* de 2005, 2008 y 2010, el *Quadrennial Roles and Missions Review Report* 2009 o la *CJCS Guidance* 2009 y 2010, aunque se alude al carácter híbrido de las amenazas en la *Quadrienal Defense Review* de 2010. Esta circunstancia obedece a que se trata de un paradigma asentado en la doctrina científica que en esos momentos no había penetrado en la doctrina de defensa americana. Aunque el concepto de guerra híbrida se ha utilizado por diferentes autores matizando ciertos aspectos, creemos de interés aportar la descripción que al respecto realiza HOFFMAN como precursor del mismo:

> «El adversario presentará con toda probabilidad una única combinación de amenazas híbridas que estarán dirigidas específicamente a las vulnerabilidades de Estados Unidos. En lugar de diferentes amenazas con enfoques fundamentalmente diferentes (convencional, irregular o terrorista) podemos esperar enfrentarnos a adversarios que emplearán todas las formas y tácticas de guerra, quizás simultáneamente. La actividad criminal puede considerarse también parte de este problema, ya que o bien desestabiliza a los gobiernos locales o ayuda al guerrero insurgente o irregular proporcionándole recursos. Esto puede implicar

1039 *Vid.* Entre los estudiosos más destacados de esta supuesta nueva forma de guerra se encuentra Frank Hoffman, antiguo oficial del Cuerpo de Marines estadounidense, al que algunos han llamado «el padrino intelectual de la guerra híbrida», y que periódicamente ha ido publicando artículos y ensayos relativos a este tipo de conflicto que han tenido notable influencia. También el General George Casey o el Coronel McCuen.

1040 George CASEY, «America's Army In a Era of a Persistent Conflict», *Army Magazine, Vol.58, N.° 10*, 2008, p. 24; También en CASEY, «The Army of the 21st Century», *Army Magazine, Vol. 59, N.° 10*, 2009, p. 28.

1041 Robert GATES, «Hearing to Recieve Testimony on the Challenges Facing the Department of Defense», *US Senate Commitee on Armed Services, 111th Cong., 1st sess*, 27 de enero de 2009; Robert WILKIE, «Hybrid Warfare», *Air and Space Power Journal*, 2009; House Armed Services Committee, «Statement of General James N. Mattis, USMC. Commander, United States Joint Forces Command», 18 de marzo de 2009 and others.

contrabando, narcoterrorismo, transferencia ilícita de municiones o armas avanzadas o la explotación de las redes de bandas urbanas»[1042] [1043].

Podemos afirmar que nos encontramos ante un modo de conflictividad cuyos límites no se encuentran definidos, consecuencia de la interacción asimétrica entre sus actores participantes y que obligará al actor de menor entidad a emplear medios y recursos híbridos para contrarrestar su situación de desventaja[1044]. Además, el origen de estos conflictos no tiene porqué obedecer a los clásicos intereses bélicos contrapuestos entre Estados, sino que puede derivarse de planteamientos pertenecientes a otros ámbitos, como el económico o el geoestratégico, caracterizándose por su tendencia a evitar el conflicto armado[1045]. Los factores determinantes de las estrategias híbridas son la ambigüedad en que se llevan a cabo las acciones y, por tanto, su percepción por el resto de actores. La combinación de operaciones regulares e irregulares puede llegar a contravenir el principio de la buena fe internacional, más que normas propiamente dichas.

El combate contra las amenazas híbridas requiere el desarrollo de una estrategia consolidada de Seguridad Nacional que incluya al menos la autoevaluación del funcionamiento de sectores críticos, añadir medios y recursos novedosos (no solo militares, también políticos, diplomáticos, o económicos). Asimismo, resulta de interés potenciar la capacidad para definir los procesos contra-híbridos, a través de los siguientes hitos[1046]:

a) tareas de detección de acciones híbridas mediante procedimientos alternativos;

b) priorizar el instrumento disuasorio, trasladando la información deseada a terceros Estados sobre nuestro estatus, rol y capacidades;

c) determinar si, una vez detectada la acción híbrida, debe ofrecerse una respuesta, o no es aconsejable este paso. En tal sentido, el proceso de evaluación de la amenaza y sus consecuencias, así como las propias de respuesta, resultan esenciales.

1042 Frank HOFFMAN, «Hybrid Warfare and Challenges», *Joint Force Headquartes, issue 52,* 2009, pp. 34-37.

1043 Por su parte, MCCUEN define la amenaza híbrida del siguiente modo: «Las guerras híbridas son una combinación de guerra simétrica y asimétrica en las que las fuerzas que intervienen conducen operaciones militares tradicionales contra fuerzas militares y objetivos enemigos y simultáneamente —y más decisivamente— intentan lograr el control de las poblaciones locales en la zona de combate dándoles seguridad y estabilidad (operaciones de estabilidad)».

1044 Miguel GARCÍA GUINDO y Gabriel MARTÍNEZ-VALERA GONZÁLEZ, «La guerra híbrida: nociones preliminares y su repercusión en el planeamiento de los países y organizaciones occidentales», *Instituto Español de Estudios Estratégicos, Documento 02/2015,* 2015, p. 5.

1045 Bonifacio GUTIÉRREZ DE LEÓN, «El concepto de lo hibrido. De las estrategias híbridas a la zona gris» en *XXVII Curso Internacional de Defensa en Jaca: Amenaza Híbrida. La guerra imprevisible*, Jaca, 2019, p. 32.

1046 Ibídem, p. 34.

1.4.1. Rusia: La guerra híbrida como método geopolítico

Para trasponer la noción de guerra híbrida a la actualidad, basta con analizar el comportamiento de Rusia y algunas de sus acciones, que no dejan lugar a dudas sobre el origen y alcance de estos procedimientos en la esfera internacional. Partimos de la base de que Rusia en ningún momento ha dejado de lado los procedimientos belicistas tradicionales para determinados objetivos geoestratégicos[1047], aunque el empleo de las nuevas tecnologías, el manejo de la información y comunicación o internet, han propiciado un aumento de su capacidad de influencia y penetración internacional[1048].

De hecho, la estrategia de desinformación rusa está catalogada entre las más potentes de manera global, emitiendo cadenas de información a través de ciertos medios de manera sincronizada que abundan en la creencia sobre la certeza del mensaje y distorsionan la evaluación real por parte de los Estados. La cadena desinformativa obedece a la siguiente estructura:

a) liderazgo ejercido por el Gobierno, cúpula militar y policial rusa;

b) medios de comunicación afines concretos, tales como *Rusia Today, Sputnik* o *Internet Research Agency*;

c) nodos de amplificación de las informaciones vertidas en esta cascada, cuya competencia recae en las redes sociales, generalmente *Facebook, Twitter* e *Instagram.* La tarea de magnificación del mensaje se lleva a cabo mediante la utilización de *bots*[1049] o *troles*[1050], y a través de empresas que incrementan el apoyo en sus cuentas[1051];

d) el destinatario final, ciudadanos y políticos, que perciben como cierta o real la información transmitida por dicho conducto.

1047 *Vid.* Las guerras de Georgia (2008) o Chechenia (1999), así como en el apoyo encubierto a las facciones en lucha en Crimea, Inghusetia, Daguestán o Transnistria; a través de la empresa Wagner se cree que ha estado presente en conflictos como la segunda guerra civil centroafricana, el conflicto de Sudán, apoyando al general Haftar en Libia o al presidente Maduro en Venezuela; pero no fue hasta la actual guerra de Siria cuando la Federación Rusa se implicó abierta y completamente en un conflicto exterior, con una dimensión internacional del más complejo nivel.

1048 Pablo Rey García, Jorge Miranda Galbe et al., «Rusia como amenaza híbrida» en *[XXVII Curso Internacional de Defensa en Jaca...], op. cit.*, p. 283.

1049 Vicente Díaz de Villegas Roig, «Desinformación y Unión Europea», *Revista Española de Defensa, N.° 372*, 2020, pp. 50-53.

1050 Guillem Colom Piella, «Guerra híbridas. Cuando el contexto lo es todo», *Revista Ejército, N.° 927,* 2018, pp. 38-42.

1051 Los *bots* son un tipo de software informático que emula el comportamiento de una persona en la red mediante tareas concretas, mientras que los *troles* son cuentas tratadas por personas físicas, dedicadas a neutralizar información contraria a los intereses rusos, permitiendo modular la conciencia social. Rey García, Miranda Galbe et al., *op. cit.*, p. 285.

Los teatros de mayor importancia en que se ha movido la estructura de desinformación rusa han sido los siguientes:

a) la salida del Reino Unido de la UE (Brexit): inicialmente, se produjo una gran inversión económica[1052] en este proyecto con objeto de debilitar a Occidente (en este caso a la UE, que funciona como barrera geoestratégica con los EEUU y OTAN). Por otro lado, las redes sociales fueron utilizadas para apoyar la campaña de salida de la UE, incluso trasladando odio al islam por los recientes ataques terroristas de Londres y Manchester;

b) la influencia de Rusia en el proceso electoral de EEUU: se produce el hackeo del correo del partido Demócrata, permitiéndoles acceder a la información contenida sobre la campaña y facilitarla a terceros. Todo ello, junto a las reiteradas *fake news*, supusieron cierta ventaja para el partido Conservador y una evidente desestabilización del sistema americano;

c) financiación y apoyo militar al régimen venezolano[1053].

Podemos concluir que nos encontramos ante una potencia que emplea todos sus recursos, legales o no, éticos o no, para influir en cualquier tipo de situación o proceso que pueda situarle en una posición ventajosa para sus intereses, es decir, contraria al bloque OTAN. Además, goza del aura protectora y disuasoria de su armamento nuclear, aspecto que le ha permitido invadir Ucrania recientemente vulnerando lo dispuesto en los capítulos VI y VII de la Carta de Naciones Unidas sobre el arreglo pacífico de las controversias y el uso de la fuerza armada, respectivamente. La situación constituye un acto de agresión[1054] al amparo de la Resolución 3314, de 14 de diciembre de 1974, de

1052 Arron Banks inyectó una cantidad cercana a los 13 millones de euros al partido proindependencia del Reino Unido (UKIP) y su campaña Leave.eu. Amparo Luz Ibáñez Polo, «Así es Arron Banks, el financiador del Brexit», sitio web: London calling - Así es Arron Banks, el financiador del Brexit - Blogs Expansión.com (expansion.com), [consultado el 19/09/21].

1053 Pedro Rodríguez Moreno, «Rusia y Venezuela: la alianza geopolítica que preocupa a Estados Unidos», *Instituto Español de Estudios Estratégicos, Documento 42/2019*, 2019, pp. 8-10.

1054 Naciones Unidas, Resolución 3314, de 14 de diciembre de 1974.Art. 1:«La agresión es el uso de la fuerza armada por un Estado contra la soberanía, la integridad territorial o la independencia política de otro Estado, o en cualquier otra forma incompatible con la Carta de Naciones Unidas», continuando el art. 3: «[...] independientemente de que haya o no declaración de guerra, se caracterizará como acto de agresión: a) La invasión o el ataque por las fuerzas armadas de un Estado del territorio de otro Estado, o toda ocupación militar, aun temporal, que resulte de dicha invasión o ataque, o toda anexión, mediante el uso de la fuerza, del territorio de otro Estado o de parte de él; b) El bombardeo, por las fuerzas armadas de un Estado, del territorio de otro Estado, o el empleo de cualesquiera armas por un Estado contra el territorio de otro Estado; c) El bloqueo de los puertos o de las costas de un Estado por las fuerzas armadas de otro Estado; d) El ataque por las fuerzas armadas de un Estado contra las fuerzas armadas terrestres, navales o aéreas de otro Estado, o contra su flota mercante o aérea; e) La utilización de fuerzas armadas de un la Asamblea General de Naciones Unidas, al emplear recursos militares contra la soberanía de otro Estado contraviniendo las disposiciones de la Carta.

La invasión ha suscitado escaladas progresivas de tensión entre Rusia y OTAN, debido a las diferentes interpretaciones existentes sobre el posicionamiento estratégico de sus miembros, que abarcan desde la propia terminología empleada[1055] hasta los medios a utilizar[1056]. No olvidemos que, si bien, los países OTAN no intervienen militarmente sobre el terreno (*ad extra*), sí han tomado una postura real, participativa e indirecta sobre la zona de operaciones mediante el envío de armas y recursos militares.

1.4.2. Los conflictos en la «zona gris»

La zona gris es un concepto estratégico que se enmarca en el ámbito de la conflictividad híbrida, aunque se encuentra al otro lado del proceso. Mientras que la guerra híbrida trata el conflicto de una situación activa, la zona gris se caracteriza por situarse en la zona pasiva del conflicto, comúnmente conocida como el estado de paz polemológico[1057], entre las denominadas *White* y *Black zones*[1058]. Aquí el resorte militar es una pequeña parte que

---

Estado, que se encuentran en el territorio de otro Estado con el acuerdo del Estado receptor, en violación de las condiciones establecidas en el acuerdo o toda prolongación de su presencia en dicho territorio después de terminado el acuerdo; f) La acción de un Estado que permite que su territorio, que ha puesto a disposición de otro Estado, sea utilizado por ese otro Estado para perpetrar un acto de agresión contra un tercer Estado; g) El envío por un Estado, o en su nombre, de bandas armadas, grupos irregulares o mercenarios que lleven a cabo actos de fuerza armada contra otro Estado de tal gravedad que sean equiparables a los actos antes enumerados, o su sustancial participación en dichos actos».

1055 *Vid.* el 24 de enero de 2023, las declaraciones de la Ministra de Asuntos Exteriores de Alemania, Annaelena Baerbock, afirmando que los países de la UE se encuentran en guerra con Rusia, y su posterior retracto. Declaraciones que tuvieron su respuesta por parte de la Portavoz de Exteriores rusa, Maria Zajárova, advirtiendo el 27 de enero que ese tipo de errores causan asesinatos con armas occidentales. Concretamente, Baerbock dijo durante el debate de la Asamblea Parlamentaria del Consejo de Europa: «[...] Pero lo más importante y crucial es que lo hagamos juntos y que no nos echemos las culpas en Europa, porque estamos librando una guerra contra Rusia y no entre nosotros».

1056 No exento de polémica ha sido el debate entorno al envío de carros de combate Leopard 2 a Ucrania por parte de EEUU y los países europeos, por dos motivos fundamentalmente: por un lado, el papel de Alemania como fabricante de este vehículo militar requiere su aquiescencia previa a su remisión a la zona de combate, y por otro, la progresión en la escalada militar que supone enviar medios acorazados cuyas consecuencias resultan desconocidas. Finalmente, durante los meses de enero y febrero de 2023, las distintas potencias europeas y estadounidense procedieron al envío de los Leopard 2 a Ucrania en el marco de un acuerdo conjunto.

1057 Josep Baqués Quesada, «La construcción de la zona gris» en *[XXVII Curso Internacional de Defensa en Jaca...]*, *op. cit.*, p. 38.

1058 Josep Baqués Quesada, «Hacia una definición del concepto Gray Zone», *Instituto Español de Estudios Estratégicos, Documento 02/2017*, 2017, p. 12.

conforma el todo, unida a grandes dosis de elementos económicos, culturales, políticos o sociales que pretenden no adentrarse en el proceso activo y conseguir objetivos bélicos sin una guerra como tal, aunque sea híbrida[1059].

Se trata de alcanzar finalidades geopolíticas por medios pacíficos que eviten la escalada de violencia clásica y posibles reacciones de tipo militar del resto de actores que defiende su posicionamiento en la esfera internacional. Por tanto, los actores que se encuentran en la zona gris respetan las normas del Derecho Internacional y se sitúan en los márgenes de la prudencia política. Asimismo, dado que la participación en un proceso activo híbrido no debe ser descartable ante ciertos escenarios, la zona gris puede contemplarse como el paso previo o un modo de conducción incipiente de la misma.

El instrumento principal para materializar la zona gris viene constituido por la construcción de un mensaje que sirva de base a los planteamientos del actor en cuestión y, a su vez, permita debilitar los del Estado al que van dirigidos. En este campo, juegan un papel definitorio la actuación de los *mass-media*, las redes sociales y los *think-tanks*. Otro aspecto definitorio viene dado por la movilización que se consiga imprimir a los ciudadanos del actor que se encuentra en la zona gris, de manera que lleven a cabo en dicho territorio las acciones de manifestación oportunas. Las vulneraciones al ordenamiento jurídico que puedan realizar los civiles, siempre tendrán relevancia en el derecho interno, pero se difumina la posibilidad de justificarlo como ataques externos de cualquier naturaleza, descargando peso a cualquier acción militar. Finalmente, resulta de interés reseñar las acciones condicionantes económicas en la zona gris, las cuales irán dirigidas a potenciar los resortes anteriormente citados y organizaciones afines por medio de subvenciones u otros instrumentos, se trata de una modalidad de «guerrilla económica»[1060].

El papel de las Fuerzas Armadas en este tipo de conflictividad se encuentra focalizado en los procesos de inteligencia, obtención y elaboración de información, y al desarrollo de operaciones de tipo encubierto por parte de las unidades de operaciones especiales en el Estado en que se ha desplegado la acción en zona gris[1061]. Otra vertiente en la acción militar se encuentra constituida por la posibilidad de desplegar medios militares fronterizos de manera disuasoria sobre el terreno, causando una presión psicológica evidente sobre el territorio[1062].

1059 Eric Olson ha definido la zona gris como «submilitary conflicts». Eric Olson, «America's not ready for today's gray wars», *Defense One*, 2016, p. 1.

1060 Javier Jordán Enamorado, «El conflicto internacional en la zona gris: una propuesta teórica desde la perspectiva del realismo ofensivo», *Revista Española de Ciencia Política, N.° 48*, 2018, p. 132.

1061 Joseph Votel et al., «Unconventional warfare in the gray zone», *Join Forces Quarterly, N.° 80*, 2016, pp. 104-105.

1062 Jordán Enamorado, *op. cit.*, p. 131.

2. Concepto de situación de crisis en el ámbito de las Fuerzas Armadas

El término «crisis» deriva del latín con idéntica morfología escritural y del griego «krísis», aportando la Real Academia de la Lengua Española en una de sus acepciones la siguiente:

> «Cambio profundo y de consecuencias importantes en un proceso o situación, o la manera en que estos son apreciados»[1063].

El término puede utilizarse en diferentes ámbitos y para hacer referencia a multitud de situaciones, sin embargo, en esta monografía analizaremos la noción respecto de aquellas que pueden constituir la antesala del conflicto armado y que van más allá de una situación de normalidad o paz. No podemos olvidar que hasta bien entrado el siglo XX[1064] sólo existe una fase de paz que precede al estado de guerra en función de las circunstancias dadas, ya que hasta ese momento, las relaciones internacionales se calificaban como secretas y las crisis no podían exteriorizarse. Este aspecto permite ubicar el estado de crisis actualmente en una subfase intermedia entre ambas situaciones y que abarca las tensiones que afectan a la seguridad de un Estado, tanto en el plano interno como en el contexto internacional.

Tanto es así, que actualmente no podemos hablar de una situación de paz constante, sino más bien de pequeños estados de paz o recesos inmersos en las diversas tensiones acaecidas en torno al sujeto estatal o internacional. Siguiendo al General Beaufré, contemporáneo a la Segunda Guerra Mundial: «la gran guerra y la verdadera paz han desaparecido para siempre»[1065]. Este militar francés aportaría su propia definición de crisis, del siguiente modo:

> «Un estado de tensión en el curso de la cual existe un riesgo de escalada hacia un conflicto militar, y en el que se quiere impedir que el adversario adquiera una cierta ventaja política o militar, esta ventaja representa el envite de la crisis, que para el defensor el riesgo es mínimo»[1066].

La situación de crisis, como vemos, queda enmarcada en el espectro de las actuaciones políticas tendentes a evitar el conflicto bélico en el marco

---

1063 Real Academia Española de la Lengua, Diccionario de la Lengua Española, 23.ª edición, sitio web: https://dle.rae.es, [consultado el 11/09/2020].

1064 La Guerra Fría entre el bloque occidental y la Unión Soviética (1947-1991) será el punto de partida en la intensidad del empleo del término «crisis», concretamente a raíz de la «crisis de los misiles» soviéticos en Cuba de 1962.

1065 José Miguel Cárdenas Hernández, «Aproximación a un modelo de gestión de crisis español», *Boletín de Información*, *N.º 277*, 2002, p. 31.

1066 Eduardo García Domínguez, «La maniobra de crisis», *Revista de Marina de Chile*, 1991, p. 7.

de la gestión o conducción de las mismas para la protección de intereses públicos, en todo caso con carácter coyuntural[1067]. No obstante, al no existir una noción universalmente aceptada del término, parece necesario dirigirnos a las concepciones dadas en España y en el exterior a fin de constatar las prioridades que se les atribuyen a las tensiones propias de dichas situaciones. La situación de crisis y su noción puede variar en atención al tiempo y al sujeto que pretenda analizarla, puesto que su valoración y evaluación quedan impregnadas de cierta subjetividad según los objetivos perseguidos por el sujeto en cuestión. No obstante, indudablemente gozan de un valor esencial común, constituido por la inestabilidad en términos de seguridad que puede propiciar la intervención armada.

Entendemos necesario realizar un enfoque de la crisis no solo desde la perspectiva nacional, sino también desde las organizaciones internacionales de las que somos miembros, en consonancia con lo anteriormente expuesto. La OTAN entiende cumplidos los parámetros del concepto de crisis cuando se produce, a juicio de sus miembros, un ataque, agresión o situación objetiva que desvirtúe sus principios u objetivos prioritarios, que haga prever la valoración de la intervención armada aliada al objeto de disminuir la tensión situacional dada[1068]. En el ámbito de la UE, la Decisión de Ejecución (UE) 2018/1993 del Consejo, sobre el dispositivo de la UE de respuesta política integrada a las crisis, desarrollando las modalidades de aplicación de la cláusula de solidaridad de la UE en virtud de la Decisión 2014/415 del Consejo, establece en su art. 3 la siguiente definición de crisis:

> «Situación cuyos efectos de gran alcance o cuya importancia política son tales que requieren que se produzca a tiempo una coordinación de medidas y una respuesta a nivel político de la Unión»[1069].

Por lo que respecta a España, el término crisis ha sufrido cierta evolución para adaptarse a la realidad propia y de su entorno. Nuestra extinta Escuela

---

1067 Enrique Vega Fernández, «La gestión militar de crisis internacionales» en *Realidades y perspectivas de la Gestión integral de Crisis*, Instituto Universitario General Gutiérrez Mellado, Madrid, 2007, p. 343.

1068 Narciso Carreras Matas, «La conducción de crisis en la OTAN», *Boletín de Información, N.º 216*, 1990, pp. 116-117.

1069 Art. 3 de la Decisión de Ejecución 2018/1993 del Consejo, sobre el dispositivo de la UE de respuesta política integrada a las crisis, Diario Oficial de la Unión Europea, publicado el 17 de diciembre de 2018. La UE entendió que era necesario implementar un modelo de respuesta ante las crisis a raíz de los atentados del 11-S de 2001 en EEUU, 11-M de 2004 en España, 2005 en Londres, o el tsunami de 2004 en el océano Índico. La primera iniciativa tuvo lugar en 2006 con la creación del Dispositivo de Coordinación en caso de emergencias y crisis que se utilizó como mecanismo de flujo de información y coordinación entre sus miembros. Seguidamente el Dispositivo de Respuesta Política Integrada a las crisis (RPIC) mejoró los recursos y capacidades disponibles, dando como consecuencia final su refundición jurídica en la Decisión 2018/1993 que hemos tratado.

de Estudios Superiores Militares definió, a nuestro juicio parcialmente al no contemplar la vertiente interna de la misma, la situación de crisis como:

> «Una situación de agravamiento de la tensión entre dos o más partes, motivadas por factores políticos, ideológicos, económicos o sociales, que surgen cuando se genera una amenaza sobre los intereses vitales de un país o alianza, en orden a conseguir una situación ventajosa y obligando a los antagonistas a la búsqueda de una solución, con riesgo de conflicto armado»[1070].

El plano interno de la crisis fue tenido en cuenta por otras disposiciones, tales como la Directiva de Planeamiento Operativo Nacional de 1998 (DPO-98) y en consecuencia la Doctrina de Empleo de las Fuerzas Terrestres (D01-001 y D02-004). Todas ellas se refieren a la crisis como el desequilibrio creado por la tensión existente en relación a la seguridad del Estado que puede llegar a ocasionar un conflicto armado y cuya gestión compete al Gobierno. Más recientemente, la Doctrina para el empleo de las Fuerzas Armadas de 2018 PDC-01(A), relaciona el concepto de crisis como una de las situaciones potenciales y variadas de interés para la Seguridad Nacional, aspecto que será tratado en subsiguientes epígrafes. Este último concepto, de materia onmicomprensiva compleja, engloba entre otros elementos, los diferentes tipos de crisis[1071]. La doctrina ha establecido una serie de etapas o fases en las que puede desarrollarse una situación de crisis, determinando la siguiente gradación:

a) el punto inicial es la situación normal u ordinaria, en la que el nivel de riesgo es bajo al mantenerse el conocimiento de los agentes y sus circunstancias durante un tiempo prudencial prolongado;

b) los agentes y sus circunstancias varían, produciéndose cierta inestabilidad y, por tanto, se eleva el riesgo de amenaza;

c) el desequilibrio producido entre los elementos trae como consecuencia un conflicto entre dos o más partes diferenciadas;

d) la situación de crisis requiere la toma de decisiones por las partes para regresar al momento de partida o normalidad. Si esto no ocurre, la conflictividad es manifiesta y entrará en juego la toma de decisiones políticas, denominada como gestión o conducción de crisis[1072].

Ya hemos advertido que las crisis pueden ser diversas en atención al ámbito de referencia, los sujetos que intervienen y sus objetivos. Sin embargo, todas gozan de una esencia compartida que permite identificarlas por medio de los siguientes factores:

1070 Cárdenas Hernández, *op. cit.*, p. 34.

1071 *Doctrina para el empleo de las Fuerzas Armadas PDC-01(A)*, *op. cit.*, pp. 31-36.

1072 Isidro Sepúlveda Muñoz, «Análisis de los conceptos de crisis y gestión de crisis» en *Gestión Internacional de Crisis,* Instituto Universitario Gutiérrez Mellado, Madrid, 2006, p. 18.

a) riesgos o amenazas: se trata de las diversas eventualidades acaecidas entre los sujetos que pueden dar lugar al conflicto se miden por medio de indicadores de riesgo y amenaza, si bien debemos distinguir ambos conceptos. Corresponde al primero la posibilidad de que un evento perjudicial ocurra, mientras que la amenaza sería el análisis de las consecuencias que produciría dicho evento[1073];

b) sorpresa: la cantidad de variables que contiene un riesgo conforman un nivel de sorpresa considerable ante su ocurrencia, en conjunción con otros elementos como el pánico o la confusión, dimensionando las capacidades de la amenaza. Cobran especial importancia aquí las labores de información e inteligencia de los distintos organismos a fin de minimizar las consecuencias y prepararse ante el evento[1074];

c) incertidumbre: el acaecimiento de riesgos y amenazas se produce en tramos espacio-tiempo concretos, debiendo procurar que un correcto análisis de la situación evite el adentramiento en la crisis o su acentuación en caso de ser una realidad;

d) intensidad: la magnitud de la crisis es diferente en función de las capacidades de previsión, analíticas y de respuesta del sujeto en cuestión.

e) urgencia: para la resolución de la crisis deben emplearse mecanismos de respuesta rápidos y proporcionados, contemplándose la acción militar en caso de que el conflicto entre las partes resulte inevitable. Las acciones deben permitir regresar a la situación de normalidad en el menor tiempo posible;

f) presión: el parámetro de urgencia en la respuesta a la situación de crisis acarrea la posibilidad de intervención y ejecución de medidas poco maduradas, lo que puede conducir a una errónea evaluación de los riesgos y como consecuencia, mayores perjuicios para la sociedad cuyo Gobierno se erige en gestor de la crisis.

2.1. Tipología de las situaciones de crisis

Las crisis deben ser individualizadas para aplicar los mecanismos de respuesta adecuados a su intensidad y singularidad, debiendo valorar principalmente el ámbito que se encuentra afectado. En tal sentido, nos podemos encontrar con crisis de las siguientes naturalezas:

A) Global: aquí quedan encuadradas aquellas crisis que afectan, con mayor o menor intensidad, a todos los Gobierno del mundo. En referencia a la segu-

1073 Omar Darío Cardona Arboleda, Tesis doctoral: *Estimación holística del riesgo sísmico utilizando sistemas dinámicos complejos,* Universidad Politécnica de Cataluña, 2002, pp. 8-11.

1074 Matheu W. Seeger, Timothy L. Sellnow y Robert R. Ulmer, «Communication, organization and crisis», *Communication Yearbook, N.º 21,* 1998, pp. 231-275.

ridad, podemos incluir las dos Guerras Mundiales, cuyas consecuencias militares, sociales o económicas tuvieron repercusión global, incluso sirviendo como punto de inflexión para instaurar los regímenes democráticos actualmente conocidos. A partir de mediados del siglo XX, y como consecuencia de la conclusión de la Segunda Guerra Mundial en 1945, las preocupaciones globales entorno a las crisis son asumidas por organizaciones internacionales como la ONU, cuyos miembros ceden parte de su soberanía a fin de limitarse recíprocamente frente al resto por medio de una autoridad internacional. Esta organización asume cierto control en la seguridad mundial para evitar, entre otras, crisis nucleares, proliferación de armas de destrucción masiva o el desarrollo de conflictos de carácter bélico al margen del Derecho Internacional[1075];

B) Internacional: se trata del tipo de crisis más común al posicionar en conflicto a dos o más Gobiernos nacionales en el marco de sus competencias exteriores y las militares, en caso de que el conflicto sea materializado. Las consecuencias de estas crisis políticas pueden afectar a multitud de sectores, tales como las relaciones económicas, la bolsa, las sociedades o la seguridad interior de los países[1076];

C) Nacional: en este caso, la crisis se produce como consecuencia de las tensiones domésticas de un Estado que pueden ser ocasionadas por la conflictividad ideológica, territorial, motivos sociales o económicos. En caso de darse el conflicto, estas crisis pueden desembocar en procedimientos judiciales, manifestaciones de tipo violento, o incluso el recurso a la guerra de guerrillas. Dependiendo de las circunstancias, la calidad democrática o nivel de seguridad del país, pueden participar instituciones armadas de sujetos estatales extranjeros para gestionar estas crisis, tuteladas por una organización internacional[1077];

1075 Art. 24.1 de la Carta de Naciones Unidas: «A fin de asegurar acción rápida y eficaz por parte de las Naciones Unidas, sus Miembros confieren al Consejo de Seguridad la responsabilidad primordial de mantener la paz y la seguridad internacionales, y reconocen que el Consejo de Seguridad actúa a nombre de ellos al desempeñar las funciones que le impone aquella responsabilidad», y continúa el art. 25: «Los Miembros de las Naciones Unidas convienen en aceptar y cumplir las decisiones del Consejo de Seguridad de acuerdo con esta Carta».

1076 Claribel DE CASTRO SÁNCHEZ, *El Derecho Internacional de la prevención y gestión de crisis*, Instituto Universitario Gutiérrez Mellado, Seminario de Gestión de Crisis, Madrid, 2008, p. 5. Esta autora define la crisis internacional del siguiente modo: «aquel cambio que genera una situación de dificultades que "puede tener capacidad para desestabilizar a la Comunidad Internacional" y pueden venir provocadas por conflictos armados, por motivos económicos —como el crack de la bolsa o la subida del precio del petróleo—, o por catástrofes naturales».

1077 En España, las tensiones territoriales internas consustanciales al propio Estado autonómico desarrollado en el art. 137 a 158 CE, fundamentalmente protagonizadas por Cataluña y País Vasco, dieron lugar al proceso penal: Causa Especial 20907/2017 en el Tribunal Supremo, condenándose a diversos miembros de la Generalitat como responsables de delitos de sedición, malversación de caudales públicos y/o desobediencia grave. Los acontecimientos violentos previos a dicho proceso judicial los días 20 y 21 de septiembre, 1 de octubre, y 3 y 8 de noviembre de 2017, así como el periodo del 14 al 20 de octubre de 2019 tras la publicación de la sentencia judicial, pueden considerarse como táctica de guerra de guerrillas.

D) Regional: se trata de las crisis que tienen lugar en Estados con división administrativa o territorial, cuyos niveles en la Administración pueden entrar en conflicto internamente, entre sus partes, o en relación con el Estado central;

E) Local: nos referimos a las situaciones que tiene lugar en espacios reducidos o poblaciones determinadas. Una certera valoración, análisis y respuesta a los mismos, evita un efecto de irradiación al nivel regional o nacional, de ahí la importancia del factor urgencia anteriormente descrito.

2.2. La gestión de crisis

Una vez que nos hemos acercado a la noción de crisis y sus perspectivas, es necesario adentrarnos en los medios o formas de solucionar esta situación. Nos referimos a las acciones políticas tendentes a la previsión, medidas para retornar la situación a su estado original e incluso la posibilidad del empleo de recursos militares. A este conjunto de decisiones preparativas y en su caso, de movilización de los medios oportunos, les denominaremos «conducción o gestión de crisis»[1078]. El término «conducción» viene asociado al ámbito militar, en tanto su planeamiento y ejecución son dos partes muy diferenciadas, resultando aptas ante crisis previsibles. Por ello, a partir de 1990, el carácter multidisciplinar y sorpresivo de las crisis, incentiva un modelo más completo de análisis de riesgos y sus consecuencias, tal sería el de «gestión de crisis»[1079]. En palabras de De Castro Sánchez, la gestión de crisis puede definirse, albergando en su seno dos posturas opuestas e igualmente válidas, del siguiente modo:

> «El intento de controlar los acontecimientos durante una crisis para evitar que se llegue a un uso de la violencia importante y sistemático [...] La primera considera que el objetivo principal al hacer frente a una crisis debe ser obtener beneficios a expensas del oponente, aunque evitando llegar a la guerra. La gestión de crisis se entiende así como un "ejercicio de búsqueda de la victoria", mientras se intenta que el riesgo de llegar al enfrentamiento armado directo se mantenga dentro de límites tolerables. [...] La segunda visión centrará su atención exclusivamente en los peligros que se derivan en una situación de crisis. Considerará la gestión de crisis básicamente como una forma de evitar la guerra, una forma de resolver una confrontación sin llegar al enfrentamiento armado. El objetivo al gestionar una crisis es pura y simplemente desactivarla para evitar una escalada hacia la guerra [...]»[1080].

1078 Sepúlveda Muñoz, op.cit., p. 26.

1079 Fernando Soteras Escartín, «Génesis y desarrollo del sistema español» en *Situación de Crisis en la UE. Conducción de crisis y reforma del sector de la seguridad, Documentos de Seguridad y Defensa, N.º 57*, 2013, pp. 36-37.

1080 De Castro Sánchez, *op. cit.*, p. 10.

En España, la DPO-98 hace referencia directamente al conjunto de medidas planificadas en atención a proteger bienes jurídicos de especial valor en una democracia ante supuestos que alteren una situación de normalidad:

> «Proceso de planeamiento, consultas y decisión en el ámbito nacional o aliado, sobre las medidas a proponer en la práctica cuando la seguridad nacional o cooperativa, y en especial la vida, seguridad y bienestar de los ciudadanos, deban salvaguardarse ante una situación (de inestabilidad) que les afecte»[1081].

En cuanto al desarrollo de la gestión de crisis, podemos hablar de dos grandes fases. En primer lugar, las medidas dirigidas a la prevención o disuasión de la crisis entre las que situamos la acción diplomática y el fomento de las relaciones exteriores. En segundo término, la acción militar con una intensidad adecuada que permita el regreso o atenuación de las tensiones sin escalar hasta el conflicto armado. Esta última será la más importante siempre que sea integrada y se encuentre en el marco estratégico planeado[1082]. Asimismo, la gestión permite disgregar diferentes etapas para realizar un análisis más exhaustivo:

a) prevención: se trata de la posibilidad de anticiparse al surgimiento de una crisis mediante un correcto análisis de sus factores e indicadores de riesgo, de manera que en caso de surgir la misma, sean minimizadas sus consecuencias y el tiempo de desescalada sea menor;

b) gestión propiamente: corresponde a los responsables políticos de cada ramo de la Administración establecer las decisiones y medidas necesarias, así como trasladarlas a los técnicos subordinados para lograr unidad de acción;

c) planeamiento: debe implementarse un plan de contingencia para toda la Administración, modificable según el transcurso de la crisis, especialmente para los ámbitos de la misma directamente implicados, que incluso puede alcanzar a la ciudadanía;

d) responsabilidad: debe ser asumida íntegramente por los agentes que gestionan la crisis, esto es, los miembros del Gobierno y resto de cargos públicos con capacidad legal de decisión;

e) excepcionalidad: existe la posibilidad de que la contienda frente a la crisis requiera la aplicación de ordenamiento jurídico excepcional. En España viene dado por la regulación constitucional de los estados excepcionales en el art. 116 CE, su relación con el art. 55 CE (suspensión de derechos y libertades) y el contenido de la LOAES;

1081 Cárdenas Hernández, *op. cit.*, p. 35.

1082 Federico Aznar Fernández-Montesinos y Manuel de Miguel Ramírez, «Reflexiones sobre la gestión de crisis», *Instituto Español de Estudios Estratégicos, Documento de Análisis 10/20*, 2020, p. 9.

f) postcrisis: examen autónomo efectuado por los responsables del Gobierno y autoridades implicadas en la gestión y resolución de la crisis. Se contemplan puntos de acierto, de mejora y de evitación de la autocomplacencia, que sirvan para afrontar con mayores garantías crisis futuras. Las conclusiones se establecen en un informe, a ser posible, realizado por un departamento independiente del Gobierno[1083].

Lógicamente, la gestión de crisis acarrea de manera implícita la consecución de una serie de objetivos para el sujeto nacional o internacional en cuestión. Esos objetivos se determinan en función del ámbito de afectación y principalmente están dirigidos al mantenimiento de la paz y la seguridad internacionales (los aptdos. 1 y 3 del art. 1 de la Carta de Naciones Unidas constituyen el mandato principal)[1084]. El mantenimiento de la paz internacional se encuentra sostenido en tres pilares básicos, tales son:

a) el consentimiento entre las partes;

b) la imparcialidad;

c) la renuncia al empleo de la fuerza, con la salvedad de los supuestos de legítima defensa y/o en cumplimiento del citado mandato. No obstante, a los citados preceptos podría contraponerse lo estipulado en la Resolución A/RES/46/182 de la Asamblea General de la ONU[1085], en la que se emplaza a los Estados que intervengan en territorio de otro Estado al respeto de su soberanía, integridad territorial y unidad nacional. En nuestra opinión, la presente Resolución debe ser interpretada de manera que la participación de dichos Estados encuentre cobertura legal en el derecho internacional y resulte proporcionada a sus fines.

La seguridad internacional se advierte como objetivo genérico de la gestión de crisis *ad extra*, pero su consecución va precedida de otros objetivos concretos cuya realización permite la consecución de la primera. En primer lugar, emplear todos los recursos públicos y privados disponibles con una antelación suficiente que permita analizar los factores en juego ante una posible situación de crisis. Además, es importante que los gestores creen centros u organismos técnicos especializados en la gestión de crisis, centra-

1083 Manuel de Miguel Ramírez, «La gestión de crisis ante el terrorismo», *Boletín de Información, N.º 296*, 2006, pp. 5-8.

1084 Art. 1.1 de la Carta de Naciones Unidas: describe entre sus propósitos «mantener la paz y seguridad internacionales, y con tal fin: tomar medidas colectivas eficaces para prevenir y eliminar las amenazas a la paz, y para suprimir actos de agresión u otros quebrantamientos de la paz; y lograr por medios pacíficos, y de conformidad con los principios de la justicia y del derecho internacional el ajuste o arreglo de controversias o situaciones internacionales susceptibles de conducir a quebrantamientos de la paz». Y su aptdo. 3: «realizar la cooperación internacional en la solución de problemas internacionales [...]».

1085 Resolución Asamblea General de Naciones Unidas A/RES/46/182, *Fortalecimiento de la coordinación de la asistencia humanitaria de emergencia del sistema de Naciones Unidas*, 19 de diciembre de 1991. Anexo I.3.Princicpios rectores.

lizando los niveles de voluntariedad dispersa en el seno de la organización gubernamental. En tercer lugar, se debe asegurar un nivel de preparación adecuado tanto en el ámbito civil como el militar, de manera que, en caso de requerirse, la reacción sea inmediata y permita atenuar sus consecuencias mediante una figura directiva que encabece la gestión.

No obstante, si la gestión de crisis no se llevara a buen término y aconteciera el conflicto, el empleo de recursos militares debe dirigirse a minimizar la escalada y regresar a la situación ordinaria a la mayor brevedad[1086]. Finalmente, el cese del conflicto debe desescalarse hasta su control, contribuyendo a una coexistencia pacífica de las partes. A tal efecto resulta esclarecedor el siguiente diseño de la curva del conflicto:

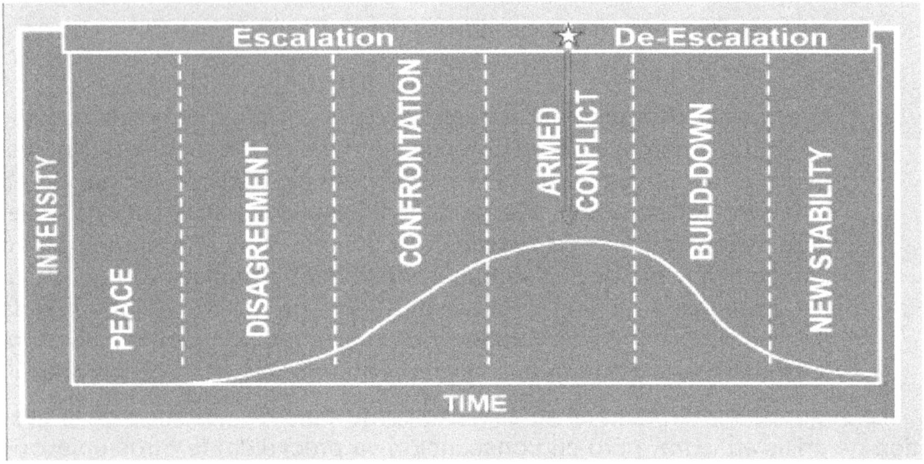

Figura 1. Curva de la situación de crisis[1087]

Tanto en crisis internas como internacionales, generalmente, será posible emplear métodos de resolución de conflictos ajenos a los judiciales, tales como la mediación o el arbitraje. La mediación utilizará una tercera persona, física o jurídica, ajena a la crisis que sirva como enlace comunicador entre las partes relajando la tensión, mientras que el arbitraje determinará una decisión que debe ser aceptada por las partes dado su sometimiento previo de manera voluntaria al proceso[1088].

1086 Gabriel Orozco, «El concepto de seguridad en la Teoría de las Relaciones internacionales», *Revista CIDOB d'Afers Internacionals, N.º 72*, 2006, p. 169.

1087 Ministerio de Defensa, IX Curso de Estado Mayor de las Fuerzas Armadas, Documento de Trabajo del Departamento de Estrategia de la Escuela Superior de las Fuerzas Armadas, *Curva del conflicto, Conceptos básicos de la gestión de crisis*, 2008.

1088 Sepúlveda Muñoz, op.cit., p. 29.

Si la gestión de crisis internacional presenta como elemento teleológico el mantenimiento del orden y la paz en dicho medio, cuando hablamos de gestionar crisis internas, aún con el mismo fundamento, debemos hablar de objetivos como la defensa de la soberanía nacional, la integridad territorial, el respeto al ordenamiento jurídico o el mantenimiento de la seguridad pública. La resolución de una crisis en cualquiera de estos ámbitos requiere que el Estado disponga de procedimientos reglados al efecto que permitan solventarla. Entre estos procesos encontramos la regulación específica de infraestructuras críticas, derecho de excepción, sanitario o de protección civil, entre otros[1089].

Los procesos de gestión se encuentran pivotados por los agentes encargados de la misma, los recursos disponibles, las acciones que se llevan cabo finalmente y por el factor tiempo. La dimensión temporal ponderará las tensiones entre las partes e influirá en la toma de decisiones, constituyendo un elemento diferenciador para el sujeto que sepa administrarlo convenientemente. Por contra, el tiempo puede originar en el nivel interno el crecimiento de fatiga o desavenencias en las decisiones de la gestión de la crisis por parte de sus directivos. Debemos tener en cuenta que las crisis no sólo representan un interés para las partes visiblemente afectadas, sino que también pueden serlo para sujetos terceros con intereses u objetivos en cualquiera de las anteriores.

A su vez, el proceso de gestión de crisis presenta dos fases diferenciadas. Por un lado, el control estratégico de las acciones a implementar y su análisis de riesgos, y por otro, la conducción y aplicación de las actividades del planeamiento estratégico que conforman una idea homogénea del procedimiento de gestión. Este carácter comprensivo unitario no es óbice para que observemos una subdivisión pormenorizada en las siguientes etapas[1090]:

a) alerta: se trata del periodo en que el sujeto realiza una observación indiciaria de los elementos que pueden conducir a una crisis y posiblemente será el tramo en el que mayor tiempo se invierta;

b) análisis: procedimientos de examen profundos de las circunstancias, una vez que se tiene conocimiento de la alerta. Este proceso permite convertir la información obtenida en inteligencia, es decir, dirigiéndola a la valoración de amenazas concretas;

c) decisiones: una vez que se ha trabajado la información para valorar y afrontar convenientemente la crisis, los gestores emprenden las acciones oportunas, identificando los recursos idóneos disponibles y tomando las decisiones conducentes a la resolución de la crisis;

d) retorno: alcanzados los objetivos planteados, se produce una desescalada impregnada de la resiliencia necesaria para hacer frente a una crisis similar.

1089 Cárdenas Hernández, *op. cit.*, p. 37.

1090 De Castro Sánchez, *op. cit.*, p. 7.

2.2.1. El Sistema Nacional de Gestión de Crisis en España

El inicio de la experiencia española en la gestión de crisis se encuentra ligado íntimamente a su adhesión a la OTAN con ocasión de su situación geopolítica. Las razones por las que necesita ingresar en esta organización internacional son evidentes. En la década de los 80' España presenta una elevada fragilidad militar, por lo que pertenecer a esta alianza político-militar fortalece su integridad territorial, salvaguardando al eje Baleares-Estrecho de Gibraltar-Canarias de posibles intenciones expansionistas por parte de Marruecos hacia Ceuta y Melilla. También se establece, en ese momento, un halo protector de posibles actitudes beligerantes de Argelia o Libia, que se encontraban en el entorno soviético[1091].

Con esta situación, el 30 de mayo de 1982, España pasa a formar parte de la Alianza Atlántica tras la firma del Tratado de adhesión. En su art. 11 se determina la exigencia de ratificación conforme a los preceptos constitucionales internos[1092], de conformidad con la autorización de las Cortes Generales establecida en el art. 94.1 CE[1093]. La ratificación vía referéndum en España no se producirá hasta el 12 de marzo de 1986, debido a la inestabilidad política del momento, si bien, se estipulan algunas reservas al Tratado enunciadas en el art. 1 del RD 214/1986, de 6 de febrero, por el que se somete a referéndum la permanencia de España en la OTAN[1094].

A pesar de las reservas efectuadas, la adhesión de pleno derecho por parte de España implica la asunción de varios compromisos de coordinación militar, procedimientos e infraestructuras comunes, entre las que se encuentra la creación de un centro de mando en el seno de la Presidencia del Gobierno. Este organismo, concretamente, estaría dedicado a situaciones de crisis que puedan derivar en conflicto armado, quedando los centros de mando de las

---

1091 Francisco José Rodrigo Luelmo, «La adhesión de la España democrática a la OTAN», sitio web: www.cvce.eu/recherche/unit-content/-/unit/es/87c372a8-360d-4846-876e-d9d64705a918/d5353ecf-ae14-4ebd-9c9e-3725ff6efd04, [consultado el 18/09/2020].

1092 España, Instrumento de Adhesión del Reino de España al Tratado del Atlántico Norte, Boletín Oficial del Estado, N.° 129, de 31 de mayo de 1982, pp. 14.393-14.394.

1093 Art. 11 del Tratado de Adhesión: «Este Tratado será ratificado y sus disposiciones aplicadas por las Partes conforme a sus preceptos constitucionales respectivos. Los instrumentos de ratificación se depositarán, tan pronto como sea posible, ante el Gobierno de los Estados Unidos de América, quien informará a los Gobiernos de las otras Partes del depósito [...]» en relación al art. 94.1 CE que establece: «La prestación del consentimiento del Estado para obligarse por medio de tratados o convenios requerirá la previa autorización de las Cortes Generales, en los siguientes casos: a) Tratados de carácter político. *b)* Tratados o convenios de carácter militar [...]».

1094 Art. 1 RD 214/1986: «1°.- La participación de España en la Alianza Atlántica no incluirá su incorporación a la estructura militar integrada. 2°.- Se mantendrá la prohibición de instalar, almacenar o introducir armas nucleares en territorio español. 3°.- Se procederá a la reducción progresiva de la presencia militar de los Estados Unidos en España». Real Decreto 214/1986, de 6 de febrero, por el que se somete a referéndum de la Nación la decisión política del Gobierno en relación con la Alianza Atlántica, Boletín Oficial del Estado, N.° 33, de 7 de febrero de 1986, pp. 5.072-7.073.

Fuerzas Armadas en un segundo escalón de dirección como complemento técnico del primero[1095]. Se trataba pues, de integrar un sistema de nueva creación en España ante posibles situaciones que requiriesen intervención armada en el marco de la *NATO System Response System* y que nos permitiera estar a la altura del resto de países homologables.

El sistema que se decidió implementar estuvo influenciado por el contenido de la DDN 86 que, como documento de planeamiento de la defensa, introduce la configuración de un modelo de conducción de crisis administrativista. El mismo facilita la interrelación entre la estructura de la Administración y las competencias del citado sistema, organizándose en los niveles presidencial, interministerial y técnico. Todos ellos sometidos a parámetros de coordinación y flexibilidad, con las siguientes prioridades, según establece Tamarit Navas:

> «a) establecer un centro nacional de situación y conducción de crisis que posibilite la rapidez, continuidad y eficacia de la acción del Gobierno;
> b) desarrollar el sistema de telecomunicaciones necesario para su apoyo;
> c) elaborar un plan general de información y potenciar los servicios de inteligencia y contrainteligencia;
> d) elaborar la normativa adecuada para el establecimiento progresivo de situaciones de alerta;
> e) organizar el sistema de forma que sea compatible con el de la Alianza Atlántica»[1096].

El desarrollo orgánico viene dado en primer lugar por el RD 2639/1986, de 30 de diciembre[1097], por el que se crea la Comisión Delegada del Gobierno para situaciones de crisis (CDGSC). El escueto Preámbulo de esta norma resulta directo en cuanto a la motivación de la misma, estableciendo la prevención, control y conducción de crisis como una prioridad del Gobierno para garantizar la vida y seguridad de los españoles. La CDGSC está compuesta por una serie de miembros permanentes (art. 1.1), tales son: el Presidente del Gobierno (que la preside), el Vicepresidente (vicepresidente del órgano), Ministro de Exteriores, Ministro de Defensa, Ministro de Economía y Hacienda y Ministro del Interior. Además, la CDGSC puede contar eventualmente con la participa-

1095 Acuerdos de Coordinación entre las autoridades militares españolas (JEMAD) y las de la OTAN (los tres comandantes supremos de la Alianza), fueron las siguientes: ALFA (abril de 1991) por el que se atiende a la preservación de la integridad del territorio español; BRAVO (noviembre de 1990) referido a la defensa aérea de España y áreas adyacentes; CHARLIE (junio de 1992) por el que se atiende a la defensa y control del estrecho de Gibraltar y sus accesos; DELTA (noviembre de 1990) en el que se recogen las operaciones navales y aéreas en el Atlántico Oriental; ECHO (mayo de 1991) que se ocupa de las operaciones navales y aéreas en el Mediterráneo Occidental; y FOXTROT (junio de 1992) que contiene los protocolos de utilización del territorio español para recepción y tránsito de refuerzos y apoyo logístico, aéreo y marítimo aliado. Soteras Escartín, *op. cit.*, p. 26.

1096 Presidencia del Gobierno, Directiva de Defensa Nacional, 1986 [Acción General 8 y Plan General de la Defensa]; Joaquín Tamarit Navas, «La conducción de crisis en el ámbito de las Fuerzas Armadas», *Boletín de Información, N.° 231,* 1993, p. 31.

1097 Real Decreto 2639/1986, de 30 de diciembre, por la que se crea la Comisión Delegada del Gobierno para situaciones de crisis, Boletín Oficial del Estado, N.° 313, de 31 de diciembre de1986, p. 42.462.

ción de otros ministros en atención a sus áreas de interés, así como con otros cargos de la Administración o expertos en diversas materias, actuando como Secretario el Director del Gabinete de la Presidencia del Gobierno.

El art. 2 del RD 2639/1986 establece las funciones de la CDGSC, correspondiéndole la aprobación de las normas que permitan la creación del sistema de conducción de crisis. Al respecto, se le atribuye determinar el planeamiento e infraestructura para la continuación de la acción del Gobierno hasta su implantación, la dirección y coordinación de la prevención, el control y la conducción de las crisis. Seguidamente, por Acuerdo de la CDGSC de 28 de enero de 1987, se crea una Comisión de Apoyo[1098] (CA) a la CDGSC, en emulación a la estructura de la Comisión General de Secretarios de Estado y Subsecretarios. Las funciones de la CA vienen constituidas por la preparación de las reuniones de la CDGSC, la cobertura de necesidades de simulación, el asesoramiento y enlace de comunicación con el Presidente del Gobierno.

La CA está presidida por el Director del Gabinete de la Presidencia el Gobierno y compuesta por los Subsecretarios de Exteriores, Economía, Interior, el Director General de Política de Defensa (DIGENPOL) y el Director de Infraestructura para el seguimiento de situaciones de crisis (DISSC), conforme al RD 163/1987, de 7 de febrero[1099]. La DISSC asume las funciones de planeamiento operativo de las situaciones crisis (art. 2) y se compone por las siguientes unidades: Alerta y Seguimiento, e Infraestructura y Protección (art. 3), bajo cuya dependencia tiene lugar la puesta en marcha del Centro Nacional de Situación y Conducción de Crisis (CNSCC). En el seno del CNSCC se activa un departamento del Estado Mayor de la Defensa (EMAD) con funciones de asesoramiento técnico al Presidente del Gobierno[1100]. Asimismo, se crean grupos de apoyo en los ministerios de Exteriores, Economía, Interior y Transportes, con el objeto de realizar asesoramiento directo al ministro de su ramo en la conducción de crisis.

Por último, en virtud al acuerdo del Consejo de Ministros de 15 de enero de 1988, se crea el Comité Nacional de Planes Civiles de Emergencia (CNPCE)[1101], especializado en la planificación y gestión de servicios y recursos. El CNPCE está formado por el Director del Gabinete de Presidencia del Gobierno (que lo preside), el DIGENPOL y el Director General de Protección Civil (vicepresidentes), y los representantes de recursos de los ministerios interesados. En consecuencia, además del Presidente del Gobierno como máximo responsable en la gestión de crisis, encontramos al Director del Gabinete de Presidencia, que

1098 Esta Comisión de Apoyo sería reconceptualizada posteriormente, en virtud del Acuerdo de la Comisión Delegada del Gobierno para situaciones de crisis de 26 de marzo de 1990.

1099 Real Decreto 163/1987, de 6 de febrero de 1987, por el que se crea la Dirección de Infraesrtuctura y Seguimiento para Situaciones de Crisis, Boletín Oficial del Estado, N.° 33, de 7 de febrero de 1987, p. 3.818.

1100 Tamarit Navas, *op. cit.*, p. 33.

1101 Órgano de existencia paralela al Alto Comité de Planes Civiles de Emergencia de la OTAN (SCEPC). Se trata de una de las exigencias que OTAN determina para España.

ejerce la secretaría del órgano principal (CDGSC), preside los órganos principales de apoyo (CA y CNPCE) y supervisa al DISSC en la estrategia de alerta y conducción de crisis, según establecen los arts. 1 y 2 del RD 163/1987.

La evolución de las situaciones de crisis hacia contextos diversos ha incidido paralelamente en la adaptación orgánica de nuestra Administración, como consecuencia del modelo implementado. La CDGSC, como órgano situado en la cúspide del sistema de gestión de crisis español, no ha permanecido al margen y ha ido reconfigurando sus funciones y composición paulatinamente[1102]. Se ha conservado su misión esencial, asumiendo las funciones atribuidas anteriormente a la Comisión Delegada del Gobierno para la Seguridad del Estado[1103], en virtud del art. 7 del RD 1194/2004, de 14 de mayo. Por lo que respecta a la CA y al DISSC, también tuvieron que adaptarse, si bien con menor incidencia que la CDGSC. La primera, según describe SOTERAS ESCARTÍN, a partir de 1990 adquiere las siguientes funciones:

a) planificación, estudio y coordinación de planes y programas;

b) analizar el desarrollo funcional del Sistema de Conducción de Crisis, convocando reuniones con periodicidad trimestral, como mínimo;

c) informar el estado de desarrollo del Sistema de Conducción de Crisis a la Comisión Delegada con periodicidad semestral[1104].

1102 Las modificaciones se han llevado a cabo mediante las siguientes disposiciones normativas: RD 1173/1993, de 13 de julio, de Reestructuración de departamentos ministeriales; RD 1161/1995, de 7 de julio, sobre medidas de reorganización administrativa; RD 929/2000, de 26 de mayo, por el que se modifica el RD 838/1996, de 10 de mayo, que reestructura el Gabinete y la Secretaría General de la Presidencia del Gobierno; RD 462/2003, de 25 de abril, por el que se crea el Comisionado del Gobierno para la participación de España en la reconstrucción de Irak; RD 1194/2004, de 14 de mayo, por el que se determina la composición de las Comisiones Delegadas del Gobierno; RD 680/2008, de 30 de abril, por el que se determina la composición de las Comisiones Delegadas del Gobierno; RD 639/2009, de 17 de abril, por el que se establecen las Comisiones Delegadas del Gobierno; RD 763/2010, de 11 de junio, por el que se modifica el RD 639/2009; RD 1025/2011, de 15 de julio, por el que se establecen las Comisiones Delegadas del Gobierno, RD1886/2011, de 30 de diciembre, por el que se establecen las Comisiones Delegadas del Gobierno; RD 385/2013, de 31 de mayo, de modificación del RD 1886/2011, de 30 de diciembre.

1103 Órgano creado por RD 3234/1981, de 29 de diciembre y cuyas funciones vendrían determinadas en el art. 11 de la Ley del Régimen Jurídico del Estado de 1957: «Artículo once. Compete a las Comisiones Delegadas del Gobierno: 1. Examinar, en su conjunto, las cuestiones de carácter general que tengan relación con varios de los Departamentos que integran cada Comisión, y, principalmente, los proyectos de obras o inversiones que haya de aprobar cada Departamento, cuando su importancia o la coordinación de los servicios lo aconsejen. 2. Estudiar aquellos asuntos que, afectando a varios Ministerios exijan la elaboración de una propuesta conjunta previa a su resolución en Consejo de Ministros. 3. Coordinar la acción de los Ministerios interesados a la vista de objetivos comunes y redactar programas conjuntos de actuación. 4. Acordar los nombramientos y resolver los asuntos que, afectando a más de un Departamento de la Comisión respectiva, no requieran, atendida su importancia, ser elevados a decisión del Consejo de Ministros, a Juicio del Presidente del Gobierno, o no correspondan a dicho Consejo por precepto legal o reglamentario. 5. Cualquier otra atribución que les confieran las disposiciones vigentes».

1104 SOTERAS ESCARTÍN, *op. cit.*, p. 35.

Mientras que el DIISC, a partir del 1 de julio de 1991 asume ciertas funciones de naturaleza complementaria, tales son:

a) mantener el correcto funcionamiento del SNCSC, el apoyo de sus órganos, y las comunicaciones especiales dirigidas al Presidente del Gobierno;

b) la protección de sus instalaciones mediante una Unidad de Protección Operativa;

c) en virtud del Subregistro Principal OTAN de 1987, la protección de la documentación;

d) el seguimiento de las situaciones de crisis o emergencias[1105] nacionales e internacionales, apoyando a Presidencia del Gobierno y a la CDGSC;

e) el estudio y propuesta de producción normativa relacionada con las situaciones de crisis[1106].

El sistema, además, se estructura operativamente por el Subsistema de Información, Alerta y Seguimiento, formado por los órganos de carácter técnico que analizan y valoran los indicadores de riesgo de crisis o amenaza para que las autoridades de SNCC realicen su seguimiento. De otro lado, el Subsistema de Respuesta se encarga del mantenimiento y actualización del planeamiento de las contingencias requeridas ante la crisis, su intervención rápida y coordinada[1107].

2.2.2. Las deficiencias del Sistema Nacional de Gestión de Situaciones de Crisis

El sistema no supo adaptarse de manera idónea al complejo desarrollo de las situaciones de crisis nacionales e internacionales, y no nos referimos aquí a la estructura orgánica del mismo concretamente, sino al aspecto funcional y pragmático. Un ámbito tan complejo como la seguridad, requiere de una norma jurídica que organice todo el sistema y le proporcione unidad, además de una regulación contemporánea a la naturaleza de las crisis actuales, más allá de la LOAES. Pensemos que una norma de excepción configurada durante los primeros pasos de nuestra democracia puede ser útil en ciertas ocasiones extremas, pero la complejidad de las crisis modernas aconseja

1105 No debemos confundir los conceptos de crisis y emergencia, mientras que el primero hace referencia a situaciones prolongadas en el tiempo y cuyos elementos pueden analizarse y preverse, la emergencia es un hecho de carácter impredecible que afecta a intereses jurídicos protegidos y requiere una intervención inmediata de primer nivel. Soteras Escartín diferencia estos conceptos del siguiente modo: «La emergencia es, en definitiva, el suceso eventual o la acción que altera el orden vital y social normal, afectando a las personas y a sus cosas. Es súbita su aparición y, a veces, no previsible, en contraposición con las crisis, que son más genéricas y dilatadas en cuanto a los ámbitos que abarcan y al tiempo en que se desarrollan». SOTERAS ESCARTÍN, *op. cit.*, p. 37.

1106 Ibídem, pp. 35-36.

1107 Juan Antonio LAZUEN ALCÓN y Juan Carlos Rodríguez Búrdalo, «El sistema nacional español de gestión de crisis y su proyección exterior» en *[Gestión Internacional de Crisis], op. cit.*, p. 46.

otros medios técnicos y legislativos a su alcance, de entidad y respuesta diferente. En este sentido, parece lógico establecer organigramas de funcionamiento paralelos a todas las democracias occidentales y en las organizaciones internacionales de las que formamos parte.

Por otro lado, un sistema de gestión integrador requiere un conocimiento generalizado del mismo con la implicación del resto de administraciones y establecer un mecanismo de intercambio de información rápido y seguro. La población civil, que naturalmente resulta un elemento central a proteger, debe tener una participación activa en un sistema que fomente una cultura general de crisis. En este punto juega un papel importante la calidad de los medios de información y su independencia respecto al Gobierno, aspectos que propiciarán un efecto cohesionador del sistema. Asimismo, consideramos importante una nueva conceptualización de las materias clasificadas[1108] como secretas, reservadas y confidenciales, de manera que se pueda disminuir la proliferación de las mismas y obtener un flujo integrador de su conocimiento.

Este SNCSC permanecerá, a partir de 2011, en paralelo a un sistema latente de Seguridad Nacional auspiciado por la Estrategia Española de Seguridad del mismo año. El documento estratégico promueve la necesidad de una nueva estructuración orgánica mediante la creación del Consejo Español de Seguridad[1109], Comisiones Interministeriales, el Foro Social y la Unidad de Apoyo al Consejo[1110], al estilo de los sistemas establecidos en países homologables[1111]. El Consejo Español de Seguridad queda situado inmediatamente

1108 Las materias clasificadas se encuentran reguladas en la Ley 9/1968, de 5 de abril, sobre secretos oficiales, modificada por la Ley 48/1978, de 7 de octubre y desarrolladas por el RD 242/1969, de 20 de febrero, por el que se desarrollan las disposiciones de la Ley 9/1968, de 5 de abril, sobre secretos oficiales.

1109 La justificación que emplea la Estrategia para la creación del Consejo Español de seguridad es la siguiente: «En el mapa institucional actual, no existe ningún órgano colegiado con capacidad ejecutiva, sea con funciones de decisión, propuesta, asesoramiento, seguimiento o control, que pueda coordinar las labores de seguridad tal y como las define la Estrategia. Aunque existe un núcleo de instituciones cuya propia esencia se relaciona de modo más directo con la seguridad, el resto de departamentos ministeriales tienen también una estrecha relación con la seguridad en diferentes niveles y pueden tener un protagonismo variable según las circunstancias. Es necesario establecer un único órgano político superior con las máximas responsabilidades de asesoramiento presidencial y gestión de crisis, que incorpore a los Ministros y altos cargos relevantes y permita una respuesta coordinada a los diferentes retos puestos de manifiesto en este documento. Para ello se creará el Consejo Español de Seguridad [...]». Álvaro Frutos Rosado, «Consideraciones para una revisión del modelo español de gestión de crisis» en *La gestión de crisis en España. Una propuesta de renovación ante la revisión de la Estrategia Española de Seguridad, Documento de Trabajo 73/2013*, 2013, p. 33.

1110 Gobierno de España, *Estrategia Española de Seguridad. Una responsabilidad de todos*, 2011, pp. 82-84.

1111 Los países que ya habían implementado una Estrategia de Seguridad Nacional previamente eran: EEUU, Reino Unido, Francia (Libro Blanco), Países Bajos, Polonia, Eslovaquia, Canadá y Rusia, además de la propia Unión Europea. Gobierno de España, sitio web: www.lamoncloa.gob.es/consejodeministros/paginas/enlaces/24062011enlace2.aspx, [consultado el 19/09/2020].

en el escalón inferior al Presidente de Gobierno y por encima del Gabinete de Presidencia del Gobierno, con funciones orgánicas de decisión, propuesta, asesoramiento y control en materia de seguridad.

Las Comisiones Interministeriales se encargan de realizar trabajos concretos en función de su ramo de especialidad para apoyar el trabajo del Consejo, mientras que el Foro Social reúne a representantes de las Administraciones, investigadores y otros expertos en ciertas materias para realizar análisis de seguridad. Finalmente, la Unidad de Apoyo al Consejo es un órgano instrumental de apoyo a la Presidencia del Gobierno en materia de gestión de crisis relacionadas con los ámbitos de la Estrategia[1112].

En realidad, asistimos a un cambio de paradigma que discurre hacia una concepción amplia de la seguridad y que integra, entre otros ámbitos, los procesos de gestión de crisis, denominada «Seguridad Nacional». De esta manera, el Consejo Español de Seguridad reemplaza a la CDGSC como órgano ejecutivo en materia de seguridad, mientras que el DISSC es sustituido como órgano asesor técnico del Presidente del Gobierno por el Departamento de Seguridad Nacional (DSN), de conformidad al RD 1119/2012, de 20 de julio, que modifica al RD 83/2012, de 13 de enero, por el que se reestructura la Presidencia del Gobierno[1113]. A partir de aquí nos adentramos en

1112 Los diferentes ámbitos de interés para la seguridad en la Estrategia de Seguridad Española de 2011 son: los conflictos armados, terrorismo, crimen organizado, inseguridad económica y financiera, vulnerabilidad energética, proliferación de armas de destrucción masiva, ciberamenazas, flujos migratorios no controlados, emergencias y catástrofes, e infraestructuras, suministros y servicios críticos. Gobierno de España, *Estrategia Española de Seguridad, op. cit.*, capítulo IV.

1113 En primer lugar, el art. 4.4 RD 83/2012 atribuye las siguientes funciones al DSN: «a) Como órgano de asesoramiento al Presidente del Gobierno: Elaborar estudios e informes sobre Seguridad Nacional, sin perjuicio de las funciones que correspondan a otros órganos; Realizar la alerta temprana y el seguimiento de los riesgos, amenazas y situaciones de crisis en coordinación con los órganos y autoridades competentes; Asistir al Director del Gabinete de la Presidencia del Gobierno en su condición de Secretario del Consejo de Seguridad Nacional así como representar al Gabinete de la Presidencia del Gobierno en el ámbito de la Seguridad Nacional; Analizar la evolución de los riesgos y amenazas y de sus potenciadores; Contribuir a la elaboración de propuestas normativas sobre Seguridad Nacional. b) En el ámbito de la gestión de situaciones de crisis: Proporcionar el apoyo y la coordinación adecuada en la gestión de situaciones de crisis; Mantener y asegurar el adecuado funcionamiento del Centro Nacional de Conducción de Situaciones de Crisis y las comunicaciones especiales de la Presidencia del Gobierno, así como proteger su documentación; Dirigir y coordinar la realización de los ejercicios de gestión de crisis planificados por el Departamento, así como aquellos cuya dirección le sea requerida; Contribuir a la elaboración, el mantenimiento y la actualización de los planes de contingencia y analizar los escenarios de crisis en coordinación con los órganos competentes [...]», funciones que fueron parcialmente modificadas y ampliadas en virtud del RD 1119/2012: «a. Contribuir a la elaboración, implantación y revisión de las estrategias, así como la coordinación y el seguimiento de las directivas y la integración de los planes que en materia de seguridad nacional se desarrollen. b. Contribuir a la elaboración de propuestas normativas, estudios e informes sobre Seguridad Nacional y la divulgación de la información que resulte de interés en esa materia, sin perjuicio de las funun espacio de seguridad multidimensional de entidad diferenciada, que será analizado convenientemente.

2.3. La Ley de Seguridad Nacional

La aprobación de la LSN[1114] supone un hito importante en el tratamiento y concepción de la seguridad en España, no exenta de debate en el ámbito doctrinal y político. Se trataba de una buena oportunidad para mostrar a la sociedad el nuevo paradigma de amenazas y riesgos, además de la relevancia de su participación activa en el mismo. No obstante, los intereses políticos reinantes solaparon esta circunstancia en pro de una aprobación rápida y sin mucho eco en los medios de comunicación. Los términos «coordinación» o «responsabilidad compartida» no fueron bien recibidos por los gobiernos vasco y catalán, que tildaron el proyecto de una nueva injerencia estatal en las competencias autonómicas[1115], tal y como finalmente ocurrió mediante la interposición de un recurso de inconstitucionalidad[1116].

La LSN sirve como base de aplicación del contenido estratégico de la ESN 2021 (anteriormente también de la ESN 2017 y ESN 2013), otorgando facultades de tipo extraordinario al Presidente del Gobierno *ex* art. 15[1117] y al Con-

---

ciones que correspondan a otros órganos. c. Estudiar y proponer, en su caso, la normativa necesaria para el funcionamiento y actuación del Sistema Nacional Gestión de Situaciones de Crisis, así como programar y coordinar los ejercicios de conducción de crisis. d. Prestar apoyo a los órganos del Sistema Nacional de Gestión de Situaciones de Crisis, asumiendo las funciones de Secretaría Técnica de la Comisión Delegada del Gobierno para Situaciones de Crisis y de aquellos otros que determine el Presidente del Gobierno. e. Mantener y asegurar el adecuado funcionamiento del Centro Nacional de Conducción de Situaciones de Crisis y las comunicaciones especiales de la Presidencia del Gobierno, así como proteger su documentación. f. Realizar el seguimiento de los riesgos, amenazas o situaciones de crisis o emergencia nacionales e internacionales, en coordinación con los órganos y autoridades directamente competentes, y servir como órgano de apoyo para las decisiones de la Presidencia del Gobierno o de la Comisión Delegada del Gobierno para Situaciones de Crisis. g. Analizar los posibles escenarios de crisis, estudiar su posible evolución, diseñar y custodiar, en coordinación con los órganos competentes los planes de contingencia que respondan a cada una de las situaciones, manteniéndolos actualizados, elaborando con los respectivos Ministerios los catálogos de medidas de respuesta».

1114 Ley 36/2015, de 28 de septiembre, de Seguridad Nacional, Boletín Oficial del Estado, N.º 233, de 29 de septiembre de 2015, pp. 07.106-87 117.

1115 Joan Lluís Pérez Francesch y Monserrat Campos Quesada, «La Ley de Seguridad Nacional y la cultura de seguridad en España», *Institut de Ciències Polítiques i Socials (ICPS), Working papers 357*, 2019, p. 5.

1116 La Generalidad de Cataluña presentó recurso de inconstitucionalidad ante el TC, dictando la desestimatoria STC 184/2016, que incluyó algunos elementos interpretativos como la «cooperación reforzada».

1117 Art. 15 LSN: «Corresponde al Presidente del Gobierno: a) Dirigir la política de Seguridad Nacional y el Sistema de Seguridad Nacional, b) Proponer la Estrategia de Seguridad sejo de Seguridad Nacional (CSN) en virtud del art. 17[1118] en su funciones de Comisión Delegada del Gobierno. Su naturaleza de ley ordinaria no parece suscitar polémica a nuestro juicio, dado que no resultan afectados derechos fundamentales y libertades públicas. En esta línea argumentativa se expresó el Dictamen del Consejo de Estado al Proyecto de Ley el 13 de mayo de 2015[1119]. El texto normativo define la Seguridad Nacional en su art. 3 LSN del siguiente modo:

> «[...] se entenderá por Seguridad Nacional la acción del Estado dirigida a proteger la libertad, los derechos y bienestar de los ciudadanos, a garantizar la defensa de España y sus principios y valores constitucionales, así como a contribuir junto a nuestros socios y aliados a la seguridad internacional en el cumplimiento de los compromisos asumidos».

Son objeto de atención para la Seguridad Nacional las denominadas «situaciones de interés» declaradas por RD del Presidente del Gobierno[1120] y que se encuentran reguladas en el art. 23. Se trata de aquellas situaciones constituidas por circunstancias de entidad que afectan a la seguridad común y que requieren la intervención de las autoridades designadas, a través de la correspondiente gestión de crisis y de los poderes ordinarios del Estado. Parece desprenderse del art. 24.2 de esta norma la posibilidad de disposición por parte del Gobierno de los medios y recursos de las CCAA cuando se declare la situación de interés, en tanto dice:

> «La Declaración de situación de interés para la Seguridad Nacional supondrá la obligación de las autoridades competentes de aportar los medios humanos y materiales necesarios que se encuentren bajo su dependencia, para la efectiva aplicación de los mecanismos de actuación».

Nacional y sus revisiones, c) Declarar la Situación de Interés para la Seguridad Nacional, d) Ejercer las demás competencias que en el marco del Sistema de Seguridad Nacional le atribuya esta ley, y las demás normas legales y reglamentarias que sean de aplicación».

1118 Art. 17 LSN: «El Consejo de Seguridad Nacional, en su condición de Comisión Delegada del Gobierno para la Seguridad Nacional, es el órgano al que corresponde asistir al Presidente del Gobierno en la dirección de la política de Seguridad Nacional y del Sistema de Seguridad Nacional, así como ejercer las funciones que se le atribuyan por esta ley y se le asignen por su reglamento».

1119 Consejo de Estado, Dictamen anteproyecto de Ley de Seguridad Nacional, N.° expediente referencia: 405/2015, Presidencia, Documento CE-D-2015-405, 13 de mayo de 2015, Boletín Oficial del Estado, N.° 233, de 29 de septiembre de 2015.

1120 Art. 23.2 LSN: «[...] aquella en la que, por la gravedad de sus efectos y la dimensión, urgencia y transversalidad de las medidas para su resolución, requiere de la coordinación reforzada de las autoridades competentes en el desempeño de sus atribuciones ordinarias, bajo la dirección del Gobierno, en el marco del Sistema de Seguridad Nacional, garantizando el funcionamiento óptimo, integrado y flexible de todos los recursos disponibles, en los términos previstos en esta ley».

Esta cuestión fue resuelta por la STC 184/2016, que afirma la constitucionalidad del precepto, si bien, debiendo interpretarse en términos de «cooperación reforzada» entre Administraciones como «política pública». En nuestra opinión, no resulta acertada la redacción del precepto ni la terminología abstracta y edulcorada en la interpretación de nuestro TC. Entendemos que nada impide a las CCAA obviar esta obligación de cooperación ante el requerimiento del Gobierno, aspecto que obligaría a la aplicación del art. 155 CE[1121], asumiendo el coste político, institucional y temporal que ello conlleva, en una situación que requiere de medios con carácter inmediato.

Se plantea, asimismo, la promoción de una cultura de Seguridad Nacional (art. 5) por parte del Gobierno, integrando a todas las Administraciones Públicas y ciudadanos en este compromiso, regulando la participación de las CCAA en el ámbito mediante la Conferencia Sectorial para Asuntos de la Seguridad Nacional. Asimismo, se establecen como sustentadores fundamentales del sistema a la LODN, la seguridad pública, la acción exterior, y los servicios de inteligencia e información del Estado (art. 9). En conclusión, el nuevo orden mundial nos obliga a realizar un análisis amplio, complejo y multidisciplinar sobre la seguridad, en el marco de las variables estratégicas expuestas con anterioridad.

2.4. La Directiva de Defensa Nacional 2020

La DDN 2020 establece a las Fuerzas Armadas como instrumento especializado para garantizar la defensa y seguridad de naturaleza militar, pasando de gestionar amenazas concretas a constituir un propio Sistema de Seguridad Nacional integrador a través de especialidades como el ciberespacio, al que nos referiremos con posterioridad[1122]. Asimismo, se refuerza la conciencia de aplicación de las estrategias híbridas y asimétricas al espacio multidimensional internacional, abogando por el apoyo a las políticas de seguridad común europeas, de la OTAN y la ONU. Se señalan como objetivos centrales de la defensa, los siguientes:

a) la protección de la sociedad, los derechos y libertades, así como los principios constitucionales, a través de las misiones atribuidas a las Fuerzas Armadas en el art. 8.1 CE;

b) contribuir a la paz y seguridad internacionales;

1121 Art. 155 CE: «Si una Comunidad Autónoma no cumpliere las obligaciones que la Constitución u otras leyes le impongan, o actuare de forma que atente gravemente al interés general de España, el Gobierno, previo requerimiento al Presidente de la Comunidad Autónoma y, en el caso de no ser atendido, con la aprobación por mayoría absoluta del Senado, podrá adoptar las medidas necesarias para obligar a aquella al cumplimiento forzoso de dichas obligaciones o para la protección del mencionado interés general. 2. Para la ejecución de las medidas previstas en el apartado anterior, el Gobierno podrá dar instrucciones a todas las autoridades de las Comunidades Autónomas».

1122 Directiva de Defensa Nacional, 2020, *op. cit.*, p. 3.

c) establecer una estructura de Defensa Nacional sólida y disuasoria;

d) la colaboración de las Fuerzas Armadas con el resto de Administraciones y cuerpos policiales en situaciones de crisis y de complemento a la seguridad;

e) sincronizar e integrar los recursos de las Fuerzas Armadas para prevenir, combatir o ejecutar estrategias híbridas;

Opinamos junto a PÉREZ RAMÍREZ[1123], que existe cierta confusión entre parte del contenido de la ESN 2017 y la DDN 2020, dado que esta última se refiere al contexto estratégico ampliamente desarrollado por la primera, algo que también harían las anteriores DDN. La DDN 2020 comienza el análisis del sistema aludiendo a la DDN 2012 y a la ESN 2017, algo que resulta curioso, en tanto no actualiza el contenido de la disposición más reciente. Una circunstancia similar ocurre con las referencias a la pandemia ocasionada por el Covid-19, contenidas en la DDN 2020, cuya importancia finalmente será unos de los elementos propulsores de una nueva ESN 2021. En conclusión, se antoja un contenido desbordante de la DDN 2020, en tanto debe ser un documento dedicado a la defensa pero contiene numerosas alusiones a la seguridad global, incluso actualiza a la propia ESN 2017[1124].

2.5. Las Estrategias de Seguridad Nacional. Aportaciones

El surgimiento de las ESN se debe a la toma de conciencia por parte del Gobierno de España de que los riesgos y amenazas tradicionales han tenido un desarrollo transversal, tanto a nivel nacional como internacional. Los mismos se comunican a través de espacios abiertos donde medios como el ciberespacio constituyen una amenaza seria y real para los derechos de los ciudadanos y la estabilidad del Estado[1125]. Además, en términos geoestratégicos, la ubicación de España como punto de acceso a Europa desde África y América, supone un elemento estratégico fundamental en relación a la seguridad. La concepción de la Seguridad Nacional se fundamenta como un deber de todos los ciudadanos en connivencia a los poderes públicos[1126].

1123 Enrique PÉREZ RAMIREZ, «La Directiva de Defensa Nacional 2020 y los problemas que permanecen sin resolver», *Instituto Español de Estudios Estratégicos, Documento 102/2020*, 2020, p. 9.

1124 Ricardo MARTÍNEZ ISIDORO, «La DDN 2020 y la Estrategia de Defensa», *Asociación Española de Militares Escritores, III Ciclo AEME*, 2020, sitio web: III Ciclo AEME/2020: La DDN 2020 y la Estrategia de Defensa (militaresescritores.es), [consultado el 19/09/2021].

1125 Miguel Ángel BALLESTEROS MARTÍN, *En busca de una Estrategia de Seguridad Nacional*, Ed. Ministerio de Defensa, Madrid, 2016, pp. 13-18.

1126 España no ha tenido tradición estratégica como tal hasta 2011, quedando sin colmar las expectativas de las disposiciones precedentes como la DDN, el Libro Blanco de la Defensa 2000 o la Revisión Estratégica de la Defensa 2003.

- **Estrategia de Seguridad Nacional 2011**

El 24 de junio de 2011, se aprueba la primera ESN con el objetivo de alcanzar los objetivos de prevención y análisis de seguridad propuestos, afirmando los siguientes factores sobre los que reposa la seguridad en España:

a) enfoque integral: en referencia a la integración de todos los elementos de la seguridad, así como la interrelación entre los mismos, dirigidos a la consecución de los objetivos fijados;

b) coordinación: necesidad de colaborar y cooperar entre las distintas Administraciones Públicas con el fin de garantizar niveles altos de productividad y eficacia en la asignación de los recursos destinados a la seguridad, logrando también la implicación de organizaciones sociales y del resto de la ciudadanía;

c) eficiencia en el uso de los recursos: se trata de realizar una combinación óptima de los recursos disponibles por las Administraciones;

d) anticipación y prevención: es fundamental utilizar los medios disponibles[1127] del Estado como la diplomacia, Fuerzas Armadas, Cuerpos de Seguridad, protección civil, servicios de inteligencia, cooperación al desarrollo y las relaciones económicas, en aras de poder evitar la comisión de atentados y/u otras crisis de seguridad inminentes[1128];

e) capacidad de resistencia y recuperación: dado que la seguridad total no existe, el Estado debe emplear los instrumentos a su disposición para amortiguar al máximo las consecuencias de cualquier ataque a su seguridad e implementar su resiliencia[1129];

f) interdependencia responsable: la importancia de contemplar la Seguridad Nacional como una vertiente de la seguridad internacional, realizando acuerdos de cooperación entre los distintos Estados[1130]. Además, se realiza especial hincapié en fomentar relaciones políticas y de defensa con Rusia, al constituir un país estratégico de primer nivel como puerta de acceso hacia Asia y Oriente Próximo, y en relación a la estabilización de dichas zonas, que redundará en mayores cotas de seguridad para la propia UE.

1127 Gobierno de España, *Estrategia de Seguridad Nacional 2011*, 2011, pp. 16-17.

1128 Félix Arteaga Martín, «Propuesta para la Implantación de una Estrategia de Seguridad Nacional en España», *Grupo de Trabajo sobre Estrategias de Seguridad Nacional del Real Instituto Elcano, Documento de Trabajo 19*, 2011, p. 6.

1129 Samuel Morales Morales, «La resiliencia en el marco del sistema de Seguridad Nacional» en *Resiliencia: del individuo al Estado y del Estado al individuo, Documentos de Seguridad y Defensa 77*, 2018, pp. 79-108.

1130 Luis Manuel Bras Bernardino, «La interdependencia político-estratégica entre seguridad y desarrollo sostenible», *Instituto Español de Estudios Estratégicos, Documento N.° 78*, 2015, pp. 3-4

En cuanto a las relaciones al otro lado del Atlántico con EEUU, resulta importante consolidar las relaciones de alianza tanto bilaterales como multilaterales a través de la UE y de la pertenencia de ambos Estados a la OTAN, la inversión financiera y el compromiso en seguridad. Por nuestra cercanía al continente africano, a España le interesan fundamentalmente tres zonas en relación a nuestra seguridad: El Sahel, el Cuerno de África (de las que derivan graves problemas de delincuencia organizada a nivel internacional, de terrorismo o Estados fallidos) y el Golfo de Guinea. Dichas zonas presentan niveles elevados de inseguridad, en cuanto al ámbito marítimo y sus consecuencias comerciales con nuestro país y sus aliados[1131].

Los efectos de la globalización sobre la seguridad producen la propagación de las amenazas y riesgos haciendo mayor nuestra propia vulnerabilidad, si bien, nuestra adaptación a los mismos constituye un instrumento útil para hacerles frente. Presentamos a continuación una imagen gráfica de lo explicado:

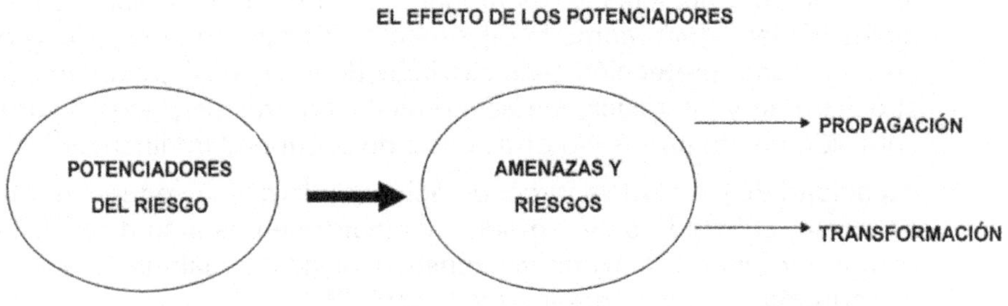

Representación de la propagación de amenazas de la seguridad[1132].

Es cierto que el fenómeno globalizador no ha tenido como consecuencia única la transmisión y propagación de diversas amenazas a nuestra seguridad[1133], hay otros factores que pueden incrementar nuestra inseguridad, como los desequilibrios demográficos o las zonas de pobreza extrema, que producen movimientos migratorios a países occidentales e importan culturas y religiones de difícil adaptación social[1134]. Sin embargo, también se ha permitido la circulación de personas, bienes, mercancías y capitales a lo largo del mundo con el consiguiente avance y desarrollo aparejado. No obstante,

1131 Ministerio de Asuntos Exteriores y Cooperación, Dirección General para África, Seminario: *Seguridad y Desarrollo en el Sahel*, 2011, pp. 1-3.

1132 *Estrategia de Seguridad Nacional 2011*, op.cit., p. 31.

1133 Juan Avilés Farré, «Las amenazas transnacionales en un mundo globalizado», sitio web: http://www.gees.org/articulos/las-amenazas-transnacionales-en-un-mundo-globalizado, [consultado el 13/09/2021].

1134 Sebastián Agüero-San Juan, «Pobreza, corrupción, inseguridad jurídica», *EUNOMÍA, Revista en Cultura de la Legalidad, N.° 14*, 2017, pp. 354-362.

somos conscientes de que esta circunstancia no es controlable de manera discrecional por los Estados, por lo que nuestra obligación como Nación es invertir en elementos disuasorios y preventivos en el ámbito de la seguridad.

Por lo que respecta al fenómeno terrorista[1135], las organizaciones fundamentalistas de origen islámico (Al Qaeda, Estado Islámico, entre otras) utilizan los medios puestos a su alcance por la globalización, como la tecnología y la libertad de circulación de las personas. Permiten el adoctrinamiento internacional de los terroristas, entrenamiento, financiación y otras actividades ilegales accesorias para autoabastecerse de recursos financieros, como el tráfico de drogas, armas o el blanqueo de capitales[1136]. La ESN 2011 concibe a España como un objetivo del terrorismo internacional en atención a los siguientes motivos:

a) aumento en la participación de misiones internacionales;

b) reivindicaciones de Al Ándalus por parte de los fundamentalistas, aseverando la conexión con el Islam y, por ende, nuestra consideración como infieles[1137];

c) cercanía geográfica con el Magreb;

d) existencia de Estados fallidos vinculados a España como el Sahara Occidental, cuyos desequilibrios socioeconómicos y demográficos propician el surgimiento de actividades terroristas, el adoctrinamiento y el desarrollo de otras acciones delictivas organizadas[1138];

e) peligro de contagio entre grupos fundamentalistas que residan en España y que mantengan comunicación o contacto con las organizaciones y promoción de terroristas en el extranjero.

En cuanto a la política antiterrorista defendida por la ESN 2011 en el marco del Estado de Derecho y del respeto a los Derecho Humanos, se trata de proteger y garantizar a sus ciudadanos, instituciones, empresas, y contribuir a la seguridad internacional de conformidad con los compromisos internacionales adquiridos, a través de cuatro ejes[1139]:

a) prevención y evitación de la comisión de atentados en España y en territorio de sus aliados, coordinando los recursos de inteligencia a nivel interno y promoverlos en el ámbito internacional;

1135 *Estrategia de Seguridad Nacional 2011*, op.cit., p. 48.

1136 Magnus Ranstorp, «La financiación del terrorismo: principales actores, estrategias y fuentes», sitio web:www.politicaexterior.com/articulos/afkar-ideas/la-financiacion-del-terrorismo- actores estrategias-fuentes/, [consultado el 13/09/2021].

1137 Gustavo Manuel de Arístegui y San Román, *La Yihad en España. La obsesión por reconquistar Al-Ándalus*, 4.ª edición, Ed. La Esfera de los Libros, Madrid, 2005, p. 10.

1138 María del Carmen Forriol Campos, «España: de retaguardia a objetivo del terrorismo yihadista», *Revista Crítica de Ciencias Sociales y Jurídicas, N.º 37*, 2013, pp. 15-20.

1139 *Estrategia de Seguridad Nacional 2011*, op.cit., p. 50.

b) concentración de los esfuerzos en disminuir la polarización social y económica con la finalidad enervar la permeabilidad al adoctrinamiento en ciertos estratos de población;

c) protección de ciudadanos e intereses españoles por medio de los planes de actuación e instrumentos jurídicos disponibles que garanticen la seguridad y su recuperación en caso de ataque terrorista;

d) dotar de medios de intervención operativa adecuados a los agentes capacitados para la lucha antiterrorista.

- **Estrategia de Seguridad Nacional 2013**

A través del CSN se procede a revisar la ESN 2011, conscientes desde Presidencia del Gobierno, que era necesario adaptarla a las nuevas circunstancias estratégicas y del carácter de servicio público de la misma, aunque manteniendo una cierta continuidad con respecto a la anterior. Las claves de mayor relevancia de la ESN 2013 son la comprensión de los riesgos y amenazas que nos rodean, junto con la creación de un sistema novedoso de Seguridad Nacional[1140]. En cuanto a la definición de Seguridad Nacional la ESN afirma:

> «La acción del Estado dirigida a proteger la libertad y el bienestar de sus ciudadanos, a garantizar la defensa de España y sus principios y valores constitucionales, así como a contribuir junto a nuestros socios y aliados a la seguridad internacional en el cumplimiento de los compromisos asumidos»[1141].

Respecto a los riesgos y amenazas a la Seguridad Nacional, la ESN 2013 no dedica un capítulo para analizar nuevos riesgos, cosa que sí ocurre en la ESN 2011. Este documento cita como factores potenciales de riesgo los anteriormente descritos en 2011 y añade la importancia del uso nocivo de las nuevas tecnologías, la vulnerabilidad del espacio marítimo, de las infraestructuras críticas y servicios esenciales[1142]. Se determina como aspecto fundamental de la Seguridad Nacional la incidencia de los conflictos armados que puedan producirse en relación a la defensa de intereses nacionales, estableciendo las siguientes líneas estratégicas[1143]:

1140 La Ley 19/2013, de 9 de diciembre, de transparencia, acceso a la información pública y buen gobierno, dispone en su art. 14.1 la limitación del acceso a la información cuando suponga un perjuicio para la Seguridad Nacional y para la defensa. Un ejemplo lo constituyó la solicitud de información geoestratégica de los programas de armamento realizada en 2015 a la Unidad de Transparencia del Ministerio de Defensa en la que se resolvió que la citada información era de carácter clasificado y no podía facilitarse por dicho cauce, en virtud de la Ley 9/1968, de 5 de abril sobre secretos oficiales.

1141 Gobierno de España, *Estrategia de Seguridad Nacional 2013*, 2013, p. 7.

1142 *Vid.* La ESN 2011 también se refería al espacio marítimo en relación a los riesgos procedentes de la vulnerabilidad estratégica, lo que supone una continuación.

1143 Mario Labore Iglesias, «La Estrategia de Seguridad Nacional (mayo 2013)», *Instituto Español de Estudios Estratégicos, Documento de Análisis 34/2013*, 2014, p. 4

a) provisión de capacidades militares que permitan el cumplimiento de las misiones asignadas y un nivel de disuasión creíble;

b) mantenimiento del compromiso de España con el sistema de seguridad colectiva;

c) transformación continua de las Fuerzas Armadas;

d) adaptación a las posibles situaciones de crisis económica (capacidades compartidas pero que permitan el cumplimiento de la misión);

e) fomento de la conciencia y cultura de defensa;

f) fortalecimiento del tejido industrial español de defensa.

En cuanto a la creación de un nuevo sistema de Seguridad Nacional[1144], se justifica en la necesidad de colaboración y participación entre todas las Administraciones y entidades privadas, en aras a contribuir a la seguridad común a través de un modelo institucional integrado. La ESN 2013 crea una estructura de Seguridad Nacional a partir de un organismo de nueva creación, el CSN[1145], que se reúne con carácter bimestral al menos y cuando lo solicite el Presidente del Gobierno. A este órgano se le atribuye el impulso de un anteproyecto de Ley Orgánica de Defensa Nacional que asiente definitivamente la institucionalización e integración del modelo de Seguridad Nacional, en plazo de máximo de 6 meses, junto a la creación de Comités especializados[1146].

- **Estrategia de Seguridad Nacional 2017**

La LSN establece en su art. 4.3 que la ESN será revisada, con carácter general, cada cinco años:

> «La Estrategia de Seguridad Nacional es el marco político estratégico de referencia de la Política de Seguridad Nacional. Contiene el análisis del entorno estratégico, concreta los riesgos y amenazas que afectan a la seguridad de España, define las líneas de acción estratégicas en cada ámbito de actuación y promueve la optimización de los recursos existentes. Se elabora a iniciativa del Presidente del Gobierno, quien la somete a la aprobación del Consejo de Ministros, y se revisará cada cinco años o cuando lo aconsejen las circunstancias cambiantes del entorno estratégico».

1144 Manuel CAMPOS QUESADA, «La Ley de Seguridad Nacional: una realidad estratégica frente al terrorismo» en *Análisis de la seguridad internacional desde perspectivas académicas* [Claudio PAYÁ SANTOS, Juan Jose DELGADO MORÁN, Gracia ABAD QUINTANA, coord.], Universidad Autónoma de Barcelona, Barcelona, 2017, p. 77.

1145 Creado mediante RD 385/2013, de 31 de mayo, de modificación del RD 1886/2011, de 30 de diciembre, por el que se establecen las Comisiones Delegadas del Gobierno.

1146 Se trata del Comité Especializado de Inmigración, Comité Especializado de Seguridad Energética y Comité Especializado de No Proliferación. Son órganos de apoyo del DSN creados al amparo del art. 20.3 LSN.

Sin embargo, el CSN en su reunión de 20 de enero de 2017, considera oportuno revisar la ESN 2013 como consecuencia del informe anual de Seguridad Nacional de 2016.[1147] Además de la necesaria adaptación a las condiciones geopolíticas del momento, parece adecuado elaborar una nueva ESN en el ámbito de la LSN. Se advierte en la ESN 2017 una clara reminiscencia derivada de la Estrategia elaborada por el Reino Unido en 2015 *«National Securuty Strategy and Strategic Defense and Security Review 2015 a Secure and Prosperous United Kingdom»*[1148]. En cuanto a la estructura, en siete capítulos, se añade un resumen de la evaluación de riesgos citando como principales amenazas a la Seguridad Nacional, los atentados terroristas en territorio de la UE, los ciberataques y la importancia de las amenazas combinadas e híbridas.

Se resalta el papel fundamental que juega en la lucha antiterrorista la unidad y cohesión de los partidos políticos, la actividad de los Cuerpos de Seguridad, servicios de inteligencia y sistema judicial. Asimismo, se establece la necesidad de implementar métodos de análisis geopolíticos que empleen diversos indicadores y que nos permitan prevenir las situaciones de crisis[1149]. Es de interés destacar los cambios estratégicos en Oriente Próximo, donde se observa una confrontación entre Irán y Arabia Saudita por alcanzar el liderazgo sobre el terreno, y al proceso renacionalizador de EEUU que le lleva a cierta pérdida de liderazgo estratégico en favor de países como Rusia o China[1150]. Otra de las novedades de la ESN 2017 es el reconocimiento del ciberespacio, el espacio marítimo[1151] y el aéreo como medios de acceso fáciles para la confrontación, circunstancia que difumina los límites de la paz y el conflicto, no siempre en el campo militar, sino también en el medio híbrido.

Las regiones geográficas de interés para la seguridad en España se citan con acierto en Europa, Norte de África y Oriente Medio, África Subsahariana, América Latina, América del Norte y Asia-Pacífico, mientras que la anterior ESN 2013 lo hacía en la Unión Europea, Mediterráneo, América Latina, EEUU, África, Asia, Rusia, ONU y OTAN. Tal y como afirma Ballesteros Martín:

> «Podría haberse definido una región Magreb-Sahel Occidental y otra Oriente Medio, si tenemos en cuenta las amenazas y desafíos que tienen su origen en los

---

1147 RD 1008/2017, de 1 de diciembre, por el que se aprueba la Estrategia de Seguridad Nacional de 2017, Boletín Oficial del Estado, N.° 309, de 21 de diciembre de 2017, pp. 125.966-126.004.

1148 Miguel Ángel Ballesteros Martín, «Las Novedades de la Estrategia de Seguridad Nacional de 2017», Instituto Español de Estudios Estratégicos, Documento de Análisis N.° 74/2017, 2017, p. 4

1149 Ministerio de Hacienda y Administraciones Públicas, *Esquema Nacional de Seguridad: Métricas e Indicadores*, 2014, p. 11.

1150 Gobierno de España, *Estrategia de Seguridad Nacional 2017*, 2017, p. 33.

1151 Luis Curt García, «La Estrategia de Seguridad Marítima Nacional ante su próxima revisión», *Instituto Español de Estudios Estratégicos, Documento N.° 23*, 2018, p. 11-19.

países del G-5 Sahel (Mauritania, Mali, Burkina Faso, Níger y Chad), como son el terrorismo yihadista, el crimen organizado, los conflictos armados y la inmigración irregular masiva, se trasladan a Marruecos, Argelia, Mauritania y Libia, sin olvidar que este último es un foco de amenazas para sus vecinos»[1152].

Se produce un cambio de terminología en cuanto al riesgo de las amenazas para la seguridad en la ESN 2017, pasando a emplear el término «desafíos» en lugar de los «riesgos» conceptuados en la ESN 2013. Se abunda en que el desafío carece en sí mismo del carácter de amenaza, pero aumenta la vulnerabilidad de la Seguridad Nacional. El nacimiento de amenazas nuevas o crecientes se mide en la probabilidad de recibir un ataque o peligro en términos de seguridad. La distinción entre amenazas y desafíos deben contribuir a medir y dirigir correctamente los recursos disponibles. En tal sentido, la ESN 2017 establece cinco amenazas singularizadas:

a) conflictos armados;

b) terrorismo;

c) crimen organizado;

d) proliferación de armas de destrucción masiva;

e) espionaje.

Mientras que los desafíos están constituidos por las siguientes circunstancias:

a) inestabilidad económica y financiera;

b) vulnerabilidad energética;

c) flujos migratorios irregulares;

d) emergencias y catástrofes;

e) epidemias y pandemias;

f) cambio climático.

Por lo que respecta a los objetivos generales de la ESN 2017, encontramos el desarrollo integral de la gestión de crisis[1153], que abarca desde su alerta temprana hasta la gestión misma. Se incide en la promoción de la cultura de Seguridad Nacional, el buen uso de los espacios comunes globales, la seguridad en el desarrollo tecnológico y el fortalecimiento de la proyección

1152 Ibídem, p. 9

1153 El art. 22 LSN define por gestión de crisis al «1. Conjunto de acciones dirigidas a detectar riesgos y amenazas para la seguridad nacional, así como facilitar el proceso de toma de decisiones y asegurar una ejecución coordinada de todos los recursos necesarios. 2. La gestión de crisis se desarrollará a través de instrumentos de prevención, detección, respuesta, retorno a la normalidad y evaluación. Su desarrollo será gradual e implicará a los diferentes órganos que componen la estructura del Sistema de Seguridad Nacional, según sus competencias y de acuerdo con la situación de crisis que se produzca. Asimismo, en la gestión de crisis participarán las autoridades de la Comunidad Autónoma que, en su caso, resulte afectada».

internacional de España. En la lucha antiterrorista, permanecen los objetivos señalados en la ESN 2013 (prevención, protección, persecución y preparación), observándose que en el ámbito de la no proliferación de las armas de destrucción masiva hay un mayor desarrollo en lo que respeta a los vectores de lanzamiento (principalmente misiles) respecto a la ESN 2013.

Otro aspecto novedoso de la ESN 2017 se concentra en el espacio aéreo y ultraterrestre con la intención de impulsar las normas oportunas sobre el uso a nivel civil de las aeronaves de pilotaje remoto (drones)[1154]. También resulta destacable el trato ofrecido frente a las epidemias y pandemias, que no se trataba en la ESN 2013, como consecuencia de la conocida crisis del ébola a través de los planes específicos y generales que se precisen y sin perder de vista la indispensable coordinación entre las distintas Administraciones. Finalmente, la ESN 2017 establece ciertas medidas de refuerzo del sistema de Seguridad Nacional:

a) finalizar el desarrollo de la gestión de crisis a nivel nacional;

b) aprobar un Plan Integral de Cultura de Seguridad Nacional;

c) diseñar la posición estratégica de gobernanza y uso de espacios comunes globales;

d) crear el Consejo de Seguridad Aeroespacial y una Estrategia de Seguridad en este ámbito;

e) revisar las estrategias de seguridad marítima, ciberseguridad y seguridad energética nacionales;

f) establecimiento del CSN como punto de contacto único en la seguridad de redes y sistemas de información con las autoridades del resto de miembros de la UE[1155].

- **Estrategia de Seguridad Nacional 2021**

El adelanto en la revisión de la ESN 2017 encuentra su justificación, de un lado, en las consecuencias de la pandemia del Covid-19, y de otro, en el auge de las estrategias híbridas a nivel internacional. Ambos aspectos resultan generadores de inseguridad global y de otras posibles crisis relacionadas, por lo que, en nuestra opinión se encuentra debidamente motivada la aprobación de la ESN 2021[1156]. Sin embargo, tal y como afirma acertadamente

---

1154 RD 1036/2017, de 15 de diciembre, por el que se regula la utilización civil de las aeronaves pilotadas por control remoto, y se modifican el RD 552/2014, de 27 de junio, por el que se desarrolla el Reglamento del aire y disposiciones operativas comunes para los servicios y procedimientos de navegación aérea y el RD 57/2002, de 18 de enero, por el que se aprueba el Reglamento de Circulación Aérea.

1155 *Estrategia de Seguridad Nacional 2017*, op.cit., pp. 22-30.

1156 RD 115/2021, de 28 de diciembre, por el que se aprueba la Estrategia de Seguridad Nacional 2021, Boletín Oficial del Estado, N.° 314, de 31 de diciembre de 2021, pp. 167.795-167.830.

MORALES MORALES[1157], la aprobación de la ESN 2021 responde a otras consideraciones importantes de naturaleza política, en tanto restan dos años para la finalización de la legislatura y no se ha actualizado la vigente LSN. La ESN 2021 se encuentra estructurada en cinco capítulos:

1. Seguridad Global y Vectores de Transformación;
2. Una España Segura y Resiliente;
3. Riesgos y Amenazas;
4. Un Planteamiento Estratégico Integrado;
5. Sistema de Seguridad Nacional y Gestión de Crisis.

La ESN 2021 continúa con las líneas estratégicas fundamentales de sus predecesoras, omitiendo posibles riesgos o amenazas originados por Marruecos, pero abundando en el incremento de tensión en el ámbito geopolítico protagonizado por Rusia y China. Se atribuye una importancia equivalente a contextos como los ecológicos o digitales[1158], a nuestro juicio desacertada, suponiendo un grave error la imprevisión de la intervención militar rusa en Ucrania. Otro aspecto de especial relevancia viene constituido por la escasa concreción de los recursos financieros destinados a la Seguridad Nacional y la ausencia de interés político en mejorar técnicamente la LSN para que resulte un instrumento útil y complementario a la LOAES en determinados supuestos.

Recordemos que, desde la aprobación de la LSN en 2015, no se ha declarado ninguna situación de interés para la Seguridad Nacional por parte del Presidente del Gobierno, a pesar de haberse practicado la gestión de crisis en variadas circunstancias[1159]. Entre las novedades de este documento estratégico encontramos el establecimiento de conexión entre las industrias de seguridad, espacio y defensa[1160], la creación de una Estrategia contra la desinformación[1161] y el reforzamiento de la autonomía estratégico-defensiva europea.

1157 Samuel MORALES MORALES, «Estrategia de Seguridad Nacional 2021: cambiarlo todo para que no cambie nada», sitio web: https://global-strategy.org/estrategia-de-seguridad-nacional-2021-cambiarlo-todo-para-que-no-cambie-nada/, [consultado el 07/03/2022].

1158 Félix ARTEAGA MARTÍN, «Estrategia de Seguridad Nacional 2021: más discurso que novedades», *Real Instituto Elcano, Comentario 3/2022*, 2022, p. 1.

1159 *Vid.* Las acciones sediciosas de la Generalidad de Cataluña en 2017, la pandemia del Covid 19 o las reiteradas y masivas entradas ilegales de inmigrantes en territorio nacional.

1160 L.A. 3 ESN 2021: «Desarrollar el sector industrial de la defensa, la seguridad y el espacio, así como las tecnologías duales, mediante la cooperación público-privada y el aprovechamiento de sinergias con las herramientas existentes tanto en el marco nacional como de las organizaciones internacionales de seguridad y defensa a las que pertenece España, en particular los Fondos Europeos de Defensa y la Cooperación Estructurada Permanente de la Unión Europea».

1161 «Para la Contrainteligencia, lucha contra las campañas de desinformación y acción frente a las injerencias del exterior: L. A. 13. Elaborar una Estrategia Nacional de Lucha contra las campañas de desinformación. [...]».

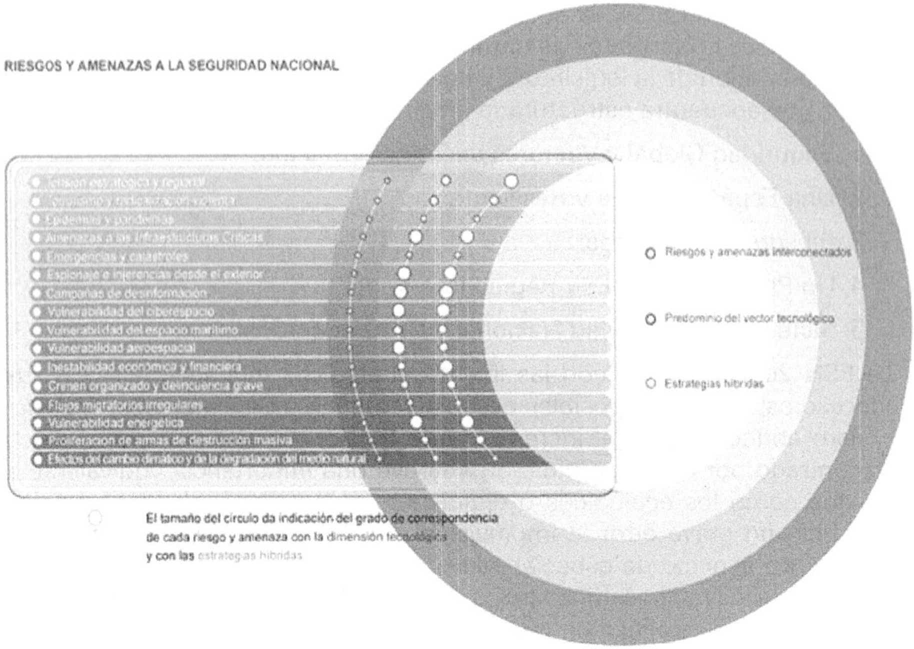

Figura de los riesgos y amenazas identificados en el ámbito de la Seguridad Nacional[1162].

Se pretende el avance en la gestión de crisis mediante la prevención, detección y respuesta ante amenazas híbridas, sustentándose sobre tres pilares:

a) protección de personas y del ordenamiento jurídico;

b) promoción del bienestar y prosperidad;

c) participación en la seguridad internacional.

En definitiva, consideramos necesario realizar un esfuerzo en la técnica jurídica de las bases de las actuaciones tendentes a la preservación de la Seguridad Nacional, unida a una verdadera voluntad política que permita una apuesta real por el sistema.

2.6. Doctrina de Seguridad Nacional en Estados Unidos

Tras la II Guerra Mundial y el comienzo de la Guerra Fría (1945)[1163], EEUU toma conciencia de la multidimensionalidad de los conflictos, en los que el

1162 *Estrategia de Seguridad Nacional 2021*, *op. cit.*, pp. 54-55.

1163 Lidera el bloque de Occidente en la escena internacional desde una perspectiva político-militar, bajo un halo democrático y de progreso en la civilización. Por otro lado, Rusia se encuentra a la cabeza del bloque Oriental, representando las atrocidades del Comunismo y el retraso democrático.

ámbito militar es sólo una parte de los mismos, mientras que otras áreas como la política, económica, comunicativa o la influencia psicológica obtienen un protagonismo hasta el momento desconocido. Ello promueve la sistematización teórica de las experiencias geopolíticas en la cúpula militar estadounidense en forma de doctrina de Seguridad Nacional[1164], constituyendo una síntesis compleja de las amenazas, riesgos y acciones como potencia internacional con capacidades globales[1165].

El origen de la doctrina obedece a la estrategia «Contención del Comunismo» iniciada por el Presidente Truman, sustentada sobre las bases expuestas por el académico KENNAN que se publicaron en el artículo «*Las fuentes de la conducta soviética*» de 1947[1166]. Ya en 1950 se publica, con carácter «ultrasecreto», el Documento de Seguridad Nacional NSC-68, que establece las directrices del CSN y la CIA. El objeto principal de este documento es el siguiente:

> «El propósito fundamental de los Estados Unidos se establece en el Preámbulo de la Constitución: "para formar una Unión más perfecta, establecer la justicia, asegurar la tranquilidad doméstica, proporcionar la defensa común, promover el bienestar general y asegurar las bendiciones de la libertad para nosotros y nuestra posteridad". En esencia, el propósito fundamental es asegurar la integridad y vitalidad de nuestra sociedad libre, que se basa en la dignidad y el valor del individuo. Tres realidades emergen como consecuencia de este propósito: Nuestra determinación de mantener los elementos esenciales de la libertad individual, como se establece en la Constitución y la Declaración de Derechos; nuestra determinación de crear condiciones bajo las cuales nuestro sistema libre y democrático pueda vivir y prosperar; y nuestra determinación de luchar si es necesario para defender nuestra forma de vida, para lo cual, como en la Declaración de Independencia, «con una firme confianza en la protección de la Divina Providencia, nos comprometemos mutuamente nuestras vidas, nuestras fortunas y nuestro sagrado honor»[1167].

El Documento NSC-68 identifica dos tipos de amenazas, de un lado «las genéricas», que vienen determinadas por la ausencia de libertades y el desequilibrio para la seguridad que representa el armamento nuclear del régimen ruso, y por otro, «las específicas», establecidas por la acción psicológica

1164 Edgar de Jesús VELÁSQUEZ RIVERA, «Historia de la Doctrina de la Seguridad Nacional», *Convergencia, N.º 27*, 2002 p. 11.

1165 Buzan BARRY and Ole Weaver, *Regions and Powers. The Structure of International Security*, Ed. Cambridge University Press, Cambridge, 2003, pp. 27-34.

1166 George F. KENNAN, «Las Fuentes de la. Conducta Soviética y Otros Escritos en *Crónica de un Fracaso imperial* [Carlos ALZUGARAY, dir.], Ed. de Ciencias Sociales, Madrid, 2000, p. 45.

1167 Informe NSC 68, Parte II, «El propósito fundamental de los Estados Unidos», *Objetivos y Programas de los Estados Unidos para la Seguridad Nacional, 14 de abril de 1950, Un informe al Presidente de conformidad con la Directiva del Presidente de 31 de enero de 1950.*

que busca subvertir a las propias instituciones democráticas e influir en las opiniones de la sociedad[1168]. Se establecen las siguientes líneas de actuación posibles al respecto:

a) continuación de las políticas actuales;

b) aislamiento;

c) guerra;

d) construcción rápida de unos parámetros estructurales de fuerza política, económica y militar. Tiene lugar un cambio en la concepción del enemigo, cuya identificación y ubicación no resulta tangible debido a la participación ideológica. En palabras de HIRST:

> «Involucran por lo menos a un actor no estatal (pueden estos ser organizaciones terroristas o criminales, narcotraficantes, guerrillas, paramilitares, etc.) que amenaza a otro(s) actor(es) estatal(es)»[1169].

La naturaleza difusa de la amenaza aconseja la participación de actores y elementos no regulares, aumentando proporcionalmente los recursos dedicados a la inteligencia estratégica, que es lo que en nuestra opinión constituye la Doctrina de Seguridad Nacional. El factor globalizador de la seguridad internacional hace comprender a los Estados que su propia seguridad se encuentra íntimamente relacionada con la seguridad de terceros Estados. Desempeñan un papel fundamental las alianzas y organizaciones internacionales, así como el análisis multinivel de todos los aspectos en juego. La doctrina de Seguridad Nacional sigue vigente en la actualidad, acomodada a la variedad de amenazas a la seguridad existentes[1170].

2.7. Las Estrategias de Seguridad Nacional de Estados Unidos

Los ataques terroristas del 11 de septiembre de 2001 en EEUU tuvieron un gran impacto en la sensación de seguridad mundial. Surge una nueva amenaza constituida por el terrorismo internacional que requiere reestructurar los cimientos de la doctrina de Seguridad Nacional. En tal sentido, se aprobó la *National Security Strategy,* el 17 de septiembre de 2002, que contiene los principios de la doctrina Bush[1171] sobre la guerra preventiva ante el fenó-

1168 Ibídem, Parte VII «Riesgos actuales».

1169 Monica HIRST et al., «La Fragmentada Agenda de la (in)Seguridad Regional» en *Imperio, Estados e Instituciones: la política internacional en los comienzos del siglo XXI*, Ed. Altamira, Buenos Aires, 2004, pp. 115-127.

1170 Miguel CAMPINS RAHAN, «El significado de la Seguridad Nacional en Estados Unidos», *Boletín de Información, N.º 283*, 2004, p. 8.

1171 Octavio Augusto CARO GARZÓN, «La doctrina Bush de la guerra preventiva», *Revista Facultad de Derecho y Ciencias Políticas, Vol. 36, N.º 105*, 2006, pp. 420-423.

meno terrorista[1172]. Se trata de una sintetización político-estratégica sobre las relaciones exteriores del Estado derivada de la doctrina Wolfowitz, en 1992, sustentada sobre estos dos principios:

a) realizar acciones ofensivas de naturaleza preventiva sobre enemigos potenciales;

b) promocionar el régimen democrático allá donde no se encuentre establecido.

La citada disposición asume el concepto de preeminencia militar[1173], empleando recursos castrenses para combatir las distintas amenazas que tienen su origen en el documento *Defense Policy Guidance* (1992)[1174]. Digamos que la *National Security Strategy* aborda dimensiones que afectan al ámbito diplomático y de las relaciones internacionales encaminadas a proteger la seguridad en los EEUU, por tanto hablamos de una gran Estrategia que aglutina otras estrategias de menor entidad[1175]. Los cambios en el escenario estratégico aconsejan la aprobación de una nueva *National Security Strategy,* el 16 de marzo de 2006, aunque con cierto carácter continuista en la consolidación de la democracia y la libertad como principios básicos[1176]. Al respecto, se implementan nuevos riesgos consecuencia de la globalización, pandemias o el ecologismo, si bien, manteniendo al fenómeno terro-

1172 «El entorno de seguridad al que se enfrenta Estados Unidos hoy en día es radicalmente diferente al que hemos enfrentado antes. Sin embargo, el primer deber del gobierno de los Estados Unidos sigue siendo el que siempre ha sido: proteger al pueblo estadounidense y los intereses estadounidenses. Es un principio estadounidense perdurable que este deber obliga al gobierno a anticipar y contrarrestar las amenazas, utilizando todos los elementos del poder nacional, antes de que las amenazas puedan causar un daño grave. Cuanto mayor es la amenaza, mayor es el riesgo de inacción, y más convincente es el caso para tomar medidas anticipadas para defendernos, incluso si persiste la incertidumbre sobre el momento y el lugar del ataque del enemigo. Hay pocas amenazas mayores que un ataque terrorista con ADM. Para prevenir o prevenir tales actos hostiles por parte de nuestros adversarios, Estados Unidos actuará, si es necesario, de manera preventiva en el ejercicio de nuestro derecho inherente a la legítima defensa. Estados Unidos no recurrirá a la fuerza en todos los casos para adelantarse a las amenazas emergentes. Nuestra preferencia es que las acciones no militares tengan éxito. Y ningún país debería usar la preferencia como pretexto para la agresión».

1173 «La defensa de los Estados Unidos, el pueblo estadounidense y nuestros intereses nacionales e internacionales identificando y destruyendo la amenaza antes de que llegue a nuestras fronteras. Los Estados Unidos se esforzarán constantemente por obtener el apoyo de la comunidad Internacional, pero no dudaremos en actuar solos en caso necesario para ejercer nuestro derecho a la autodefensa actuando preventivamente contra dichos terroristas e impedir que dañen a nuestro pueblo y nuestro país». George WALKER BUSH, Presidente de los Estados Unidos, *Estrategia de Seguridad Nacional 2002,* 2002, pp. 7-8.

1174 Paul WOLFOWITZ and Lewis Libby, *Defense Planning Guidance,* National Security Council. FY 1994-1999, 1992, p. 7.

1175 Félix ARTEAGA MARTÍN, «La Estrategia de Seguridad Nacional de Estados Unidos 2006», *Instituto Español de Estudios Estratégicos, ARI N.º 71*, 2006, p. 2.

1176 Ibídem, p. 6.

rista como la principal amenaza y centro de inversión en recursos, tanto militares como de otros sectores[1177].

Se conserva el principio de la acción militar preventiva anteriormente expuesto, realizando una interpretación tendenciosa y extensiva del contenido del art.51 de la Carta de Naciones Unidas y del art.5 del Tratado de la OTAN, sirviendo de base este último en el ataque militar a Afganistán tras los atentados del 11-S. Por lo que respecta al control y acceso a las armas de destrucción masiva en pro de la seguridad global, tienen lugar aciertos y fracasos. Se ha considerado su mayor acierto la intervención en Libia, aunque no así la invasión de Irak (2003) con el mismo precepto, que posteriormente se confirmó fallido debido a una errónea elaboración de inteligencia[1178]. En esta línea, se califica a Irán como un posible actor al que aplicar una intervención preventiva, sin embargo, en esta ocasión se apuesta por una vía diplomática y política prolongadas.

Aunque se continúa apostando por el liderazgo militar global de EEUU, las acciones unilaterales pierden cierto protagonismo en favor de la posibilidad de establecer acuerdos con otros actores internacionales (OTAN, UE). También se apuesta por coaliciones como *Proliferation Security Initiative* de 2003 contra la promoción de armas de destrucción en masa, la *APEC Secure Trade* (2003) para combatir el comercio ilegal, o con regímenes de colaboración contra las enfermedades contagiosas en el *International Partnership on Avian and Pandemic Influenza* o la *Global Threat Reduction Initiative* (2001-2009) sobre elementos radioactivos. Ello permite otorgar mayor credibilidad *ad extra* en la justificación del empleo de recursos militares en terceros países en favor de la seguridad[1179].

Con la llegada a la Presidencia del Gobierno de Barack Obama, se procede a la actualización del panorama estratégico aprobando la *National Security Estrategy* el 10 de mayo de 2010. El citado documento presta especial atención a las consecuencias que se desprenden para la seguridad, de la crisis financiera interior, el volumen de deuda, la elevada tasa de desempleo o la dependencia energética exterior. Se trata de ámbitos que se encuentran degradados y que proyectan una imagen de EEUU alejada de la noción de liderazgo mundial pretendida[1180]. Se reconoce que el poder militar se encuen-

1177 Se mantiene la denominación de «guerra» para describir el combate contra el terrorismo. Su sustitución por un término menos militarista, como el barajado por la Casa Blanca en «*Struggle Against Violent Extremism*», podría desorientar los apoyos obtenidos hasta ese momento.

1178 Los espías Rafid Ahmed Alwan al-Janabi y Muhammad Harith aportaron información falsa sobre la existencia de armas de destrucción masiva en Irak, sin apreciarse por parte de la inteligencia de EEUU.

1179 En consonancia con lo establecido en la *Estrategia Europea de Seguridad* de 2003.

1180 Boris Yopo, «La nueva Estrategia de Seguridad Nacional de Estados Unidos», *Friedrich Ebert Stintung, Programa de Cooperación de Seguridad Regional*, 2010, p. 1.

tra limitado para el éxito de ciertas misiones, ya que, si bien la superioridad militar es una garantía de «victoria» sobre el terreno, la intervención acarrea otras consecuencias postconflicto de desequilibrio e inestabilidad en la zona difícilmente superables en el corto plazo.

Se apuesta de una manera más decidida por las misiones de carácter colectivo, convencidos de que los nuevos desafíos a la seguridad no pueden superarse desde el plano individual, contemplando las siguientes premisas:

a) necesidad de establecer el multilateralismo en el ámbito internacional. Se atribuye una gran importancia a actores no estatales como el G20, potencias emergentes u otras organizaciones del sector privado[1181];

b) establecimiento de políticas respetuosas con otros sistemas de gobierno en los que se garantice la dignidad de las personas y los Derechos Humanos;

c) consecuente con la anterior, se reputan ilegítimos los medios de imposición forzosa de estructuras políticas empleando la fuerza.

Se establece la superación del terrorismo como problema principal de la seguridad, pasando a una concepción amplia de la seguridad tanto externa como en el ámbito interior[1182], que engloba otros espacios como el ciberespacio, la protección de infraestructuras críticas, la seguridad marítima, el medio espacial o el cambio climático. Las regiones de interés estratégico continúan focalizadas en Oriente (Rusia, China o India) aunque se despiertan nuevas atenciones, por ejemplo, hacia Brasil[1183]. En términos cualitativos, podemos afirmar que este documento estratégico ha gozado de un éxito relativo, dado que supone un avance en la resolución de conflictos por vías adyacentes a las puramente militares, *sensu contrario* a las anteriores *National Security Strategys*[1184].

El 6 de febrero de 2015, se formula la segunda *National Security Strategy 2015* de la Administración Obama, sin duda, de género continuador a su predecesora. Superados los problemas financieros[1185] a los que aludía el anterior

---

1181 Félix Arteaga Martín, «La Estrategia de Seguridad Nacional del Presidente Obama», *Instituto Español de Estudios Estratégicos, ARI N.º 104*, 2010, p. 3.

1182 Se crea el *Department of Homeland Security* (2003) para evaluar los riesgos y amenazas en la seguridad interior de Estados Unidos como consecuencia de la aprobación de la Ley de Seguridad Nacional en 2002 (*Act may be cited as the "Homeland Security Act of 2002"*).

1183 Arteaga Martín, [«La Estrategia de Seguridad Nacional del Presidente Obama...»], *op. cit.*, p. 5.

1184 «*Globally, we have moved beyond the large ground wars in Iraq and Afghanistan that defined so much of American foreign policy over the past decade. Compared to the nearly 180,000 troops we had in Iraq and Afghanistan when I took office, we now have fewer than 15,000 deployed in those countries*». Así se referirá el Presidente Barack Obama en relación al repliegue militar internacional durante su Gobierno en la *National Security Strategy 2015*.

1185 «*America's growing economic strength is the foundation of our national security and a critical source of our influence abroad. Since the Great Recession, we have created nearly 11* documento estratégico, EEUU se erige en una potencia líder a nivel global. El liderazgo nacional es un aspecto que se matiza de manera reiterada en este documento, desde un perfil centralizador y de nueva imagen del Estado hacia un exterior multidimensional[1186]. Se apuesta por afianzar los siguientes elementos constituyentes de la Seguridad Nacional:

a) mantenimiento de la seguridad de los EEUU, sus ciudadanos y socios internacionales;

b) innovación económica que permita crecer hacia una economía internacional abierta y próspera;

c) respeto a los valores y Derechos Humanos en todo el mundo;

d) promover el liderazgo de EEUU, favoreciendo la paz, la seguridad y el crecimiento global.

Esta disposición se posiciona a favor de la doctrina instaurada por Naciones Unidas en su Cumbre de 2005 «la responsabilidad de proteger»[1187], y la adhesión a los Objetivos del Milenio en su informe de 2015[1188]. Finalmente, la entrada de Donald Trump en la Presidencia del Gobierno de los EEUU determina la publicación de una nueva *National Security Strategy,* el 18 de diciembre de 2017. Se detecta un léxico acentuadamente nacionalista derivado del lema «*America first*»[1189] en expresiones como «proteger a la patria, sus ciudadanos y forma de vida americana»[1190]. Emite un discurso proteccionista

---

million new jobs during the longest private sector job growth in our history. Unemployment has fallen to its lowest level in 6 years. We are now the world leader in oil and gas production. We continue to set the pace for science, technology, and innovation in the global economy». National Security Strategy 2015.

1186 Ignacio José García Sánchez, «La Estrategia de Seguridad Nacional de los Estados Unidos de América 2015», *Instituto Español de Estudios Estratégicos, Documento 09/2015*, 2015, p. 5.

1187 Objetivo consensuado en la Cumbre mundial de 2005 de las Naciones Unidas: «[...] responsabilidad de proteger a las poblaciones frente al genocidio, los crímenes de guerra, la depuración étnica y los crímenes de lesa humanidad. [...] se basa en tres pilares igual de importantes: la responsabilidad de cada Estado de proteger a sus poblaciones (primer pilar); la responsabilidad de la comunidad internacional de ayudar a los Estados a proteger a sus poblaciones (segundo pilar); y la responsabilidad de la comunidad internacional de proteger a las poblaciones de un Estado cuando es evidente que este no logra hacerlo (tercer pilar)».

1188 Con base en la Declaración del Milenio de las Naciones Unidas en el 2000, con la finalidad de reducir la pobreza extrema en el mundo a través de 8 objetivos: 1. Erradicar la pobreza extrema y el hambre; 2. Lograr la enseñanza primaria universal; 3. Promover la igualdad de género y la autonomía de la mujer; 4. Reducir la mortalidad infantil; 5. Mejorar la salud materna; 6. Combatir el SIDA, Paludismo y otras enfermedades; 7. Garantizar la sostenibilidad del medio ambiente; 8. Fomentar una asociación mundial para el desarrollo.

1189 Mario Labore Iglesias, «America first. ¿Un modelo válido de Seguridad Nacional para Estados Unidos?», *Instituto Español de Estudios Estratégicos, Documento 10/2018,* 2018, p. 3.

1190 Ministerio de Defensa, «Estados Unidos: Estrategia de Seguridad Nacional», *Reseña del Instituto Español de Estudios Estratégicos*, 19 de diciembre de 2017.

unido a una visión centrípeta de EEUU en el mundo que debe ser respetada y valorada, determinando los siguientes desafíos a la seguridad:

a) prestar atención al estatus de Rusia y China, se trata de sujetos internacionales que emplean medios tecnológicos de propaganda y coacción cuyos valores son contrarios a los de Occidente[1191];

b) atender a la presencia de dictadores regionalistas que continúan con programas de armas de destrucción en masa;

c) advertir la relevancia del terrorismo yihadista y el tráfico de drogas transnacional[1192];

d) fortalecer las fronteras de EEUU y de la política de inmigración;

e) promover el liderazgo en la investigación y tecnología para ser competitivos en el ámbito geopolítico[1193];

f) preservar la paz a través de la fuerza e incrementar la influencia nacional en el resto del mundo.

3. Misiones de las Fuerzas Armadas en la Seguridad Nacional

Hemos analizado que el paradigma de la Seguridad Nacional se enmarca en una concepción amplia y multidimensional de la seguridad que ha superado la noción tradicional de los conflictos y, en consecuencia, de la participación de las Fuerzas Armadas en su promoción y conservación. Se ha producido una evolución en los ámbitos estratégico y operativo que ha propiciado la transición desde la doctrina de la «Defensa Nacional» hacia la que podemos denominar «securitaria». Por ello, en los siguientes epígrafes nos adentraremos en un conjunto de misiones novedosas para la institución militar, corroborando el papel fundamental que desempeñan y que, a buen seguro, están llamadas a desempeñar en el futuro.

3.1. Contrainteligencia

Mientras que la inteligencia la consideramos como el proceso de elaboración y transformación de información válida para los intereses del Estado

1191 Elsa Llanderrozas, «La Estrategia de Seguridad Nacional de Estados Unidos», *Fundación CECE*, 2018, pp. 9-13.

1192 *Vid.* El terrorismo y las armas de destrucción masiva vuelven a estar en el centro del discurso estratégico de seguridad en EEUU, algo que no ocurre desde la Administración Bush en las *National Security Strategy 2002* y *2006*.

1193 Carlota García Encina, «La Nueva Estrategia de Seguridad Nacional de Estados Unidos», *Revista Española de Defensa, N.º 63*, 2018, pp. 60-61.

que posteriormente nos sirve para definir la planificación estratégica, la contrainteligencia será el procedimiento de transformación de información mediante el que se pueden proteger a los Estados de las distintas amenazas[1194]. Concretamente, la contrainteligencia militar protege los intereses de las Fuerzas Armadas respecto a los servicios de inteligencia hostiles, acciones de espionaje, crimen organizado o elementos subversivos o los ISTAR[1195] del enemigo, entre otros. El sistema de Seguridad Nacional español establece la contrainteligencia como uno de sus ámbitos principales, definido del siguiente modo:

> «Conjunto de acciones orientadas a prevenir, detectar y posibilitar la neutralización de aquellas actividades de servicios extranjeros, grupos o personas que pongan en riesgo, amenacen o atenten contra el ordenamiento constitucional, los derechos y libertades de los ciudadanos españoles, la soberanía, integridad y seguridad del Estado, la estabilidad de sus instituciones, los intereses económicos nacionales y el bienestar de la población»[1196].

Nuestro sistema configura una concepción íntegra de los riesgos y amenazas describiendo, en el ámbito de la contrainteligencia, las acciones en defensa de los intereses estratégicos, políticos y económicos que permiten neutralizar agresiones de tipo encubierto dirigidas a la obtención de información sensible. Se establece el reforzamiento de los organismos de inteligencia nacionales, acentuando la protección de los documentos clasificados e incluso los recursos de contrainteligencia en el ámbito del ciberespacio[1197]. Los recursos operacionales de contrainteligencia constituyen la parte primordial de la inteligencia sobre el terreno de operaciones y podemos clasificarlos del siguiente modo:

a) defensivos: cuando se trata de acciones de ocultación de información al enemigo. Entre estas medidas se encuentran la seguridad en las transmisiones, la disciplina del sigilo, el camuflaje y el encubrimiento;

1194 Thomas Bruneau y Steven Boraz, *Reforming Intelligence. Obstacles to Democratic Control and Effectiveness*, Ed. University of Texas Press, Austin, 2007, pp. 73-95.

1195 Se trata de un mecanismo de detección de información hostil, en inglés: *Intelligence, Surveillance, Target Acquisition and Reconnaissance* (significa inteligencia, vigilancia, adquisición de objetivos y reconocimiento. En su sentido macroscópico, ISTAR es una práctica que vincula varias funciones del campo de batalla para ayudar a una fuerza de combate a emplear sus sensores y administrar la información que recopilan. Francisco de Borja Gómez-Armero Fernández, «Contrainteligencia», *Instituto Español de Estudios Estratégicos, Monografía VI CSIFAS, Documento 25/2015*, 2015, pp. 3, 4, 6 y A-1.

1196 Gobierno de España, Departamento de Seguridad Nacional, Contrainteligencia, sitio web: Contrainteligencia | DSN, [consultado el 21/09/21].

1197 Jaime Castillo Arias, «Consideraciones de contrainteligencia en la formulación de Estrategias de Seguridad: utopía o evolución pragmática», *Contrainteligencia, Red Latinoamericana de Análisis de Seguridad y Delincuencia Organizada (RELASEDOR), N.º 26*, 2020, p. 17.

b) ofensivos: acciones de impedimento activo ante los esfuerzos contrarios para obtener información relacionada con el espionaje. Aquí encontramos medidas como el contrasabotaje, contrasubversión y contraterrorismo[1198].

A menudo, este tipo de maniobras en el conflicto suelen ir encaminadas a la denominada «decepción de combate», por medio de la cual, se hace creer al enemigo que las capacidades del actor se encuentran debilitadas o mermadas, produciendo una ventaja sobre terceros Estados en ulteriores acciones. Ello se lleva a cabo mediante la facilitación encubierta y voluntaria de información al enemigo, entrando simultáneamente en valor sus labores de contrainteligencia para evitar posibles reacciones imprevistas por el actor[1199]. Resulta habitual que se realicen controles de las comunicaciones, con un doble objeto, detener posibles flujos de información no deseados que pueda interceptar el enemigo, y difundir informaciones positivas para las propias tropas o incluso desvirtuadas para el enemigo, colocando al primero en una posición más favorable en un procedimiento conocido como «censura»[1200]. Podemos hablar de los siguientes tipos de censura:

a) censura por las Fuerzas Armadas: se trata del control de cualquier información transmitida por sujetos bajo control del instituto militar;

b) censura de ámbito civil: entiendo por tal, el examen de las comunicaciones del personal civil que accede o sale de las zonas de interés en el conflicto;

c) censura de prensa: se trata del control del manejo de la información y la comunicación por parte de los corresponsales de guerra.

En el marco de las tareas de control del flujo de información entre las partes, las Fuerzas Armadas realizan aquellas de contravigilancia, negación al enemigo de la información, contramedidas[1201], protección activa de las comunicaciones ante posibles interceptaciones y acciones de decepción. Observamos que la contrainteligencia trata un entramado operacional altamente complejo, en el que no sólo intervienen factores técnicos, sino también psicológicos, de perfilación del enemigo y de estudio de sus conductas u omisiones. Se parte de las debilidades y virtudes propias que sirven de base para el planeamiento y la gestión del conflicto.

1198 Tomás Fernando PRIETO DEL VAL, «Engañar, manipular y alterar, actividades fundamentales de la operación decepción "Guardaespaldas"» *Instituto Español de Estudios Estratégicos, Documento 56/2015*, 2015, pp. 6-11.

1199 Juan LÓPEZ MARTÍN, «La decepción en las operaciones», *Boletín de Información, N.º 293*, 2006, p. 4.

1200 Marck TAPSCOTT, «Schiff y expertos impulsan la censura en internet durante audiencia del Comité de Inteligencia», *The Epoch Times*, 15 de octubre de 2020, sitio web: Schiff y expertos impulsan la censura en Internet durante audiencia del Comité de Inteligencia | Facebook | Twitter | Censura | The Epoch Times en español, [consultado el 22/09/2021].

1201 Mitchell OVERTON, «Desarrollo intencionado de inteligencia, vigilancia y reconocimiento para el cuadro espacial», *Air University, SPJ Journals, Vol. 29, N.º 1*, 2017, pp. 67-69.

3.2. Control de armas de destrucción masiva

El origen estratégico de las armas de destrucción en masa se deriva de la II Guerra Mundial (1939-1945). Se basa en la utilidad del bombardeo selectivo desde el medio aéreo que permite quebrar las fronteras enemigas, paralizando la zona operativa del mismo de manera desproporcionada y mediante la falsa creencia de que resultan un acicate para concluir de manera breve los conflictos bélicos. Los hechos históricos confirmaron una errónea apreciación militar al respecto, consecuencia de los bombardeos de Hiroshima y Nagasaki, mención aparte del grave desastre humanitario acaecido y su empleo o detentación como herramienta geopolítica[1202]. Junto a este tipo de instrumento bélico, encontramos las armas químicas[1203], biológicas[1204] y radiológicas, siéndoles atribuido un potencial destructivo de mayor lentitud a la primera, mientras que las restantes gozan de menor alcance lesivo[1205].

Especial interés merece por su impacto mundial, la pandemia del Covid-19, cuyos orígenes reales se sugieren difusos y no exentos de atribuciones de revestimiento de posible ataque biológico para influir en diversas parce-

1202 Guillem Colom Piella, «Armas nucleares y control de armas de destrucción masiva» en *Manual de Estudios Estratégicos de Seguridad Internacional* [Javier Jordán Enamorado, coord.], Ed. Plaza y Valdés, Madrid, 2013, pp. 205-238.

1203 «La OPCW (Organización para la Prohibición de las Armas Químicas) establece de modo oficial la siguiente definición: [...] a) sustancias químicas tóxicas o sus precursores, salvo cuando se destinen a fines no prohibidos por la presente Convención, siempre que los tipos y cantidades de que se trate sean compatibles con esos fines; b) las municiones o dispositivos de modo expreso a causar la muerte o lesiones mediante las propiedades tóxicas de las sustancias especificadas en el apartado a) que libere el empleo de esas municiones o dispositivos; c) o cualquier equipo destinado de modo expreso a ser utilizado directamente en relación con el empleo de las municiones y dispositivos especificados en el apartado b)». José Antonio Martínez Pons, «Armas químicas: qué son y cómo actúan», *Real Sociedad Española de Química, Anuario Química, N.º 102*, 2006, p. 55.

1204 «Las armas biológicas se incluyen dentro del grupo de las denominadas "armas de destrucción masiva" e incluyen a todo tipo de agentes, microbianos o no, virales, naturales o recombinantes, y a sus toxinas derivadas. Entre los factores claves en el desarrollo de este tipo de amenazas biológicas intencionadas, cabe mencionar el incremento de la aparición de patógenos emergentes, el gran desarrollo de las tecnologías de modificación y edición genética, como la CRISPR/Cas9, o el desvío y contrabando de precursores y materiales sensibles [...]». Francisco López Muñoz et al., «Amenazas biológicas intencionadas: implicaciones para la Seguridad Nacional», *Revista de Sanidad Militar de las Fuerzas Armadas de España, Vol. 77, N.º 2*, 2021, p. 98.

1205 «[...] a veces ha sido designado como armas de alteración masiva (weapons of mass disruption), porque sus efectos físicos potenciales sobre la población son mucho menores cualitativamente que otros efectos: psicológicos, morales, económicos... El empleo directo de material radiactivo como arma no se ha llevado a cabo por el momento por ningún ejército, y por sus características no parece que en el futuro se emplee». Julia Ortega García, «Armas radiológicas», *Cuadernos de Estrategia, N.º 153*, 2011, p. 172.

las estratégicas[1206]. Si tradicionalmente, el marco jurídico de este tipo de acciones bélicas venía satisfecho por el Protocolo de Ginebra de 1925[1207], la Convención de Armas Biológicas y Toxínicas de 1972[1208], la Convención de Armas Químicas de 1993[1209] o la Resolución 1540 del Consejo de Seguridad de la ONU[1210], la pandemia global aludida supuso el desbordamiento total de

---

1206 Michelle Bentley, «Known unknowns: Covid-19 and biological warfare», *E-International Relations*, august 2020, pp. 1-4; José Luís de Haro, «El coronavirus es un arma biológica sin restricciones», 2020, sitio web: "El coronavirus es un arma biológica sin restricciones", según la viróloga china que insiste que este se concibió en un laboratorio (eleconomista.es), [consultado el 20/06/2022]; Virginia Peláez Ocampo, «Científicos: el coronavirus sería un arma de guerra biológica», 2020, sitio web: Científicos: el coronavirus sería un arma de guerra biológica - Tercera Información -Tercera Información (tercerainformacion.es), [consultado el 20/06/2022], entre otros.

1207 Protocolo sobre la prohibición del uso en la guerra, de gases asfixiantes, tóxicos o similares y de medios bacteriológicos (G.BC): «Considerando que el empleo en la guerra de gases asfixiantes, tóxicos o similares, así como de todos los líquidos, materias o procedimientos análogos, ha sido a justo título condenado por la opinión general del mundo civilizado [...] formulada en los tratados de que son Partes la mayoría de las Potencias del mundo [...] reconocen esta prohibición, aceptan extender esta prohibición de empleo a los medios de guerra bacteriológicos y convienen en considerarse obligadas [...]».

1208 Convención sobre la prohibición del desarrollo, la producción y el almacenamiento de armas bacteriológicas (biológicas) y toxínicas y sobre su destrucción: «art. 1: Cada Estado Parte [...] no desarrollar, producir, almacenar o de otra forma adquirir o retener [...] 1. Agentes microbianos u otros agentes biológicos, o toxinas, sea cual fuere su origen o modo de producción, de tipos y en cantidades que no estén justificados para fines profilácticos, de protección u otros fines pacíficos; 2. Armas, equipos o vectores destinados a utilizar esos agentes o toxinas con fines hostiles o en conflictos armados; art. 2: [...] destruir o a desviar hacia fines pacíficos lo antes posible [...] todos los agentes, toxinas, armas, equipos y vectores especificados».

1209 Convención sobre la prohibición del desarrollo, la producción el almacenamiento y el empleo de armas químicas y sobre su destrucción: «art. 1: Cada Estado Parte [...] a) No desarrollar, producir, adquirir de otro modo, almacenar o conservar armas químicas ni a transferir esas armas a nadie, directa o indirectamente; b) No emplear armas químicas; c) No iniciar preparativos militares para el empleo de armas químicas; d) No ayudar, alentar o inducir de cualquier manera a nadie a que realice cualquier actividad prohibida a los Estados Partes por la presente Convención. [...] se compromete a destruir las armas químicas de que tenga propiedad o posesión o que se encuentren en cualquier lugar bajo su jurisdicción o control; art. 6: Cada Estado Parte tiene el derecho [...] a desarrollar, producir, adquirir de otro modo, conservar, transferir y emplear sustancias químicas tóxicas y sus precursores para fines no prohibidos por la presente Convención. [...] adoptará las medidas necesarias para garantizar que las sustancias químicas tóxicas y sus precursores solamente sean desarrollados, producidos, adquiridos de otro modo, conservados, transferidos o empleados, en su territorio o en cualquier otro lugar bajo su jurisdicción o control, para fines no prohibidos por la presente Convención».

1210 Resolución 1540(2004), aprobada por el Consejo de Seguridad en su 4956.ª sesión, celebrada el 28 de abril de 2004: «[...] todos los Estados deben abstenerse de suministrar cualquier tipo de apoyo a los agentes no estatales que traten de desarrollar, adquirir, fabricar, poseer, transportar, transferir o emplear armas nucleares, químicas o biológicas y sus sistemas vectores;[...] deben adoptar y aplicar leyes apropiadas y eficaces que prohíban las previsiones jurídicas contenidas en estos textos. Al mismo tiempo, MACHÍN OSÉS destaca la escasa relevancia de los citados instrumentos jurídicos internacionales, correspondiente con el nivel de voluntad de los respectivos Estados:

> «Paradójicamente nos encontramos con que, a pesar de esta gran adhesión, hay países que no lo han firmado, otros que, a pesar de que lo firman, no lo ratifican, otro grupo de países que lo firman con "reservas", otros que se retiran. También habrá ciertos países que lo firmarán y que lo incumplirán sistemáticamente. Esto se debe a la ausencia de una autoridad mundial coercitiva que obligue a los Estados a cumplir con los propósitos de los tratados»[1211].

De la prohibición del empleo de medios de guerra biológicos por parte de los Estados, hasta la adquisición del compromiso internacional de impedir el desarrollo de este tipo de armas regulados en dichas normas, quedó patente que las sociedades, legislaciones y gobiernos de todo el mundo no eran conscientes de que podrían enfrentarse a una pandemia de estas características, ya constituyera un ataque biológico o fuese un mero desarrollo accidental de graves acontecimientos[1212]. Esa falta de consciencia abstracta para regular de manera concreta la amenaza biológica en el plano internacional, en los ordenamientos internos y las distintas estrategias de seguridad, corroboran que la experiencia supera cualquier hipótesis planteada.

El desarme y control de la proliferación de este tipo de armamentos se encuentran dirigidos a disminuir las carreras armamentísticas y proporcionar estabilidad mundial, es ahí donde juega un papel decisivo el empleo de las Fuerzas Armadas. La utilización de este armamento tanto por Naciones como por parte de organizaciones terroristas resulta un peligro abstracto para la seguridad global, si bien, lo cierto es que han sido escasas las acciones con este tipo de armas[1213]. La posibilidad de su empleo requiere una estructura organizativa compleja que permita el acceso a su fabricación o compra, conocimientos de manejo y tratamiento, o la seguridad en el hermetismo de la información que se controla.

---

a todos los agentes no estatales la fabricación, la adquisición, la posesión, el desarrollo, el transporte, la transferencia o el empleo de armas nucleares, químicas o biológicas y sus sistemas vectores, en particular con fines de terrorismo [...] adoptar y hacer cumplir medidas eficaces para instaurar controles nacionales a fin de prevenir la proliferación de las armas nucleares, químicas o biológicas [...] detectar, desalentar, prevenir y combatir, incluso por medio de la cooperación internacional cuando sea necesario, el tráfico y la intermediación ilícitos de esos artículos [...]».

1211 Nieva MACHÍN OSÉS, «Las armas biológicas. Perspectivas de futuro», *UNISCI, Discussion Papers, N.° 35*, 2014, p. 207.

1212 María José ESPONA HELGUERA, «Estudio del marco jurídicoen materia de terrorismo con armas biológicas: una visión sistémica», *Instituto Español de Estudios Estratégicos, Documento 14/2016*, 2016, p. 11.

1213 Jacqueline SMITH, *Prevent, Protect, Prepare. The United Kingdom's Strategy for Countering International Terrorism*, 2009, p. 41.

Por lo que respecta al ámbito nuclear de este ámbito armamentístico, caben dos posibilidades de ejecución operativa en su empleo, por un lado, la práctica de la detonación por parte de sus poseedores, y por otro, la fabricación del artefacto en sí mismo. Dadas las escasas posibilidades de importación a España de este tipo de armas, pensemos que la forma más probable sería la fabricación de la misma mediante la compra sesgada de los materiales necesarios. Este extremo requiere de una alta dificultad por la escasez de conocimientos en el ramo, aunque en absoluto es descartable por parte de elementos radicalizados o potencias enemigas. La modalidad más fácil de perpetración en el uso privado se constituye por el modelo de atentado suicida, al implicar pocos riesgos de accionamiento y prevención del ataque. Por otro lado, en caso de localización de este armamento, las Fuerzas Armadas pueden desempeñar competencias en su desarme, en calidad cooperativa con las Fuerzas y Cuerpos de Seguridad[1214].

La disminución de las amenazas tradicionales ha favorecido el aumento de riesgos derivados de los avances científicos y tecnológicos empleados de manera asimétrica, cuya repercusión en parámetros de seguridad es elevada. La seguridad se rebela como una condición inevitable para el desarrollo de los países, por lo que su ausencia, provoca distensiones, inestabilidad y desequilibrios. A tal efecto, se mantiene la situación de conflictividad en Oriente próximo, sin duda, una zona incipiente y recurrente en la producción de armas de destrucción en masa, en la que nuestras Fuerzas Armadas pueden participar con ocasión de la aplicación de la LODN, entre otras. También cabe la participación de las Fuerzas Armadas en una situación post ataque con este tipo de armas, de la siguiente manera:

a) realizando labores de evacuación, prevención y control en las zonas afectadas en colaboración con las Fuerzas de Seguridad;

b) mediante la desinfección, descontaminación y medición de valores contaminantes en las zonas afectadas[1215];

c) prestando seguridad en vías de comunicación y lugares de interés por afluencia masiva de personas;

d) asesoramiento técnico a las Fuerzas de Seguridad en procedimientos de combate urbano irregular, utilización de armas de guerra y/o artefactos explosivos de uso militar[1216].

1214 Mariano MORO JUEZ, «Posibilidades terroristas del empleo de armas NBQ-R» *en Las armas NBQ-R como armas de terror, CESEDEN, Monografía, N.° 120*, 2011, p. 37.

1215 El atentado de Tokio de 20 de marzo de 1995, fue perpetrado por cinco terroristas de la secta *Aum Shinrikyo* utilizando gas sarín (arma química) en el metro de la ciudad. La intervención de las Fuerzas Armadas consistió en realizar labores de descontaminación y detección de dichas partículas.

1216 Bartolomé CÁNOVAS SÁNCHEZ, «Capacidades militares en temas NBQ-R» en *Las armas NBQ-R como armas de terror, CESEDEN, Monografía, N.° 120*, 2011, p. 152.

3.3. Infraestructuras Críticas

La seguridad de las fuentes y estructuras de abastecimiento está considerada por el Gobierno una de las principales finalidades de su política energética y se encuentra estrechamente vinculada a los objetivos económicos y sociales de un Estado de Bienestar. De ahí la importancia de asegurar el funcionamiento y prevenir vulnerabilidades de las diferentes infraestructuras críticas[1217]. Se trata, sin duda, de una preocupación en aumento en el seno de las instituciones más importantes a nivel global. A tal efecto, la UE procede a la aprobación en 2005 del *Programa Europeo para la Protección de las Infraestructuras Críticas*, definiendo las amenazas a las que se encontraba sujeto este sector estratégico:

a) actividades terroristas;

b) comisión de delitos comunes;

c) accidentes;

d) desastres naturales[1218].

Esta disposición define las Infraestructuras Críticas de manera funcional, como aquellas de mayor importancia cuya interrupción o destrucción interese a dos o más Estados, o a uno con ubicación en territorio de otro Estado. La definición nos parece incompleta, al no describir qué resulta relevante para cada Estado en este tipo de infraestructuras. Sin embargo, la Comisión Europea detalla con más acierto el concepto a través de su comunicación del año 2004:

> «[a]quellas instalaciones, redes, servicios y equipos físicos y de tecnología de la información cuya interrupción o destrucción tendría un impacto mayor en la salud, la seguridad o el bienestar económico de los ciudadanos o en el eficaz funcionamiento de los gobiernos de los Estados miembros. Las infraestructuras críticas se extienden a través de muchos sectores de la economía, incluyendo la banca y finanzas, el transporte y la distribución, la energía, los servicios públicos, la salud, el suministro de alimentos y las comunicaciones, así como servicios gubernamentales clave. Algunos elementos críticos en estos sectores no constituyen ‹infraestructura› estrictamente hablando, sino redes o cadenas de suministro que apoyan la entrega de un producto o servicio esencial. Por ejemplo el suministro de la comida o el agua en nuestras principales áreas urbanas depende de algunas instalaciones clave, pero también de una complejo red de productores, procesadores, fabricantes, distribuidores y minoristas»[1219].

1217 Gabriel Jaime Correa Henao y José María Yusta Loyo, «Seguridad energética y protección de infraestructuras críticas», *Revista Lampsakos, N.º 10*, 2013, p. 93.

1218 Comisión Europea, *Programa Europeo para la Protección de Infraestructuras Críticas*, 2006, p. 2-3.

1219 Comisión Europea, *Comunicación COM 2004/0702 final*, 2004.

Tras este documento, se publica la Directiva del Consejo Europeo 2008/114/CE, actualmente en vigor, cuya aproximación a la noción de Infraestructura Crítica nos parece relevante, en atención a su art. 2:

> «[e]l elemento, sistema o parte de este situado en los Estados miembros que es esencial para el mantenimiento de funciones sociales vitales, la salud, la integridad física, la seguridad, y el bienestar social y económico de la población y cuya perturbación o destrucción afectaría gravemente a un Estado miembro al no poder mantener esas funciones»[1220].

En España y como consecuencia de la citada Directiva, se aprueba la Ley 8/2011, de 8 de abril, por la que se establecen medidas para la protección de las Infraestructuras Críticas. La norma establece la estructura orgánica competencial en relación a este ámbito estratégico, desarrollada por el RD 704/2011, de 20 mayo, por el que se aprueba el Reglamento para la protección de Infraestructuras Críticas. Se establece como autoridad superior al Secretario de Estado de Seguridad[1221], que será asistido por el Centro Nacional para la protección de Infraestructuras Críticas (CNPIC)[1222].

1220 Directiva 2008/114/CE, de 8 de diciembre de 2008, sobre la identificación y designación de infraestructuras críticas europeas y la evaluación de la necesidad de mejorar su protección. DOUE número 345, de 23 de diciembre de 2008, pp. 75-82.

1221 «España colocó a las infraestructuras en un primer plano, aprobando la Secretaría de Estado de Seguridad en 2007, el Plan Nacional para la Protección de las Infraestructuras Críticas, el primer Catálogo Nacional de Infraestructuras Estratégicas, y el Acuerdo sobre Protección de Infraestructuras Críticas. La finalidad del Plan fue proteger las infraestructuras físicas, las tecnologías de la información y las comunicaciones que brindan servicios esenciales a la sociedad, ante amenazas o ataques intencionales, poniendo en marcha las capacidades operativas estatales y la coordinación con operadores críticos. Este Plan fue revisado en 2016. El Catálogo clasificó áreas estratégicas para proteger y prevenir amenazas contra ellas: agua, energía, alimentación, sistema financiero, salud, industria nuclear, tecnologías de la información y las comunicaciones, transporte, administración, espacio, industria química e investigación. Cada uno de estos sectores valora sus infraestructuras críticas, eliminando sus vulnerabilidades mediante un plan estratégico de protección». María del Rosario RODRÍGUEZ CUITIÑO, «La Protección de las Infraestructuras Críticas como un aspecto de la Seguridad Integral del Estado», *Revista Estrategia, Tercera Época, N.º 6*, 2019, pp. 7-21.

1222 El art. 7 del RD 704/2011 describe las competencias de dicho órgano directivo del siguiente modo: «a) Asistir al Secretario de Estado de Seguridad en la ejecución de sus funciones en materia de protección de infraestructuras críticas, actuando como órgano de contacto y coordinación con los agentes del Sistema. b) Ejecutar y mantener actualizado el Plan Nacional de Protección de las Infraestructuras Críticas conforme a lo previsto en el artículo 16 de este reglamento. c) Determinar la criticidad de las infraestructuras estratégicas incluidas en el Catálogo. d) Mantener operativo y actualizado el Catálogo, estableciendo los procedimientos de alta, baja y modificación de las infraestructuras, tanto nacionales como europeas, que en él se incluyan en virtud de los criterios horizontales y de los efectos de interdependencias sectoriales a partir de la información que le suministren los operadores y el resto de agentes del Sistema, así como establecer su clasificación interna. e) Llevar a cabo las siguientes funciones respecto a los instrumentos de planificación previstos en este reglamento: Dirigir y coordinar los análisis de riesgos que se realicen por los organismos especializados, públicos o privados, sobre cada uno de los sectores estra-

Por su parte, en EEUU se aprueba la *National Infrastructure Protection Plan 2013 (NIPP): Partening for Critical Infrastructure Security and Resilience,* mediante la colaboración de los sectores público y privado, agentes propietarios y operadores de Infraestructuras Críticas, agencias departamentales y sectoriales. Se establece como órgano superior al *Department of Homeland Security* para su promoción y coordinación, designando a los instrumentos orgánicos individualizados, entre los que destaca el *Protected Critical Infrastructure Information Program (PCII)* que estructura y programa la protección de la información[1223].

Una vez nos hemos acercado al concepto y marco jurídico de las Infraestructuras Críticas, debemos analizar la participación que las Fuerzas Armadas pueden desempeñar en su protección. Para ello, nos parece oportuno

---

tégicos en el marco de los Planes Estratégicos Sectoriales, para su estudio y deliberación por el Grupo de Trabajo Interdepartamental para la Protección de las Infraestructuras Críticas. Establecer los contenidos mínimos de los Planes de Seguridad de los Operadores, de los Planes de Protección Específicos y de los Planes de Apoyo Operativo y supervisar el proceso de elaboración de éstos, recomendando, en su caso, el orden de preferencia de las contramedidas y los procedimientos a adoptar para garantizar su protección ante ataques deliberados. Evaluar, tras la emisión de los correspondientes informes técnicos especializados, los Planes de Seguridad del Operador y proponerlos, en su caso, para su aprobación, al Secretario de Estado de Seguridad, u órgano en quien delegue. Analizar los Planes de Protección Específicos facilitados por los operadores críticos respecto a las diferentes infraestructuras críticas o infraestructuras críticas europeas de su titularidad y proponerlos, en su caso, para su aprobación, al Secretario de Estado de Seguridad, u órgano en quien delegue. Validar los Planes de Apoyo Operativo diseñados para cada una de las infraestructuras críticas existentes en el territorio nacional por el Cuerpo Policial estatal o, en su caso, autonómico competente, previo informe, respectivamente, de las Delegaciones del Gobierno en las Comunidades Autónomas o de las Comunidades Autónomas que tengan competencias estatutariamente reconocidas para la protección de personas y bienes y para el mantenimiento del orden público. f) Elevar al Secretario de Estado de Seguridad, u órgano en quien delegue, las propuestas para la declaración de una zona como crítica que se efectúen. g) Implantar, bajo el principio general de confidencialidad, mecanismos permanentes de información, alerta y comunicación con todos los agentes del Sistema. h) Recopilar, analizar, integrar y valorar la información sobre infraestructuras estratégicas procedente de instituciones públicas, servicios policiales, operadores y de los diversos instrumentos de cooperación internacional para su remisión al Centro Nacional de Coordinación Antiterrorista del Ministerio del Interior o a otros organismos autorizados. i) Participar en la realización de ejercicios y simulacros en el ámbito de la protección de las infraestructuras críticas. j) Coordinar los trabajos y la participación de expertos en los diferentes grupos de trabajo y reuniones sobre protección de infraestructuras críticas, en los ámbitos nacional e internacional. k) Ser, en el ámbito de la Protección de las Infraestructuras Críticas, el Punto Nacional de Contacto con organismos internacionales y con la Comisión Europea, así como elevar a ésta, previa consulta al Centro Nacional de Coordinación Antiterrorista, los informes sobre evaluación de amenazas y tipos de vulnerabilidades y riesgos encontrados en cada uno de los sectores en los que se hayan designado infraestructuras críticas europeas, en los plazos y condiciones marcados por la Directiva. l) Ejecutar las acciones derivadas del cumplimiento de la Directiva 2008/114/CE en representación de la Secretaría de Estado de Seguridad».

1223 Francisco Javier GALINDO SIERRA, Trabajo Fin de Grado: *Protección de Infraestructuras Críticas: un análisis de derecho comparado*, Universidad de Málaga, 2016, pp. 23-24.

desgranar los siguientes tipos de Infraestructuras Críticas, de manera que nos permitan su diferenciación en términos de seguridad, y que compartimos con MOREIRA[1224]:

a) estratégica: se trata de aquellas que mantienen un nivel básico sustancial del funcionamiento de las instituciones públicas. En principio, parece que la misión principal correspondería a las Fuerzas de Seguridad a través de sus labores de vigilancia e información, aunque consideramos que las Fuerzas Armadas podrían ejercer estas mismas funciones de manera complementaria y subsidiaria a las primeras;

b) crítica: son aquellas infraestructuras de las que depende la supervivencia del propio Estado y que directamente deberían atribuirse a las Fuerzas Armadas por su carácter esencial en la permanencia del mismo;

c) infraestructuras conectadas con ciertos bienes estratégicos (agua, energía, alimentos...), dada la relevancia y características del ámbito, consideramos que deben atribuirse a las Fuerzas Armadas, ya que su protección puede implicar traslado o distribución de determinados recursos.

Lo cierto es que en España la implementación funcional de las Fuerzas Armadas en este ámbito se encuentra reducido al propio ámbito de la defensa y del espacio ultraterrestre, quedando el resto de competencias atribuidas a las Fuerzas y Cuerpos de Seguridad en tanto la autoridad principal (Secretario de Estado de Seguridad) pertenece a la estructura del Ministerio del Interior. Echamos en falta en esta regulación una autoridad del Ministerio de Defensa que permita la coordinación entre cuerpos e instituciones en aras de la prestación de un servicio de seguridad integral que redunde en un beneficio mayor para el interés general.

A mayor abundamiento, parece coherente que ello sea así, en tanto permite ensamblar el contenido de las ESN 2021 y la EES de 2009, y por tanto de la Seguridad Nacional.

3.4. Sistemas aéreos no tripulados

El empleo de las aeronaves no tripuladas en el ámbito militar se encuentra excluido del ámbito de aplicación del RD 1036/2017, de 15 de diciembre[1225], por el que se regula la utilización civil de las aeronaves pilotadas por control remoto *ex* art. 2.2.c 1.º La LSA[1226] realiza en sus arts. 4 a 6 un reparto com-

1224 Mario MOREIRA, «La Protección de Infraestructuras Críticas o Estratégicas, ¿Responsabilidad de Seguridad Pública o de Defensa Nacional?», *Revista Estrategia, Tercera Época, N.º 6*, 2019, pp. 41-53.

1225 Art. 2.2.c 1º del RD 1036/2017, de 15 de diciembre: «[...] 2. Este real decreto, no es de aplicación a [...] 1.º Las aeronaves y los sistemas de aeronaves pilotadas por control remoto (RPAS) militares».

1226 Ley 21//2003, de 7 de julio, de Seguridad Aérea, loc. cit., p. 317.

potencial entre los Ministerios de Fomento y Defensa, consecuencia de la competencia exclusiva estatal contenida en el art. 149.1.20 CE sobre «aeropuertos de interés general, control del espacio aéreo, tránsito y transporte aéreo, servicio meteorológico y matriculación de aeronaves».

El Ministerio de Fomento asume *ex* art. 5 la autoridad aeronáutica civil interior, supervisando el ejercicio de la aviación civil y ejerciendo la potestad sancionadora en el ámbito. Asimismo, ejerce el control de la circulación aérea en tiempo de paz[1227] y durante las situaciones de crisis que no sean gestionadas por el Ministerio de Defensa, por orden del Presidente del Gobierno o Ministro de Defensa. Por otro lado, el Ministerio de Defensa se configura como responsable de la defensa aérea nacional, atribuyéndole las siguientes misiones el art. 4 bis:

a) la vigilancia, control y defensa del espacio aéreo de soberanía española, así como el control de la circulación aérea general en tiempos de conflicto armado;

b) la ordenación y control de la circulación aérea operativa. A pesar de que la circulación aérea civil se regula en el RCA[1228], cuando debido a las especialidades de la misión las aeronaves militares no deban seguir su contenido, se regirán por el RCAO[1229] [1230], incluyendo en sus

1227 Art. 5 Ley 21/2003, de Seguridad Aérea: «a) La ordenación, supervisión y garantía de la prestación de los servicios, sistemas e instalaciones civiles de navegación aérea, así como las funciones de supervisión de la normativa en materia de cielo único europeo en los términos que establece esta Ley y sus disposiciones de desarrollo. b) La calificación de los aeropuertos civiles de interés general y la aprobación de sus planes directores. c) La ordenación, supervisión y garantía de la prestación de los servicios aeroportuarios en los aeropuertos civiles de interés general, así como la ordenación y supervisión de la seguridad operacional en el resto de las infraestructuras aeroportuarias civiles. d) El mantenimiento del registro de matrícula de aeronaves civiles. e) La ordenación y supervisión del transporte aéreo. f) La ordenación y supervisión de las actividades y trabajos aéreos, así como de la aviación general y deportiva. g) La ordenación, verificación y control del cumplimiento de los requisitos y procedimientos establecidos para garantizar la seguridad aérea en relación con el diseño, fabricación, mantenimiento, uso y operación de las aeronaves civiles y, en general, de los productos, componentes y equipos aeronáuticos civiles. h) La ordenación, otorgamiento y supervisión de los títulos que habilitan a las personas y organizaciones civiles para la realización de actividades aeronáuticas civiles y el control del cumplimiento de los requisitos y obligaciones en cada caso exigibles. i) El reconocimiento y aceptación de los títulos, licencias, autorizaciones o certificados expedidos por autoridades de otros Estados y que sean requeridos para el ejercicio de profesiones aeronáuticas. j) La ordenación, dirección y ejecución de la inspección aeronáutica civil, en el ámbito de las competencias de la Administración General del Estado. k) El ejercicio de la potestad sancionadora en materia de aviación civil».

1228 RD 57/2002, de 18 de enero, por el que se aprueba el Reglamento de Circulación Aérea, Boletín Oficial del Estado, N.º 17, de 19 de enero de 2002, pp. 2.449-2.450.

1229 RD 601/2016, de 2 de diciembre, del Reglamento de Circulación Aérea Operativa, Boletín Oficial del Estado, N.º 292, de 3 de diciembre de 2016, pp. 84.786-84.834.

1230 La jurista de Alvear Trenor describe adecuadamente las finalidades y aplicación del RCAO: «El RCAO tiene por objeto establecer las normas que, en función de sus especiales disposiciones a las UAS (*Unmanned Aircraft Systems)* en coordinación con el RCA al amparo del art. 144[1231] de la LNA[1232]. Así pues, la circulación aérea operativa se compone de las maniobras tácticas o de instrucción de las aeronaves militares que normalmente no podrán acogerse al RCA.

c) el control de la circulación aérea general, y la estructuración, gestión y condiciones de uso del espacio cuando así lo determine el Presidente del Gobierno o el Ministro de Defensa por concurrir, respectivamente, circunstancias extraordinarias o situaciones de emergencia que lo aconsejen;

d) el establecimiento en cada aeropuerto o aeródromo civil público de una Comandancia Militar Aérea para garantizar la defensa aérea y la aviación militar.

En relación a los *remotely piloted aircraft systems* (RPAS), el Ministerio de Defensa establece en 2015 un Plan Director que determina las necesidades de dicho sistema hasta 2026, considerándose de interés estratégico prioritario desde las perspectivas operativa, tecnológica y de planificación para las necesidades de las Fuerzas Armadas[1233]. El manejo de aeronaves por control

---

características, son de exclusiva aplicación a la CAO, así como las definiciones, principios y normas que han de regir la actuación de los organismos, tripulaciones y controladores relacionados con tal circulación. El RCAO constituye, por tanto, hoy por hoy, la normativa que define: a) Las normas relativas a la utilización del espacio aéreo por la circulación aérea operativa. b) Las reglas adecuadas (coherentes con los acuerdos internacionales ratificados por España y compatibles con las de la circulación aérea general) para garantizar el desarrollo seguro y eficaz de las actividades de la circulación aérea operativa. c) Los servicios prestados por las organizaciones relacionadas con el tránsito aéreo militar. El RCAO regula, asimismo, la operación de los sistemas y vehículos aéreos no tripulados cuando operen bajo las reglas de la circulación aérea operativa (CAO), para que su inserción en el espacio aéreo sea segura y eficaz, respondiendo a las necesidades actuales del Ministerio de Defensa. A estos efectos, y como se verá más adelante, asimila el concepto de Sistema Aéreo Pilotado Remotamente (RPAS) al de Sistema Aéreo no Tripulado (UAS), indicando asímismo, que todo lo aplicable a una aeronave tripulada resulta de aplicación, a los efectos del reglamento, a los Vehículos Aéreos no Tripulados (UAS). Fija, además, la responsabilidad de los comandantes de aeronaves y miembros de las tripulaciones que efectúan vuelos CAO en estas condiciones, y el personal que presta los servicios de navegación aérea a estos vuelos». Inés de Alvear Trenor, «La regulación de las aeronaves pilotadas por control remoto en el ámbito militar [art. 2.2.c.1.º]» en *La regulación civil y militar de las aeronaves civiles pilotadas por control remoto. Comentario al RD 1036/2017, de 15 de diciembre* [María Jesús Guerrero Lebrón, dir.], Ed. Marcial Pons, Madrid, 2019, p. 52.

1231 Art. 144 Ley 48/1960, de 28 de julio, de Navegación Aerea: «Las disposiciones sobre policía de la circulación aérea y disciplina de vuelo obligan a todas las aeronaves civiles o militares, sin distinción de categoría o clase».

1232 Ley 48/1960, de 28 de julio, de Navegación Aérea, Boletín Oficial del Estado, N.º 176, de 23 de julio de 1960, pp. 10.291-10.299.

1233 España, Ministerio de Defensa, *Plan Director de RPAS*, febrero 2015, sitio web: 2014 10 30 PD RPAS Version Publica Maquetacion.pdf (defensa.gob.es), [consultado el 25/09/2021].

remoto resulta de especial interés en el ámbito militar, dado que permite realizar acciones en el teatro de operaciones sin riesgo físico para su personal, evitando el descubrimiento operativo y aumentando las posibilidades de éxito de la misión. La introducción de los UAS en nuestra defensa supone la realización de despliegues operacionales comunes a nivel global.

Tengamos en cuenta que dichos sistemas operan durante periodos de tiempo extensos con una eficiencia contrastada en labores de inteligencia, reconocimiento y vigilancia, aunque también es posible su adaptación logística y esencialmente de combate[1234]. En cuanto a la aptitud para controlar las UAS, la OM 18/2012, de 16 de marzo, crea el título habilitante de operador de aeronaves no tripuladas en las Fuerzas Armadas DUO (por sus siglas en inglés *Designated UAS Operator*) quien ostenta la responsabilidad atribuible a cualquier comandante de aeronave en el RCAO. Concretamente, las UAS pueden realizar las siguientes misiones militares en el seno de las Fuerzas Armadas[1235]:

a) operaciones contra la fuerza aérea enemiga, tanto de corte defensivo como ofensivo (*Offensive-defensive Counter Air*)[1236] cuyo objeto es controlar el medio estableciendo una situación aérea favorable. Mientras que las acciones defensivas persiguen la neutralización de las fuerzas contrarias en territorio propio, las ofensivas llevan a cabo estas acciones en territorio del enemigo mediante barridos, escoltas y ataques a objetivos localizados;

b) operaciones de espectro estratégico, atacando objetivos principales del enemigo, tales como mando y control, recursos energéticos e infraestructuras críticas;

c) disuasión nuclear y NBQ-R, reduciendo los perjuicios personales militares;

d) operaciones contra fuerzas militares en superficie o marítimas, que pueden consistir en tareas de apoyo a los recursos terrestres o de ataque a las posiciones enemigas;

e) operaciones *Intelligence, Surveillance, Target Acquisition and Reconnaissancem (ISTAR)*, permitiendo un correcto planeamiento del despliegue;

f) mando y control, mediante las plataformas tripuladas *High Altitud Long Endurance (HALE) y Medium Altitud Long Endurance (MALE)*[1237], que permiten el vuelo con sistemas de mayor tamaño a una velocidad más reducida, prolongando la actividad;

1234 De Alvear Trenor, op cit., p. 41.

1235 Félix Fernández Merino, «Generalidades, misión y capacidades» en *Los Sistemas No Tripulados, CESEDEN, Documentos de Seguridad y Defensa, N.º 47*, 2012, pp. 17-21.

1236 Curtis E. Lemay Center, «Air Force Doctrine Publication (AFDP) 3-01 Counter Air Operations», 2019, pp. 4-11.

1237 Fernández Merino, *op. cit*, p. 12.

g) combate electrónico estratégico y operacional, así como táctico de guerra electrónica mediante la utilización de sensores o perturbadores eléctricos;

h) acciones de reabastecimiento de combustible en el medio aéreo;

i) misiones de búsqueda y rescate;

j) apoyo logístico en zonas de acceso complejo o cuyas densidades de población no aconsejen el empleo de aeronaves tradicionales;

k) operaciones de protección de la fuerza mediante patrullas aéreas;

l) lanzamiento de satélites y antisatélites militares diminutos[1238], facilitando su indetectabilidad.

Cabe mencionar que existe una parte de la doctrina que cuestiona la utilización masiva de UAS en operaciones militares dado que se corre el riesgo de realizar una interpretación subjetiva y extensiva de la viabilidad legal de su utilización, principalmente cuando dichos sistemas se dirigen contra civiles, proponiéndose incluso la modificación del Convenio de Ginebra en cuanto a la definición del combatiente ilegal[1239]. Al respecto, consideramo el empleo de UAS en misiones de combate resulta no solo plenamente legal, sino también legítimo, se trate de zona de conflicto o no, aunque debe ajustarse a la normativa internacional de utilización de instrumentos disuasorios y adecuarse al art. 2.4 en concordancia al art. 51 de la Carta de Naciones[1240].

3.5. Operaciones militares en el ciberespacio

Los avances tecnológicos, informáticos y la expansión de la utilización de internet han posibilitado el empleo de sus herramientas para multitud de fines, incluida la Seguridad Nacional. El ciberespacio constituye el medio en el que se realizan los procesos de intercambio de datos que resultan de interés estratégico para nuestras Fuerzas Armadas, incluyendo la posibilidad de emprender los recursos militares para dirigirlos a crear medidas preventivas u ofensivas. Se trata de un entorno físico de extensión difícilmente abarcable, aspecto que lo convierte en una dimensión tan vulnerable como peligrosa y que requiere unos procedimientos doctrinales de empleo que se acomoden a sus especificidades y permitan su complementariedad con

1238 Julián Peñas Mora, «Satélites militares y antisatélites», *Instituto Español Estudios Estratégicos, Boletín de Información, N.º 213*, 1989, pp. 111-117.

1239 Amitai Etzioni, «Unmanned aircraft systems: the moral and legal case», *FQ / issue 57, 2nd quarter*, 2010, pp. 66-72.

1240 Pilar Pozo Serrano, «La Carta de las Naciones Unidas y el régimen jurídico del uso de la fuerza: algunos problemas de interpretación actuales», *Instituto Español de Estudios Estratégicos, Documento 1/2013*, 2013, pp. 12-14.

los medios convencionales[1241]. El Departamento de Defensa de EEUU ha definido el ciberespacio como uno de los cuatro *global commons*[1242]:

> «Un dominio global dentro del entorno de la información, compuesto por una infraestructura de redes de tecnologías de la información interdependientes, que incluye Internet, las redes de telecomunicaciones, los sistemas de información y los controladores y procesadores integrados junto con sus usuarios y operadores»[1243].

Tal y como establece LIBICKI[1244], podemos estructurar el ciberespacio en tres estratos diferenciados:

a) la capa sintáctica constituida por los protocolos, lenguajes o sistemas operativos;

b) la capa semántica configurada por la información contenida en los servidores y discos;

c) la física que concierne a los propios aparatos que permiten estas herramientas: ordenadores, tablets, etc. Los recursos de corte defensivo vienen determinados por dispositivos de análisis y tráfico de la red, así como distintos tipos de hardware y software de seguridad. En cuanto a los ofensivos se encuentran vinculados a la investigación, generación de códigos y la adecuación de éstos a los procedimientos establecidos, habitualmente contenidos en la esfera de la inteligencia y contrainteligencia.

El motivo de que los conflictos se hayan extendido al ciberespacio es sencillo, facultan una multivariedad posicional, aportan un plus de seguridad al restringirse la información e identificación del actor y resultan, por su propia naturaleza, altamente eficientes en términos económicos. El medio se presta a la difusión de información en formato publicitario rápido, permitiendo la

---

1241 Javier López de Turiso y Sánchez, «La evaluación del conflicto hacia un nuevo escenario bélico» en *El ciberespacio. Nuevo escenario de confrontación*, *CESEDEN, Monografía, N.º 126*, 2012, p. 136.

1242 «El término *global commons* incluye a todos aquellos espacios de libre uso y acceso que no pertenecen a ningún Estado y sobre los que ninguna nación puede ejercer derechos de soberanía. Son por ello espacios que pueden ser usados libremente por cualquier nación, organización, alianza o incluso por un particular. En la actualidad y de manera genérica, se considera que los espacios comunes o «global commons» los forman las aguas internacionales, el espacio aéreo, el espacio exterior y el ciberespacio». Alfonso Barea Mestanza, «El control sobre los "global commons" en el mundo actual», *Ejército de Tierra Español, N.º 912*, 2017, p. 24.

1243 Estados Unidos, Departamento de Defensa, Publicación Conjunta 1-02. Ángel Gómez de Ágreda, «El ciberespacio como escenario del conflicto. Identificación de las amenazas» en *[El ciberespacio. Nuevo...]*, *op. cit.* p. 170.

1244 Martin Libicki, *Cyberdeterrence and Cyberwar*, RAND Corporation, Project Air Force, United States, 2009, pp. 11-22.

amplitud de su divulgación y un mayor impacto en los posibles receptores. El dominio del ciberespacio o de una parte de él que afecte a nuestros intereses se erige en un poder que también condiciona a terceros Estados, constituyéndose las interacciones conflictivas a través de la combinación de recursos informáticos y de las telecomunicaciones.

3.6. Ciberdefensa

El ámbito en el que las Fuerzas Armadas participan en el ciberespacio se conoce como «ciberdefensa», entendido como espectro global de la noción, conceptualmente más apropiado. Se trata de las medidas de seguridad implementadas para garantizar la integridad contra ataques cibernéticos que persiguen desvirtuar la información del actor contrario, clasificándose entre las siguientes acciones militares[1245]:

A) Detección de ciberoperaciones maliciosas, mediante el análisis del flujo de datos proporcionado por sensores entre los diferentes orígenes considerados dañinos y que se subclasifican en:

a.1) recopilación de datos de sensores en una base global, incluyendo sistemas de detección de intrusos, mapeo de vulnerabilidad, cortafuegos y/o servidores;

a.2) evaluación de dichas entidades, determinando y agrupando la trazabilidad de los datos y su origen malicioso;

a.3) conocimiento sobre las atribuciones de las entidades, determinando las capacidades para causar efectos vulnerables según la información captada por los sensores de actividad;

a.4) evaluación y comprensión de la situación real desde el conocimiento de las capacidades y vulnerabilidades de los actores;

B) Prevención y neutralización de posibles ataques mediante la reconfiguración de los propios sistemas susceptibles de ser atacados en relación a las destrezas y capacidades de las herramientas del actor contrario. Se controla el flujo de información en el tráfico de datos, acciones de decepción y coordinación;

C) Análisis de las probabilidades y riesgos de los ataques dañinos;

D) Resiliencia ante la recepción de ciberataques;

E) Gestión de la toma de decisiones previo conocimiento de la información.

1245 Óscar Pastor Acosta, «Capacidades para la defensa en el ciberespacio» en *[El ciberespacio. Nuevo...]*, *op. cit.* pp. 218-225.

3.7. Inteligencia Artificial, Automatización y Robótica

Venimos advirtiendo de la influencia de los avances tecnológicos en las distintas capacidades y misiones de las Fuerzas Armadas, y obviamente, la inteligencia artificial, la automatización y la robótica (IAA y R) son unas de ellas. Este fenómeno ha supuesto una auténtica revolución en el sector que abunda en unas cotas mayores de efectividad y seguridad. Encontrarnos en los estándares tecnológicos del ámbito militar nos permite ser tratados como una potencia y actuar como tal en caso de ser necesario, suponiendo una auténtica ventaja militar al poder enfrentarnos a otros actores convencionales o asimétricos[1246].

En el campo de las telecomunicaciones es imprescindible el dominio del espectro electromagnético y poseer la capacidad suficiente en ancho de banda que permita un flujo de información constante en los niveles táctico, operacional y estratégico. Asimismo, se requiere una interoperabilidad entre sistemas tácticos en el contexto global para que puedan organizar acciones de planeamiento conjunto[1247]. La incorporación masiva de las TIC's en el sector militar produce inicialmente un aumento de los costes de implantación que simultáneamente tienen un efecto proporcional en los créditos presupuestarios al objeto de satisfacerse. En tal sentido, el Ministerio de Defensa ha definido el impacto tecnológico en las Fuerzas Armadas de la siguiente manera:

> «La revolución tecnológica ha introducido cambios drásticos en la forma de resolver las situaciones de crisis. La posibilidad de tomar decisiones en tiempo real y, llegado el caso, el uso de armas inteligentes y la opción de elegir objetivos con precisión y sin daños colaterales, plantean un tipo de operaciones donde prima la calidad y donde la preparación está sometida a prueba de forma permanente. Lo importante es, pues, no solo disponer del número de hombres y mujeres necesario para el desarrollo de las misiones de las Fuerzas Armadas, sino, sobre todo, su preparación, dedicación y capacidad profesional para manejar unos medios cada día más complejos técnicamente»[1248].

No obstante, el aspecto central de la IAA y R militar es el propio combatiente, que ha protagonizado la integración de la tecnología emergente en sus misiones y entrenamientos para mejorar su formación. De su adaptación a este tipo de sistemas complejos dependerá en gran medida la superioridad militar en las acciones llevadas a cabo y, por ende, la neutralización del enemigo o la propia finalización del conflicto. Es necesario sensorizar al soldado, obteniendo multitud de señales fisiológicas que aportan información impor-

---

1246 José Carlos DE LA FUENTE CHACÓN, «La inteligencia artificial y su aplicación en el ámbito militar» en *La inteligencia artificial aplicada a la Defensa, Instituto Español de Estudios Estratégicos, Documentos de Seguridad y Defensa, N.º 79*, 2019, p. 73.

1247 Félix PÉREZ MARTÍNEZ, «Las tecnologías de la información y las comunicaciones en la seguridad y defensa nacional», *CESEDEN, Boletín de Información, N.º 275*, 2002, pp. 88-89.

1248 Ibídem, p. 89.

tante en relación a la capacidad física, mental y técnica del mismo[1249]. Por medio de las señales de voz, audio y gafas inteligentes se permite identificar plenamente al combatiente a través de algoritmos, junto a las señales cerebrales, cuyo registro adecuado potencia la dirección de acciones a través del propio pensamiento[1250].

La uniformidad del militar también experimenta esta revolución a través de tejidos inteligentes capaces de detectar la temperatura corporal, sudoración, detección de rayos ultravioleta e incluso el cambio de color o efectos de camuflaje[1251]. Otro de los impactos sobre el combatiente viene constituido por la implementación de exoesqueletos y *exosuits*, cuyo objeto principal es la posibilidad de sostener elevadas cargas de peso y su desplazamiento con menor dificultad. El exoesqueleto rígido es un material que se coloca en la parte externa del cuerpo del combatiente permitiendo el movimiento y el acoplamiento de la carga en cuestión, circunstancia que permite el perfeccionamiento de la puntería y la omisión de movimientos humanos involuntarios.

Imagen Exoesqueleto *Tactical Assault Light Operator Suit* (TALOS)[1252].

1249 Rosalind Picard, Elías Vyzas et al., «Toward machine emotional intelligence: analysis of affective physiological state», 2001, sitio web: www.ieeexplore.ieee.org/document/954607, [consultado el 25/09/2021]; Inmaculada Mohino-Herranz, Roberto Gil Pita et al., «Assessment of mental, emotional and physical stress through analysis of physiological signals using smartphones», *Sensors*, 2015, sitio web: www.mdpi. com/1424-8220/15/10/25607/, [consultado el 25/09/2021].

1250 Inmaculada Mohíno Herranz, «De las células a los bits» en *Usos militares de la inteligencia artificial, la automatización y la robótica (IAAR)*, Ministerio de Defensa, Centro Conjunto de Desarrollo de Conceptos, Madrid, 2020, p. 27.

1251 «Textiles con microcápsulas para termorregulación: encuentran el equilibrio entre el calor generado por el cuerpo y el calor liberado al ambiente. Materiales de memoria de forma: estos materiales ajustarán la protección al viento en función de la intensidad y la temperatura. Nanotecnología y membranas: equilibrio entre la impermeabilidad y óptima transpiración. Textiles antimicrobianos. Textiles que cambian de color en función de distintas variables. Textiles electrónicos, también conocidos, como e-textiles, del inglés Electronic Textiles». Matteo Oppa y Alessandro Chiolerio, «Wearable electronics and smart textiles: a critical review», *Sensors*, 2014, sitio web: www.ncbi.nlm.nih.gov/ pmc/articles/ PMC4168435/, [consultado el 25/09/2021].

1252 El exoesqueleto rígido más popular es el *Tactical Assault Light Operator Suit* (TALOS).

La forma de iniciación de los exoesqueletos es variada, abarcando desde el motor eléctrico, hasta el iniciador neumático, pasando por el hidráulico e incluso la combustión interna. Sin embargo, presenta el inconveniente de un alto consumo de energía que limita la duración de su funcionamiento. Se pueden fabricar modularmente o de manera completa, dependiendo de las necesidades que se pretendan cubrir y las peculiares circunstancias en que deba insertarse el mismo[1253]. Por lo que respecta a los *exosuits*, se trata de dispositivos materiales que interactúan con los movimientos musculares para establecer contra cargas en el individuo, de manera que aumentan el rendimiento físico del individuo con la menor repercusión metabólica[1254].

El impacto de la IAA y R tiene consecuencias en el ámbito de los vehículos militares, aunque no haremos mención a los UAS al habernos referido a los mismos anteriormente. Sí resulta de interés la aplicación al ámbito militar de los minidrones, ya que sus pequeñas dimensiones favorecen acciones en territorio enemigo disminuyendo el riesgo de detección, aunque presentan el problema añadido de insertar inteligencia y alargar su autonomía debido a sus dimensiones. Estos aparatos permiten captar vídeo y audio en tiempo real y transmitir la información al actor en cuestión de manera simultánea, resultando especialmente aconsejable en maniobras de operaciones especiales que requieran de una ejecución rápida[1255].

Se observa también una especial incidencia de esta dimensión en los vehículos navales del tipo submarino no tripulado de búsqueda y caza minas. La aplicación de la IAA y R a estos sistemas permite detectar, identificar, clasificar, comunicar y controlar remotamente para ubicar minas enterradas y, por tanto, suponen un aumento de la seguridad integral. Esta tecnología puede incorporar sistemas de radares que no sólo localizan, sino que pueden emprender contramedidas contra el enemigo en caso de ataque. En esta línea, los vehículos militares terrestres no tripulados o *Unmanned Ground Vehicle* (UGV) incorporan dichos mecanismos de inteligencia generalmente en misiones reconocimiento, observación y contrainteligencia[1256],

1253 Michael Joseph GROSS, «The Pentagon's push to program soldiers brains», 2018, sitio web: www.theatlantic.com/magazine/archive/2018/11/the-pentagonwants-to-weaponize-the-brain-what-could-go-wrong/570841/, [consultado el 26/09/2021].

1254 Martin ANDREAS KOCH and Josep María FONT LLAGUNES, «Lower-Limb Exosuits for Rehabilitation or Assistance of Human Movement: A Systematic Review», 2021, sitio web: (PDF) Lower-Limb Exosuits for Rehabilitation or Assistance of Human Movement: A Systematic Review (researchgate.net), [consultado el 25/09/2021].

1255 Javier JORDÁN ENAMORADO, «Tertulia sobre drones militares», *Grupo de Estudios en Seguridad Internacional (GESI)*, 2016, p. 8.

1256 Antonio ROS PAU, «Los futuros vehículos terrestres no tripulados de las Fuerzas Armadas francesas», 2021, sitio web: Los futuros vehículos terrestres no tripulados de las Fuerzas Armadas francesas-noticia defensa.com - Noticias Defensa defensa.com OTAN y Europa, [consultado el 25/09/2021].

aunque también se utilizan en la detección y desactivación de explosivos a distancia, el reconocimiento videográfico y audio mediante microfonía.

Finalmente, nos referiremos a la utilización de la robótica o Sistemas de Armas Letales Autónomos (SALAS) en el teatro de operaciones. Se encuentran fundamentados en el alcance de una mejor precisión y localización de objetivos militares, aunque parte de los analistas tienen dudas sobre la efectiva distinción e identificación de estos sistemas y sus repercusiones en la población civil[1257]. Con todo, no parece probable que las Fuerzas Armadas renuncien a la utilización de estos medios en sus maniobras operativas presentes y futuras. Menos polémico resulta la participación de la robótica en funciones de apoyo al combate, logísticas, de protección o constituyendo infraestructuras automatizadas de aprovisionamiento[1258] [1259].

3.8. El espacio ultraterrestre

El aeroespacio es un ámbito eminentemente estratégico para cualquier Estado y constituye otra dimensión de la seguridad que se debe proteger. El origen de la competencia militar por el espacio ultraterrestre deriva de la Guerra Fría, sirviendo como representación la imagen de la conquista de la Luna dentro de las maniobras militares del momento[1260].

Sin embargo, la participación de los actores en este medio resulta compleja dada la escasa regulación jurídica del mismo y las variadas capacidades tecnológicas individuales. Ello ha posibilitado cierta permisividad en las acciones con el objeto de su dominio[1261], donde los satélites son el elemento principal[1262].

El control ofensivo del espacio requiere el establecimiento de armas antisatélites (ASAT), mientras que el aspecto defensivo se encuentra menos evolucionado y parecería obedecer a la determinación de contramedidas

---

1257 Comité Internacional de la Cruz Roja: «Ethics and autonomous weapon systems: an ethical basis for human control?», *Group of Governmental Experts of the High Contracting Parties to the CCW,* 2018, sitio web:www.icrc.org/en/download/file/69961/icrc_ethics_and_autonomous_weapon_systems_report3_april_2018, [consultado el 26/09/2021].

1258 Ángel GÓMEZ DE ÁGREDA, «La inteligencia artificial en el campo de batalla» en *[Usos militares de la inteligencia artificial...],* op.cit., p. 136.

1259 Jules PALAYER, *Robótica e inteligencia artificial: ¿Hacia la sustitución del componente humano en las Fuerzas Armadas?*, Universitat de Barcelona, Barcelona, 2019, pp. 43-47.

1260 Jorge PUEYO LOSA, «Los Espacios de Interés Internacional (III): El Espacio Ultraterrestre» en *Instituciones de Derecho Internacional Público*, Ed. Tecnos, Madrid, 2013, pp. 599-619.

1261 José Luis CALVO ALVERO, «El espacio exterior como ámbito estratégico», *Revista Española de Defensa, N.° 369*, 2020, pp. 54-57.

1262 Gabriel Antonio PAOLINI, «La militarización del espacio ultraterrestre», *Escuela Superior de Guerra Conjunta de las Fuerzas Armadas, Visión Conjunta, N.° 13*, 2015, pp. 40-41.

en respuesta a dichas acciones ofensivas, de ahí la relevancia de aumentar la regulación de este medio[1263]. Actualmente las operaciones en el espacio exterior se encuentran centradas en mayor medida en labores de inteligencia y comunicación, si bien se considera que las primeras ASAT terrestres y espaciales podrán estar operativas a partir del año 2025, aspecto que revolucionará la fuerza militar aérea tal y como la conocemos[1264]. Tomar conciencia del espacio ultraterrestre como un medio más de una seguridad multidimensional, hace que ampliemos también la noción de guerra hacia una guerra integral e interconectada.

El marco jurídico espacial comienza con la Resolución 1472 (XIV) de las Naciones Unidas, por medio de la cual se crea la Comisión sobre utilización del espacio ultraterrestre con fines pacíficos (UNCOPUOS). En su seno se han elaborado los cinco tratados internacionales vigentes y una serie de declaraciones y principios generales en relación a la utilización del aeroespacio[1265]. Tengamos en cuenta que las resoluciones de la ONU generalmente no resultan vinculantes para los Estados, en tanto el conjunto de normas expuestas alcanza la consideración de *soft law*[1266], es decir, sirven como códigos o pautas de conducta a seguir, no imperativas en tanto no prevén una autoridad sancionadora superior común en caso de incumplimiento.

Por tanto, no existe instrumento regulatorio alguno, jurídicamente vinculante, sobre el empleo de armas en el espacio exterior, entendiendo Hernández Fernández[1267] que parte de la responsabilidad futura al respecto debe recaer en la Conferencia de Desarme para que elabore un proyecto de tratado al efecto.

1263 Federico Aznar Fernández-Montesinos, «El espacio exterior, una nueva dimensión de la seguridad», *Instituto Español de Estudios Estratégicos, Documento de Análisis 10/2021*, 2021, p. 6.

1264 Ricardo Cano García, «Uso militar del espacio. El espacio como nuevo ámbito de batalla», 2018, sitio web: www.nippon.com/es/in-depth/a06101/, [consultado el 26/09/2021].

1265 Resolución 2222 (XXI) de 19 de diciembre de 1966 se encuentra el Tratado sobre Principios que deben regir las actividades de los Estados en la exploración y utilización del espacio ultraterrestre, incluso la Luna y otros cuerpos celestes (Tratado General del espacio exterior) que entró en vigor en 1967; Resolución 2345 (XXII) de 19 de diciembre de 1967 se encuentra el Acuerdo sobre el salvamento y la devolución de astronautas y la restitución de objetos lanzados al espacio ultraterrestre que entró en vigor en 1968; Resolución 2777 (XXVI) de 29 de noviembre de 1971 se encuentra el Convenio sobre la responsabilidad internacional por daños causados por objetos espaciales que entró en vigor en 1972; Resolución 3235 (XXIX) de 12 de noviembre de 1974 se encuentra el Convenio sobre el Registro de objetos lanzados al espacio ultraterrestre que entró en vigor en 1976; Resolución 34/68 de 5 de diciembre de 1979 se encuentra el Acuerdo que debe regir las actividades de los Estados en la Luna y otros cuerpos celestes que entró en vigor en 1984.

1266 Francisco Hernández Fernández, «Una carrera armamentística en el espacio», *Instituto Español de Estudios Estratégicos, Documento de Opinión 16/2021*, 2021, p. 7.

1267 Ibídem, p. 8.

Entendemos que el empleo de la fuerza en el espacio exterior se encuentra regulado subsidiariamente por los principios que establece el Derecho Internacional en los arts.41 y 52 de la Carta de Naciones Unidas para los casos de legítima defensa o por autorización del Consejo de Seguridad de Naciones Unidas. Con todo, el Tratado del Espacio Exterior de 1967 se ha ratificado por 110 países, regulando la prohibición de las armas nucleares en el espacio, aunque no se ha referido al resto de armas.

Lógicamente, la finalidad de este Tratado en el momento que se aprobó, no podía ser regular exhaustivamente el ámbito espacial, sino más bien marcar unos principios que permitieran un desarrollo tecnológico sostenible en dicho medio. Sin embargo, el Acuerdo que regula las actividades en la Luna y otros cuerpos celestes de 1979 por Resolución 34/68, de 5 de diciembre, sí prevé la prohibición de la utilización de armas en el espacio en su art. 3.3, aunque no ha sido ratificado por la mayoría de grandes potencias militares[1268], aspecto que mengua considerablemente su eficacia:

> «Los Estados Parte no pondrán en órbita alrededor de la Luna, ni en otra trayectoria hacia la Luna o alrededor de ella, objetos portadores de armas nucleares o de cualquier otro tipo de armas de destrucción en masa, ni colocarán o emplearán esas armas sobre o en la Luna».

Por otro lado, el Tratado de prohibición parcial de ensayos nucleares, de 5 de agosto de 1963, prohíbe la realización de ensayos con estas armas bajo el agua, en la atmósfera y en el espacio, sin extenderse a su uso, sólo al concepto de «ensayo». La cláusula establecida en el art. 4 permite a los Estados salir del Tratado ante la ocurrencia de circunstancias extraordinarias, trayendo una eficacia bastante limitada. Como vemos, ni los instrumentos jurídicos vigentes parecen apropiados para regular el espacio exterior, ni existe una voluntad palmaria por parte de las grandes potencias de implementar un orden jurídico realmente vinculante al respecto. Ello se debe a intereses armamentísticos y de inteligencia que proporcionan los satélites[1269], y a la interpretación que los Estados pueden realizar sobre el uso pacífico del espacio ultraterrestre[1270], conforme a los arts. IV, IX y XI del Tratado sobre los

1268 Han ratificado este Tratado los siguientes países: Armenia, Austria, Australia, Bélgica, Chile Kazajstán, Kuwait, Líbano, México, Marruecos, Países Bajos, Pakistán, Perú, Filipinas, Arabia Saudí, Turquía, Uruguay y Venezuela, mientras que simplemente lo han firmado sin ratificar: Francia, Guatemala, India y Rumanía.

1269 Luís Vicente Pérez Gil, «La militarización del espacio: el desarrollo de satélites inspectores por EEUU y Rusia», *Global Affairs Journal, N.° 2*, 2020, pp. 23-24.

1270 Marco G. Marcoff, «Sur l'interpretation juridique de l'article IV du Traité régissant les activités spatiales des Etats», *Révue Générale de l'Air et de l'Espace, N.° 1*, 1968, pp. 30-44; Marcoff, «The juridical meaning of the term 'peaceful' in the 1967 Space Treaty», Il Diritto Aereo, N.° *29*, 1969, pp. 28-34; Marcoff, *Traité de Droit International Public de l'Espace,* Ed. Universitaires, Fribourgo, 1973, p. 345; Cesáreo Gutiérrez Espada, «La militarización del espacio ultraterrestre», Revista Electrónica de Estudios Internacionales, N.° 12, 2006, pp. 1-30.

principios que deben regir las actividades de los Estados en la exploración y utilización del espacio ultraterrestre, incluso la Luna y otros cuerpos celestes de 1966[1271].

Actualmente España no es un competidor[1272] en la carrera militar espacial y se encuentra desarrollando las capacidades básicas que permitan situarle como tal a partir del presente año 2023[1273]. Ello se debe a una evidente falta de inversión económica y de mano de obra especializada, ya que se posee la tecnología e infraestructura necesaria. El Ministerio de Defensa emplea los satélites *Paz y Spainsat* para proporcionar seguridad, sin embargo, no se encuentran bajo el ámbito competencial de nuestras Fuerzas Armadas, abundando en la exposición de posibles vulnerabilidades en los procesos de información. A mayor abundamiento, nos encontramos inmersos en la construcción del satélite *Spainsat NG* cuya vigilancia sí correspondería a nuestro Centro de Operaciones de Vigilancia Espacial (COVE)[1274] al objeto de advertir posibles riesgos espaciales. A tal efecto, el RD 524/2022, de 27 de junio[1275], ha dispuesto el cambio de denominación del Ejército del Aire, que ahora toma el nombre de Ejército del Aire y del Espacio, en atención a la relevancia estratégica y para la seguridad que se deriva de este medio.

1271 La Resolución de Naciones Unidas 69/438, de 2 de diciembre de 2014, sobre el compromiso de no colocar armas en el espacio ultraterrestre, encontró las abstenciones de Israel y EEUU. Este aspecto muestra que la concepción de los abstenidos sobre la utilización pacífica del espacio se refiere más a una omisión de acciones ofensivas, preservando el posible derecho a la legítima defensa.

1272 *Vid.* Las implementaciones que han realizado en sus Fuerzas Armadas países como EEUU: que posee una Fuerza Espacial integrada en sus Fuerzas Armadas desde 2018, Francia: que ha pasado a denominar a su Fuerza Aérea como «Fuerza Aérea y del Espacio» o Reino Unido: ha creado el ***Space Command***, una fuerza conjunta formada por la Royal Navy, la British Army, la Royal Air Force y el Civil Service. La nueva fuerza proporcionará comando y control de todas las **capacidades espaciales de defensa**, incluido el Centro de Operaciones Espaciales del Reino Unido (SpOC), las comunicaciones por satélite Skynet, la RAF Fylingdales y otras capacidades habilitadoras.

1273 Marta Blanco Sánchez, «España se queda fuera de la carrera de la Defensa espacial: a la espera de la Fuerza Aérea y del Espacio», 2021, sitio web: España se queda fuera en la carrera de la Defensa Espacial: a la espera de la Fuerza Aérea y del Espacio (larazon.es), [consultado el 26/09/2021].

1274 Creación del Centro de Operaciones de Vigilancia Espacial (COVE), Boletín Oficial de Defensa, de 28 de noviembre de 2019, Resolución 702/18699/19 del Jefe del Estado Mayor del Ejército del Aire. La misión del COVE será vigilar y conocer de la situación espacial, así como proveer los servicios en apoyo al resto de operaciones que lleven a cabo las Fuerzas Armadas. España, Ministerio de Defensa, Ejérctio del Aire, 2019, sitio web: El Ejército del Aire crea el Centro de Operaciones de Vigilancia Espacial (COVE) - , [consultado el 26/09/2021].

1275 RD 524/2022, de 27 junio, por el que se dispone el cambio de denominación del Ejército del Aire por la de Ejército del Aire y del Espacio, Boletín Oficial del Estado, N.° 155, de 29 de junio de 2022, pp. 91.580-91.587.

CONCLUSIONES

PRIMERA. Existen dos misiones genéricas que han caracterizado las acciones del instituto militar en nuestro periodo constitucional previo, por un lado, la «guerra», tanto en su vertiente tradicional como en su perfil de naturaleza interna, y por otro, su participación en el «orden público» de diversos modos. La noción del orden público preconstitucional se configura como un medio de conservar los derechos y privilegios del clero y la nobleza, sin embargo, el adentramiento en los primeros textos constitucionales permite su evolución hacia un concepto abstracto de tranquilidad pública que incluye a todos los ciudadanos.

El orden público se encuentra fuertemente influenciado por el derecho de excepción francés, inglés y estadounidense, esencia que resulta acogida e integrada en nuestras Constituciones previas y su correspondiente legislación de desarrollo, especialmente en las Leyes de Orden Público de 1867 y 1870. La excepcionalidad constituye un recurso político reiterado que desnaturaliza su fundamento, instrumentalizada para contener alteraciones del orden público de cierta entidad que implican la extensión de la jurisdicción militar al ámbito civil y una consecuente restricción de derechos y libertades.

La constitucionalización del Ejército en los textos previos, atribuye a la organización castrense una doble misión que recae sobre su naturaleza defensiva. Se trata de garantizar la independencia y soberanía de la Nación y la protección del recurrido orden público interior, correspondiendo su desarrollo a las LOE y LOA de 1821. El Rey se erige con un poder militar real sobre las tropas en el plano estratégico y la dirección operativa, correspondiéndole una posición constitucional de garante del orden público, entre cuyas competencias se encuentra la declaración de la guerra, con el único requisito formal de informar a las Cortes.

La militarización del orden público convive con la inconcreción legislativa e inseguridad jurídica, circunstancias que, unidas a la proliferación de diversos cuerpos policiales de naturaleza militar y la ausencia de especificación y coordinación en sus misiones, produce una seria afectación en los derechos de los ciudadanos. La intervención del Ejército es habitual para neutralizar alteraciones públicas, si bien, sus competencias en este medio tampoco se encuentran claramente definidas, sino que resultan deducidas de los textos legales que les encomiendan el orden público genérico. Especialmente relevante en un contexto de grave inseguridad pública resulta la creación de la Guardia Civil, por virtud del Decreto de 13 de mayo de 1844, ante la imposibilidad constatada del Ejército y la Milicia Nacional de hacer frente a fenómenos como el bandolerismo, que requieren especialización, organización y medios adecuados. Se trata de un cuerpo policial de naturaleza militar, que presenta una doble dependencia del Ministerio de Gobernación y de la Guerra en los ámbitos funcional y organizativo, respectivamente.

El éxito de este instituto armado reside en una concreta regulación de sus competencias a través del Reglamento de 9 de octubre de 1844 para el Servicio, del Reglamento Militar, de 15 de octubre del mismo año, y de su Cartilla, de 20 de diciembre de 1845, que permiten una notoria especialización en materias de orden público que se adecúan a las necesidades del momento. Además, las actuaciones de sus miembros mientras se encuentran de servicio son protegidas *ad extra* por la extensión de la jurisdicción militar sobre los civiles, con motivo de la Real Orden de 7 de julio de 1848. Este aspecto dota de una preeminencia exacerbada a su misión en detrimento de ciertas garantías constitucionales. No obstante, el Decreto de 5 de noviembre de 1830, sigue estableciendo una participación subsidiaria de la organización militar en el orden público en aquellas demarcaciones cuya competencia es ostentada por cuerpos policiales civiles, al objeto de restablecer el orden público.

SEGUNDA. Con el comienzo de la Segunda República española, el 14 de abril de 1931, se produce una drástica reorganización del instituto militar por medio del Decreto del Ministro de la Guerra, de 25 de mayo de 1931. La misma consiste en la reducción de los cuadros de mando y tropa a la mitad, motivado por la desconfianza hacia los mismos atendiendo a su constatada fidelidad al régimen monárquico anterior y con el objetivo de debilitar posibles pronunciamientos militares en contra.

La CE 1931 supone un cambio de paradigma respecto a la concepción del Ejército y sus misiones, omite cualquier alusión a las mismas o a la institución militar, y declara en su art. 6 la renuncia a la guerra como instrumento de política nacional. Este precepto constitucional no presenta efectividad práctica alguna, dado que el estado de guerra y la excepcionalidad resultan instrumentos empleados con frecuencia por el Gobierno para neutralizar alteraciones de orden público y extender la jurisdicción militar al resto de ciudadanos.

A tal efecto, se aprueba la Ley para la Defensa de la República el 21 de octubre de 1931, una norma de naturaleza preventiva y represora que deroga la Ley de Orden Público de 1870 y cuya vigencia coincidirá con una nueva Ley de Orden Público de 28 de julio de 1933, abundando en una grave inseguridad jurídica. Nos encontramos, por tanto, ante el abandono del carácter preeminente del Ejército *prima facie,* para transitar hacia una preponderancia del aparato administrativo, pero valiéndose del primero. En el plano del orden público y estrictamente operacional, continúa el modelo policial militarizado dimanante de la Restauración, empleando a la Guardia Civil para la represión de manifestaciones con armas de dotación de asalto.

TERCERA. El 1 de abril de 1939 finaliza la Guerra Civil española con la victoria del bando nacional sobre el republicano. A partir de ese momento, el régimen surgido realiza esfuerzos materiales para retornar el aparato militar al centro de gravedad de la Administración estatal, consistentes no sólo en aumentar el número de efectivos, sino sus capacidades. Especial consideración merece la creación de unidades de información, infiltración, intrusión y subversión en el seno del Ejército, cuya misión consiste en detectar, elaborar y suministrar datos al Gobierno sobre movimientos políticos contrarios.

Se impulsa una reorganización de la Guardia Civil, integrando al Cuerpo de Carabineros y estableciendo mecanismos y procedimientos de coordinación eficaces con el Ejército, que mantiene un papel protagonista en el orden público. El Reglamento Militar de 23 de julio de 1942, posibilita la incorporación de la Guardia Civil a la estructura del Ejército, asumiendo nuevas capacidades y especialidades como las de conductores, transmisiones o helicópteros y compartiendo la vigilancia del tráfico con la Policía Armada hasta el 5 de octubre de 1959.

En la Administración civil, la organización policial del servicio se modifica a través de la Ley de 8 de marzo de 1941, estableciendo el Cuerpo General de Policía, compuesto por una escala de mando y otra subalterna de ejecución, y a la Policía Armada y de Tráfico. Sin embargo, el art. 37 de la Ley Orgánica del Estado establece una concepción unitaria de las Fuerzas Armadas y resto de Fuerzas de Orden Público, asignándoles misiones comunes en el ámbito defensivo y del orden público, aspecto que difumina ciertamente los límites de actuación entre dichos cuerpos.

El derecho de excepción conserva su protagonismo también en este periodo, manteniéndose el estado de guerra casi una década tras la finalización de la Guerra Civil, lo que sitúa a la jurisdicción castrense como un instrumento para combatir ciertas acciones relacionadas con el orden público. Este extremo contrasta con la promulgación de ciertos derechos, libertades, deberes y principios inspiradores del Estado contenidos en el Fuero de los Españoles de 1945, en todo caso, carentes de limitación del poder político. En tal sentido, la aprobación de la Ley 45/1959 de Orden Público, aporta mayor rigor técnico que sus predecesoras, asignando al Ministro de Gobernación la competencia del orden público e incluyendo a la Guardia Civil en la misma.

CUARTA. Con la finalización de la Segunda Guerra Mundial en 1945, se avanza en una noción más extensa de la defensa denominada «Defensa Nacional», que abarca la defensa militar clásica, los aspectos diplomáticos de la defensa y la defensa en el ámbito económico. La CE 1978 recoge el concepto de manera implícita asumiendo un cambio en las misiones del instituto militar en su relación con el Estado democrático, su conservación y existencia.

Se abandona el término «Ejército» para dar paso al de «Fuerzas Armadas», situándolas en un lugar preferente dentro del Título Preliminar, en su art. 8. Sin embargo, ello resulta un error sistemático evidente, al establecer una suerte de paralelismo entre las Fuerzas Armadas y otras instituciones como la Monarquía Parlamentaria del art. 1.3 o el carácter indisoluble de la Nación española en el art. 2. Es por ello que el instituto militar debió haberse ubicado en el Título IV «del Gobierno y de la Administración» en unión a las Fuerzas y Cuerpos de Seguridad, como parte de la Administración que se trata.

El art. 8.1 CE asigna a las Fuerzas Armadas tres misiones esencialmente preventivas: garantizar la soberanía e independencia de España, su integridad territorial y una construcción abstracta que subordina el poder militar al civil conceptuado como «defensa del ordenamiento constitucional», evocando una suerte de intervención de última ratio consonante a los arts. 2.3 y 4 de la Carta de Naciones Unidas. Asimismo, se prevé una proyección de la organización militar cohesionada y colectiva hacia el exterior desde una defensa civil instrumentalizada a través de movilización civil insertada en el art. 30.2 CE. Aquí debemos incluir la figura del reservista de especial disponibilidad regulado en la Ley 8/2009, de 24 de abril y 17/1999, de 18 de mayo, reservistas voluntarios y obligatorios instituidos por el RD 383/2011, de 18 de marzo.

El aptdo. 2 del art. 8 CE, se encuentra errado en su redacción, en tanto las leyes de bases no resultan compatibles con la naturaleza de ley orgánica atribuida la organización militar, por cuanto el art. 82.2 CE configura la ley de bases como una delegación legislativa de las Cortes Generales en el Gobierno. Por otro lado, el carácter orgánico de una norma atiende al principio de competencia y requiere mayoría absoluta para su aprobación según establece el art. 81.1 CE, lo que no parece adecuarse a la dicción del precepto.

QUINTA. La declaración de guerra contenida en el art. 63.3 CE constituye un mandato legal a las Cortes Generales en razón de su carácter representativo de la soberanía nacional, exteriorizado a través del Rey mediante la responsabilidad jurídica atribuida a sus actos debidos, conforme al art. 74.1 CE. No obstante, la iniciativa de la misma corresponde al Presidente del Gobierno en atención al contenido de los arts. 97 y 98.2 CE en concordancia al art. 2.2 f) de la LG y art. 6 de la LODN.

La declaración de guerra es un acto no legislativo de relevancia político-militar, considerando junto a Ruiz Miguel, que la misma deberá tener lugar cuando la intervención militar consista en actos materiales de guerra, excluyendo otras acciones operacionales de índole humanitaria o en tiempo de paz. Sin embargo, esta declaración presenta un trámite parlamentario que podría ser perjudicial para el caso de un ataque sobrevenido que requiera una acción de defensa inmediata, por lo que podría pensarse en la adecuación de su formulación posterior con efecto retroactivo. Lo cierto es que la declaración de guerra constitucional ha sido marginada por el art. 4.2 de la LODN en favor de la autorización del Congreso, a propuesta del Gobierno. Por lo que respecta a la declaración de paz constituye la vertiente negativa de la guerra, por lo que asumimos igual procedimiento e implicaciones jurídicas.

El aptdo. h) del art. 62 CE determina al Rey como mando supremo de las Fuerzas Armadas en consonancia con la *auctoritas* honorífica que corresponde a su tradición histórico-constitucional, si bien será el Gobierno y su Presidente a quienes competa la dirección y mando efectivo del instituto militar. No obstante, en unión a García de Enterría, abogamos por una competencia residual y subsidiaria regia de dicho mando en la fuerza armada militar para aquellas situaciones en que los poderes ordinarios se encuentren incapacitados para ejercer sus competencias, extremo que permite explicar la juridicidad de la intervención del Rey durante el golpe de Estado del 23 de febrero de 1981. En circunstancias de análoga o similar naturaleza, la mencionada *auctoritas* regia pasa a ser una verdadera *potestas* que permite la conservación y restauración del orden constitucional, cuyo fundamento reside en el art. 56.1 en relación al art. 8 CE.

El poder de reserva residual resulta trasladable a situaciones de vía de hecho del Gobierno que impliquen conculcación grave de derechos fundamentales, previa autorización judicial, limitando su contenido a la disolución de las Cortes y convocatoria de elecciones, en atención a sus capacidades arbitrales y de moderación de las instituciones contenidas en el art. 56 CE. A mayor abundamiento, el poder de reserva se fundamenta en el principio de autoconservación del Estado democrático en situaciones de crisis invalidante de las instituciones ordinarias.

SEXTA. La CE 1978 configura una transición desde el orden público a la seguridad pública, ubicando el ámbito defensivo en el art. 8 CE. Asigna la protección de los derechos fundamentales y libertades públicas a las Fuerzas y Cuerpos de Seguridad en el art. 104.1 CE y atribuye al Estado la competencia exclusiva en seguridad pública conforme al art. 149.1.29 CE. Este aspecto evidencia de nuevo la necesidad de incluir a las Fuerzas de Seguridad y las Fuerzas Armadas en un mismo Título IV al encontrarse integradas en la Administración.

La LOFCS desmilitariza parcialmente la seguridad pública, estableciendo a la Guardia Civil como instituto militar con funciones policiales, que presenta una dependencia híbrida de Interior y Defensa. Asimismo, este cuerpo asume ciertas misiones específicamente de ámbito defensivo en virtud del art. 15 de esta Ley y al amparo de los arts. 23 a 25 de la LODN. Estas misiones defensivas se concretan en el RD 1438/2010, de 5 de noviembre, que tiene lugar con su eventual integración en las Fuerzas Armadas en el marco de misiones internacionales y que incluyen el planeamiento, preparación y ejecución de la policía militar, o policía judicial, entre otras.

SÉPTIMA. Con la creación de la Organización de Naciones Unidas en 1945, comienza el abandono del concepto jurídico «guerra» en el ámbito nacional e internacional en pro de terminologías como «conflicto armado» y «operaciones de paz», que permiten la transición y evolución hacia nuevos escenarios operacionales. El íter comienza con la Conferencia de la Haya de 1899, derivada de la Declaración de San Petersburgo de 1868, cuyo objeto es ampliar el tratamiento jurídico de los militares heridos con proyectiles. Asimismo, se establece el estatuto beligerante respecto a la participación civil durante los conflictos armados, si bien, con escasos efectos vinculantes para las partes.

Los instrumentos jurídicos de mayor relevancia al respecto son los cuatro Convenios de Ginebra de 1949, que amplían su cobertura al tratamiento de heridos y enfermos en combate, aunque alguna de las partes no reconozca el conflicto, al ámbito marítimo, al estatuto de los prisioneros de guerra y a la protección de civiles situados en territorio no nacional, respectivamente. Desaparece la cláusula *si omnes,* vinculando únicamente a las partes que los han suscrito, siendo desarrollados por tres Protocolos adicionales, los dos primeros de 8 de junio de 1977.

El primer Protocolo completa al art. 2 común, mediante tres tipos de conflicto armado que incluye el ocurrido con motivo de dominación colonial, contra ocupación extranjera y contra regímenes racistas. Presenta el problema de dejar sin cobertura jurídica internacional cualquier otro modo de conflictividad no establecido en el mismo. Por su parte, el segundo Protocolo determina un requisito o plus de intensidad para considerar como tales los conflictos armados internos, ampliando el art. 3 común. Finalmente, el tercer Protocolo, de 8 de diciembre de 2005, establece el signo distintivo adicional para el personal sanitario y religioso participante en conflictos armados.

La culminación de la protección jurídica internacional en estas situaciones se ampara en la vía penal establecida en el Estatuto de Roma, de la Corte Penal Internacional, de 17 de julio de 1998, tipificando aquellas vulneraciones de mayor gravedad de los Convenios de Ginebra y sus Protocolos. Los tipos penales regulados son el genocidio (art. 6 ECPI), los crímenes contra la Humanidad (art. 7 ECPI), crímenes de guerra (art. 8 ECPI) y crímenes de agresión (art. 8 bis ECPI). No obstante, en la práctica, el ECPI ofrece una protección restringida, teniendo vetada su jurisdicción en aquellos Estados que no han ratificado este instrumento internacional. Entre los Estados ajenos a esta jurisdicción se encuentran, paradójicamente, tres de las potencias con derecho a veto en el propio Consejo de Seguridad de Naciones Unidas: EEUU, Rusia y China, lo que nos aporta una idea fidedigna de la voluntad de los mismos para erradicar las conductas tipificadas en el ECPI.

OCTAVA. El aumento de las capacidades militares y de la complejidad situacional propicia el desarrollo de una serie de misiones de las Fuerzas Armadas que denominamos «propias», derivadas de la aplicación de la LODN y de la configuración del estado de sitio. Se trata de operaciones en tiempo de paz que exceden del contenido del art. 8.1 CE, integradas en el concepto de «crisis» al no constar un conflicto armado declarado. Dicha circunstancia queda al amparo internacional de las Resoluciones de la ONU, de 24 de octubre de 1995 y 14 de noviembre de 1996, así como de la Ley Orgánica descrita anteriormente que permite la participación de observadores, fuerzas de interposición, de paz o humanitarias.

La Carta de Naciones Unidas carece de afirmaciones concretas en relación a las misiones de paz en su art. 1.1, si bien, será la CIJ en 1962 la que establezca la juridicidad de misiones militares pacíficas y no coercitivas, salvo que exista autorización del Consejo de Seguridad o aquiescencia del Estado receptor. Es por ello que la doctrina dominante ha venido a indicar que las misiones militares de paz se encuentran al amparo del «capítulo sexto y medio» de la Carta de Naciones Unidas, entre el arreglo pacífico de controversias y las misiones de naturaleza coercitiva. Estas misiones consisten en acciones de diplomacia preventiva, establecimiento y consolidación de la paz.

En el ámbito europeo, el desarrollo de la PESC en el TUE configura los requisitos estratégicos que debe tener el recurso a la acción militar en operaciones de interés para la Unión. Especial relevancia adquiere el art. 42 TUE que establece la defensa común y la cooperación con otras organizaciones internacionales como la ONU a través de los *bridging models* de sostenimiento operativo, *stand by models* con recursos militares externos al teatro de operaciones, la participación civil-policial y los *battlegroups* o grupos de acción rápida para crisis internacionales de planeamiento conjunto. Por otro lado, la legítima defensa individual y colectiva con ocasión de ataque armado, admitida en el art. 51 de la Carta de Naciones Unidas, se recoge en el art. 5 del Tratado de la OTAN, aunque se echa en falta una definición objetiva de la expresión «ataque armado» que evite la subjetividad en su aplicación. Por contra, las denominadas «misiones no art. 5» del ámbito OTAN impulsan la creación en 1999 de una Fuerza de Respuesta Rápida (NFR) para situaciones de crisis ajenas al conflicto armado.

NOVENA. La intervención armada por razones de Humanidad se fundamenta en la exceptuación de la prohibición genérica del uso de la fuerza contenida en el art. 2.4 de la Carta de Naciones Unidas y del principio de prohibición de injerencia en asuntos internos de terceros Estados, al objeto de salvaguardar bienes superiores dignos de protección. La doctrina mayoritaria se inclina por un derecho-deber de intervención exterior humanitaria ante graves vulneraciones de derechos, realizando un paralelismo entre dichas infracciones y las propias amenazas a la seguridad.

El empleo de la fuerza militar en cualquier tipo de operaciones internacionales se encuentra enmarcado por las reglas de enfrentamiento, ROE o *rules of engagement*, tanto en misiones de paz, como en situación de conflicto armado. Se trata de una serie de instrucciones dictadas por el poder político al mando militar al objeto de su difusión general entre los participantes, estableciendo las circunstancias y condiciones en que puede emplearse la fuerza en una operación concreta. Las ROE, por tanto, se adaptan a la misión y a los parámetros de la organización o tratado internacional en cuestión, abarcando desde el material que puede emplearse, hasta la intensidad y graduación del mismo. Estas normas se insertan en el Plan de Operaciones (OPLAN) y pueden acompañarse de Procedimientos Operativos Estandarizados (SOP), si bien presentan el problema de una ausencia de regulación internacional común que las dote de homogeneidad.

DÉCIMA. El estado de sitio completa las misiones propias de nuestras Fuerzas Armadas, contenido en el art. 116.4 CE y art. 32 LOAES, configurado como última ratio de excepcionalidad para garantizar la supervivencia del propio Estado. Este instituto jurídico se fundamenta en la supremacía del poder civil sobre el militar, utilizando el segundo como instrumento para reforzar al primero. El presupuesto activador del estado de sitio es el empleo de la violencia contra los bienes esenciales constitucionalmente protegidos, incluida su mera amenaza sin resultado lesivo. Esta circunstancia se puede contemplar por medio de las siguientes acciones: atentado o amenaza al orden constitucional; golpes, insurrecciones o rebeliones, intentos de secesión y ataques externos, así como ataques armados, organizados o no, incluido el terrorismo masivo.

Se trata de un instrumento de conducción de crisis extrema, de ahí su aprobación por mayoría absoluta por parte del Congreso, empleando los recursos militares de manera preponderante sobre los civiles para restaurar los poderes ordinarios. Entre las medidas que permite establecer el estado de sitio, se encuentra la suspensión de derechos fundamentales bajo el principio de acumulación contenido en el aptdo. 3 del art. 32 de la LOAES, en concordancia con el art. 55.1 CE, posibilitando incluso la suspensión de ciertas garantías del detenido contenidas en el art. 17.3 CE.

La autoridad militar designada para la gestión de la situación tiene la facultad de dictar bandos militares, conforme al art.33.2 LOAES, para conducir el estado de sitio *ex* art. 34, empleando las medidas y prevenciones necesarias. La expresión resulta vaga e inconcreta y, por tanto, generadora de inseguridad jurídica. El bando militar presenta una naturaleza legislativa provisional en atención a la excepcionalidad dada, si bien, aunque no es posible que pueda modificar o innovar normas penales que afecten a derechos fundamentales o libertades públicas, nada impide que pueda hacerlo en caso contrario, lo que justifica la reserva de ley orgánica de la ley penal. A mayor abundamiento, esta norma provisional debe acogerse al marco jurídico establecido en la declaración del estado de sitio por el Congreso, limitando su campo de acción, por lo que podemos hablar de una fuente penal complementaria a la declaración del estado de sitio.

DECIMOPRIMERA. Denominamos misiones «impropias» de las Fuerzas Armadas aquellas que exceden ampliamente de la noción defensiva contenida en el art. 8.1 CE, participando del ámbito de la seguridad pública. Por un lado, se atisba un contenido exiguo de acciones de naturaleza autónoma consistente en la vigilancia de espacios aéreos y marítimos, así como la acción reactiva frente a ataques terroristas con aeronaves, regulados en los arts. 16 a) y d) de la LODN. No obstante, con carácter general, las misiones impropias o «no de defensa» presentan un perfil complementario o colaborativo a las competencias de las Fuerzas y Cuerpos de Seguridad, sustentadas jurídicamente en el contenido de los arts. 103.1 y 97 CE y 3.1 k) de la LRJSP.

Dichas misiones pueden acaecer en dos situaciones diferenciadas, ante circunstancias ordinarias y con ocasión de la declaración de algunos de los estados excepcionales. A tal efecto, hubiera sido deseable la conformación de una Doctrina de empleo de las Fuerzas Armadas en el ámbito interno, aspecto que nos obliga a recurrir a documentos estratégicos como las Directivas de Defensa Nacional y otras disposiciones para su correcta interpretación. Con el funcionamiento ordinario de los poderes del Estado, el art. 15.3 LODN se refiere a la colaboración entre Administraciones ante grave riesgo, catástrofe, calamidad pública u otras necesidades públicas, al objeto de garantizar la seguridad ciudadana, mientras que el art. 16 c) dispone la contribución complementaria entre las Fuerzas Armadas y las Fuerzas y Cuerpos de Seguridad con ocasión de acciones terroristas.

Asimismo, observamos normas preconstitucionales vigentes que cubren algunas de estas misiones, tales como el RD 1002/1961, de 22 de junio, que establece la competencia colaborativa de la Armada con el Servicio fiscal, o el RD 1125/1976, de 8 de abril, determinando la obligada colaboración de las autoridades militares con las gubernativas en situación de normalidad y excepción. Por otro lado, encontramos el RD 1469/1998, de 24 de junio, cuyo texto atribuye competencias de iniciación del procedimiento sancionador a la fuerza militar, y el RD 1911/1999, de 17 de diciembre, que establece la aportación de medios militares para combatir el tráfico de drogas en alta mar, entre otros. La situación normativa reclama una evidente necesidad de actualización de los procedimientos y medios actuales.

Por lo que respecta a la participación militar en el marco del fenómeno terrorista, el Plan de Prevención y Protección Antiterrorista (PPPA) de 2005 establece cinco niveles de alerta (NAA) conforme a la Instrucción 3/2015 SES, que se corresponden con las denominaciones de bajo, moderado, medio, alto y muy alto. Actualmente, España se encuentra en nivel alto desde el 26 de junio de 2015, con ocasión de los atentados de Túnez, Francia y Kuwait, cuya alerta corresponde con una amenaza terrorista severa o ataque altamente probable. Sin embargo, el sistema tan solo prevé el empleo de recursos militares durante la vigencia del nivel cinco, para el caso de ataque inminente, que consisten en la activación de protección de infraestructuras, vigilancia de lugares de afluencia masiva o fronteras. No resulta suficiente esta previsión militar en el nivel cinco, dado que sería de enorme interés su extensión a niveles previos que coadyuven a unos niveles mayores de seguridad, en consonancia a los países de nuestro entorno.

El ámbito de la protección civil también es un medio apropiado de despliegue de las Fuerzas Armadas, atendiendo a la protección ciudadana en situaciones de catástrofe natural pública, definida como instrumento de seguridad pública por el art. 1.1 de la LSNPC, al amparo de los arts. 2, 15, 30.4 y 103.1 CE. Dichas situaciones de «emergencia de interés nacional» se contienen en el art. 28 de la norma de protección civil, requiriendo la intensificación y coordinación de las distintas Administraciones, en cuyo seno se establece la participación de la UME, principalmente y de otras unidades militares.

Por misiones impropias de las Fuerzas Armadas en situaciones de excepcionalidad democrática, entenderemos aquellas en que dicho instituto participa durante la vigencia de los estados de alarma y excepción, una vez consideradas como propias sus competencias durante el estado de sitio. La declaración del estado de alarma dispone a todas las autoridades a disposición del Gobierno. A tal efecto, puede exigirse el cumplimiento de obligaciones forzosas atendiendo al principio de concentración de poderes de decisión y ejecución, con ocasión de catástrofes naturales, crisis sanitarias, paralización de servicios públicos o situaciones de desabastecimiento, tal y como establece el art. 116.2 CE y 4 de la LOAES. En tal sentido, las Fuerzas Armadas dependerán de sus mandos naturales, según el art. 9 de la LOAES.

Especial interés merece la participación de las Fuerzas Armadas durante el estado de alarma derivado de la pandemia del Covid-19, desarrollada a través de dos operaciones sustanciales. Por un lado, la *Operación Balmis,* iniciada con la vigencia del RD 463/2020, de 14 de marzo, que supone el despliegue de 4000 militares diarios con funciones concretas de seguridad ciudadana, desinfección o reparto de alimento, entre otras. Y por otro, la *Operación Baluarte,* consistente en una segunda línea de defensa ante la pandemia, en colaboración con las autoridades sanitarias, desempeñando funciones logístico-organizativas de rastreo y seguimiento de la transmisión del virus entre los ciudadanos.

DECIMOSEGUNDA. La especial afectación a los derechos fundamentales y libertades públicas que ha tenido lugar con motivo de la declaración del estado de alarma decretado a consecuencia del Covid-19, no resulta para nada soslayable. A nuestro juicio y en consideración a la STC 148/2021, el marco decretado en el RD 463/2020 excedió en mucho las capacidades legales del referido estado de alarma, estableciendo un marco general de prohibición exceptuado por un *numerus clausus* de posibilidades de ejercicio. El art. 7 del citado RD supuso la suspensión de los derechos a la libre circulación y elección de residencia contenidos en el art. 19 CE, del derecho a manifestación del art. 20 CE, del derecho de reunión del art. 21 CE y de la libertad de empresa declarada en el art. 38 CE. La aplicación práctica de dichas suspensiones supone la conculcación incluso del derecho a la libertad religiosa inserto en el art. 16 CE, siendo este un derecho no afectable ni tan siquiera durante la vigencia del estado de sitio.

Por su parte, el segundo estado de alarma declarado por RD 926/2020, de 25 de octubre, determina en su art. 5.1 una suerte de «toque de queda» al que se denomina «restricción de movilidad nocturna» entre las 23:00 y las 06:00, con carácter general. El mismo resulta modificable por los Presidentes de Comunidad Autónoma en calidad de autoridades delegadas del estado de alarma en una hora al alza o a la baja sobre los márgenes inferior y superior, condicionado a un *numerus clausus* análogo al del art. 7 del RD 463/2020. Asimismo, dispone la prohibición de entrada y salida entre Comunidades Autónomas y ámbitos de entidad inferior, a criterio de la citada autoridad delegada. Sin embargo, un análisis teleológico de los arts. 11 de la LOAES, 7 del RD 463/2020 y 5.1 del RD 926/2020 conduce a una contradicción insalvable, por cuanto, mientras la LOAES permite la limitación de un derecho completamente ejercitable, estos decretos de alarma prohíben el ejercicio del derecho fundamental, excepcionando su ejercicio a casos tasados.

La STC 183/2021 ha determinado la inconstitucionalidad de la delegación del estado de alarma en los Presidentes de las Comunidades Autónomas, confirmando la naturaleza ineludible del Gobierno en dicha materia durante la vigencia del estado excepcional. Por otro lado, ha reconocido la compatibilidad constitucional de las restricciones de movilidad nocturna e interterritoriales, extremo que no compartimos en tanto la causa y finalidad de la medida no resultan proporcionadas al no acreditarse una mayor transmisión del virus durante todos los días en horario nocturno y/o más allá de los límites territoriales autonómicos.

También contempla la STC 183/2021 vicio de inconstitucionalidad en la prórroga de seis meses establecida por el RD 956/2020, de 3 de noviembre, si bien, fundamentado en la escasa motivación de la medida y no en su extensión temporal. Nuestra posición es contraria al respecto, el establecimiento de la prórroga del estado de alarma superior a quince días, vulnera el contenido del texto constitucional y el espíritu de la LOAES. El art. 116.2 CE y 6.2 de la LOAES establecen de manera clara que la autorización de prórroga del Congreso no puede superar los quince días en razón a la expresión literal «sin cuya autorización no podrá ser prorrogado dicho plazo». A mayor abundamiento, carece de todo fundamento jurídico que la prórroga de un plazo supere a su término principal.

La resolución judicial antedicha establece la inconstitucionalidad de la comparecencia bimensual en el Congreso por parte del Presidente del Gobierno, constituyendo el aval parlamentario la indispensable manifestación indirecta de la soberanía nacional ante una situación excepcional prorrogada. Por ello, la paralización de la actividad del Congreso no resulta un control proporcionado a las medidas adoptadas y contraviene la imposibilidad de suspender el funcionamiento de las cámaras dispuesta en el art. 116.5 CE, produciéndose una vulneración del derecho a la participación política de los diputados.

Tampoco es posible compartir la juridicidad de las autorizaciones de los TSJ para limitar derechos fundamentales a solicitud de las autoridades sanitarias autonómicas, en tanto dicha función no jurisdiccional se fundamenta una interpretación extensiva del art. 3 de la LO 3/1986, de 14 de abril, de Medidas Especiales en Materia de Salud Pública que permite a dichas autoridades «adoptar las medidas necesarias en caso de pandemia». A tal efecto, dichas «medidas necesarias» no pueden consistir en otorgar una capacidad limitadora de derechos fundamentales atribuida al Gobierno mediante el estado de alarma, ya que desvirtúa el principio de competencia de la mencionada LOAES. Es obvio que la única vía legal que hubiera permitido suspender tales derechos sería el estado de excepción, lo que hubiera implicado mayor control parlamentario y desgaste político. A nuestro juicio, la vía idónea e inexplorada de decretar simultáneamente el estado de alarma y excepción hubiera sido jurídicamente adecuada, al ofrecer una respuesta diferenciada a los supuestos de hecho sanitario y administrativo.

Nos encontramos, sin duda, ante la mayor vulneración de derechos fundamentales que han sufrido los ciudadanos españoles durante la etapa democrática, realizando el Gobierno una utilización arbitraria de los mecanismos legales disponibles para crear las circunstancias que permitieran contener las consecuencias de la pandemia.

DECIMOTERCERA. La finalización de la Guerra Fría en 1989 marca un hito en la concepción de los conflictos interestatales, dotándolos de una naturaleza compleja derivada de la globalización de las redes de comunicación e información que abunda en un perfil más ideológico, social o financiero, que KALDOR ha denominado como «nuevas guerras». Se pretenden políticas de bloque cuyo objeto ha dejado de ocurrir en el marco de una contienda bélica, sino que buscan la desestabilización del bloque enemigo.

Otra visión doctrinal dominada por LIND, entiende una evolución en los conflictos caracterizada por cuatro generaciones de guerra. De tal modo, la primera generación comprende desde la Paz de Westfalia en 1648 hasta el final de la Guerra de Secesión americana en 1865, y se caracteriza por enfrentamientos de protocolos rígidos compactos y repetitivos, comenzado a emplearse las armas portátiles accionadas con pólvora. La segunda generación apuesta por la introducción de elementos novedosos en detrimento de las columnas estratégicas, empleando trincheras, artillería defensiva y armas tipo ametralladora. Se produce una verticalización de las contiendas, cuya ineficacia queda constatada al aumentar las posibilidades de prolongarse indefinidamente en el tiempo, tal y como ocurre en la Primera Guerra Mundial.

El inicio de la Segunda Guerra Mundial en 1939, marca un cambio de tendencia estratégica, denominada como tercera generación de las guerras, protagonizado por los *Blitzkrieg* o guerra relámpago. Consisten en realizar ataques intensos e intermitentes, cuyo objetivo persigue el desgaste del enemigo mediante la fórmula atacar-penetrar-envolver. Posteriormente, la incidencia de los avances tecnológicos e industriales dan paso a un cambio en los métodos y procedimientos empleados en la guerra desde una perspectiva especializada y técnica, tendente a limitar los riesgos propios durante el conflicto, y que se conoce como guerras de cuarta generación o «limitadas».

Especial importancia cobra la información proporcionada por redes informáticas seguras y que, una vez elaborada, se transforma en inteligencia apta para la toma de decisiones. Se agudiza la asimetría de los conflictos, en los que se enfrentan ejércitos regulares contra organizaciones de distinta entidad, estructuración y medios, cuyos métodos y armas pueden encontrarse al margen de la ley como «irregulares». A tal efecto, contribuirá la experiencia americana de la guerra de Vietnam, empleando tácticas de guerra de guerrillas y de neutralización de movimientos insurgentes, combinadas con acciones diplomáticas y psicológicas que se conocen como «guerras de baja intensidad».

En otro orden, el alto mando norteamericano construye la doctrina de la «guerra híbrida», constituida por factores multidisciplinares, regulares o no, causantes de inseguridad global. Se trata de una conflictividad sin límites definidos, en los que la participación de sus actores no obedece obligatoriamente a posturas contrapuestas. Puede fundamentarse en criterios económicos o diplomáticos, entre otros, cuya finalidad pretende situarse de manera activa en una fase anterior al conflicto armado tradicional. La conflictividad híbrida requiere el desarrollo de Estrategias de Seguridad Nacional propias que puedan prevenir, detectar y contrarrestar posibles amenazas a la seguridad.

Relacionado con el carácter híbrido de este tipo de situaciones, se configura el concepto de «zona gris», caracterizado por el proceso de naturaleza pasiva del estado de paz polemológico situado entre las *Black y White zones*. En este caso, se incrementan de manera notable las acciones de tipo diplomático, político, económico o cultural, para alcanzar ciertos objetivos geopolíticos sin emplear recursos militares tradicionales. Podemos decir que la zona gris constituye la antesala al conflicto híbrido.

DECIMOCUARTA. La configuración de las crisis en el ámbito de las Fuerzas Armadas nos permite entenderlas como una situación problemática o conflictiva que transita entre la paz y el conflicto armado. En la actualidad, no resulta apropiado hablar de situaciones de paz equilibradas, sino tensionadas y propensas a la constatación de la crisis como situación de interés para la Seguridad Nacional. El planeamiento de la resolución de situaciones de crisis se denomina «gestión de crisis» y puede plantear el empleo de recursos de carácter militar.

La gestión de crisis en España comienza a vislumbrarse con ocasión de su adhesión a la OTAN en 1982, instrumentalizada mediante la DDN 1986 que introduce un modelo eminentemente administrativo pivotado entre los niveles presidencial, interministerial y técnico. El sistema ha evolucionado hacia el asesoramiento técnico especializado, creando el Consejo de Seguridad Nacional como órgano colegiado subordinado directamente al Presidente del Gobierno, si bien jerárquicamente sobre el Gabinete de Presidencia. Asimismo, el RD 1119/2012, de 20 de julio establece la creación del Departamento de Seguridad Nacional, en calidad de órgano asesor técnico del Presidente del Gobierno sobre Seguridad Nacional.

La LSN ha supuesto cierto avance y un punto de partida hacia una nueva concepción de los desafíos y amenazas a nuestra seguridad. Sin embargo, la celeridad en su aprobación y una percepción sesgada de ciertas Comunidades Autónomas en forma de injerencia competencial en atención a las expresiones «coordinación» y «responsabilidad compartida», suscitó la presentación de un recurso de inconstitucionalidad por parte de la Generalidad de Cataluña. El recurso finalmente fue desestimado por la STC 1884/2016, que interpreta dicha terminología en relación a una «cooperación reforzada» entre Estado y Comunidades Autónomas. La resolución de este tribunal no resulta satisfactoria, en tanto una negativa autonómica a la mencionada cooperación para con el Estado, podría requerir una ulterior coerción legal en aplicación del art. 155 CE ante una situación emergente que requiere premura.

De importancia resultan las «situaciones de interés para la Seguridad Nacional» decretadas por el Presidente del Gobierno, adoptando forma de real decreto, por medio de las cuales se utilizan los poderes ordinarios para la gestión de crisis, al margen de cualquier excepcionalidad. La norma se encuentra complementada por la DDN 2020, que sitúa a las Fuerzas Armadas en misiones de defensa y seguridad, así como por la ESN 2021, que aboga por la implementación del análisis de los riesgos y amenazas existentes, proporcionando indicadores de las posibles situaciones de crisis en la seguridad.

DECIMOQUINTA. Las Fuerzas Armadas han desarrollado un conjunto de misiones adaptadas al paradigma de Seguridad Nacional que denominamos «misiones securitarias», integradas en una noción amplia y multidimensional de la seguridad. Entre ellas, la contrainteligencia establece sistemas y procedimientos de información al objeto de prevenir, detectar o neutralizar amenazas extranjeras en el ámbito de la inteligencia, así como proponer mejoras jurídicas en la clasificación de la información. Entre sus procedimientos de mayor relevancia encontramos la «censura», constituida por el establecimiento de flujos de datos que contienen información errónea o engañosa que permiten causar el error en el enemigo y sitúan a dicha parte en una posición ventajosa.

El control de armas de destrucción masa es otra de las misiones securitarias de alcance militar, en atención al evidente peligro abstracto que generan sobre la seguridad. Se trata de sistemas de armas que requieren una construcción y empleo complejos, además de conocimientos técnicos avanzados. La misión militar en este campo se concentra en labores de inteligencia, utilización y reacciones post ataque con dichas armas. Del mismo modo, las infraestructuras críticas proporcionan abastecimiento energético y aumentan la sensación de bienestar ciudadana, resultando un área de enorme calado en nuestra Seguridad Nacional al tratarse de un pilar del Estado de Bienestar. Es notoria la ausencia de regulación en nuestro ordenamiento respecto al establecimiento y distribución de las funciones de protección de dichas infraestructuras en connivencia con las Fuerzas y Cuerpos de Seguridad, correspondiendo su competencia actualmente al Ministerio del Interior. Al respecto, las Fuerzas Armadas ostentan una misión meramente defensiva frente a posibles ataques que resulta, a todas luces, insuficiente.

Los avances tecnológicos en los sistemas aéreos han propiciado la aparición de aeronaves no tripuladas (UAS *Unmanned Aircraft Systems*) en multitud de acciones militares. Su empleo resulta plenamente legal en el planeamiento operacional, siempre que se realice al amparo de los arts.2.4 y 51 de la Carta de Naciones Unidas, con motivo del derecho inherente a la legítima defensa, o bien, mediando autorización del Consejo de Seguridad. Por otro lado, el ciberespacio es actualmente un medio de intercambio de datos de manera masiva, por lo que se trata de un ámbito especialmente sensible a las necesidades y procedimientos de detección y protección de posibles agresiones externas. Para ello, las Fuerzas Armadas desarrollan misiones de «ciberdefensa», mediante la interceptación de ciberoperaciones maliciosas, evaluación y prevención ante posibles ataques a nuestros sistemas de comunicación e información, y evitación de difusión de información falsa contraria a los intereses geoestratégicos nacionales.

La inteligencia artificial, automatización y robótica (IAA y R), constituye otra vertiente de influencia tecnológica en el seno de nuestras Fuerzas Armadas, que abarca desde las telecomunicaciones hasta los medios empleados, o la uniformidad militar. Estos procesos se encuentran en constante transformación, favoreciendo la sensorización de recursos al objeto de aumentar exponencialmente las capacidades. Consideramos de gran relevancia los Sistemas de Armas Letales Autónomos (SALAS), que permiten la identificación y neutralización de objetivos a distancia con una elevada precisión. Para finalizar, el espacio ultraterrestre conforma la clave de bóveda del sistema de Seguridad Nacional y se erige en el ámbito estratégico que marca la diferencia en el avance de la militarización en los Estados. Entre sus medios militares de naturaleza ofensiva hallamos los antisatélites (ASAT), mientras que el ámbito defensivo se encuentra en fase de desarrollo en aras a la implementación de contramedidas sobre los primeros.

La Resolución 1472 (XIV) de Naciones Unidas permite la creación de la Comisión sobre utilización del espacio ultraterrestre (UNCOPUOS) que ha servido de base al *soft law* constituido por los cinco tratados internacionales vigentes en la materia. Ello nos conduce a la necesidad de un sistema normativo vinculante para los Estados sobre el empleo de armas en el espacio exterior. España, en la actualidad, se encuentra en fase de desarrollo de las capacidades básicas para este medio, cuyo horizonte prevé iniciarse durante el presente año 2023, por detrás de países como EEUU o Francia, en atención a la escasa inversión económica nacional. No obstante, contamos con los satélites Paz y Spainsat realizando labores de seguridad en este ámbito, y se ha creado el Centro de Operaciones de Vigilancia Espacial (COVE), culminando con la creación del Ejército del Aire y del Espacio por virtud del RD 524/2022.

BIBLIOGRAFÍA

Doctrinal

Ruth Abril Stoffels, «Marco jurídico internacional de la participación de las Fuerzas Armadas en operaciones de paz: el Derecho de la Guerra» en *III Jornadas Cultura de Defensa Nacional: La imagen de las Fuerzas Armadas*, Ed. Real Hermandad de Veteranos de las Fuerzas Armadas y de la Guardia Civil, Madrid, 2006, p. 43 y ss.

Ruth Abril Stoffels, «Operaciones de paz: aproximación conceptual y marco jurídico» en *V Jornadas sobre Cultura de Defensa Nacional: La proyección internacional de las Fuerzas Armadas Españolas*, Ed. Real Hermandad de Veteranos de las Fuerzas Armadas y de la Guardia Civil, Madrid, 2008, p. 37 y ss.

Joana Abrisketa Uriarte, «Hitos del derecho de la guerra en el siglo XX: Se consolida y evoluciona» en *Historia de los derechos. Siglo XX, Instituto de Derechos Humanos Pedro Arrupe*, Universidad de Deusto, 2011, p. 48.

Miguel Ángel Acosta Sánchez, «La evolución de las operaciones Petersberg de la UE: La operación Althea en Bosnia Herzegovina», *Revista de Derecho Comunitario Europeo*, Año n.° 10, N.° 23, 2006, p. 49 y ss.

Robert Adolph, «Empleo estratégico de las Fuerzas de Operaciones Especiales», *Military Review*, noviembre-diciembre, 1992, p. 21.

Giorgio Agamben, *Estado de Excepción*, Ed. S.A. Argentina, Montenegro, 2003.

Sebastián Agüero-San Juan, «Pobreza, corrupción, inseguridad jurídica», *EUNOMÍA, Revista en Cultura de la Legalidad*, N.° 14, 2017, p. 354 y ss.

Luis Aguiar de Luque, «Los límites de los derechos fundamentales», *Revista del Centro de Estudios Constitucionales*, N.° 14, 1993, p. 15 y ss.

Benito Aláez Corral, «El concepto de suspensión general de derechos fundamentales» en *La defensa del Estado* [Luis López Guerra y Eduardo Espín Templado, coord.]», Ed. Tirant Lo Blanch, Valencia, 2003, p. 233 y ss.

Alberto Albacete Carreño, «La distribución de la seguridad pública en España, Derecho y Cambio Social», *Revista Año 9*, N.° 30, 2012, p. 6.

Agustín **Alcaide de Ibieca**, *Historia de los dos sitios que pusieron a Zaragoza en los años de 1808 y 1809 las tropas de Napoleón*, Tomo I, Imprenta D.M. de Burgos, Madrid, 1830.

José Miguel Alía Plana, *Tesis Doctoral: Reglas de enfrentamiento y gobierno del Campo de Agramante*, Universidad Complutense de Madrid, 2017.

Joaquín Almoguera Carreres, *Lecciones de Teoría del Derecho*, 2.ª edición, Ed. Reus, Madrid, 1999.

Jesús Alonso Blanco, «Contrainsurgencia. Vencer completamente», *Revista Ejército de Tierra español*, N.º 832, 2010, p. 38.

Ángel Luis Alonso de Antonio, «El Rey y las Fuerzas Armadas en la Constitución de 1978» en *Jornadas de estudio sobre el Título Preliminar de la Constitución*, Vol. II, Dirección General del Servicio Jurídico del Estado, Madrid, 1988, p. 1534.

Jacqueline Smith, *Prevent, Protect, Prepare: The United Kingdom's Strategy for Countering International Terrorism*, 2009.

Silvio Alva Villamón, «El control político de un conflicto de baja intensidad a través de las reglas de enfrentamiento de la autoridad política legalmente constituida: caso de la frontera del Perú con Colombia», *Colegio Interamericano de Defensa*, 2005, p. 39 y ss.

Enrique Álvarez Conde, «Cuestiones previas» en La Constitución española de 30 de junio de 1876, *Revista de Estudios Políticos*, N.º 3, 1978, p. 86.

Francisco Álvarez García, «Estado de Alarma o de Excepción», *Revista Estudios Penales y Criminológicos*, Vol. XL, 2020. p. 3.

Vicente Álvarez García, «El Coronavirus (COVID-19): respuestas jurídicas frente a una situación de emergencia sanitaria», *El Cronista del Estado Social y Democrático de Derecho*, N.º 86-87, 2020, p. 6 y ss.

Inés de Alvear Trenor, «La regulación de las aeronaves pilotadas por control remoto en el ámbito militar [art. 2.2. c. 1.º]» en *La regulación civil y militar de las aeronaves civiles pilotadas por control remoto. Comentario al RD 1036/2017*, de 15 de diciembre [María Jesús Guerrero Lebrón, dir.], Ed. Marcial Pons, Madrid, 2019, p. 52.

Clinton Ancker y **Michael Burke**, «La doctrina para la guerra asimétrica», *Military Review, enero-febrero*, 2004, p. 35.

Temi Anderson and **Eric Bahm** *et al.*, «Rules of Engagement» in *Operational Law Handbook*, International and Operational Law Department, U.S. Army, 2015, p. 64.

Gustavo Manuel DE ARÍSTEGUI Y SAN ROMÁN, *La Yihad en España. La obsesión por reconquistar Al-Ándalus*, 4.ª edición, Ed. La Esfera de los Libros, Madrid, 2005.

José ANTÓN ONECA y **José Arturo RODRÍGUEZ MUÑOZ**, *Derecho Penal, Tomo II (parte especial)*, Ed. Reus, Madrid, 1949.

José ANTÓN ONECA, «El Código Penal de 1870», *Anuario de Derecho Penal y Ciencias Penales*, Tomo 23, N.º 1, 1970, p. 237 y ss.

Manuel ARAGÓN REYES, *Estudios de Derecho Constitucional*, Ed. Centro de Estudios Políticos y Constitucionales, Madrid, 2009.

Ángela María ARBELÁEZ HERRERA, «La noción de guerra justa. Algunos planteamientos actuales», *Analecta Política*, Vol. 1, N.º 2, 2012, p. 273 y ss.

Leonardo ARCADIO ZARZA, «Conducción militar por funciones de combate», *Doctrina Visión Conjunta*, N.º 13, 2015, p. 36.

Félix ARTEAGA MARTÍN, «La Estrategia de Seguridad Nacional de Estados Unidos 2006», *Instituto Español de Estudios Estratégicos*, ARI N.º 71, 2006, p. 2.

Félix ARTEAGA MARTÍN y **Enrique FOJÓN LAGOA**, «La secuencia del planeamiento: actos y actores» en *El Planeamiento de la Política de Defensa y Seguridad en España*, Instituto Universitario Gutiérrez Mellado, 2007, p. 35 y ss.

Félix ARTEAGA MARTÍN, «La Estrategia de Seguridad Nacional del Presidente Obama», *Instituto Español de Estudios Estratégicos*, ARI N.º 104, 2010, p. 3.

Félix ARTEAGA MARTÍN, «Propuesta para la implantación de una Estrategia de Seguridad Nacional en España», *Grupo de Trabajo sobre Estrategias de Seguridad Nacional del Real Instituto Elcano*, Documento de Trabajo 19, 2011, p. 6.

Félix ARTEAGA MARTÍN, «Estrategia de Seguridad Nacional 2021: más discurso que novedades», *Real Instituto Elcano, Comentario 3/2022*, 2022, p. 1.

José Enrique DE AYALA MARÍN, «Las capacidades militares», *Cuadernos de Estrategia*, N.º 145, 2010, p. 140.

Federico AZNAR FERNÁNDEZ-MONTESINOS, «El terrorismo global y los lobos solitarios», *Instituto Español de Estudios Estratégicos, Documento de Análisis*, N.º 44, 2013, p. 7 y ss.

Federico AZNAR FERNÁNDEZ-MONTESINOS, «Reflexiones sobre el empleo de las Fuerzas Armadas en la lucha contra el terrorismo local», *Instituto Español de Estudios Estratégicos, Documento de Análisis 12/2014*, 2014, p. 6.

Federico Aznar Fernández-Montesinos y **Andrés González Martín**, «Las Generaciones de las guerras. De segunda y tercera generación (II)», *Instituto Español de Estudios Estratégicos, Documento de Análisis 59/2015*, 2015, p. 16.

Federico Aznar Fernández-Montesinos y **Manuel de Miguel Ramírez**, «Reflexiones sobre la gestión de crisis», *Instituto Español de Estudios Estratégicos, Documento de Análisis 10/20*, 2020, p. 9.

Federico Aznar Fernández-Montesinos, «El espacio exterior, una nueva dimensión de la seguridad», *Instituto Español de Estudios Estratégicos, Documento de Análisis 10/2021*, 2021, p. 6.

Víctor Mario Bados Nieto y **Marien Durán Cenit**, «Las nuevas guerras. Una propuesta metodológica para su análisis», *Revista UNISCI*, N.° 38, 2015, p. 10 y ss.

Manuel Ballbé Mallol, *Orden Público y militarismo en la España Constitucional (1812-1893)*, Ed. Alianza, Madrid, 1983.

Manuel Ballbé Mallol, «Diez años de seguridad y política autonómicas», *Autonomies: Revista catalana de derecho público*, N.° 12, 1990, p. 116 y ss.

Miguel Ángel Ballesteros Martín, *En busca de una Estrategia de Seguridad Nacional*, Ed. Ministerio de Defensa, Madrid, 2016.

Miguel Ángel Ballesteros Martín, «Las Novedades de la Estrategia de Seguridad Nacional de 2017», *Instituto Español de Estudios Estratégicos, Documento de Análisis,* n.° 74/2017, 2017, p. 4

Josep Baqués Quesada, «Hacia una definición del concepto Gray Zone», *Instituto Español de Estudios Estratégicos*, Documento 02/2017, 2017, p. 12.

Josep Baqués Quesada, «La construcción de la zona gris» en *XXVII Curso Internacional de Defensa en Jaca: Amenaza híbrida: la guerra imprevisible*, Jaca, 2019, p. 38.

Javier Barcelona Llop, «Reflexiones constitucionales sobre el modelo policial español», *Revista Española de Derecho Constitucional*, N.° 48, 1996, p. 86.

Alfonso Barea Mestanza, «El control sobre los "global commons" en el mundo actual», *Ejército de Tierra Español*, N.° 912, 2017, p. 24.

Hernando Barreto Ardila, «Globalización del DIH. Penalización de infracciones y violaciones graves al DIH en el derecho interno colombiano», *Derecho Penal y Criminología*, Vol. 21, N.° 67, 1999, p. 98.

Buzan Barry and **Ole Weaver**, *Regions and Powers. The Structure of International Security*, Ed. Cambridge University Press, Cambridge, 2003.

Silvio BASILE, *«Los 'valores superiores', los principios fundamentales y los derechos y libertades públicas»*, [Alberto PREDIERI y Eduardo GARCÍA DE ENTERRÍA, *La Constitución española de 1978*], Ed. Civitas, Madrid, 1984.

Ricardo BEBCZUK, *Información asimétrica en mercados financieros*, Ed. Cambridge University Press, Cambridge, 2000.

Enrique BELDA PÉREZ-PEDRERO, «23 de febrero de 1981. La reinterpretación jurídica de un proceso propio de periodos de transición», *Revista de Estudios Políticos*, N.º 155, 2012, p. 46.

Michelle BENTLEY, «Known unknowns: Covid-19 and biological warfare», *E-International Relations*, august 2020, p. 1 y ss.

Romualdo BERMEJO GARCÍA, «El derecho-deber de injerencia humanitaria en el derecho internacional actual» en *III Jornadas de Derecho Internacional Humanitario: El derecho por razones humanitarias*, Universidad de Sevilla y Asociación para las Naciones Unidas en Sevilla, Sevilla, 1990, p. 52.

Romualdo BERMEJO GARCÍA y **Eugenia LÓPEZ-JACPOSTE DÍAZ**, «Fundamento jurídico de las operaciones de mantenimiento de la paz» en *III Congreso Internacional de Historia de la Defensa: España en las operaciones internacionales de pacificación*, Instituto Universitario Gutiérrez Mellado, Madrid, 2009, p. 37.

Romualdo BERMEJO GARCÍA, «El concepto de combatiente: de la Haya a Guantánamo (II)», *Grupo de Estudios Estratégicos, Análisis*, n.º 7584, 2010, p. 6 y ss.

Mario BETTATI, y **Bernard KOUCHNER**, *Le devoir d'ingérence. Peut-on les laisser morir?*, Ed. Denoël, París, 1987.

Mario BETTATI, «¿Injerencia, intervención o asistencia humanitaria?», *Tiempo de Paz*, N.º 52-53, 1999, p. 156 y ss.

Roberto Luis BLANCO VALDÉS, *La ordenación constitucional de la defensa*, Ed. Tecnos, Madrid, 1988.

Roberto Luis BLANCO VALDÉS y **Jordi SOLÉ TURA**, *Rey, Cortes y fuerza armada en los orígenes de la España liberal*, 1808-1823, Ed. Siglo XXI de España Editores, Madrid, 1988.

Alberto DE BLAS POMBO, «Terrorismo y Fuerzas Armadas», *Boletín de Información*, N.º 283, 2004, p. 7 y ss.

Francisco DE BORJA GÓMEZ-ARMERO FERNÁNDEZ, «Contrainteligencia», *Instituto Español de Estudios Estratégicos, Monografía VI CSIFAS, Documento 25/2015*, 2015, p. 3 y ss.

Luis Manuel Bras Berbardino, «La interdependencia político-estratégica entre seguridad y desarrollo sostenible», *Instituto Español de Estudios Estratégicos, Documento N.º 78*, 2015, p. 3 y ss.

Michael Brecher and **Jonathan Wilklenfeld**, «Crises in World Politics», *Universidad de Princeton*, Vol. 34, N.º 3, 1982, p. 380 y ss.

Eugenio Bregolat Obiols, «El proceso político de la PESC» en *La Seguridad europea: Diálogos para el siglo XXI, Revista CIDOB d'Afers Internacionals*, N.º 38-39, 1997, p. 96 y ss.

Thomas Bruneau y **Steven Boraz**, *Reforming Intelligence. Obstacles to Democratic Control and Effectiveness*, University of Texas Press, Austin, 2007.

Jesús Burgueño Rivero, *Geografía política de la España constitucional. La división provincial*, Ed. Centro de Estudios Políticos y Constitucionales, Madrid, 1996.

Julio Busquets Bragulats, *El militar de carrera en España*, 2.ª edición, Ed. Ariel, Barcelona, 1971.

Juan Bustos Ramírez, «Seguridad ciudadana y seguridad jurídica», *Nuevo Foro Penal*, N.º 70, 2006, p. 159 y ss.

Crisólogo Bustos Valderrama, «Estudio del artículo tercero del Convenio de Ginebra de 1949, relativo a la protección de personas civiles en tiempo de guerra, y del Protocolo Adicional II de 1977», *Universidad Católica de Chile, Revista de Derecho*, N.º 12, 2004, p. 67 y ss.

José Caamaño Bournacell, *La Policía española a través del tiempo (1908-1958)*, Ministerio del Interior, Secretaría General Técnica, Madrid, 2000.

Antonio Cabrerizo Calatrava, «El conflicto asimétrico», Conferencia en *Congreso Nacional de Estudios de Seguridad*, Universidad de Granada, Granada, octubre 2002.

José Luis Calvo Alvero, «El espacio exterior como ámbito estratégico», *Revista Española de Defensa*, N.º 369, 2020, p. 54 y ss.

Miguel Campins Rahan, «El significado de la Seguridad Nacional en Estados Unidos», *Boletín de Información*, N.º 283, 2004, p. 8.

Manuel Campos Quesada, «La Ley de Seguridad Nacional: una realidad estratégica frente al terrorismo» en *Análisis de la seguridad internacional desde perspectivas académicas* [Claudio Payá Santos, Juan Jose Delgado Morán, Gracia Abad Quintana, coord.], Universidad Autónoma de Barcelona, Barcelona, 2017, p. 77.

Juan Luís Cano Perucha, «Los bandos penales militares», *Anuario de Derecho Penal y Ciencias Penales*, Tomo 36, N.º 2, 1983, p. 320 y ss.

Bartolomé Cánovas Sánchez, «Capacidades militares en temas NBQ-R» en *Las armas NBQ-R como armas de terror*, CESEDEN, Monografía, N. º 120, 2011, p. 152.

José Miguel Cárdenas Hernández, «Aproximación a un modelo de gestión de crisis español», *Boletín de Información*, N.º 277, 2002, p. 31.

Francisco Cárdenas y Espejo, «Reformas que se preparan en la legislación. Proyecto de Ley de orden Público», *Revista de Jurisprudencia y Administración*, Tomo II, 1847, p. 491.

Omar Darío Cardona Arboleda, *Tesis doctoral: Estimación holística del riesgo sísmico utilizando sistemas dinámicos complejos*, Universidad Politécnica de Cataluña, 2002.

Jorge Cardona Llorens, «Las operaciones de mantenimiento de la paz de las Naciones Unidas. ¿Hacia una revisión de sus principios fundamentales?» en *Cursos Euromediterráneos de Bancaja de Derecho Internacional*, Vol. 1, 2002, p. 772.

Octavio Augusto Caro Garzón, «La doctrina Bush de la guerra preventiva», *Revista Facultad de Derecho y Ciencias Políticas*, Vol. 36, N.º 105, 2006, p. 420 y ss.

Narciso Carreras Matas, «La conducción de crisis en la OTAN», *Boletín de Información*, N. º 216, 1990, p. 116 y ss.

José Luis Carro Fernández-Valmayor, «Sobre los conceptos de orden público, seguridad ciudadana y seguridad pública», *Revista Vasca de Administración Pública*, N.º 27, 1990, p. 22 y ss.

Antonio Carro Martínez, «Artículo 116 Situaciones de anormalidad constitucional», en *Comentarios a la Constitución Española de 1978*. Tomo IX, Artículos 113 a 127, Cortes Generales, Editoriales de Derecho Reunidas, Madrid, 1987, p. 208 y ss.

George Casey, «America's Army In a Era of a Persistent Conflict», *Army Magazine*, Vol. 58, N.º 10, 2008, p. 24.

George Casey, «The Army of the 21st Century», *Army Magazine*, Vol. 59, N.º 10, 2009, p. 28.

Antonio Cassese, «Ex injuria ius oritur: Are we moving towards international legitimation of forcible humanitarian countermeasures in the world community?», *European Journal of International Law*, Vol. 10, N.º 1, 1999, p. 22 y ss.

Jaime Castillo Arias, «Consideraciones de contrainteligencia en la formulación de Estrategias de Seguridad: utopía o evolución pragmática», *Contrainteligencia, Red Latinoamericana de Análisis de Seguridad y Delincuencia Organizada (RELASEDOR)*, N.º 26, 2020, p. 17.

Francisco Castrejón-Pineda, «La guerra de baja intensidad», *Universidad Nacional de México, Revista Chiapas*, N.º 2, 1996, p. 1.

Claribel de Castro Sánchez, *El Derecho Internacional de la prevención y gestión de crisis*, Instituto Universitario Gutiérrez Mellado, Seminario de Gestión de Crisis, Madrid, 2008.

José Cepeda Gómez, *Tesis Doctoral: Teoría del Pronunciamiento: el intervencionismo militar en el reinado de Isabel II y el acceso de los Generales al poder político*, Universidad Complutense de Madrid, 1982.

José Cerezo Mir, *Curso de Derecho Penal Español. Parte General I*, Ed. Tecnos, Madrid, 1981.

José Cerezo Mir, *Curso de Derecho Penal Español, Parte General II, Teoría Jurídica del delito 2*, Tecnos, Madrid, 1990.

Eduardo Cerezo Moreno, [sobre Walters, F. P., *Historia de la Sociedad de Naciones*, Ed. Taurus, 1971, p. 31], *Revista Española de La Opinión Pública*, N.º 25, 1971, p. 569.

Carlos Climent Durán, *Detenciones ilegales policiales*, Ed. Tirant lo Blanch, Valencia, 1998.

Manuel Cobo del Rosal y **Tomás Salvador Vives Antón**, *Derecho Penal. Parte General*, Tomo I, Universidad de Valencia, Valencia, 1980.

Manuel Cobo del Rosal y **Tomás Salvador Vives Antón**, *Derecho Penal. Parte General*, 5.ª edic., Ed. Tirant lo Blanch, Valencia, 1999.

Alan Cole, **Plillip Grew** *et al.*, *San Remo Handbook on Rules of Engagement, International Institute of Humanitarian Law*, ED. U.S. Naval War College, San Remo, 2009.

Guillem Colom Piella, «Armas nucleares y control de armas de destrucción masiva» en *Manual de Estudios Estratégicos de Seguridad Internacional* [Javier Jordán Enamorado, coord.], Ed. Plaza y Valdés, Madrid, 2013, p. 205 y ss.

Guillem Colom Piella, «Guerra híbridas. Cuando el contexto lo es todo», *Revista Ejército*, N.º 927, 2018, p. 38 y ss.

José Alejandro Consigli, «La intervención humanitaria a la luz del Derecho Internacional actual», *Anuario Argentino de Derecho Internacional*, 2004, p. 161.

Benjamin de Constant, *Refléxions sur les Constitutions, la distribution des pouvoirs, et les garanties dans una monarche constitutionnelle*, Ed. BNF Gallica, París, 1814.

José Antonio Corbacho de Castro, «Una aproximación conceptual, normativa y doctrinal a la logística conjunta actual», *CESEDEN, Documentos de Seguridad y Defensa*, N.º 50, 2012, p. 14.

Agustín Corrales Elizondo, «Introducción y presentación. El marco constitucional de las misiones de las Fuerzas Armadas» en *El marco jurídico de las misiones de las Fuerzas Armadas en tiempo de paz, Cuadernos de Estrategia*, N.º 116, 2002, p. 17.

Gabriel Jaime Correa Henao y **José María Yusta Loyo**, «Seguridad energética y protección de infraestructuras críticas», *Revista Lampsakos*, N.º 10, 2013, p. 93

Lorenzo Cotino Hueso, «La posición del Rey durante la situación vivida el pasado 21 de febrero de 1981» en VII *Jornadas de Derecho parlamentario: El Título II de la Constitución. La monarquía parlamentaria*, Congreso de los Diputados-Secretaría General, Madrid, 2002, p. 634.

Clarence Crawford, «The suspensión of the habeas corpus Act and the Revolution of 1689», *The English Historical Review, Oxford University Press*, Vol. 30, N.º 120, 1915, p. 613 y ss.

Félix Crespo Hellín, «El nuevo encuadre constitucional de las Fuerzas y Cuerpos de Seguridad» en *Diez años de régimen constitucional* [Enrique Álvarez Conde ed.], Ed. Tecnos, Madrid, 1989, p. 434.

Félix Crespo Hellín, «El artículo 104 de la Constitución y la nueva regulación de la institución policial: sus disfuncionalidades», *Revista de Derecho Político*, N.º 37, 1992, p. 113.

Rafael Cruz Martínez, «La Lógica de la Guerra, Ejército, Estado y Revolución en la España contemporánea», *Revista Studia Histórica-Historia Contemporánea*, Vol. X-XI, 1992-1993, p. 209 y ss.

Pedro Cruz Villalón, *El estado de sitio y la Constitución. La constitucionalización de la protección extraordinaria del Estado (1789-1978)*, Ed. Centro de Estudios Políticos y Constitucionales, Madrid, 1980.

Pedro Cruz Villalón, «El nuevo derecho de excepción», *Revista española de Derecho Constitucional*, Año n.º 1, N.º 2, 1981, p. 99.

Pedro Cruz Villalón, «La protección extraordinaria del Estado» en *La Constitución española de 1978. Estudio sistemático*, 2ª edición, Ed., Civitas, Madrid, 1981, p. 690.

Pedro Cruz Villalón, *Estados excepcionales y suspensión de garantías*, Ed. Tecnos, Madrid, 1984.

Pedro Cruz Villalón, *La curiosidad del jurista persa, y otros estudios sobre la Constitución*, 2.ª edición, Ed. Centro de Estudios Políticos y Constitucionales, Madrid, 2007.

José Manuel Cuenca Toribio, «Política y Ejército en el siglo XX» en *Historia Militar de España. Edad contemporánea II. De 1898 a 1975* [Gonzalo Anes y Álvarez de Castrillón, Hugo O'Donnell y Duque de Estrada, coord.], Ed. Ministerio de Defensa, Madrid, 2016, p. 31 y ss.

Luis Cuesta Civís, «La lucha contra el terrorismo en el marco de la seguridad y defensa en España», *Real Instituto Elcano, Estudios Internacionales y Estratégicos*, N.° 45, 2009, p. 2.

Luis Curt García, «La Estrategia de Seguridad Marítima Nacional ante su próxima revisión», *Instituto Español de Estudios Estratégicos, Documento* N.° 23, 2018, p. 11 y ss.

Luis Delgado Moreno, «Capacidades Futuras de las Fuerzas Armadas», *Ministerio de Defensa, Monografía*, N.° 140, 2014, p. 152 y ss.

Vicente Díaz de Villegas Roig, «Desinformación y Unión Europea», *Revista Española de Defensa*, N.° 372, 2020, p. 50 y ss.

Joel Díaz Rodríguez, «La Política Común de Seguridad y Defensa de la Unión Europea: una renovada estrategia para un nuevo escenario europeo y global», *Instituto Español de Estudios Estratégicos*, N.° 10, 2018, p. 6.

Rafael Armando Diaz Sarmiento, *Tesis Doctoral: Crisis de Salud Pública y sus formas de presentación*, Universidad Complutense de Madrid, 2014.

Emilio de Diego García, «Intervenciones en el exterior» en *Historia Militar de España. Edad Contemporánea I. Siglo XIX* [Miguel Artola, coord.], Ed. Ministerio de Defensa, Madrid, 2015, p. 320 y ss.

Manuel Díez Alegría, *Ejército y Sociedad*, Ed. Alianza, Madrid, 1973.

Peter Dreist, «Rules of Engagement in Multinationalen Operationen – ausgwhälte Grundsatzfragen», *NZWherR*, Vol. 3, 2007, p. 106.

Mark Duffield, «The Political Economy of Internal War: Asset Transfer and the Internationalisation of Public Welfare in the Horn of Africa» in Joanna Macrae, Anthony Zwi *et al.*, *War and Hunger: Rethinking International Responses to Complex Emergencies*, Ed. Zed Books, London, 1994, p. 50 y ss.

Amador Enseñat y Berea, «El desarrollo de las capacidades militares y civiles de la Unión Europea» en *Seguridad y Defensa en Europa: Implicaciones estratégicas, Cuadernos de Estrategia*, N.° 133, 2006, p. 84.

María José Espona Helguera, «Estudio del marco jurídicoen materia de terrorismo con armas biológicas: una visión sistémica», *Instituto Español de Estudios Estratégicos, Documento 14/2016*, 2016, p. 11.

Jorge DE ESTEBAN y **Pedro GONZÁLEZ-TREVIJANO**, *Curso de Derecho Constitucional Español III*, Servicio de publicaciones de la Universidad Complutense de Madrid, Madrid, 1994.

Amitai ETZIONI, «Unmanned aircraft systems: the moral and legal case», *FQ / issue 57*, 2nd quarter 2010, p. 66 y ss.

Patricia FARALDO CABANA, «La responsabilidad por mando en el Código penal español» en *Perspectiva Iberoamericana sobre la Justicia penal Internacional* [Héctor OLÁSOLO ALONSO y Salvador CUENCA CURBELO, coord.], Vol. I, Ed. Tirant lo Blanch, Valencia, 2012, p. 172.

Bernardo José FEIJOO SÁNCHEZ, «Los delitos de genocidio en el Derecho Penal español», *Revista de las Facultades de Derecho y Ciencias Económicas y Empresariales*, N.° 42, 1997, p. 97 y ss.

Luís FELIU ORTEGA, «La participación de las Fuerzas Armadas Españolas en misiones en el exterior» en *Las misiones de las Fuerzas Armadas Españolas en el exterior, Documentos del Foro de la Sociedad Civil*, N.° 3, 2010, p. 30.

Gloria FERNÁNDEZ ARRIBAS, *Crimen de Agresión*, Universidad Pablo de Olavide, Sevilla, 2017.

Sabino FERNÁNDEZ CAMPO, *El Rey en el Golpe de Estado del 23 F*, Editorial Colex, Madrid, 2001.

Pablo FERNÁNDEZ DE CASADEVANTE MAYORDOMO, «El Derecho de emergencia constitucional en España: hacia una nueva taxonomía», *Revista de Derecho Político*, N.° 107, 2020, p. 111 y ss.

Félix FERNÁNDEZ CASTAÑO y **María Jesús SANTIAGO SEGURA**, «Niveles de desarrollo e inmigración: efecto expulsión, versus efecto llamada» en *Actos del I Congreso Internacional sobre Migraciones en Andalucía*, Universidad de Granada, Granada, 2011, p. 1933 y ss.

Javier FERNÁNDEZ LÓPEZ, *Militares contra el Estado. España: Siglos XIX y XX*, Ed. Taurus, Barcelona, 2006.

Félix FERNÁNDEZ MERINO, «Generalidades, misión y capacidades» en *Los Sistemas No Tripulados, CESEDEN, Documentos de Seguridad y Defensa*, N.° 47, 2012, p. 17 y ss.

Pablo Antonio FERNÁNDEZ SÁNCHEZ, *Operaciones de las Naciones Unidas para el mantenimiento de la paz*, Vol. I, Universidad de Huelva, Huelva, 1998.

Francisco FERNÁNDEZ SEGADO, «La Ley Orgánica de los estados de alarma, excepción y sitio», *Revista de Derecho Político*, N.° 11, 1981, p. 97.

Francisco Fernández Segado, «La Constitucionalización de la defensa extraordinaria del Estado. En torno a la obra de Pedro Cruz Villalón» en [Pedro Cruz Villalón, El estado de sitio y la Constitución], *Revista Española de Derecho Constitucional*, Año 2, N.º 4, 1982, p. 237.

Francisco Fernández Segado, «La posición constitucional de las Fuerzas Armadas. Reflexiones en torno al artículo 8 de la Constitución», *Revista Española de Derecho Militar*, N.º 67, 1996, p. 41.

Miguel Fernández-Palacios Martínez, *Rey, Constitución y Política Exterior*, Ed. Marcial Pons. Madrid, 2010.

Trevor Findlay, *The Use of Force in UN Peace Operations*, Oxford University Press, Oxford, 2002.

Vicenç Fisas Armengol, *Introducción al estudio de la paz y de los conflictos*, Ed. Lerna, Barcelona, 1987.

Carlos Forcadell Álvarez, «La época del Liberalismo», *Revista de Libros. Una nueva Historia general para nuestro tiempo*, N.º 148, 2009, p. 24 y ss.

María del Carmen Forriol Campos, «España: de retaguardia a objetivo del terrorismo yihadista», *Revista Crítica de Ciencias Sociales y Jurídicas*, N.º 37, 2013, p. 15 y ss.

Teresa Freixes Sanjuán, «La Jefatura del Estado monárquica», *Revista de Estudios Políticos*, N.º 73, 1991, p. 105 y ss.

Álvaro Frutos Rosado, «Consideraciones para una revisión del modelo español de gestión de crisis» en *La gestión de crisis en España. Una propuesta de renovación ante la revisión de la Estrategia Española de Seguridad, Documento de Trabajo 73/2013*, 2013, p. 33.

José María Lafuente Balle, «Los Estados de Alarma, Excepción y sitio», *Revista de Derecho Político*, N.º 31, 1990. p. 22 y ss.

José Carlos de la Fuente Chacón, «La inteligencia artificial y su aplicación en el ámbito militar» en *La inteligencia artificial aplicada a la Defensa,* Instituto Español de Estudios Estratégicos, Documentos de Seguridad y Defensa, N.º 79, 2019, p. 73.

Juan Francisco Fuentes Aragonés, *El fin del Antiguo Régimen (1808-1868). Política y Sociedad*, Ed. Síntesis, Madrid, 2007.

Alejandro Galán Martín, *Trabajo Fin Grado: La paz de Westfalia (1648) y el nuevo orden internacional*, Universidad de Extremadura, 2015.

Francisco Javier Galindo Sierra, *Trabajo Fin de Grado: Protección de Infraestructuras Críticas: un análisis de derecho comparado*, Universidad de Málaga, 2016.

Alfredo Gallego Anabitarte y **Ángel Menéndez Rexach**, *Comentarios a las Leyes Políticas*, Tomo VIII, Editoriales de Derecho Reunidas, Madrid, 1985.

Yolanda Gamarra Chopo, «Aspectos jurídicos de la participación de las fuerzas armadas españolas en misiones internacionales: la emergencia de una obra constitucional y legislativa», *Agenda Internacional*, Vol. 13, N.° 24, 2007, p. 352.

Philémon Garaboil-Macherey, *Estudio comparado de los Estados de Excepción Españoles y Franceses*, Universidad Autónoma de Barcelona, Barcelona, 2019.

Caterina García, «Las nuevas guerras del siglo XXI. Tendencias de la conflictividad armada contemporánea», *Institut de Ciències Polítiques i Socials (ICPS), Working papers*, N.° 323, 2013, p. 20.

Manuel García Campos, «La Defensa Nacional en la Constitución Española de 1978», *CESEDEN, Departamento de Información, Boletín de información*, N.° 183-VIII, 1985, p. 2 y ss.

David García Cantalapiedra, «La doctrina Obama, la teoría de la guerra limitada y la nueva política exterior de EEUU: ¿Hacia una política Neo-Nixioniana?», *UNISCI, Discussion papers*, N.° 28, 2012, p. 149 y ss.

Eduardo García de Enterría, «Prólogo» en *Caracterización jurídica de las Fuerzas Armadas*, Ed. Centro de Estudios Políticos y Constitucionales, Madrid, 1987, p. 21 y ss.

Eduardo García Domínguez, «La maniobra de crisis», *Revista de Marina de Chile*, 1991, p. 7.

Carlota García Encina, «La Nueva Estrategia de Seguridad Nacional de Estados Unidos», *Revista Española de Defensa*, N.° 63, 2018, p. 60 y ss.

Miguel García Guindo y **Gabriel Martínez-Valera González**, «La guerra híbrida: nociones preliminares y su repercusión en el planeamiento de los países y organizaciones occidentales», *Instituto Español de Estudios Estratégicos, Documento 02/2015*, 2015, p. 5.

Juan Manuel García Labajo, «Reflexiones en torno a las bases de la organización militar. La polémica doctrinal sobre la naturaleza jurídica de las Fuerzas Armadas» en *El marco jurídico de las misiones de las Fuerzas Armadas en tiempo de paz, Cuadernos de Estrategia*, N.° 116, 2002, p. 151.

Ricardo García Macho y **Karl Peter**, «Ley Fundamental de la República Federal de Alemania», *Sommermman, Deutscher Bundestag*, 2019, p. 81 y ss.

Juan David García Ramírez, «La transformación de la OTAN a través de los conceptos estratégicos y la ampliación», *Analecta Política*, Vol. 4, N.º 6, 2014, p. 90.

José Luis García Ruiz, «El recurso de amparo en el Derecho español», *Revista de Estudios Políticos*, N.º 26, 1982, p. 124.

Ignacio José García Sánchez, «La Estrategia de Seguridad Nacional de los Estados Unidos de América 2015», *Instituto Español de Estudios Estratégicos, Documento 09/2015*, 2015, p. 5.

Carlos Garrido López, «Sobre el estado de sitio, su régimen jurídico y el control jurisdiccional de su declaración», *Revista de Derecho Político*, N.º 68, 2007, p. 108.

Carlos Garrido López, «El Problema de la justiciabilidad de los decretos de declaración y prórroga del Estado de Alarma» en *Excepcionalidad y Derecho: El estado de alarma en España*, [Carlos Garrido López, coord.], Colección Obras Colectivas, Fundación Manuel Giménez Abad, Zaragoza, 2021, p. 1 y ss.

Robert Gates, «Hearing to Recieve Testimony on the Challenges Facing the Department of Defense», *US Senate Commitee on Armed Services*, 111th Cong., 1st sess, 27 de enero de 2009.

Guillermo Gatt Corona, *El derecho de guerra contemporáneo. Reflexiones desde el pensamiento de Francisco de Vitoria* [en relación a Oppenheim], Ed. Iteso, Guadalajara (Mexico), 2013.

Robin Geiss, «La estructura de los conflictos asimétricos», *International review of the Red Cross*, N.º 864, 2006, p. 1 y ss.

François Godicheau, «Orígenes del concepto de orden público en España: su nacimiento en un marco jurisdiccional», *Revista Ariadna Histórica, Lenguajes, Conceptos, Metáforas*, N.º 2, 2013, p. 107 y ss.

Ángel Gómez de Ágreda, «El ciberespacio como escenario del conflicto. Identificación de las amenazas» en *El ciberespacio. Nuevo escenario de confrontación,* CESEDEN, Monografía, N.º 126, 2012, p. 170.

Ángel Gómez de Ágreda, «La inteligencia artificial en el campo de batalla» en *Usos militares de la inteligencia artificial, la automatización y la robótica* (IAAR), Ministerio de Defensa, Centro Conjunto de Desarrollo de Conceptos, Madrid, 2020, p. 136.

María Gómez Escarda y **Enrique Vega Fernández**, «Protección Civil y Fuerzas Armadas: La Unidad Militar de Emergencias», *Observatorio de Política Exterior Española, Fundación Alternativa, Documento de Trabajo 33/2008*, 2008, p. 34 y ss.

Rafael Gómez Ferrer-Morant, «Relaciones entre leyes: competencia, jerarquía y función constitucional», *Revista de Administración Pública*, N.° 113, 1987, p. 17 y ss.

Ramón Gómez Martínez, *Tesis doctoral: El estatuto jurídico-constitucional del militar de carrera en España*, Universidad de Granada, 2008.

Eduardo González Calleja, *La España de Primo de Rivera: La modernización autoritaria 1923-1930*, Ed. Alianza Editorial, Madrid, 2007.

Eduardo González Calleja y **Jordi Canal i Morell**, *Guerras Civiles. Una clave para entender la Europa de los siglos XIX y XX*, Ed. Casa de Velázquez, Madrid, 2012.

Julio Diego González Campos, «Algunas referencias a la costumbre y los Tratados internacionales en la jurisprudencia del Tribunal Constitucional» en *El Derecho Internacional: normas, hechos y valores*, Ed. Dykinson, Madrid, 2005, p. 507 y ss.

Eusebio González Padilla, «La justicia militar en el primer franquismo» en *Jornadas UNED: Sociedad y política almeriense durante el régimen de Franco* [Manuel Guriérrez Navas, José Rivera Menéndez, coord.], UNED, Madrid, 2003, p. 159.

Daniel González-Manso Rodríguez, *Trabajo Fin de Grado: Estado de Alarma en España: A propósito de la crisis de controladores aéreos 2010*, Universidad de Barcelona, 2019.

Adolfo González-Posada Y Biesca, «Algunas reflexiones sobre las nueva Constitución Española», *Revista de Derecho Público*, 1932, p. 134.

Vicente Gonzalvo Navarro, *La Agencia Europea de Defensa*, Ministerio de Defensa, Colección Premios de Investigación, Madrid, 2012.

Stephen Graham, «Introduction: Cities, Warfare, and States and States of Emergency» in *Cities War and Terrorism: Towars and Urban Geopolitics*, Ed. John Wiley & Sons, London, 2004, p. 1 y ss.

Manfred Grautoff, «De Clausewitz a la guerra asimétrica. Una aproximación empírica», *Revista de Relaciones Internacionales, Estrategia y Seguridad*, Vol. 2, N.° 1, 2007, p. 135.

Richard Jack Grunawalt, «The JSC Standing Rules of Engagement: A Judge Advocate's Primer», *The Air Force Law Review*, Vol. 42, 1997, p. 246.

José Luis Guerrero Jiménez, «La Unidad Militar de Emergencias», *Cuadernos de Estrategia*, N.° 165, 2013, p. 160.

Ramón Gustavo Bravo, «Los Principios de la Guerra en los Conflictos Asimétricos», *Estrategia Visión Conjunta*, N.° 13, 2015, p. 23 y ss.

Bonifacio GUTIÉRREZ DE LEÓN, «El concepto de lo hibrido. De las estrategias híbridas a la zona gris» en *XXVII Curso Internacional de Defensa en Jaca: Amenaza Híbrida. La guerra imprevisible*, Jaca, 2019, p. 32.

Cesáreo GUTIÉRREZ ESPADA, *El estado de necesidad y el uso de la fuerza en el derecho internacional*, Ed. Tecnos, Madrid, 1987.

Cesáreo GUTIÉRREZ ESPADA, «La militarización del espacio ultraterrestre», *Revista Electrónica de Estudios Internacionales*, N.º 12, 2006, p. 1 y ss.

Patricio HARO AYERVE, «La guerra de cuarta generación y las amenazas asimétricas», *Academia Nacional de Estudio Políticos y Estratégicos de Chile, Revista Política y Estrategia*, N.º 134, 2019, p. 105.

Maurice HAURIOU, *Précis élémentaire de Droit administratif*, Ed. L. Larose et Forcel, París, 1983.

José Manuel DE HERAS DURÁN, «Marco jurídico interno de las funciones, no de defensa, de las Fuerzas Armadas en tiempo de paz» en *El marco jurídico de las misiones de las Fuerzas Armadas en tiempo de paz, Cuadernos de Estrategia*, N.º 116, 2002, p. 179.

Francisco HERNÁNDEZ FERNÁNDEZ, «Una carrera armamentística en el espacio», *Instituto Español de Estudios Estratégicos, Documento de Opinión 16/2021*, 2021, p. 7.

Antonio HERNÁNDEZ GIL, *El cambio político español y la Constitución*, Ed. Planeta, Barcelona, 1982.

Juan HERNÁNDEZ MOSQUERA, «El Servicio de Información de la Guardia Civil (SIGC), 75 años de historia», *Cuadernos de la Guardia Civil 75 aniversario del Servicio de Información*, 2016, p. 14 y ss.

Francisco Javier HERNÁNDEZ SUÁREZ-LLANOS, «A vueltas con la obediencia debida. ¿mandatos jurídicos obligatorios?», *Revista Jurídica de la Universidad Autónoma de Madrid*, N.º 22.II, 2010, p. 146.

María Luz HERNÁNDEZ-PALOMO PEÑA, «Mary Kaldor. Las nuevas guerras. Violencia organizada en la era global», *Anduli: Revista Andaluza de Ciencias Sociales*, N.º 1, 2002, p. 140 y ss.

Alberto HERRERO DE LA FUENTE, «En el Sesquicentenario del Convenio de Ginebra de 1864», *Revista de Estudios Europeos*, N.º 64, 2014, p. 10.

Miguel HERRERO DE MIÑÓN, «El Rey y las Fuerzas Armadas», *Revista de Derecho Político*, N.º 7, 1980, p. 41.

Jorge HEVIA SIERRA, «La Santa Sede y la injerencia humanitaria», *Política Exterior*, N.º 50 X, 1996, p. 149.

Mar Hidalgo Garcia, «El papel de las Fuerzas Armadas en la gestión de la Covid-19 como generador de confianza», *Instituto Español de Estudios Estratégicos, Documento de Análisis 11/2021*, 2021, p. 3 y ss.

Monica Hirst *et al.*, «La Fragmentada Agenda de la (in)Seguridad Regional», *Imperio, Estados e Instituciones: la política internacional en los comienzos del siglo XXI*, Ed. Altamira, Buenos Aires, 2004, p. 115 y ss.

Frank Hoffman, *Conflict in the 21st Century: The Rise of the Hybrid Wars*, Potomac Institute for Policy Studies, Arlington, 2007.

Frank Hoffman, «Hybrid Warfare and Challenges», *Joint Force Headquartes, issue 52*, 2009, p. 34 y ss.

Prudencio Horche Moreno, «Concepto de respuesta rápida en la Unión Europea. Del Objetivo Global de Helsinki a los Battelgroups» en *Posibles escenarios de actuación de los Battlegroups de la Unión Europea, Documentos de Seguridad y Defensa*, N.º 9, 2007, p. 14.

Honorio Iglesias Longo, «La colaboración de las Fuerzas Armadas en la seguridad interior» en *La cooperación Fuerzas Armadas-Fuerzas de Seguridad frente a los riesgos emergentes, Cuadernos de Estrategia*, N.º 45, 2001, p. 103 y ss.

Salvador Iglesias Machado, «La evolución del concepto de orden público a través de las Constituciones españolas hasta 1812», *Revista de Derecho de la UNED*, N.º 7, 2010, p. 380.

Gabriel Jackson, *La República Española y la Guerra Civil. 1931-1939* [The Spanish Republic and the Civil War], 1931-1939, 2.ª edición, Ed. Princeton, Princeton, 1976.

John H. Jackson, «Sovereignty-Modern: A New Approach to an Outdated Concept», *American Journal of International Law*, Vol. 97, 2003, p. 782 y ss.

Óscar Jaime Jiménez, «Riesgos y respuestas desde la seguridad de un mundo globalizado» en *La seguridad desde las dos orillas* [Rafael Domingo Martínez y Joseph Tulchin, 2007], Ed. Biblioteca Nueva, Madrid, 2004, p. 147.

Eduardo Jiménez de Aréchaga, *El Derecho Internacional contemporáneo*, Ed. Tecnos, Madrid, 1980.

Luis Jiménez de Asúa, *La culpabilidad y su exclusión. Tratado de Derecho Penal*, Tomo VI, Ed. Losada S. A., Buenos Aires, 1962.

Luís Jiménez de Asúa, *Tratado de Derecho Penal*, Tomo II, Ed. Losada, Buenos Aires, 1964.

Felipe Jiménez de Sandoval, *Las Instituciones de Seguridad Pública en España y sus Dominios de Ultramar*, Imprenta y Estereotipia de M. Rivadeneyra, Madrid, 1858.

Carlos Jiménez Piernas, «El papel de España en la Conferencia de Paz de La Haya de 1899», *Revista Española de Derecho Internacional*, Vol. LI, N.° 2, 1999, p. 775 y ss.

Javier Jordán Enamorado, «Tertulia sobre drones militares», *Grupo de Estudios en Seguridad Internacional* (GESI), 2016, p. 8.

Javier Jordán Enamorado, «El conflicto internacional en la zona gris: una propuesta teórica desde la perspectiva del realismo ofensivo», *Revista Española de Ciencia Política*, N.° 48, 2018, p. 132.

Santos Juliá Díaz, *Un Siglo de España. Política y Sociedad*, Ed. Marcial Pons, Madrid, 1999.

Mary Kaldor, *New and Old Wars: Organized Violence in a Global Era*, Ed. Stanford University, Stanford, 2001.

Mary Kaldor, «A decade of Humanitarian Intervention: the role of Global Civil Society», *Global Civil Society*, Oxford University Press, 2002, p. 109 y ss.

Mary Kaldor, «In Defence of New Wars», *Stability*, Vol. 2, N.° 1, 2013, p. 2.

Stathis Kalyvas, «New and Old Civil Wars. A valid distinction?», *World Politics*, Vol. 54, 2001, p. 99 y ss.

George F. Kennan, «Las Fuentes de la. Conducta Soviética y Otros Escritos en *Crónica de un Fracaso imperial* [Carlos Alzugaray, dir.], Ed. de Ciencias Sociales, Madrid, 2000, p. 45.

Ben Klappe, *International Peace Operations, The Handbook of International Humanitarian Law*, Oxford University Press, Oxford, 2008.

Mario Labore Iglesias, «La Estrategia de Seguridad Nacional (mayo 2013)», *Instituto Español de Estudios Estratégicos, Documento de Análisis 34/2013*, 2014, p. 4.

Mario Labore Iglesias, «America first» ¿Un modelo válido de Seguridad Nacional para Estados Unidos?», *Instituto Español de Estudios Estratégicos, Documento 10/2018*, 2018, p. 3.

Silvano Labriola, «Difesa nazionale e sicurezza. Stato di guerra», *Rivista Trimetrale di Diritto Pubblico*, N.° 4,1983, p.939.

Bethany Lacina, «Explaining the severity of civil wars», *Journal of Conflict Resolution*, Vol. 50, N.° 2, 2006, p. 276 y ss.

Juan Antonio Lacomba Abellán, «Reflexiones sobre el Sexenio Democrático: revolución, regionalismo y cantonalismo», *Anales de Historia Contemporánea*, N.º 9, 1993, p. 26.

José Ignacio Laguna Aranda, «La participación de la Guardia Civil en la Defensa Nacional» en *La cooperación Fuerzas de Seguridad-Fuerzas Armadas frente a riesgos emergentes,* CESEDEN, Monografía, N.º 45, 2001, p. 77.

Amancio Landín Carrasco, *Manual de Derecho Penal y Procedimientos Militares*, Ed. Ministerio de la Marina, Madrid, 1967.

Horacio Larraín Landaeta, «Las amenazas asimétricas como una modalidad de resolución de conflictos», *Academia Nacional de Estudios Políticos y Estratégicos, Revista Política y Estratégica*, N.º 99, p. 105.

Juan Antonio Lazuen Alcón y **Juan Carlos Rodríguez Búrdalo**, «El sistema nacional español de gestión de crisis y su proyección exterior» en *Gestión Internacional de Crisis*, Instituto Universitario Gutiérrez Mellado, Madrid, 2006, p. 46.

Gabriel Lecumberri Beascoa, «El Derecho de Excepción, una perspectiva de derecho comparado. España, Estado de Alarma», *Servicios de Estudio del Parlamento Europeo*, 2020. p. 6.

Rafael Leonisio Calvo, «Izquierda Abertzale, de la heterogeneidad al monolitismo» en *III Congreso Internacional de Historia de Nuestro Tiempo*, Universidad de la Rioja, La Rioja, 2012, p. 377 y ss.

Martin Libicki, *Cyberdeterrence and Cyberwar*, RAND Corporation, Project Air Force, United States, 2009.

William Lind *et al.*, «The Changing Face of War: Into the Fourth Generation», *Marine Corps Gazette*, 1989, p. 22 y ss.

Elsa Llanderrozas, «La Estrategia de Seguridad Nacional de Estados Unidos», *Fundación CECE*, 2018, p. 9 y ss.

María Victoria López Cordón, «España en las Conferencias de la Haya de 1899 y 1907», *Revista de Estudios Internacionales*, N.º 3, 1982, p. 712.

Javier López de Turiso y Sánchez, «La evaluación del conflicto hacia un nuevo escenario bélico» en *El ciberespacio. Nuevo escenario de confrontación*, CESEDEN, Monografía, N.º 126, 2012, p. 136.

Juan López Martín, «La decepción en las operaciones», *Boletín de Información*, N.º 293, 2006, p. 4.

Francisco López Muñoz *et al.*, «Amenazas biológicas intencionadas: implicaciones para la Seguridad Nacional», *Revista de Sanidad Militar de las Fuerzas Armadas de España*, Vol. 77, N.º 2, 2021, p. 98.

Fernando López Ramón, *La caracterización jurídica de las Fuerzas Armadas*, Ed. Centro de Estudios Políticos y Constitucionales, Madrid, 1987.

Laureano López Rodó, «El Estado maltrecho», *Conferencia pronunciada en el Club Siglo XXI*, 15 de marzo de 1982.

Marta Lorente Sariñena y **Fernando Martínez Pérez**, «Orden público y control del territorio en España (1822-1845): de la Superitendencia General de Policía a la Guardia Civil», *Revista Jurídica de la Universidad Autónoma de Madrid*, N.º 19, 2009, p. 207 y ss.

Themnér Lotta and **Peter Wallensteen**, «Appendix 2A. Patterns of major armed conflicts, 2001-2010», *SIPRI Yearbook*, N.º 5, 2011, p. 1 y ss.

Nieva Machín Osés, «Las armas biológicas. Perspectivas de futuro», *UNISCI, Discussion Papers*, N.º 35, 2014, p. 207.

Adolfo de la Macorra García, «OTAN-Unión Europea. ¿Qué relaciones existen realmente?, Análisis desde el enfoque de fuerzas de reacción rápida», *Boletín de Información*, N.º 320, 2011, p. 39 y ss.

Pierre Maillard, «La Defensa Nacional en la actualidad», *CESEDEN, Departamento de Información, Boletín mensual*, N.º 8 IV, 1966, p. 1 y ss.

Marco G. Marcoff, «Sur l'interpretation juridique de l'article IV du Traité régissant les activités spatiales des Etats», *Révue Générale de l'Air et de l'Espace*, N.º 1, 1968, p. 30 y ss.

Marco G. Marcoff, «The juridical meaning of the term 'peaceful' in the 1967 Space Treaty», *Il Diritto Aereo*, N.º 29, 1969, p. 28 y ss.

Marco G. Marcoff, *Traité de Droit International Public de l'Espace, Ed. Universitaires*, Fribourgo, 1973.

Nicolas de la Mare, *Traité de Police*, Ed. BNF Gallica, París, 1719.

Eduardo José Márquez Reig, «La logística en operaciones multinacionales», *Boletín de Información*, N.º 259, 1999, p. 77.

Inmaculada Marrero Rocha, «El marco jurídico interno de la participación de las Fuerzas Armadas españolas en misiones internacionales» en *El estatuto jurídico de las Fuerzas Armadas españolas en el exterior*, Ed. Plaza y Valdés, Madrid, 2008, p. 345.

Pablo Martín Rodríguez, «El estatuto jurídico de las Fuerzas Armadas españolas en el extranjero: marco general de análisis» en *El estatuto jurídico de las Fuerzas Armadas españolas en el exterior*, Ed. Plaza y Valdés, Madrid, 2008, p. 63.

Juan Carlos Martín Torrijos, «Capacidades militares de la Unión Europea», *Cuadernos de Estrategia*, N.º 167, 2014, p. 73.

Gorgonio MARTÍNEZ ATIENZA, «Seguridad pública, seguridad ciudadana y orden público», *Revista Seguridad pública y privada. Disposiciones normativas sistematizadas, Doctrina y Jurisprudencia*, 2016, p. 7.

Alejandro MARTÍNEZ DHIER, «La legislación antiterrorista en la Historia de nuestro de Derecho. España y el fenómeno terrorista en los siglos XIX y XX», *Anales de Derecho, Universidad de Murcia*, Vol. 34, N.º 2, 2016, p. 13 y ss.

Jesús MARTÍNEZ DE MERLO, «La organización el Ejército» en *Historia Militar de España. Edad contemporánea II. De 1898 a 1975* [Gonzalo ANES Y ÁLVAREZ DE CASTRILLÓN, Hugo O'DONNELL Y DUQUE DE ESTRADA, coord.], Ed. Ministerio de Defensa, Madrid, 2016, p. 85.

Ramón MARTÍNEZ GUILLEM, «El uso de la fuerza en las operaciones militares contemporáneas: Problemas planteados por la detención de personas» en *Estudios de Derecho Militar 2*, Real Academia de la Jurisprudencia y la Legislación, Ed. Ministerio de Defensa, Madrid, 2018, p. 214.

Antonio MARTÍNEZ OVEJERO, «La Protección Civil en perspectiva», *CESEDEN, Boletín de Información*, N.º 208-VIII, 1988, p. 15 y ss.

José Antonio MARTÍNEZ PONS, «Armas químicas: qué son y cómo actúan», *Real Sociedad Española de Química, Anuario Química*, N.º 102, 2006, p. 55.

Enrique MARTÍNEZ RUIZ, «Utensilio y menaje en los inicios de la Guardia Civil», *Revista de Estudios Históricos de la Guardia Civil*, N.º 38, 1987, p. 94 y ss.

Enrique MARTÍNEZ RUIZ, «La militarización del orden público. La Guardia Civil» en *Historia Militar de España. Edad contemporánea II De 1898 a 1975* [Gonzalo ANES Y ÁLVAREZ DE CASTRILLÓN, Hugo O'DONNELL Y DUQUE DE ESTRADA, coord.], Ed. Ministerio de Defensa, Madrid, 2016, p. 59 y ss.

Eduardo MARTÍNEZ VIQUEIRA, «El servicio en la Guardia Civil de la época fundacional. Hacia una seguridad profesional», *Cuadernos de la Guardia Civil*, N.º 51, 2015, p. 140.

Eduardo MARTÍNEZ VIQUEIRA, *Hombres de honor. El Duque de Ahumada y la fundación de la Guardia Civil*, Ed. La estera de los libros, Madrid, 2019.

Eduardo MARTÍNEZ VIQUEIRA, *Tesis Doctoral: La definición de un modelo de liderazgo en la etapa fundacional de la Guardia Civil*, Universidad Complutense de Madrid, 2019.

Mark MARTINS, «Rules fo Engagement for Land Force: A Matter of Training, not Lawyering», *Military Law Review*, Vol. 143, 1994, p. 22.

Aniceto Masferrer Domingo, «Estado de Derecho y Derechos Fundamentales en la Lucha contra el Terrorismo», *Universidad de Valencia*, 2011, p. 192 y ss.

Alfredo Masón Galván, «Los franceses y la guerra antisubversiva en Argentina», *Historia actual online*, N.º 44, 2017, p. 106 y ss.

Rafael Mateu-Ros Cerezo, «Estado de alarma, excepción y sitio» en *Gobierno y Administración en la Constitución*, Instituto de Estudios Fiscales, Vol. 1, Madrid, 1988, p. 184.

Florentín Meléndez, *Tesis doctoral: Los Derechos Fundamentales en los estados de excepción según el Derecho Internacional de los Derechos Humanos*, Universidad Complutense de Madrid, 1997.

Eduardo Melero Alonso, *La declaración de guerra en el ordenamiento jurídico español. Un mecanismo para el control jurídico de la participación del Estado español en conflicto armado*, Ed. Dykinson, Madrid, 2006.

Ángel Menéndez Rexach, *Tesis doctoral: La Jefatura del Estado en el Derecho Público Español*, Universidad Autónoma de Madrid, 1978.

Alfonso Merlos García, *Tesis Doctoral: La Transformación de Al Qaeda. El uso de la fuerza y la inteligencia contra el terrorismo yihadista*, Universidad Complutense de Madrid, 2005.

Steven Metz, «Victoria y compromiso en la contrainsurrección», *Military Review, noviembre-diciembre*, 1992, p. 37.

Steven Metz, «Asimetría estratégica», *Military Review*, mayo-junio, 2002. p. 64.

Manuel de Miguel Ramírez, «La gestión de crisis ante el terrorismo», *Boletín de Información*, N. º296, 2006, p. 5 y ss.

Antonio Millán Garrido, «Derecho Militar Mexicano», *Revista Española de Derecho Militar*, N.º 79, 2002, p. 318.

Lázaro Minué, *Vietnam, la guerra que nunca acabó*, Historia del Siglo de la Violencia. Campañas, Ed. San Martín, Madrid, 1985.

Inmaculada Mohíno Herranz, «De las células a los bits» en *Usos militares de la inteligencia artificial, la automatización y la robótica (IAAR)*, Ministerio de Defensa, Centro Conjunto de Desarrollo de Conceptos, Madrid, 2020, p. 27.

Pedro Mora Piris, «Génesis de los primeros pronunciamientos militares en España (1814-1820)» en *Las Guerras en el primer tercio del siglo XIX en España y América* [Paulino Castañeda Delgado, coord.], Vol. 2, Ed. Deimos, Madrid, 2005, p. 287 y ss.

Samuel Morales Morales, «La resiliencia en el marco del sistema de Seguridad Nacional» en *Resiliencia: del individuo al Estado y del Estado al individuo, Documentos de Seguridad y Defensa 77*, 2018, p. 79 y ss.

Antonio Morales Villanueva, «Evolución de la Administración policial», *Revista de Administración electrónica*, N.° 118, 1989, p. 356.

Mario Moreira, «La Protección de Infraestructuras Críticas o Estratégicas, ¿Responsabilidad de Seguridad Pública o de Defensa Nacional?», *Revista Estrategia, Tercera Época*, N.° 6, 2019, p. 41 y ss.

Francisco Moreno Gómez, «Lagunas en la memoria y en la historia del maquis», *Revista de Historia Contemporánea Hispania Nova*, N.° 6, 2006, p. 8.

Vicente Moret Millas, *La autorización de las operaciones en el exterior de las Fuerzas Armadas: Una propuesta de regulación parlamentaria*, Ministerio de Defensa, Premios Defensa José Francisco de Querol y Lombardero, 2013, p. 17.

Mariano Moro Juez, «Posibilidades terroristas del empleo de armas NBQ-R» en *Las armas NBQ-R como armas de terror*, CESEDEN, Monografía, N.° 120, 2011, p. 37.

Cosme Oliveira Moura Junior, «A guerra como instrumento de política e a intenção hostil como risco à deterioração da política e emergência da guerra absoluta», *Relaciones Internacionales*, Año 21, N.° 43, 2012, p. 139 y ss.

Antonio Mozo Seoane, «Estados excepcionales y Fuerzas Armadas», *Boletín de Información*, N.° 221, 1991, p. 9.

Francisco Muñoz Conde y **Mercedes García Arán**, *Derecho penal, parte general*, 7.ª edición, Ed. Tirant Lo Blanch, Valencia, 2007.

Santiago Muñoz Machado, *La Represión Penal de Autoridades y Funcionarios por Violación de las Libertades*, Tratado de Derecho Administrativo y Derecho Público General [La Constitución como norma], Tomo V, 4.ª edición, Biblioteca Jurídica Digital del BOE, Madrid, 2015.

Manuel Navarrete Paniagua, «Infiltración terrorista en las comunidades de inmigrantes», *Instituto de Investigación Universitario sobre Seguridad Interior*, UNED, 2005, p. 1.

Fernando Navarro Cardoso, «Globalización, movimientos migratorios y política criminal» en *Fuerzas Armadas y Seguridad Pública: consideraciones en torno al terrorismo y la inmigración* [José Luis González Cussac (dir.) y Antonio Fernández Hernández (coord.)], *Col.lecció Estudis Jurídics*, N.° 14, 2007, p. 244.

Edward Newman, «The New wars debate: A historical perspective is needed», *Security Dialogue*, Vol. 35, 2004, p. 137 y ss.

Manuel Nieto Rodríguez, «Las misiones de la Guardia Civil en el nuevo concepto de la Defensa Nacional», *Boletín de Información*, N.° 241, 1995, p. 105.

Jesús Núñez Calvo, «Formación», *Revista profesional Guardia Civil*, N.° 622, 1996, p. 60 y ss.

José Ramón Ónega López, «Estados de alarma, excepción y sitio», *Boletín de Información*, N.° 207, 1988, p. 10.

Gabriel Orozco, «El concepto de seguridad en la Teoría de las Relaciones internacionales», *Revista CIDOB d'Afers Internacionals*, N.° 72, 2006, p. 169.

Álvaro D'ors Pérez-Peix, «Legitimidad», *Revista Chilena de derecho*, Vol. 8, N.° 1-6, 1981, p. 41 y ss.

Martín Ortega Carcelén, *Prohibición de la fuerza armada y mantenimiento de la paz*, Ed. Introducción al Derecho Global, Madrid, 2011.

Julia Ortega García, «Armas radiológicas», *Cuadernos de Estrategia*, N.° 153, 2011, p. 172.

Pedro Ortego Gil, «Las medidas legislativas tras la guerra» en *Delincuencia patrimonial y jurisdicción militar durante el Sexenio absolutista, Cuadernos de Historia del Derecho*, N.° 20, 2013, p. 159 y ss.

Joaquín Otero Goyanes, «Los bandos de guerra», *Revista de Derecho Militar*, N.° 3, 1957, p. 21.

Ignacio de Otto y Pardo, «El mando supremo de las Fuerzas Armadas», *Revista Española de Derecho Constitucional*, Año n.° 8, N.° 23, 1988, p. 12.

Mitchell Overton, «Desarrollo intencionado de inteligencia, vigilancia y reconocimiento para el cuadro espacial», *Air University, SPJ Journals*, Vol. 29, N.° 1, 2017, p. 67 y ss.

Antonio de Pablo Cantero, *La Milicia nacional. De las Cortes de Cádiz al trienio liberal*, Ed. Deimos, Vol. 2, Madrid, 2005.

Blanca Palacian de Inza, «La operación Balmis de las fuerzas armadas españolas», *Revista Red de Seguridad y Defensa en América Latina*, N.° 2, 2020, p. 20.

Jules Palayer, *Robótica e inteligencia artificial: ¿Hacia la sustitución del componente humano en las Fuerzas Armadas?*, Universitat de Barcelona, Barcelona, 2019.

Eric Eduardo Palma González, «El estado de sitio en las Cortes de Cádiz y el trienio liberal», *Investigaciones históricas. Época moderna y contemporánea*, N.º 21, 2001, p. 198.

Gabriel Antonio Paolini, «La militarización del espacio ultraterrestre», *Escuela Superior de Guerra Conjunta de las Fuerzas Armadas, Visión Conjunta*, N.º 13, 2015, p. 40 y ss.

Óscar Pastor Acosta, «Capacidades para la defensa en el ciberespacio» en *El ciberespacio. Nuevo escenario de confrontación*, CESEDEN, Monografía, N.º 126, 2012, p. 218 y ss.

José Miguel Payá Poveda, *Tesis Doctoral: La Ley de Orden Público y los Tribunales de Urgencia en la Segunda República*, Universidad Miguel Hernández de Elche, 2015.

Julián Peñas Mora, «Satélites militares y antisatélites», *Instituto Español Estudios Estratégicos, Boletín de Información*, N.º 213, 1989, p. 111 y ss.

Jorge Fernando Perdomo Torres, «Corte Penal Internacional y Amnistía», *Derecho Penal y Criminología*, Vol. 27, N.º 81, 2006, p. 160.

Juan Luis Pérez Francesch, «Notas acerca del Gobierno como órgano de dirección política en la Constitución Española de 1978» [En especial su incidencia en el ejercicio de las potestades normativas], *Revista de Estudios Políticos*, N.º 79, 1993, p. 214.

Luís Vicente Pérez Gil, «La militarización del espacio: el desarrollo de satélites inspectores por EEUU y Rusia», *Global Affairs Journal*, N.º 2, 2020, p. 23 y ss.

Manuel Pérez González, «Fundamentos jurídico-internacionales de las misiones de las Fuerzas Armadas en tiempo de paz» en *Marco jurídico de las misiones de las Fuerzas Armadas en tiempo de paz, Cuadernos de Estrategia*, N.º 116, 2002, p. 56.

Félix Pérez Martínez, «Las tecnologías de la información y las comunicaciones en la seguridad y defensa nacional», *CESEDEN, Boletín de Información*, N.º 275, 2002, p. 88 y ss.

Alberto Pérez Moreno y **Jorge Aspizua Turrión**, «Nuevas Misiones de las Fuerzas Armadas Españolas. Imagen en los medios de comunicación y percepción en la sociedad» en *Fuerzas Armadas y Sociedad Civil: Conflicto de Valores, Cuadernos de Estrategia*, N.º 89, 1997, p. 186 y ss.

Enrique Pérez Ramirez, «La Directiva de Defensa Nacional 2020 y los problemas que permanecen sin resolver», *Instituto Español de Estudios Estratégicos, Documento 102/2020*, 2020, p. 9.

Nicolás Pérez Serrano, «La Constitución Española de 1931», *Revista de Derecho Privado*, N.º 16, 1932, p. 329.

Gregorio Pérez Turiel, «Misiones de la Guardia Civil en el nuevo concepto de Defensa Nacional», *Boletín de Información*, N.º 266, 2000, p. 108.

Antonio Enrique Pérez-Luño, «La Paz como valor constitucional», *Anuario de Filosofía del Derecho*, N.º 2, 1985, p. 126.

Mariano José Peset Reig, «Legislación contra liberales en los comienzos de la década Absolutista (1823-1825)», *Anuario de Historia del Derecho Español*, N.º 37, 1967, p. 461 y ss.

Fernando Pignatelli y Meca, «La intervención e injerencia humanitaria. ¿un derecho, un deber, una excusa?» en *III Jornadas sobre asesoramiento jurídico en el ámbito de la Defensa: Normativa reguladora del militar profesional en el inicio del siglo XXI y otros estudios jurídicos militares*, Ministerio de Defensa, Madrid, 2001, p. 684.

Fernando Pignatelli y Meca, «La intervención armada por razón de humanidad», *Cuadernos de Estrategia*, N.º 116, 2002, p. 96.

Rodrigo Lorenzo Ponce de León, *Las Reglas de Enfrentamiento (ROE) como paradigma del Estado de Derecho en Operaciones Militares*, Ministerio de Defensa, Premios Defensa 2012 José Francisco de Querol y Lombardero, 2012.

María Pilar Pozo Serrano, «El estatuto jurídico de las personas detenidas durante el conflicto armado en Afganistán», *Anuario de Derecho Internacional XVIII*, 2002, p. 180.

María Pilar Pozo Serrano, «La Carta de las Naciones Unidas y el régimen jurídico del uso de la fuerza: algunos problemas de interpretación actuales», *Instituto Español de Estudios Estratégicos, Documento 1/2013, 2013*, p. 12 y ss.

Jorge Pozzo, «Guerras de 4ta generación. Tecnología versus combatientes», *Cuadernos de Marte*, Año 5, N.º 7, 2014, p. 195.

José Ricardo de Prada Solaesa, «Crímenes de Derecho Internacional. Crímenes contra la Humanidad» en *Perspectiva Iberoamericana sobre la Justicia Penal Internacional* [Héctor Olásolo Alonso y Salvador Cuenca Curbelo, coord.], Vol. I, Ed. Tirant lo Blanch, Valencia, 2012, p. 89.

Tomás Fernando Prieto del Val, «Engañar, manipular y alterar, actividades fundamentales de la operación decepción "Guardaespaldas"», *Instituto Español de Estudios Estratégicos, Documento 56/2015*, 2015, p. 6 y ss.

Fernando Puell de la Villa y **Roberto Muñoz Bolaños**, «La transformación del Ejército español (1975-1989)», *La Albolafia. Revista de Humanidades y Cultura*, 2018, p. 7 y ss.

Jorge Pueyo Losa, «Los Espacios de Interés Internacional (III): El Espacio Ultraterrestre» en *Instituciones de Derecho Internacional Público*, Ed. Tecnos, Madrid, 2013, p. 599 y ss.

Federico Puig Peña, *Derecho Penal. Parte General*, Tomo I, Ed. Revista de Derecho Privado, Madrid, 1969.

Manuel Ramírez Rodríguez, «El estatuto jurídico de la Guardia Civil», *Discurso de ingreso en la Real Academia de Jurisprudencia y Legislación de Granada*, 2017, p. 13 y ss.

Consuelo Ramón Chornet *et al.*, *Derechos y libertades ante las nuevas amenazas a la seguridad global*, Ed. Tirant lo Blanch, Valencia, 2005.

Gabino Regalado de los Cobos, «El Centro de Operaciones de la Unión Europea. ¿Un brote verde de una futura defensa integrada de la UE?» en *El Proceso hacia unas Fuerzas Armadas europeas: Realizaciones y desafíos*, Escuela de Altos Estudios de la Defensa, 2013, p. 39 y ss.

Paloma Requejo Rodríguez, «¿Suspensión o supresión de los derechos fundamentales?», *Revista de Derecho Político*, N.° 51, 2001, p. 120 y ss.

Pablo Rey García, Jorge Miranda Galbe *et al.*, «Rusia como amenaza híbrida» en XXVII *Curso Internacional de Defensa en Jaca: Amenaza Híbrida. La guerra imprevisible*, Jaca, 2019, p. 283.

Ricardo Ribera Sala, «La guerra fría. Breves apuntes para un debate», *Realidad, N.° 110*, 2006, p. 639 y ss.

María del Rosario Rodríguez Cuitiño, «La Protección de las Infraestructuras Críticas como un aspecto de la Seguridad Integral del Estado», *Revista Estrategia, Tercera Época*, N.° 6, 2019, p. 7 y ss.

José María Rodríguez Devesa, «Bandos penales militares», *Revista Española de Derecho Militar*, N.° 3, 1957, p. 157.

José María Rodríguez Devesa, «La obediencia debida en el derecho penal militar», *Ministerio de Defensa, Revista Española de Derecho Militar*, N.° 3, 1957, p. 34.

José María Rodríguez Devesa, *Derecho Penal Español. Parte Especial*, Ed. Gráficas Adonais, Madrid, 1980.

Pedro Rodríguez Moreno, «Rusia y Venezuela: la alianza geopolítica que preocupa a Estados Unidos», *Instituto Español de Estudios Estratégicos, Documento 42/2019*, 2019, p. 8 y ss.

Joaquín Rodríguez-Toubes, «El iusnaturalismo de John Finnis», *Anuario de Filosofía del Derecho X*, 1993, p. 376.

José Luís Rodríguez-Villasante y Prieto, «Introducción al Derecho Penal Militar», *Revista Española de Derecho Militar*, N.° 51, 1988, p. 451.

María del Mar Rojas Buendía, «La libertad de conciencia y el derecho de asociación en la Constitución de 1812», *Revista de Historiografía*, N.º 20, 2014, p. 41 y ss.

Joseph Roucek, «La guerra de guerrillas: Aspectos marginales de la guerra moderna», *Revista Internacional de Sociología*, Tomo 33, N.º 15, 1975, p. 137.

Francisco Rubio Llorente, «De los Derechos Humanos a los fundamentales. La constitucionalización de los derechos» en *Derecho fundamentales, derechos humanos y estado de derecho, Fundamentos: Cuadernos monográficos de teoría del Estado, Derecho Público e Historia Constitucional*, N.º 4, 2006, p. 209 y ss.

Antonio Rafael Rubio Plo, «El enfoque integral de la seguridad en las misiones de la OSCE y de la Unión Europea» en *De las operaciones conjuntas a las operaciones integradas. El nuevo desafío para las Fuerzas Armadas, Documentos de Defensa y Seguridad*, N.º 37, 2010, p. 51.

Luis Rueda García, «El concepto de ilicitud de la orden en las infracciones contra la disciplina militar», *Revista deDerecho penal, procesal y penitenciario, La Ley Penal*, N.º 7, 2004, p. 26.

Francisco José Ruiz González, «La necesidad de un Cuartel General Permanente para la UE», *Instituto Español de Estudios Estratégicos, Documento de Análisis*, N.º 14, 2010, p. 3.

Carlos Ruiz Miguel, «Análisis constitucional de la posición española en la II Guerra de Iraq», *Anuario Español de Derecho Internacional*, 2004, p. 93 y ss.

Carlos Ruiz Miguel, «Crisis del Coronavirus y crisis del Estado constitucional español», *Diario La Ley*, N.º 9656, 2020, p. 7.

Carlos Ruiz Miguel, *et al.*, «Queja al Defensor del Pueblo», abril 2020.

José Antonio Sáinz Cantero, *Lecciones de Derecho Penal. Parte General*, Tomo II, Ed. Bosch, Hospitalet de Llobregat, 1982.

Luis Sánchez Agesta, *Sistema político de la Constitución Española de 1978*, Ed. Nacional, Madrid, 1980.

Remedios Sánchez Férriz, «Cánovas y la Constitución de 1876», *Revista de Estudios Políticos*, N.º 101, 1998, p. 15 y ss.

Santiago Sánchez González, *Comentarios a la Constitución Española de 1978. Artículos 24 al 38 de la Constitución Española*, Tomo III, Ed. Edersa, Madrid, 2006.

Ramón Sánchez Reverte, «Referencia al crimen de genocidio», *Revista de Estudios Jurídicos*, N.º 16, 2016, p. 3

Rebecca Sánchez Saavedra, *Trabajo Fin de Grado: Tribunal de Orden Público: 1963-1977. Mecanismo institucional de represión de derechos y libertades*, Universidad Autónoma de Barcelona, 2013.

José María Santé Rodríguez, «El desarrollo institucional de la política europea de Seguridad y Defensa» en *Futuro de la Política Europea de Seguridad y Defensa*, CESEDEN, Monografía, N.° 85, 2006, p. 47.

Ángel Sanz Coronado, «El papel de las Fuerzas Armadas en la lucha contra riesgos emergentes (Terrorismo internacional, crimen organizado e inmigración ilegal)», *Boletín de Información*, N.° 305, 2008, p. 115 y ss.

José Sarrión Gualda, «La Instrucción de 23 de junio de 1813 para el Gobierno económico-político de las provincias y la "rebelión" de sus diputaciones», *Anuario de Historia del Derecho Español*, N.° 67, 1997, p. 1.195.

Amable Sarto Ferreruela, «Razones y modelos de contribución a la iniciativa *Battlegroups*, La aportación española» en *Posibles escenarios de los Battlegroups de la Unión Europea, Documentos de Seguridad y Defensa*, N.° 9, 2007, p. 46.

Alexander Schmid and **Albert J. Jongman**, *International Terrorism: A new guide to Actors, Authors, Concepts, Data Bases, Theories and Literature*, Ed. Transaction Publishers, New Jersey, 1988.

Carl Schmitt, *La dictadura. Desde los comienzos del pensamiento moderno de la soberanía hasta la lucha de clases proletaria*, Ed. Alianza, Madrid, 2013.

Carl Schmitt, *Teoría del Partisano. Acotación al concepto de lo político*, Ed. Trotta, Madrid, 2013.

Joël Schuyer, «Civilian Headline Goal 2008: developing crisis managment capabilities for the UE» in *The European Union and crisis managment: policy and legal aspects*, Ed. TM.C. Asser Press, 2008, p. 135 y ss.

Matheu W. Seeger, **Timothy L. Sellnow** y **Robert R. Ulmer**, «Communication, organization and crisis», *Communication Yearbook*, N.° 21, 1998, p. 231 y ss.

Isidro Sepúlveda Muñoz, «Análisis de los conceptos de crisis y gestión de crisis» en *Gestión Internacional de Crisis*, Instituto Universitario Gutiérrez Mellado, Madrid, 2006, p. 18.

José Manuel Serrano Alberca, *Comentarios a la Constitución*, Ed. Civitas, Madrid, 1985.

José Manuel Serrano Alberca, «Comentario al artículo 116» en *Comentarios a la Constitución* [Fernando Garrido Falla, coord.], Ed. Civitas, Madrid, 2001, p. 1.803 y ss.

Julia Sevilla Merino, «El estado de excepción» en *Estudios sobre la Constitución española de 1978*, Universidad de Valencia, Valencia, 1980, p. 348.

José Sidro y Surga y **Antonio de Quevedo Donis**, *La Guardia Civil. Historia de esta institución y de todas las que se han conocido en España con destino a la persecución de malhechores, desde los tiempos más remotos hasta nuestros días*, Ed. Nabu Press, Roubaix, 2018.

Sara Siera Mucientes, «Los Estados Excepcionales», *Revista de las Cortes Generales*, N.° 104, 2018. p. 366.

José Sierra Méndez, «Protección Civil y Fuerzas Armadas», *Cuadernos de Estrategia*, N.° 165, 2013, p. 75.

Lorenzo Manuel Silva Amador, *Sereno en el peligro: la aventura histórica de la Guardia Civil*, Ed. Edaf, Madrid, 2018.

Gary Dean Solís, *The Law of Armed Conflict: International Humanitarian Law in War*, Cambridge University Press, Cambridge, 2010.

Juan José Solozábal Echavarria, «Los Derechos Fundamentales en la Constitución Española», *Revista de Estudios Políticos Nueva Época*, N.° 105, 1999, p. 11.

Fernando Soteras Escartín, «Génesis y desarrollo del sistema español» en *Situación de Crisis en la UE. Conducción de crisis y reforma del sector de la seguridad, Documentos de Seguridad y Defensa*, N.° 57, 2013, p. 36 y ss.

Federico Suárez Verdeguer, «Los Cuerpos de Voluntarios Realistas», *Anuario de Historia de Derecho Español*, N.° 26, 1956, p. 47.

Federico Suárez Verdeguer, *Documentos del Reinado de Fernando VII. Informes sobre el Estatuto de España* (1825), Ed. Universidad de Navarra, Navarra, 1966.

Joaquín Tamarit Navas, «La conducción de crisis en el ámbito de las Fuerzas Armadas», *Boletín de Información*, N.° 231, 1993, p. 33.

Hugh THOMAS, *Historia de la Guerra Civil Española*, Ed. Círculo de lectores, Barcelona, 1976.

Gregorio Toledano Cardoso, *Tesis Doctoral: El carácter militar de las fuerzas policiales en Europa. Especial referencia a la Guardia Civil*, Universidad Complutense de Madrid, 2017.

María Anunciación Tomás Font de Mora, «La preparación de la Constitución de 1845», *Revista de Estudios Políticos (Nueva Época)*, N.° 73, 1991, p. 229 y ss.

Jorge Isaac TORRES MANRIQUE, «Tribunal Penal Internacional o Corte Penal Internacional, Derecho y Cambio Social», *Año 4*, N.° 11, 2007, p. 487 y ss.

Martín TURRADO VIDAL, *Estudios sobre la historia de Policía I*, Ministerio del Interior, Secretaría General Técnica, Madrid, 1991.

Brian URQUHART, *A Life in Peace and War*, Ed. Harper and Row, United States, 1987, p. 178.

José Ramón DE URQUIJO Y GOITIA, «Las contradicciones políticas del bienio progresista», *Revista española de Historia*, Vol. 57, N.° 195, 1997, p. 267 y ss.

Gustavo URUEÑA ARELLANO, «Blietzkrieg vs batalla profunda», *The Corner of History German Army Publishers*, 2017, p. 5.

Joaquín VARELA SUANZES-CARPEGNA, «La monarquía en las Cortes y en la Constitución de 1869», *Revista Electrónica de Historia Constitucional*, N.° 7, 2006, p. 210 y ss.

Joaquín VARELA SUANZES-CARPEGNA, «Las Cortes de Cádiz y la Constitución de 1812 (una visión de conjunto)», *Anuario de Derecho Parlamentario*, N.° 26, 2012, p. 191 y ss.

Olmedo Aisar VÁSQUEZ TOLEDO, *Tesis doctoral: Las guerras de cuarta generación y sus efectos en la seguridad estratégica de Guatemala*, Universidad de San Carlos de Guatemala, 2016.

Enrique VEGA FERNÁNDEZ, «La gestión militar de crisis internacionales» en *Realidades y perspectivas de la Gestión integral de Crisis*, Instituto Universitario General Gutiérrez Mellado, Madrid, 2007, p. 343.

Francisco VELASCO CABALLERO, «Libertades públicas durante el estado de alarma por la COVID-19» en *COVID-19 y Derecho Público* [David BLANQUER, coord.], Ed. Tirant Lo Blanch, Valencia, 2020, p. 79 y ss.

Edgar de Jesús VELÁSQUEZ RIVERA, «Historia de la Doctrina de la Seguridad Nacional», *Convergencia*, N.° 27, 2002 p. 11.

José Manuel VERA CAMPOS, «Sinopsis del art. 8 CE, Actas de la Ponencia Constitucional de 8 de noviembre de 1977», *Revista de las Cortes Generales*, N.° 2, 1984, p. 251 y ss.

Jorge VIGÓN, «Teoría del Militarismo», *Biblioteca del Pensamiento Actual*, N.° 31, 1995, p. 195.

Luis VILLAMARTÍN PULIDO, «Guerra irregular y guerra de guerrillas», *Military Review, Revista profesional del Ejército de EEUU*, Vol. LXIII, N.° 5, 2003, p. 75 y ss.

Alejandro Villanueva Turnes, *Tesis doctoral: El estatuto jurídico-constitucional del rey en el ordenamiento vigente*, Universidad de Santiago de Compostela, 2018.

Michael Virally, *Panorama du droit international contemporain. Cours general de droit international public*, Ed. Arcadia, Barcelona, 1983.

Carl Von Clausewitz, *De la guerra* [Abilio Barbero y Juan Seguí, trad.], Imprenta de la sección de Hidrografía, Madrid,1908.

Joseph Votel *et al.*, «Unconventional warfare in the gray zone», *Join Forces Quarterly*, N.° 80, 2016, p. 104 y ss.

Robert Wilkie, «Hybrid Warfare», *Air and Space Power Journal*, 2009, p. 13 y ss.

John M. Wilson, «El Derecho Internacional Humanitario en el sistema interamericano» en *Curso Introductorio sobre Derecho Internacional Humanitario*, Organización de los Estados Americanos (OEA), Comisión de Asuntos Jurídicos y Políticos, 2007, p. 82.

Paul Wolfowitz and **Lewis Libby**, *Defense Planning Guidance*, National Security Council. FY 1994-1999, 1992, p. 7.

Boris Yopo, «La nueva Estrategia de Seguridad Nacional de Estados Unidos», *Friedrich Ebert Stintung, Programa de Cooperación de Seguridad Regional*, 2010, p. 1.

Ámbito web

Doctrinal

Aram Aharonian, «¿Enfrentar la guerra de quinta generación con arcos y flechas?», sitio web: https://rebelion.org/enfrentar-la-guerra-de-quinta-generacion-con-arcos-y-flechas/ [consultado 16/09/2021].

Agustín Alcázar Segura, «Carácter asimétrico del conflicto actual», sitio web: https://militaresescritores.es/catalogo-de-obras/ [consultado el 20/09/2021].

Martin Andreas Koch and **Josep María Font Llagunes**, «Lower-Limb Exosuits for Rehabilitation or Assistance of Human Movement: A Systematic Review», 2021, sitio web: https://www.researchgate.net/publication/354721433_Lower-Limb_Exosuits_for_Rehabilitation_or_Assistance_of_Human_Movement_A_Systematic_Review [consultado el 25/09/2021].

José Luís Andrés Martín, «La nueva asociación estratégica entre la OTAN y la VE». Documentos del Real Instituto Elcano de Estudios Internacionales y Estratégicos, 2003, sitio web: http://www.realinstitutoelcano.org, [consultado el 22/09/2020].

Elviro Aranda Álvarez, «Sinopsis del art. 30 CE», [actualizaciones por Sara Sieira (2011) y Alejandro Rastrollo (2016)], 2003, sitio web: www.congreso.es [consultado el 08/04/2020].

Michael Artelli and **Deckro Richard**, «Fourth Generation Operations: principles for the Long War», sitio web: www.tandfonline.com/doi/pdf/10.1080/09592310802061372, [consultado el 18/09/21].

Juan Avilés Farré, «Las amenazas transnacionales en un mundo globalizado», sitio web: www.gees.org/articulos/las-amenazas-transnacionales-en-un-mundo-globalizado, [consultado el 13/09/2021].

Carlos Berbell, «La prolongación de 20 días del estado de alarma no es constitucional», sitio web: www.confilegal.com/20200516-la-prolongacion-de-30-dias-del-estado-de-alarma-no-es-constitucional-ramon-rodriguez-arribas-exvicepresidente-del-tc/, [consultado el 05/07/2021].

Marta Blanco Sánchez, «España se queda fuera de la carrera de la Defensa espacial: a la espera de la Fuerza Aérea y del Espacio», 2021, sitio web: https://www.larazon.es/espana/20210429/62pehwmntvc4vltqzngwus3fva.html [consultado el 26/09/2021].

Fernando Cancio, «De "Balmis" a "Baluarte": así han luchado las Fuerzas Armadas contra el coronavirus», sitio web: https://www.larazon.es/espana/20210314/ppj2flcs4jaj5ed4sdei7og2ve.html [consultado el 23/06/2021].

Ricardo Cano García, «Uso militar del espacio. El espacio como nuevo ámbito de batalla», 2018, sitio web: www.nippon.com/es/in-depth/a06101/, [consultado el 26/09/2021].

Juan José Carrillo Córdoba, «Más de un millón de rastreos y 1.000 desinfecciones: La Misión Baluarte le planta cara a la Covid-19», sitio web: https://www.consalud.es/pacientes/especial-coronavirus/millon-rastreos-1000-desinfecciones-mision-baluarte-planta-cara-covid-19_91866_102.html [consultado el 23/06/2021].

Irene Casado Sánchez, «Francia declara el toque de queda en Paris y otras zonas metropolitanas», sitio web: https://www.elperiodico.com/es/internacional/20201014/francia-coronavirus-alerta-maxima-toque-queda-medidas-8156285 ,[consultado el 16/07/2021].

Enrique Esquivel Lalinde, «La nueva Fuerza de Gendarmería Europea», *Real Instituto Elcano*, ARI N.° 48, 2005, sitio web: www.realinstitutoelcano.org [consultado el 30/04/2020].

Valentina Faggiani, «Los estados de excepción. Perspectivas del Derecho Constitucional Europeo», sitio web: www.ugr.es/~redce/REDCE17/articulos/05_FAGGIANI.htm [consultado el 22/06/2021].

Michael Joseph Gross, «The Pentagon's push to program soldiers' brains», 2018, sitio web: www.theatlantic.com/magazine/archive/2018/11/the-pentagonwants-to-weaponize-the-brain-what-could-go-wrong/570841/, [consultado el 26/09/2021].

José Luís de Haro, «El coronavirus es un arma biológica sin restricciones», 2020, sitio web: https://www.eleconomista.es/economia/noticias/10816707/10/20/El-coronavirus-es-un-arma-biologica-sin-restricciones-segun-la-virologa-china-que-insiste-que-este-se-concibio-en-un-laboratorio.html [consultado el 20/06/2022].

Amparo Luz Ibáñez Polo, «Así es Arron Banks, el financiador del Brexit», sitio web: https://www.expansion.com/blogs/polo/2016/07/26/asi-es-arron-banks-el-financiador-del.html, [consultado el 19/09/21].

César Layana Ilundáin, «El sistema político de la Restauración», sitio web: Proyecto Clío (rediris.es), [consultado el 16/10/2019].

Luis López Ballesteros, «Modelos para la formación de causas del Contrabando en conformidad del nuevo Reglamento de 11 de febrero de 1825 y de las aclaraciones posteriores» [copia digital, Valladolid, Junta de Castilla y León, Consejería de Cultura y Turismo, 2009-2010], sitio web: http://bibliotecadigital.jcyl.es/, [consultado el 20/12/2019].

Ricardo Martínez Isidoro, «La DDN 2020 y la Estrategia de Defensa», *Asociación Española de Militares Escritores, III Ciclo AEME*, 2020, sitio web: https://militaresescritores.es/noticias/iii-ciclo-aeme-2020-la-ddn-2020-y-la-estrategia-de-defensa/ [consultado el 19/09/2021].

Débora Miralles Solé, «La capacidad de la Unión Europea: análisis de las recientes misiones de gestión civil y militar de crisis en el marco de la PESC», *Revista General de Derecho Europeo*, N.° 3, 2004, sitio web: www.iustel.com/revistas/detalle_revista.asp?id_revistas=13&num_revista=3 [consultado el 22/09/2020].

Eduardo Montagut Contreras, «Los pronunciamientos en la España del XIX», *Revista Historia Militar de España*, 2015, sitio web: www.nuevatribuna.es [consultado el 10/12/2019].

Samuel Morales Morales, «Estrategia de Seguridad Nacional 2021: cambiarlo todo para que no cambie nada», sitio web: https://global-strategy.org/estrategia-de-seguridad-nacional-2021-cambiarlo-todo-para-que-no-cambie-nada/, [consultado el 07/03/2022].

Thomas Neifing, «Training Civilian Experts for OSCE Peace Missiones-What Progress Five Years after Istambul?», 2004, sitio web: www.core-hamburg.de/documents/yearbook/english/04Neufing.pdf., [consultado el 30/09/2020].

José Luis Olivera Serrano, Director del CITCO, entrevista *Revista Electrónica MUFACE*, 2015, sitio web: https://www.muface.es/revista/entrevista_253.html, [consultado 15/09/2021].

Eric Olson, «America's not ready for today's gray wars», *Defense One*, 2016, sitio web: https://www.defenseone.com/voices/eric-olson/11761/ [consultado el 10/09/2021].

Matteo Oppa y **Alessandro Chiolerio**, «Wearable electronics and smart textiles: a critical review», *Sensors*, 2014, sitio web: https://www.ncbi.nlm.nih.gov/pmc/articles/PMC4168435/ [consultado el 25/09/2021].

Virginia Peláez Ocampo, «Científicos: el coronavirus sería un arma de guerra biológica», 2020, sitio web: https://sputniknews.lat/20200213/cientificos-el-coronavirus-seria-un-arma-de-guerra-biologica-1090460452.html [consultado el 20/06/2022].

Joaquín Pellicer Balsalobre, «El empleo de las Fuerzas Armadas en la lucha contra el terrorismo», *Análisis GESI,* N.° 19, 2017, sitio web: https://www.seguridadinternacional.es/?q=es/content/el-empleo-de-las-fuerzas-armadas-en-la-lucha-contra-el-terrorismo [consultado el 16/01/2021].

Rosalind Picard, Elías Vyzas et al., «Toward machine emotional intelligence: analysis of affective physiological state», 2001, sitio web: https://ieeexplore.ieee.org/document/954607 [consultado el 25/09/2021].

Raúl Piña, «El Rey emplaza a los poderes del Estado a acabar con la "deslealtad inadmisible" de la Generalitat», *periódico El Mundo*, 4 de octubre de 2017, sitio web: www.elmundo.es/espana/2017/10/03/59d3bb0e22601d92318b45a7.html, [consultado el 13/04/2020].

Álex Plana Paluzie, «Diferencia entre el ius ad bellum y el ius in bello», 2018, sitio web: http://www.leyesyjurisprudencia.com , [consultado el 12/11/2019].

Magnus Ranstorp, «La financiación del terrorismo: principales actores, estrategias y fuentes», sitio web: https://www.iemed.org/publication/la-financiacion-del-terrorismo-principales-actores-estrategias-y-fuentes/?lang=es, [consultado el 13/09/2021].

Marie-Claude Roberge, «Jurisdicción de los Tribunales ad hoc para ex Yugoslavia y Ruanda por lo que respecta a los crímenes de lesa humanidad y de genocidio», *Revista Internacional de la Cruz Roja*, 1997, sitio web: www.icrc.org/es/doc/resources/documents/misc/5tdl7n.htm, [consultado el 19/04/2020].

Francisco José Rodrigo Luelmo, «La adhesión de la España democrática a la OTAN», sitio web: https://www.cvce.eu/recherche/unit-content/-/unit/es/87c372a8-360d-4846-876e-d9d64705a918/d5353ecf-ae14-4ebd-9c9e-3725ff6efd04 [consultado el 18/09/2020].

Antonio Ros Pau, «Los futuros vehículos terrestres no tripulados de las Fuerzas Armadas francesas», 2021, sitio web: Los futuros vehículos terrestres no tripulados de las Fuerzas Armadas francesas-noticia defensa.com - Noticias Defensa defensa.com OTAN y Europa, [consultado el 25/09/2021].

Salvador Sánchez Tapia, «Pandemia y Fuerzas Armadas en España», Universidad de Navarra, sitio web: https://www.unav.edu/web/global-affairs/detalle/-/blogs/pandemia-y-fuerzas-armadas-en-espana , [consultado el 26/06/2021].

Marck Tapscott, «Schiff y expertos impulsan la censura en internet durante audiencia del Comité de Inteligencia», *The Epoch Times*, 15 de octubre de 2020, sitio web: Schiff y expertos impulsan la censura en Internet durante audiencia del Comité de Inteligencia | Facebook | Twitter | Censura | The Epoch Times en español, [consultado el 22/09/2021].

María Traspaderne, «Una hora en la sala que coordina la misión Baluarte contra la Covid», sitio web: www.eldiario.es/politica/hora-sala-coordina-mision-baluarte-covid_1_7840992.html, [consultado el 23/06/2021].

Álvaro Verzi, «Venezuela: una guerra de quinta generación ¿en vías del fracaso? América Latina en Movimiento», sitio web: https://www.resumenlatinoamericano.org/2019/02/20/venezuela-una-guerra-de-quinta-generacion-en-vias-del-fracaso/ [consultado el 16/09/2021].

Recursos web

Colección de las Reales Resoluciones expedidos expedidas por los diversos Ministerios y Consejos, Decretos del Rey don Fernando VII, expedidos desde su restitución al trono español, hasta el restablecimiento de la Constitución de 1812, libro electrónico editado por Imprenta de Galván, publicado el 31 de diciembre de 1836 en México, sitio web: https://realbiblioteca.patrimonionacional.es/cgi-bin/koha/opac-detail.pl?biblionumber=19532 [consultado el 01/12/2019].

Comité Internacional de la Cruz Roja: «Ethics and autonomous weapon systems: an ethical basis for human control?». *Group of Governmental Experts of the High Contracting Parties to the CCW*, 2018, sitio web: https://www.icrc.org/en/document/ethics-and-autonomous-weapon-systems-ethical-basis-human-control [consultado el 26/09/2021].

CONSEJO EUROPEO DE BRUSELAS, *Objetivo Principal Civil de 2008, aprobado el 17 de diciembre de 2004*, sitio web: https://eur-lex.europa.eu/ES/legal-content/summary/civilian-headline-goal-2008.html [consultado el 23/09/2020].

CORPORACIÓN DE RADIO Y TELEVISIÓN ESPAÑOLA «Las comunidades recurren de nuevo al toque de queda para frenar la quinta ola», sitio web: www.rtve.es/noticias/20210722/municipios-toque-queda/2048920.shtml, [consultado el 21/07/2021].

Decreto de 16 de enero de 1811 sobre el Reglamento Provisional del Poder Ejecutivo, Biblioteca virtual Miguel de Cervantes, sitio web: www.cervantesvirtual.com, [consultado el 29/11/2019].

ESPAÑA, MINISTERIO DE DEFENSA, *Ejército del Aire*, 2019, sitio web: El Ejército del Aire crea el Centro de Operaciones de Vigilancia Espacial (COVE) -, [consultado el 26/09/2021].

ESPAÑA, BIBLIOTECA REGIONAL DE MADRID, *Real Cédula Criminal en la Justicia Ordinaria para Restablecer el Orden Público*, 1766, sitio web: www.bibliotecavirtualmadrid.org/, [consultado el 20/11/2019].

ESPAÑA, CONGRESO DE LOS DIPUTADOS, sitio web: www.congreso.es, [consultado el 19/11/2019].

Estatuto de Roma de la CPI, Coalition for the International Criminal Court, 2020, sitio web: https://www.coalitionfortheicc.org/es/topics/rome-statute, [consultado el 19/04/2020].

EUROPEAN UNION MILITARY COMMITTEE, *Use Of Force Concept for EU-led Military Crisis Management Operations – 1st Revision*, Part III: Use of Force/H/50, 2008, sitio web: www.bmlv.gv.at/truppendienst/ausgaben/artikel.php?id=775 , [consultado el 02/10/2020].

Global Security, *A Soldier's task: Use Force Appropiately*, Appendix B, sitio web: www.globalsecurity.org/military/library/report/call/call_96-6_roe-appb1.htm, [consultado el 02/10/2020].

GOBIERNO DE ESPAÑA, DEPARTAMENTO DE SEGURIDAD NACIONAL, *Contrainteligencia*, sitio web: https://www.dsn.gob.es/es/sistema-seguridad-nacional/qu%C3%A9-es-seguridad-nacional/%C3%A1mbitos-seguridad-nacional/contrainteligencia [consultado el 21/09/21].

GOBIERNO DE ESPAÑA, MINISTERIO DE CULTURA, sitio web: https://www.culturaydeporte.gob.es/portada.html [consultado el 07/01/2020].

GOBIERNO DE ESPAÑA, MINISTERIO DEL INTERIOR, sitio web: https://www.interior.gob.es/opencms/es/inicio/ ,[consultado el 16/01/2021].

INSTITUTO NACIONAL DE SEGURIDAD GLOBAL, «¿Qué es la Operación Balmis? Crisis sanitaria del Covid-19», sitio web: www.iniseg.es/blog/seguridad/que-es-la-operacion-balmis-crisis-sanitaria-del-covid-19, [Consultado el 23/06/2021].

International Humanitarian Law, American Red Cross, «A Summary of the Geneva Conventions and Additional Protocols», 2011, sitio web: https://www.redcross.org/content/dam/redcross/atg/PDF_s/International_Services/International_Humanitarian_Law/IHL_SummaryGenevaConv.pdf, [consultado el 19/04/2020].

«Las dos lógicas del estado de alarma, (Comentario a la STC 148/2021, de 14 de julio), sitio web: www.almacendederecho.org/las-dos-logicas-del-estado-de-alarma-comentario-a-la-stc-148-2021-de-14-de-julio, [consultado 30/08/2021].

ESPAÑA, MINISTERIO DE DEFENSA, «Estado de alarma, excepción y sitio», sitio web: www.defensa.gob.es/defensa/cadenamando/situaciones/, [consultado 31/08/2021].

ESPAÑA, MINISTERIO DE DEFENSA, «Fuerza de Respuesta OTAN. España punta de lanza VJTF», sitio web: www.defensa.gob.es/brigada-vjtf/es/que-es-nrf.html, [consultado el 25/09/2020].

ESPAÑA, MINISTERIO DE DEFENSA, *Plan Director de RPAS, febrero 2015*, sitio web: 2014 10 30 PD RPAS Version Publica Maquetacion.pdf (defensa.gob.es), [consultado el 25/09/2021].

ESPAÑA, MINISTERIO DE EXTERIORES, sitio web: https://www.exteriores.gob.es/es/Paginas/index.aspx [consultado el 27/09/2020].

ESPAÑA, MINISTERIO DE LA DEFENSA, «Las titulares de Defensa y Sanidad agradecen a las Fuerzas Armadas su participación en el transporte de vacunas y en tareas de rastreo», sitio web: https://www.lamoncloa.gob.es/serviciosdeprensa/notasprensa/defensa/Paginas/2021/080421-fuerzasarmadas.aspx#:~:text=Las%20ministras%20de%20Defensa%2C%20Margarita,vacunas%20a%20las%20autoridades%20civiles%2C [consultado el 23/06/2021].

LONDON CALLING, «Así es Arron Banks, el financiador del Brexit», web: https://www.expansion.com/blogs/polo/2016/07/26/asi-es-arron-banks-el-financiador-del.html [consultado el 19/09/21].

OBSERVATORIO CIENTÍFICO ESERP, *Grupo de análisis y amenazas terroristas*, sitio web: https://es.eserp.com/conoce-eserp/observatorio-cientifico/ , [consultado el 14/01/2021].

ORGANIZACIÓN DE NACIONES UNIDAS, sitio web: www.peacekeeping.un.org/es, [consultado el 22/09/2020].

REAL ACADEMIA ESPAÑOLA DE LA LENGUA, sitio web: https://www.rae.es/ [consultado el día 18/12/2019].

REAL ACADEMIA ESPAÑOLA DE LA LENGUA, sitio web: https://www.rae.es/dpd/colaborar [consultado el 25/04/2020].

REAL ACADEMIA ESPAÑOLA DE LA LENGUA, sitio web: https://dle.rae.es/merodear [consultado el día 14 de enero de 2020].

REAL ACADEMIA ESPAÑOLA DE LA LENGUA, sitio web: https://dle.rae.es/pronunciamiento [consultado el día 26/11/2019].

UNITED NATIONS MULTINATIONAL INTEROPERABILITY COUNCIL, The Lead Nation Concept in Coalition Operations, United Nations Organization, 2000, sitio web: https://www.aiai.ed.ac.uk/project/coax/demo/2002/mic/LeadNationConcept.pdf, [consultado el 03/10/2020].

www.lamoncloa.gob.es/consejodeministros/paginas/enlaces/24062011enlace2.aspx,[consultado el 19/09/2020].

http://www.leyesyjurisprudencia.com/ [consultado el 12/11/2019].